수정판

남북관계와 한반도 평화

김창희 저

삼우사

수정판 머리말

한반도의 분단은 이제 80년의 세월을 코앞에 두고 있다. 그동안 남북관계는 갈등과 대결 그리고 타협의 과정을 반복하여 왔다. 이러한 남북관계와 통일문제를 연구·분석하고 이를 정리하여 내놓은 것이 『남북관계와 한반도 평화』이다. 이 책은 남북한이 각각의 정치과정 속에서 상호 어떠한 대북·대남·통일정책을 펼쳐 왔는가를 입체적으로 분석한 남북관계사라고 할 수 있다. 그러나 남북한은 한반도라는 지정학적 위치와 미·소 양국에 의한 분할점령에서 탄생한 태생적 한계를 극복하지 못하여, 남북관계는 국제관계에 영향을 받아 왔고 현재의 상황도 계속하여 진행 중이다.

남북관계에서 가장 많이 회자되고 있었던 것은 통일이라는 말이다. 그러나 남북한에는 상이한 이념체계와 정치체제가 존재하고 이질적 삶의 방식이 굳어져 있어, 이를 조율하고 재통합하는 통일은 단시일에 이루어질 사안이 아니다. 통일한국은 우리 민족 최상의 가치이지만, 체제를 달리하는 남과 북이 상호 방법을 달리하고 있다. 그렇기 때문에 통일을 위해서 전제되어야 할 것은 한반도에 완전한 평화가 조성되어 평화공동체를 구축하는 것이다.

이 책의 제2장에서 제11장까지는 남한의 제1대에서 제19대까지 대통령이 이끌어 온 정부와 북한의 김일성·김정일·김정은 체제와의 상호관계를 설명하고 평가하고 있다. 이제 제20대 윤석렬 정부가 막 출범했기 때문에, 김정은 체제와의 관계를 분석하고 설명할 시점이 아니다. 그래서 책을 출판하면서 고육지책으로 내놓은 것이 수정판이다. 전체적으로 책의 오탈자를 수정하고, 제11장과 제12장은 부분적으로 수정하고 보완하였다. 2020년 이후 남북관계나 북미관계는 코로나-19라는 세계적인 대재앙과 대북제재의 지속으로 답보상태에 있다. 2021년 1월 미국의 바이든(Joe Biden) 행정부가 출범한 이후 대북정책은 지켜보고 있는 상황에 있다. 문재인 정부도 막을 내렸기 때문에 그동안 진행된 남북미관계를 간단하게 보완하여 마무리하였다.

중요한 것은 부록에 있는 헌법 문제이다. 즉, 대한민국헌법과 조선민주주의인민공화국 사회주의헌법이다. 대한민국헌법은 1987년 개정되고 1988년 2월 25일 시행된 이래 35년간 지속되고 있다. 북한의 경우 김정은 체제에서만 헌법이 다섯 번 바뀌었다. 부록에 수록된 2019년 4월 11일 헌법은 이 책이 출간된 이후 바로 개정되었다. 북한의 8월 29일 새로운 헌법에서 가장 중요하게 다룬 것은 국무위원장의 국가대표권 문제이다. 이로 인하여 헌법조항이 늘어나고 여러 조항들의 내용이 상당 부분이 바뀌었는데, 이것은 남북관계를 조명하는 데도 중요한 문제이다. 2000년 남북정상회담에서 6·15남북공동선언의 서명자는 헌법상 대한민국을 대표하는 대통령이었다. 그러나 북한은 국가를 대표하는 것은 최고인민회의 상임위원장이라 하며 김영남의 서명을 주장하였다. 결국은 대한민국 대통령 김대중과 조선민주주의인민공화국 국방위원장 김정일이 서명하였다. 그 후 남북정상회담에서도 대통령과 국방위원장이 10·4선언에 서명하였다.

김정은 체제의 2016년 헌법에서 국방위원장이 국무위원장으로 바뀌었으나, 국가대표권은 여전히 최고인민회의 상임위원장에 남아 있었다. 2018년 남북정상회담과 북미정상회담에서도 헌법과는 상관없이 대통령과 국무위원장이 공동선언에 서명하였다. 이후 북한이 정상국가화를 추구하면서 헌법상 국가대표권을 국무위원장에게 돌려놓았으나, 확실하게 그 근거를 마련해 놓은 것이 부록에 수록된 수정헌법이다.

기회가 되면 『남북관계와 한반도 평화』 제2판을 내놓을 생각이나 장담할 수는 없다. 저자는 2021년 2월 전북대학교에서 정년퇴임을 하여 현재는 명예교수로 있으면서 학생들을 가르치고 있다. 대학교 연구실에서 나와 밖에 조그마한 방을 마련하여 소일하고 있다. 조병철 사장님과 거의 30년 인연을 맺은 이래 도서출판 삼우사에서 여러 서적을 출판해 왔다. 이번에도 기꺼이 수정판을 발간해 주신 것에 진심으로 감사를 드린다.

2022년 8월

멀리 모악산이 바라다 보이는 청목빌딩 연구실에서

김창희 배상

머리말

한반도의 분단과 갈등 그리고 신뢰를 통한 평화과정에서 가장 극적이고 역사적인 사건이 발생했다. 분단 고착화의 상징인 DMZ 구역 판문점에서 문재인 대통령과 김정은 위원장 그리고 트럼프 대통령의 3자회동이 이루어졌다. 필자가 북한정치, 남북관계, 통일문제를 본격적으로 연구한지도 30년이 훨씬 넘어섰다. 그동안 많은 논문과 저술활동을 했고, 학생들을 가르치면서 나름대로 연구에 정진해 왔다고 자부한다. 2014년에는 한국연구재단의 지원으로 분단과정에서 당시까지의 남북한 정치와 남북관계를 중심으로 『남북관계와 한반도: 대립과 갈등에서 신뢰의 장으로』라는 저서를 출간하였다.

2018년부터 시작된 한반도의 변화는 책을 개정·보완해야겠다는 의욕에 불을 지폈다. 전반적으로 내용을 추가하면서 고쳐 쓰고 다시 쓰다 보니, 기존 장을 통합하기도 하였다. 5년간의 남북관계는 새로운 장으로 추가하여 집필하였다. 제목을 어떻게 할까 하여 처음에는 '고쳐 쓴' 혹은 '다시 쓴' 남북관계와 한반도로 가려다, 최종적으로 결정하게 만든 것은 세 정상의 만남이었고 『남북관계와 한반도 평화』로 정하였다.

제2차 세계대전이 연합국의 승리로 끝나면서 일본의 식민지였던 한반도라는 전리품을 어떻게 처리할 지에 대하여 논의하였다. 형식적으로 '일본군의 무장해제를 위한 편의적 분계선'(38도선)의 양측을 미군과 소련군이 점령하였고, 1945년 12월 모스크바에서 열린 미·영·소의 3국 외상회의에서 신탁통치를 결정하였다. 이를 위한 미소공동위원회는 결렬되고, 한반도 문제는 유엔으로 넘겨져, 결국 이념과 체제를 달리하는 두 개의 정부가 들어섰다. 남쪽의 대한민국은 북쪽의 이른바 조선민주주의인민공화국을 인정하지 않은 채 북쪽을 포함한 한반도 전체를 영토로 규정하였다. 북한도 역시 남한을 인정하지 않고 '조선반도' 전체를 자신의 영토라고 주장하였다. 북한은 '남조선 해방전쟁'이라는 6·25한국전쟁을 일으켜 동족상잔의 전쟁터 한반도는 폐허가 되었다. 승자도 패자도 없이 한민족 전체가 패자가 되어 버린 전쟁으로 분단은 더욱 공고화되었고, 1953년 맺어진 정전협정이 현재까지 남북한의 관계를 규정하고 있다.

남북한의 정치지도자들은 생존과 발전을 위하여 상대방과의 적대적인 체제 경쟁 관계를 유지하여 왔다. 이념과 대치상태에서 서로를 적으로 간주하면서도 1972년에는 '조국의 평화적 통일이 민족의 염원'이라며 「7·4남북공동성명」을 채택하기도 하였다. 1980년대 말 세계적인 냉전구조 해체 속에서 1991년에는 남북한이 동시에 유엔에 가입하여 국제사회에서 두 개의 국가로 인정받았다. 남북간 당국자회담이 계속되면서 1991년 서명하고 1992년 발효된 「남북 사이의 화해와 불가침 및 교류·협력에 관한 합의서」(남북기본합의서)를 채택하였다. 그러나 이후에 촉발된 북한의 핵문제는 한반도를 다시 전쟁의 위기로 몰아갔다. 핵 개발을 둘러싼 위기감의 고조는 북한이 미국을 협상 파트너로 끌어내는 결과를 가져왔다. 북·미 고위급회담이 개최되고 '북미 제네바 기본합의서'에서 핵 동결과 적대관계 청산을 약속하였다.

2000년의 한반도에는 남북화해의 봄이 찾아와 분단 이후 최초로 김대중 대통령과 김정일 국방위원장 사이에 정상회담이 이루어지고 상호 통일방안에 공통성이 있다고 인정한 「6·15남북공동선언」에 서명하였다. 미국에 부시 행정부 등장 이후 새로운 핵문제의 발단으로 제2차 북핵위기를 겪었고, 북·미 양자회담이 6자회담으로 바뀌었다. 여러 가지 어려움이 있었으나 소위 제4차 6자회담에서 '9·19공동성명'을 도출하기도 하였다. 노무현 대통령과 김정일 국방위원장 사이 정상회담에서 이루어진 「남북관계발전과 평화번영을 위한 선언」(10·4정상선언)은 종전선언과 평화협정 등이 언급되며 한반도 평화정착을 추구하였다. 그러나 남한에서 정부가 바뀌고 6자회담은 제 역할은 못하게 되면서 남북관계는 경색되었다. 북한의 핵무력 강화에 또 다시 한반도에서 전쟁이 운위되기도 하였다. 극적인 반전이 일어난 것은 2018년으로 1년 사이에 남북정상회담이 세 차례 진행되었다. 판문점의 '자유의 집'에서 문재인 대통령과 김정은 위원장이 만나 「한반도의 평화와 번영, 통일을 위한 판문점 선언문」(4·27판문점선언)을 채택하면서, 다시는 과거로 되돌아가지 말자고 하였다. 김정은 위원장의 요청으로 '통일각'에서 이루어진 두 번째 만남은 6·12 북미정상회담의 촉매제 역할을 하였다. 세 번째로 양 정상이 평양에서 만나 이루어진 「9월 평양공동선언」에서는 한반도를 핵무기와 핵위협이 없는 평화의 터전으로 만들기로 확약하였다. 한반도의 가장 중요한 문제는 평화, 신뢰, 비핵화로 남북관계와 북미관계에서 이를 위한 만남과 논의가 계속되고 있다.

이 책은 한반도 분단과정에서부터 남북한 각 정부 간의 대결과 경쟁 그리고 협력관계를 분석하였다. 남한은 정부수립 이후 제1대에서부터 제19대까지 대통령이 정부를 이끌어 왔고, 북한은 김일성-김정일-김정은으로 이어지는 체제를 형성하여 왔다. 남한의 경우 초대에서 제3대까지 12년간 이승만 대통령이 집권하였고, 제4대 대통령은 윤보선이었으나 내각제였기 때문에 장면 총리가 정부를 대표했다. 제5대에서 제10대까지는 박정희 대통령이 재임하였는데, 제3공화국과 소위 유신체제인 제4공화국에 걸쳐 18년 동안 장기집권을 하였다. 박정희 대통령 서거 후 짧은 기간 동안 제10대 최규하 대통령이 과도정부를 이끌었다. 전두환은 제4공화국과 제5공화국의 헌법에 따라 각각 6개월과 7년 동안 제11대와 제12대 대통령으로 재임하였다. 제6공화국 헌법에서부터 현재까지는 5년 단임의 대통령이 정부를 이끌고 있다. 제13대 노태우 대통령, 제14대 김영삼 대통령, 제15대 김대중 대통령, 제16대 노무현 대통령, 제17대 이명박 대통령, 제18대 박근혜 대통령이 집권하였다. 그러나 박근혜 대통령은 탄핵소추안의 가결과 인용으로 임기를 채우지 못하였고, 2017년 5월 제19대 대통령 선거가 치러졌다. 제19대 대통령으로 문재인 후보가 당선되어, 문재인 대통령이 대한민국 정부를 이끌고 있다.

북한은 1948년 정부수립 이후 1972년까지 정부의 최고책임자로 김일성 수상이 통치하였고, 1972년 사회주의헌법을 제정하고 김일성은 주석이 되었다. 김일성 주석은 1994년 사망할 때까지 북한의 유일영도체제를 이끌었던 수령이었다. 김일성 사망 후 김정일은 주석에 오르지 않고 최고사령관과 국방위원장으로 유훈통치를 하였다. 1998년 새로운 헌법이 마련되고 김정일 국방위원장은 재임(再任)하면서, 2011년 사망할 때까지 북한의 '최고영도자'였다. 2012년 새로운 헌법이 마련되고 김정은은 국방위원회 제1위원장이 되었다. 2016년 5월 36년 만에 당 제7대회가 열려 김정은은 당위원장에 추대되었고, 바로 헌법이 바뀌어 국방위원회가 폐지되고 국무위원회가 신설됨에 따라 국무위원장에도 추대되었다. 이는 북한이 정상국가화를 추구한 것으로 당·국가체제로의 복원을 의미하는 것이다.

이 책은 남북한 각각의 정치과정과 대북·대남·통일정책 및 70여년 간의 상호관계 그리고 국제관계 등의 남북관계사를 입체적으로 분석·평가하고 있다. 총 13개 장으로 구성하였는데, 제1장은 1945년 해방 이후 미소공동위원회와 남북 양측의 정부수립 그리고 남북관계의 정치과정을 규명하였다. 제2장부터 제10장까지는 이승만, 박정희, 전두환, 노태우, 김영삼, 김대중, 노무현, 이명박, 박근혜 정부와 김일성, 김정일, 김정은 체제의 특성과 상호 갈등·협력관계를 다루었다. 여기에서 6·25한국전쟁과 7·4남북공동선언, 남북기본합의서, 남북정상회담, 북핵문제 등을 비중 있게 다루었다. 제11장은 문재인 정부와 김정은 체제의 관계를 다루고 있는데, 평화프로세스와 병진노선 전환 그리고 정상회담이 논의의 주된 사항이다. 제12장은 한반도의 평화체제 구축 문제를 평화와 신뢰 그리고 비핵화를 변수로 설정하여 설명한다. 마지막 제13장은 남북한이 주장해 온 통일방안을 정리하고 비교분석해 보았다. 책의 전체 내용을 통괄하는 키워드는 남북간 대결과 갈등 그리고 협력과 평화 문제이다.

이 책을 끝내면서 갖가지 상념이 떠오른다. 언제 이렇게 몰두해 보지? 또한 항상 바보 같이 "나의 종교는 전북대학교"라고 말하면서 아내에게 소홀했던 것에 대한 미안함이다. 다른 사람들은 일요일마다 종교 활동을 하는데, 나는 30년을 거의 빠짐없이 연구실로 출근하니 이게 무슨 극성인가? 도서출판 삼우사의 조병철 사장님과 인연을 맺은 지도 25년이 되었는데, 연구를 잘 마무리할 수 있도록 책을 기꺼이 출판해 주신 것에 깊은 감사를 드린다.

2019년 8월
창 너머로 멀리 모악산이 바라다 보이는 연구실에서
김 창 희 배상

차 례

제1장 한반도 분단 과정에서 미국과 소련

제 2 장 남북한의 정치과정과 6·25한국전쟁

제 3 장 남북정치체제의 공고화와 남북관계

제 4 장 남북한의 신세력과 의도적 평화공세

제5장 북방정책과 우리식 사회주의

제 6 장 문민정부와 유훈통치

제 7 장 화해협력정책과 남북정상회담

제 8 장 평화번영정책과 북핵문제의 6자회담

제 9 장 실용노선과 남북관계 경색

제10장 한반도 신뢰프로세스와 병진노선

제11장 평화프로세스와 전략노선 전환

제12장 평화와 신뢰의 완전한 평화체제 구축

제13장 통일방안의 비교와 실제

제1장

한반도 분단 과정에서 미국과 소련

Ⅰ. 제2차 세계대전 종전 후 한반도 문제

1. 연합국의 한반도 처리를 위한 회담

1) 전후 처리 문제 논의

제2차 세계대전 이후 몇몇 국가가 연합국에 의하여 분할 점령되었지만, 이것이 분단으로 이어져 현재까지 지속되고 있는 유일한 지역이 한반도이다. 전쟁이 끝나면서 한반도는 36년간 일제식민통치에서 벗어나 국권을 되찾고 식민시기 이전으로 되돌아 갈 것이라고 생각했는데 이는 희망에 불과했다. 연합국이었던 미국과 소련은 한반도에 적대적인 국가가 서지 않고 자국의 이해를 지키고자 하였다. 태평양에서 연합국들의 승리가 계속되자 전후 처리 문제에서 한반도 문제도 본격적으로 언급되기 시작하였다.

미국 루스벨트(Franklin D. Roosevelt) 행정부의 생각은 한반도를 연합국의 신탁통치 하에 두는 것이었다. 루스벨트는 전쟁이 종결되면 한반도에 대한 소련과 중국의 영향력이 불가피하다고 보아 이들과 협의하여 한반도 문제를 처리하려고 하였다. 1943년 3월 루스벨트 대통령과 영국 외상 이든(Anthony Eden)이 전후정책을 논의하는 자리에서 일본에 의하여 점령된 만주와 대만은 중국에 반환되어야 하고, 한반도는 중국, 미국 그리고 하나 또는 두 개의 기타 관련국에 의한 국제 신탁통치에 의해 지배되어야 한다는 제안에 합의를 보았다. 이것은 미국의 국무장관이었던 헐(Cordell Hull)이 그의 회고록에서 주장한 것이다.[1] 루스벨트는 식민지 국가들이 이를 탈피하고 민주적 제도를 운영하는 과정에서 강대국들의 보호와 감독이 필요하다고 보았다.

1943년 11월 22일부터 26일까지 미국 루스벨트 대통령과 영국의 처칠(Winston Churchill) 수상, 중국의 장제스(蔣介石) 총통이 이집트의 카이로에서 전쟁의 대응방안을 모색하기 위한 모임을 가졌다. 핵심 사안은 대일전 협력으로 일본이 패전했을 경우 일본의 영토처리 문제였고, 당연히 여기에는 한반도 문제가 포함되어 있었다. 루스벨트는 이 회담을 통하여 신탁통치에 대해 영국과 중국의 동의를 받으려 하였으나 뜻대로 되지는 않았다. 여기에서 3국의 수뇌부들은 일본제국의 청산과 만주

1) 전득주, 『세계의 분단 사례 비교연구』, 푸른길, 2004, 52면.

와 대만의 중국에 복귀 그리고 한반도에 관한 선언에 합의하였다.

장제즈는 중국으로 돌아가고 루스벨트와 처칠은 27일 이란의 테헤란으로 가서 소련의 스탈린(Joseph Stalin)을 만나 회담내용에 대한 동의를 구했다. 이것이 테헤란 회담으로 루스벨트는 한국의 독립을 위해서는 약 5~10년 신탁통치가 필요하다고 하였고, 스탈린은 묵시적으로 이 제안을 수락했다. 1943년 12월 1일 발표된 카이로 선언문에는 3국의 일본 침략을 막기 위한 압력, 일본을 응징하나 영토 확장의 의사는 없음, 일본이 약취한 모든 지역에서 일본세력 축출이 포함되었다. 특별조항으로 "세 강대국은 조선인민의 노예상태에 유념하고, 적절한 절차를 거쳐 한국은 자유롭고 독립할 것임을 결의한다"고 하였다. 여기서 신탁통치를 구체적으로 언급하지 않았을 따름이지 적절한 절차를 거쳐(in due course)는 바로 이를 시사하고 있다고 볼 수 있다.[2)]

2) 연합국의 신탁통치 필요

1944년 초 미국 국무성의 극동지역위원회가 내놓은 정책연구안의 하나에는 "미국, 영국, 중국 및 소련이 한반도에 대해 합법적이라 간주될 수 있는 이해관계를 갖고 있기 때문에 4국은 모두 한국의 점령과 통치에 참여해야 한다"[3)]고 건의하고 있다. 위원회의 참여자들은 한반도란 전략적 지역을 두고 과거 열강들 간에 경쟁이 있었다는 점에서 한국의 국제적 신탁통치는 '절대적으로 필요'하다는 데 대체로 동의했다.

제2차 세계대전의 종반인 1945년 1월 30일부터 2월 11일까지 2주 동안 소련 흑해 연안의 얄타에서 루스벨트와 처칠, 스탈린의 연합국 지도자들은 독일의 패전 문제와 전후 유럽에 관한 처리 문제 그리고 중국의 내전 문제를 주요 의제로 다루는 회담을 하였다. 극동문제에 대해서는 비밀의정서를 채택하였는데, 여기에는 독일 항복 후 2~3개월 이내에 소련의 대일전 참전과 그 대가로 연합국은 러일전쟁에서 잃은 영토를 반환하는 것이었다. 이 당시에 루스벨트는 한반도가 일본제국으로부터 해방된 후에도 독립 자치정부를 영위할 능력이 없기 때문에 4개국 신탁통치가

2) "The aforesaid three great powers, mindful of the enslavement of the people Korea, are determined that in due course Korea shall become free independent." 한반도라는 전리품을 앞에 놓고 연합국들은 이를 자신의 세력에 넣으려고 궁리했던 것이다.

3) James Irving Matray, *The Reluctant Crusade; American Foreign Policy in Korea, 1941-1950*, Honolulu: University of Hawaii Press, 1985, p.22.

필요하다는 생각에 변함이 없었다. 이 회담이 3개국 원수 회담이었다고 하지만, 루스벨트와 스탈린은 처칠을 배제한 채 두 사람만이 비공식적으로 회동하면서 중대한 합의를 보았기 때문에 밀약설이 제기되었다.[4] 얄타의 정신은 '미·소 협력으로 전후 질서를 이끌어가자'는 것이었다. 루스벨트는 소련과의 협력을 중시했고, 전쟁의 종결을 위해 소련의 개입을 원했다.[5]

종전이 임박해지고 연합국의 이해관계가 뚜렷하게 부각되기 시작하자, 미국과 소련은 모두 한반도에서 자신의 지정학적 이해관계를 관철하는 데 좀 더 적극적이고 구체적인 관심을 갖기 시작했다.[6] 이 회담에서 한반도에 외국군대의 주둔 문제를 표명하지는 않았지만, 신탁통치를 위해서는 미군의 상징적 주둔이 필요하다고 생각했고 스탈린도 이미 이에 대비하고 있었다.

2. 소련의 태평양전 참전과 38도선 획정

1) 연합국의 일환으로 소련의 참전 결정과정

1944년 하반기부터 미국의 군부지도자들은 소련이 태평양전쟁에 참전하면 일본을 빨리 패배로 몰아갈 수 있을 것이라고 생각하였다. 소련은 아시아 지역에서 자신들의 안보를 우려하였지만, 유럽전선에서 승리가 확실할 때까지는 일본과의 전쟁에 개입하지 않으려 하였다. 미국은 소련이 태평양전쟁에 개입해 주기를 원하고 있었으나, 동시에 이 지역에서 중국과 소련의 협력이 불가능하다는 점도 우려하였다. 이에 미국은 신탁통치야말로 중국을 안심시키면서 소련을 참전시킬 수 있는 방안이라고 믿었다.[7] 제2차 세계대전의 종전을 앞둔 시점인 1945년 4월 12일 루스벨트 대통령이 사망하였다.[8] 부통령이었던 트루먼(Harry S. Truman)이 대통령직을 승계하여, 수많은 전시의 난제를 떠안게 되었다. 트루먼은 루스벨트의 개인외교에 가려 미국의 정책방향을 정확히 인지하지 못할 수 있었고, 외교노선도 같을 수가

4) 신복룡, 『한국분단사연구: 1943-1953』, 한울아카데미, 2001, 67-68면.
5) 김연철, 『70년의 대화』, 창비, 2018, 24면.
6) 김영명, 『고쳐쓴 한국현대정치사』, 을유문화사, 1999, 45면.
7) Matray, *The Reluctant Crusade*, pp.23-24.
8) 1933년 미국의 제32대 대통령으로 임기를 시작한 루스벨트는 뉴딜정책을 추진하여 성공하였고, 상술한 바와 같이 제2차 세계대전을 승리로 이끌면서 4선을 하였으나 마지막 일본의 항복을 보지 못하고 1945년 4월 12일 사망하였다.

없었다. 트루먼은 루스벨트의 특별보좌관이었던 홉킨스(Harry Hopkins)를 소련에 특사로 파견하였다. 여기서 홉킨스는 얄타회담에서 끝나지 않은 한반도의 신탁통치 문제에 대한 미국의 의사를 전달했고, 스탈린도 4개국 신탁통치에 완전히 동의하였으나 합의된 문서로 남기지는 않았다.

1945년 7월에 들어 독일의 패망이 임박하자, 미국의 트루먼 대통령, 영국의 에틀리(C. R. Attlee), 소련의 스탈린이 독일의 포츠담에서 7월 6일부터 8월 1일까지 회담을 개최하여 전후 문제를 마지막으로 점검하였다. 이 회의 중에 미국의 원자폭탄 실험이 성공했다는 소식이 전해졌고, 원자폭탄은 미국의 한반도정책에 결정적 원인을 미치게 된다. 트루먼과 신임 국방장관 번스(James F. Byrnes)는 원자폭탄을 대일전에 사용함으로써 전쟁을 조기에 끝낼 수 있기를 희망하고 있었다. 태평양전쟁이 소련의 대일 선전포고 전에 끝난다면, 미국의 일본 전후 처리문제나 소련의 참여로 예상되는 복잡한 문제에서 자유로울 수 있다고 생각했다.[9] 그러나 소련의 참전에 관해서는 미 국무성과 육군성의 의견이 달랐다. 국무성은 소련의 전쟁개입이 종전 후 아시아 지배세력으로 등장을 우려했고, 육군성은 지정학적으로 볼 때 소련의 참전은 미군의 희생을 덜어 줄 것이라고 판단했다. 소련의 참전은 기정사실화되었고 시기만이 문제였다.

7월 26일에는 일본의 항복조건을 규정한 포츠담선언이 발표되었다. 포츠담선언은 모두 13개 조항으로 5개 항은 전문으로 일본이 이 선언을 즉각 수락하는 것이었고, 제6항부터 제12항까지는 구체적인 내용이 포함되었다. 즉, 군국주의 배제, 일본영토의 점령 보장, 일본군의 무장해제, 일본군대의 무조건 항복 등이었다. 제8항에는 '카이로선언의 조항은 이행될 것'이라 하여, 한반도 독립 문제도 포함되었다.

2) 분할점령의 38도선

1945년 8월 2일 트루먼 대통령은 태평양전쟁을 하루빨리 끝내기 위해 원자폭탄을 사용하기로 결정했다. 그리하여 일본시각으로 8월 6일 B29폭격기는 히로시마에 인류 역사상 처음으로 원자폭탄을 투하했으며, 8월 9일에는 나가사키에 두 번째 폭탄을 투하했다. 소련이 일본에 선전포고를 한 것은 바로 이 시점이다. 스탈린은 원자폭탄이 투하되어 정세가 급변하자마자 8월 7일 오후에 9일자 공격명령에 서명했다. 극동 소련군에 만몽(滿蒙), 소만(蘇滿), 조소(朝蘇) 국경 전역에서 동시에 진격

9) Matray, *The Reluctant Crusade*, p.39.

하라는 명령이 내려진 것이었다.[10)]

여기서 문제가 된 것은 한반도의 분할점령에 대한 대안이 마련되지 않았다는 점이다. 소련이 참전하게 되면서 미국이 다급해 한 것은 소련의 한반도 단독점령 저지였다. 국무장관 번스는 3성조정위원회(국무·육군·해군성)에 미군과 소련의 한반도 공동점령안의 마련을 지시했다.[11)] 이렇게 급박한 상황 아래 8월 10일에서 11일 사이에 38선으로 구체화되었다. 스탈린이 이를 받아들일 것인가 하는 의구심도 있었으나 이 안대로 실행되었다. 이 때 확정된 38도선은 형식적으로는 일본군의 무장해제를 위한 편의적 군사분계선이었다.[12)] 당시의 상황으로 보면 양국의 분할점령이 일본군의 항복 접수를 위한 군사적 편의로 이루어졌다고 볼 수도 있다. 그러나 미국과 소련의 분할점령은 분명한 의도가 있었기 때문에 이를 액면 그대로 받아들이기 어려웠다.

당시의 국제정치 전문가들은 38도선을 사이에 두고 나타난 미·소 간의 대립이 갖는 상징적 중요성을 즉시 인식하게 되었다. 강대국들이 한반도에 그은 인위적 분단을 종식시키고 한국에 독립을 부여하기로 협의한다면, 세계의 다른 지역에서도 장차 협조가 이루어질 것을 기대할 수 있었다.[13)]

II. 미국과 소련의 한반도 분할점령

1. 미군의 진주와 군정청

1) 미군의 진주 결정과 남쪽의 정치상황

히로시마와 나가사키에 원자폭탄이 투하되고 일본이 항복의사를 통보해 오자 8월 11일 태평양사령부 산하의 제10군(Tenth Army)은 한국 점령을 통고받았다. 제10군은 스틸웰(Joseph H. Stilwell) 장군이 지휘하고 있었고 예하에는 제24군단이 있었

10) 이완범, 『삼팔선 획정의 진실』, 지식산업사, 2001, 161면.

11) 미군이 가능한 북쪽으로 진출하여 일본의 항복을 접수해야 한다는 정치적 욕구와 이 지역에 도달하는 데 미군의 능력을 고려하여 분계선을 찾으라고 지시했다. Matray, *The Reluctant Crusade*, p.44.

12) 이완범, "분단의 배경," 이은호·김영재 공편, 『북한의 정치와 사회』, 서울프레스, 1994, 43-45면.

13) Matray, *The Reluctant Crusade*, p.52.

다. 8월 15일에 제24군단은 제10군의 통제하에 있다가 태평양사령부로 소속이 바뀌면서 규모도 확충되었는데, 이는 독자적인 한국점령 작전을 위해서였다.[14] 일본 항복 직후 태평양미국육군총사령부 맥아더(Douglas MacArthur) 사령관은 하지(John R. Hodge) 중장의 지휘 아래 오키나와에 주둔 중인 제24군단의 한반도 상륙 임무를 부여하였다. 1945년 8월 18일 트루먼 대통령은 조선 해방에 관한 성명서를 발표하였다. 즉, "이제 노예상태는 끝났다.… 조선이 자유 독립되어야 한다고 합의한 바 있는 미국, 중국, 영국, 및 소련의 원조와 더불어 위대한 건국이 이제 시작되었다.… 그러나 이 목표의 조기 달성은 조선인민과 연합국 국민의 공동 노력을 요구할 것이다. 미국 국민은 조선이 해방되어서 조선의 태극기가 조선 땅에서 다시 휘날리게 됨을 기대하는 바이다"라고 하였다.

일본의 항복에서 미군의 진주까지 남쪽의 상황은 혼돈 그 자체였다. 조선총독부는 반일폭동에 대비해 국내의 지도자들에게 과도정부 구성을 준비할 것을 요청하였고, 이미 비밀리에 여운형, 조동호 등이 조직했던 조선건국동맹은 5가지 조건을 제시했고 총독부는 이를 수락하였다.[15] 그러나 조선건국동맹은 해방 후에 조직활동의 혼란과 분열이 일어났고, 조선건국준비위원회('건준')가 조직되고 본격적으로 활동이 이루어진 후에는 발전적 해체를 결의하였다.

1945년 8월 15일 여운형은 안재홍 등을 영입하여 건준을 발족하였다. 위원장에 여운형, 부위원장에 안재홍·허헌 그리고 조직부장 정백, 선전부장 조동호 등 진용을 갖추었다. 설립목적은 민족의 총역량을 일원화하여 자주적으로 과도기의 국내질서의 유지에 있었는데, 건준이 조직화되는 과정에서 강령을 발표[16]하는 등 정권수립에 대한 의지를 표명하였고 그 조직을 지방으로도 확대하였다. 각 지방마다 조직의 이름은 달랐지만 140여 곳에 달해 전국적인 범위로 확대되었다. 건준은 9월 6일에는 600여 명으로 구성된 '전국인민대표자회의'를 소집하고 '조선인민공화

14) 신복룡, 『한국분단사연구: 1943-1953』, 143면.

15) 조선건국동맹은 1944년 8월 10일 국내의 사회주의자들이 일본의 패망과 조선의 해방에 대비하여 비밀리에 조직한 것으로, 전국적인 조직망을 가지고 있었다. 조선건국동맹이 요구한 것은 전 조선의 정치범·경제범 즉시 석방, 경성에 3개월분의 식량 확보, 치안유지와 건설사업에 간섭치 말 것. 학생 및 청년의 조직화에 간섭치 말 것. 조선 내 각 사업장의 일본인 노무자를 우리 건설사업에 협력시킬 것이었다.

16) 그 내용은 "① 우리는 완전한 독립국가의 건설을 기함. ② 기본요구를 실현할 수 있는 민주주의적 정권의 수립을 기함. ③ 우리는 일시적 과도기에 국내질서를 자주적으로 유지하며 대중생활의 확보를 기함"이라는 3개 항이었다.

국'을 선포하였다. 조선인민공화국은 해방 직후 조선공산당을 재건한 박헌영과 건준을 이끈 여운형의 연합체라 할 수 있는데, 미군 진주 바로 전날에 이루어져 전국의 주도권을 행사하고자 한 것이다. 이들은 아직 귀국하지 않은 이승만, 김구 등을 최고위로 추대하는 등 연합정치체의 성격을 나타내며 정부 행세를 하였다.

건준이 좌익적인 성향을 보이자 이에 반발하고 많은 민족주의계 인사들이 탈퇴하였고, 부위원장인 안재홍은 탈퇴하여 9월 1일 조선국민당을 창당하였다. 여운형의 건준에 가담하기를 거부한 민족주의자들은 중국 충칭(重慶)의 대한민국임시정부를 지지하고, 9월 7일 국민대회준비회를 송진우·김성수·서상일·김준연·장택상 등 330명의 발기인 이름으로 발족하였다. 민족주의 세력들은 '조선인민공화국'에 크게 반발하여 통합할 것에 합의하고, 9월 16일 천도교회관에서 100여 명의 대표자들이 모인 가운데 '한국민주당'(한민당)을 창당하였다. 그리고 영수로서 이승만, 김구, 이시영 등을 추대하고 당수격인 수석총무에 송진우(宋鎭禹)를 선정하였다.[17] 한민당은 조직화하면서 각 부서에 당시 대다수의 민족지도자들이 배치되었고, 대표적인 민족주의 민주세력이 되었다.

2) 미군의 조선총독부 접수

맥아더 사령관은 1945년 9월 7일 발표한 포고문 제1조에서 "조선 북위 38도선 이남의 지역과 그 주민에 대한 모든 행정권은 당분간 본관의 권한 하에서 시행"한다고 선포했다. 맥아더는 한국의 38도선 이남지역에 미군정의 수립을 공식선언한 것이다. 다음날 하지 중장과 제24군단이 인천으로 한국에 상륙하였다.

제24군단 약 72,000명의 미군은 소련이 최초로 북한지역에 들어온지 거의 한 달이 지난 9월 8일에 진주하였다. 하지는 미국 합참본부와 맥아더 사령관으로부터 일본군 항복접수와 일본제국주의 제거, 질서유지와 정부수립 기반 조성, 한국인들 스스로 국내 제반 문제 처리능력 훈련과 국가운영의 자치능력 향상 등의 임무 수행을 명령받았다. 그러나 하지는 야전사령관이었기 때문에 한국에 상륙할 때 일본군 무장 해제 이 외에 정치·경제적 문제에 대한 복안도 없었고 경험도 부족했다. 9월 8일 미군의 진주 이후 9일에는 일본의 항복문서 조인이 있었으며, 조선총독부 정문의 일장기가 내려지고 미국기가 게양된 것은 미군정의 시작을 알리는 것이었다.

17) 그러나 송진우는 12월 30일 한현우 등 6명의 피습을 받아 살해되었다. 송진우의 암살은 해방 후 최초의 정치테러였고 커다란 충격을 남겼다. 그 배후에 대해서는 밝혀지지 않았다.

당시의 상황은 9월 11일에 박헌영의 조선공산당이 출범하고, 조선인민공화국 중앙인민위원회는 계속 정부 행세를 하고 있었다. 하지는 한국인의 어떠한 정치활동도 허락하지 않았으며, '군정 이외의 어떠한 정부도 실제할 수 없음'을 분명히 했다.[18] 즉, "어떠한 정당이나 사회단체들의 활동도 만약 그것이 하나의 정부로서 시도된 행동이라면 불법행위로 규정될 것"이라고 하였다. 미군정은 14일 총독부의 일본인 관리들을 행정고문으로 두고 식민지 통치기구를 이용하였다. 18일에 미군 장교를 각 국장에 임명하면서 다음날부터 '재조선 미육군사령부 군정청'이라는 정식 명칭을 사용하였다. 이로써 미군정이 정부기능을 수행하고 물리적 강제력을 독점하여 안보와 치안을 재조직화해 나갔다.

당시 한국의 치안은 부재상태여서 미군정이 부담을 가진 것은 사설 군사단체의 난립이었다. 이들은 조국 수호라는 이름으로 격동기에 사설 단체를 조직하였다. 조선임시군사위원회, 학병동맹, 대한국군준비위원회, 대한무관학교, 조선국군준비대 등 크고 작은 단체가 3천여 개였다. 미군정은 1945년 9월 14일에 '군정명령 제28호'로 '사설 치안조직 해산령'[19]을 발표하는 한편, 9월 17일 경무국과 수도 경찰청 이하 13개 경찰국의 조직정비에 착수했다. 일본인이 맡고 있던 경찰업무가 한국인에게 인계되고, 10월 21일에는 경무국장에 조병옥이 임명되었다. 한편 미군정은 1945년 11월 '국방사령부의 설치'에 대한 법령을 발표하였는데, 그 내용에는 "조선의 독립을 준비하며 주권의 보호와 안전에 필요한 병력을 준비하기 위하여 조선군정청 국방사령부를 설치하고, 경무국과 군무국을 둔다"고 되었다. 이와 같이 국방사령부에는 치안을 맡는 경무국과 군사업무를 담당하는 군무국이 있었는데, 경무국이 주요 업무였고 군무국은 부수적인 것이었다.

3) 정치세력의 혼재와 미군정청의 역할

미국 국무부는 임정에 대한 불승인 정책을 고수하면서 남한 내의 정치적 안정을 목적으로 이승만과 임정요원들의 귀국을 주선해 주었다. 1945년 10월 16일, 미국

18) 신복룡, 『한국분단사연구: 1943-1953』, 148면. 이는 미국의 한국 임시정부에 대한 불승인 정책으로, 개인 자격으로 미군정에 참여하는 것은 환영하지만 개인이나 단체에 공식 지위를 부여하지 않는다는 의도였다.

19) 해방 직후 치안은 일본 경찰과 헌병이 맡았으나 그들의 안위조차 장담할 수 없는 상황으로, 치안대나 자위대의 이름으로 치안대, 보안대, 경위대, 조선학도대 등 수많은 자경단이 생겨나 질서를 유지하려 하였지만 치안상태가 매우 불안하였다.

은 한국의 독립운동가들의 귀국을 위한 수송수단을 제공할 것이라고 공식적으로 발표했다. 이승만이 먼저 귀국을 하였는데, 독립운동과 민족지도자로 확고한 위치에 있는 인물이었다. 미군정의 반대로 한 개인의 자격으로 귀환하였으나, 오는 길에 이승만은 동경에 기착하여 맥아더를 만나기도 하였다. 10월 21일 이승만은 미점령군을 위한 축하 모임에 나타났고, 하지는 군중 앞에 그를 소개하면서 "자신의 전생애를 한국의 자유를 위해 바친 위대한 인물"이라고 소개하였다. 이승만이 귀국하자 남한의 정치지도자들은 그를 찾아와 자기 단체의 지도자가 되어 줄 것을 요청하였다. 10월 23일에는 각 단체 대표 200여 명이 모인 조선호텔에서 독립촉성중앙협의회를 결성하기로 결의하였다. 이승만은 아주 적극적인 반공주의자였다. 그는 독립운동지도자로서 반일감정의 소유자였지만 그의 반공의식은 더 철저했다. 그의 반공의식은 해방 후의 정치투쟁에서 생겨난 것이 아니라 망명시절부터 이미 굳어진 가치관이었다.[20]

1945년 11월 23일 김구, 김규식, 이시영 등은 임정의 국무위원들과 미군 수송기편으로 서울에 돌아왔다. 상해임시정부의 요인들은 상해임시정부가 미군정에 의해 정부로서 인정을 받지 못했기 때문에 개인자격으로 귀국하게 되었다. 이들은 입국에 앞서 "나는 38도선 이남의 지역이 미군의 군정을 받고 있다는 사실을 인정하며, 이 지역에 머무는 동안 군정이 끝날 때까지 군정 당국의 법과 규칙을 준수할 것에 동의"한다는 서약을 하고 입국하였다.

하지의 미군정 하에서 총독부의 총독과 정무총감, 총독관방을 최고사령관과 군정장관, 민정장관이 대신하였다. 총독부의 기본 틀을 중심으로 국과 과를 유지, 변형하고 폐지시키는 작업을 진행시켰다. 총독부의 각 국장까지 포함하는 모든 고위직은 미군 장교들로 충원하였고, 일본인 국장들은 약 2개월간 고문으로 남아서 그들의 업무를 미군정에 인계하였다. 미군정은 군정장관의 고문으로 김성수를 비롯한 한국인 11명을 임명하고 한국 통치에 있어 그들의 조언을 구하기도 하였다. 이들은 우익 민족진영의 대표적인 한민당 인사들이어서, 미군정에 적극 참여하여 실질적으로 미군정의 여당적 지위를 차지하였다. 지방은 일제시대의 행정구역을 그대로 승계하여 미군의 영관급 장교를 도지사로 임명하고 미국에서 귀국한 한국인 유학생으로 하여금 그들을 보좌케 하였다.

20) 정윤재, 『정치리더십과 한국민주주의: 한국의 대통령 리더십연구』, 나남, 2013, 185면.

미군정이 전술군의 지휘체계에서 분리되기 시작하여, 1946년 1월 4일 독자적인 중앙집권적 민사행정조직의 수립으로 군정청이 정식으로 발족되었다. 러취(Archer L. Lerch) 소장이 군정장관에 취임했다. 제1차 미·소공동위원회가 결렬된 1946년 5월 이후 미군정은 통치기구의 한국화 작업을 추진하였다. 하지 중장은 1946년 8월 31일, 미국인들은 가능한 한 한국을 직접 통치하지 않아야 할 단계에 이르렀다고 강조하였다. 하지의 지시에 따라 군정장관은 9월 11일 한국인 부장들을 모아 놓고 이제부터는 그들이 통치의 책임을 전부 맡고 미국인들은 자문 역할을 해야만 할 것이라고 강조하였다. 그리하여 실제로 각 부(部)의 부장은 한국인이 맡고 미국인은 고문의 직위로 물러섰다.[21] 미군정기구는 남한에 과도정부가 수립된 1947년 7월까지 13부 6처를 갖게 되었다.

일제 하에서 서로 연계되지 못하고 분열되어 있던 민족주의 세력들이 미군정이 정치적 중립을 표방하자, 자신들의 존재감을 과시하며 세력경쟁을 벌이게 되었다. 어떠한 정치세력도 한민족 전체를 대변할 대표성을 획득하지 못했다.[22] 이 당시 수많은 정당과 사회단체가 결성되어 이합집산을 거듭하였다. 남한에서 정치세력을 나누어 보자면 좌·우·중도파로 구분할 수 있다. 박헌영을 중심으로 한 조선공산당에서 후에 남로당으로 이어진 정치세력은 좌익의 대표적인 세력이었다. 또한 여운형이 이끌었던 인민당-근로당으로 이어지는 중도좌파세력과, 김구와 김규식을 중심으로 민족자주연맹을 결성하였던 중도우파의 한독당 세력이 있었다. 우익진영으로서 민족주의를 대표하는 김성수, 송진우 등의 한민당 세력을 들 수 있다. 또한 독립촉성중앙협의회-독촉국민회로 이어지는 이승만을 중심으로 한 세력 등이다. 이들 각 세력은 자신의 계급적 기반과 이해관계 그리고 이데올로기에 따라 독자적인 정치활동을 전개하였다.

2. 소련 점령군사령부와 북쪽의 정치활동

1) 소련 점령군사령부와 산하세력의 입북

소련 극동군 총사령관 바실레프스키(A. M. Vasilevskii) 원수는 한반도 점령의 책임을 극동군 산하 제1방면군 사령관 메레치코프(Kirill A. Meretskov) 원수에게 맡겼

21) 이정복, 『한국정치의 분석과 이해(개정증보3판)』, 서울대학교출판문화원, 2010, 20-23면.

22) 김영명, 『고쳐쓴 한국현대정치사』, 65면.

다. 이에 따라 메레치코프 사령관은 제1방면군 휘하의 제25군 사령관 치스차코프(Ivan M. Chistiakov) 대장에게 그 임무를 수행하게 하였다. 극동군은 8월 12일에는 경흥과 웅기, 그리고 함경북도 나진항과 청진항을 차례로 점령했다. 소련군 선발대는 24일 평양과 함흥에 공수되었는데, 25일과 26일에 38도선까지 진주하여 38도선 경계에 임하였다. 치스챠코프 사령관은 8월 24일 함흥을 거쳐 8월 26일 평양에 도착해 '조선주둔 소련 점령군사령부'를 설치하였다. 38도선의 경계 완료는 9월 28일에 끝났다. 소련 점령군은 1945년 12월에 20만명이었고, 다음에 1월에는 37만명으로 증강되었다.

소련 점령군사령부는 평양에 진주하면서 발표한 첫 포고문에서 조선 사람들은 해방되었으며, 그들의 장래 행복은 그들 자신의 손에 달려 있다고 천명하였다. 조선에서는 독립이 주어졌으며 조선 사람들은 자신들의 행복을 스스로 가져와야 하며, 점령당국은 이러한 조선 사람들의 노력에 대해 그들이 할 수 있는 모든 방식으로 도와 줄 것이라고 선언했다. 이러한 선포에도 불구하고 대부분의 혁명가들은 남쪽으로 돌아왔고, 북에서 남으로 오는 피난민들의 행렬도 끊임없이 이어졌다.[23]

해방이 되자 북쪽에서 두드러진 활동을 한 것은 조만식을 중심으로 한 인물들이었다. 조만식은 서울에서 조직된 건준의 평남지부 결성을 주도하였고, 이는 북쪽의 다른 지역으로도 파급되었다. 소련 점령군사령부는 조만식에게 협력을 구하였고, 조만식도 그들의 의도를 정확하게 파악하지 못하고 조력자로써 생각했던 것 같다. 이러한 상황에서 김일성, 김책, 최현, 김일 등이 원산을 거쳐 평양에 들어 온 것은 9월 19일이었다. 김일성은 귀국하기 전에 스탈린을 면담했고, 이는 소련 위성국가 수립의 책임자로의 낙점을 의미하는 것이었다. 군사위원인 레베데프(Nikolai G. Lebedev) 소장도 김일성이 평양에 도착하자 그를 예우했고, 10월 14일에는 소련군 환영대회('김일성장군 평양시민환영대회') 등을 열면서 김일성 중심으로 정치구도를 설계해 나갔다. 그러나 소련 점령군사령부는 조만식과 김일성의 관계를 우호적으로 유지시켜 나가려 하였고, 환영대회에서 김일성이 조만식의 소개로 평양시민들에게 인사를 하였다.[24]

소련군이 북쪽에 진주하면서 함께 들어오거나 후에 평양에 파견한 사람들을 소

23) 서대숙, 『북한의 지도자 김일성』, 청계연구소, 1989, 57면.
24) 이승현, "북한 정권의 수립과정," 이은호·김영재 공편, 『북한의 정치와 사회』, 서울프레스, 1994, 84면.

련파라 한다. 이들은 소련국적의 한인 2세들로 군대에 소속되었거나 고등교육을 받은 사람들로서 점령군사령부가 이북에서 정착하고 사회를 조직화하는 데 큰 역할을 했다. 1945년 8월부터 다음에 9월까지 소련이 이북에 입국시킨 소련파는 200여 명에 달했으며, 대표적인 인물로는 박창옥, 허가이, 박의완, 남일 등이 있다.

2) 북쪽 지역의 정치조직화와 민정관리총국

한편 북쪽에 좌익의 당 조직이 재건되었는데 평양을 중심으로 한 평안남도 지역에서 먼저 움직였다. 평양에서는 현준혁의 활동이 두드러져 '조선공산당 평남지구위원회'를 8월 17일 출범시켰다. 또한 함흥, 홍남 지역에는 오기섭, 정달헌, 주영하 등의 국내파 공산주의자들이 활발하게 움직였다. 소련 점령군사령부는 이들과도 접촉하면서 자신들이 북쪽의 조직이나 단체들을 조율해 나갔다. 김일성 중심의 갑산파와 허가이 등의 소련파는 전적으로 소련의 지원을 받으면서, 평양과 지방에서 정치활동을 전개해 나갔다.

소련 점령군사령부는 북쪽 지역에 직접 군정청을 설치하지 않고 자율권을 주는 모습을 보여 주었다. 그러나 실제로는 군사령부 안에 '민정관리총국'을 두어, 모든 일을 이 기구가 처리하고 있어 무늬만 '민정'의 모습을 보여 주었을 뿐이다. 민정관리총국의 책임자는 로마넨코(Andrei A. Romanenko) 소장이 맡았다.[25] 소련이 한반도 점령을 다루면서 미국보다 훨씬 잘 준비되어 있음을 보여주는 것이었다. 소련 점령군사령부는 공산주의자들과 밀접하고 효율적 관계를 수립하고, 상술한 바와 같이 조만식과 같은 지도자와도 국내문제를 상의하는 성의를 보였다.

소련 점령군사령부는 평양이 조만식의 주도 아래 있는 것이 거슬렸다. 조만식에게 광범위한 세력을 망라한 조직개편을 제시하면서 평남건준의 해체를 요구하였다. 이리하여 평남건준은 국내 공산주의자 현준혁 중심의 조선공산당 평남지구위원회와 합쳐 로마넨코 소장의 주도 하에 좌우연합체인 평남인민정치위원회를 좌·우파 동수로 조직하였다.[26] 당시 중앙정부는 없었으므로 각급 인민위원회가 지방연립정부 역할을 하고, 평남인민정치위원회가 중앙정부 역할을 했고 위원장은 조만식이 맡았다. 소련 점령군사령부는 좌익 세력들이 '조선인민공화국'과 지방인민

25) 김창희, 『북한 정치사회의 이해(제4판)』, 법문사, 2006, 41-42면.

26) 현준혁은 조선공산당이 평양에 파견한 공산주의자로 박헌영의 정치노선을 따랐는데, 1945년 9월 28일 평양시청 앞에서 총격에 의하여 암살되었다.

위원회들을 장악하고 있다는 사실을 인식하고 이는 미국보다 소련에 유리하다고 보았다. 북쪽의 임시인민위원회는 9월 6일 서울에서 개최된 '전국인민대표자회의'에 대표단을 파견하였다. 그 당시 여운형의 '조선인민공화국'이 전국의 행정권을 장악하게 될 것으로 기대했기 때문에 그들 스스로 5도 임시인민위원회를 조직하였던 것이다.[27]

그러나 남쪽의 미군정청이 설립되면서 실질적으로 중앙정부의 권위를 지녔던 평남인민정치위원회는 북한의 각 도 인민위원회를 통합하여 10월 28일 북조선 5도 행정국으로 발전하였다. 1946년 2월 9일에 '북조선 임시인민위원회'라는 임시정부를 수립하고 정치제도를 소련식으로 바꾸었다. 이렇게 소련 점령군사령부는 허가이 등의 소련파를 데려와 스탈린식의 체제를 수립한 것이다.

3) 조선공산당 북부분국에서 북조선 로동당으로

소련이 북쪽에서 해야 할 중요한 것은 공산당의 창설이었다. 이미 박헌영을 중심으로 하는 조선공산당이 창립되었고, 해방과 더불어 9월 11일 서울에서 이를 재건하였다. 그러므로 1945년 10월 10일에서 13일까지 4일 동안 '서북5도 당책임자 및 열성자대회'가 개최되어 조선공산당 북부조선분국의 설치를 결정하였다. 소련 점령군사령부는 이 대회에서 창설된 '조선공산당 북부분국'을 조직국이라 불렀다. 분국 설립 후 10월 23일 서울의 조선공산당 중앙위원회 승인 절차까지 밟았다. 그러나 이같이 형식상으로는 박헌영의 승인 하에 분국을 세웠지만, 분국 설립과정은 김일성이 주도했고 이는 독자적인 공산당 조직의 착수였던 것이다. 조직국 제1비서에는 김용범, 제2비서 오기섭 그리고 조직부장에는 김일성이 선출되었다.[28] 함경남도를 지키던 오기섭이 9월 말부터 평양에서 정치활동을 시작했고, 완고한 원칙주의자 오기섭은 김일성과 사사건건 대립하게 된다.[29]

1945년 12월 13일 중국에서 공산당의 비호 아래 '화북조선독립동맹'을 조직해 항일운동을 했던 소위 연안파의 공산주의자들이 입국했다. 김두봉, 최창익, 무정, 윤공흠 등이었는데, 당시 소련 점령군사령부가 김일성파를 중심으로 공산당 분국을

27) 전득주, 『세계의 분단 사례 비교연구』, p.65.

28) 백학순, 『북한 권력의 역사』, 한울아카데미, 2010, 45-48면.

29) 분국 출범 이후에도 오기섭과 그의 지도하에 있던 함경남도 도당은 김일성 중심의 조선공산당 북부 조선분국 지도에 따르지 않으려 하였다. 안문석, 『오기섭 평전』, 전북대학교 출판문화원, 2013, 43면.

조직하고 있었기 때문에 이들이 운신할 수 있는 폭이 좁을 수밖에 없었다. 이들 연안파는 1946년 2월 16일, 김두봉을 위원장으로 조선신민당을 창당하고 중산층을 지지기반으로 정치적 입지를 확대시키려 하였다.

1945년 12월 17일에서 18일 양일 간에 평양에서 조선공산당 북조선조직위원회 제3차 확대집행위원회가 소집되었고, 이 때 김일성은 북조선 북부분국 최고책임자로 부상하였다. 김일성이 공식적으로 당 책임비서에 오름으로써 공식적으로 오기섭을 누르고 당권을 장악한 것이었다. 이는 국내파 오기섭은 말할 것도 없고 남한에 있는 조선공산당 중앙인 박헌영까지도 제치면서 소련의 후견 하에 확실하게 김일성 자신의 위치를 굳힌 것이다. 1946년 조선공산당 북조선 북부분국 제7차 회의에서 명칭이 북조선공산당으로 변경되었다. 이는 이제 분국이 아니라 하나의 정당이라는 의미를 갖는 것이기도 했으며, 다른 정당과 통합시키기 위한 소련 점령군사령부의 조치이기도 했다.

이 같은 상황에서 1946년 7월 28~29일에 북조선공산당과 조선신민당 중앙확대연석회의에서 양당 합당이 추진되었고, 8월 28일부터 30일까지 3일간에 걸쳐 평양에서 북조선 로동당 창립대회를 개최하고 지도부 구성에 들어갔다. 위원장에 김두봉, 부위원장에 김일성·주영하가 선출되었는데, 이는 통합 반대의 무마를 위한 다른 계파에 대한 배려였다. 당시 소련의 입장은 공산당과 신민당이 따로 존재하는 것은 전혀 무의미하고 해로울 뿐이고, 당의 통일적 지도 밑에 근로대중이 뭉쳐야 한다는 것이었다. 그 후 당 중앙위원회는 남조선 로동당이 창건되는 데 커다란 영향력을 행사했다. 이렇게 남·북 로동당의 결성은 김일성과 박헌영의 위상을 결정적으로 바꾸어 놓았다.[30]

소련군이 진주한 상황에서 북쪽에는 조만식의 건준 세력과 오기섭 등의 토착 공산주의 세력이 주도권을 행사하려 하였지만, 점령군사령부가 설치되면서 모든 것을 그들의 의도대로 조직화해 나갔다. 이렇게 소련 점령군사령부가 주도하는 가운데 김일성파, 소련파, 국내 공산주의자들이 혼재하는 양상을 보였다. 그러나 점령군사령부는 전적으로 김일성파에게 힘을 실어 주었는데, 민간행정을 담당했던 이그나체프(Alexandre M. Ignatiev) 대령은 김일성의 권력 장악과 유지를 지원했던 핵심인물이었다.[31] 소련의 지시에 따라 로마넨코 소장과 이그나체프 대령이 김일성

30) 김창희, 『북한정치사회의 이해(제4판)』, 45면.

31) 이그나체프 대령은 소련 점령군이 철수한 이후에도 소련대사의 고문으로 북한에 남아 있다가

을 중심으로 하는 당을 창설할 것을 도와 줌으로써 북쪽의 소비에트화 과정을 완성시켜 나갔다.[32]

Ⅲ. 미소공동위원회와 미국과 소련의 대립

1. 모스크바 3상회의와 미소공동위원회 개최 합의

한반도의 신탁통치안은 카이로회담 전후 시기 미·영·소·중의 공동 관심사였고, 상술한 바와 같이 얄타회담에 이르러 루스벨트와 스탈린의 비공식 합의였다. 트루먼은 루스벨트보다 신탁통치안을 더욱 대소(對蘇) 전략상의 관점에서 인식하게 되었다. 다자간 국제협력이라는 시각보다는 동유럽에서 소련 팽창주의의 연장을 한반도에서 저지한다는 것이었다. 그리하여 신탁통치안은 소련이 한반도를 장악하는 것을 막기 위한 수단이 되었다. 신탁통치에 대한 구체적인 합의가 없는 상태에서 38도선의 분할과 미·소 양군의 점령은 한반도의 독립을 더욱 어렵게 만들었다.

미·소 양군에 대한 분할점령 문제점을 미국과 영국 그리고 소련이 해결하기 위하여 외상들이 모스크바에서 만났다. 1945년 12월 16일에서 26일까지 모스크바의 3국 외상회의에서 미·영·소·중 4개국에 의한 5개년의 신탁통치안이 구체화되었다. 모스크바회의에 참석한 소련대표는 미국의 초안을 검토한 후 독자의 안을 내놓았다. 이 안은 미국의 수정을 거친 후 27일에 '모스크바협정'으로 결정되었다.[33] 미국과 소련의 합의는 향후 자신들 주도의 의지를 관철시키려는 생각을 담은 상태를 결정한 것이었다.

모스크바 3상회의에서 4개국의 신탁통치안이 발표되자 한반도 정치상황은 미묘하게 돌아가고 있었다. 군정의 책임자인 하지는 신탁통치안을 달갑게 생각하지 않

6·25한국전쟁 중에 미군의 공습을 받아 평양에서 사망했다. 김창희, 『김정일의 딜레마』, 인물과 사상사, 2004, 51면.

32) 서대숙, 『북한의 지도자 김일성』, 62면.

33) 그 내용은 한국에 미·소공동위원회를 설치하고 일정 기간의 신탁통치에 관하여 협의한다. 구체적으로 첫째, 한국을 완전한 독립국으로 발전시키기 위해 임시정부를 수립한다. 둘째, 한국 임시정부를 수립하기 위해 미국과 소련의 양군 사령부 대표로서 미-소공동위원회를 2주일 이내에 구성한다. 셋째, 한국의 완전한 독립을 목표로 미국, 소련, 영국, 중국 4개국에 의한 최고 5년간의 신탁통치안을 협의한다.

았으나, 그의 성격상으로나 본국의 정책이었기 때문에 이를 실행할 길을 모색하지 않을 수 없었다. 그러나 일제식민지를 겨우 벗어난 한국인들은 또 다시 외세의 지배를 받아들일 수 없었다. 신탁통치안은 하지와 우파 지도자 간의 협력을 가로막았을 뿐만 아니라 좌우의 남한 내 정치세력 간에도 타협을 불가능하게 만들었다. 미국 정부의 입장을 대변해야 할 입장의 하지는 심각한 딜레마에 빠져들었는데, 신탁통치를 포기하지 않는 한 이승만과 김구를 비롯한 한국의 우파 지도자의 지지를 얻어낼 수 없었다.[34]

처음에는 좌익세력들도 독립을 위해 신탁통치에 반대하였지만, 소련의 지시에 따라 며칠 사이에 이를 찬성하는 입장을 견지하였다. 결국 남한 내 정치세력은 찬탁과 반탁 세력으로 분열하게 되었는데, 전자는 좌파 공산진영으로 후자는 우파 민족진영으로 뚜렷이 구분되었다.[35] 이러한 상황에서 미군정은 사실상 신탁통치안을 폐기하면서 우익 강화와 3상회의에서 합의한 위원회 구성에 나섰다. 좌·우익 간의 치열한 투쟁이 전개되는 가운데, 1946년 1월 16일 덕수궁에서 미국측 대표로 군정장관인 아놀드(A.V. Arnold)와 소련측 대표로 스티코프(Shtykov) 장군이 참석하여 미소공동위원회 예비회담을 가졌다. 여기에서 신탁통치 문제와 임시정부 수립을 위한 논의를 하려고 하였으나, 더 이상 진전 없이 1개월 내에 미소공동위원회만 설치할 것을 발표하고 끝냈다.

2. 미소공동위원회와 협의대상 문제

제1차 미소공동위원회 1946년 3월 20일 서울에서 개최되었다. 여기에 참여한 미국과 소련 대표에게 가장 중요한 것은 초반의 주도권을 잡아 자신들에게 유리하게 회의의 환경을 조성하는 것이었다. 그렇기 때문에 어떠한 정당과 사회단체를 위원회에 참여시킬 것인가를 둘러싸고 논란이 일었다. 소련 대표는 임시정부 수립을 위한 한국 내 협의대상으로 모스크바 3상회의의 결정을 지지하는 여러 정당과 사회단체만을 선정해야 한다고 하였다.[36] 이에 대하여 미국 대표는 민주주의사회에

34) 김용호, "대한민국 정부수립과정에서 이승만의 역할에 대한 재평가: 미군정시기 미한반도 정책을 둘러싼 이승만-하지의 갈등과 협력관계분석," 『한국정치연구』, 제20집 제2호, 서울대학교 한국정치연구소, 2011, 117면.

35) 위의 논문, 117면.

36) 북한 자료에는 "소련측은 모스크바 3상회의 결정을 실천하고 최단기간 내에 조선민주주의 임시

서는 표현의 자유가 있고 그 때문에 신탁통치를 반대한다고 해서 주요 정당이나 사회단체를 배제하는 것은 부당하다고 맞섰다. 미국측은 정당과 사회단체 문제가 진전을 보지 못하자, 이를 미루고 남북간 경제교류를 통한 38도선 철폐 문제를 다루려 했으나 이 또한 소련의 반대로 이루어지지 못했다.[37] 결국 미소공동위원회는 여러 정당과 사회단체의 참여에 관한 타협안을 도출하였다. 미소공동위원회에서 4월 17일에 합의된 사항은 협의대상이 될 정당과 사회단체는 서약서에 서명을 하여야 한다는 것이었다. 그 서약서 내용의 골자는 모스크바 3상회의 결정사항을 지지한다는 것이다. 그러나 문제는 선언서의 서명이 신탁통치를 수용하는지의 여부를 놓고 미·소 간에 논란이 계속되었다. 제1차 미소공동위원회는 이같이 의견 대립으로 결실을 거두지 못하고 5월 6일부터 휴회에 접어들었다.

제1차 미소공동위원회가 휴회에 들어가자 남한에서 좌익 중심의 미소공동위원회 참여파와 우익 중심의 불참파로 나누어졌다. 좌우익의 대립이 격화되면서 이승만을 중심으로 한 우익진영은 단독정부 수립 계획을 본격화하기 시작하였고, 신탁통치 반대에 함께한 김구는 남북통일정부 수립을 주장하고 단독정부 수립에 반대하였다. 미군정은 모든 민주정당의 진정한 정치연합을 만들어야 한다고 주장하였다. 미군정은 정치연합을 추진하기 위하여 여운형과 김규식을 설득하여 좌우합작운동에 참여하도록 하였다.[38] 친미적인 입장에서 모스크바협정을 지지하는 중간파를 내세워 공동위원회에서 미국측의 입장을 관철하려는 것이었다. 미국은 이승만과 김구 대신 여운형과 김규식을 한국정치의 중심세력으로 육성하려 하였다. 1947년 7월 좌우합작위원회가 수립되고, 10월에 위원회에서 7개 원칙을 제정하였다.[39] 하지는 국무부의 지시에 따라 좌우합작을 추진하기는 하였으나, 본국에서 보는 것과 현장에서 느끼는 것과는 달라 중간파에 의한 연합세력 구축의 가능성에 회의적이

정부를 조직하려는 주장을 견지하면서, 모스크바 3상회의 결정을 반대하고 일어선 반역도당들의 반민주주의적 행동을 지적하면서 제 정당 및 사회단체와 더불어 협의하는데 반탁 그룹을 제외하고 모스크바 결정을 전적으로 지지하는 민주주의적 제 정당과 사회단체만을 협의대상으로 규정할 것을 요구하였다"라고 되어 있다. 『조선중앙연감』, 평양: 조선중앙통신사, 1949, 35면.

37) 이 문제에 대해서는 "소련 대표단은 반동정당과의 협의를 거부하였다. 그와 동시에 미국 대표단은 모스크바회의 결정을 올바르게 실천할 것을 태만회피하면서, 조선의 경제적 통일문제와 38도선 철폐를 주장하였다. 소련 대표단은 이 문제는 조선인민 자신이 해결할 것이며 미소공동위원회의 권한이 아니라고 지적하였다"라 하고 있다. 위의 책, 36면.

38) 김용호, "대한민국 정부수립과정에서 이승만의 역할에 대한 재평가," 118면.

39) 여기에는 모스크바 3상회의 결정에 의하여 남북을 통한 좌우합작으로 임시정부 수립, 미소공동위원회 속개, 토지개혁, 친일파 처리, 입법기구 설치 등이 포함되어 있다.

었다. 좌우합작운동은 중도세력의 입지와 역량 문제, 좌파와 우파의 협조 실패 등 많은 문제점을 안고 있었다.

3. 제2차 미소공동위원회 결렬

1947년 5월 21일, 제2차 미소공동위원회가 재개되었다. 회의가 속개되자 남한의 정당과 사회단체들은 발빠른 움직임을 보였다. 좌익계와 중간파는 물론 우익계도 참여를 결정하였다. 단독정부 수립운동을 벌이던 한민당과 한독당의 일부도 공동위원회 참여를 표명하였다. 이승만과 김구의 추종세력을 제외한 거의 모든 정당과 사회단체가 공동위원회에 참가 청원서를 제출하였다.[40]

미소공동위원회는 6월 25일에 서울에서 남한의 정당 및 사회단체와 합동회의를 가졌다. 그리고 6월 말에는 평양으로 자리를 옮겨 본회의와 북한의 정당·사회단체와 연석회의를 가졌다. 그러나 제2차 미소공위원회도 협의대상 문제를 둘러싸고 제1차위원회 때의 대립으로 되돌아가 교착상태에 빠지게 되었다.

미소공동위원회 대표로 평양을 방문하고 돌아온 미군정 정치고문 제이콥스(Joseph Jacobs)는 1947년 7월 7일 국무장관에게 "소련은 이미 북한에 모든 형식을 갖춘 한국인 공산주의국가의 수립을 완료하였다"며, "미소공동위원회가 궁극적으로 모스크바협정을 이행하는 데 성공한다 하더라도 남한과 북한을 통합시키기는 어려울 것"이라고 보고하였다. 이것은 당시 상황에 대한 객관적인 판단이었고, 앞으로의 정책 방향을 시사하는 것이었다. 이제 미국과 소련은 각기 자신들이 선택한 정부 수립의 파트너에게 권력을 어떻게 이양할 것인가가 하는 것이 문제였다. 그들이 표면적으로 어떤 정책을 추진하고 협의하더라도 그것은 정책을 정당화할 명분과 수순일 뿐이었다는 것에 공감한다.[41]

한편 제1, 2차 미소공동위원회 기간 동안 남한에서 발생한 9월 총파업이나 10월 인민봉기[42]와 같은 사회단체의 운동은 좌익의 정치세력과 연결되어 있어, 민중들

40) 회의가 열리는 6월 25일까지 청원서를 제출한 남쪽의 정당·사회단체는 425개였고 북한은 36개였는데, 이들이 주장하는 전체 회원수는 7,000만명이나 되었다. 이는 당시의 남북한 인구의 거의 3배나 되는 숫자로 복수의 가입을 감안하더라도 완전히 부풀려진 것이었다.

41) 박명림, "한국의 국가형성, 1945-48: 미시적 접근과 해석," 이우진·김성주 공편, 『현대한국정치론』, 사회비평사, 1996, 113면.

42) 미군정기 발생한 1946년의 9월 총파업은 조선노동조합전국평의회가 부산철도노조 파업을 시작으로 전국적으로 일으킨 것으로 정치투쟁 양상을 보였고, 10월 인민봉기는 '미곡수집령'에 반발하여

의 생존권 투쟁이 남로당 하부조직에 연결되어 과격투쟁으로 나타났다. 좌익세력은 민중의 개혁 열망을 정치적으로 포용하지 못하고 과격한 정치투쟁으로 끌어갔는데, 이들은 박헌영의 폭력투쟁 노선의 일환으로 촉발된 측면이 컸다.[43] 이 기간 동안 미군정은 남쪽에서 불법 파괴운동 자행을 이유로 남로당 및 좌익인사에 대한 대대적인 검거에 나섰다.[44] 소련측은 이를 공동위원회사업의 반대라고 하였다. 이에 미군정은 내정간섭이라면서 북한에 감금된 주요 인사를 석방하라고 맞섰다.

결국 소련측 대표 스티코프는 서울 철수를 발표하고 10월 21일 대표단 50여 명이 평양으로 출발하였다. 이리하여 제2차 미소공동위원회는 아무런 결실도 맺지 못하고 막을 내리게 되었다. 미국과 소련이 서로에게 책임을 전가시키면서 자신들의 주장을 반복한 것은 한반도에 대한 상이한 이해관계에서 비롯된 것이다. 양국은 모두 한반도에 친미 또는 친소의 임시정부 수립에 목적이 있었기 때문에 미소공동위원회는 해체될 수밖에 없었다.[45]

상술한 좌우합작운동은 통일임시정부 수립을 지향하면서 한동안 활기를 띠었으나, 1947년 7월 19일 합작운동의 핵심인물인 여운형이 암살되면서 구심점을 잃었다. 그 후 상술한 미소공동위원회의 결렬과 한반도 문제의 유엔 이관으로 12월 좌우합작위원회는 공식으로 해체되었다.

Ⅳ. 한반도 문제의 유엔 이관과 남북정치협상회의

1. 미국에 의한 한반도 문제 유엔 이관

제2차 미소공동위원회가 결렬된 이후 1947년 9월, 미국은 소련의 반대에도 불구하고 한반도 문제를 제3차 유엔총회에 이관시켰다. 미국의 마셜(George C. Marshall)

대구에서 시작하여 남쪽의 전 지역에 걸쳐서 전개되었다.

43) 김영명, 『고쳐쓴 한국현대정치사』, 62면.

44) 박헌영은 이같이 신탁통치 지지와 남로당 활동을 지휘하다가, 1946년 9월부터 미군정의 지명수배가 내려져 10월에 38도선 가까운 도시인 황해도 해주로 탈출하였다. 여기에 남로당의 북조선중앙을 설치해 함께 온 이승엽 등과 남쪽의 남로당 활동을 지도하였다. 서대숙, 『북한의 지도자 김일성』, 83면.

45) 전득주, 『세계의 분단 사례 비교연구』, 75면.

국무장관은 9월 17일 유엔 연설에서 미국과 소련이 합의하여 도달될 수 없는 상황에서 더 이상 독립을 연기시켜서는 안된다고 발언하였다. 이에 주 유엔 소련대표 비신스키(Andrei Vyshinsky)는 조선의 독립 문제를 유엔총회의 의제에 포함시키는 것은 모스크바협정의 위반이라고 미국을 비난하였다. 소련의 반대에도 불구하고 유엔총회는 정치위원회에 한반도 문제를 심의하여 보고하도록 위임하였다.

그러나 소련의 미국 책임론과 미국의 대안론 공방은 계속되었다. 10월 10일에 소련 외상 몰로토프(V.M. Molotov)는 미국의 마셜 국무장관에게 보낸 서한에서 미국이 남쪽의 반동정당과의 협의를 고집함으로써 모스크바협정의 이행을 저지했다는 주장을 되풀이하면서 유엔의 한반도 문제 심의에 반대하였다. 이에 대한 미국의 반응은 더 이상 미·소 간의 협의가 불가능하기 때문에 유엔에 의한 국제적 고려만이 유일한 대안이란 것이었다.[46] 10월 17일에 미국의 유엔대표 오스틴(Warren R. Austin)은 한반도 문제에 대한 결의안 초안을 정치위원회에 제출하였다. 이 안에는 1948년 3월 31일 이전에 유엔 임시위원단 감시 하에 총선거를 실시하고, 임시정부 수립 후 미·소 양군 철수를 규정하고 있다. 즉, 총선에서 국회의원 수는 인구비례로 정하고, 이들에 의해 국회와 정부를 구성하여 점령군간의 협정에 따라 양군이 철수하자는 것이었다. 소련도 결의안 초안을 제출했는데, 미·소 양군의 철수와 남북 대표 초청 문제가 포함되어 있었다.

유엔 정치위원회의 한반도 문제 논의 과정에서 남북대표단의 참석이 중요한 변수가 되었다. 소련은 1947년 10월 30일, 남북대표단 참여 없이 유엔 임시위원단을 구성한다면 위원회 활동을 거부할 것이라는 성명을 발표하였다. 11월 14일 유엔총회에서 정치위원회가 채택한 미국의 안이 표결처리에 의하여 채택되었다. 유엔총회에서 채택된 결의안은 ① 한국민의 대표기구 선출, ② 한국문제임시위원회(UNTCOK) 구성, ③ 1948년 이전 총선거 실시, ④ 제헌의원 수는 인구비례, ⑤ 정부수립 후 90일 이내 양군 철수로 되어 있었다.

소련이 유엔의 한반도 문제에 대한 안을 받아들이기를 거부하였고, 미국의 선택은 이것을 포기하든지 아니면 자신들이 점령하고 있는 남쪽에서만이라도 이를 이행하는 것이었다. 1948년 1월 9일, 북쪽은 유엔위원단의 입국을 공식적으로 거부하였고, 남쪽에서만 한반도 문제 임시위원회의 임무가 개시되었다.

46) Matray, *The Reluctant Crusade*, p.131.

2. 단독정부 수립 반대와 남북정치협상회의

이승만은 신탁통치 반대운동을 하며 남측에 단독정부를 수립하여 이를 바탕으로 남북통일을 이루어야 한다고 주장하였다. 단정운동은 신탁통치 준수 입장을 공식적으로 내세웠던 미군정과 갈등을 야기하였다. 이승만은 소련과의 협상을 포기할 것을 미군정에 종용하였는데, 제2차 공동위원회의 결렬은 그에게 정치적 승리를 가져다 준 셈이 되었다. 한때 이승만과 정치노선을 같이 했던 김구는 단정운동에 동참하지 않았고, 임정의 주권선언 등 통일독립노선을 추구하였다. 단정수립과 임정 추대라는 상반된 정부수립 문제로 이들의 관계는 크게 벌어지게 되었다.

단독정부 수립이 기정사실화되자 강력하게 저항하고 대안을 모색한 것은 김구를 비롯한 민족주의 세력과 북측의 김일성 중심의 세력이었다. 또한 남쪽의 좌파세력은 소련 점령군의 후원하에 폭력투쟁으로 선거를 저지하려고 하였다. 좌파의 투쟁은 이중적 의미를 지녔는데, 표면적으로는 통일정부 수립이지만 내면적으로는 북쪽에 대한 지지를 의미하는 것이었다. 1948년 초 선거감시를 위한 유엔 한국감시위원단의 입국을 계기로 선거저지투쟁인 2·7구국투쟁 등을 벌였다. 남로당은 단선저지투쟁을 지도하기 위한 조직을 만들어 단선저지에 역량을 집중하였다.

1948년 초 김구는 김규식과 함께 이미 힘을 잃은 상태에서 '남북 정치요인 협상'과 전국 총선거를 주장함으로써 이승만의 노선에 반대하였다. 김구는 한반도 문제의 해결을 위해 유엔 임시위원단이 1948년 1월 서울에 도착하여 협의하는 자리에서 자신의 주장을 6개강으로 정리한 의견서를 발표했다.[47] 김구는 김규식과 함께 민족자주연맹을 구성하여 단정 반대, 미·소 양군의 동시 철수, 남북지도자회의 개최 등을 통한 통일정부 수립을 주장하였다. 그는 좌우합작을 주도하면서 소원한 관계였던 김규식 및 민전과도 제휴하여 단정 반대세력을 결집하였다. 이는 단정 반대와 통일정부 수립이라는 자신의 입장을 분명하게 밝힌 것이다. 이승만과의 소극적 합작 관계를 포기하고 김규식 등 중간파 통일정부 수립론자와 합작을 의미하

47) ① 단정은 유엔의 이름 아래 미국에 의한 남한의 1국 신탁을 위한 궤계이다. ② 단정은 38도선을 국제적으로 합법화한 결과를 초래한다. ③ 단정은 통일·독립된 정부를 세우리라던 국제 공약을 파기하는 것이다. ④ 단정은 국토분단과 민족분단으로 인한 동족 상잔을 유발할 것이다. ⑤ 단정은 북한의 단정을 유발함으로써 결과적으로 분단의 고착화를 가져올 것이다. ⑥ 통일정부를 이룰 희망이 없다고 해서 단정이 차선일 수는 없다. 남북협상을 통해서 통일정부를 수립해야 한다.

는 것이다.[48)]

김구와 김규식은 남쪽의 단독정부 수립에 참여하는 것을 단념하고, 4월 19일에서 23일까지 북쪽에서 개최된 '남북조선 제정당·사회단체 대표자 연석회의'에 참석했다. 단정파의 득세 속에 정치적 입지를 상실한 그들은 분단의 고착화를 막으려는 민족주의적 열정으로 북쪽의 정치세력과 협상을 추진한 것이다.[49)] 그러나 이는 유엔 감시하에 남쪽에서 실시될 선거에 반대하기 위해 김일성이 마련한 정치집회였음이 판명되었다. '조선의 통일을 위하여 투쟁하는 남북 제정당·사회단체지도자협의회 결성서'에는 이 회의가 "진정한 인민선거의 실시에 의한 조선최고인민회의를 창설하고 남북의 인민대표자들로서 조선민주주의인민공화국의 중앙정부를 수립할 과업을 강력히 추진하는 데" 있다고 주장하였다.[50)] 이 회의 끝에서는 조선에서의 양국 점령군의 철수와 내전 방지, 조선인들에 의한 조선을 위한 단일정부의 수립, 일방적인 남조선 단독정부 수립의 절대 거부를 요구하는 4개 항의 공동성명이 발표되었다. 이 회의는 민족주의와 통일이라는 명분과 정치적 패배라는 현실정치의 결합의 결과였다. 이미 북쪽에서는 군대를 창설하고 헌법 초안을 만드는 등 그들만의 단독정부 수립을 진행하고 있었기 때문에 그들의 정당성을 확보하기 위해, 김구와 김규식을 이용하였던 것이다.

김구가 단정 수립에 참여하였을 경우 남한체제는 수구적 보수주의의 한민당, 중도보수주의의 이승만, 김구 및 민족주의-개혁주의 세력 사이의 3자 정립관계로 전개되었을 것이다. 그것은 실제보다 내적으로는 더 다이내믹하고, 남북관계는 덜 갈등적 상황을 만들어 냈을 것이라는 주장도 있다.[51)] 통일을 위한다는 명분으로 협상파가 5·10선거에서의 불참은 쉽게 이승만이 승리하게 만들었고 그가 추구한 반공노선을 굳게 하였다.

48) 신복룡, 『한국분단사연구: 1943-1953』, 앞의 책, 389면.

49) 김영명, 『고쳐쓴 한국 현대 정치사』, 76면.

50) 『조선중앙연감』, 1949, 40-41면.

51) 박명림, "한국의 국가형성, 1945-48: 미시적 접근과 해석," 125-126면.

V. 한반도에 2체제 2정부 수립

1. 대한민국 정부수립 과정

1) 미군정의 좌우합작운동 철회

미군정은 초기에는 모스크바 3상회의의 결정에 따라, 반탁을 주장하는 극우세력을 배제하고 중간파 중심으로 미국에 우호적인 정부를 세우려는 구상 하에 좌우합작운동을 지원했다. 그러나 미국의 한반도정책이 남쪽만의 단독정부 수립으로 전환함에 따라 좌우합작운동은 실패로 끝나고 말았다. 당시 미군정은 조선공산당 등의 좌익세력에 대한 탄압을 강화하면서, 다른 한편으로는 좌우합작운동을 지원하였으나, 이후 냉전체제가 심화되자 미군정은 1947년 3월에 좌우합작운동 지원을 철회하고 우익세력을 옹호하게 된다.

이 좌우합작운동은 김규식, 여운형, 안재홍 등 중도파 인사들이 주도하여 통일임시정부의 수립을 지향하면서 한동안 활기를 띠었으나, 좌우의 대립이 더욱 극심해지면서 중도파 인사들은 수차례 극우세력과 극좌세력으로부터 신변의 테러와 위협을 당하게 된다. 특히 우파청년단체의 테러는 좌파는 물론 온건중도파에게까지 확대되었다.

1947년 7월 19일에는 좌우합작운동의 구심점 역할이자, 중도파세력들의 중심인물인 여운형이 암살되어 좌우합작운동은 이후 구심점을 잃어가게 되어버렸다. 곧이어 10월에 제2차 미소공동위원회마저 결렬되어 버리면서 미국이 결국 한반도 문제를 UN으로 이관하게 된다. 1947년 12월에 좌우합작위원회는 공식해체되어 실패로 끝나게 된다. 이로써 '통일임시정부' 수립을 위한 좌우합작운동은 좌절되어 실패로 끝나게 되었다. 좌우합작의 결렬은 남한에서 중도적, 진보적 대안을 갖고 개혁과 단일정부 수립을 추진하던 노선의 실패를 의미한 것이다. 미국은 한반도 문제를 유엔에 이송하였고, 유엔은 한국에서 유엔 감시 하에 총선거를 실시한다는 결의안을 통과시켰다.

2) 제헌의회 선거와 정부수립

남쪽에서 국회의원 선거를 규정하는 최초의 제도는 1948년 3월 17일 공포된 미군정 법령 제175호였다. 이 법령은 상술한 바와 같이 남북 정치세력 간의 협상을 통한 통일정부 수립을 주장한 측과 선거가 가능한 지역에서 선거를 통한 통일정부를 수립하자는 측의 대립 속에서 유엔결의안에 따른 것이었다. 5월 10일 총선거를 통해 남한에 제헌국회가 구성되었다. 당시의 선거제도는 선진민주주의 체제를 참조하여 만들어졌고, 참정권은 성별 구분 없이 20세 이상의 모든 국민들에게 주어졌다. 국회의원 선거의 선거구제도는 지역을 단위로 하나의 지역선거구에서 한 명을 선출하는 소선거구제도로 전체의석수는 200명이었다.

5·10총선에는 좌익계열과 김구 및 김규식을 따르는 민족진영 인사들이 대거 불참했다. 198명의 국회의원이 선출되었는데 무소속을 포함하여 17개 정당이나 단체[52]에서 당선자를 배출하였다. 제헌국회는 한국민주당과 독립촉성국민회에 의해 독점될 것이라고 예상했으나, 이와는 달리 독촉 55명, 한민당은 29석만 당선되었다. 그 후에 한민당은 독촉과 무소속으로 출마해서 당선된 의원들을 교섭하여 80명을 결속시킬 수 있었다. 한민당은 의원내각제 헌법을 성립시켜 이승만을 초대 대통령으로 추대하고 내각을 실질적으로 장악하기를 바랐다.[53] 제헌국회가 소집되고 헌법 제정에 착수하였다. 이때 정부형태로 내놓은 안이 국회를 양원제로 하는 의원내각제였으나, 국회의장인 이승만의 강력한 대통령제 주장으로 대통령제가 되었다. 제헌헌법의 정부형태는 대통령제였으나, 여기에는 내각제가 가미되어 있는 변형된 대통령제였다.[54] 의원내각제를 주장했던 한민당도 이를 심각한 정치문제로 삼지는 않았는데, 이는 국민들의 높은 지지도도 감안한 것이지만 의원내각제의 요소가 포함되었기 때문이다. 7월 17일 헌법이 공포되었고 정부조직법도 제정되었다. 정부조직법에 의하여 구성된 중앙행정기구는 12부, 4처, 2위원회, 3청으로 구성되었다. 제헌헌법 제1조는 "대한민국은 민주공화국이다"이고, 8월 15일 이승만 대통령의 제1공화국이 출범하였다. 이시영 부통령을 비롯해서 내각은 이범석(국무총리 겸 국방장관), 장택상(외무장관), 윤치영(내무장관), 김도연(재무장관) 등 임정인사와 민족주의자들로 구성했다.

---

52) 무소속(85명), 대한독립촉성국민회(55명), 한국민주당(29명), 대동청년단(12명), 조선민족청년단(6명), 대한독립촉성노동총연맹(2명), 대한노동총연맹(1명), 조선민주당(1명), 대한청년단(1명), 한국독립당(1명), 교육협회(1명), 단민당(1명), 대성회(1명), 유도회(1명), 민족통일본부(1명), 조선공화당(1명), 부산오일구락부(1명).

53) 정윤재, 『정치리더십과 한국민주주의: 한국의 대통령 리더십연구』, 192면.

54) 헌법 제53조는 "대통령과 부통령은 국회에서 무기명투표로써 각각 선거한다"로, 제55조는 "대통령과 부통령의 임기는 4년으로 한다"로 되어 있다. 또한 제69조는 "국무총리는 대통령이 임명하고 국회의 승인을 얻어야 한다"고 규정하고 있다.

2. 조선민주주의인민공화국 정부수립 과정

1) 북조선임시인민위원회

1946년 2월에 발족한 북조선임시인민위원회는 8월까지 각종 개혁을 추진하였다.[55] 임시인민위원회가 개혁을 성공적으로 추진하자 소련 점령군사령부는 상당한 권한을 그들에게 넘겨 주었다. 북조선임시인민위원회는 1946년 9월 5일 '북조선 도, 시, 군 인민위원회위원선거에 관한 법령'을 발포하고, 11월 3일에 선거를 실시하였다. 북한의 여러 정당들과 사회단체들이 참가한 '북조선민주주의민족통일전선'이 모든 선거구에서 단일후보를 냈고, 찬성과 반대의 흑백투표함에 의한 투표가 실시되었다. 이 선거에서 유권자의 99.85%가 투표에 참가하여 80.63%가 후보자에 찬성한 것으로 발표되었다.[56] 북조선임시인민위원회는 평양시를 평안남도로부터 분리해서 평양특별시로 승격시켰고, 경기도의 연천군, 함경남도 원산시와 문천군 및 안변군을 기존의 강원도로 통합시키는 등 정부수립을 위한 기반을 조성해 나갔다.

북한은 선거를 실시한 후 1947년 2월 17일부터 20일까지 북조선 도, 시, 군 인민위원회 대회를 소집하여 임시인민위원회가 인민회의에 주권을 넘긴다는 것을 승인하였다. 최고의 입법기관으로 '북조선인민회의'를 설치하고, 최고행정기관으로서의 북조선임시인민위원회를 북조선인민위원회로 개편키로 결정했다. 입법기관인 '북조선인민회의'는 237명의 대의원을 선출했고, 2월 21일 제1차 회의를 열고 위원장에 김두봉, 부위원장에 최용건과 김달현을 선출했다. 행정기관인 '북조선인민위원회'는 위원장에 김일성, 부위원장에 김책과 홍기주(조선민주당)가 선출되었다.

2) 단독정부 수립과정과 최고인민회의 선거

1947년 2월부터 공산주의 정부수립이 선포된 1948년 9월까지 인민회의는 다섯 차례 회의를 개최하였으나, 정부수립 작업은 공식적인 선언이 있기 훨씬 이전에 매듭지어졌다. 인민회의 제1차 회의에서는 재판소장을 선출하고 검찰총장을 임명했으며, 1947년 11월에는 헌법을 기초하기 위한 위원회가 구성되었다.[57] 북한은 1948년 2월 7일 북조선인민회의 제4차 회의를 열어 헌법초안을 마련하면서 민족보위국을

55) 토지개혁, 노동법령에 의한 8시간 노동제와 사회보험제, 남녀평등에 관한 법령, 산업·교통·운수·체신·은행 등의 국유화에 관한 법령에 따른 산업국유화의 단행 등이다.

56) 김학준, 『북한50년사』, 동아출판사, 1995, 118면.

57) 김창희, 『북한 정치사회의 이해(제4판)』, 46면.

설치할 것을 결정하였고, 2월 8일에는 조선인민군을 창설하였다.[58] 1948년 3월 27일부터 30일까지 북조선 로동당 제2차 대회가 열렸다. 이 대회에서 김일성은 소련파와 손을 잡고 국내파 공산주의자들을 맹렬히 공격했다. 분국 반대, 혁명 목표와 과제의 몰이해 등을 들어 비난하였다. 비난의 초점이 국내파 공산주의자의 거두인 오기섭 등에게 맞춰졌고, 오기섭을 비롯한 국내파들은 생존을 위한 자아비판을 해야 했다.[59] 북로당 제2차 대회에서는 결국 소위 민주기지를 공식으로 천명하였고, 남조선 제 정당, 사회단체 연석회의를 개최할 것을 결정하였다.

1948년 7월 10일 북조선인민회의 제5차 회의에서 조선민주주의인민공화국 헌법 실시와 최고인민회의 선거 실시를 결정하였다. 선거일은 8월 25일로 결정되었으며, 최고인민회의 대의원 선거 결과 99.97% 투표율에 94.49%가 찬성하여 212명이 당선되었다. 최고인민회의 제1차 회의가 9월 2일 개최되어 상임위원이 선출되고 헌법을 승인하는 한편, 김일성을 내각수상으로 선출하였다.[60] 헌법 제1조는 "우리나라는 조선민주주의인민공화국이다"라고 규정하고 있으며, 9월 9일 정부가 수립되었다. 1차 내각에 김책(부수상 겸 산업상), 최용건(민족보위상)의 김일성파와 최창익(재정상) 등의 연안파, 남쪽에서 올라온 박헌영(부수상 겸 외상), 이승엽(사법상) 그리고 여러 계파로 구성했다.

VI. 미국과 소련의 한반도 점령의 결과

제2차 세계대전이 끝이 나면서 한반도는 일제식민지에서 벗어났지만, 미국과 소련의 38도선을 중심으로 한 남북의 점령은 직접적인 남북한 분단의 시발이 되었다. 미국은 한반도를 반공의 보루로 삼으려 하였고, 소련도 자신의 적대적인 세력에 의하여 정부가 수립되는 것을 용납할 수 없었다. 분단 형성과정에서 미국과 소련의 역할을 중심으로 살펴본다.

58) 총사령관에는 빨치산파의 최용건이 임명되었고, 그 밖의 요직도 김일성 일파가 거의 차지했다. 김일성은 자파의 무장력을 보존, 강화하여 조선인민군 창설 때까지 유지할 수 있었다.

59) 오기섭은 당원의 이적 당적에 따라 당원들을 구별하는 행위는 종파주의를 부추기고 당의 통일성을 해치는 것이라고 스스로 비판하는가 하면 김일성에 대한 존경을 표시하고 복종을 맹세했다. 안문석, 『오기섭 평전』, 150면.

60) 『조선중앙연감』, 43면.

첫째, 제2차 세계대전의 종전과 함께 가장 불행한 유산으로 남은 것은 한반도였다. 미국과 소련으로 분할점령이 되면서 하나의 '독립국가'가 될 수 있는 기회가 사라졌기 때문이다. 소련 점령군이 북한에 진주할 때 이미 그들은 소련파라고 부르는 한인들과 함께 들어 왔고, 소련군에 소속된 김일성 일파를 입국시켰다. 미군은 소련과 같이 준비는 되지 않았지만 바로 군정을 실시한 것이 바로 그 징후였다. 이들 양 국가의 지도자들은 자국의 정치·경제·사회체제를 점령지역에 이식시키려 했던 것이다.

둘째, 미국과 소련은 점령지역에서 자신들이 의도했던 일방적인 정책을 수행해 나갔는데, 여기에 가장 영향을 미친 것은 자신들의 이념 성향이었다. 북한지역에서 소련이 가장 역점을 두었던 것은 당을 중심으로 하는 통치세력과 무장력을 구축하는 것이었다. 미국도 군정의 구성원들을 한국인들로 교체하는 과정에서 추구하는 이념이 다른 사람들은 처절하게 배제하였다. 이것은 신탁통치를 추진했던 미국이 반탁을 주장하는 정당과 사회단체를 끌어안을 수밖에 없게 했고, 소련은 북한 전 지역을 찬탁의 소용돌이로 몰아가게 되었다.

남쪽에서는 신탁통치의 문제를 계기로 우익이 반탁=반공=반소노선으로 뭉치면서 조선공산당의 영향력이 급속하게 감소되었고, 북쪽에서는 신탁통치를 계기로 반탁을 주장했던 조만식이 제거되었다. 이러한 상황은 미국과 소련은 각각 점령지역에서 자신들을 지지하는 정치세력에 정권을 잡을 수 있는 기틀을 마련해 주었다.

셋째, 미국의 한반도 문제에 대한 유엔총회의 이관 자체는 미국의 의지대로 결정될 확률이 높았다고 볼 수 있었다. 결국 유엔에서 결정한 한국임시위원단의 파견을 북한측에서 받아들이지 않았다. 양측은 결정된 수순 밟기에 들어갔고 대한민국과 조선민주주의인민공화국의 수립은 분단의 완결판을 보여주는 것이었다. 이 과정에서 북한은 분단의 모든 책임을 남쪽으로 떠넘기고자 하였다. 남북정치협상회를 개최하여 총선거를 반대하였고, 자신들도 정부수립 등의 정치일정을 철저하게 준비했음에도 불구하고 남한의 일정 뒤에 진행시킨 것도 이러한 의도에서였다.

이를 놓고 보면 한반도 분단 형성과정에서 내부적인 요인이 전혀 없는 것은 아니지만, 미국과 소련의 역할의 가장 변수였다는 것을 알 수 있다. 분단의 반대가 통일이라고 할 때 이것의 가장 큰 변수는 한반도를 둘러싸고 있는 주변국들이라는 것이다.

제2장

남북한의 정치과정과 6·25한국전쟁

Ⅰ. 남북한의 정치과정과 미군과 소련군 철수 문제
Ⅱ. 6·25한국전쟁의 원인과 경과
Ⅲ. 정전협정의 제기와 체결과정
Ⅳ. 전쟁 중 남북한 정치과정과 전후 문제
Ⅴ. 전쟁 결과 형성된 남북한의 정치문화
Ⅵ. 제네바회의와 국제정치에 미친 영향

Ⅰ. 남북한의 정치과정과 미군과 소련군 철수 문제

1. 남북한 정부수립의 정당성 주장

한반도를 미군과 소련군이 점령하면서 남북의 정치는 미군과 소련군에 의하여 주도되었다. 미군은 군정청을 설치하고 그들의 주도하에 정치사회를 조직해 나갔다. 소련 점령군사령부는 정치세력에 자율권을 준다면서 자신들은 단지 조력자라는 명분을 내세웠지만, 실은 그들의 의지대로 북쪽에 당과 행정부를 조직해 나갔다. 독립에 대한 의지는 강했으나 한반도 내에 통일된 정부수립을 완전히 주도할 만한 세력이 없었고, 신탁통치 문제에서 미국과 소련은 자신들이 주도할 수 있는 세력에 힘을 실어 주려고 하였다. 미소공동위원회의 결렬은 유엔에 한반도 문제를 이관하는 결과를 가져와 남북에 단독정부가 수립되었다. 대한민국과 조선민주주의인민공화국의 정부수립은 38도선을 중심으로 남쪽과 북쪽에 미국과 소련이 선호하는 정치체제의 이식이었다.

남한의 헌법에서는 "대한민국의 영토는 한반도와 그 부속도서로 한다"고 하였고, 북한 헌법에서도 "조선민주주의인민공화국의 수부는 서울시다"라고 하여 서로 상대방을 인정하지 않았다. 대한민국은 임시정부를 적통으로 삼아 정부가 수립되었기 때문에 정통성을 가진다고 하였고, 조선민주주의인민공화국은 통일된 정부가 서야 하는 데 남쪽에서 단독정부를 수립했기 때문에 자신들도 그렇게 하지 않을 수 없다고 주장하였다. 1948년 8월 15일 대한민국 정부를 수립하고, 9월 9일 조선민주주의인민공화국 정부를 수립한 것도 북한이 자신들이 정당성을 내세운 것이라 볼 수 있다. 양쪽의 정부수립은 미군과 소련군의 주둔하에 이루어졌다.

유엔에서 한반도 문제에 대한 결의가 통과되었는데, 여기에는 한국문제임시위원회 구성, 총선거 실시(총선거의 의원수 인구비례), 점령군 철수 등이 주요 사항이었다. 1948년 1월 9일 북한은 유엔위원단 입국을 거부하였고, 북쪽에서 활동이 저지되자 남쪽 단독정부 수립을 결정하였다. 남쪽에서는 5월 10일 총선거를 거쳐 8월 15일 이승만을 대통령으로 하는 정부가 수립되었다. 1948년 7월 20일 대한민국 제헌의회에서 국회의원 196명이 참석한 가운데 180표를 득표하여 이승만이 초대 대통령으로 당선되었다. 역시 국회의 선출직이었던 부통령에는 이시영이 2차 투표를 거치면서 당선되었다. 7월 24일 중앙청 광장에서 이승만은 대통령에 취임하였다.

북쪽에서는 1948년 7월 22일 각 정당·사회단체대표회의가 개최되어 '북조선민주주의민족통일전선위원회'가 결성되었다. 그리고 정부가 수립되기 며칠 전인 8월 28일에서 30일에 북조선 로동당 창립대회가 개최되었다. 8월 25일 최고인민회의 대의원선거를 실시하고 김일성을 수상으로 하는 정부가 9월 9일에 수립되었다. 북조선중앙선거위원회가 212개의 선거구에서 대의원선거를 실시하여 212명이 당선되었다고 하였다. 남한에서도 1,080명의 인민대표자가 선출되었고, 이들에 의하여 360명의 최고인민회의 대의원이 선출되었다.[1] 결국 최고인민회의 대의원 572명 가운데서 212명은 자신들의 직접선거에 의하여, 360명은 남쪽에서 간접선거로 선출했다고 주장하였다. 민족 내부의 대립과 투쟁은 끝나지 않았다. 남한은 북진통일을 내걸었고 북한은 국토완정(完整)을 주장했다. 서로에게 있어 상대방은 공존할 수 없는 타도의 대상이었다. 더구나 38도선은 단순한 남과 북의 분단선이었을 뿐만 아니라 이념을 달리하는 국제적 진영 대립의 최전선이었다. 이러한 상황에서 남북한 정부는 서로의 정통성을 주장하며 여기에 맞추어 정책을 펼쳐나갔는데, 이때 중대한 문제의 하나는 남북한에 주둔하고 있던 외국군의 철수 문제였다. 결국 이 기간 동안 남북한의 정책은 6·25한국전쟁 발발에 직·간접적인 영향을 미쳤다.

2. 이승만 대통령의 대북 인식과 미군 철수

1) 국내의 정치적 사건

대한민국의 헌법에는 "대한민국의 영토는 한반도와 그 부속도서로 한다"고 되어 있다. 이승만 대통령은 당연히 남한정부만이 정통성을 가지고 있으며, 북한지역도 자유선거를 치러야 한다는 생각을 가지고 있었다. 1948년 12월 12일 유엔총회는 찬성 41표, 반대 6표로 대한민국 정부가 유일한 합법정부라는 결의를 통과시켰다. 정부수립 후 4개월이 지난 1948년 12월 19일, 국회 폐회사에서 이승만 대통령은 며칠 내로 유엔 한국위원회가 서울에 오니 "하루빨리 이북에도 자유선거를 실시하여 백여 명의 국회의원을 보충할 것"이라고 하였다. 이승만은 '유엔감시하 북한만의 선거'를 주장하였는데, 이는 이미 남한에서 총선거에 의하여 정부가 수립되었다는 이유에서였다. 그는 북한의 각 도지사 임명계획을 세웠는데, 38도선 때문에 어

1) 『조선중앙연감』, 평양: 조선중앙통신사, 1949년판, 44면.

려움도 있지만 달성을 확신하기도 하였다.[2]

미국은 1948년 8월 15일부터 군대철수를 개시하려고 계획하였으나, 북한에 비하여 남한의 군사적 열세, 4·3사건과 여순사건으로 남한의 정치적 불안, 중국공산당의 만주 제패 등의 사태로 인하여 철군일자가 수정되었다. 1948년의 제주 4·3사건[3]은 350명의 무장대가 경찰지서와 우익단체를 공격하여 사상자가 발생했는데, 이들은 경찰과 서북청년단의 탄압에 대한 저항, 남한 단독선거·단독정부 수립 반대, 통일정부 수립촉구 등을 내세웠다. 정부수립 이후 10월 18일에는 제주 해안이 봉쇄되었고, 11월 17일에는 제주도 전역에 계엄령이 선포되었다. 이후 중산간 마을을 초토화시킨 강경진압 작전이 대대적으로 전개되어 마을의 95% 이상이 불에 타 없어지고 많은 인명이 희생되었다. 이로 인하여 삶의 터전을 잃고 목숨을 부지하기 위하여 산속으로 들어가는 피난민이 늘어났고, 남아 있는 사람들의 부모형제를 도피자 가족이라 하여 사살하기도 하였다. 당시 인명피해가 2만명이라 하였으나 더 되는 것으로 추정되는데, 이 4·3사건은 민중을 핍박한 우익테러리즘의 잔혹사였다.[4]

1948년 10월 19일 제14연대에서 군대 내에 있던 좌익 군인들이 장교들을 살해하면서 시작된 여수반란 사건은 확대되어 여수를 장악한 후 순천까지 확대해 나갔다. 10월 하순에 반란군의 총병력은 군인이 총 1,500명이었고 일반인이 500명으로 모두 2,000명 정도였다. 토벌부대는 반란군이 순천 이북으로 확대되는 것을 막았고, 그들의 일부는 지리산으로 입산하여 기존의 빨치산에 합류하였다.[5] 여수 주둔 제14연대 내부와 인근도시에 침투해 있던 남로당 세포들이 협조는 했지만, 직접적인 북한의 공작에 의하여 움직였는가는 의문이다. 여순사건은 군대에 대한 공산주의자들의 침투정보를 폭로시켜 줌으로써, 이승만 대통령에게 경종을 울려 준 동시에 국방경비대에 대한 광범위한 숙군의 계기가 되었다. 국가보안법도 이즈음인 1948년 12월 공포되었다. 이승만은 이를 기화로 반공을 지나치게 강조한 나머지 국민들을 적색공포증에 빠져들게 하였다. 전국의 교원들에 대한 사상조사를 벌였

2) 백학순, 『이승만정부와 장면정부의 통일정책 비교』, 세종연구소, 2013, 12-13면.

3) 1947년 3월 1일 제주민전의 기념집회에서 기마경찰에 의한 어린아이가 다치는 치안사고가 시발이었다. 군중들의 항의에 경찰이 총을 발사해 6명의 사상자가 발생했고, 이를 항의해 3·10총파업에 돌입하자 경찰의 대량 검속으로 4·3사건 직전까지 약 1년 동안 2,500명이 구금되었다.

4) 신복룡, 『한국분단사연구: 1943-1953』, 한울아카데미, 2001, 568면.

5) 위의 책, 560-564면.

고, 공산주의를 배격하고 민족을 보위한다 하여 학도호국대를 설치하기도 하였다.

1949년 6월 21일 농지개혁법이 공포되었으나 정부는 그 개혁의 단행을 지연시키고, 그 후 지주에게 유리한 농지개혁법 수정안이 제출되었다. 이러한 개혁주의적 논의 과정에서 당시의 소장파들이 남로당의 7개 원칙을 관철하려 한다는 '국회프락치사건'[6]으로 체포되었다. 이 결과 국회에서 한민당의 우세를 가져왔고 정치갈등이 표출되었다. 6월 26일 김구가 자택에서 포병 소위 안두희에 의하여 암살되었다. 국회프락치사건과 김구의 암살은 미군철수가 임박한 시점에서 미국의 대한정책 기조에 반대한 남한의 두 세력을 동시 제거를 의미하는 것으로, 두 사건에서 가장 이익을 본 것은 이승만이라는 사실은 김구 암살의 배후세력을 미루어 짐작케 한다.[7]

2) 미군 철수와 한미방위협정

미군의 철군은 1948년 9월 15일부터 1949년 1월 15일까지 조정되었으나, 남한의 안전과 치안을 위해서는 최소한 몇 개월 미군이 더 잔류해야 한다는 이승만 대통령의 요청이 받아들여졌다.[8] 이승만은 1949년이 되자 '무력북진통일론'을 주장하기 시작했다. 이승만은 미군 철수를 늦추거나 철군에 따른 충분한 보상과 방위보장을 받아낼 필요가 있었는데, 그것이 한반도에서 위협을 고조시키는 북진통일론이었다. 이승만은 1949년 2월 8일 한국을 방문한 로열(Kenneth C. Royall) 미 육군성장관에게 '자신은 장비와 규모 면에서 한국군을 증강'시키기를 원하며, 일단 한국군의 증강이 이루어지면 "곧 북진하겠다"고 했다.[9]

1949년 3월 철군을 재확인하고 6월 30일까지 철군을 완료한다고 하였다. 1949년 5월 28일에 시작하여 6월 29일에 철수를 완료하고, 이로써 주한미군사고문단에 소

6) 1949년 2월 5일 남북평화통일안을 제출하여 부결당하자 소위 63인에 의한 미군철수요청결의안을 유엔 한국위원회에 제출하고 그 후에도 미군사고문단 설치 반대결의안을 동 기구에 제출한 것이 조직적인 반국가적 음모행위로 간주된 사건. 이 사건으로 김약수, 강욱중, 배중혁 외 10여 명의 무소속 등 13명의 의원이 국가보안법 위반으로 체포됨으로써 원내에 지배적이던 소장파는 몰락했다. 김운태 외, 『한국정치론(제4전정판)』, 박영사, 1999, 370면.

7) 사건 직후 1949년 8월 7일 안두희는 무기징역을 선고받았으나, 한국전쟁 중에 석방되어 군에 복귀하여 중령까지 승진하였다. 한국정치연구회 정치사분과, 『한국현대사 이야기 주머니』, 도서출판 녹두, 1993, 169-171면.

8) 1948년 11월 20일 대한민국 국회는 한국의 자체 방위군 준비 완료시까지 미군 철수 연기를 요구하는 결의안을 통과시킨 바 있다. 윤근식, "통일·외교정책," 김운태 외, 『한국정치론』, 박영사, 1977, 649면.

9) 백학순, 『이승만정부와 장면정부의 통일정책 비교』, 14-15면.

속된 미군 480-500명만이 한국에 남게 되었다.[10] 미군이 철수한 10월 8일에도 이승만 대통령은 북한에 대해 무력을 사용하면 '3일 내로 평양을 점령할' 확신이 있다고 했다. 그러면서 만주와 한국 간의 국경은 38도선보다 방위가 용이하나 유엔과 미국이 제3차대전 발발을 경고하고 있기 때문에 행동을 삼가고 있다고 했다. 이승만이 북진통일론을 내세웠지만 진정으로 그러한 의지를 가졌는지는 의심스럽다. 이는 미군 철군에 대한 협상카드였고, 또한 국내 보수세력의 결집을 위한 것이라고 볼 수 있다. 이승만에게 있어서 북진의 의미는 당시의 국내의 정치적 불안에 확고한 의지를 표명하는 수단이었고, 반공을 국가의 보편적인 이데올로기로서의 확산을 염두에 둔 것이었다. 이는 이승만의 남로당의 준동이나 도전세력이었던 중간세력이나 남북협상파를 제거할 수 있는 유일한 이데올로기로 작용하였다.[11]

한편 미국은 미군이 남한에서 철수한다면 북한의 남침 위험이 있다는 것을 인지하고 있었음에도 불구하고, 소련과의 대결 부담과 유사시 자신들의 전력에 대한 자신감 등이 작용한 것으로 보인다. 1950년 1월 26일에는 한·미 간에 '상호방위원조협정'이 체결되었다. 대한민국이 수립되었으나 좌파와 중간파의 반발은 그대로 남아 있었다. 이 점은 1950년 5월에 실시된 제2대 국회의원 선거에서 그대로 반영되어 정부수립을 추진한 세력이 퇴조하고, 반면에 남북협상파를 비롯한 중도파의 진출이 두드러졌다. 제헌국회의원의 임기 2년이 지남에 따라 1950년 5월 30일 치러진 국회의원 선거에서 무소속 126명이 당선됨으로써 이승만 대통령의 정치적 기반은 아주 불안정해졌다. 이러한 선거 결과는 제헌의회에 참여하지 않았던 중도파의 약진을 의미하기도 하지만, 정부수립 초기 이승만 정부가 국민들의 지지를 받지 못하고 있었다는 것을 말해 준다. 농지개혁을 포함한 친일청산의 실패와 반공을 내세운 국민들의 자유권 제한과 생활권을 보호해 주지 못한 보수우익세력에 대한 반발로 볼 수 있다. 이러한 상황들은 김일성이 남한의 상황을 오판하는 데 영향을 미쳤다.

3. 김일성 수상의 권력 장악과 남조선 해방

1) 김일성파의 권력 장악과 합당

북한의 초대 내각은 국내파가 약진하는 모습을 보여 주었다. 내각 구성원 21명

10) 신복룡, 『한국분단사연구: 1943-1953』, 598면.

11) 김운태 외, 『한국정치론(제4전정판)』, 박영사, 1999, 371면.

가운데 국내파가 13명을 차지하고, 연안파 4명 그리고 김일성파는 3명에 불과하였다. 그러나 정부수립 2주 후에 개최된 북조선로동당 중앙위원회 제3차 전원회의의 당 인선에서는 상황이 달랐다. 1948년 9월 24일 개최된 이 회의에서 창당 이래 부위원장이었던 주영하를 허가이로 교체하였다. 소련파가 실질적으로 북로당을 장악한 회의였다. 김일성은 정부수립에 집중하였고, 당 사업에 많은 지식과 경험을 갖고 있던 허가이가 역할분담 차원에서 실질적으로 당을 맡아 운영하는 것이 필요했던 것이다.[12] 소련파의 장악은 소련의 의도에도 부합하는 것이고, 북로당과 남로당의 합당을 염두에 둔 포석으로 박헌영의 견제를 의미하기도 한 것이었다. 그 후 조선로동당이 출범하면서 김일성이 위원장에 선출되었다.

초대 수상으로 선출된 김일성은 '조선민주주의인민공화국정부의 정강'을 최고인민회의에서 발표하였는데, 그는 "남북조선인민의 총의에 의하여 수립된 통일적 조선중앙정부인 조선민주주의인민공화국정부는 우리나라에 완전한 통일을 보장하며 부강한 민주주의 자주독립국가를 건설할 목적으로 아래와 같은 과업을 실천하기 위하여 투쟁할 것입니다"라 하였다. 여기에서 "남북조선인민의 총의에 의하여 수립된 중앙정부는 전조선인민들을 정부범주에 튼튼히 단결시켜가지고 통일된 민주주의자주독립국가를 건설하기 위하여 전력을 다할 것이며 국토의 완정과 민족의 통일을 조건으로 되는 양군동시철거"를 주장하였다. 이는 북쪽에 설립된 정부가 한반도 전체를 대표하며 이를 중심으로 완전한 영토를 갖추게 된다는 것이다. 이것은 북한의 통일론이라고 볼 수 있다.

1949년 6월에 이루어진 조선로동당의 창당은 북한정치사에서 중요한 의미를 지닌다. 정부가 수립될 당시에 남조선로동당과 북조선로동당이 합당되지 않았고, 남북조선로동당 연합지도기관이 결성되어 한시적인 기구로 운영되고 있었다. 이런 점에서 조선로동당의 창당은 두 당의 실질적인 통합을 의미했다.[13] 양당의 합당으로 위원장에는 김일성, 부위원장에는 박헌영과 허가이가 선출되었다.[14]

12) 백학순, 『북한권력의 역사』, 한울아카데미, 2010, 73면.

13) 최 성, 『북한정치사』, 도서출판 풀빛, 1997, 79면.

14) 북한에서는 합당의 의미를 "우리당은 남반부에서의 당사업을 강화하며 남북로동당에 대한 통일적지도를 더욱 튼튼히 보장하기 위하여"라 하고 있다. 『조선전사 24 현대편』, 평양: 과학백과사전출판사, 1981, 546면.

2) 소련군 철수와 국토완정

북한에서 정부가 수립된 다음날 1948년 9월 10일 북한 최고인민회의는 소련과 미국에 철수 호소문을 발표했다. 북한 인민들의 열망과 의지를 담아 최고인민회의는 소련과 미국정부에 한반도에서 동시에 군대를 철수할 것을 요구하는 호소문을 냈다.[15] 이지수가 해제된 소련 비밀문건의 분석 결과로 소련이 1948년 10월 19일 이전부터 철군을 시작하여 공식발표는 12월 25일과는 달리 11월 말에 이미 완료한 것으로 보고 있다.[16]

소련은 북한으로부터 철군을 완료했음을 선언하고 미국에 유엔 결의안을 이행할 것을 촉구했다. 소련은 또 미국의 남한 점령과 경제원조계획은 제국주의적이며 미국이 한국을 착취하려 하고 있음을 증명하려는 것이라고 비난했다. 미 행정부는 철군 지연의 결정에 있어 소련은 자신들은 이미 철군은 했는데 미군은 하지 않았다는 선전공세의 부담을 안고 있었던 것도 사실이다.

소련은 1948년 10월 12일 조선민주주의인민공화국 정부가 한반도의 유일한 합법정부임을 승인했으며, 1949년 1월 북한에 소련대사관을 설치하였다. 미소공동위원회 소련측 대표를 역임했고 그들의 위성국가 형성에 핵심적 역할을 한 스티코프(Shtykov) 상장을 대사로 임명했다. 김일성은 국토완정을 남조선 해방으로 연결시켜 생각했고, 이를 위해 전쟁을 준비하게 되는 데 소련의 동의와 지원이 필요했다. 김일성은 스티코프를 통해 스탈린(Joseph Stalin)과의 면담을 요청했고, 이것이 받아들여져 1949년 3월 3일 박헌영 등과 함께 모스크바에 도착했다. 김일성은 스탈린과의 면담에서 남한을 무력침공해서 통일시키는 계획을 설명하자, 스탈린은 남한의 미군을 상기시키면서 절대적으로 우세한 전력을 확보하지 않고서는 공격해서는 안된다고 경고하였다. 북한으로 돌아온 김일성은 소련에 군사기술 이전과 무기 등을 요청했고, 이것이 받아들여지면서 대전차 사단과 비행단 창설 등에 박차를 가했다.

한편으로 김일성은 1949년 '조국통일민주주의전선'의 결성을 주창하면서, "우리

15) 이지수, "소련군 철군과정연구-시론," 『사회과학논총』, 제26집, 명지대학교 사회과학연구소, 2006, 125면.

16) 1948년 12월 31일자 프라우다가 동년 12월 25일자 소련군 철수가 완료되었다는 성명서를 발표하도록 타스통신으로부터 위임받았다는 기사를 통해 소련군의 완전 철수를 공식적으로 확인하고 있다. 이지수, 위의 글, 126면.

나라의 유일한 합법적 정부인 조선민주주의인민공화국정부가 수립된 조건에서 남북조선의 진보적인 정당, 사회단체들을 총집결하는 조국통일민주주의 건설을 결성하는 문제는 더 이상 미룰 수 없다"고 하였다. 1949년 6월 25일부터 28일까지 평양에서 조국통일민주주의전선 결성대회가 열렸다. 북한은 이 대회에 남한의 71개 정당과 사회단체들을 대표해서 704명이 참가하였다고 하였다. 이 조직이 결성된 이후 남북한 전체 인민들이 평화적 조국통일의 방책을 실현하기 위하여 한결같이 투쟁에 나섰다는 것이다. 김일성은 1949년 8월 2일 담화 〈조국의 평화적통일방책에 대한 선언서와 관련하여〉에서, 미국과 이승만 정부의 침략책동을 규탄하고, 조국을 평화적으로 통일하려는 것이 북한의 확고부동한 입장이라는 것이었다.[17] 김일성은 이렇게 평화적 통일을 주장하면서 남한에서 반미구국투쟁을 계속해야 한다는 이중성을 보였다. 북한은 6·25한국전쟁이 일으킨 일주일 전인 1950년 6월 19일 최고인민회의 상임위원회가 〈평화적 조국통일에 관하여〉라는 결정을 채택하였다.

II. 6·25한국전쟁의 원인과 경과

1. 한국전쟁 원인의 해석

북한에서의 정치권력 장악 과정에서 김일성이 남침을 결정하기까지의 과정에 대해서는 많은 논의가 전개되어 왔으며, 그 핵심엔 항상 소련과 미국의 역할이 자리하고 있었다. 한국전쟁의 원인과 관련한 기존의 논의는, (1) 전통주의적 해석에 의한 소련과 중국 및 북한의 아시아 적화 전략의 일원으로서의 남침설, (2) 수정주의적 해석에 바탕을 둔 미국과 남한의 공동전략에 의한 북침설, (3) 남북한이 모두 전쟁을 준비하고 있는 상황에서 북한이 선제공격을 개시했다는 중간설 등 크게 세 가지로 구분할 수 있다. 이 가운데 전통주의적 해석에 의한 남침설은 부인할 수 없는 통설로 받아들여지고 있으며, 이와 관련한 여러 논의를 김학준은 다음 여섯 가지로 정리하고 있다.[18]

① 압력분산설: 마셜플랜과 나토 창설 등 유럽에서 가중되는 미국의 관심과 군

17) 『조선전사 24 현대편』, 554면.

18) 김학준, "한국전쟁," 한국정치학회 편, 『현대한국정치론』, 1986. 168-170면.

사력의 집중을 극동으로 분산시키기 위해 한국전쟁을 일으켰다.

② 극동전략설: 일본과 단독 평화조약을 체결하려는 미국의 일방적 행동을 견제하기 위해 소련이 한국전쟁을 일으켰다.

③ 허점공격설: 스탈린은 소련의 세력권을 확장하기 위해 전후에 지속적으로 허점을 노리고 있었는데, 당시 주한 미군이 완전 철수했으며 미국 국무장관인 애치슨(Dean Atcheson)이 한국을 미국의 극동방위에서 제외시킨다고 선언하였다. 또한 1950년 5월 총선에서 이승만-김성수계의 우익보수세력이 몰락하자 스탈린은 이를 절호의 허점이라 판단하여 한국전쟁을 단행하였다.[19]

④ 저항력 실험설: 스탈린은 자신의 '세계적화전략'을 실천하기에 앞서 서구의 저항력을 실험해 보기 위해 한국전쟁을 일으켰다.

⑤ 무력시위설: 남한을 공산화시킴으로써 미국의 약점을 노출시키고, 동시에 소련의 위신과 실력을 과시함으로써 아시아 공산주의를 고취시키고자 한국전쟁을 일으켰다.

⑥ 함정설: 소련의 지원 없이 대륙을 제패한 마오쩌둥(毛澤東)에 대하여 스탈린이 품고 있던 불안감은 중공과 미국을 직접 대결하게 함으로써 전략적으로 양측의 힘을 축소시키고자 한국전쟁을 일으켰다.

그러나 구 소련이 붕괴된 이후 러시아를 통하여 밝혀진 많은 자료에 의하면 김일성은 소련의 스탈린과 중국의 마오쩌둥에게 남침 사실을 알리고 그들로부터 동의를 얻어낸 것으로 확인되었다.[20] 1950년 1월 20일 미국 국무장관 애치슨이 미국 언론협회(National Press Club) 기자회견을 통해 아시아에서 미국의 군사능력이 제한되어 있다는 사실을 지적하면서, "일본, 유구(Ryukus)열도, 필리핀 밖의 지역은 어느 누구도 군사적 공격으로부터 이를 보장할 수 없다"고 밝혔다. 이로써 소련은 미국의 극동방위선에서 한국이 제외되었다고 생각하고 전쟁이 발발하더라도 미국이 개입하지 않을 것이라고 판단했다. 스탈린은 김일성의 남침계획에 동의하고 전쟁

19) 이와는 달리 북한의 김일성은 당시의 남한 정세 및 한미관계를 보았을 때 다음과 같은 우려에 의해서 한국전쟁을 일으켰다는 점을 들 수 있다. 즉, 김일성은 ① 남한에 정치제도가 정착되어 활기를 띠어가고, ② 경제사정도 상당히 향상되어 갔으며, ③ 군사원조를 증액하기로 한 미 행정부의 제안 등으로 인해 남침의 성공 가망성이 그만큼 더 줄어든다는 우려로 한국전쟁을 먼저 일으켰다(중간설). James Irving Matray, *The Reluctant Crusade; American Foreign Policy in Korea, 1941-1950* (Honolulu: University of Hawaii Press, 1985), pp.235-236.

20) 김학준, 『북한50년사』, 동아출판사, 1995, 143-147면.

준비를 적극적으로 도왔다.

2. 김일성의 전쟁계획과 허점공격설

김일성은 1949년 3월 모스크바를 방문한 이후 전쟁 준비를 본격화하였다. 상술한 바와 같이 소련으로부터 군사장비를 대대적으로 지원받았고, 중국도 국공내전이 끝나자 중국 인민해방군에 가담하여 싸웠던 실전경험이 풍부한 조선인 무장부대를 보내 주었다.[21] 1949년 가을부터 인민해방군 제4야전군에 소속된 약 2개 사단 병력의 조선인 병사들이 북한으로 돌아와 제5사단과 제6사단에 편입되었다.[22]

1950년 1월 17일 박헌영의 관저에서 열린 만찬에서 김일성은 북조선 주재 소련대사 스티코프에게 남침 문제를 다시 제기하고 이를 논의하기 위하여 스탈린과의 면담을 희망한다는 의사를 피력했다. 이 대화에서 김일성은 중국혁명이 성공한 다음에는 남한을 해방시킬 차례라고 강조하고, 조선민주주의인민공화국은 기강이 세워진 우수한 군대를 보유하고 있다고 주장했다. 또 김일성은 이전에도 그러했던 것처럼 남한의 선제공격에 대한 반격만을 승인한 1949년 3월의 스탈린의 결정에 불만을 토로했다.[23]

1950년 4월 모스크바에서 열린 스탈린과 김일성 간의 회담에서 스탈린은 국제환경이 유리하게 변하고 있음을 언급하고 북한이 통일과업을 개시하는 데 동의하였다. 다만 이 문제의 최종결정은 중국과 북조선에 의해 공동으로 이루어져야 하며, 만일 중국측의 의견이 부정적이면 새로운 협의가 이루어질 때까지 결정을 연기하기로 합의하였다.[24]

1950년 5월 13일, 김일성과 박헌영이 베이징에 도착하여 마오쩌둥과 면담하였다. 이 자리에서 그들은 스탈린이 모스크바회담 때 "현 국제환경은 과거와는 다르므로 북한이 행동을 개시할 수 있으나 최종결정은 마오쩌둥과 협의를 통해 이뤄져야 한다"고 했음을 설명했다. 5월 14일, 스탈린은 마오쩌둥에게 보낸 특별전문에서 "국제정세의 변화에 따라 통일에 착수하자는 조선 사람들의 제청에 동의한다. 그러나 이는 중국과 조선이 공동으로 결정해야 할 문제이고 중국 동지들이 동의하지

21) 통일부 통일교육원, 『남북관계지식사전』, 통일부 통일교육원, 2011, 576면.

22) 김학준, 『북한50년사』, 143면.

23) 김영호, 『한국전쟁기원과 전개과정』, 성신여자대학교 출판부, 2006, 138면.

24) 『한겨레』, 1994. 7. 22, 4면.

않을 경우에는 다시 검토할 때까지 연기되어야 한다"고 했다.[25)]

이렇게 김일성과 박헌영은 소련과 중국을 설득하면서 전쟁 수행에 적극적으로 나섰다. 대내외적 조건이 북한에 크게 유리하다고 보았다. 일단 중국에서 공산혁명이 성공한 것은 가장 큰 지원세력의 확보가 가능했기 때문이고, 또한 미국은 애치슨 국무장관이 한국을 방위선에서 제외하고 전쟁에 개입하지 않겠다는 시사를 주었기 때문에 전쟁 수행의 가장 적기라고 생각했다. 이러한 정치적인 면 외에 실제로 북한은 1950년 6월 당시 13만 5천명의 지상군을 확보하고 있어, 남한에 절대적 우위를 보이고 있었다.

상술한 바와 같이 북한은 전쟁을 개시하기 전 조국통일민주주의전선 중앙위원회가 평화통일을 위한 절차를 협의하기 위해 정당·사회단체 대표자협의회를 갖자고 하거나, 최고인민회의 상임위가 남북한의 국회와 최고인민회의가 전조선 입법기관으로 연합하자고 하는 등 평화공세를 전개하여 전쟁 의도를 감추고자 시도하였다.[26)]

이러한 점에서 볼 때 세 번째 '허점공격설'은 김일성이 "어떠한 희생을 치르더라도 한반도의 통일을 추구하려는 의지가 있었다"는 점과 더불어 한국전쟁이 발생된 제일 유력한 설이다.[27)] 한국전쟁의 원인에 대한 여러 논의와 관련하여 또 하나 간과해서는 안될 인물이 남로당파의 거두인 박헌영이다. 김일성과 박헌영은 아마도 서로 다른 이유에서 한국의 군사적인 통일을 지도했던 것 같다. 김일성은 조국을 통일하고 한국에 공산주의 국가를 건설하기 위한 노력의 일환으로 남한의 혁명을 강력히 추구했다.

이와는 달리 박헌영은 남한에서 그의 리더십을 되찾기 위해 군사적 정복보다는 인민봉기를 선호했다. 그러나 남한에 있는 그의 추종자들 및 지하조직책들이 모두 체포되었기 때문에 군사적 행동에 동의하게 되었다.[28)] 박헌영은 김일성에게 만일

25) 『한겨레』, 1994. 7. 23, 4면.

26) 통일부 통일교육원, 『남북관계지식사전』, 577면.

27) 밝혀진 자료에 의하면, "소련은 한국전쟁 기간 중에 12개 공군부대의 72,000여 명을 투입하여 미국을 주축으로 한 유엔군 전투기와 공중전을 벌여 1,097대를 격추시켰고, 이 과정에서 조종사 299명이 전사"하였다. 『동아일보』, 1999. 11. 20.

28) 1949년 9월부터 1950년 3월까지 남한에서 공산주의 게릴라 활동이 격화되었는데, 남한의 두 공산주의 지도자인 김삼룡과 이주하는 북한에서 파견된 게릴라들을 이러한 활동에 투입시켰다. 이 기간 동안 남한에 파견된 게릴라 수는 3천명이 넘었으나, 3월 27일 김삼룡과 이주하가 체포되었기 때문에 남한에서 게릴라에 의한 봉기의 희망은 사라졌다.

조선인민군이 남한을 해방하기 위해 군사행동을 시작하면 자기의 조직에 충성을 바치는 약 20만명에 달하는 남한 안의 추종자들이 봉기하여 남한정권을 전복시킬 것이라고 말한 것으로 알려져 있다.[29)]

3. 한국전쟁의 경과

1) 한국전쟁 발발

남북한 정부 수립 이후 38도선을 중심으로 잦은 전투가 있었다. 1949년 1월 18일부터 1950년 6월 24일까지 있었던 전투 횟수는 총 874회였다. 북한의 김일성 저작집에는 "적들은 1949년 초부터 옹진반도의 국사봉과 까치산, 금천 앞의 송악산, 황해도의 은파산, 강원도 양양 일대를 비롯하여 38연선 전연에서 대규모 무력침공을 감행하여왔습니다"라고 하면서, 침범한 지역범위도 확대되고 횟수도 늘어나 1949년에는 38도선의 동·중·서부의 모든 연선에 걸쳐 2,617회에 달하였다 주장한다.[30)]

실제로 충돌은 황해도 옹진반도에서 강원도의 양양까지 걸쳐 있어 단순한 국부적 충돌이 아닌 '작은 전쟁'이 벌어지고 있었던 셈이었다. 그 가운데 옹진반도, 개성, 의정부, 춘천 그리고 강릉 부근에서 전투가 자주 벌어졌다. 이 지역들은 1950년 6월 25일에 조선인민군이 주 공격지역으로 삼았던 곳이었다. 북한군 제1사단은 개성 부근 도처에서 마치 한국군의 전력이라도 시탐하듯 빈번한 도발을 자행하다가 1950년 봄에 와서는 거의 매일같이 개성과 백천 등 38도선 연변도시에 박격포 사격을 가하였다.[31)]

1950년 6월 25일 새벽 4시를 기해 북한의 15만 병력의 인민군은 소련제 T-34탱크를 앞세우고 북위 38도선 전역에서 남한에 대한 기습공격을 감행하였다. 북한 인민군은 오전 9시경엔 개성을 넘어 서울 근교까지 진격하였다. 그러나 북한은 1950년 1월 남한을 미국의 극동방위전선에서 제외시킨다고 하였던 애치슨라인 선언과는 달리 즉각적으로 대응하는 미국의 조치에 봉착하였다. 미국은 전쟁 발발 당일 오후 2시에 즉각 유엔 안전보장이사회를 소집하여 상임이사국 중 소련이 불참한 가운데 북한의 남침을 '평화를 파괴하는 침략행위'로 규정하고, 38선 이북으로

29) 서대숙, 『북한의 지도자 김일성』, 청계연구소, 1989, 106면.
30) 『조선전사 25 현대편』, 평양: 과학백과사전출판사, 1981, 33면,
31) 『한국전쟁사 1권(개정판)』, 국방부전사편찬위원회, 1977, 393면.

북한군의 즉각 철수를 요구하는 결의안을 통과시켰다.

북한의 김일성은 이를 거절하였으며, 이에 미국은 남한이 필요한 원조를 제공하도록 권고하는 결의안을 유엔 회원국들에 제출하여 이를 6월 27일에 관철시켰다. 이에 따라 북한은 미국을 포함한 16개 유엔 회원국으로 이루어진 연합군을 대상으로 전쟁을 수행할 수밖에 없었다. 미국의 참전 목표는 전황에 따라 달라졌다.

북한 인민군은 한국전쟁 개전 3일만에 서울을 함락하고, 계속적인 남진 과정에서 8월 말에는 인민군 주력부대가 낙동강에까지 진출하였다. 9월 초에는 경상남북도 일부 지역을 제외한 한반도 전역을 점령하여 단시일 내에 한반도를 적화하는 듯하였다. 인민군은 서울점령 이후 대한민국 정부는 대전, 대구, 부산으로 옮겨 다녀야 했다.

한편 미국은 해·공군에 출동 명령을 내리고 유엔 안보리를 소집하였으며, 유엔은 북한을 침략군으로 규정하고 유엔군의 참전을 결의하였다. 7월 1일에는 16개국이 참가한 유엔군이 부산에 상륙하였고, 맥아더(Douglas MacArthur) 장군을 총사령관으로 하는 유엔군사령부가 설치되었다. 이에 따라 한국군의 작전권을 유엔군에 이양한다는 '대전협정'이 체결되었다. 유엔군의 참전으로 한국전쟁은 남북한 사이의 내전이 아니라 국제전의 성격을 띠게 되었다.

2) 유엔군 참전과 중국 인민군

유엔군이 9월 15일 맥아더 사령관의 지휘 하에 실시된 인천상륙작전에 성공한 후 9월 28일 서울을 수복하였으며, 낙동강 전선에서도 전면적인 반격이 시작되었다. 1950년 10월 1일, 유엔군이 38도선을 넘어 이북으로 진격하였다.[32] 10월 말까지 청천강 이북의 산악 지역을 제외한 대부분의 북한 지역을 점령하였다.

미국은 소련이나 중국이 한반도를 간섭하는 것은 세계대전의 모험을 무릅쓰는 것으로, 소련은 세계대전을 감행할 준비가 안되어 있고, 중국은 군사적 단독행동의 능력이 갖춰지지 않았다고 판단했다. 11월 초반에는 전선이 압록강으로까지 형성되었으나, 만주와 소련의 국경선은 넘어가지 않았다. 1950년 11월 7일 새로운 전황의 변화가 일어났다. 중국 인민군이 참전한 것이다.[33] 11월 25일부터 펑더화이(彭

32) 당시 미 국무부에서 38도선 돌파에 대하여 논란이 있었다. 고위간부들이 38도선을 넘는 것에 대하여 반대도 있었으나 국무차관 러스크(David D. Rusk)는 애치슨 국무장관을 설득하였다.

33) 특히, "스탈린은 1950년 9월 인천상륙작전을 계기로 전세가 역전되자 마오쩌둥에게 중공군 파병을 강력히 요청하면서 정규군이 아닌 지원군 형식을 유지하도록 권고한 것"으로 드러났다. 『동아

德懷)를 사령관으로 하는 중국 지원군이 대규모로 참전하기 시작하였다.

맥아더 유엔군 사령관은 만주지역에 대한 폭격을 허용해 달라는 요구를 미 합동참모본부에 발송했다. 작전지역이 제한되어 있어 국경선 너머는 적 공군기의 성역화 지역이고, 압록강 너머 증강되는 적군을 격퇴하기 위해서는 만주지역으로의 확전이 요구된다는 것이었다.

12월 초 전쟁 상황을 비관적으로 판단한 맥아더는 콜린스(J. L. Collins) 미 육군참모총장을 만났을 때, 증원군을 보내 줄 것과 국민당 군대를 제공하겠다는 장제스(蔣介石)의 초기 제안을 받아들이라고 촉구했다. 미 해군이 중국 해안을 봉쇄하고 전쟁을 수행할 수 있는 중국 공산군의 역량을 파괴할 목적으로 중국 본토에 대한 공군과 해군의 폭격을 개시할 것을 주장했다.[34] 그의 주장은 받아들여지지 않았고, 이미 미 국무장관을 비롯한 군지도자들은 미 군사역량을 한반도에 제한하여 사용하는 것이 옳다고 판단했다. 결국 전쟁이 확대될 경우 세계대전으로까지 확대될 우려로 미국 정부는 맥아더의 행동을 저지하였던 것이다. 전쟁이 한창 진행 중이던 1951년 4월 11일 트루먼(Harry S. Truman) 대통령은 맥아더를 유엔군사령관에서 해임했고, 후임에 리지웨이(Matthew Ridgway) 중장을 임명하였다. 맥아더의 해임은 복잡한 정치적·군사적 배경이 작용하였지만 결국은 확전에 대한 의견 충돌이 결정적인 요인이었다.[35]

한편 중국 인민군 참전으로 다시 역전되어 12월 26일 중국 인민군과 북한 인민군이 38도선을 넘어 내려왔고, 남한 정부는 1951년 1월 4일 다시 수도를 부산으로 옮겼으며 서울은 다시 그들의 수중에 들어갔다. 1월 8일엔 전선이 북위 37도선 부근인 평택-제천-삼척을 잇는 선으로 형성되었다. 이와 같이 1951년 1월 말까지는 인민군과 중국군의 합동 공세기였다. 상술한 바와 같이 한국전쟁에서 소련 공군이 참여했다는 사실은 후에 밝혀진 사실이다. 압록강 접경의 중국 공군비행장에 미그기가 떠서 미국 공군기와 전투를 벌였는데 이 때 소련군 조종사들이 주를 이루었다. 이 때 전사한 소련군 조종사들의 묘지가 중국에 마련되어 있고, 묘비에는 1951년에 사망한 것으로 기록되어 있다.

일보』 1999. 11. 20.

34) 조성훈, 『군사분계선과 남북한 갈등』, 국방부 군사편찬연구소, 26면.

35) 맥아더는 1951년 4월 19일 미 의회의 고별연설에서 “노병은 죽지 않는다. 다만 사라질 뿐이다”라고 말했다.

그러나 중국 인민군은 초기 승리와는 달리 미국의 맹폭격, 재래식 통신과 수송, 군량 문제 등으로 어려움을 겪게 되었다. 유엔군은 3월 한강 남안-횡성-강릉을 잇는 선까지 반격하고, 3월 14일에는 서울을 재수복하였다. 1951년 6월에 전선이 교착되면서 유엔군과 공산군이 38도선 부근을 중심으로 한 중부전선에서 일진일퇴를 거듭하며 어느 쪽도 일방적 승리를 보장받기 어렵게 되었다.

Ⅲ. 정전협정의 제기와 체결과정

1. 정전협의의 제기

중국으로서는 전선이 날이 갈수록 후퇴할 뿐 진격의 가능성이 없는 상황에서 38도선이 회복되는 대로 휴전은 빠를수록 유리하다는 결론에 도달했다.[36] 휴전문제가 제기되기 시작하였고 간헐적으로 논의되던 문제는 쌍방의 필요에 따라 구체화되어 갔다. 이에 따라 미·소 간 협상을 거쳐 유엔주재 소련대사인 말리크(Y. A. Malik)가 6월 23일 유엔총회 연설에서 휴전을 제의하였다. 유엔군 내의 동맹국들 사이에서는 제한전쟁으로 휴전 기운이 일고 있었던 한편, 공산측은 유엔군의 제공권 때문에 막대한 피해를 입어 승산이 없음을 인식하게 되었을 뿐만 아니라 경제적인 부담을 감내하기가 어려운 지경이었다. 이 과정에서 중국 인민지원군 총사령관 펑더화이(彭德懷)와 조선인민군 최고사령관 김일성은 휴전회담 개최에 동의하였다. 김일성은 전쟁에서 승리할 것이란 판단이 오판이었다는 것을 인지했던 것이다. 6월 27일 북한뿐만 아니라 유엔 참전 16개국도 소련의 정전협상 제안에 찬성하였다.[37]

리지웨이 유엔군사령관은 김일성과 펑더화이에게 휴전회담을 제안하고 이를 공산측이 수락함으로써 7월 10일부터 개성에서 정전회담이 열렸다.[38] 회담에서 다루어져야 할 주요 문제는 군사분계선의 설정 문제, 외국군 철수 문제, 정전 감시 문

36) 신복룡, 『한국분단사연구: 1943-1953』, 673-674면.

37) 이승만 대통령은 6·25전쟁 1주년 담화와 6월 27일 담화에서 “우리는 계속 싸워나가며 유화하자는 생각은 일호도 없다”고 했고, “이 나라를 분할하는 조건이 포함되어 있는 소위 평화안은 수락될 수 없는 것”이라 하여 정전협정 제안에 반대하였다.

38) 1951년 7월 10일에 시작된 정전협의는 협정이 조인된 7월 27일까지 만 2년간에 걸쳐 159회의 본회담과 756회의 각종 회담이 개최되었다.

제, 포로 송환방식 등이었다. 회담은 처음에는 비교적 원활히 진행되어 7월 26일에는 의제에 합의하기에 이르렀다. 그러나 그 이후 일차적인 어려움은 양군의 경계선의 책정 문제였다. 이미 38도선을 넘어서 진출하고 있던 미국은 양군의 접촉선에 따라서 결정하자고 주장한 반면에, 공산측은 38도선의 원상회복을 고집함으로써 회담은 교착상태에 빠지고, 8월 22일에 공산측이 회담의 중단 성명을 냄으로써 회담은 정지되었다.

이승만 대통령은 1951년 9월 21일 개성회담을 재개하는 조건으로 네 가지를 요구했다. 첫째, 중공군의 한국 철퇴, 둘째, 북한괴뢰군의 무장 해제, 셋째, 북한이 유엔감시하에 총선거를 통해 대한민국 국회에 안전하고도 동등한 대표를 파견할 권리 부여, 넷째, 유엔군 총사령부는 일정 기간 지정 공산군측이 수용치 않으면 정전협의를 끝낼 것을 주장하였다.[39]

회담이 중단되자 전투는 다시 격렬해졌다. 약 2개월간의 회담 정지 후 유엔군사령관 리지웨이의 제안에 따라 10월 25일부터 휴전회담이 판문점에서 다시 시작되었다. 공산측은 접촉선을 군사경계선으로 하자는 유엔군측의 주장에 양보하고, 11월 27일에는 중립국 감시위원회 설치에도 동의하였다. 그러나 또 다른 어려움이 나타났는데 그것이 바로 포로 송환 문제였다. 즉, 포로의 강제송환이냐 자유송환이냐에 대한 의견대립이었다.[40] 정전협정에서 포로교환 문제는 가장 쉽게 해결될 것으로 예상했었으나 난제로 부각되었다.

1952년 1월 27일 군사분계선 문제가 타결됨으로써 전투행위는 계속되더라도 서로 상대방을 압도할 수 없는 실질적인 교착상태에 들어갔다. 2월 16일에 공산군측에 정전회담 발효 3개월 안에 쌍방에 관련된 나라의 정부들 간에 '고위 정치회담'을 열어 '외국군대의 철수와 한반도 문제의 평화적 해결 및 기타'를 다루자고 제안했다. 유엔군측은 이 정치회담에 한국이 참여하고, '기타'에 한반도 이외의 지역 문제는 포함하지 않는다는 조건을 제시하였다. 공산군측이 이를 수용함으로써 1952년 2월 19일에 이 문제는 일단락되었다.[41]

39) 백학순, 『이승만정부와 장면정부의 통일정책비교』, 27면.

40) 정전협상의 최대 난제는 포로송환 문제에 있었다. 1949년에 체결된 제네바협정 제118조는 "포로는 적대행위가 종료된 후 지체 없이 석방하고 송환하여야 한다"고 '자동송환 원칙'을 규정하고 있다. 그러나 유엔군측은 인도주의를 내세우며 포로들에게 자유로운 선택의 기회를 주어야 한다고 주장하고 '자유송환 원칙'을 내세웠다. 통일부 통일교육원, 『남북관계지식사전』, 638면.

41) 허만호, "휴전체제등장과 변화," 한국정치외교사학회, 『한국전쟁과 휴전체제』, 집문당, 1997,

2. 협상과 전투

정전회담은 더디게 진전되었다. 중국 인민군측은 "회담하면서 공격하고 공격하면서 회담한다"는 모택동의 이른바 담담타타, 타타담담(談談打打·打打談談)의 전법으로 임했고, 유엔군측은 휴전에 응하도록 하기 위해 선택적으로 치명적 공격을 가하기도 하였다.[42] 1952년 5월 12일 유엔군 사령관이 클라크(Mark W. Clark) 장군으로 교체되었다.[43] 클라크가 부임하자 회담 재개전략의 일환으로 북측에 대한 새로운 공격이 시작되어 6월에는 수풍댐 폭격과 8월에는 평양 폭격이 있었고, 유엔 공군기와 미그 15기의 공중전이 빈번해졌다.

이승만 대통령은 정전을 수용하지 않았지만, 객관적인 상황이 정전협정 체결로 흘러가자, 정전을 불(不)방해하면서 그 대신 '한미합동방위조약'의 체결, '국군의 전력 확대'와 '대규모 경제원조'를 요구하였다.[44]

한반도에서 일진일퇴의 전투가 계속되는 동안 1952년 11월 미국의 대통령선거가 있었으며, 그 결과로 공화당의 아이젠하워가 당선되었는데, 그는 당선되면 전쟁을 끝내기 위하여 한국을 방문하겠다고 공약한 바 있었다. 한국전쟁의 정치적 성격을 이해하지 못한 미국인에게는 전쟁이 장기화함에 따른 불만과 권태로 정전을 약속한 공화당 후보에게 20년 만에 처음으로 정권을 맡긴 것이다. 약속대로 아이젠하워는 당선 직후 한국전선을 방문하고 귀국 기자회견에서 전쟁을 확대시키지 않을 것을 명백히 함으로써, 공산측에 군사적인 압력을 가하여 휴전회담에 응하게 하려는 클라크를 실망시켰다.

포로송환 문제로 장기간 휴회로 들어갔던 휴전협상은 1953년에 들어서야 새로운 돌파구를 찾을 수 있었다. 1953년 1월 미국 아이젠하워 정부가 출범하고 3월에 스탈린이 사망하면서 회담 재개의 분위기가 만들어졌으며, 인도차이나 문제로 조기 종결이 필요해진 중국이 부상포로 우선 송환 및 포로송환을 위한 중립국감시위원회 구성을 제안하고 공산군측의 새로운 포로송환 원칙이 제시됨으로써 회담이 재

167-168면.

42) 김학준, "한국전쟁," 180면.

43) 이러한 상황 속에서 유엔군 사령관 리지웨이 장군은 미국 대통령에 입후보하기 위하여 사임하는 아이젠하워(D. D. Eisenhower) 장군의 후임으로 나토사령관으로 전보되고, 클라크(M. W. Clark,) 장군이 유엔군 사령관에 임명되었다.

44) 백학순, 『이승만정부와 장면정부의 통일정책비교』, 31면.

개될 수 있었다. 이에 따라 4월 20일부터 5월 3일까지 부상포로 교환이 이루어졌고 6월 8일에는 포로교환 협정이 체결되었다. 포로의 자유 선택에 따르기로 한 것이다.

3. 정전협정의 체결

휴전협상이 종결단계에 이르자 이에 반발한 이승만 대통령이 6월 18일 2만 7천명의 반공포로를 석방하기도 하였다. 미국은 이승만을 설득하기 위해서 더욱 구체적인 교섭을 벌이지 않을 수 없게 되자, 1953년 6월 25일 국무차관보 로버트슨(W. S. Robertson)을 대통령특사로 파견하였다. 16일간이나 서울에 머물면서 이승만 대통령의 동의를 얻기 위해 교섭을 했으나 이승만의 저항은 완강하였다.[45] 미국은 사실상 한국을 떠날 수 없지만· 이승만의 정전 반대를 누그러뜨리는 방안으로 철수하는 것처럼 행동했다. 그러는 가운데 전투는 계속 진행되었고, 특히 한국군의 방어선에 대한 집중공격이 행하여졌다. 경계선을 확정하려는 마당에 오히려 상황이 불리하게 진전되었으므로 7월 11일 마침내 이승만은 휴전에 동의하였다. 당시 이승만 대통령은 중국군 철수, 북한의 무장 해제, 유엔 감시하의 총선거 등을 내세우며 휴전에 반대하는 입장이어서 정전협정에 서명하지는 않았다. 그러나 '방해하지 않는' 형식으로 동의했다. 이승만은 대미협상에서 밀고 당기기 협상전략을 벌여 결국 한미방위조약의 체결과 국군의 전략 확장, 대규모 경제원조를 받아냈다.[46]

마무리 협상을 계속하여 7월 27일 유엔군측 수석대표 해리슨(W. K. Harrison) 중장과 공산군측 수석대표 남일 대장 사이에 정전협정이 조인되었다. 이 협정은 유엔군측 클라크 사령관과 공산국측 김일성(북한), 펑더화이(중국) 총사령관이 서명함으로써 정식 발효되었다. 전쟁이 발발한지 3년 1개월과 휴전회담을 시작한지 2년 반, 본회의 159회를 포함한 765번의 회담이 마침내 끝났다.[47]

정전협정문은 5개 조 63개 항과 부록 11개 조 26개 항으로 이루어져 있다. 서언

45) 이때 미국이 제시한 조건은 크게 네 가지이다. ① 한미상호방위조약 체결을 위한 교섭을 시작한다. ② 장기간 대한 경제원조를 제공한다. ③ 휴전협정 성립 후에 개최될 한국의 정치적 통일에 대하여 90일간 아무런 구체적인 성과가 없을 때 미국은 그 회의에서 탈퇴한다. ④ 한국군의 증강을 위한 미국의 원조 약속 등이다.

46) 백학순, 『이승만정부와 장면정부의 통일정책비교』, 69면.

47) 김연철, 『70년의 대화』, 창비, 2018, 23면.

에서 협정의 체결 목적과 성격, 적용범위를 언급하고, 제1조는 군사분계선과 비무장지대, 제2조는 정화(停火)와 정전(停戰)의 구체적 조치, 제3조는 전쟁포로에 관한 조치, 제4조는 쌍방관계 정부들에 대한 건의, 제5조는 부칙사항을 담고 있다.[48] 이에 따라 판문점에 군사정전위원회 본부가 설치되고 스위스, 스웨덴, 체코슬로바키아, 폴란드의 요원들로 중립국감시위원단도 구성되었다. 제4조 제60항은 한반도로부터 외국군 철수와 한반도 문제의 평화적 해결을 위한 고위 정치회담을 휴전조약이 효력을 발생한 뒤 3개월 내에 개최할 것을 권고한다고 하였다.

이로써 1953년 7월 27일에 비로소 정전협정이 이루어짐으로써 3년 1개월에 걸친 승리 없는 전쟁은 막을 내렸다. 아이젠하워 대통령은 정전협정이 서명되던 바로 그 날 미국 의회에 대하여 대한 경제원조의 확대계획을 제출하여 승인을 받고, 그 날 유엔군으로 파병된 16개국은 장래에도 한국에 대한 침략에 대하여는 공동으로 대처하겠다는 공동선언을 하였다.

결국 6·25한국전쟁은 승자도 패자도 없는 제한전쟁으로 북위 38도선의 비슷한 위치를 경계로 한 휴전선으로 대치되며 끝났다. 이로 인해 한국전쟁은 남북한 모두에게 기존의 국가분단과 체제분단의 선을 넘어서는 민족분단이라는 치명적인 상흔을 남겼을 뿐만 아니라, 정치·경제·사회·군사 등 여러 분야에 미친 영향은 너무도 심대하였다.

Ⅳ. 전쟁 중 남북한 정치과정과 전후 문제

1. 남한의 정치과정과 경제문제

1) 직선제 개헌으로 장기집권 토대 마련

이승만 대통령의 국내정책과 반공 일변도 정책은 국민들의 자유를 제약하여 비판이 높은 상황이었으나, 남침에 의한 6·25한국전쟁은 이러한 흐름에 쐐기를 박았다. 우선 북한의 남침 그 자체가 남북협상파와 중간파에 대한 국민의 믿음을 떨어

48) 정전협정 체결 당시 해상경계선은 설정되지 않았는데, 협상과정에서 유엔측은 3해리를 주장했고 북한측은 12해리를 주장했다. 1953년 8월 30일 클라크 유엔군사령관은 한반도 해역에서 남북간 무력충돌 가능성을 예방한다는 목적으로 북방한계선(NLL: Northern Limit Line)을 설정했다. 조성훈, 『군사분계선과 남북한 갈등』, 85면.

뜨렸다. 전쟁은 '적이냐 동지냐'의 양분법적 사고방식을 강하게 조장했으며, 따라서 중간노선이나 협상노선은 배척당했다. 민주사회주의 같은 온건한 사회주의 이념조차 공산주의와 동일시되거나 용공시되었다. 이승만은 이러한 사회적 분위기를 십분 활용하였다.

1951년 전쟁 중임에도 불구하고 정치권의 관심은 다음해로 다가온 대통령의 임기와 국회에서의 새 대통령의 선출에 집중되었다. 이승만 대통령의 재선 가능성은 없었고 야당에 효과적으로 대응하고 정권을 지속적으로 유지하기 위해서는 새로운 정당을 만들어야 한다는 정치적 필요에 직면하게 되었다. 이승만은 국회의원들에 의한 대통령 재선 가능성이 없다고 보고, 대통령직선제 도입을 생각한 것이다. 그는 8월 25일에 신당을 조직하겠다는 담화를 발표하였다. 이를 계기로 신당조직운동은 원내와 원외에서 활기를 띠게 되었다. 1951년 11월 30일 정부는 대통령직선제와 상하양원제를 골자로 하는 개헌안을 국회에 제출하였다. 그러나 원내파의 많은 의원들은 단원제와 대통령간선제를 희망했고, 원외파만이 정부의 개헌안을 지지함으로써 1952년 1월 18일 국회에서 처리된 대통령직선제 개헌안은 찬성 19표와 반대 143표로 압도적으로 부결되었다. 이승만은 자신의 지지기반을 키워 직선제를 관철시켜야 한다는 생각은 더욱 강해졌고 원외자유당을 발족시켰다. 원외자유당이 주동이 되어 의회주의를 공격하는 개헌안부결반대민중대회를 개최하고, 국회의원 소환운동도 전개하였다.

전쟁은 소강상태를 유지하였고 1952년 4월 17일 의원 123명의 연서로 의원내각제 개헌안이 제출되었는데, 이는 개헌정족수를 넘는 숫자였다. 원외자유당을 비롯한 18개 단체가 개헌안 반대 전국정당투쟁위원회를 조직하여 정부와 국회가 전면적으로 대결하게 되었다. 이 와중에 이승만 대통령이 선택한 것은 지방선거였다. 4월 25일의 시읍면의원 선거와 5월 10일의 도의원선거를 실시하였는데, 정부의 지원을 받은 여당인 자유당의 대승으로 끝났다.

전국적으로 지방의원을 다수 확보하였음에도 불구하고 야당의 개헌 공세는 막을 수 없었다. 이승만 대통령이 선택한 것은 비상계엄령을 선포하고 강제적인 방법을 통하여 자신의 의지를 관철시키는 것이었다. 이승만 정부는 인민군이 후퇴한 경남과 전·남북 지역에 공비 잔당 소탕이라는 구실로 비상계엄령을 선포하였다. 당시 국회는 부산에 있었는데 국회의원 통근버스가 헌병대에 연행되고, 국제공산당 관련 협의로 10명의 국회의원이 체포되었다. 각 도의회는 국회해산안을 통과시켜 이를 정부에 요청하기도 하였다.

정부는 대통령직선제를 골자로 하는 이른바 발췌개헌안을 마련하여 국회에 제출하고, 이승만 대통령은 발췌개헌안이 통과되지 않으면 국회를 해산시키겠다고 위협했다. 구속 중이던 국회의원이 석방되고, 피신 중이던 의원들도 경찰의 연행식 안내로 등원하여 며칠간 연금상태를 보냈다. 7월 4일 밤에 국회는 기립표결로 찬성 163표, 기권 3표로 발췌개헌안을 통과시켰다. 이 개헌헌법을 통하여 관료적 권위주의 체제의 기반이 마련되었고, 8월 5일 정부통령선거가 관권으로 치러져 이승만이 대통령으로 당선되었다.

한국전쟁은 반공주의적인 정신적 분위기를 높였다. 공산주의는 '살인주의' 또는 '비인간주의'와 같은 것으로 매도되었고, 반공태세를 강화하지 않는 한 대한민국의 국가 기반 자체가 흔들릴 것이라는 분위기가 지배하였다. 여기서 반공은 사실상 대한민국의 대의명분인 자유민주주의를 대체해 나가기도 하였다. 6·25한국전쟁은 또한 유엔에 대한 믿음을 강화시켰다. 유엔이 북한의 남침으로부터 국가를 건져주었다는 인식은 유엔 창설일을 공휴일로 삼게까지 하였고, 유엔을 상대한 외교를 중시하게 만들었다. 이승만 대통령은 한국전쟁 속에서 강압적인 개헌과 휴전반대 운동에 힘입어 계속 집권할 수 있었다.

2) 경제문제와 대외의존

국방부의 통계자료에 따르면 전사, 부상, 실종자를 포함한 한국군의 사상자는 61만여 명이고, 민간인들은 그보다 더 많아 사망·부상·행불 등을 포함 100만여 명이 피해를 입었다. 정확한 수는 자료에 따라 약간 다르게 나타난다. 휴전 직후 집을 잃고 거리에서 방황하는 전재민의 수가 200만여 명에 이르렀고, 굶주림에 직면한 인구가 전체인구의 20~25%나 되었다.

한국전쟁은 한국경제에 엄청난 타격을 주었다. 산업생산시설이 파괴되었고, 일반 주거용 주택은 약 60만 호가 파괴되었으며, 철도는 전체시설의 약 47%가 손해를 입었다. 철도를 비롯한 도로와 교량 등의 사회간접자본의 훼손도 매우 컸다. 제조업의 경우에는, 경인공업지대와 삼척공업지대가 결정적인 손해를 입었고, 방직공업을 비롯하여 조선·기계 공업과 인쇄·출판업은 물론 피혁과 제지의 화학공업 부문도 큰 손해를 입었다. 1951년 말 현재 정부 조사로는, 공업 부문의 전쟁피해는 건물이 44%, 공장시설이 42%의 원상 피해율을 나타내었다.

광업의 피해도 컸다. 1951년 8월 말 현재 남한의 전체 전쟁피해액의 23.3%를 광업 부문이 차지하였다. 전력 부문을 보면, 총 발전시설의 약 80%가 손상되었다. 이들 광공업 및 전력 이외의 다른 산업 부문, 예컨대 농업이나 기타 3차산업의 피해도 컸다. 이러한 상황에서 이승만 대통령은 미국의 경제원조와 그리고 미국 주도 아래 이루어진 유엔의 경제원조를 바탕으로 전후 경제를 복구해 나갔다. 그리하여 미국의 원조는 1950년대 대한민국의 산업생산 활동뿐만 아니라 국민경제생활을 전반적으로 규정짓는 가장 중요한 요인이 되었다. 구체적으로 말하면 1953~1961년 사이에 미국이 총 22억 8,000만 달러의 막대한 원조를 해 주었다. 그러나 그 내용이나 규모는 전적으로 미국측에 의하여 결정되었다. 미국의 원조는 우선 원자재로서의 소비재와 양곡이 주종을 이루었다. 전자를 다시 나누면, 대개 철도차량 도입을 중심으로 한 교통 부문과 기타 교육 및 후생 부문에 대한 도입에 치중되었다. 바꾸어 말하여 제조업에 대한 시설재의 도입은 매우 적었음을 의미한다.

이승만 정부의 관심은 전쟁 중이나 전후에도 정치문제에 쏠려 있었다. 이승만 대통령은 정전협정 체결 4개월 후인 11월 25일 성명을 통해 정부의 정식 통일방안으로서 '유엔감시하 남북한 총선거'를 통한 통일을 발표했다. 그 후 1954년 국회의원선거에서 이승만이 이끄는 자유당이 전체의석의 3분의 2에 달하는 의석을 확보할 수 있었다. 한국전쟁은 대한민국 군부를 급격히 성장시켰다. 양적으로나 질적으로 한국전쟁 이전과 비교할 수 없을 만큼 커졌으며, 그 성장은 다른 사회 부문의 성장보다 월등히 커서 사회 여러 세력과 '불균형 성장'을 나타냈다.

2. 북한의 정치과정과 인민교화

1) 김일성의 파벌 제거

6·25한국전쟁은 미국을 축으로 한 유엔군의 반격에 의해 김일성이 의도한 통일은 이루어지지 않았다. 그러나 한국전쟁을 통해 북한의 김일성은 현시적이거나 잠재적인 그의 정적들을 제거할 수 있는 기회를 확보하였다. 특히, 김일성과 박헌영이 서로 다른 이유와 배경에 근거하여 한국전쟁을 지도하였다는 점은 이를 잘 뒷받침하고 있다. 전쟁 실패의 일차적인 책임은 당·정·군의 최고지도자 김일성의 몫이었다. 그렇기 때문에 김일성파의 헤게모니가 가장 세차게 도전을 받았다. 그러

나 김일성파가 무장력을 거의 독점하고 있는 상황에서 다른 세력의 도전은 중국이나 소련의 적극적인 지원을 전제하지 않는 한 그 가능성은 희박했다. 오히려 김일성은 전쟁을 통하여 자연스럽게, 전쟁 이후에는 숙청을 통하여 그의 정적들을 하나씩 제거해 나갔다.

정전회담이 시작되고 한 달 반이 된 1951년 8월 31일 로동당 중앙정치위원회를 열고 '미해방지구에 있어서 우리 당 사업과 조직에 대하여'라는 결정서를 채택하였다. 그 내용에 "전쟁 시작 후 1년 이상 경과하였으나 빨치산 투쟁은 결정적 성과를 쟁취하지 못했으며 대중을 조직화하여 폭동을 일으키지 못했고 인민군 공격이 있었음에도 불구하고 국방군 내부에 '의거운동'과 와해를 일으키지 못했다. 이것은 당의 정치노선과 정책은 옳았는데 남한 안의 단체들이 잘못해서 그런 것이다"라는 것이었다.[49] 김일성이 전쟁의 결과에 대한 책임을 박헌영에 돌리고자 하는 사전 작업이었던 것이다. 김일성은 전황이 그의 뜻대로 되지 않자 휴전을 원했고, '수십만 남로당원들의 봉기'를 호언했던 박헌영으로서는 휴전을 받아들인다는 것은 정치적 몰락을 의미했다.[50] 김일성은 박헌영의 빗나간 예상을 빌미로 삼아 자신의 책임은 면하고 정적인 박헌영과 남로당 계열을 제거하려고 하였다.

소련파와 연안파에 대한 숙청도 이루어졌다. 전쟁 중에 당조직을 담당한 허가이는 자살하였고, 연안파의 군사지도자 무정은 당적을 박탈당했다. 허가이는 지나치게 전쟁 중의 당증 분실 문제에 집착, 그것을 이유로 전쟁 이후 휴전회담 개최 전까지 무려 당원의 75%를 출당시켰다. 즉, 북한이 연합군에 점령되었을 때 당증을 태우거나 묻어버린 사람들에게 새 당증을 발급하지 않았고, 처벌까지도 했다. 김일성과 허가이가 대립하게 된 중심적인 문제는 소련 스타일을 본떠 엘리트 공산당을 만드느냐, 아니면 소련 점령당국이 김일성에게 지시했듯이 대중적인 당을 만드느냐 하는 것이었다. 김일성은 허가이의 방침 때문에 당에서 쫓겨난 사람들의 대부분에게 복당을 허용했다. 1952년 12월 15일 당중앙위원회 제5차 합동회의가 열렸을 때까지는 추방되었던 당원들의 69.2%가 복당되었다. 그러나 허가이는 당 제1비서에서 해임되고 좌천되었으며, 1953년 8월 4일에 열린 당중앙위원회 6차 전원회의에서 허가이가 자살했다고 발표되었다.

무정은 해방 정국에서 항일투쟁과 팔로군 경력 때문에 인민들에게 김일성에 버

49) 김남식, 『남노당 연구 Ⅰ』, 돌베개, 1984, 463면.
50) 김학준, 『한국전쟁』, 박영사, 1989, 313면.

금가는 명성을 가진 인물이었다. 그렇기 때문에 견제의 대상이었고 전쟁 중에 '봉건적 왕과 같은, 법을 무시한 군사적 만행'을 저질러 제2군단장에서 해임되었고, 제7군단장 직에서는 군의관을 총살해 물의를 일으킨 죄로 출당조치되었다고 밝혔다. 그러나 김일성이 우선 연안파의 군사지도자인 무정을 숙청한 데는 중국 인민군의 개입으로 말미암아 연안파가 고무되지 않을까 하는 두려움을 가지고 있었다. 중국 지원군사령관인 펑더화이와 무정은 대장정의 파고를 함께 넘은 동지였다. 무정의 명성에 중국의 지원이 더해지면 김일성에 위협이 되는 것이었다. 또한 중국의 북한에 대한 과도한 영향력 증가를 막으려는 조치였다.[51] 김일성은 여러 가지 만행 그리고 평양이 함락된 책임을 씌워 무정을 숙청한 것으로 보인다. 그는 중국으로 갔다가 다시 돌아왔으나 전쟁 후에 병사했다.

타 계파에 대한 숙청은 전쟁이 끝나면서 본격화되었다. 3년 동안 계속된 한국전쟁이 휴전으로 끝난 데 대한 책임을 져야 할 '희생양'으로 김일성은 국내파인 남로당계열을 지목한 것이다. 1953년 초에 남로당 출신의 이승엽, 리강국을 비롯한 12명이 체포되었다. 이들은 김일성 정권의 전복을 시도하여 박헌영을 수상으로 추대하려는 음모를 꾸민 것으로 알려져 있으며, 간첩죄를 포함한 세 가지 혐의로 기소되어 그중 10명은 사형이 선고되었다. 이러한 남로당계 수뇌급 외에 수많은 월북 남로당원들이 처단되거나 숙청되었다. 1955년 12월에 박헌영도 똑같은 죄목으로 기소되어 사형을 선고받았다. 간첩죄에 대해서는 많은 의문이 남아 있으며, 쿠데타 음모에 대해서도 여러 상황을 종합해 볼 때 믿기가 힘들다. 이미 1940년대 말에 헤게모니 투쟁에서 실패한 남로당계열은 한국전쟁의 결과로 그들의 기반인 남쪽을 잃었기 때문에 손쉽게 제거되었다.[52]

2) 경제피해와 중·소 지원

한국전쟁으로 인한 인민군의 사망, 부상, 실종자 수는 80만명 정도이고, 주민들 피해도 거의 120만명에 달했다. 당시 북한 인구를 1천만명으로 추산하면 5명당 한 명 꼴의 사상자가 나왔던 셈이다. 이는 북한 한 가족 중 1명이 전쟁으로 인하여 피해를 입었음을 알 수 있으며, 수많은 주민들이 그들의 생활터전을 잃어 버리게 되

51) 안문석, 『무정 평전』, 일조각, 2019, 292-293면.

52) 권혁범, "북한의 정권수립 및 전개과정," 양성철·강성학 공편, 『북한의 외교정책』, 서울프레스, 1995, 35-36면.

었다. 이 같은 피해로 김일성은 이들에게 북한 인민의 주적으로서 미국을 내세우는 교화작업만을 수행하여도 그 파급효과를 매우 효율적으로 확보할 수 있었다.

한국전쟁은 북한경제에도 심대한 타격을 미쳤는데 농업생산에서는 전쟁과정에서 가축과 영농기구의 상실로 인해 개인 영농방식에서 농업협동화 방식을 취하였다. 이는 농업의 기계화를 전제로 하여 전후 사회주의 건설을 진행함에 있어서 중공업 우선 발전, 경공업·농업의 동시 발전이라는 전략을 구사하게 하였다. 북한 전역에서 8,700여 개의 공장이 파괴되는 등 많은 공업시설이 망가졌다. 『조선전사』에는 전쟁의 피해상황이 상세하게 언급되어 있다. 발전설비와 송전설비의 파괴와 손상으로 발전용량의 83%를 잃었고, 경공업 분야에서도 심대한 피해를 입었다고 한다.[53] 원산의 경우에는 7월 19일까지 계속된 폭격으로 성한 건물이 하나도 없었다고 한다. 전쟁이 끝난 1953년의 총 공업생산은 전쟁 전의 절반 정도였다.

북한의 자료에 전후 경제문제를 말하고 있는 대목이 있다. 김일성 수상이 "우리나라에서의 전쟁피해는 말로 표현할 수 없으리만큼 심하였습니다. 도시와 농촌이 잿더미로 되고 인민경제의 모든 부분들이 여지없이 파괴되었으며 인민들은 생활토대마저 거의 다 잃어버렸습니다"라고 말하고 있다. 북한은 전후 인민경제복구 3개년계획을 세웠다. 김일성은 "우리는 전후경제건설에서 중공업의 선차적복구발전을 보장하면서 경공업과 농업을 동시에 발전시키는 방향으로 나아가야 할 것입니다" 하였는데 소련과 중국의 원조가 큰 힘이 되었다.[54] 특히 전후 북한이 경제에서 중공업 우선전략을 채택한 주요 요인은 전쟁 중 북한이 경험하였던 미국에 대한 불안감의 발로이다. 즉, 전쟁 직후 피폐한 경제여건 속에서 자력에 의한 중공업 우선 전략을 취하게 한 것은 자체 방위력의 강화라는 안보상의 필요에 의해서였다. 더욱이 이러한 중공업 우선발전 전략은 군사적·경제적으로 소련이나 중국보다는 북한 대중의 창의력에 의존했다는 점에서 군중노선, 주체노선과 긴밀한 관계를 띠고 있다.[55]

53) 1949년에 비하여 전력은 공업은 26%, 연료공업은 11%, 야금공업은 10%, 화학공업은 22%, 건재공업은 36%, 수산업은 24%, 제지공업은 24%로 각각 감소되었다. 북한경제의 모든 부분에서 생산이 현저히 줄어듦으로써 국민소득은 1953년에 1949년에 비하여 70%로 감소되었다고 한다. 『조선전사 28 현대편』, 평양: 과학백과사전출판사, 1982, 16-17면.

54) 『조선전사 28 현대편』, 15-21면.

55) 신병식, "한국전쟁과 북한사회주의 체제이행과정," 『한국전쟁과 북한사회주의 체제건설』, 박영사, 1992, 118-123면.

전쟁이 끝나자 1953년 9월 1일 김일성은 거의 한 달 동안 소련을 방문하였다. 김일성은 우선 전쟁 동안에 소련이 베풀어 준 지원에 고마움을 나타냈다. 그리고 김일성은 조·소기술협정을 맺고, 소련에 진 빚을 절반으로 탕감받았다. 또한 김일성은 11월 10일부터는 중국을 방문하여 역시 전쟁 동안 중국의 지원에 후의를 표시했다. 조·중경제문화협정을 맺고 중국에 진 빚도 탕감받았다. 그러므로 북한은 경제전략 및 정책결정에 있어서 소련이나 중국의 압력을 받고 있었다. 김일성의 입장에서 두려웠던 것은 그것이 북한 내에 있는 연안파나 소련파를 통해서 나타나고 있는 현상이었다. 그러나 중·소 분열 조짐과 김일성을 후원했던 스탈린의 사망으로 소련에 대한 정치적 부담에서 벗어날 수 있었다.

한국전쟁은 김일성의 정치권력 장악과 관련한 영향과 더불어 정치권력의 핵심 기저로 작용하는 군부의 변화에 대해서도 많은 영향을 미쳤다. 특히 병력 수에서 전쟁 전 15만명에 불과하였던 북한 인민군은 전쟁 직후 41만명으로 증강되었으며, 1959년에는 50만명에 달하는 예비전력군으로서의 로농적위대가 창설되었다. 이러한 병력 수에서의 증가와 더불어 북한은 전형적인 병영국가의 모습을 띠게 되었으며,[56] 이는 결국 김일성의 주된 정치기반으로 작용하였다.

Ⅴ. 전쟁 결과 형성된 남북한의 정치문화

남북한이 경험한 정치적 사건으로서 가장 중요한 것은 한국전쟁이다. 한국전쟁은 남북한 모두에게 가장 큰 고통을 안겨 주었다. 이 전쟁에서 약 3~400만명에 이르는 민족이 희생되었고, 취약하게나마 존립하였던 사회·경제적 기반들도 거의 파괴되었다. 그리하여 한국전쟁은 이러한 인적·물적 희생뿐만 아니라 정치, 경제, 문화, 이데올로기 등 거의 모든 수준을 조건지우는 요인이 되었으며, 남북한 정치문화의 중요한 형성요인으로 작용하였다.

1. 이승만 정부의 반공문화 확산

6·25한국전쟁은 이승만 정권의 반공이데올로기를 절대다수의 국민들에게 수동

56) 김학준, 『한국전쟁』, 1989, 355-356면.

적 내지는 능동적으로 동의하도록 유도해 냈고 확산시켰던 것이다. 물론 반공이념은 분단과 함께 한국전쟁 이전부터 국민들의 마음속에 자리잡고 있었다. 그러나 전쟁을 치르면서 겪은 경험들, 즉 재산상의 파괴와 고통스러운 정신적 경험, 여러 가지 이름으로 자행된 살육, 질서가 무너진 상태에서 드러나는 비인간적 작태 등은 국민들의 뇌리 속에 '전쟁을 일으킨 공산주의 북한'과 연결되면서 더욱 반북·반공 의식이 강화되었다.

한국전쟁을 통해 실체화된 안보위기가 반공이념을 보편화시키고, 그리하여 자유민주주의를 지키기 위하여 반공을 해야 한다는 논리가 반공을 위해 자유민주주의를 제약할 수밖에 없다는 논리로 전이되어 집권층에 의해 효과적으로 조작되었다.[57] 이러한 반공이데올로기는 국민의 일체감을 조성시키고 정부에 대한 국민의 지지를 수렴하는 강력한 정치적 무기였으며, 냉전의 국제정치구조 속에서 국제사회의 지지와 협조를 얻어내는 필수불가결의 이데올로기이기도 했다.[58]

그러나 반공정치문화의 고착화 현상은 중간 내지 좌경적 노선을 걷는 정당이나 정치세력들을 한국정치의 장에 등장하기 어렵게 만들었다. 민주주의 정치문화는 다원적인 정치활동을 용납하는 정치환경에서 성숙하며, 사상과 토론의 자유가 허용되는 가운데 배양되는 것이다. 그러나 반공으로 인한 획일적인 이데올로기의 강조는 이러한 운동이 정치적으로 성숙할 수 있는 여지를 완전히 제거하여 버렸다. 이승만 정부는 표면적으로는 민주주의라는 정치이데올로기를 앞세웠으나, 실제적으로는 민주보다 반공에서 그 정치적 의미와 정통성의 근거를 찾고자 했던 것이다.

한국전쟁으로 인한 안보위기는 군의 과대성장을 촉진시켜 민·군관계의 불균형을 유발하여 군의 상대적 우위현상을 유발하였다. 즉, 전쟁 이후 남한에서는 군의 조직이 급속히 팽창하였고, 인력 면에서도 정예화되었다. 한국군의 성장이 가속적으로 이루어질 수 있었던 것은 미국의 지원 때문이었으며, 사실 1955~1960년의 기간 동안 한국군은 총군사비의 80%를 미국의 원조에 의존했었다.[59] 북한의 위협에 대처하기 위하여 추진된 군의 정예화와 조직 팽창은 군부의 영향력을 급속하게 팽창시키는 결과를 가져왔다. 국가안보를 담보하기 위해서는 방대한 규모의 군대조

57) 박광주, "한국의 국가이념과 현실: 자유민주주의 이념과 권위주의적 현실간의 갈등," 『한국정치학회보』, 제22집 제2호, 한국정치학회, 1988, 38면.

58) 손봉숙, "한국의 정치문화와 반공이념," 『한국정치학회보』, 제17집, 한국정치학회, 1983, 86면.

59) 김호진, 『한국정치체제론(전정4판)』, 박영사, 1994, 313면.

직이 필요했던 것은 사실이지만, 정치적으로 경계의 대상이 되지 않을 수 없었다.[60] 이러한 여건 속에서 자유당의 독재정치와 부정부패, 민주당의 약체 내각 등은 5·16군사쿠데타를 기점으로 하여 군을 남한정치의 제1선으로 끌어들이는 직접적인 계기를 제공하였던 것이다.

요컨대 1950년대 반공이데올로기는 어느 정도 자신의 이데올로기적 지배의 기반을 가지면서, 체제외적 주장에 대해서는 탄압의 명분으로, 또한 체제내적 반대파에 대해서는 권위주의 지배의 통치이데올로기로서 작용했다고 할 수 있다. 따라서 반공이념은 정부수립 이래 30여 년간 국가목표의 최우선 순위로 강조되어 왔으며, 국민의 정치생활을 지배하고 반공 일변도의 정치문화를 형성시켜 왔다.[61]

2. 김일성 우위체제에서 반미사상 고취

한국전쟁이 북한정치에 미친 영향 역시 남한 못지않게 큰 의미를 가지는 것이다. 전쟁 전의 북한의 권력구조는 연립형식의 김일성 우위체제였는데, 전쟁 후 이는 김일성 중심체제로 바뀌었다. 북한의 김일성 정권은 한국전쟁을 조국해방전쟁이라 하고, 그 모든 책임을 미국과 남한에 돌렸다.[62] 이를 계기로 김일성은 그의 반대세력 내지는 경쟁자들을 제거하고, 한국전쟁 수행과정상의 책임을 그의 정적들에 전가시켰다.

김일성은 한국전쟁 과정에서 북한 주민에 의한 공산정권 지지가 매우 자발적이고 일방적인 것이 아님을 알게 되었다. 이는 전쟁 수행 과정에서 북한 인민의 다수가 한국군이나 연합군에 협조하였으며, 많은 이들이 남하하였다는 데서 찾을 수 있다. 따라서 김일성을 중심으로 한 정치권력 세력은 정치사회화의 중요성을 절감하게 되었으며, 이로 인해 전후 북한 지도층은 김일성을 중심으로 한 정치교화 등 사

60) 김호진, 『한국정치체제론(전정4판)』, 313면.

61) 손봉숙, "한국의 정치문화와 반공이념," 86면.

62) "조선인민의 철천지원쑤 미제침략자들과 그 주구 리승만괴뢰도당은 조국을 평화적으로 통일할데 대한 우리의 합리적인 방안을 거부하고 드디어 1950년 6월25일 불의에 공화국 북반부에 대한 무력침공을 개시하여 조선인민을 반대하는 침략전쟁을 일으켰다. 미제에 의하여 강요된 3년 동안의 전쟁은 조국의 운명을 좌우하는 판가리 싸움이었으며 우리 인민에게 있어서 가장 준엄한 시련의 시기였다"라고 하고 있다. 『정치사전』, 평양: 평양사회과학출판사, 1973, 774면. 또한 그 결과를 "경애하는 수령 김일성 동지의 탁월한 혁명전술과 현명한 령도에 의하여 정의의 조국해방전쟁은 1953년 7월 27일 조선인민의 위대한 승리로 끝났다"고 주장한다. 『정치사전』, 776면.

상교육을 철저히 시행하였다. 그 과정에서 미국을 제국주의 국가로 지칭하며 그에 대한 반감을 조성하고, 미제와의 부단한 투쟁을 고취하였다. 또한 그러한 투쟁의 선봉장으로 김일성을 미화하며, 미제국주의와 그 괴뢰정부인 남한 정부에 의한 북침 가능성을 선전하여 인민의 대동단결을 조성하였다. 6·25한국전쟁은 북한 주민들 사이에 반미주의를 굳게 자리잡게 하였다. 김일성은 이것을 더욱 조장하였다. 그는 '미제국주의의 재침' 위험성을 강조하면서 '미제국주의와의 투쟁'을 제1의 국사(國事)로 삼고, 자신을 '미제국주의와의 투쟁'의 선봉장으로 상징조작하였다. 이러한 상징조작은 그의 독재체제를 정당화하는 중요한 도구가 되었다.

반미이념은 전쟁 이전부터 남반부를 미제식민지 체제라 하여 이미 많은 북한 주민에게 정치사회화되어 하나의 사상으로 자리잡고 있었다. 여기에다 전쟁 중에 모든 북한 주민이 직접 체험한 역사적 경험은 이미 내면화되어 있는 사상을 검증시키는 역할을 했다. 전쟁 이전에 내면화된 반미사상, 전쟁을 통한 직접적인 미제의 실체 확인, 전시 또는 전후의 정치·사상사업의 주요 내용으로 반미 적대감 확산의 선전·선동사업은 전후복구나 사회주의 건설사업에 있어서 북한 주민을 자발적으로 참여시켜 건설혁명의 주체자로 성장시키고, 당과 정권을 중심으로 전체 인민을 똘똘 뭉치게 하여 정권 안정을 닦는 데 많은 기여를 했다.[63]

북한은 한국전쟁이라는 역사적 사건을 반미·반한의 중요한 정치사회화 매체와 내용으로 이용한다. 북한은 해마다 '6·25미제반대투쟁의 날'이라 하여 대대적인 군중행사와 시위를 하고 있다. 휴전협정일을 '조국해방전쟁 승리의 날'로 지칭하고 의례적인 기념행사를 진행하면서 적개심을 고취시켜 왔다.

3. 이승만과 김일성의 독재정치체제 강화

6·25한국전쟁은 민족사에서 가장 비극적인 사건이었다. 양측은 엄청난 인명피해가 있었으며, 상술한 바와 같이 경제적 손실을 안겨 주었다. 남북 사이는 이념과 정치적 반감의 뿌리가 내려지며 남북간에 극단적인 적개심과 증오심을 남겨 놓았다. 이는 분단체제를 공고화시킴으로써 민족 동질성을 파괴하고 남과 북을 이질적인 사회로 바꾸어 놓았다. 남한은 북한을 소련의 괴뢰집단이라 부르며 북괴라고

63) 강정구, "한국전쟁과 북한사회주의 건설," 손호철 외, 『한국전쟁과 남북한사회의 구조적 변화』, 경남대학교 극동문제연구소, 1991, 195면.

했고, 북한은 남한을 미제의 앞잡이라고 하였다. 한국전쟁이 남북한의 정치과정에 미친 영향은 대단히 큰 것이다. 한국전쟁의 경험과 여기서 강화된 반공·반미 이데올로기는 양 정치체제의 유지에 적합한 정치문화 형성에 주요한 요인으로 작용했다. 남북의 지도자는 한국전쟁의 결과를 독재정치의 정당화와 유일체제 구축에 이용하였다. 남북한 정치체제에서 내걸은 '상기하자 6·25'는 국민들의 반공과 '미제투쟁'은 반미의식을 수동적 내지 능동적으로 유도해 냈고, 이를 체제 구축의 중요 수단으로 활용하였다.

한국전쟁으로 이승만은 반공을 빌미로 독재체제를 강화시켜 나갔다. 이승만 정부는 실현능력도 없는 통일 및 이와 관련된 반공에 집착하였다. 통일의 구호와 반공의 현실적 적용은 분단의 비극의 현실에서 이승만의 권력 확장에 크게 기여하였다. 한국전쟁을 통해 반공이념이 국민 사이에 확산된 결과, 반공의 화신으로 대두된 이승만의 개인적 이미지가 대중의 지지와 추종을 유도했다. 한국전쟁을 통해 좌파나 혁신적 중도파의 정치적 입지가 사라졌으며, 집권세력과 야당의 보수 세력 모두 보수적 반공주의에 의해 지배당하고 있었다.[64]

이승만은 독선적으로 권위주의적 정치정향을 강화하면서 1954년에는 대통령 연임제한을 철폐하는 소위 '사사오입(四捨五入)' 개헌으로 3선의 길을 열었다. 이에 1955년 장면, 조병옥 등과 민주당을 창당한 신익희는 3대 대통령 선거에 출마하였으나, 호남 지역으로 유세를 가던 중 열차 안에서 심장마비로 사망하였다. 그리하여 1956년 5월 15일 치러진 대통령 선거는 자유당 이승만과 진보당 조봉암[65]의 대결로 가게 되었고, 이승만이 70% 그리고 조봉암이 30%의 득표율을 얻어 이승만이 장기집권에 성공하였다. 이승만의 독재정치가 심화되는 가운데 1960년 3월 15일 제4대 정·부통령 부정선거는 정권의 최후를 재촉하고 4·19혁명으로 이어졌다.

한국전쟁을 일으킨 김일성은 그의 의도대로 결과를 가져오지 못하자, 책임을 전가할 것이 필요했고 이를 자신의 집권에 부담되는 세력을 제거하였다. 상술한 바와 같이 소련파, 국내파, 연안파의 거두들을 제거하고, 1956년 당 제3차대회를 계

64) 김영명, 『고쳐쓴 한국 현대 정치사』, 을유문화사, 1999, 107면.

65) 일제시기 사회주의 항일운동을 하였으나, 해방후 대한민국 정부 수립에 참여하여 초대 농림부장관과 국회 부의장을 역임하였다. 3대 대통령 선거후 정식으로 진보당을 창당하여 원내 진출도 시켰으나, 신익희 이후 이승만의 가장 큰 정적이었던 조봉암은 1958년 1월 간첩죄와 국가보안법 위반 혐의로 진보당원과 함께 체포되어 다음해 7월 사형이 집행되었다. 2011년 1월 대법원의 무죄판결로 신원이 복권되었다.

기로 김일성은 자신의 파벌을 당의 핵심지위에 충원하면서 당의 지배권을 강화하였다. 그러나 사회주의 국제 분업구조를 모색하고 있던 소련이 이보다는 자력갱생을 더 강조하는 북한의 독자적인 전후복구 건설 방식을 달갑지 않게 여기고 있었다. 이에 소련과 밀접한 연관을 가진 김일성 반대파가 김일성의 개인숭배를 맹렬히 비난하면서 소련식 집단지도체제를 주장한 소위 '8월 종파사건'을 일으켰다. 북한은 정권의 위기였던 8월 종파사건을 마무리지음으로써 대내적 권력기반을 확고히 다져갔다.

이렇게 구축된 대내적 기반을 발판으로 더욱 더 민족자립경제, 대외적 자주성, 국방에서의 자위, 민족주체 문제를 추구할 수 있었으며, 이의 추구는 역으로 혁명적 군중노선을 발전·강화시켰다. 이들 과정이 응집되어 북한의 주체사상은 형성되고 강화되어 갔다.[66] 이제 김일성의 과업은 제1차 5개년계획의 완수를 통한 '사회주의 공업화'의 토대를 놓는 것이었다.

VI. 제네바회의와 국제정치에 미친 영향

6·25한국전쟁은 국제정치에 큰 영향을 주었으며, 또한 강대국들의 국내외 정책과 한민족에 많은 영향을 주었다. 이 전쟁은 그것이 한반도 내에 전쟁으로 제한되고 있었다는 데서 국지전(Local War)으로 불리고 있으나, 쌍방 간에 전투에 참여한 국가의 수가 20개국을 넘었다는 사실에서 그렇게 단정만 할 수는 없다. 한반도의 지정학적 위치에서 비롯되는 동북아의 긴장상태에 미국과 소련이 직접 관계되어 있다는 데서, 국제적인 요인이 지배할 수밖에 없었다.

1. 1954년 제네바회담

정전협정 제4조 제60항의 '고위 정치회담' 문제는 1953년 8월 28일 유엔총회에서 결의안으로 채택되었다. 이 결의안은 정전협정 후 90일이 되는 10월 28일 이전에 정치회담의 개최를 권고하여 이를 위한 조치를 논의하였으나 성과를 거두지 못하였다. 10월 26일 판문점에서 제4조 제60항 문제를 논의하기 위하여 공산군측과 유

66) 강정구, "한국전쟁과 북한사회주의 건설," 200면.

엔군측이 예비회담을 개최하였으나 참여국 선정 문제로 아무 성과 없이 끝났다.

그러다가 독일과 오스트리아 문제를 논의하기 위해 1954년 1월 25일부터 베를린에서 열린 4국 외상회담(미·영·프·소)에서 이 문제가 제기되었다. 그리고 여기에서 합의한[67] 바에 따라 1954년 4월 26일 스위스에서 '제네바회의'가 개최되었다. 참여국 문제를 둘러싼 최종 협상에서 '코리아 정치회담'의 경우 4국이 초청하는 형식으로 하되, 미국이 한국전쟁에 참전한 유엔군측 국가들의 초청자가 되고, 소련이 중국과 북한을 초청하기로 했다.

이 회의에 미국, 영국, 프랑스를 비롯한 참전 16개국(남아공 불참)과 소련과 중국 그리고 북한이 참석하였다. 남한의 대표로는 변영태 외무부장관, 북한 대표로는 남일 외상이 참석했다. 제네바회의는 남북한 공식대표가 참석한 첫 국제회의로서 그것은 한반도 통일문제와 그 당시 동아시아 국제상황에 관한 문제에 관련 당사자로서 발언권을 가질 수 있었다는 것에 의미를 둘 수 있다.[68] 남북한은 대표 연설을 통하여 서로 상대방의 주장을 거부하였다. 남일은 북한만의 선거가 부당하다며 북한의 최고인민회의와 남한의 국회에서 선출된 대표들 그리고 남북의 가장 큰 민주주의적 사회단체 대표들도 포함시켜 '전조선위원회'를 구성해 전조선 선거를 준비할 것을 제안했다.[69] 그리고 6개월 이내에 모든 외국군대의 철수를 요구했다. 변영태는 북한이 제시한 '전조선위원회'는 동수의 남북 대표가 참여하는 연립정부이며, 동유럽에서 이 연립정부를 구성한 국가들은 모두 소련의 위성국가로 전락했다 하면서, 북한의 의도가 유엔을 배제하고 자신이 선택한 외국의 간섭을 끌어들이려는 것이라고 비판하였다.[70]

이 회담은 미국과 소련을 중심으로 한 진영 간의 설전으로 일관되고 공동합의문도 없이 종료되었다. 한 쪽은 통일한국 정부는 유엔의 감시 하에 자유선거를 기초로 수립되어야 한다고 주장하고, 다른 쪽은 한반도 문제를 다루는데 유엔의 권능과 권위를 철저하게 무시하고 배격하였다. 유엔 참전국들은 제네바회의에서 한반도

67) 4개국 외상회의에서 독일과 오스트리아 문제는 실패로 끝났으나, 한국과 인도차이나 문제에 대한 회의를 제네바에서 4월 26일 개최하자는 데 합의하였다. 물론 미국과 소련의 이 회담 개최 의도는 달랐다.

68) 김영식, "제네바회의와 냉전체제," 한국정치외교사학회, 『한국전쟁과 휴전체제』, 집문당, 1997, 148-150면.

69) 선거 감시는 교전 당사국인 유엔이 아니라 무력간섭을 하지 않은 중립국 대표들로 이루어져야 한다고 주장했다.

70) 백학순, 『이승만정부와 장면정부의 통일정책비교』, 78-79면.

문제의 고려와 검토는 의미가 없다고 결론내렸다. 6월 15일 유엔 참전국들은 "공산주의자들이 오직 자유선거를 불가능하게 하는 일을 고집하고 있으니, 우리는 더 이상 한반도 문제를 토의할 수 없게 된 것을 유감으로 생각한다"는 요지의 공동선언을 채택하였다. 이로써 그들은 대표단을 철수하였으며 회의는 성과 없이 끝났다.

2. 국제정치에 미친 영향

한국전쟁은 핵무기를 보유하고 있었던 강대국들이 그것을 사용하지 않았다는 점과 미국이 소련이나 중국 영토에 대한 공격을 하지 않았다는 점은 제한적 전쟁이었다고 할 수 있다. 그러나 한반도가 겪어내야 했던 파괴력은 가공할 만한 것이다. 정확하지는 않지만 중국 인민군 90만명, 북한 인민군 52만명, 유엔군 40만명(2/3가 한국군, 미군 3만 6천명)이 전사한 것으로 추정된다.[71] 그러므로 제한된 전쟁이라고 단정할 수 없을 만큼 한반도가 감내해야 할 영향은 컸던 것이다. 한국전쟁이 미친 국제정치적 영향을 몇 가지로 정리해 본다.

첫째, 미국이 정치적으로나 군사적으로 이론과 실제 두 가지 면에서 세계 최강대국의 지위를 굳혔다는 사실이다. 제2차 세계대전이 끝나면서 미국이 그 지위를 얻은 것으로 말하고 있으나, 미국의 군사력은 한국전쟁 기간에 두드러지게 증강되었고, 또 한국전쟁이 끝난 뒤에도 그 추세가 계속되었음을 많은 국제정치학자들이 지적한다. 다시 말하면 미국은 시들어가던 군수산업을 다시 세우고 전 세계적 범위에 걸쳐 군사적 영향력을 행사함으로써 국제정치에 대한 영향력은 그 이전에 비하여 훨씬 커졌다. 특히 동북아에서 공산권 국가를 제압하기 위한 하나의 축을 형성하게 되었다.

둘째, 미국과 소련 사이의 냉전을 더욱 굳혔다는 사실이다. 미국은 특히 국무장관 덜레스(J. F. Dulles)의 강력한 반공정책을 추구해 나갔고, 소련 역시 이에 강경히 대응하여 동서의 냉전이 사실상 구조화되었다. 남북한은 양 진영으로 편입되어 '한미방위조약'과 '조소우호협력 및 상호원조조약'을 체결하였다. 중국과는 혈맹관계가 맺어지게 되었고 전쟁 이후에도 상당 기간 동안 중국 인민군이 북한에 남아 있었다. 한국전쟁은 국제적으로 냉전체제를 더욱 심화시켰으며, 남북분단을 고착화시키

71) 돈 오버더퍼 지음, 이종길 역, 『두 개의 한국』. 길산, 2002, 33면; Don Oberdorfer, *The Two Koreas*, 2002.

는 결과를 가져왔다.

셋째, 중국 공산당은 국민당과 내전에 승리하고 1949년 10월 1일 중화인민공화국을 수립하였다. 이러한 상황에서 중국은 세계 최강국인 미국과 유엔을 상대로 항미원조(抗美援朝)를 내세우며 한국전쟁에 뛰어들었다. 참전으로 유엔에서 '침략자'로 규정되었고 유엔에서 중국 대표권을 얻지 못하였으나, 적어도 아시아 문제에 대해서는 중국의 발언권을 인정하여야 한다는 인식이 국제적으로 퍼졌다. 미국은 중국이 상술한 제네바회담에 참석하는 것을 부정적으로 생각하고 있었다. 그러나 결과적으로 중국은 한국전쟁 참전으로 국제적 지위가 강화되었다.

또한 한국전쟁은 패전국인 일본의 경제부흥과 보수체제의 안정에 이바지하였다. 일본은 미국이 한국에서 전쟁을 수행할 수 있는 병참기지 역할을 하면서 경제력 회생에 결정적 역할을 하였다. 그리고 미국의 강력한 지지를 끌어내고 이는 장기적으로 군국주의 부활의 길을 터주었다. 이렇게 볼 때 일본이 강대국으로 자랄 수 있는 계기를 한국전쟁이 마련해 준 것이다.

제3장

남북정치체제의 공고화와 남북관계

Ⅰ. 제3공화국 출범과 로동당 제4차 대회
Ⅱ. 베트남전쟁과 남북 군사대결구도
Ⅲ. 국제정세의 변화와 남북관계 모색
Ⅳ. 남북협상과 7·4남북공동성명
Ⅴ. 유신체제와 주석제 그리고 남북관계

Ⅰ. 제3공화국 출범과 로동당 제4차 대회

1960년대에 들어서 남한에서는 4·19혁명과 5·16군사쿠데타라는 극심한 정치변동을 겪으면서 새로운 정권이 들어섰고, 북한은 로동당 제4차 대회를 계기로 김일성 중심의 빨치산 세력이 안정적인 권력을 구축하였다. 양 체제의 집권층들은 안보와 경제발전이라는 두 명제를 국민들에게 각인시켜 나갔다.

1. 정치변동과 박정희 권위주의체제

1) 제2공화국과 장면 정부

4·19혁명 이후 당시 부통령이었던 장면은 이승만이 대통령에서 사임할 것을 촉구하면서 자신도 사퇴하였다. 이승만이 대통령직을 사퇴하고 허정 과도정부가 발족한 후 내각제로의 개헌 작업을 하였다. 정치체제가 대통령제에서 내각제로 국회의 구성도 단원제에서 양원제로 변화된 새로운 헌법이 6월에 채택되었다. 헌법에서는 국민의 기본권이 강화되고 헌법재판소를 신설하였다. 헌법에 따라 7월 29일 총선거가 실시되었고 국민들의 전폭적인 지지로 민주당이 압도적인 다수의석을 차지하게 되었다. 그런데 이렇게 선거에서의 승리는 민주당의 분열을 부추기는 결과를 가져왔다.[1] 신파는 장면을 주축으로 하여 세력을 확장하고, 구파는 윤보선을 중심으로 조직을 정비해 나갔다. 윤보선은 총리직 경합보다는 확실한 대통령직을 받아들여 8월 12일 국회양원합동회의에서 대통령에 당선되었다. 윤보선은 총리로 구파인 김도연을 지명하였으나, 국회의 인준에 실패하고 장면을 지명하여 승인을 얻었다.

이렇게 하여 1960년 8월 22일 장면 정부가 출범하였다. 그러나 민주당의 신·구 양파는 정부 출범 10일도 채 되지 않은 8월 31일 '구파동지회'와 '민정구락부'로 갈라져서 국회에 서로 별개의 교섭단체로 등록하였다. 제2공화국이 분출하는 사회적 요구와 압력을 제도화된 질서로 흡수하기 위해서는 강력한 통제에 바탕을 둔 개혁적 정치가 필요했다. 그러나 장면 정권은 안정되고 믿을 만한 연립형태의 정부를

1) 민주당은 1955년 구 민주국민당 인사들과 이승만으로부터 소외되었던 전 자유당 인사들이 연합을 이룬 정당이었다. 이미 이 선거 이전에도 전자를 중심으로 한 구파와 후자를 중심으로 한 신파로 나누어져 있었고, 7·29선거의 공천과정에서 자파세력을 지원하였다.

구성하지 못했을 뿐만 아니라, 이러한 능력을 보유하고 있지 못했다. 당시 정치·사회적 혼란과 군부 내부의 부패를 군부가 정권찬탈의 빌미로 삼았다. 1961년 5월 16일, 현역 육군 소장 박정희가 중심이 되어 제2공화국의 장면 정부를 상대로 군사쿠데타를 일으켰다. 처음 도입된 내각제와 양원제 국회는 '5·16군사혁명위원회' 포고령 제4호에 의하여 해산되어 9개월 18일 만에 역사 속으로 사라졌다.

2) 5·16군사쿠데타와 제3공화국 출범

5·16군사쿠데타는 1960년 2월경 육군의 박정희 소장과 해병대 김동하 소장 등이 회동하여 1960년 5월 8일에 '혁명'을 결행키로 하고 거사계획에 착수하여 동지규합을 시작했다고 한다. 그러나 4·19혁명으로 무산되었다.[2] 1961년 5월 16일, 혁명군을 자처한 그들의 정변은 중앙방송국을 통해 이른바 혁명공약을 발표하였다. 그리고 '군사혁명위원회'의 이름으로 비상계엄령이 전국에 선포되었다. 군부는 그들의 정치개입을 정당화하려 했으며, 그래서 자기들의 행위를 구국의 결단이라고 표현하였다. 한국정치에서 군부의 정치화 내지 비대화는 사회발전에 따른 함수관계로 나타났다기보다는 한국전쟁을 통하여 급속히 팽창된 국가조직의 부산물이다.[3]

군사정부 하에 국회가 없는 상태에서 국민투표법을 제정, 공포하여 헌법을 제정하는 절차를 밟았다. 대통령중심제 헌법이 1962년 12월 17일 국민투표에서 확정되었다. 국가재건최고회의 의장이었던 박정희는 이미 1962년 8월 30일 군복을 벗었다. 박정희 의장은 공화당에 입당하고 대통령 후보와 당 총재에 선출되었다. 1963년 10월 대통령 선거에서 박정희 후보는 민정당의 윤보선 후보를 15만 표차로 누르고 대통령에 당선되었다. 11월 제6대 국회의원 선거를 거쳐 12월 17일 박정희가 제5대 대통령에 취임하면서 제3공화국이 출범하였다.

1963년 민정이양으로 형식적인 군정은 종식되었지만, 제3공화국의 정치권력은 군부출신으로 채워져 정치리더십의 주요 충원채널이 민간영역에서 군부로 넘어갔다. 박정희 대통령은 5·16군부주체 세력에 힘입어 제3공화국의 실질적인 지배자로 등장했을 뿐만 아니라, 여타 군부세력이 정부의 주요 공직을 장악하였다. 이 같은

2) 이우진·김성주 공편, 『현대한국정치론』, 사회비평사, 1996, 157면.

3) 장달중, "제3공화국과 권위주의적 근대화," 한국정치학회 편, 『현대한국정치론』, 한국정치학회, 1986, 231면.

군부지배체제의 구축은 민주적 권력체제에서 중앙집권적 통제체제로의 전환을 의미하는 것으로, 정치적 리더십의 복잡한 사회적 성격을 반영해 주고 있다. 군부출신의 지배엘리트들이 국가권력기구의 독점을 통하여 정치권력과 경제적 지배의 기반을 다진 독립된 정치세력으로 등장한 것이다.

군의 정권장악은 문화적 측면에서도 권위주의 정치문화의 지속과 반공정치문화의 강화현상을 의미했다. 군사혁명의 기본성격을 밝히는 혁명공약은 "반공을 국시의 제1로 삼고, 지금까지 형식적이고 구호에만 그친 반공체제를 재정비·강화한다"고 천명함으로써 반공노선을 재확인하였다. 나아가서 군부의 정치적 등장과 정권장악은 통제지향적인 행정체제와 더불어 행정의 비대화 현상을 촉진시켰다.[4)]

3) 경제발전으로 정당성 확보 노력

제3공화국 정부가 당면한 최우선 과제는 국민적 지지를 확보하는 일이었다. 즉, 법적 차원이 아니라, 실적에 의해서 정권의 정당성을 입증해야 한다는 절실한 정치적 필요성의 충족이었다. 그 실적의 목표가 경제발전이었고, 때로는 조국 근대화라고도 불리는 일종의 부국강병책이었다. 군부출신의 정치엘리트들은 독자적인 권력기반이 확립되어 있었기 때문에 사회경제세력으로부터 독립된 경제발전정책을 강력히 추진해 나갔다. 1960년대 초반부터 정부의 대기업에 대한 영향력 행사는 경제적 위기나 정치적 비상사태에 직면할 때마다 직접적인 명령하달로 일관하여 왔다. 그리하여 기업은 정치엘리트의 의지에 순응적 복종을 해왔던 것이다.

경제적인 발전은 국민으로부터 제3공화국 정통성을 얻어내는 데 성공했고, 정부가 정치적 목적을 위하여 동원할 수 있는 자원의 폭을 크게 확대시켰다. 막대한 외자도입, 수출시장 여건의 조성, 재정·금융·세제상의 특혜, 개발수요의 증가 등 제반 요인이 어우러져 제1·2차 경제개발계획은 성공리에 수행되었고, 연평균 10% 이상의 고도성장이 이루어졌다. 이같이 경제개발 5개년계획을 추진하는 동안 높은 성장률을 기록할 수 있었고, 그와 같은 고도성장의 경험 속에서 한국인들은 성장이데올로기에 의하여 국가목표를 중심으로 어느 정도 통합이 이루어질 수 있었다.

박정희 대통령은 1969년 3선연임을 허용하는 3선개헌으로 장기집권의 토대가 마련되었다. 국내에서는 야당의 반대와 대학가를 중심으로 3선개헌을 반대하는 시위가 있었으나, 이후 개헌에 대한 10월 17일 국민투표에서 총유권자의 77.1% 참

4) 손봉숙, "한국의 정치문화와 반공이념," 『한국정치학회보』, 제17집, 한국정치학회, 1983, 88면.

여에 65.1% 찬성을 얻어 확정되었다. 박정희 정권은 3선개헌으로 국민들의 비난이 높았지만, '경제성장'이라는 당시의 남한사회가 절실하게 요구했던 기능적 필수조건을 어느 정도 충족시켜 주었다. 박정희 대통령은 경제성장 목표들을 성공적으로 달성함으로써 정치기반을 효과적으로 강화하고 정치적 정통성을 보완할 수 있었다.[5)]

개헌 이후 1971년 4월 27일 치러진 대통령 선거에서 박정희 후보는 53%의 득표율로 45.3%를 얻은 김대중 후보를 제치고 대통령에 당선되었다. 박정희 대통령은 보릿고개를 넘기고 국민들을 먹고 살게 했다는 자부심을 가지고 절대적 지지를 얻을 것으로 생각했으나, 신민당의 젊은 김대중 후보와 표 차이가 크게 나지 않았다는 것은 커다란 충격이었다. 박정희 정부는 경제발전을 추진하기 위해서는 정치안정을 확보할 필요가 있다는 구호를 내세우면서 모든 반정부 활동을 원천적으로 봉쇄해 나갔다. 또한 반정부활동은 적을 이롭게 할 뿐이라는 안보논리로 탄압의 도구로 활용되었다. 이러한 과정을 통하여 경제발전이 국가의 당면 목표이며 경제성장을 위한 권위주의 통제는 불가피하다고 여기도록 국민들을 정치사회화해 갔던 것이다.

2. 로동당 제4차 대회와 김일성 중심체제

1) 김일성의 절대권력체제

북한은 한국전쟁 후 '전후인민경제 3개년계획'과 '제1차 5개년 인민경제발전계획'을 통해 사회주의로의 개조를 마무리짓고 전쟁 전의 수준 이상으로 경제를 발전시켰다. 북한은 사회주의적 동원경제의 장점을 십분 발휘했던 것이다. 북한은 1958년 3월 6일 제1차 당대표자회를 소집하고 종파청산을 공식적으로 선언하였는데, 이는 김일성 중심체제의 확립을 의미한다. 당시 사회적 불안과 경제적 침체에서 헤어나지 못하고 있었던 남한과 비교할 때, 북한은 그들이 이룩한 성과에 대하여 자부심과 자신감을 가지게 되었다. 이 과정을 성공적으로 이끈 김일성은 그의 통치기반을 확고히 마련하게 되었다.

1961년 9월에 개최된 로동당 제4차 대회는 김일성이 중심이 되어 빨치산 세력과 그의 추종세력이 권력을 완전히 장악하는 데에 성공한 대회라는 점에서 커다란 의

5) 정윤재, 『정치리더십과 한국민주주의: 한국 대통령의 리더십연구』, (주)나남, 2012, 327면.

미가 있다.[6] 실제로 김일성은 승리자답게 그 동안 자신의 승리를 철저히 뒷받침해 준 빨치산파를 권력구조의 중심부에 크게 진출시켰다. 이는 북한의 권력구조가 김일성을 중심으로 한 절대권력체제로 확립되었다는 것을 의미한다. 로동당 제4차 대회는 모든 파벌주의가 제거된 김일성파의 승리 집회였다. 이 대회는 당의 역사상 최대 규모로 치러졌고, 32개 국가와 공산당을 대표하는 많은 외교사절단이 참석했는데 거기에는 소련의 코즐로프와 중국의 덩사오핑(鄧小平)도 포함되어 있었다. 제4차 당대회는 김일성과 그의 집단에 새로운 시대를 열어 주었다.

로동당 제4차 대회에서 김일성이 행한 '당중앙위원회 사업총화보고'에서는 전반적으로 마르크스-레닌주의와 프롤레타리아 국제주의를 반복해서 강조하고 있으나, "맑스-레닌주의 원칙을 조선의 현실에 창조적으로 적용한 우리 당 정책의 위대한 승리"라는 표현을 쓴 것은 공산당들의 독자성을 강조하는 국제공산주의운동의 조류를 반영한 것이기도 하지만 김일성의 자신감의 표현이기도 한 것이다.[7]

2) 4대 군사노선과 경제계획

김일성은 1962년 12월 10일부터 14일까지 열린 조선로동당 중앙위원회 제4기 5차 전원회의에서 '조성된 정세와 관련한 국방력 강화 문제'를 제기했다. 여기에서 내려진 결론은 국방에서의 자위였으며, 이 원칙에 따라 전인민의 무장화, 전지역의 요새화, 전군의 간부화, 장비의 현대화라는 '4대 군사노선'이 채택되었다. 4대 군사노선은 북한을 병영국가로 탈바꿈시키는 결정적인 계기가 되었다.

북한에서도 역시 주민들의 지지를 확보하기 위한 최우선 과제는 지속적인 경제발전이었다. 북한에서는 1961년 9월 제1차 7개년계획(1961~1967)이 발표되었는데, 기본 정책목표는 ① 중공업의 우선적 발전, ② 경공업과 농업의 병행 발전, ③ 전체적 기술혁명, ④ 문화혁명과 인민생활의 향상 등이다. 그러나 1962년 쿠바사태를 계기로 군사력 증강의 필요성을 느껴 4대 군사노선을 채택하였다. 이 결과 국방건설과 경제발전의 병진정책을 추진해 나갔다. 북한은 남한의 자본주의 경제보다 그

6) 북한 로동당 제4차 대회에서 당중앙위원은 총 85명으로 구성되었는데, 중앙위원이었던 71명 중에서 28명만이 재선되었고, 57명이 새로이 선출된 인물이었다. 김창만과 남일처럼 일찍부터 그들의 파벌에서 벗어나 김일성에 충성을 한 사람을 제외하고는 다른 파벌의 사람들은 재선되지 않았다. 85명 중의 당중앙위원들 중에 57명은 만주지역에서 게릴라 활동을 하던 사람들이거나, 이들과 연계를 맺은 비밀조직에서 활동하던 사람들이었다. 새로 선출된 57명 중에서 25명은 항일 빨치산 출신이었으며, 21명 정도는 사로청이나 조선인민군으로부터 충원된 젊은 간부들이었다.

7) 전인영 외, 『북한의 정치』, 을유문화사, 1990, 209면.

들의 사회주의 경제가 우월하다는 것을 끊임없이 입증하고자 했으며, 이를 인민들에게 사회화시켜 나갔다.

북한의 경제계획은 단순히 경제분야에서만의 계획이 아니라 사회 전반을 대상으로 한 것이었다. 7개년계획 기간 동안 사회주의를 보다 공고히 하고 사회주의가 지향하는 목표를 실현하기 위해 사회 전분야를 개조시키는 체제내적 혁명을 추진한 것이다. 특히 1950년대 후반부터 시작한 천리마 작업반운동[8] 등을 통하여 당과 김일성에 대한 충성심 고양, 군사력 강화, 경제 관리에서 당과 정부기관에 의한 통제 등, 사회 전반을 조직화하고 동원화하는 체제 개조에서 큰 성과를 이루었다.

이렇게 해서 제1차 7개년계획이 완수된 1960년대에는 전주민이 하나의 군대로 개조되었다. 즉, 전사회는 마치 거대한 전선처럼 경제건설을 이룩하기 위해 군대화되었다. 모든 공장은 전장이고, 모든 노동자는 군인이고 전사자이며, 그 모든 승리는 생산목표를 초과 달성함으로써 이룩되는 것이었다.[9]

이와 같이 남북한 정치체제는 공히 분단이라는 대치 상황 속에서 이를 정치에 최대한으로 이용하면서, 국방과 경제면에서 체제경쟁의 양상을 띠고 있었다. 그리하여 공통된 지배이데올로기는 자주국방과 경제발전이었고, 이는 정치사회화 과정을 통하여 괄목할 만한 효과가 나타났다.

II. 베트남전쟁과 남북 군사대결구도

제2차 세계대전 이후 동남아시아와 동북아시아에 전쟁이 발생하였는데, 베트남에서 북베트남과 남베트남의 프랑스 사이에 8년간의 전쟁이 있었고 또한 6·25한국전쟁이 있었다. 상술한 바와 같이 1954년의 제네바회의는 인도차이나와 한반도 문제를 협의하는 자리였다. 베트남에서는 이념을 달리하는 2개의 정부가 수립되었

8) 천리마운동이 '천리마 작업반운동', '천리마 학교운동', '천리마 속도', '천리마 영예상' 등 다양한 형태로 전개되었다. 특히 "천리마 작업반운동은 생산과 생활의 거점인 작업단위로 전체 근로자들이 〈공산주의적으로 일하며 배우며 살자!〉는 공산주의적 대약진운동으로, 이 운동은 근로자들의 혁명화와 로동계급화를 다그치는 대중적 운동이다"라 하고 있다. 『정치사전』, 평양: 사회과학출판사, 1973, 1109면.

9) 백인학, "북한 사회주의의 건설과정," 이은호·김영재 공편, 『북한의 정치와 사회』, 서울프레스, 1994, 170-171면.

고, 1960년에 미국이 베트남전쟁에 개입하였다. 이후 베트남전쟁은 남북한에도 영향을 미치며 군사대결 구도 양상을 보였다. 남한은 베트남전 파병 등을 통하여 군사력을 강화시켰으며, 북한도 군사 우선적 정책을 추진하였다.

1. 베트남의 분단과 전쟁

프랑스의 베트남 식민통치는 태평양전쟁 발발과 동시에 일본의 도전을 받게 되었다. 1940년 6월, 독일에 패배한 프랑스에는 비시정부(Vichy 친 독일 정부)가 들어섰고, 그 뒤로 독일과 연합한 일본이 베트남에 주도권을 행사한다. 일본이 인도차이나에서 비시정권을 인정해 주는 대가로 프랑스 정부는 이 지역에 일본 군대의 주둔과 해군·공군기지 설치를 허락하였다. 이러한 상황 속에서 호치민(胡志明)은 1941년 5월 북부 베트남에 인도차이나 공산당중앙위원회 제8차 회의를 소집하여 베트남독립연맹, 즉 베트민을 창설하였다.

1945년 8월, 일본의 항복은 호치민이 주도한 세력에게 절호의 기회를 주었다. 이른바 8월혁명을 통하여 공산주의 세력은 일본군의 항복과 연합군이 베트남에 진주하기까지 약 2주간의 힘의 공백을 이용하여 북부 및 중부 베트남을 석권했다. 1945년 9월 2일, 호치민은 프랑스 식민통치 종식, 군국주의의 종식, 베트남의 독립, 베트남민주공화국(DRV)의 수립을 하노이에서 선포했다. 포츠담협정에 의하여 16도선 이북에는 중국군이, 이남에는 영국군이 일본군 철수를 감독하기 위하여 베트남에 주둔하게 되었다. 1946년 2월, 북부 베트남으로부터 중국군의 철수와 프랑스군의 입성을 골자로 하는 중불협상이 조인되자, 호치민과 프랑스 간의 협상이 시작되었다. 이 협상이 결렬되고 프랑스와 DRV 간 8년간의 전쟁이 발발했다.

1954년 4월 26일에서 7월 21일까지 스위스의 제네바에서는 인도차이나와 한반도 문제에 관하여 '제네바회의'가 있었다. 이 회의에서 제네바 합의라 불리는 일련의 문서를 만들어냈다. 이 합의에 의하여 북위 17도선을 중심으로 베트남은 2개로 분단되게 된다. 북부 지역은 베트민이 통치하고, 남쪽 지역은 전 황제 바오 다이(Bao Dai)를 수장으로 하는 베트남국이 통치하게 된 것이다.[10] 회의체의 영국인 의장에 의하여 선언된 '회의 최종 선언'은 통일된 베트남을 수립하기 위하여 1956년

10) 그 후 철저한 반공주의자이며 가톨릭 신자이고 관리출신인 고 딘 디엠(Ngo Dinh Diem) 정부를 이끌었고, 1955년 10월 26일 디엠은 베트남 공화국을 선포하고 초대대통령에 취임했다.

7월 이내에 보통선거를 진행할 것을 규정하였다. 남베트남이나 미국의 대표들은 합의로 제출된 이 문서를 채택하지 않았다. 당시의 미국의 대아시아 정책은 확산일로에 있는 공산주의에 대응하는 것이었다. 베트남 전국에 독립을 허락하겠다는 제네바에서의 프랑스의 합의는 비공산계의 힘의 공백을 남기게 되었다. 이에 미국이 개입하게 되었고, 처음에는 군사고문단 1,000명을 파견하였다. 1960년에는 군대의 파견으로 5,000명으로 증가되었으며, 미국 의회에서 통킹만 결의안[11]이 채택되면서 1965년 당시 미군은 18만 4천명이었다.

2. 한국군의 베트남전 참전과 북한 반발

1964년 2월 당중앙위원회 제4기 8차 회의에서 '현 남조선 정세와 조국통일을 위한 당과업'이 토론되었는데, 김일성은 보고자로서 북한과 남한 국제사회 3면에서 혁명이 동시에 일어나야 한다고 강조하였다. 그리고 남한에서는 미제국주의자들과 그들을 추종하는 괴뢰도당을 축출하는 민족해방투쟁이 일어나야 한다고 역설하였다.[12] 이러한 것은 김일성의 남한에 대한 강한 자신감의 발로였고, 3대혁명역량 강화를 통해 통일할 수 있다는 의지의 표현이기도 하였다.

한편 미국은 남베트남에 미군을 파견하기 시작하였다. 미국은 베트남전쟁을 공산주의를 바탕으로 한 민족해방주의자들이 일으킨 전쟁이라고 했다. 그러므로 미국은 인도차이나 반도에서 공산주의 확대를 저지하기 위하여 참전하지 않을 수 없다는 명분을 내세웠다. 초반과는 달리 전쟁이 확전되자 미국은 한국을 비롯한 25개국에 참전 요청을 했고 그 중에서 7개국이 참전하게 되었다. 한국은 1964년 7월 18일 비전투부대인 의료지원단과 태권도 교관단 파병을 시작하였다. 그러나 1965년 10월에는 전투부대인 청룡부대와 맹호사단을, 1966년에 백마사단과 지원부대를 파병하였다.[13] 한국의 베트남 파병은 한미군사동맹을 더욱 두텁게 했고 군의 현대화에 기여하고 경제발전에 영향을 미쳤지만, 그것은 큰 희생의 대가였다.

11) 1964년 베트남 동쪽 통킹만에서 일어난 북베트남 경비정과 미군 구축함의 해상 전투 사건으로 8월 7일 미국 하원은 만장일치로 '통킹만 결의안'을 채택하여 베트남전 개입을 본격화하였다. 미국은 북베트남을 대대적으로 폭격하기 시작하였고 해병대를 상륙시켰다.

12) 김학준, 『북한50년사』, 동아출판사, 1995, 225면.

13) 한국은 1973년 3월 23일까지 8년 8개월간 연인원 32만명의 병력을 파견하였으며, 전투기간 중 5,000여 명의 전사자와 16,000여 명의 부상자를 냈다.

북한은 1965년의 한일회담과 남한의 베트남전 파병 그리고 중소분쟁으로 인한 사회주의 진영의 분열 등을 불안하게 생각했다.[14] 북한은 1965년 3월 26일에 북베트남에 의용군을 파견할 뜻이 있다고 선언했다. 1966년 10월 5일부터 12일까지 제2차 당대표자회가 열렸다. 이와 함께 개최된 당중앙위원회 제4기 14차 전원회의에서 김일성은 당내 위치를 확고히 하는 작업으로 새로이 신설된 당 총비서에 추대되었다. 또한 베트남전의 격화에 따른 국제정세와 '대국주의 횡포'가 김일성에 의해 강조되었고, 4대 군사노선이 정식으로 채택되었다.[15] 이 대회에서 경제·통일 문제에 대해서는 '조성된 정세에 비추어' 국방력 강화에 더욱 필요하다는 결론을 내려 경제·국방노선을 재확인하는 한편 사회주의 진영의 베트남 문제에 대한 통일단결과 베트남에 대한 지원병 파병을 촉구하는 〈월남문제에 관한 조선로동당 대표자회 성명〉을 채택하고 폐막되었다.[16] 북한은 1967년 8월 11에 북베트남과 〈무상군사원조 및 무상경제원조에 관한 협정〉에 조인하였다.[17]

3. 남북의 군사적 대결구도

베트남의 열전이 달아오르면서 한반도의 냉전은 요동쳤고, 군사적 긴장이 높아져 1966년 비무장지대에서는 42번의 무력충돌이 벌어졌다.[18] 1967년을 시작으로 북한에서는 극적인 정책변화가 일어났으며, 그 결과 1967년부터 1969년까지 적대적인 대남정책을 펼쳤다. 1967년 1월 19일에는 동해에서 남한의 해군함정이 북한군의 해안포 사격으로 침몰되기도 하였다. 남북 간에는 끊임없는 상호보복이 반복되었고 북한군의 기습공격으로 미군 7명과 남한군 1명이 사망하였는데, 남한군은

14) 1965년 미국에 의해 확전된 베트남전에 대처하기 위해 소련측이 소련·중국·북베트남 지도자들이 회합을 갖고 사회주의 진영의 공동대응을 모색하자고 제의한 데 대해서 중국공산당 지도부는 소련공산당의 수정주의적 자세를 구실로 거부하였으나 북한은 찬성하였다. 이러한 견해 차이는 당연히 조·중관계를 긴장시켰다. 이종석, "유일체제의 수립과정," 장을병 외, 『남북한 정치의 구조와 전망』, 한울아카데미, 1994, 343-344면.

15) 김일성은 4대 군사노선 강행 연설에서 "현대전 요구에 맞게 인민군을 현대적 무기, 전투기술 기재로 무장시켜야 한다. 무기 현대화는 최신 과학기술의 성과에 기초해서 제작되어야 하며, 산과 해안선이 긴 한반도 지형을 충분히 고려해야 한다"고 지적하였다. 이기택, "군과 정치," 김창순 편, 『북한정치론의 구조와 전망』, 북한연구소, 1979, 257면.

16) 이종석, "유일체제의 수립과정," 344-345면.

17) 김학준, 『북한50년사』, 237면.

18) 김연철, 『70년의 대화』, 창비, 2018, 61면.

1967년 10월 26일부터 12월 사이에 11번의 보복공격에 나섰다.[19] 1968년 1월 21일에는 청와대를 습격하기 위하여 31명의 특공대를 남파하였다. 남한의 군경과의 무력충돌에서 28명이 사살되고 2명이 탈주했으며 1명이 생포되었다. 생포된 김신조에 따르면 그가 속한 1967년 창설된 인민군 제124군부대는 남한에서 활동할 게릴라 요원 2,400여 명을 훈련시키고 있었다.[20]

1968년 1월 23일, 북한 원산항 앞 공해상에서 미국의 정보수집함 푸에블로호(Pueblo號)가 북한의 해군 초계정에 의해 납치되었다. 푸에블로호는 승무원 83명을 태우고 업무수행 중 북한의 초계정 4척과 미그기 2대의 위협을 받고 납치되었다. 이 사건으로 미국 정부는 북한의 무모한 도발행위를 비난하고 푸에블로호 및 그 승무원의 즉각 송환을 강력히 요구하는 한편, 일전도 불사한다는 결연한 태도를 보여 핵추진 항공모함 엔터프라이즈호(號)와 제7함대의 구축함 2척을 출동시켰다. 미국은 판문점에서 군사정전위원회 소집을 요구하여 푸에블로호 나포의 부당성을 항의하였고, 북한은 이 사건을 마치 미국이 불법적인 도발행위를 감행하고 있는 것처럼 대내외적인 선전을 펼쳐 최대한으로 이용하였다.[21] 1968년 11월에는 100여 명 규모의 무장공비가 동해안 지역으로 침투하였다. 그들은 남한의 후방지역 교란과 활동거점 구축을 위해 울진과 삼척으로 침투하였는데, 1월의 청와대 습격에 남파한 같은 소속의 부대였다. 1969년 4월 15일에는 북한이 공해상에서 미군 정찰기 EC-121를 격추시켰다.

1960년대 중반기 이후 베트남전쟁과 직접적인 결과는 아니라 할지라도 한반도에서 전쟁 발발 가능성이 높았다. 북한에서는 전쟁분위기를 조성해서 군사국가화를 더욱 강화하였고, 남한에서도 군대복부 기간이 연장되고 향토예비군이 창설되기도 하였다. 미국의 입장에서도 베트남전쟁이나 한반도의 대결 상태가 부담으로 작용하였다. 미국의 닉슨 행정부가 출범하면서 떠않은 동아시아지역 상황전환을 모색하지 않을 수 없었다.

19) 위의 책, 62면.

20) 김학준, "통일정책: 지속성 변화추세," 이상우 외, 『북한 40년』, 을유문화사, 1989, 458면.

21) 사건 발생 후 11개월이 지난 1968년 12월 23일, 북한은 판문점을 통해 승무원 82명과 유해 1구를 송환하였는데, 이 송환을 위해 미국이 북한 영해 침범을 시인·사과하는 요지의 서명은 미 의회의 정치문제가 되기도 하였다.

Ⅲ. 국제정세의 변화와 남북관계 모색

1. 닉슨독트린 선언

미국의 닉슨(Richard Milhous Nixon) 대통령이 1969년 7월 25일 해외 순방 중 괌에서 발표한 것은 대외 안전보장책의 하나로, 아시아에 대한 새로운 안보전략이다. 발표된 곳의 지명을 따서 괌독트린(Guam Doctrine)이라고도 불린다. 1960년대의 미국과 소련을 중심으로 한 동·서 냉전체제는 1970년을 전후해서 자유진영과 공산진영 간에 평화공존체제가 형성되기 시작하였다. 이러한 국제정세 변화는 닉슨 행정부의 등장과 함께 급속히 진전되어 닉슨독트린이 발표되기에 이르렀다.

1969년 취임한 닉슨 대통령은 베트남전쟁의 실패를 인정할 수밖에 없었다.[22] 국내외적 상황의 변화는 미국으로 하여금 대외정책을 근본적으로 바꾸지 않을 수 없게 하였다. 따라서 닉슨은 미국이 과거처럼 냉전의 한 축으로서 아시아의 공산화를 방지하는 적극적 역할을 수행하기는 어렵다는 인식을 갖게 되었다. 또한 중국과의 관계를 개선하고 일본의 역할을 동반자적 수준으로 격상시키는 등 미국의 역할을 상대적으로 축소시킬 필요성이 있었다. 이에 따라 닉슨은 대아시아 정책의 변화를 독트린의 형태로 세계에 선포하였다.

그 주요 내용을 살펴보면 다음과 같다. 미국은 향후 베트남전쟁처럼 군사적으로 개입하지 않는다. 미국은 아시아의 여러 나라들과 체결된 조약은 준수하지만, 핵위협을 제외하고는 아시아 각국은 스스로 협력하여 내란이나 침공에서 자국을 방위해야 한다. 미국은 태평양의 국가로서 필요한 역할을 수행하지만, 직접적인 개입은 하지 않으며, 아시아 여러 나라가 스스로 자립하는 것을 지원한다. 아시아 여러 나라에 경제적인 지원을 하며, 여러 나라가 동참하여 미국이 지나친 부담을 지지 않도록 한다. 아시아 여러 나라가 5~10년 후에는 상호안전보장을 위한 기구를 만들기를 희망한다.

1970년 2월, 닉슨은 국회에 외교교서를 보내어 닉슨독트린을 전 세계에 알렸다. 미국은 베트남전쟁의 개입 실패와 국제적 데탕트 무드에 따라 가능한 한 국제적

22) 북베트남과 남의 해방전선은 막대한 희생을 내면서도 1968년 미국을 전쟁의 곤경에 빠뜨렸다. 미국과의 막후협상이 진행되었고 1968년 5월 13일 대사급회담이 파리에서 시작되었다. 북베트남 대표들은 베트남인 자신들이 정치문제를 결정할 수 있도록 DMZ에서 모든 폭격 중지와 미군의 전면 철수를 요구하였다.

분쟁에 개입을 하지 않고, 이미 약화된 미국의 군사적 부담을 경감하고자 하였다. 닉슨독트린은 아시아 방위책임을 일차적으로 아시아국가들 자체가 지게 하고, 미국은 핵우산을 제공함으로써 대소봉쇄전략을 추구한다는 것이다. 이에 따라 한국에 대해서도 '한국 안보의 한국화'(Koreanization of Korea Security)가 추진되었고, 미군 철수 및 감축은 미국과 한국 정부 간 갈등의 주요 원인이 되었다. 박정희 대통령과 닉슨 대통령은 1969년 8월 21일과 22일 양일간 회동에서 한미상호방위조약을 재확인하였으나, 1970년 3월 20일 닉슨은 'National Security Decision Memorandum 48'의 서명을 통해 주한미군 7사단의 철수를 결정하였다. 이에 박정희 대통령은 주한미군 철수에 반대하고, 미국의 동아시아의 변화된 정책은 새로운 시도를 준비해야 했다.[23]

2. 평화통일구상과 북한 반응, 남북적십자회담

1) 평화통일구상 선언과 북한 반응

(1) 남한의 평화통일구상 선언

박정희 대통령은 급변하는 국제정세 속에서 남북관계의 발전에 대한 고민을 하게 되었고, 1970년 8월 15일 광복절 경축사를 통해 남북한이 '개발과 건설과 창조의 경쟁'에 나설 것을 촉구하였다. '평화통일 기반조성을 위한 접근방법에 대한 구상'(8·15평화통일구상 선언)을 발표하였다. 이 선언이 나온 배경을 살펴보면 다음과 같다.[24]

첫째, 1969년 닉슨독트린을 계기로 세계적인 데탕트 물결이 밀려오면서 주변정세가 급격하게 변함에 따라 과거와 같이 냉전구조 속에 안주할 수만은 없게 된 것이다. 둘째, 북한이 1960년대 말 대남 폭력혁명 노선을 강화하는 상황에서 미국이 아시아 개입전략에서 후퇴를 선언하고 주한미군을 감축하겠다고 발표함으로써 국가안보에 대한 우려가 증대하였다는 점이다. 셋째, 그동안 이룩한 경제성장과 자유민주주의 체제의 우월성에 대한 자신감을 바탕으로 자주적인 평화공존 노력을 추진할 필요가 있다는 것을 인식한 점이다. 다시 말해 통일문제에 대한 새로운 접근

23) 박정진, "냉전시대 한반도 갈등 관리의 첫 실험, 7.4 남북공동성명," 『북한연구학회보』, 제16권 제1호, 북한연구학회, 2012, 305-306면.

24) 통일부 통일교육원, 『남북관계지식사전』, 통일부 통일교육원, 2011, 736-737면.

논리가 필요해진 것이다.

'평화통일구상' 선언의 핵심은 다음 세 부분으로 나누어 볼 수 있다.

첫째, 평화통일 기반조성을 위한 선행조건으로, 북한이 전쟁도발 행위를 즉각 중지하고 무력에 의한 적화통일이나 폭력혁명에 의한 대한민국 전복을 포기한다는 것을 선언하고 행동으로 실증하라. 둘째, 이것이 명백히 인정·확인될 경우 인위적 장벽을 단계적으로 제거해 나갈 수 있는 획기적이고 현실적인 방안을 제시할 용의가 있다. 셋째, 북한이 어느 체제가 국민을 더 잘 살게 할 수 있는지를 입증하는 개발과 건설과 창조의 경쟁에 나설 것을 촉구한다.[25]

이 선언은 닉슨독트린과 주한미군 감축계획을 포함한 국제환경 변화에서 나오는 것이다. 그 내용에서 알 수 있는 바와 같이 분단을 현실로 인정하고 평화공존을 주장했다는 것에서 큰 의미를 찾을 수 있다.

(2) 북한 반응

북한은 평화통일구상 선언에 대하여 반응을 보이지 않고 기존 입장인 '선 남조선혁명, 후 합작통일'을 고수하였다. 1970년 로동당 제5차 대회가 11월 2일부터 13일까지 개최되었는데, 여기에서도 남조선 혁명의 기본성격을 '민족해방 인민민주주의혁명'으로 규정하였다. 북한에서는 이 대목을 김일성이 보고에서 "남조선혁명의 승리와 조국통일을 앞당기기 위한 강령적과업을 제시"했다면서, "남조선정세발전에 대한 심오한 분석에 기초하시여 남조선혁명운동의 성격과 기본임무, 대상과 동력에 대하여 다시금 밝히시였으며 전후 남조선혁명운동의 력사적 로정과 그 경험교훈을 전면적으로 분석총화하였다"[26]고 주장했다.

북한 외무상 허담은 1971년 4월 12일 제4기 5차 최고인민회의 "현국제정세와 조국의 자주통일을 촉진시킬데 대하여"라는 보고에서 8개 항의 통일방안을 제시하였다. 이는 주한미군 철수, 병력감축, 남북연방제, 남북경제위원회 수립 등을 포함하고 있으며, 이 문제를 다룰 정치협상회의를 개최하자는 것이었다. 남한 정부는 이를 거부하였으나, 그 후 다시 '남북대화문제'를 제의하였다. 김일성은 1971년 8월 6일 시하누크 환영군중대회에서 행한 연설을 통하여 '우리의 8개항 통일방안을 별개로 치더라도', 공화당을 포함한 남한의 모든 정당, 사회단체 및 개별적인 인사들과

25) 위의 책, 737면.

26) 『조선전사 32 현대편』, 평양: 과학·백과사전출판사, 1981, 25면.

만날 용의가 있음을 밝혔다. 이것은 북한이 남한의 집권당을 '남북정치협상'의 당사자로서 또는 대화의 상대로서 최초로 인정한 점에서 의미 있는 일이었다.[27)]

2) 남북적십자회담 개최

남한의 대한적십자사는 인도주의에 입각하여 한국전쟁으로 인한 이산가족의 재회를 주선하기 위해 남북적십자회담을 제안하였다. 이는 1971년 8월 6일 김일성의 '대화용의' 바로 뒤에 나온 것이다. 즉, 8월 12일 최두선 대한적십자사총재는 '1천만 남북이산가족찾기'를 위한 남북적십자회담을 제의하였다. 북한은 자신들이 오래 전부터 주장해온 것이라며, 이 요청을 받아들여 남북한에 정부 수립 이후 처음으로 남북대화가 시작되었다.

1971년 8월 20일부터 접촉을 시작하여 12월 17일까지 13차례의 예비회담이 진행되었으나, 남북한 적십자사의 대표들은 본회의에 들어가기 전 세부적인 절차 문제들을 처리함에 있어서 수많은 장애에 직면하게 되었다. 북한측은 '일괄타결안'을 주장하면서 한반도 문제에 대한 정치혁명적 접근방식을 강조해, 양측이 직접적으로 정치적 통일문제를 다룬다면 다른 것들은 당연히 해결될 것이라는 입장을 취했다. 남한측은 한반도 문제에 점진적이고 단계적 접근방식을 주장하여 인도적인 비정치적 안건을 먼저 처리하고, 상호 신뢰와 우호적인 관계기반이 조성된 후 정치적 문제를 협상하자는 것이었다.[28)]

1972년 6월 16일에 제20차 예비회담을 열어 본회담 의제 5개 항에 합의하고 본회담을 성사시켰다. 즉, 남북이산가족과 친척의 주소와 생사를 조사하여 고지, 자유로운 방문과 만남 실현, 자유로운 서신교환 실현, 재결합, 기타 인도적 해결 문제였다. 이것은 남북간에 의견 차이가 해소되었기 때문이 아니라 당시 진행되던 당국간 비밀접촉에서 본회담을 성사시키자는 데 양해가 이루어진 것이라 볼 수 있다.[29)] 1972년 7·4남북공동성명이 발표된 후인 7월 10일에서 26일까지 몇 차례의 예비회담이 개최되었고 27일에는 본회담을 위한 실무회의가 열렸다, 그 후 제1차 회담은 8월 30일 평양에서, 제2차 본회담은 9월 13일 서울에서 개최하기로 합의하였다.

27) 허문영, "북한의 통일정책," 양성철·강성학 공편, 『북한외교정책』, 서울프레스, 1995, 150면.

28) 곽태환, "국제환경의 변화와 북한의 통일정책," 신정현 편, 『북한의 통일정책 40년』, 을유문화사, 1989, 363면.

29) 통일부 통일교육원, 『남북관계지식사전』, 186-187면.

1972년 8월 29일에서 9월 2일까지 평양에서 제1차 회담이 열린 이후 서울과 평양을 번갈아 가며 일곱 차례에 걸쳐 진행되었으나, 북한측이 남한의 법률적 조건과 사회적 환경을 개선해야 한다는 등 정치적 문제의 우선 논의 주장으로 일관함으로써 큰 진전을 보지 못하였다. 제7차 회담이 7월 10일에서 13일까지 평양에서 개최되었고 남한측은 이산가족 추석성묘단의 상호방문을 제안하였고, 북한측은 사회환경 선결조건의 기존 주장을 계속하였다. 양측은 제8차 회담도 합의하지 못하고 회담을 끝냈다. 북한은 1973년 8월 28일 남북조절위원회 회의의 중단을 선언했고, 이 여파로 적십자회담도 중단되고 말았다. 이후에 남북적십자 실무대표회의와 실무회의로 대화는 이어갔지만 남북한의 입장 차이는 여전하였다.

3. 미국과 중국관계의 변화

1971년 4월 6일에 일본에서 열린 제31회 나고야 세계탁구선수권대회에 출전한 탁구 선수를 비롯한 미국 선수단 15명과 기자 4명이 4월 10일부터 4월 17일까지 중국을 방문하였다. 이들은 저우언라이(周恩來) 총리와 면담을 가진 데 이어서 베이징, 상하이, 광저우 등을 순방하였다. 중화인민공화국 정권 수립 이후 20년 이상 막혔던 미국과 중국에 교류의 징검다리를 놓은 사건을 핑퐁(Ping-pong)외교라고 불렀다. 이 일을 계기로 1971년 7월 헨리 키신저(Henry A. Kissinger) 미국 국가안보담당 보좌관이 극비리에 중국을 방문하였다. 마오쩌둥은 키신저와의 회담 결과에 대해 저우언라이를 비밀리에 평양에 보내 김일성에게 양해를 구했고, 김일성은 북한이 미국에 요구하는 8개 항을 중국이 미국에 전달해 줄 것을 부탁했다 한다.[30]

1971년 10월 닉슨은 그동안의 입장을 바꿔 중국의 유엔 가입을 지지하게 되었다. 이에 따라 10월 26일 유엔총회에서 자유중국(대만)이 축출되고 중국이 가입하게 되었다. 이것은 남북한 양국에 모두 충격이었다. 남북한은 모두 긴장완화를 지향하는 국제정치의 새 흐름에 호응하여 상대방에 대한 새로운 접근을 모색하지 않을 수 없었다.

1972년 2월에는 닉슨 미국 대통령이 키신저와 함께 중국을 방문해 상하이에서 중국 지도자들과 '상하이 공동성명'을 발표하였다. 이 성명의 내용은 양국은 모든 국가의 이익에 합치되게 국제관계를 유지하고 아시아-태평양 지역에서 패권을 추

30) 백학순, 『북한권력의 역사』, 도서출판 한울, 2010, 614면.

구하지 않을 것이라고 규정하고 있다. 또 대만과 중국의 문제는 중국인 스스로가 외부의 간섭 없이 해결해야 하며, 대만은 중국의 한 일부분이라는 것을 인정한다고 되어 있다. 미-중 공동성명 기념으로 중국은 미국에 팬더곰을 선물하였다. 이후 미-중 관계는 급진적으로 발전하게 되었다.[31]

물론 여기에서 한반도 문제에 대한 공식적인 합의가 이루어진 것은 아니지만, 암묵적인 합의에 이르는 것이 남북대화 문제였다. 남북대화가 본격적으로 추진되어야 한다는 것과 국제연합한국통일부흥위원회(UNKRA)[32]는 해체되어야 한다는 것이었다. 한반도 문제가 유엔에 의해서가 아니라 남북한 스스로 해결해야 한다는 미·중 간의 합의를 반영한 것이다. 이는 그동안 남한이 북한과 대화에 나서도록 설득하고 압력을 가해 왔던 미국의 입장을 정리한 것이기도 했다.

당시 북한은 변화하는 국제환경에 중국과 함께 공동전략을 모색하였다. 미·중관계 개선을 남북관계 개선으로 연계해 가는 전략을 채택했던 것이다. 북한과 중국은 국제정세의 데탕트 속에서 대외전략의 변화를 추구한 것이다.[33]

Ⅳ. 남북협상과 7·4남북공동성명

1. 남북협상으로 공동성명 결실

상술한 바와 같이 1971년 9월부터 남북간에 적십자 예비회담이 개최되었지만 북한측이 순수한 인도주의적 자세를 벗어나 정치협상으로 변질시키려는 의도를 드러내어 공전을 거듭하고 있었다. 남한은 적십자회담이 본래의 성격을 회복할 수 있도록 정치적 사안을 별개로 다루는 대화통로를 만들 필요가 있었다. 이 대화통로를 통해 주변정세의 흐름에 부응하여 평화정착과 상호공존의 남북관계를 정립할 수 있는 계기를 마련하고자 했다. 남북적십자 예비회담이 진행되는 동안 남한은

31) 이때 바로 미국과 중국이 수교로까지는 진전되지는 않았으나, 미국은 1978년 12월 대만과 국교를 단절하고 이듬해인 1979년 1월 1일 중국과 수교하였다.

32) 1950년 12월 1일 유엔총회의 결의에 따라 한국의 부흥과 재건을 위하여 설립했던 기구이다. 1968년까지 한국의 정치·경제·군사 등 중요한 문제를 연례보고서로 유엔총회에 제출했으나, 1968년 이후 사무총장에게 제출하게 되어 남북문제가 유엔에 자동 상정되는 것을 피했다.

33) 백학순, 『박정희정부와 전두환정부의 통일·대북정책비교』, 세종연구소, 2014, 84면.

1971년 11월 20일 판문점에서 적십자사를 통해 비밀리에 고위급회담을 제의하였고, 1972년 3월 22일까지 쌍방 실무자 간에 11차례 비밀접촉이 이루어졌다.[34)]

남북한 사이에는 막후협상이 벌어졌다. 남한의 이후락 중앙정보부장은 1972년 5월 2일부터 5일까지 평양을 방문해 김일성 수상을 만났으며 김일성, 김영주 등과 회담을 가졌다. 김일성은 이 자리에서 1·21청와대기습사건에 대하여 유감을 표시함으로써 남북간에 화해를 위한 분위기로 반전되었다.[35)] 북한에서는 김영주를 대신하여 제2부수상 박성철이 5월 29일부터 6월 1일까지 서울을 방문해 박정희 대통령을 만나 회담을 가졌다.[36)] 결국 이것은 7·4남북공동성명이라는 결실로 맺어졌다.

1972년 7월 4일 서울과 평양에서 남북공동성명이 동시에 발표되었다. 이 7·4남북공동성명은 남북한 간의 최초의 공식 합의문서였다. 7·4남북공동성명은 남한의 이후락 중앙정보부장과 북한의 김영주 노동당 조직지도부장, 그리고 그를 대리한 제2부수상 박성철 간의 비밀 막후교섭에 의하여 이루어졌다. 이 과정에서 쌍방은 남북적십자회담을 조속히 타결하고 '남북조절위원회'를 가동하기로 했으며, 남북 간에 직통전화를 가설·운용하기로 합의했다. '남북 직통전화 가설 및 운용에 관한 합의서'는 7·4공동성명과 함께 발표되었다.

2. 남북공동성명과 남북조절위원회

1) 7·4남북공동성명 내용

7·4남북공동성명은 전문과 7개 항으로 이루어져 있다. 전문에서는 그동안의 경과과정을 설명하면서, "이 회담들에서 쌍방은 조국의 평화적 통일을 하루빨리 가져와야 한다는 공통된 염원을 안고 허심탄회하게 의견을 교환하였으며 서로의 이해를 거두는데 큰 성과를 거두었다"고 하고 있다. 또한 이 과정에서 남북 사이의 오해와 불신을 풀고 긴장의 고조를 완화시키며 조국통일의 촉진시키기 위하여 견해가 일치하였다는 것이다.

---

34) 한편 김일성은 1972년 1월 휴전협정을 평화협정으로 전환시키고 주한미군을 철수시키며, 남북한이 상호 감군할 것을 제의하며, 남북한의 정치협상회담을 열어 통일문제를 해결하자고 제의하기도 하였다.

35) 박정진, "냉전시대 한반도 갈등 관리의 첫 실험, 7.4남북공동성명," 『북한연구학회보』, 제16권 제1호, 북한연구학회, 2012, 308면.

36) 김학준, "통일정책: 지속성 변화추세," 555면.

제1항은 조국통일 3대 원칙을 규정하였다. 첫째, 통일은 외세에 의존하거나 외세의 간섭을 받음이 없이 자주적으로 해결한다. 둘째, 통일은 서로 상대방을 반대하는 무력행사에 의거하지 않고 평화적 방법으로 실현하여야 한다. 셋째, 사상과 이념, 제도의 차이를 초월하여 우선 하나의 민족으로서 민족적 대단결을 도모하여야 한다. 제2항은 정치·군사문제이다. 남북 사이의 긴장상태의 완화와 신뢰 분위기 조성을 위해 상호 중상·비방과 무장도발 중단, 불의의 군사적 충돌 방지를 위한 조치 시행을 담고 있다. 제3항은 끊어졌던 민족적 연계를 회복하며 서로의 이해를 증진시키고 자주적 평화통일 촉진시키기 위하여 다방면적인 제반 교류를 실시한다는 것이다.

제4항은 진행되고 있는 남북적십자회담이 조속히 성사되도록 적극 협조한다. 제5항은 돌발적 군사사고를 방지하고 남북 사이에 제기되는 문제들을 직접, 신속 정확히 처리하기 위하여 서울과 평양 사이에 상설 직통전화를 설치한다는 내용이다. 제6항은 쌍방 합의사항을 추진하고 남북간의 제반 문제와 통일문제를 해결할 목적으로 이후락·김영주를 공동위원장으로 하는 남북조절위원회를 구성·운영하기로 합의한다. 마지막 제7항은 이 합의사항을 성실히 이행할 것을 민족 앞에 엄숙히 약속한다는 내용이다.

서명은 이후락·김영주가 '서로 상부의 뜻을 받들어' 하였는데, 남북한 표시도 직책의 표시도 없다. 이것은 서로의 실체를 인정하지 안했던 냉전의 논리가 그대로 투영된 것으로 새로운 현실을 받아들이지 못한 과도기적 현상이라고 할 수 있다.[37)]

2) 남북조절위원회

남북조절위원회는 '7·4남북공동성명' 제6항에 따라 합의사항을 추진하고 남북간의 제반 문제와 나라의 통일 문제를 해결할 목적으로 가동되었다. 남북조절위원회의 정식 발족에 앞서 세 차례의 공동위원장회의를 개최하여 제반 절차 문제를 협의하였다. 제1차 회의는 10월 2일 판문점 자유의 집에서 개최하였는데, 남측 대표는 이후락 공동위원장이었고, 북측 대표는 김영주 공동위원장을 대리한 박성철이었다. 1차회에서 남북의 주장은 간극이 컸다. 남측은 남북조절위 구성과 민족동질성 회복, 상대방 간섭 없이 교류협력을 주장한 반면, 북측은 남한 반공정책 포기,

37) 통일부 통일교육원, 『남북관계지식사전』, 693면.

유엔 불개입과 주한미군 철수, 군사훈련 중지 등이었다. 11월 2일에서 4일까지의 2차 회의에서는 공동발표문과 「남북조절위원회 구성 및 운영에 관한 합의서」를 채택하였다. 공동발표문에서는 7·4남북공동성명 제2항에 따라 '1972년 11월 11일 영시를 기하여 대남·대북방송과 군사분계선상의 확성기에 의한 방송, 상대방에 삐라 살포'를 그만 두기로 하였다. 합의서에는 다섯 가지의 남북조절위원회 기능을 명시[38]하고 있다. 구성은 쌍방에 각각 공동위원장, 부위원장, 간사위원 1명씩과 위원 2명으로 하고, 정치·군사·외교·경제·문화 분과위원회를 두는 것으로 하였다. 판문점에 공동 사무국을 두고 회의는 서울과 평양에서 번갈아 진행하되 필요에 따라 판문점에서 개최할 수 있도록 했다. 11월 30일과 12월 1일 서울에서 공동위원장 제3차 회의에서는 남북조절위원회 구성을 마치고 회의를 종결하였고, 연이어 정식으로 남북조절위원회가 개최되었다.

남북조절위원회는 1972년 11월 30일-12월 1일에 서울에서, 1973년 3월 14일에서 16까지 평양에서, 1973년 6월 12일~13일까지 서울에서 세 차례의 전체회의를 진행하였다. 그러나 4차 회의를 앞둔 1973년 8월 28일 북한측의 일방적 중단 선언으로 남북조절위원회 전체회의는 더 이상 개최되지 못했으며, 부위원장 회의 등 비정상적으로 운영되다가 결국 1979년 변칙대좌를 끝으로 남북조절위원회는 존재의 의미를 상실하였다.

제1차 회의에서 북측은 쌍방 군사대표자 회담 개최를 통해, 남북 군사적 대치상태 해소방안을 협의케 하자고 제의했으며, 남측은 상호 체제 부정 지양과 상호 체제 불간섭 그리고 민족적 동질성 회복을 주장했다. 결국 쌍방은 '교류를 실시하고 힘을 합쳐 같이 사업하는 데 대한 의견교환'이 있었다는 것과 간사회의를 구성하고 공동사무국을 설치하기로 했다는 간단한 공동성명을 발표하였다.

그러나 남북조절위원회는 회의를 진행할수록 쌍방의 입장 차이가 크게 벌어져 갔다. '7·4남북공동성명'에서 합의한 통일 3원칙(자주, 평화, 민족대단결)에 대한 해석이 달랐고, 당연히 실행방법도 차이를 보였다. 상술한 바와 같이 제1차 회의에서 남측은 서로 체제 내부문제에 간섭함이 없이 비정치·비군사적인 분야에서부터 불신을 제거하고 이해와 신뢰를 쌓아 나가며, 이를 바탕으로 정치·군사문제에 점진

38) 자주적 평화통일문제 협의, 정당·사회단체 및 개별적 인사의 정치교류 실현문제 협의, 경제·사회·문화 교류협의, 긴장상태 완화와 군사충돌·대치 상태 해소문제 협의, 대외활동에서 남북공조문제 협의이다.

적으로 접근하자는 입장을 취했다. 좀 더 거시적인 문제부터 접근하자는 것이었다. 그러나 북한측은 우선적으로 군사대표자회담을 열어 남북간 군사적 대치상태를 해소하는 문제부터 협의하자고 주장했다.

제2차 회의에서 북한이 제기한 〈남북간 현 군사적 대치상태 해소와 긴장완화를 위한 5개 항목〉을 보면 종전의 입장을 그대로 유지하고 있는 것을 알 수 있다. 북한측이 10만 명 이하로의 감군, 미군을 포함한 일체의 외국군대 철거 등 남북간 군사적 대치 상태 해소와 긴장완화를 위한 5개 항목을 내놓고 우선적 해결을 주장하였으며, 조절위원회와는 별개로 남북 정당·사회단체 연석회의를 열어 각계각층의 의사를 반영하자고 했다. 결국 실현 불가능한 제안을 내놓고 대화를 교착시키고 그 책임을 남한측에 돌리는 한편 조절위원회의 성격을 변화시키려는 의도를 드러낸 것이다.[39]

제3차 회의에서는 북측은 제2차 회의에서 제기했던 '군사 5항목' 제안을 우선적으로 토의할 것과 남북조절위원회에 별도로 '남북정당·사회단체 연석회의' 개최를 주장했다. 남측은 남북조절위 5개 분과 중에서 경제분과위와 사회문화분과위를 우선적으로 설치하고 쌍방간 '사회적 개방'의 추진을 주장했다. 결국 이 회의는 아무런 합의 없이 폐회되었다.[40]

3. 남북대화 중단과 평가

1) 남북대화의 중단

1973년 8월 28일 북한은 남북조절위원회 평양측 공동위원장 김영주는 남북대화 중단을 선언했다. 이 성명에서 북한은 대화 중단의 이유로 두 가지를 밝히고 있다. 첫째로 1973년 8월 8일 발생한 김대중 납치사건에 중앙정보부가 결부되어 있었다는 것이었다.[41] 여기에서 남한에서 조국의 평화적 통일을 위해 싸우는 인사를 탄압하는 것은 남북공동성명 정신에 전적으로 배치되는 행동이라고 주장했다. 둘째로 '6·23평화통일 외교정책 선언'의 남북한 유엔 동시가입을 2개 조선 노선의 공개

39) 김형기, 『남북관계변천사』, 연세대학교 출판부, 2010, 76-77면.

40) 백학순, 『박정희정부와 전두환정부의 통일·대북정책비교』, 101-102면.

41) 김대중 납치사건의 주모자인 이후락과 "자리를 같이 한다는 것은 그의 반인민적이 반민족적인 행위와 타협하는 것을 의미"하며, "남북조절위원회에 대한 온 민족의 기대를 배신하는 것을 의미"한다고 했다. 백학순, 위의 책, 102-103면.

적 선포라고 비난하면서 남측이 '7·4남북공동성명'을 완전히 뒤집는 것이라고 하였다. 이에 남측의 공동위원장은 김영주 성명의 부당성을 설파하면서, 7·4공동성명의 정신을 파괴하는 것은 오히려 북한이라고 하면서 즉시 철회할 것을 주장하였다.

남북대화가 중단된 이후 대화 중단의 책임 문제와 한반도 평화 문제를 둘러싼 남북한의 공방이 이어졌다. 이런 가운데 1973년 12월 조절위원회 서울측 공동위원장 이후락이 사임하고 장기영 부위원장이 대리하게 되었다. 이를 계기로 남북간에 조절위원회의 개편 문제 등을 다루기 위한 조절위원회 부위원장 회의를 개최하기로 합의가 이루어져 1975년 3월까지 총 10회에 걸쳐 진행되었다. 이 회의가 진행되는 동안 위원 수와 정당·사회단체 참여 문제 그리고 '남북정치협상회의' 문제가 논의되었다. 북한은 남한에 6·23선언 철회, 반공법 및 국가보안법 폐지, 미군철수 등을 요구하였다. 북한측은 남북조절위원회의 재개에는 관심이 없었기 때문에, 남한측에서 받아들이기 어려운 주장만을 반복하였다. 이러한 상황을 하영선은 "북한 1972 진실 찾기"라는 논문에서 다음과 같이 주장하고 있다. 즉, 북한은 "국내외 정세의 변화와 함께 3대 혁명역량 강화를 위한 〈7·4남북공동성명〉의 평화공세를 추진하였으나 결과적으로 전망과는 달리 주한미군 철수와 박정희 정부의 국내외적 고립이라는 목표를 형성하기 어려웠다"고 하면서, 다시 종전의 남조선 혁명통일에 의한 통일로 돌아갔다는 것이다.[42]

이 기간 동안인 1974년 8월 15일 대통령 저격사건, 11월 15일 남침용 땅굴 발견 등이 이어지고 베트남전쟁이 종결단계로 접어들면서 남북관계는 급속히 악화되었다. 1975년 5월 30일로 예정되었던 제11차 부위원장회의는 무기한 연기되었는데, 이는 남북조절위원회의 중단을 의미하는 것이었다. 1979년 1월에 남한측이 남북조절위원회의 재개를 촉구한데 대해 북한측이 "남북조절위원회는 그 존속의 의의를 상실했다"고 주장하였다.

2) 남북공동성명의 평가

남북공동성명서에 합의된 통일 3원칙은 북한의 시각으로 볼 때, 그들의 주장을 완전하게 반영한 것이라고 해석할 수 있다.[43] 이같이 남북한이 해석을 달리하는

42) 하영선, "북한 1972 진실 찾기: 7.4공동성명의 추진과 폐기," 『EAI 국가안보패널 보고서』, EAI NPS Report 67, 동아시아연구원, 2014. 3, 12면.

43) 김학준, "통일정책: 지속성 변화추세," 556-557면.

조국통일 3대원칙은 갈등과 대립의 원인이자 결과로서 존재한다.

첫째, 자주는 북한측의 요구가 반영된 것으로 그들은 '자주의 원칙'을 주한미군과 유엔을 외세로 보고 그 축출을 요구한 것이다. 남한측 입장에서 '자주'는 남북 당사자 해결 원칙을 의미한다. 즉, 남북한이 당사자가 되어 민족문제를 해결해 나가되 국제사회의 지지와 협력을 바탕으로 하는 '열린 자주'여야 한다는 것이다.

둘째, 평화의 원칙은 남한측의 경우 북한의 무력도발 포기와 상호 불가침을 의미하는 것이었다. 북한측은 남한을 무력으로 침공할 의사가 없다는 뜻으로, 미군의 남한 주둔이 불가피하다는 주장은 설득력이 없다는 것이다. 결국 '평화'의 경우 남한측의 자주 국방력 강화에 제동을 걸고, 한미 합동군사훈련을 중단시키며 대남 군사력 우위를 유지케 해주는 명분이었다.[44]

셋째, '민족대단결'의 경우 남한측은 민족적 이질화를 극복하고 자유와 민주의 바탕 위에서 민족구성원 전체의 의사를 결집하는 것으로 받아들였다. 북한측은 이념과 제도를 초월한 민족적 대단합에 대한 강조는 북한이 10년 동안 제의해 온 것으로, 공산주의자들에게 자유로운 활동을 보장케 하는 근거로 인식하였다.

상술한 7·4남북공동성명의 자주, 평화, 민족대단결에서 나타난 갈등은 남북조절위원회에서 그대로 나타났다. 실제적으로 상대방을 반대하거나 중상·비방을 하지 않는다는 제의는 서로 해석을 달리하기 때문에 자신들의 입장만 강조하였다. 남한측은 교류를 통한 문호개방에, 북한측은 군축을 통한 주한미군 철수로 군사적 우위를 차지하려는 전략적 입장을 고수하였다. 회담은 상호 신뢰가 전혀 없는 상태에서 서로가 진정한 대화의 의지가 없었던 것이다.

이러한 점에도 불구하고 그 효과를 다음과 같이 설명할 수 있다.[45] 첫째로 6·25 한국전쟁 이후 남북 당국자 간의 합의문서를 도출했다. 둘째로 좀 더 구체적으로 7·4남북공동성명은 대화 채널의 생성이라는 갈등 전환을 실험했다. 셋째로 '주적' 국가를 조금 다른 시각으로 바라볼 수 있는 미래의 인식변화를 마련하였다.

7·4남북공동성명은 상호 실체 인정의 남북관계를 태동시켰다는 점에서 의미가 크다. 1973년 8월 북한이 일방적으로 대화를 중단시킴으로써 그 실천적 조치가 따르지는 못했지만, 여전히 남북한 사이에 통일논의의 기본이 되고 있다. 조국통일 3대 원칙은 남북기본합의서와 6·15공동선언에서도 재삼 확인하고 있다. 북한은 이

44) 통일부 통일교육원, 『남북관계지식사전』, 94-95면.

45) 박정진, "냉전시대 한반도 갈등 관리의 첫 실험, 7.4남북공동성명," 314면.

3대 원칙을 '고려연방공화국 창립방안', '전민족대단결 10대 강령'과 함께 3대 통일 헌장으로 받들고 있다.

V. 유신체제와 주석제 그리고 남북관계

1. 유신체제와 장기집권

1) 남한의 강권체제 강행

상술한 바와 같이 1972년은 국제정치면에서 볼 때나 남북한의 국내정치면에서 볼 때도 커다란 하나의 획을 긋는 사건들이 있었다. 닉슨의 중국 방문으로 인한 동북아 냉전기류의 완화와 7·4남북공동성명의 발표가 그것이었다. 이는 적대적 대결 구조를 선의의 경쟁구조로 전환하고자 하는 시도였다고 볼 수 있으나, 남북한 양측은 남북대화를 통해 오히려 이념과 제도 차이를 서로 재확인하고 자기의 정치체제를 더욱 공고히 하는 작업에 들어가게 되었다.

박정희 대통령은 1972년 10월 17일 대통령 특별선언을 통해 전국에 비상계엄령을 선포하였다. 이 선언에서 "민족적 사명을 저버린 무책임한 정당과 그 정략의 희생물이 되어 온 대의기구에 대해 과연 그 누가 민족의 염원인 평화통일을 성취할 수 있겠으며, 남북대화를 진정으로 뒷받침 할 수 있겠느냐" 하면서, "비상조치로써 남북대화의 적극적인 전개와 주변정세의 급변하는 사태에 대처하기 위한, 우리 실정에 가장 알맞은 체제개혁을 단행하여야 하겠다는 결심"을 하게 되었다고 하였다. 이는 평화통일을 구실로 권위주의체제의 강화에 나섰던 것이다. 남한에서는 박정희 대통령이 1972년 소위 '10월유신'을 단행하여 결과적으로 반공적인 군사정부를 강화했고, 북한에서는 같은 12월 조선민주주의인민공화국 헌법을 새로 정비함으로써 체제를 굳히는 작업에 들어갔던 것이다. 이리하여 박정희와 김일성은 유사한 권력을 소유하게 되었다.[46]

1972년 10월 17일, 박정희는 대통령 특별선언의 형식으로 기존 헌법을 폐지하고

46) Lee Chong-Sik, "The 1972 Constitution and Top Communist Leaders," Suh Dae Sook and Lee Chae Jin ed., *Political Leadership in Korea*, Washington: University of Washington Press, 1976, p.195.

국회를 해산하면서 유신체제라는 고도로 강권지향적인 정치체제를 받아들이도록 강요하였다. 즉, 10월 27일 헌법개정안을 공고하고 국민투표가 실시되었으며, 그 결과 '통일주체국민회의' 대의원들에 의한 간접선거로 대통령에 당선되고 유신체제인 제4공화국을 출범시켰다. 유신체제는 군부관료적 권위주의 지배의 존속을 제약해 온 대통령의 제한임기제를 없애기 위한 개헌을 단행하여, 장기집권을 보장받겠다는 의도를 나타낸 것이다. 그리고 박정희 대통령은 지금까지 실시해 온 권위주의 지배를 유신체제라는 더 한층 강화되고 보다 확고하고 안정된 권위주의체제로 제도화해 보려는 의지를 행동으로 옮긴 것이다.[47]

2) 제4공화국과 새마을운동

제4공화국은 장기적으로는 남북통일과 단기적으로는 지속적인 고도성장을 달성하기 위해서 능률을 극대화시켜 주는 정치체제의 정착이라는 뚜렷한 목표를 가지고 있었다. 이를 달성하기 위해서는 우리 실정에 가장 알맞는 '한국적 민주주의'가 필요하고, 한국적 민주주의 토착화의 결실이 유신체제라 하였다. 또한 제4공화국은 중화학공업 육성정책에 정권의 정치생명을 걸고 있었다고 할 수 있다. 이 정책은 유신체제의 정통성을 확보하기 위한 수단으로 가시적인 경제적 성과를 추구하려는 고도의 정치적 성격을 띠고 있었다.

유신정권은 70년대의 근대화 작업은 지금까지 개발된 근대화 의식을 국민 개인의 의식과 행동과 생활 속에서 내실화시켜 나가는 작업이 되어야 한다고 했다. 이러한 의지를 반영한 것이 바로 1972년부터 시발된 새마을운동이었다. 새마을운동은 한국적인 생산혁명운동의 일환인 농업혁명운동으로, 60년대의 공업주도적인 개발전략에서 파생한 도시 및 농촌, 공업 및 농업 간의 간격을 제도적, 기능적으로 줄이기 위한 운동이었다.[48] 농민들의 생활환경 개선사업을 시발로 한 새마을운동은 후에 직장·도시새마을운동으로 이어졌고, 유신정권은 이를 국민정신혁명운동이라 하였다. 이를 추진하는 박정희 대통령의 강력한 의지는, 그가 "새마을운동은 조국근대화를 위한 일사불란한 국민총화를 이룩하는 원동력이며 또 5·16정신을 생활화하고 민족의 주체성을 토착화하는 민족의 일대약진운동"[49]이라고 한 데서 엿

47) 한배호, 『한국정치변동론』, 박영사, 1995, 265면.

48) 김대환, "새마을운동의 전개," 김운태 외, 『한국정치론』, 박영사, 1977, 608면.

49) 대통령비서실, 『박정희 대통령연설문집: 제4집』, 대한공론사, 1973, 211면.

볼 수 있다. 또한 그는 "새마을운동은 10월유신을 실천하는 생활철학이요 또 실천도장이다"라고 하였다. 그래서 새마을운동은 남한의 현실 여건에서 절실하게 요청되는 국민정신 혁명운동이었던 것이다. 이러한 과정 속에서 박정희 정부는 안보와 경제성장 이데올로기를 국민들에게 사회화하여 나갔다. "유신만이 살길이다"라는 내용을 통하여 반공이데올로기와 더불어 성장이데올로기는 더욱 적극적이고 효과적인 사회통합을 수행하게 되었다.

한편 남북조절위원회가 진전을 보지 못하고, 남북적십자회담도 난항을 거듭하고 있을 즈음인 1973년 6월 23일 박정희 대통령은 '평화통일 외교정책에 관한 특별선언'(6·23선언)을 하였다. 이는 한반도의 상황이 남한에 유리하게 전개되지 않은 상황에서 '할슈타인원칙'[50]을 포기하는 등의 체제경쟁 외교를 의미하는 것이다. 북한에서는 이날 체코슬로바키아 공산당 총비서 평양시 환영대회가 열렸고, 여기에서 김일성 주석은 '조국통일 5대방침'을 발표하였다. 남북한 통일정책에 관한 주요 내용은 제13장에 자세하게 다루고자 한다.

1974년 1월 18일, 박정희 대통령은 '남북상호불가침협정 체결'을 제의했고, 8월 15일에는 '평화통일 3대기본원칙'[51]을 밝혔다. 그러나 이 원칙을 발표한 광복절 기념식장에서 일어난 저격사건으로 영부인 육영수 여사 피격 사망은 남한 사회에 엄청난 충격을 주었다. 이는 조청련계인 문세광이 범인이었고, 남북관계 또한 악화되었다. 그 후 11월에 휴전선 부근에서 비무장지대를 관통한 땅굴이 발견되었고, 다음해 3월에 제2땅굴이 발견되기도 하였다. 1976년 8월 18일에는 판문점에서 북한군이 미군을 살해한 '도끼만행사건'이 발생하기도 하였다.

2. 주석제와 3대혁명운동

1) 국가기구 우위 정치체제

북한의 로동당 제5차 대회는 북한의 권력구조를 김일성 유일체제로 더욱 확고하

50) 1955년 서독과 소련 간의 정식 국교수립 이래 서독 외교정책의 기본원칙이다. 서독만이 자유선거에 의한 정부를 가진 유일한 독일의 합법국가이므로 서독은 동독을 승인하는 나라와는 외교관계를 단절하는데 소련만은 이 원칙에서 예외로 하겠다는 것이다. 당시 서독의 외무장관 W. 할슈타인이 주도한 것이어서 이렇게 불렀다.

51) 그 내용은 남북상호 불가침 협정 체결, 신뢰회복과 남북대화 및 교류 협력, 인구비례에 의한 남북한 총선거에 의한 통일이었다.

게 다지는 반면에 권력엘리트의 교체를 통하여 새로운 체제 변화를 시도해 보려는 당 대회였다. 그 실체는 후에 단행된 신헌법의 제정으로 나타났다. 북한에서는 1948년 9월 북한정권이 수립된 이후 5차례의 헌법 개정이 있었으나 소소한 문제였고, 1972년 12월 27일의 6차 개정은 대폭적인 개정으로 정치권력을 강화하기 위한 것이었다. 그러므로 북한에서는 이를 사회주의헌법의 제정이라고 한다. 중요한 것은 공산주의 이데올로기가 주체사상으로 대치된 것과, 주석제의 신설, 중앙인민위원회의 설치를 들 수 있다.

이 헌법으로 북한을 총체적으로 관리하는 핵심적인 정치권력이 국가기구인 주석으로 이동하였다. 소위 주석제 헌법이 만들어지면서, 정부를 대표하고 이끄는 것은 수상이 아니라 주석이 되었다. 주석은 '국가의 수반이며 국가주권의 대표자'로 규정하였다. 최고인민회의에서 김일성의 지위를 내각의 수상에서 공화국 주석으로 격상시키고 모든 권력을 그에게 부여하였다. 연임금지 조항도 없는 김일성 유일지배체제의 제도적 장치를 마련한 것이다. 또한 제3세계와의 외교관계 확대에 대응했을 뿐 아니라, 북한이 소련에 종속된 로동당에서 사회주의 독립국가로 변모하는 선언의 의미도 가졌다. 북한에서는 주석제가 "수령의 유일적령도를 철저히 보장할 수 있는 국가지도체계"라 하면서, "위대한 수령 김일성동지를 국가수반으로 하는 공화국주석제는 모든 국가사업에서 수령님령도를 철저히 실현하며, 온 사회에 당의 유일사상체계를 튼튼히 세울 수 있는 담보가 된다"[52]고 한 것은 국가기구 우위의 새로운 정치체제를 말해준다.

보다 중요한 신헌법의 변화는 공화국 주석의 자리와 함께 행정기관인 중앙인민위원회가 신설되어 권력의 중심이 당에서 정부로 이전되고, 당의 운영과 정부의 기능이 분명하게 나누어졌다는 점이다. 즉, 당의 정책결정기능이 대부분 중앙인민위원회로 넘어갔고 김일성 주석이 직접 행정부서를 관장하게 되었다. 따라서 당의 역할과 기능은 상대적으로 약화되었지만 김일성 주석은 당의 운영을 아들에게 직접 맡겼다. 이것은 권력승계의 장기적인 조치로서 김일성 자신이 과거의 당 기구를 통해 권력을 장악한 것처럼, 김정일이 당을 효과적으로 장악케 하려는 의도에서 비롯된 것이다.[53]

52) 『정치사전』, 990-991면.

53) 서대숙, 『북한의 지도자 김일성』, 청계연구소, 1989, 214면.

2) 주석제와 3대혁명운동

이렇게 모든 권력을 휘어잡은 김일성은 체제강화와 생산확대를 위한 주민정신 개조운동을 전개하였다. 김일성의 권력을 정당화시키고 전주민을 동원하기 위한 천리마운동은 이미 1956년경부터 전개되었다. 북한은 1970년 11월 로동당 제5차 대회에서 6개년계획(1971~1976)을 내놓으면서, 이를 진전시키기 위한 방안으로 '3대 기술혁명'을 제시하였다.

그러나 3대 기술혁명운동의 가장 중요한 목적은 북한이 스스로 밝히고 있는 바와 같이 인민들을 동원하는 데 있다.[54] 북한은 1972년 사회주의 헌법에 이를 3대 혁명으로 규정하였다. 북한은 사회주의의 완전승리를 이룩하기까지 과도기 단계에서 혁명목표로 제시하고 있는 것이 사상·기술·문화의 3대혁명이다. 3대혁명 중에서 가장 중요한 것은 사상혁명으로 온 사회의 혁명화와 노동계급화를 의미하는 것이다.[55] 3대혁명의 수행은 무엇보다도 정치의 주인이며 민주주의 실현의 담당자인 근로인민대중을 자주적인 사상의식과 창조적 능력을 가진 힘 있는 존재로 키움으로써 사회주의적 민주주의를 높이 발양시킬 수 있다는 것이다.[56] 김일성은 사회주의가 정착되어가자 사상·기술·문화의 세 분야에서 구 시대의 잔재를 혁명으로 청산하고 새로운 기술혁신 등의 새바람을 불어 넣는 3대혁명운동을 시작한 것이다.

1974년 3월 25일 최고인민회의 제5기 3차 회의에서 북한은 한반도의 긴장상태를 해소시키고 평화증진을 위한 방법을 놓고 미국과 직접 협상할 것을 결의하고 한반도의 휴전협정을 평화협정으로 대체하자는 제의를 하였다. 이에 대하여 미 국무성은 "한반도 문제는 남북한 스스로 해결해야 할 일이다"라는 입장을 표명하고, 교차승인 방안을 제시하였다.

1975년 4월 30일 북베트남에 의하여 베트남이 통일되기 직전인 4월 18일, 김일

54) 북한에서 3대혁명운동을 "조선로동당 제5차대회결정 관철을 위한 투쟁에로 인민대중을 조직동원"이라 하였고, 그 후 각 조직이나 단체들의 과업을 수행하기 각종 대회를 개최하였다고 한다. 『조선전사 32 현대편』, 33-40면.

55) 사상혁명을 강화하여 온 사회를 혁명화, 로동계급화하는 것은 우리 앞에 나서고 있는 가장 중요한 혁명과업입니다. 사회주의건설의 성과에 만족하여 사상혁명을 소홀히 하여서는 절대 안됩니다. 우리는 사회주의건설이 성과적으로 진척되고 인민들의 물질문화생활이 빨리 높아질수록 사상혁명을 더욱 강화하여 모든 근로자들을 철저히 혁명화, 로동계급화 해야 합니다(1973년 김일성 신년사). 『정치사전』, 522면.

56) 리기섭, 『사회주의적 민주주의』, 평양: 사회과학출판사, 1987, 46면.

성은 이러한 사태에 고무되어 중국과 동유럽 및 친북 아프리카 국가들에 대한 순방길에 나섰다. 김일성은 중국을 방문하여 "남조선에서 혁명이 일어나면 남조선인민을 적극 돕겠다"고 했고, 남한이 전쟁을 일으키면 "우리가 잃는 것은 군사분계선이요 얻을 것은 조국통일"이라고 했다.[57)]

3. 1970년대 중반 이후 남북관계

7·4합의 이후 남북은 평화를 내세우며 긴장을 완화하고, 상호 자신의 체제를 강화하는 제도화에 나섰다. 남북한은 유신체제와 주석제라는 강권체제로 나아가면서, 이것이 현실에 가장 적합하며 국가발전을 위한 대안이라고 역설하였다. 그리하여 국민들의 정신개조를 위하여 내세웠던 것이 새마을운동이요, 3대혁명의 추진이었다. 그러나 채 2년도 되지 않아 대화 국면은 종료되고 남북은 이전의 대결과 갈등 상황으로 되돌아갔다. 1975년 4월 30일 북베트남에 의한 남베트남 진격 통일에 의하여 긴장상태는 배가 되었다. 북한은 베트남이 통일이 되자 여기에 고무되었고, 남한은 이를 계기로 '적화통일'에 대한 경계심을 늦추지 않았다.

1976년 8월 18일에 소위 '8·18도끼만행사건'이 발생했다. 판문점 회의장 서쪽 유엔군 관측소 사이에 있던 미루나무 한 그루가 사건의 발단이었다. 미군 장교 2명이 관측소 시야를 가리는 나무를 자르러 갔다가 북한 경비병들과 충돌이 일어났고, 그들이 가지고 갔던 도끼를 빼앗겨 살해당하는 사건이 일어났다. 미국의 항공모함이 동해로 들어왔고 본토의 전폭기를 한국으로 이동하는 등 군사조치를 단행했는데, 사건 직후 발령된 데프콘3(예비경계태세)은 데프콘2(공격준비태세)까지 올라갔다.[58)] 북한은 최고사령관 김일성의 명의로 전 군대와 예비군 병력에 대해 전투태세에 돌입하도록 명령을 하달하는 등 북한 전역을 비상체제로 돌입케 하고, 평양방송을 통해 미국을 비난하는 등 선전공세를 강화해 나갔다. 한국전쟁 이후 가장 강화된 미국과 북한과의 선전포고상태였는데, 이 사건을 계기로 판문점을 양쪽 지역으로 나누는 시멘트로 만들어진 경계선이 그어졌다.

한편 1977년 1월 미국 대통령으로 취임한 카터(Jimmy Carter)는 그가 대선공약으로 내걸었던 주한미군 철수안을 발표했다. 그러나 이 계획은 박정희 대통령의 강

57) 김형기, 『남북관계변천사』, 85면.
58) 김연철, 『70년의 대화』, 132-133면.

한 반발과 미국의 의회와 국방부의 반대로 제동이 결렸고, 1979년 6월 카터의 한국 방문시 철군안의 동결조치가 발표되면서 사실상 백지화되었다.

남북관계가 막혀 있던 상황에서 1979년 2월 20일 북한은 4월 25일에서 5월 6일까지 평양에서 개최된 '제35차 세계탁구선구권대회'에 남북 단일팀 출전을 논의하기 위해 남북탁구협회 회의를 제의하였다. 이 회담이 3월 12일까지 네 차례 개최되었으나 성과를 거두지 못하였고, 이것은 1970년대의 남북간 마지막 대화였다.

1979년 남한에서는 10월 26일 대통령 시해라는 초유의 사건이 발생했다. 박정희 대통령은 자신의 심복인 김재규 중앙정보부장의 총탄에 숨을 거두었다. 남한의 이러한 비상상황에 북한은 11월에 남과 북이 단결해 통일의 출구를 열어가야 한다는 성명을 내기도 하고, 12월에는 북한올림픽위원회가 모스크바올림픽 단일팀 구성을 제안하기도 하였다. 이러한 것은 남한의 정치적 진통의 국면을 적극 이용하려는 의도였다. 1970년대 말의 남북관계는 극심한 상호불신 속에 진정한 대화를 하지 못하고, 상대의 의도나 상황을 파악하기 위해 낮은 수준의 대화만 간헐적으로 이어갔다.[59]

59) 안문석, 『북한 현대사 산책 3』, 인물과 사상사, 2016, 310면.

제4장

남북한의 신세력과 의도적 평화공세

Ⅰ. 새로운 집권세력과 후계자 김정일
Ⅱ. 남북관계와 아웅산사태
Ⅲ. 북한의 평화 공세와 남북적십자사회담
Ⅳ. 남북 각종 회담과 정상회담 추진
Ⅴ. 불신의 벽을 넘지 못하고

Ⅰ. 새로운 집권세력과 후계자 김정일

1980년 봄 민주화의 열기와 광주민중항쟁 이후 한국사회에서 민주화의 요구는 신군부의 정권 장악으로 좌절되었다. 18년간의 강압통치가 끝이 나면서 국민들은 좀 더 자유로운 정권을 원했으나, 유신체제의 아류라 할 수 있는 신군부가 정권을 장악한 것이다. 북한에서는 1980년 10월 로동당 제6차 대회를 개최하고 "조선로동당은 오직 위대한 수령 김일성동지의 주체사상, 혁명사상에 의해 지도된다"고 하여 김일성 유일영도체제를 천명하였다. 제6차 대회 이후 김정일이 권력의 전면에 부각됨으로써 권력승계의 확실한 발판을 마련하였고, 이후 북한은 '김일성 영도와 김정일 관리'의 승계대비체제가 형성되었다.

1. 제5공화국의 정치와 사회

1) 새로운 집권세력 신군부

1979년 10월 26일 대통령 시해사건이라는 정치적 충격으로 남한에는 말 그대로 정치권력의 공백상태가 생겨났다. 박대통령 사망 직후 최규하 국무총리가 대통령 권한대행을 맡았고, 1979년 11월 10일 '대통령특별담화'를 통하여 국민의 광범한 여론을 취합하여 헌법을 조속한 시일 내에 개정하고 총선거를 실시할 것을 국민에게 약속하였다. 최규하 권한대행은 1979년 12월 6일 통일주체국민회의에서 제10대 대통령으로 선출되어 21일에 취임하면서, 개헌논의를 금지했던 긴급조치 제9호를 해제하고 최단기간에 정치일정을 마무리하여 새 정부에 정권을 이양하겠다고 하였다. 그러나 12·12쿠데타[1] 후 정치의 실세로 등장한 신군부의 존재는 최규하의 위치를 더욱 약화시키게 되었다. 1980년 봄 남한의 정치상황은 혼미상태로 빠져들었고, 과거청산과 개헌을 요구하는 등의 민주화를 촉구하는 시위가 대학가에서 연일 계속되었다. 국민들의 여론은 탈유신시대가 시대적 요청이라는 방향으로 움직이면서, 4·19혁명 이후 학생들에 의한 최대 규모의 정치적 반대운동이 전개되었다. 이에 대한 신군부세력의 강압정책은 남한에서 한국전쟁 이후 최악의 정치적 위기로

1) 12·12사태는 권력지향적인 군부의 사조직(전두환·노태우 등의 하나회)이 과도적 정치공백기에 편승하여, 최규하 대통령의 승인 없이 정승화 육군참모총장 등 군수뇌부를 체포한 하극상의 쿠데타이다.

표현되는 광주민주화운동을 야기하였다.[2] 정부는 5월 17일 비상계엄을 전국으로 확대하였는데, 이러한 강경조치에 반발하는 학생·시민들을 계엄부대가 과잉진압하면서 일어난 것이 5·18광주민주화운동이다.

한편 신군부는 5월 31일 국가보위비상대책위원회(국보위)를 대통령 자문기관으로 설치했고, 국군보안사령관 전두환이 국보위 상임위원장이 되었다. 최규하 대통령을 사임시키고 정국주도권을 장악한 신군부의 전두환 국보위 상임위원장이 통일주체국민회의 투표를 통해 제11대 대통령에 당선되었다. 집권에 성공한 신군부세력은 사실상 신유신체제를 출범시켰다. 전두환은 국가보위입법회의를 만들어 헌법을 개정하고, 1981년 2월 25일 '대통령선거인단'이란 선거인단제를 통하여 7년 단임의 제12대 대통령에 취임했다. 대통령이 의회 해산권을 가지지 못한 것을 제외하고는 유신시대 대통령권한과 대동소이하였다.

집권 7년간의 정치적 불안은 심각했다. 전두환 정부는 경기를 회복하고 경제적 재도약의 발판을 마련하는 데는 어느 정도 성공하였으나, 그것들은 정치적 안정을 얻는 데는 도움이 되지 못했다. 1980년 초의 남한사회는 1960년대와 많이 달랐다. 1980년대의 사람들의 생활수준은 높아졌고, 중산층의 벽도 상당히 두터워졌다. 1960년대처럼 국민이 절대빈곤에 허덕이고 있어서 경제성장이라는 조건이 다른 무엇보다 절실히 요구되는 시기는 아니었다. 또한 1980년대에 들어 역사적 반작용으로 반공을 뒷받침해 온 효과가 희석되고, 정권유지의 수단으로서 반공이데올로기의 본질이 분명히 드러나게 되었다. 이는 반공이데올로기를 중심으로 한 지배이데올로기의 재조직화를 불가피하게 요구하게 되었다.[3]

2) 정치사회의 균열과 대외정책

전두환 정권이 내건 목표는 '정의로운 민주복지국가 건설'이었으나, 그의 집권과정이 정의롭지 못했기 때문에 그것을 믿으려는 국민이 얼마나 되느냐는 의문이었다. 그래서 정권의 정당화를 위해 내놓은 또 하나의 구호가 7년 후 평화적 정권교체를 하겠다는 대통령단임제였다. 여하튼 그들이 내놓은 번영과 안정이라는 구호는 민주화운동세력의 계속된 시위 때문에 불안감을 갖고 있었던 일부 중산층

2) Bruce Cumings, *The two Koreas: On the Road to Reunification?* N.Y.: Foreign Policy Association, 1990, p.48.

3) 이수인, "한국정치의 지배이데올로기와 이데올로기 갈등구조," 장을병 외, 『남북한 정치의 구조와 전망』, 한울아카데미, 1984, 211-212면.

의 불만을 정권의 지지기반으로 이용하려는 의도가 있었다. 그러면서 전두환 정권은 박정희 정권의 장기집권 하에 누적되어 온 부정부패에 대한 일반국민들의 반감을 의식하여 '정의사회 구현'이라는 구호를 내세워 부정부패를 일소하겠다는 공약을 했다. 전두환 정권은 민주복지국가를 건설하는 목표를 달성하기 위하여 필연적으로 등장할 수밖에 없었던 정권이요, 부정부패를 일소하는 과감한 사회정화를 전개해 나간다는 것이었다. '삼청교육대'는 사회정화를 위해 내세운 대표적인 본보기였다. 사회정화운동을 내세워 폭력적 방법을 사용하면서 정치권력을 장악해 나갔다.

이러한 정치사회화의 내용이 일면 국민들 사이에 내재화되면서 전두환 정권을 선호하는 경향도 나타났고, 다른 면에서는 적개심과 반감으로 나타났다. 제5공화국 시기의 경제성장은 집권층이 자신감을 갖는 요인이 되기도 했고, 국민들은 이를 받아들였다. 국민들의 1인당 GNP는 1979년 1,644달러에서 1987년 3,110달러가 되었고, 경제성장률은 1981년부터 1987년까지 각각 5.9%, 7.2%, 12.6%, 9.3%, 7.0%, 12.9%, 13%로 매우 높았다. 제5공화국시대에 들어와 한국경제는 1970년대 말의 위기를 극복하고 다시 고도성장을 이룩했다고 말할 수 있다.[4)]

1980년대 후반 남한의 정치사회는 친군사정권과 도전세력 사이의 정치적 균열과 영호남의 지역갈등이라는 두 개의 균열 차원에 의한 분열만이 아니라, 또 다른 차원의 균열에 의해서 분열되어 있었다. 즉, 그 동안의 군사정권의 성장정책과 자본주의경제체제 아래서 부를 취득한 성장지배연합과 경제성장 과정에서 낙후되어 상대적 박탈감에 빠져 있었던 저소득층 사이의 균열도 있었다.[5)] 기업체를 중심으로 그 동안 잠재해 있던 노사간의 갈등이 첨예하게 대립되어 나타났다. 이는 국민들 사이에 정치적 선호를 놓고 극단적인 차이를 보이며 심각한 분열 상태에 놓이게 되었다. 군부권위주의 정권을 지지하거나 그것을 야당이나 재야보다 선호하는 국민층과 그 정권을 반대할 뿐만 아니라 그것에 대해 강한 적대심 또한 반감을 갖는 국민층 사이의 차이와 구별이 양극화되어 나타나고 있었다.[6)] 중산층은 생활에 여유를 가질수록 군부독재에 대해서는 더 큰 혐오감을 갖게 되었고, 크게 증가된 노동자 계층은 제5공화국 정부가 그들의 단체행동의 자유를 억압적으로 제한하였기

4) 이정복, 『한국정치의 분석과 이해(개정증보3판)』, 서울대학교 출판문화원, 2010, 309면.
5) 한배호, 『한국정치변동론』, 법문사, 1994, 451면.
6) 위의 책, 419면.

때문에 제5공화국 체제를 격렬하게 반대하였다.[7] 그리하여 1980년대의 남한의 정치문화는 정권을 놓고 찬성과 반대라는 선명한 선호패턴을 나타내는 균열구조를 갖게 되었을 뿐 아니라 정권세력과 반대세력이 날카롭게 대립하는 양극화된 불안정한 정치문화로 변해가고 있었다.[8]

한편 남북관계에서 1980년대는 대결관계 속에서 접촉과 교류를 시작한 시기였다. 남한의 정치상황이 혼돈기에 있을 때 북한은 남북총리회담을 제의하여 왔고, 이후 10여 차례의 실무접촉이 판문각과 자유의 집에서 열렸으나 무기연기라는 결과만 가져왔다.[9] 북한은 1980년대 아웅산사태로 외교적 고립 상태를 맞자 대남정책의 방향을 전환하였다.

2. 제6차 당대회와 '김일성영도-김정일관리체제'

1) 제6차 당대회와 후계자의 공식화

북한에서 유일체제의 완성을 의미하는 김정일 후계체제가 대외적으로 공표되고 확립된 것은 1980년대였다. 북한은 1980년 10월 로동당 제6차 대회를 개최하였다. 김일성은 당중앙위원회 사업총화보고서를 통하여 꾸준히 주장해 왔던 연방제를 기본 골격으로 하는 '고려민주연방공화국 창립방안'이라는 통일방안을 내놓았다. 당중앙으로 호칭되었지만 그 동안 대외적으로 감추어졌던 김정일이 후계자로서의 자신의 모습을 공개한 것이 바로 이 때였다. 대회는 당규약 개정을 통해 당의 조직구조가 개편되며 정치국과 상무위원회가 신설되었다. 지도부의 인선에서 후계자 김정일은 김일성을 제외하면 유일하게 정치국, 비서국, 군사위원회라는 당내 3대 권력기구에 모두 선출되어, 실질적인 2인자임을 보여주었다.

제6차 당대회에서 내외에 공식적으로 김정일의 후계자의 위치가 공개된 뒤 북한에서는 그에 대한 찬양이 노골화되기 시작하였다. 로동신문을 비롯한 각종 보도출판물들은 '영광스런 당중앙'이라는 호칭 대신에 '친애하는 지도자 김정일 동지'라는 호칭이 사용되기 시작하였다. 1982년부터는 그를 찬양하는 전기들이 출판되었

7) 이정복, 『한국정치의 분석과 이해(개정증보3판)』, 309-310면.

8) 한배호, 『한국정치변동론』, 419-420면.

9) 실무접촉에서 남북한은 회담 명칭, 장소, 의제 등에 합의점을 찾지 못했으며, 1980년 9월 북한이 방송을 통해 일방적인 중단선언을 함으로써 끝이났다.

으며 그의 성장과 관련 있는 지역들이 혁명사적지로 조성되기 시작하였다.

김일성은 후계자 결정과 구축과정에서 군대에만 의존하지 않았지만, 군대의 지지 없이는 수행하기 힘들다고 생각했다. 특히 김정일의 경우 군대 경험이 전무한 상태였으니 김일성의 생각은 기우만은 아니었다. 군부 간부층의 세대교체를 통하여 군부장악에 주력하는 가운데, 김정일은 인민무력부장, 총참모장 등을 수시로 대동하고 군부대와 지방시찰을 함으로써 군부의 지지를 과시하고자 하였다.

북한은 1982년 4월 최고인민회의 제7기 1차 회의에서는 인민무력부와 국가보위부를 정무원 소속으로부터 중앙인민위원회 직속으로 개편하였다. 이는 군대와 공안기구를 직접 통제하여 유사시에 대비하기 위함은 물론, 다른 부서에 대한 감시기능을 강화하여 김정일의 권력승계에 대한 도전을 사전에 예방하려는 것이었다.[10]

또한 김정일은 정치이데올로기의 해석권을 장악해 나갔다. 후계자로 공식화된 로동당 제6차 대회 이후인 1982년 3월 "주체사상에 대하여"라는 논문을 통해 주체사상을 체계적이고 이론적인 사상체계를 갖추게 했다는 것도 이러한 맥락에서 보아야 할 것이다. 또한 1986년 7월 15일의 당 중앙위원회 책임간부에 대한 "주체사상 교양에서 제기되는 몇 가지 문제에 대하여"라는 담화에서 "사회정치적 생명체론"을 제시하였다. 주체사상에 대한 해석권을 독점함으로써 김일성을 주체사상의 창시자로 김정일을 구현자로 부각시켜, 사상적 후계자로서의 이미지를 구축하여 갔다.

북한에서는 김정일에 대해 "백두산 밀영에서 백두산 정기를 받고 태어났다"고 선전하면서, 주체사상을 발전시킨 사상의 천재, 문예를 지도 발전시킨 예술의 천재로 칭송하며 김정일 전설집까지 출간되었다.[11]

2) 경제정책의 변화

북한은 국제정세의 완화와 경제사회적 필요에 의해 1980년 이래 북한의 경제정책을 조정해 갔다. 당 제6차 대회에서는 제2차 7개년계획(1978~1984)의 추진과정에서 심각하게 어려움을 겪고 있는 10개 부분을 선정하여 1980년대의 10대 전망 목표를 밝혔다. 제2차 7개년계획의 특징은 이 계획이 소련과 중국의 경제원조를 전

10) 이석호, "북한 정치권력 승계에서 군의 역할," 『한국정치학회보』, 제22집 제2호, 한국정치학회, 1988, 291면.

11) 김창희, "남북한 정치문화의 형성 및 성격 비교: 정치사회화의 내용과 비연속성을 중심으로," 『한국정치학회보』, 제29집 제3호, 한국정치학회, 1995, 159-160면.

제로 수립되었다는 점이다. 북한은 목표연도인 1984년이 지나도록 이 계획의 완수와 추진결과를 발표하지 않다가, 1985년 2월 16일 국가계획위원회 중앙통계국이 이 계획을 완료했다고 발표하였다.

이즈음 김일성은 사회주의국가들을 방문하였고, 이후 대외경제관계를 강조하기 시작하였다. 1984년 1월 25일 개최된 최고인민회의 제7기 3차 회의에서 대외정책을 크게 수정한 것은 이러한 움직임을 반영한 것이다. 북한은 대외무역, 외국과의 경제협력, 과학기술협력, 차관도입 등의 경제적 조치를 단행하기 시작하였다. 북한은 외국과의 경제기술교류 및 합작투자 유치를 목적으로 합영법을 1984년 9월 8일 제정, 발표했다. 그러나 북한체제가 가지는 한계로 이것이 효과를 거둘 수가 없었다.

북한에서는 수령의 후계자는 미래의 수령으로 정치적 수령의 영도적 지위와 역할은 그 후계자에 의하여 변함없이 계승되어야 한다고 주장하였다. 그리고 친애하는 지도자 김정일 동지께서 정치적 수령의 후계자로 높이 추대됨으로써 정치적 영도의 문제가 만족스럽게 해결되었다고 하였다.[12] 김정일의 경우 그 아버지가 가진 카리스마적 정통성이 취약하기 때문에 이를 보완하기 위해서는 주민들의 기본 생활소비품을 생산하여 인민들의 생활향상에 끊임없이 노력하고 있는 김정일의 이미지를 부각시키려 노력하였다.

지금까지의 남북한 정치체제가 국민들에게 집중적으로 내면화하고자 하는 정치사회화의 내용이 거의 동일한 것과는 달리 1980년대에는 다른 모습을 보여주고 있는 것을 알 수 있다. 남한의 집권층이 의도하는 사회화의 내용은 정권의 정당성 창출에 중점을 둔 반면, 북한에서는 수령의 승계라는 개인의 우상화에 관심을 고조시켰다.

II. 남북관계와 아웅산사태

1. 남한의 적극적 태도

최규하 대통령은 취임사를 통하여 한반도의 긴장완화와 평화정착을 위한 정부의 정책기조에는 변화가 없다는 점을 강조하였다. 북한은 남한의 새로운 정치상황을

12) 리진규, 『주체의 정치론』, 동경: 구월서방, 1988, 475-477면.

주시하면서 정치세력간의 갈등과 혼란을 야기시킬 목적으로 남북대화를 제의하였다. 1980년 1월 12일 정무원총리 리종옥의 명의로 서한에서 '대한민국'의 명칭을 사용하면서, 신현확 국무총리에게 '남북총리회담'을 제의하였다. 우리 정부도 역시 '조선민주주의인민공화국'이라는 북한의 공식명칭을 써서 답신하였다는데, 안정된 모습을 과시하면서 당당하게 대처한 것이었다. 이후 남북총리회담을 위한 제1차 실무접촉이 2월 6일 판문점에서 열렸고 제9차까지 계속되었다. 그러나 8월 16일 최규하 대통령이 사임하자, 남한의 내부문제를 거론하며 8월 20일 예정이었던 실무접촉을 연기하였다. 8월 27일 기존 헌법 하에서 치러진 선거에서 전두환이 제11대 대통령으로 당선되었고, 북한은 9월 24일 성명을 통하여 남북접촉을 중단한다고 발표하였다.

1980년대 초반 남한이 남북대화에서 적극적인 태도를 취하였고, 오히려 북한이 수세적으로 이에 대응하는 국면이 전개되었다. 북한은 남한정부의 정권장악과정의 약점을 파고 들면서 정통성과 정당성 문제를 제시하며, 정부와 국민을 이간시키고 혼란을 조성하려는 입장이었기 때문에 남한정부를 대화의 상대로 삼으려 하지 않았다. 남북대화를 진행하여 맞대응할 경우 남한정부를 도와주는 결과를 가져온다고 판단하고 있었다.[13] 전두환 대통령은 1981년 1월 12일 신년 국정연설을 통해 우리가 민족의 통일 혹은 분단을 지속하느냐의 관건은 신뢰를 회복하는 여부에 달려 있다고 강조하였다. 남북간에 민족적 신뢰회복의 결정적 계기를 마련하고 평화통일의 길을 열어가기 위하여 '남북당국의 최고책임자 상호방문'을 제의하였다. 전두환 대통령은 김일성 주석이 아무런 부담이나 조건 없이 서울을 방문하면 자신도 북한을 방문할 용의가 있다고 하였다. 이 제의를 통해 전대통령은 김일성에게 '조선민주주의인민공화국 주석'이라고 공식적 칭호를 썼다. 북한은 이에 대해 조국평화통일위원회(조평통) 위원장 김일 명의로 전면거부를 표하였다. 그러면서 남한반공정부 퇴진, 정치범 석방, 6·23외교선언 철회, 주한미군 철수 등을 남북대화의 전제조건으로 내세웠다. 이는 전두환 정부와는 대화를 하지 않겠다는 것을 말하는 것이었다.

전두환은 새 헌법(대통령선거인단 선거)에 의하여 제12대 대통령에 취임한 이후인 1981년 6월 5일 평화통일정책자문회의 개회사에서 다시 한 번 공개적으로 '남북한

13) 김형기, 『남북관계변천사』, 연세대학교 출판부, 2010, 103면.

당국 최고책임자 상호방문'을 북한에 촉구하였다. 여기에서 서울과 평양이 어려우면 판문점이나 제3국 등 북한이 정하는 어느 곳도 개의치 않겠다고 하였다. 더 중요한 내용은 '북한의 연방제 통일방안'을 논의할 수 있다고 수용의사를 표명한 것이다. 당시 북한에서는 1980년 10월 제6차 당대회에서 통일방안으로 '고려민주연방공화국 창립방안'을 내놓은 상태였다. 그러므로 이를 김일성 주석과 만나서 논의하겠다고 공식적으로 제의한 것이다. 북한은 6월 10일 로동신문을 통해 '6·5제의'를 '통일문제를 논하는 것이 아니라 불순한 목적'이 있다고 거부하였고, 7월 1일 '재북평화통일촉진협의회' 결성 25주년 김일성의 축하문에서는 "현 남조선 정부와는 어떤 형태의 대화나 접촉도 할 수 없다"고 하였다.

제5공화국 전두환 정부에서도 새로운 통일방안을 내놓았다. 1982년 1월 22일 전두환 대통령의 신년 국정연설에서 제시한 '민족화합 민주통일방안'인데, 주요 내용은 통일의 원칙·통일헌법·잠정협정이 포함되어 있다.[14] 통일방안의 '남북한 기본관계에 관한 잠정협정'에서는 상호교류 시범사업 등을 근거로, 남한 정부는 1982년 2월 1일 통일원장관의 대북성명을 통해 '20개 시범실천사업'[15]을 제의하였다. 남한 정부는 남북한 접근을 투트랙으로 하여 정상 간의 대화를 제시하는 한편, 구체적인 시범사업을 하자는 것으로 대단히 전향적이고 대담한 제의였다.

남한 정부가 이러한 조치들을 내놓을 수 있었던 것은 남북한 간에 교류협력을 통해 신뢰의 바탕부터 마련해야 한다는 기본입장과 함께 북한에 대해 기선을 제압하고 새 정부의 면모를 과시하기 위한 정치적 측면도 고려되었다.[16] 또한 국내적으로 정권의 정당성의 결여를 통일문제와 남북교류 등을 내세워 확보하고자 했다. 북한은 1982년 2월 10일 조평통위원장 김일을 통해 '남북정치인 100인 연합회의'를 개최하자고 역제의를 하였는데, 당시 남한 정부를 대표하는 정치인이 아니라, 자신들이 지명한 인사들로 하자는 것이었다. 남한 정부당국은 물론 국회에 진출한 주요 정당과 사회단체들을 배제하고, 소위 '통일구국·민족양심' 인사가 참여하여야 한다는 것이었다. 남한 정부에서 받아들일 수 없는 것을 의미하는 것으로 대화를 하지 않겠다는 다른 표현으로밖에 볼 수 없었다. 남한에서도 2월 25일 통일원장관

14) 이에 대해서는 제13장 남북한 통일방안과 정책에서 자세하게 설명하고 있다.

15) 구체적으로 적시한 사업내용에는 서울-평양 도로 건설, 이산가족 상봉, 자유관광 공동지역 개발, 남북공동어로구역 설정, 자원 공동개발, 비무장지대내 군사시설 철거, 군비통제 및 군사책임자 직통전화 운용 등 민간교류와 경제교류 그리고 군사문제까지 포함되어 있다.

16) 김형기, 『남북관계변천사』, 106면.

이 '남북한 고위대표회담'을 제의하였는데, 당연하게 돌아오는 대답은 거부였다.

2. 아웅산사태와 북한의 고립 탈피 정책

1983년 10월 9일 버마(미얀마)의 수도 랑군(양곤)에 있는 아웅산 묘소에서 한국의 외교사절 다수가 북한 테러분자의 폭파암살로 사상당하였다. 버마를 친선 방문 중이던 전두환 대통령은 아웅산 묘소를 참배하기로 하였고, 이 행사를 위하여 이 날 미리 대기하고 있던 서석준 부총리, 이범석 외무장관, 함병춘 비서실장을 비롯한 여러 정부요인과 취재기자 등 17명이 북한 테러분자가 장치한 폭발물의 폭파로 사망하고, 합참의장 이기백 등 14명이 중경상을 입은 세계 외교사상 유례없는 일대 참변이 일어났다.[17] 전두환 대통령 일행은 서남아·대양주 6개국 순방계획을 중단하고 급히 귀국하였다.

당시 버마 정부는 한국 정부의 '북한측 소행'이라는 확신에 동의하지 않고, 자신들의 정치에 불만을 품은 사람들의 소행으로 정부를 곤경에 빠뜨리기 위한 행위로 판단하였다. 그러나 버마 당국의 수사 결과 이 테러는 북한 인민무력부 정찰국 산하의 특수부대 소속 장교 3명에 의해 저질러진 것으로 밝혀졌다. 그리고 버마 정부는 다음 해인 1984년 10월 유엔총회에 아웅산사건이 북한의 소행이라고 보고하였다.

아웅산 테러사건으로 북한의 테러행위에 대한 국내외의 비판이 극도에 달하였다. 여러 국가들이 북한과의 외교관계를 단절하였으며, 70개 국가가 북한에 대한 규탄 성명을 발표하였다. 국내에서는 즉각적인 보복전을 준비하자는 주장도 나왔다. 정부는 아웅산 테러사건의 희생자들에 대한 장례를 치르고, 대통령의 '버마사태 수습에 대한 특별담화'를 발표하였다. 그 요지는 "북한의 국가원수 살해 기도는 대한민국에 대한 선전포고나 다름없는 중대한 도발행위로 응징보복이 마땅하나, 통일과 번영을 향한 선진조국 창조 구현에 신명을 바쳐나갈 것을 국민 앞에 엄숙히 선서한다. 울분과 상심을 떨치고 반드시 통일대업 성취하사"는 것이있다.[10]

버마 정부가 이 사건이 북한 공작원에 의한 소행임을 공표했을 때, 북한은 이를 철저히 부인하고 북한을 국제적으로 고립시키기 위해 미국과 남한에 의하여 의도적으로 조작된 것이라고 주장하였다.[19] 북한의 대남 테러사건을 계기로 남북관계

17) 통일부 통일교육원, 『남북관계지식사전』, 통일부 통일교육원, 2011, 370-371면.

18) 백학순, 『박정희정부와 전두환정부의 통일·대북정책 비교』, 세종연구소, 2014, 163-164면.

19) 김학준 『북한50년사』, 동아출판사, 1995, 357면.

가 더욱 경색되었으며, 북한은 국제사회에서의 고립이 심화되었다. 서방국가들로부터 외면을 당하자 1984년 1월 북한은 중앙인민위원회와 최고인민회의 상설회의 연합회의를 열고 '조선문제의 평화적 해결을 위한 새로운 조치를 취할데 대하여'라는 의제를 토의하고 남북한·미국의 3자회담을 제의하는 한편, 이를 통해 대미접근을 적극 추진하기 시작하였다.[20]

아웅산 테러사건은 북한의 대외적인 이미지 실추는 물론 경제적으로 제약에 직면하게 되었다. 그러므로 실추된 이미지 개선과 대외 경제사업의 숨통을 트기 위해 유화적인 자세를 보였다. 1984년에 들어서 사회주의 국가들과 적극적으로 경제협력을 모색하기 시작하였다. 김일성은 사회주의 국가들을 방문하였고, 고위관료들은 중국의 개방 현장을 시찰하는 등 국가 이미지를 제고시키려 하였다. 1984년 1월 25일 최고인민회의 7차 회의에서는 북한의 대외정책 방향을 크게 수정하였다.

북한은 대남관계에서도 변화를 보였다. 1984년 3월 남북체육회담을 제의하였다. 즉, 3월 31일 북한측 올림픽위원회 위원장 명의로 1984년 LA 올림픽, 1986년 아시안게임, 1988년 서울 올림픽 등 국제경기에 남북단일팀이 출전하기 위한 논의를 위해 남북체육대표단 회의를 제안하였다. 남북체육회담은 바로 아웅산 테러사건의 시인, 사과 문제를 둘러싸고 진전을 보지 못하고 끝났다. 그러나 1984년 10월부터는 남북 간에 경제회담과 적십자회담이 이루어졌으며 이산가족 고향방문단 교환사업도 추진되었다.

Ⅲ. 북한의 평화공세와 남북적십자회담

1. 수해물자 지원으로 대화 재개

1984년 여름 남한에 수해가 발생하였다. 북한에서는 이것을 기화로 자신들의 이미지를 제고하고 남한과의 대화를 트기 위하여 인도적 차원의 수해물자 지원을 9월에 제안하였다. 북한의 수재물자 지원 제의를 우리 측이 받아들임으로써 오랫동안 막혔던 남북대화의 길이 다시 뚫리고 각종 형식의 당국간 대화의 자리가 마련되었다. 북한은 쌀 7,200톤, 섬유 500만미터, 시멘트 10만톤과 의약품 759상자를

20) 통일부 통일교육원, 『남북관계지식사전』, 371면.

제공하겠다는 제의를 했다.[21] 1984년 9월 18일 판문점 중립국감독위원회 회의실에서 남북적십자사 등 각기 5명의 대표가 참석한 가운데 북한 수재물자 인도·인수 문제를 협의하기 위한 실무접촉이 이루어졌다. 인도장소와 인수경로 등의 이견으로 어려움이 있었으나, 9월 29일부터 10월 4일 간에 걸쳐 인도·인수작업이 이루어졌다. 이를 기화로 남북조절위원회 중단으로 함께 단절되었던 남북한 직통전화가 8년 1개월 만에 재개통되기도 하였다. 당시의 상황에서 북한의 경제력은 남한에 인도적 지원을 할 수 있는 상황이 아니었고, 남한의 경제상황이 북한보다 훨씬 나았다. 그럼에도 불구하고 남한 정부가 이를 받아들인 이유는 1986년 아시안게임과 1988년 올림픽을 유치한 상황에서 한반도의 갈등상황을 완화할 필요에서였다.

유창순 한국적십자사 총재는 이를 계기로 폭넓은 교류협력을 도모하자는 차원에서 북한적십자사의 손성필 위원장에게 서한을 보내 남북적십자회담의 재개를 촉구하였다. 실무협의를 거치면서 여러 가지 이견이 있었으나, 제8차 남북적십자사 본회담을 1985년 1월 22일부터 25일까지 개최하기로 합의하였다. 그러나 북한은 2월 1일부터 시작되는 한미합동군사훈련인 '팀스피리트'를 구실로 회담을 일방적으로 연기하고 남한측에 그 책임을 돌렸다. 1985년 5월 말 중단 12년 만에 서울에서 제8차 남북적십자사 본회담이 개최되었다. 이 자리에서 우리 측은 인도주의적 견지에서 시범사업으로서 '이산가족 고향방문단'을 구성해 상호 교환하자고 제의했다. 북측은 각각 적십자 회원들로 100명 규모의 예술단을 구성하여 쌍방 적십자 총재의 인솔 하에 상호 방문하자고 제의했다. 쌍방은 서로의 제의내용을 절충하여 이산가족 방문단과 예술공연단을 함께 교환 방문하기로 합의하였다. 이로써 민간 차원 교류로는 분단 40년 만에 처음 이산가족 고향방문단 및 예술공연단 교환 방문이 실현되었다.

2. 이산가족 고향방문과 예술단 공연

적십자회담에서 쌍방이 합의한 바에 따르면, 이산가족 고향방문단 및 예술공연단의 상호 교환 예정일은 광복절을 기념하여 8월 15일이었다. 그러나 세부 절차를

21) 북한은 9월 8일 중앙방송을 통해 "북한적십자회가 남한지역의 수재민에게 쌀 5만석, 섬유 천 50만 미터, 시멘트 10만톤, 기타 의약품을 보내기로 했다"고 밝히면서, 이 수재구호물자를 수재민에게 전달할 수 있도록 대한적십자사가 협력해 줄 것을 요청했다.

협의하기 위한 세 차례의 실무대표 접촉 과정에서 남과 북의 입장 차이로 합의에 진통을 겪으면서 행사 일정이 늦춰졌다. 1985년 8월 27일 평양에서 개최된 제9차 남북적십자사 본회담에서 '이산가족 고향방문단 및 예술공연단' 교환방문에 관한 합의서에 수석대표가 서명하였다. 행사 날짜는 9월 20일에서 23일로 잡혔고, 전체 방문단 인원은 남북한 각각 고향방문단 50명, 예술공연단 50명, 취재기자 30명, 지원인원 20명 등 총 151명으로 구성되었고, 행사 기간 남북 인원이 동시에 상대방 지역(서울과 평양)을 방문하는 것으로 합의되었다.

1985년 9월 20일 쌍방 적십자사의 인솔 하에 판문점을 경유하여 서울과 평양에 도착했다. 평양을 방문한 남측 방문단원들 가운데 35명이 북쪽에 있는 41명의 가족·친척들과 상봉했고, 서울을 방문한 북한 방문단원 중 30명이 남쪽의 51명과 만났다. 예술공연단의 경우 서울예술단은 평양대극장에서 두 차례 공연을 했다. 평양예술단의 공연은 국립극장에서 2회의 공연을 가졌는데 전반적으로 군대적 집단체조를 연상케 하여 민족전통 가무를 중심으로 한다는 당초 합의와는 거리가 있었다. 각기 151명으로 구성된 방문단은 미리 계획된 일정에 따라 3박 4일간의 방문일정을 마치고 9월 23일 판문점을 통해 자기 측의 지역으로 귀환하였다. 1970년대 남북대화가 시작된 이래 최초의 결실이었다.

이산가족 고향방문단 및 예술공연단 교환 방문은 분단 사상 최초로 남북의 민간인 교류 사례라는 의의를 가진다. 비록 방문지와 방문단 규모가 제한되고 철저한 통제 속에서 교환 방문이 이뤄지기는 했으나, 오랜 단절과 불신 속에 어렵게 마련된 남북 간의 첫 민간인 교류이자 남북대화가 시작된 이래 일구어낸 첫 결실이었다. 더욱이 이산가족들이 짧은 재회를 뒤로 하고 가슴 찢어지는 재이별을 앞두고 서로 부둥켜안고 슬퍼하는 광경이 텔레비전으로 중계되어 분단의 고통과 함께 통일의 당위성을 피부로 실감케 하는 계기가 되었다.

우리 측은 적십자회담을 통해 고향방문단 교환사업을 계속할 것을 주장했으나 북한은 자유 왕래를 우선 실시하자는 종래의 제안을 되풀이하며 이를 거부했다. 북한은 1986년 1월 팀스피리트 훈련을 구실로 하여 2월 26일 평양에서 개최하기로 했던 제11차 남북적십자사 본회담을 무기연기하였다. 1989년 남북 간에 제2차 이산가족 고향방문단 및 예술공연단 교환방문 문제가 협의되었지만 합의에 도달하지 못했다.

Ⅳ. 남북 각종 회담과 정상회담 추진

1. 남북경제회담·체육회담·국회회담

1) 남북경제회담

1984년 10월 12일 남한의 부총리겸 경제기획원장관이 북한의 정무원 부총리에게 서한을 보내 "정부의 차관급을 수석대표로 하여 남북한 경제당국 및 민간경제 대표들이 참가하는 남북경제회담을 개최하여 남북한 물자교역과 경제협력 문제를 협의하자"고 제의하였다. 북한은 외교적 고립 탈피와 합영법 발표 이후 분위기를 조성하는 데 남북경제회담이 다른 어떤 회담보다 적합하다고 판단하여 이 제의를 수락하였다.

남북경제회담은 1984년 11월 15일 판문점에서 제1차 회담을 개최하였다. 분단 이후 처음으로 열린 이 회담에서 운영절차와 일부 교역품목 등 사실상 합의를 보여 남북한경제교류와 협력에 기대를 갖게 하였다. 그러나 여러 사정으로 제2차회담이 연기되었고 1985년 5월 17일 개최되었으나, 공동협의기구 설치 등의 문제로 발목을 잡았다. 그 후 6월 20일에 제3차회담, 9월 18일 제4차회담, 11월 20일 제5차회담이 개최되면서 '남북간 물자교역 및 경제협력추진과 남북경제협력 공동위원회' 설치 등이 논의되었다. 그러나 5차례의 남북경제회담은 수많은 논의에도 불구하고 아무런 합의를 이끌어내지 못하고 종결되었다. 이후 제6차 남북경제회담이 1986년 1월 22일 예정되어 있었으나, 이틀 전에 팀스피리트 훈련을 구실로 일방적 연기를 하고 결국은 중단되고 말았다.[22] 그러나 이 경제회담에서 어느 정도 상호 경제상황과 경제방식도 알 수 있었고, 이는 노태우 정부의 북방정책에 의한 남북교류협력에도 도움을 주었다고 볼 수 있다.

2) 남북체육회담

남북한간 체육회담은 1963년 1월 스위스에서 남북간 최초로 '로잔느 체육회담'이 열렸는데, 이는 1964년 동경올림픽 단일팀 참가 문제였고 결과는 남북이 개별적으로 참가했다.[23] 그 후에 1979년 평양에서 개최 예정이었던 제35회 세계탁구선수권

22) 북한연구소, 『북한총람, 1983-1993』, 북한연구소, 1994, 1042-1044면.

23) 이 회담은 IOC의 권고에 의해서 이루어졌고 로잔느회담 이후 홍콩에서 1, 2차 회담으로 이어졌

대회에 북한이 단일팀 구성을 제의해 옴에 따라 네 차례의 회의가 있었으나 불발로 끝나고 말았다.

이후 남한은 올림픽을 비롯한 각종 국제경기에 단일팀 구성을 제의했으나 이를 북한이 거절하였다. 북한은 1984년 3월 30일 로스엔젤레스 올림픽 단일팀을 구성하는 문제를 협의하자며 남북체육회담을 제의하였다. 이 때는 대회가 열리기 2개월 전으로 그 실효성이 의심스러웠지만, 판문점 중립국감독위원회 사무실에서 3차례에 걸쳐 회담이 개최되었다. 그러나 북한은 6월 2일 LA올림픽 불참을 공식선언하면서 "선수들의 신변안전 담보가 불가능하며, 올림픽 개별 참여가 민족의 열망에 배치된다"고 하였다.

올림픽 참가 및 단일팀 문제에 대한 것으로 가장 중요한 것은 1988년 서울올림픽[24]에 대한 것이었다. 1985년 2월 1일 사마란치 IOC 위원장이 집행위원회 결정사항으로 남북체육회담 개최 문제를 남북한에 각기 제의해 왔다. 1984년 5월로 중단되었던 남북체육회담이 1985년 10월부터 1987년 7월 15일까지 스위스 로잔에서 이루어졌다. 북한의 남북 분산개최 주장과 몇 개 종목 및 경기를 북한에서 치를 것인가 하는 문제 등이 논의되었으나, 결국은 불참을 선언했다.

3) 남북국회회담

전두환 대통령은 1985년 1월 9일 신년 국정연설에서 '남북한당국 최고책임자회담'을 다시 제의하고, 북한이 가급적 빨리 수용하기를 촉구하였다. 그 후에도 기회가 있을 때마다 이 같은 발언은 반복되었다. 물론 여기에 대한 화답은 아니었지만, 북한은 1985년 4월 9일 최고인민회의 제7기 4차회의에서 '대한민국국회에 보내는 편지' 형식으로 채택한 서한을 남측에 전하였다. 이 서한에서 북한측은 3자회담이 실현되지 않고 있는 상황에서는 현재 진행되고 있는 적십자회담이나 경제회담으로는 긴장완화와 같은 근본 문제는 해결할 수 없다고 하면서, "남북간의 전쟁위험 가시고 긴장상태를 완화하는 실천적 조치를 위한 대책"으로 〈불가침에 관한 공동선

으나 무위로 끝났지만, 처음으로 남북대표들이 의견을 교환했다는 점에서는 그 의미를 부여할 수 있다.

24) 1981년 9월 30일 독일 바덴바덴에서 열린 제84차 국제올림픽위원회 총회에서는 1988년 하계올림픽의 개최지로 서울을 선정하였다. 대한민국의 서울과 일본의 나고야(名古屋)가 입후보했는데, 이 총회에서 국제올림픽위원회 위원이 비밀투표를 실시한 결과 52 : 27로 서울이 개최권을 획득하였다.

언〉을 채택하기 위한 남북국회회담을 개최할 것을 주장하였다. 이 문제를 해결하기 위하여 예비회담을 5월 초에 판문점에서 갖자는 것이었다. 1985년 6월 1일 국회는 남북국회회담에 관한 문안을 만장일치로 채택하고, 이재형 국회의장 명의로 최고인민회의 의장 앞으로 서한[25]을 보냈다.

그리하여 7월 23일 판문점 중립국감독위원회 회의실에서 남북국회회담 개최 문제를 협의하기 위한 예비접촉이 있었고, 6개의 합의사항이 채택되어 민주정의당의 권정달과 로동당의 전금철 명의로 발표되었다. 회담 형식은 국회의 대표회담으로 하고, 11명씩 서울과 평양을 오가면서 1개월 내에 첫 회담을 개최한다는 내용이었다. 이후 예비회담이 두 차례 더 있었으나 본회담 의제에 대한 의견 차이로 결렬되었다.

2. 정상회담을 위한 비밀접촉

1972년의 7·4남북공동성명은 당시에 진행되었던 남북적십자회담과 별도로 정치회담을 진행시키면서 합의를 끌어낸 것이었다. 양측 특사가 서울과 평양을 방문하면서 대통령과 주석을 만나 상대방의 의사를 전달하고 결과를 만들어 낸 것이다. 1985년에 남북정상회담이 비밀리에 추진되었는데, 역시 남북적십자회담이 진행되는 과정에서 북한의 대표단이 서울 방문시에 비밀접촉 통로가 개설되었다. 장세동 안기부장은 박철언 특보에게 전권을 주었고, 남북정상회담 실무대표가 7월 11일 판문점에서 만났다.[26] 그 후 몇 차례 만나면서 상호 특사 방문에 합의하였다. 1972년에는 이후락 중앙정보부장이 먼저 평양을 방문했기 때문에, 1985년의 경우 허담이 방한하여 전두환 대통령을 만났다.[27] 허담을 통하여 김일성 주석은 가능한 빠른 시기에 평양에서 정상회담을 개최하자 한다면서, 준비가 되면 1985년 내에서도 가능하다고 하였다. 정상회담 의제로는 '전쟁상태 완화 및 전쟁위험 방지'와 실질적인 통일방안 마련을 제시했다고 한다.[28] 전두환 대통령도 정상회담은 빠른 시일

25) 이 서한에서 "대한민국 국회는 통일헌법제정을 위한 남북간의 협의기구 구성 문제와 기타 통일기반 조성에 필요한 사항을 토의하기 위해 남북 국회회담 개최를 환영한다"고 밝혔다.

26) 백학순, 『박정희정부와 전두환정부의 통일·대북정책 비교』, 176-178면.

27) 1985년 9월 5일 경기도 용인군 기흥에 자리잡은 한 실업가의 별장에서 전두환 대통령이 허담을 만났다. 김학준, 『북한50년사』, 371면.

28) 1984년 1월 북한은 한·미 양국에 3자회담을 제의하여, 북미평화협정 체결과 남북불가침선언을 동시에 할 것을 주장하였다.

내에 이루어지는 것이 바람직하다는 데 동의하였고, 환경만 조성되면 광복 40주년인 금년에 가능하다는 적극적인 자세를 보였다.

허담 특사의 답방형식으로 장세동 특사와 박철언 수석대표가 평양을 방문하여 1985년 10월 17일 주석궁에서 김일성 주석을 만났다. 장세동 특사가 전한 전두환 대통령의 정상회담 의제에는 공동성명 채택, 불가침 선언과 그 제도적 장치로써 교차수교 문제가 포함되었다. 자신이 평양을 방문한 후 김일성 주석을 서울에 초청하겠다고 했다. 김일성은 이에 전두환 대통령과 손잡고 통일위업을 달성하자고 했으나, 교차승인과 유엔 동시가입에 대해서는 '분열된 두 개의 조선 고착화' 문제를 제기하였다.[29]

그러나 10월 20일 부산 청사포 앞바다에서 북한 무장간첩선이 발견되어 격침당하는 사건이 발생하였다. 이는 정상회담의 암초로 작용했는데, 더 큰 문제는 남한 내에 정상회담 반대파들의 입김이 만만치 않았다는 점이다. 백학순은 박철언의 증언에 따르면 정부 내 극우보수세력과 친미일변도 성향 인물 그리고 보수언론들이 정상회담에 반대했다는 것이다. 결국 전두환 대통령도 열의를 잃어 남북관계사에 최초로 시도된 남북정상회담이 성사되지 못했다.[30] 이와는 다른 측면에서 해석하는 경우도 있다. 김학준은 비밀회담 자체가 정상회담을 목표로 하였으나, 서로 다른 의도로 접근했다고 한다. 남한은 1986년 서울에서 열릴 아시안게임과 1988년 서울올림픽을 무사히 치르기 위해 북한의 협력을 얻어 내려는 것이었고, 북한은 고려연방제의 수용과 서울올림픽 남북 공동개최를 얻어 내려고 했다는 것이다.[31] 이 같은 해석들은 후에 진행된 남북관계를 미루어 볼 때, 모두 근거가 있는 주장이었음을 알 수 있다.

V. 불신의 벽을 넘지 못하고

북한은 1986년 신년사를 통하여 '7·4남북공동성명에서 천명된 자주, 평화, 민족대단결의 3원칙에 기초하여' 주한미군이 철수한 상황에서 남북대화가 진행되어야

29) 백학순, 『박정희정부와 전두환정부의 통일·대북정책 비교』, 183-184면.

30) 위의 책, 190면.

31) 김학준, 『북한50년사』, 371-372면.

하며, 남북대화를 하기 위해서는 어떤 군사훈련도 하지 말아야 한다고 하였다. 1986년 1월 20일 한미연합사의 '팀스피리트 86' 계획을 '북침공격을 위한 핵전쟁연습'으로 문제삼아 북한은 남북경제회담, 남북적십자회담, 남북국회회담 예비접촉을 모두 연기한다고 발표하였다. 1월 23일에는 '팀스피리트 86'을 규탄하는 평양군중집회를 열고 전군과 인민들에게 긴장되고 동원된 태세 완비를 적극적으로 독려하였다. 한미연합군사훈련을 대화 중단의 명분으로 내세웠던 것이다. 남한 정부는 팀스피리트 훈련이 끝난 후 1986년 7월 11일 남북경제회담, 남북적십자회담, 남북국회회담 수석대표들이 남북대화를 재개할 것은 북한에 제의하였다. 그러나 북한은 현재와 같이 정세가 첨예화되고 있는 조건에서는 대화를 할 수 없으며, 해도 성과를 거둘 수 없다고 거부하였다.

북한은 1986년 9월 5일 조선인민군 최고사령부 보도를 통해 인민군이 사회주의 경제건설장으로 대규모 이동 중이라고 밝혔다. 이는 1월의 군사연습 중지 선언과 함께 북한이 한반도 평화와 군사적 긴장완화를 진정으로 바라고 있다고 과시하기 위한 것이었다.[32)]

남한에서는 1986년 10월 30일 건설부장관이 성명을 발표하였는데, 그것은 북한의 금강산댐 건설이 야기하게 될 여러 가지 문제점을 제기하며 즉각적인 중단을 촉구하는 것이었다. 여기에서 금강산발전소 건설이 군사적 측면에서 한강유역의 수도권 일대에 수공 등 전략상의 저의가 있다는 것이었다. 북한은 금강산댐 건설을 협상의 대상이 아니라 하며, 수자원 개발을 위한 합리적 사업으로 북한 내부의 문제라고 일축하였다. 남한 정부는 11월 26일 국가보위적 자위조치로써 북한의 수계에 대비한 남쪽의 대응 댐을 건설한다는 담화를 발표하였다. 이것이 바로 '평화의 댐'[33)]으로 후에 국내에서도 많은 문제를 야기시켰다. 어쨌든 남한 정부에서는 이 모든 것을 논의하기 위하여 '수자원당국회담'을 개최할 것을 주장하였다.

그해 마지막 열린 최고인민회의 제8기 1차 회의에서 김일성은 남북한 간에 정치적 대결상태를 완화하여 민족 내부에 진정한 신뢰를 조성하기 위해 '남북고위급 정치군사회담'을 개최할 것을 제의하였다. 이에 1987년 1월 10일 북한의 정무원총리

32) 김형기, 『남북관계변천사』, 126면.

33) 국내에서는 북한의 수공 공격을 극대화하면서 평화의 댐 건설을 위한 국민성금 모금을 대대적으로 전개하였고, 정권유지를 위한 수단이라며 이를 반대하는 민주화투쟁 세력을 탄압하면서 갈등이 야기되었다.

와 인민무력부장이 남한의 국무총리와 국방부장관에게 편지로 보내와 '남북고위급 정치군사회담'을 제의함으로써 공식화되었다. 이에 대해 남한측에서는 답신을 보내 남북한당국 최고책임자 회담을 개최하여 북한측이 제기한 문제를 다루자고 하면서, 중단된 남북대화 및 수자원당국회담에 호응해 올 것을 촉구하였다. 이에 대해 북한측이 고위급 정치군사회담에 응하면 기존 대화들도 병행할 수 있다고 주장하자, 남한 정부는 1987년 3월 17일 남북총리회담을 제의하였다.

남북한 사이에 불신의 벽으로 가로막혀 있어 이를 풀기 위해 남북대화를 시도하였고 일부 진행되기도 하였으나, 상대방에 대한 배려 없이 자신들의 주장만 되풀이하는 수준에 머물렀다. 전두환 권위주의체제는 자신들의 정당성을 위하여 북한을 이용하려는 면이 없지 않았고, 북한은 김일성 유일체제와 김정일 후계체제 구축과정에서 남한을 역시 이용하였다.

남북한 간에 오랫동안 불신이 있었음은 1987년에 다시 비극적으로 입증되었다. 1988년 서울올림픽을 방해하기 위하여 서울로 가는 길이 위험하다는 것을 알리기 위한 북한의 계획은 이라크의 바그다드를 출발한 '대한항공 858기' 폭파사건으로 나타났다. 북한을 이를 철저하게 부인하였지만, 미국은 북한을 테러리스트 명단에 추가하였다. 국내에서는 이를 대선을 앞둔 북풍이라는 말이 돌기도 하였다. 분단의 비극을 다시 한 번 여실하게 보여주는 대목이기도 하였다.

제5장

북방정책과 우리식 사회주의

Ⅰ. 남북한의 정치과정과 동구권의 변화
Ⅱ. 남북관계의 모멘텀 7·7선언과 남북교류
Ⅲ. 남북고위급회담과 유엔 동시가입
Ⅳ. 남북기본합의서와 한반도 비핵화공동선언 채택
Ⅴ. 남북합의 이후의 지속 문제

Ⅰ. 남북한의 정치과정과 동구권의 변화

1. 제6공화국과 대외정책의 변화

1) 제6공화국 출범과 북방정책

1987년 6·10민주항쟁에 기인한 6·29선언은 민주정치로의 이행과정의 시발점이 되었다. 이는 그동안의 대통령의 체육관선출이나 정치활동의 규제 등에 대한 정치적 개방 선언을 의미하기 때문이다. 즉, 1987년 9월 18일 5년 단임의 대통령 직선제로의 헌법개정안이 발의되고, 10월 27일 국민투표에 의하여 확정되었다.

해방정국 이후 계급성의 최대 고양에도 불구하고 지역갈등이 계급갈등을 상쇄하는 결과를 초래하였다. 여당 후보인 노태우와 야당의 김영삼, 김대중, 김종필 등이 출마한 대통령 선거에서 지역갈등과 야당의 분열이 현실화되어, 노태우는 약 36.7%의 득표율로 전두환 정권을 계승하였다.

1988년 2월 25일 제12대 노태우 대통령이 취임함으로써 제6공화국의 막이 올랐다. 노태우 대통령은 취임사에서 '민족자존의 새 시대'의 개막, 전방위적 외교정책인 북방정책의 전개, 그리고 이로써 통일로 가는 길을 열 것을 선언했다. 노대통령은 정부 출범과 더불어 북방정책 및 국내외 정세 변화에 따른 새로운 남북관계의 정립과 관련된 자신의 구상을 제시했다. 즉, 노태우 정부의 4대 국정지표는 민족자존, 민주화합, 균형발전, 통일번영이었다. 당시 남한은 국력신장과 국제적 지위가 향상되어 북한에 대한 우위가 명백해지고 탈냉전 등 국제정세의 변화에 따라 그동안의 경쟁과 대결을 지양하고 북한을 개방시키려는 선도적인 대북관계를 모색할 필요성이 제기되었다. '민족자존과 번영을 위한 특별선언'이라는 7·7선언도 이러한 것을 바탕으로 나온 것이다.

한편 전두환이 대통령직에서 물러나고 제6공화국 정부가 출범하자 민주화에 대한 국민의 목소리와 열기도 높아졌고, 특히 여소야대의 정국에서 '과거 청산'은 노태우 정부가 직면한 가장 큰 문제였다. 즉, 1988년 4월 26일 실시된 제13대 국회의원 선거에서 여소야대의 국회가 구성되었다. 이는 노태우 정부가 한계를 가지고 출발해야 하는 큰 압박요인이 되었다. 결국 국회 청문회와 전두환의 백담사행 결과로 어느 정도 전 정권과의 거리를 두는 효과를 거두었다. 그리고 노태우 정부는

6·29를 단행했고 그 결과 직선제 과정을 거쳐 집권했다는 것으로 정권의 정당성을 주장하면서 이것을 바로 민주화와 연결시켰다. 또한 여소야대라는 불리한 정국 속에서 노태우 정부는 대내적으로는 노사분규 문제 해결과 2백만호 주택건설 그리고 대외적으로는 북방정책을 국정목표로 삼아 추진하였다.

2) 1988년 서울올림픽과 공산권 국가와 수교

상술한 바와 같이 남북체육회담을 통해 북한의 서울올림픽 참여를 유도하였지만 무산되었다. 1988년 9월 17일부터 10월 2일까지 서울에서 열린 제24회 서울올림픽대회는 '화합·전진'의 기치 아래, 전 세계 160개국이 참가하여 올림픽 사상 최대 규모로 진행되었다. 1976년 몬트리올 올림픽에서는 남아프리카공화국의 인종차별 문제를 놓고 아프리카 국가들이, 1980년 하계 올림픽과 1984년 하계 올림픽에서는 소련의 아프가니스탄 침공을 놓고 각각 서방 진영과 공산 진영이 불참하면서 반쪽짜리 대회가 개최되었었다. 특히 1988년 서울올림픽은 미국과 소련의 냉전 구도가 극명하게 드러나는 분단국가인 대한민국에서 개최된다는 점에서 공산 진영의 참가 문제가 민감할 수밖에 없었다. 남한은 당시 공산국가와 외교관계조차 수립하지 않은 상황이었고, 북한은 이들 공산국가의 참가를 막기 위한 활동을 한 것이었다.[1] 그러나 소련이 참가 여부를 밝히지 않은 상황에서는 다른 동유럽 공산국가나 그 외의 친소(親蘇) 공산국가의 참가 역시 불투명했으나, 소련의 참가 선언을 이끌어 냈고 헝가리, 폴란드 등의 동유럽 공산국가들도 참가하였다. 그 외의 몽골·라오스·베트남 등의 아시아 공산국가와 친북한 성향의 아프리카 국가들도 참가하면서 12년 만에 동·서 양 진영 대부분 국가가 참가하면서 참가국 수는 사상 최대인 160개국에 이르렀다.

구 소련의 붕괴현상과 맞물린 북방정책은 동구권 국가 및 중·소와의 외교관계라는 결과를 가져왔다. 북방수교정책의 최초의 대상은 헝가리였고, 1989년 2월 1일 공식으로 수교하였다. 1989년 11월에는 폴란드, 12월에는 유고슬라비아, 1990년 3월에는 체코슬로바키아, 불가리아, 루마니아, 몽골과의 수교가 이루어졌다. 공산권의 붕괴라는 일대 변혁이 몰고 온 대세에 힘입은 바 컸지만 많은 국민들이 긍정적인 평가를 내리기도 하였다. 노태우 대통령은 소련과의 수교를 이루어 냈고, 한국이 유엔이 가입하는 성과와 남북기본합의서를 도출하였다. 1992년에 8월 24일 한·

1) 일단 공산국가 중에서는 중국이 1984년 7월, 동독이 1985년 3월에 참가를 선언한 상황이었다.

중 외무장관이 수교 공동성명에 서명함으로써 양국 간의 수교가 이루어졌다.

남한의 정치상황으로는 1990년 1월 정치권은 보수세력이 3당 통합이라는 대 연대를 구축하여 민자당이 탄생했다. 평민당의 김대중 총재는 이에 대항할 수 있는 야권통합을 추진하여 당명을 평민당에서 신민당으로 바꾸었다. 1992년의 총선과 대선 역시 지역주의로 결판났다.

2. 우리식 사회주의와 승계 대비

1) 사회주의체제 고수와 세계청년학생축전

1980년대 후반에 이르러 북한은 최대의 시련에 직면했다. 우선 사회주의 경제체제의 내부적 한계와 잇따른 경제적 실정에 따라 북한경제는 1970년대 이후부터 누적된 저성장과 침체의 연장선상에서 위기의 국면에 접어들었다. 소련 및 동구 사회주의권의 붕괴를 전후하여 북한의 국제적 고립은 심화되었고, 남한의 일각에서 제기된 흡수통일론은 정권을 긴장시켰다. 가중되는 외우내환 속에서 북한은 국가의 존속과 김정일 권력승계의 공고화에 최대의 역점을 두면서 주체사상의 틀 안에서 조선민족제일주의[2]와 우리식 사회주의 이론을 개발하여 체제의 수호 및 회생을 시도했다. 이 두 주장에서 공통적으로 발견되는 논리는 북한의 사회주의체제를 방어적인 측면에서 합리화하고 있다는 점이다. 동구권의 붕괴와 구 소련의 해체는 북한 사회주의를 새롭게 채색할 필요성을 제고시켰던 것이다.

평양에서 1989년 7월 1일부터 8일까지 개최된 제13차 세계청년학생축전은 177개 국가 22,000명이 참가한 대회라고 발표하였다. 서울올림픽이 성공으로 끝나자 북한은 체제경쟁 차원에서 이 대회를 국가적 역점사업으로 성대하게 개최하였고, 서울올림픽보다 규모가 큰 행사라고 대대적으로 홍보하였다. 남한에서도 전국대학생대표자협의회 대표로 임수경이 참가하였다. 임수경은 '통일의 꽃'으로 불리기도 했으며, 그의 방북은 남한의 통일운동세력이 급변하는 국제정세 속에서 남북한 스

2) 이른바 조선민족제일주의라는 것은 주민들로 하여금 북한식 사회주의를 자부하도록 만드는 것이다. 조선민족제일주의에서 근본핵을 이루는 것은 가장 위대한 수령과 지도자를 모신 우리 민족의 긍지와 자부심이다. 민족의 위대성은 영토나 인구의 크기가 아니라 민족이 모시고 있는 수령의 위대성과 당의 영도의 현명성, 민족이 지닌 지도사상의 위대성과 사회주의제도의 우월성에 의해 규정되며 여기에서도 수령의 위대성이 결정적 요인이 된다는 것이다. 전상인, "김정일체제의 지배이념," 『통일연구논총』, 제3권 제2호, 민족통일연구원, 1994, 17면.

스로 통일의 강조성을 강조하면서 이루어진 조치였다.[3)]

북한은 세계청년학생축전에서 정치토론, 예술과 스포츠 행사 등 다양한 행사를 통해 자신들의 체제 선전을 도모하였다. 이 대회를 위해 대규모 경기장, 공연장, 호텔[4)] 등을 건설하였고, 15만명을 수용할 수 있는 '릉라도 5일 1일 경기장'도 이때 건설되었다. 김정일은 이 대회를 위해 모든 인력과 경제력을 총동원하였고 감당할 수 없는 돈을 썼다. 이후 북한의 경제는 계속 마이너스 성장을 계속하였다. 이 대회는 사회주의 국가의 청년단체들이 중심이 된 행사라 그리 알려지지 않은 행사였고, 당시 이미 동구권 국가들의 몰락과 대변혁의 과정에 있었다.

2) 우리식 사회주의와 헌법 개정

북한은 정권수립 41주년인 1989년 1월 1일 로동신문의 기념사설을 통하여 "우리 당과 공화국 정권은 철두철미 주체사상의 원리에 기초하여 우리식대로 원리를 세워왔으며 국가도 우리식대로 진행하였다"고 하였다. 북한은 1991년 5월 5일 김정일의 담화 "인민대중 중심의 우리식사회주의는 필승불패이다"라고 주장하면서 보편화되었다. 북한이 말하는 우리식 사회주의란 영원불멸의 탁월한 주체사상에 기초한 가장 독창적이고 우월한 사회주의, 다시 말해서 인류의 참된 복지생활이 보장되는 이상사회를 구현한 정치제도라고 한다. 유럽 사회주의체제의 몰락은 일시적인 현상임을 강조하였다. 북한 주민들에게 하루도 빠짐없이 우리식 사회주의의 우월성을 역설하면서 자본주의에 대한 환상을 버릴 것과 어떠한 시련이 닥쳐오더라도 한걸음도 물러서거나 주저함이 없이 김일성과 김정일을 중심으로 굳게 뭉쳐 주체사상을 구현한 우리식 사회주의를 끝까지 지켜나갈 것을 사회화하였다.[5)]

동구나 소련의 사회주의는 민족성에 중심을 둔 인민대중의 중심이 아니기 때문에 실패했다는 것이다. 결국 북한은 자신의 사회주의를 인민대중의 것이라고 사회통합을 계속 유지하려고 하였다. 우리식 사회주의는 북한이 체제 유지를 위하여

---

3) 안문석, 『북한 현대사의 산책 4』, 인물과 사상사, 2016, 138-139면.

4) 프랑스 기업과 합작으로 평양에 세우려다 중단한 105층짜리 유경호텔도 이때 건축되었으나, 구조물만 세워진 상태에서 20년 이상을 완공하지 못한 상태로 남아 있었다.

5) 또한 북한이 무엇인가 더 확실한 그들의 정통성을 주민들에게 심어 줄 필요성을 느꼈고, 여기에서 찾아낸 것이 민족적 동기를 강화시키는 것이었다. 그래서 북한은 배달겨레 시조인 단군의 릉을 새로 짓고 동명성왕과 왕건의 릉을 새로 지은 뒤, 그 승통이 김일성에 이르렀고 김정일에 이르렀다는 새로운 신화를 만든 것이다. 그리하여 자신들의 정통성의 근거로 단군왕검, 동명성왕과 왕건을 차용하고자 하는 것이다. 김학준, 『북한50년사』, 동아출판사, 1995, 410-411면.

북한식 사회주의체제의 정당성을 극히 방어적인 차원에서 전개한 논리이다.

북한이 자신들의 체제를 유지하기 위하여 택한 것이 남한 당국과의 대화였고, 특히 유엔에 가입하기도 하였다. 그리고 1992년 4월 9일 북한은 최고인민회의 제9기 3차 회의를 열어 헌법을 개정하였다. 1992년 4월 헌법을 개정한 이유는 변화하는 국제정치적 질서에 적응하고, 사회주의 완성이라는 것을 대내외에 선포하는 것이었다. 헌법에서 마르크스-레닌주의를 삭제하고, "사람중심의 세계관이며 인민중심의 자주성을 실현하기 위한 혁명사상인 주체사상"을 지도적 지침으로 한다는 것이었다. 이는 우리식 사회주의의 완성을 표방하는 것이었고, 후계체제를 대비한 것이었다. 구체적으로 보면 국가주석의 권한을 축소하고 국방위원회의 권한을 강화하였다. 이는 제도 개선을 통한 김정일 권력승계의 마무리 작업이었다고 볼 수 있다.

3. 소련의 변화와 동유럽

1) 소련 정책의 변화

1985년 3월 소련의 당서기장 겸 간부회의 의장인 체르넨코(K. Chernenko)가 사망하고, 고르바쵸프(M. Gorbachev)가 당서기장으로 선출되었다. 당시의 상황은 정치·경제·사회의 모든 면에서 문제를 안고 있었고, 고르바쵸프는 이를 개혁에 의하여 타개해 나가야 한다고 생각했다. 여기서 페레스트로이카를 주창하게 되는데, 이 근본 목적은 '인간의 얼굴을 한 사회주의'였다. 그는 1986년 2월 개최된 제27차 당대회 정치위원회 보고에서 민주화 없이는 사회주의사회 발전이 불가능하다고 보았다. 1987년 1월 고르바쵸프 서기장은 소련 공산당 중앙위원회 보고를 통해 페레스트로이카와 글라스노스찌 및 데모크라찌야를 개혁의 기치로 천명했다. 이는 근본적인 변혁을 통하여 소련 사회를 사회·경제·문화적으로 획기적 발전을 시킴으로써 새로운 국가로 변모시키겠다는 것이다. 새로운 인식에 기초한 개혁은 공개성과 민주주의 원리를 바탕으로 침체된 소련 경제의 재건으로 가져가는데, 이는 군비축소뿐만 아니라 서방국가와의 외교정책의 변화 등을 내포하고 있었다.

사회주의권의 종주국인 소련의 변화는 특히 동유럽 국가들에 큰 영향을 미쳤다.[6] 공산당 제27차 대회는 동유럽 국가들의 문제는 스스로의 방법으로 해결해야

6) 그동안 소련의 동유럽 정책은 지도자에 따라 약간의 변화는 있었으나, 그 본질에 있어서는 변화

함을 시사한 것이다. 소련의 개방·개혁정책과 신사고는 기존의 대 동유럽정책의 틀인 주종관계를 더 이상 유지할 수 없게 되어 통제가 약화되었다. 소련의 동유럽 정책의 단계별 변화과정은 소련 자체의 개혁 진행단계를 그대로 반영하였다. 소련이 경제개혁을 추진했을 때 동유럽은 경제개혁도 고무되기 시작했고, 소련이 경제개혁의 실현을 위한 정치개혁의 단행은 동유럽 국가들에서 개혁이 아닌 혁명으로 나타났다.

2) 동구권의 변화 양상

대표적으로 폴란드와 헝가리, 루마니아의 급변상황을 들 수 있다. 폴란드에서는 1989년 6월 자유노조가 주축이 되어 비 공산당 연립정부가 형성되었다. 헝가리의 경우 사회노동당 1당체제가 무너지고 1989년 10월 의회가 공산당 독재를 종식하고 야당을 합법화하였다. 같은 해 베를린장벽이 붕괴되었다. 루마니아에서는 당과 국가의 최고지도자로 1989년까지 군림했던 차우세스크가 12월 25일 구국전선의 군사법정에서 사형이 선고되고 공개적으로 처형되었다.

1989년 12월 미국의 부시(G.H.W. Bush) 대통령과 소련의 고르바쵸프는 몰타에서 열린 정상회담에서 미국과 소련은 더 이상 적대국가가 아니며 냉전이 끝났음을 선언했다. 고르바쵸프의 혁명적인 외교정책들, 예를들면 폴란드의 자유노조가 이끄는 연립정부가 들어서는 것을 승인한다든지, 동독의 공산당 지도자들에 대한 지원을 거부한 것과 같은 것들은 냉전이라는 대결상황을 종식시키는 관건이 되었다.[7)]

이상과 같은 상황들이 남북한에 공히 영향을 미쳤지만, 특히 1990년 10월 3일의 독일의 통일과 1991년 12월 25일 소련의 해체는 실로 충격적이었다. 베를린장벽 붕괴 이후 동독은 1990년 3월 18일 자유총선거를 실시한 결과, 서독 기민당의 자매당인 동독 기민당이 승리함으로써 동독의 서독에의 합병이 예고되었다. 동독 의회는 8월 23일 "1990년 10월 3일 동독을 서독에 합병한다"는 결의문을 채택함으로써 동독이 역사에서 사라지고 독일 통일이 이루어졌다. 고르바쵸프는 소련공산당 제28차 대회(1990년 2월 5~7일)와 7월 당중앙위원회 총괄보고에서 내세운 것은 새로운 사회주의, 즉 'Towards a Humane and Democratic Socialist Society'이었다. 고

가 없었다. 동유럽은 소련과 서방국가 간의 군사적 완충지대 역할을 했을 뿐만 아니라 세계 사회주의체제의 동방기지 역할도 해왔다. 나토(미국과 영국, 프랑스, 서독, 이탈리아 등)와 바르샤바조약기구(소련, 폴란드, 헝가리, 루마니아, 불가리아, 알바니아, 동독 등)가 그것이다.

7) 유현석, 『국제정세의 이해(제2개정판)』, 한울아카데미, 2003, 38-39면.

르바쵸프의 개혁, 개방, 신사고는 여태까지 억눌려 왔던 소련인의 에너지를 해방하였다.[8] 당 대회 전체회의에서 인간적 민주사회주의 지향, 공산당의 권력독점 포기, 대통령제 도입, 당내 민주화를 골자로 당강령을 채택하여 혁명 이후 최대의 개혁을 단행하였다. 1990년 3월 초대 연방공화국 대통령으로 고르바쵸프가 취임하였다. 또한 소련은 동유럽 국가들에서 소련 주둔군을 철수시켰다.

1991년 8월 19일 소련 공산당 내의 보수파가 쿠데타를 감행하였다. 소위 9+1회담에서 합의된 느슨한 연합형태의 신연방조약이 조인되기 전날이었다. 이 신연방조약은 중앙집권적 연방체제의 옹호론자인 보수세력에게는 연방의 해체로 인식되었다. 쿠데타 세력은 고르바쵸프 대통령을 감금하고 국가비상사태를 선언하였으나, 전체 연방의 70%를 차지하고 있는 러시아 옐친(B.N. Yeltsin) 대통령의 저항과 군부의 분열 그리고 시민들의 저지로 8월 21일 진압되었다. 1991년 12월 고르바쵸프의 신연방조약은 거부되고 소련내 11개의 공화국들이 참가한 독립국가연합(CIS)이 출범함으로써, 12월 25일 고르바쵸프는 소련의 해체를 선언하고 대통령직을 사임함으로써 소련은 역사 속으로 사라졌다.

II. 남북관계의 모멘텀 7·7선언과 남북교류

1. 7·7선언과 남한의 통일방안 제시

1) 7·7선언과 한반도공동체 통일방안

노태우 대통령은 1988년 7월 7일에 남북관계의 재정립과 새로운 통일정책의 방향을 천명하는 특별선언을 발표했다. 이것이 바로 7·7선언으로 부르는 '민족자존과 통일번영을 위한 특별선언'이었다. 그 핵심은 남북관계를 동반자 관계로 설정하고, 남북 교류를 확대한다는 것이었다. 우리 사회에서 민주화가 진전되고 지속적인 경제성장과 사회주의 국가들의 급격한 변화 등 북한에 대한 자신감의 표현이었다. 또한 서울올림픽 개최를 앞두고 북한의 참가 등 남북관계의 새로운 발전에 대한 기대감이 선언의 배경이었다.

8) 제28차 당대회에서 법치국가, 다당제, 당·정분리, 의회활동의 중시, 국가관리능력과 경제활동의 분리, 다양한 소유형태와 경영형태가 채택되었다.

그 내용은 다음과 같은 6개 항으로 이루어졌다. ① 남북 상호교류 추진과 해외동포 왕래를 위한 문호 개방, ② 이산가족의 생사 확인과 상호방문을 적극 지원, ③ 남북교역 문호 개방과 남북교역 민족내부 교역 간주, ④ 민족경제의 균형발전 추구와 우방국의 북한교역 반대 않음, ⑤ 남북간 경쟁·대결 외교 지양과 국제무대 민족공동이익 협력, ⑥ 한반도 평화정책을 위해 북한의 대미·대일 관계개선에 협조, 또한 남한의 중·소 등 사회주의국가와 관계개선 촉구이다. 이 선언 이후 일련의 후속 조치들이 취해졌다.[9] 7·7선언의 중요한 의의로는 북한을 적대 대상이 아닌 민족공동체의 일원으로서 상호 화해와 협력을 바탕으로 공동번영을 추구해 나갈 '선의의 동반자'로 간주했다는 점이다. 이는 남북관계를 어떻게 규정해야 하는가 하는 문제에서 획기적 전환점이 되었다. 또한 남북교역을 '민족 내부의 교역'으로 규정함으로써 1990년대 이후 남북 교역이 본격적으로 추진될 수 있는 바탕을 마련한 것이다.[10]

노태우 대통령의 1988년 7·7선언 이후 서울올림픽은 성공적으로 끝이 나고 남북관계는 촉발되었다. 이에 힘입어 1989년 8월 15일 노태우 대통령은 광복절 경축사를 통해 통일의 3대 원칙으로 '자주, 평화, 민주'를 내세우며, 이를 골자로 하는 통일을 지향하겠다고 하였다. 1989년 9월 11일 국회 개원 연설에서 '한민족공동체 통일방안'을 공식 발표하였는데, 이것도 7·7선언을 기반으로 하였다. 한민족공동체 통일방안에서 통일은 민족공동체헌장 채택과 남북연합 그리고 통일국가 건설이라는 3단계에 걸쳐 이루어져야 한다는 것이다. 북한에서는 이 통일방안에 대해 전면적으로 거부의사를 밝혔다. 이는 북한이 주장하고 있는 고려민주연방공화국 창립방안과 궁극적인 통일의 모습을 달리하고 있기 때문이었다.

2) 남북정상회담을 위한 접촉

노태우 대통령 취임 이후에도 남북정상회담을 위한 비밀회담이 지속되어. 1988년 8월 4일 남한의 박철언과 북한의 한시해 사이에 남북정상회담에 대한 비공식 논의가 이루어졌다. 노태우 대통령은 8·15경축사에서 김일성 주석에게 조속히 남북한 최고책임자 회담을 갖자고 제의했고, 9월 8일에는 김일성 주석이 9·9절 기념

9) 1988년 7월 16일에는 "북한이 유엔의 모든 산하기구와 전문기구, 정부간 지역협력 및 개발기구 등에 참가하는 것을 환영한다"는 항목을 포함해 모두 10개 항의 전향적인 '외교시책'을 발표했다.

10) 통일부 통일교육원, 『남북관계지식사전』, 통일부 통일교육원, 2011, 699면.

사를 통해 연방제 논의를 전제로 남북정상회담을 할 용의가 있다고 응답했다.[11] 박철언은 노태우 대통령의 특사로 평양을 방문하였는데, 노태우 정부에 들어와서는 처음이지만 상술한 바와 같이 전두환 정부에서 이미 평양을 방문한 적이 있었다. 여기에서 허담 당비서를 만나서 노태우 대통령이 남북정상회담에 대한 의지가 확고하다는 것을 전하였고, 북한에서도 노대통령의 남북관계 개선 의지를 긍정적으로 평가했다. 1988년 12월 강영훈 총리가 연형묵 총리에게 고위급 회담을 제의했고, 이를 북한당국에서 받아들인 것도 이러한 물밑 작업의 결과였다고 생각한다. 1990년 10월 초에는 남한의 안기부장 서동권이 북한을 방문하여 김일성과 김정일을 만나서 노대통령의 친서를 전달했고, 11월에는 윤기복 대남담당비서가 서울을 방문하여 고려연방제 수용 제의를 담은 김일성 주석의 친서를 전달하기도 하였다.[12]

1980년 말부터 1990년 초반 사이에 남북관계 진전되는 모습을 보였고, 의미 있는 합의도 이루어 냈다. 이것은 어느 정도의 신뢰 속에서 지속적으로 공식 또는 비공식적인 남북 접촉이 이루어 낸 결과라고 볼 수 있다.

2. 남북 교류협력과 북한의 정책 변화 시도

1989년 6월 남북 경제교류의 활성화를 뒷받침하는 법적, 제도적 장치를 위하여 '남북교류협력에 관한 기본지침'을 마련하고 정부 내에 남북교류협력추진협의회가 설치되었다. 1990년에는 '남북교류협력에 관한 법률'을 제정하였고, 남북교류와 협력을 지원하기 위한 '남북교류협력기금'도 조성하게 되었다. 이러한 제도적 장치가 마련되면서 남북간에 교역도 시작되었다. 남북한의 경제협력은 세 가지로 나눌 수 있다. 즉 일반교역, 위탁을 받아 가공해 주는 교역, 직접투자이다. 남북교역의 특징 중의 하나는 위탁 가공교역이다. 위탁 가공교역은 가공임을 지급하는 조건으로 가공할 원자재의 전부 또는 일부를 생산자에게 공급하여 이를 가공하게 한 후, 가공 물품을 반입하는 교역으로 임가공 교역이라고도 한다. 남북한 위탁 가공교역은 1991년 말부터 시작되어 초기에는 시범적 차원에서 봉제인형, 가방 등이 주류를 차지하다가 북한에서 생산된 제품의 품질이 상당한 수준을 보이자 그 대상도 바지,

11) 백학순, 『노태우정부와 김영삼정부의 대북정책 비교』 세종정책연구 2012-6, 세종연구소, 2012, 75면.

12) 김학준, 『북한50년사』, 동아출판사, 1995, 402면.

셔츠, 스웨터, 자켓 등으로 늘어났다.[13] 이후 기계·전자의 비중이 커지는 등 다양화되었으며, 섬유류도 고부가가치 제품으로 고급화되기도 하였다. 북한의 입장에서는 자본이 필요하지 않고 노동력을 활용하여 수입을 올릴 수 있는 위탁 가공교역을 선호하였다.

한편 북한은 동구 사회주의 국가들의 시장경제체제 전환과 경제적으로 가장 크게 의존을 해왔던 소련이 자신들의 체제 유지도 어렵게 되자 대외경제 기반이 붕괴되었다고 볼 수 있다. 북한은 1991년 12월 체제 유지와 심각한 경제난을 동시에 해결하기 위한 대책의 일환으로 나진-선봉 지역을 자유경제 무역지대(경제특구)로 지정함으로써 제한적인 개방모형을 제시하였다. 북한은 나선지대를 동북아의 국제적인 화물 중계기지, 관광·금융·서비스 기지, 수출가공기지의 기능을 종합적으로 갖춘 국제교류 거점도시로 발전시킨다는 목표 아래 2010년까지 2단계 개발계획을 수립하였다.[14]

1992년 7월 19일 북한의 부총리가 남한을 방문하였고, 두만강 유역 개발사업과 관련하여 남한대표단의 북한 방문을 비롯하여 남포조사단 방북 등이 이루어졌다. 이를 계기로 남북한 간의 교류는 실질적인 경제협력 단계에 진입하는 듯한 양상을 보여 주었다. 1992년 교역량이 1억 7천만달러를 기록하기도 하였으나, 그 후 남북관계가 순조롭지 않았다.[15]

3. 국회회담 협상과 체육교류

노태우 정부의 7·7선언 이틀 후인 7월 9일에 국회는 "서울올림픽대회에의 북한 참가 촉구결의문"을 채택하고, 북한의 최고인민회의 양형섭 의장에게 전달하였다. 이에 북한은 '북남국회연석회의'를 평양에서 개최하자고 제의하였다. 이후 남북은 남북국회회담을 성사시키기 위하여 1988년 8월 9일부터 1990년 1월 24일까지 10차례의 준비접촉과 1차례 수석대표가 만나기도 하였다. 그러나 김일성은 이 기간 동안인 1989년 신년사를 통해 남북국회회담과는 별개의 남북협상회의를 제의하기도 하였다. 국회회담을 위한 남북간의 접촉은 1990년 팀스피리트 훈련을 구실로

13) 김영윤, "남북 교류·협력의 문제점과 실천적 과제,"『통일경제』, 제18호, 현대경제사회연구원, 1996. 6. 82면.

14) 오일환·정순원,『김정일시대의 북한정치경제』, 을유문화사, 1999, 298면.

15) 김창희,『김정일의 딜레마』, 인물과 사상사, 2004, 242-243면.

남북대화를 연기한다고 북한이 선언함으로써 중단되었다. 이와는 별도로 국회대표단 25명이 평양에서 열린 제85차 국제의회연맹(IPU) 총회에 참석차 1991년 4월 29일부터 5월 4일까지 판문점을 경유하여 평양을 방문하였다.

이 시기 중요한 또 하나의 사건은 체육분야 교류였다. 서울올림픽 이후인 1988년 12월, 북한은 베이징에서 제11회 아시안게임에 단일팀 구성을 위한 회담을 제의해 왔다. 이 역시 1989년 3월 제1차 회담에 이어 평화의 집과 판문각에서 번갈아 가며 1990년 2월 7일 제9차 회담까지 진행되었으나 결렬되고 말았다. 1990년 9월의 베이징 아시안게임에 단일팀으로 참가하지는 못했지만, 대회기간 중에 남북 공동응원 등이 이루어졌다. 그리고 자연스럽게 이루어진 남북 체육장관 간의 접촉에서, 남북통일축구대회 개최에 합의했다. 1990년 10월에 평양과 서울에서 중단 50년 만에 '경·평 축구대회'가 열렸다. 10월 9일, 우리 측의 단장과 선수단 기자 등 76명이 평양을 방문하여 경기를 하고 13일 돌아왔다. 21일부터 25일까지는 서울에서 북한측 78명이 참가하여 대회가 이루어졌다. 이 기간 중에 제3차 남북 체육장관 회담이 이루어지기도 하였다. 이 남북통일축구대회는 분단 사상 처음으로 이루어진 공식적인 체육교류였다.

이러한 체육교류는 탁구에서 남북 단일팀 참가로 이어졌다. 1991년 일본에서 열린 '제41회 세계탁구선수권대회'에 62명의 선수단(남북 각각 31명: 임원 22명 선수 9명)이 참가하였다. 단일팀 출전으로 여자단체전 우승의 감격을 맛보았다. 또한 1991년 6월에 포르투갈에서 열린 '제6회 세계청소년축구선수권대회'에서 단일팀을 구성하여 참가하였다. 이에 앞서 서울과 평양에서 남북 단일팀을 위한 평가전이 있었다.

이와 같은 남북교류의 바탕에는 사회주의권의 붕괴로 인한 냉전체제의 해체라는 요인이 작용하였다. 남북한 당국 차원의 적극적인 지원에 의하여 이루어졌으며, 따라서 순수 민간 차원의 체육교류로 보기는 어려운 측면이 있다. 그러나 북한은 1991년 8월에 발생한 유도선수의 망명 사건을 빌미로 이후 줄곧 교류에 소극적인 자세를 견지해 왔다. 또한 당시 북한은 경제난으로 인하여 국제적인 체육행사에 불참하는 경우가 많아 전반적으로 체육분야 교류가 활성화되기는 힘든 상황이었다.[16)]

16) 최대석, "6·15 공동선언 이후 남북한 사회문화 교류의 현황과 전망," 『남북정상회담 1주년기념 국제학술회의』, 민주평화통일자문회의·한국정치학회·북미한국정치학회, 2001. 7, 126면.

Ⅲ. 남북고위급회담과 유엔 동시가입

1. 남북고위급회담 개시

第6공화국 출범 이후 남한에서 제의한 '남북고위당국자회담'에 대해, 북한은 남북한과 미국 간의 3자회담 개최를 촉구하면서 쌍방 총리를 단장으로 '북남고위급정치군사회담'의 개최를 주장하였다. 쌍방간의 회담 명칭과 의제는 달랐으나, 1980년 남북총리회담을 위한 실무접촉 이후 9년 만에 남북한 당국자 회담의 개최에 이르렀다. 노태우 정부의 북방정책은 한반도 주변상황의 변화와 국제질서의 분위기에 따라 가속화되었다. 당시의 탈냉전은 과거 동서진영의 동맹균형을 '지정학적 현실주의'로 바꾸었다. 공동위협 인식 변화는 안보에 대한 억제보다는 국가이익을 최우선으로 하게 되었고 당시 자유주의의 맹주였던 미국 역시 안보정책과 군사전략 전환을 고려하고 있었다.[17] 이러한 분위기 속에서 수세에 몰린 북한은 남북회담을 받아들이지 않을 수 없었다. 1989년 2월 8일부터 1990년 1월 31일까지 6차례에 걸쳐 예비회담이 진행되었다. 그러나 제6차 예비회담에서는 김일성 신년사에서 제기된 이른바 '콘크리트 장벽'과 '한미합동군사훈련' 문제를 들고 나와 회담이 공전되었다. 상술한 바와 같이 모든 회담은 북측 대표단의 연합성명 발표로 중단되었다. 그 후 남북고위급회담을 위한 예비회담이 속개되었고, 제8차 회담에서는 드디어 '남북고위급회담개최에 관한 합의서'를 교환하였다.

이렇게 하여 1990년 9월 4일에서 7일까지 제1차 남북고위급회담이 서울에서 개최되어, 90명의 북한측 대표단이 서울에 왔다. 9월 5일 개막된 회의에서 남한의 강영훈 국무총리와 북한의 연형묵 정무원총리가 기조연설을 하였다. 남한은 '남북관계 개선을 위한 기본합의서(안)'를 제시하고, 회담의제에 관해서는 '다각적인 교류협력 실시방안', '정치군사적 신뢰구축방안', '군비감축 추진방향'을 제시하였다. 북한은 회담 전 과정을 통해 '준수해야 할 3대 원칙'을 제시하고, 이 회담에서 해결해야 할 3개 긴급과제로 '유엔가입 문제', '한미 팀스피리트훈련 중지 문제', '방북구속자 석방 문제'를 내놓았다. 또한 정치군사적 대결상태 해소를 위하여 남북 사이의 불가침선언과 북·미 사이의 평화협정을 주장하기도 하였다. 남한측은 교류협력을 통

17) 박정진, "남북기본합의서와 동서독기본조약의 비교," 『국제정치논총』, 제53집 제2호, 한국국제정치학회, 2013, 112-113면.

한 남북관계의 점진적 해결방안을 제시한 반면, 북한측은 정치군사적 문제의 우선 해결을 내놓아 실효성이 떨어졌다. 특히 실무대표 접촉을 통해서는 유엔 가입 문제가 논의되기도 하였다. 1990년 10월 17일과 18일 양일간 제2차 남북고위급회담이 평양에서 열렸다. 이때 북한에서는 '북남 불가침선언' 초안을 제시하기도 하였다. 남한측은 북한의 3대 긴급과제에 대한 대응으로 '대남혁명노선 포기', '이산가족 고향방문 조속 실현', '경제협력 활성화'를 주장하였다. 이렇게 두 차례의 남북고위급회담으로 양측의 기본입장이 밝혀졌다. 이 과정 중에 남북한은 비밀리에 남북정상회담을 추진하고자 하였다. 제2차 회담 전에 서동권 안기부장이 평양을 방문하고, 11월 초에는 윤기복 대남사업비서가 서울을 방문하여 상대방의 정상을 만나 정상회담 개최 문제를 협의하였으나 실패하였다.

제3차 고위급회담이 1990년 12월에 개최된 후, 이 회담은 1991년 2월 18일 북측 대표단의 중단 선언으로 또 다시 표류하였다. 북한은 1월에 걸프전쟁이 발발하고 그들이 남북고위급회담에서 제시한 유엔 단일의석 가입, 한미 팀스피리트 군사훈련 중지, 방북구속자 석방의 이른바 '3대 긴급과제'의 어느 하나도 실현되기 어렵다고 판단되자 제4차 남북고위급회담을 중단시켰던 것이다.

북한은 그동안의 정전협정의 무력화를 위해 정전협정의 실체인 중립국감시위원회와 군사정전위원회에 대한 치밀한 와해작업을 벌여 왔다. 1991년 3월 25일 정전위원회 유엔측 수석대표로 한국군 장성 황원탁 소장을 임명하자, 북한은 "한국군 장성은 정전협정 체결 당사자가 아니기 때문에 유엔군측 수석대표로 인정할 수 없다"고 비난한 뒤 정전위원회 본회의 참석을 거부하면서 정전위원회 체제를 거부하는 시도를 하였다.

2. 남북한 유엔 동시가입

제1차 남북고위급회담을 앞둔 1990년 8월 말에 남측의 외무부장관은 "북한이 '남북한 유엔 동시가입을 거부할 경우 한국의 단독가입을 추진할 방침"을 밝혔다. 제1차 고위급회담에서 북한이 긴급 논의 사항으로 제기한 유엔 가입 문제는 별도로 협의하기로 하였다. 그리하여 9월 18일 판문점 중립국감독위원회에서 회의를 개최하였다. 이날 북한은 "나라의 분열이 영구 고착되는 것을 막기 위하여 통일된 후 하나의 국가로 유엔에 가입해야 하며, 만일 통일 이전에 가입하려 한다면 북과 남이 두 개의 의석으로 가입할 것이 아니라 하나의 의석으로 가입해야 한다"는 기본 입장을 밝혔다. 남측의 대표로 참석했던 임동원은 그의 회고록에서 북한의 이 같은 주장에 대해 예멘과 독일의 예를 들어 유엔에 각기 가입하는 것이 오히려 분단국의 관계개선에 긍정적으로 작용했다는 것과 남북의 현 상황에서 단일의석 가입안은 비현실적임을 지적했다고 한다. 그리고 남한측은 "남과 북은 분단의 냉엄한 현실을 인정하는 바탕 위에서 통일을 이룩할 때까지 서로 상대방을 인정, 존중하고 평화적으로 공존해 나가야 합니다. … 남북한이 동시에 각각의 의석으로 유엔에 가입하는 것이 한반도의 평화와 통일을 촉진할 수 있는 현실적인 해결방안입니다"라는 입장을 밝혔다.[18] 그 후 두 차례 유엔 가입 문제에 대한 회의가 있었으나, 서로 상대방의 입장만 확인하는 수준에 머물렀다.

동북아의 재편과 남북관계의 진전에서 무엇보다 결정적인 변수는 1990년 9월 30일에 수립된 '한·소 국교수립'이었다. 한국과 소련의 외무부장관이 유엔에서 양국 수교합의 의정서에 서명한 것이다. 한·소 수교는 고르바쵸프의 한반도 정책과 노태우 정부의 북방정책이 맞아떨어진 결과였다. 이는 페레스트로이카와 북방정책이라는 만남의 차원을 넘어 소련이 북한과의 관계가 급격히 악화되면서까지 전격적으로 추진되었다는 점에서 북한에서도 큰 충격이 아닐 수 없었다.[19] 1990년 12월 31일 노태우 대통령이 소련을 방문하였고, 1991년 4월에는 고르바쵸프 대통령이 한국을 방문하였다.[20] 남한과 소련의 밀월관계는 소련과 북한의 관계를 악화시켰다. 북한은 남한의 북방정책에 대한 적극적 대응으로써 천안문사태 이후 중국과의 관계 강화, 전격적인 일본과의 수교협상을 시작하였다. 일본은 1990년 9월 24일부터 28일까지 자민당과 사회당 대표단을 파견하였고, 이에 북한의 로동당은 이들과 양국 간에 조기 수교를 촉구하는 공동선언문을 채택하였다. 그리고 1991년 1월 30일에는 제1차 북·일 수교 교섭이 시작되었다. 중국은 천안문사건 이후 개혁을 지속하는 데 여러 가지 어려움을 겪었지만, 1990년 '베이징 아시안게임'을 계기로 개

18) 임동원, 『피스메이커: 남북관계와 북핵문제 20년』, 중앙북스(주), 2008, 185-187면.

19) 수교 직전에 세바르드나제 소련 외상이 평양을 방문하여 한국과의 수교방침을 통보하자 북한은 '조선의 분열을 인정하고 조장시키는 것이고 두 개의 조선을 인정하는 것'이라고 반발했다고 한다. 한·소 수교가 발표되자 북한은 "협력자금 23억달러에 대국으로서의 존엄과 체면, 동맹국의 이익과 신의를 팔아먹었다"고 소련을 비난하였다.

20) 1991년 12월에 소연방이 해체된 이후, 1992년 11월 18일 러시아 옐친 대통령이 방한하여 〈한·러간 기본관계조약〉을 체결하였다.

혁을 가속해 왔다.

한국은 1991년 초 유엔 동시가입, 나아가서는 한국만의 단독가입을 위해 유엔 안보리 상임이사회에서 중국이 거부권을 행사하는 것을 막으려고 오랫동안 사전 정비작업을 해왔다. 따라서 중국은 정경분리 원칙에 입각해서 북한의 통일정책을 지지한다는 원칙적 입장에도 불구하고, 중국 정부 관계자는 한반도에서 '두 개의 조선'이 존재함을 비공식적인 수준에서 인정해 왔다.[21] 1991년 1월에는 중국과 무역대표부를 교환하기도 하였다.

1991년 초에 한국이 유엔 가입 추진의사를 표명하자, 북한은 '유엔가입에 관한 외교부 비망록'을 제출하였다. 여기에서 북한은 첫째로 연방제를 통한 통일 후 단일국가로 가입하는 것이 가장 바람직하나, 북과 남이 단일의석 하에 가입하는 것을 반대하지 않겠다는 것과, 둘째로 남한의 단독가입은 두 개의 조선 영구화에 흡수통일 실현을 위한 것이므로 심각하게 받아들이지 않을 수 없다고 밝혔다. 결국 1991년 5월 27일 외교부 성명에서 "우리가 유엔에 가입하기로 한 것은 남조선 당국자들의 분열주의적 책동으로 말미암아 조성된 정세에 대처하여 불가피하게 취해진 조치"라는 명분으로 북한은 유엔 가입을 결정했다.[22] 이렇게 되면서 북한이 유엔에 7월 8일 가입신청서를 미리 제출하였고, 남한은 8월 5일에 제출하였다. 남북한은 1991년 9월 17일 동시에 유엔에 가입하였다. 남북한의 유엔 가입은 교착상태에 빠진 남북고위급회담이 재개되는 등 남북한의 협상에 긍정적으로 작용하였다.

IV. 남북기본합의서와 한반도 비핵화공동선언 채택

노태우 정부의 북방정책의 결실은 남북기본합의서의 채택으로 나타났다. 동서냉전의 종식이라는 국세정세 속에서 새로운 대북정책으로 평화공존의 시대를 마련하려 하였다. 북한의 입장에서도 사회주의권이 격변하고 있는 상황에서 소련과 중국과의 동맹관계도 흔들렸다. 결정적으로 '한·소 국교수립'은 북한에게는 커다란 충격이지 않을 수 없었다. 북한이 우리식 사회주의를 주장하면서도 남한과의 관계개

21) 최 성, 『북한정치사』, 풀빛, 1997, 255면.
22) 북한연구소, 『북한총람, 1983~1993』, 북한연구소, 1994, 309면.

선을 통하여 체제 유지의 수단으로 활용하였다. 국제정세의 대격변은 북한으로 하여금 국제적 고립과 경제적 난관을 극복하고 체제생존을 위해 신축성과 적응성을 발휘하지 않을 수 없게 했다.[23] 상술한 남북고위급회담 과정에서 밀고 당기기를 거듭하면서 결국 합의에 이른 것이다.

1. 남북기본합의서와 부속합의서

1) 남북기본합의서 내용

우여곡절을 겪은 후 1991년 10월에 제4차 고위급회담이 평양에서 개최되었고, 제5차 회담의 마지막 날인 1991년 12월 13일에 「남북사이의 화해와 불가침 및 교류·협력에 관한 합의서」(남북기본합의서)가 서명되었다. 기본합의서에 서명하면서 북측의 대표단장은 "우리는 이제 평화와 긴장완화와 통일의 길로 크게 한걸음 내딛게 되었다"고 선언했고, 남측의 수석대표도 "남과 북은 공존공영하면서 평화와 통일을 추진할 수 있는 바탕을 마련하게 되었고, 이 합의가 대결과 분단의 시대를 마감하고 협력과 통일의 새 시대를 열게 되었다"고 선언하였다.[24]

양측 대표의 발언과 같이 남북기본합의서에는 남북의 화해와 불가침 그리고 교류협력 등 평화와 통일을 지향한다는 내용이 담겼다. 1992년 2월 19일 발효된 이 합의서의 전문은 7·4남북공동성명에서 천명된 조국통일 3대원칙을 재확인하고, 정치·군사적 대결상태 해소와 민족화해 그리고 평화통일 성취를 위해 공동으로 노력할 것을 내용으로 하고 있다. 이와 아울러 1992년 1월 20일 남북한이 한반도를 비핵화함으로써 핵전쟁 위험 제거와 평화환경 조성을 위한 '한반도 비핵화공동선언'에 합의하고, 기본합의서와 같은 날에 발효되었다.[25]

남북기본합의서는 전문과 4개 장 25개 조로 구성되어 있다. 전문은 기본합의서가 어떠한 목적과 의지를 담고 있는가를 설명하고 있다. '조국의 평화적 통일을 염원'하는 민족의 뜻에 따라 '조국통일 3대원칙'을 재확인하고, 군사적 긴장완화와 평화를 보장하기 위한 것이다. 남북관계를 잠정적으로 형성된 특수관계라 하면서 '평

23) 임동원, 『피스메이커: 남북관계와 북핵문제 20년』, 172면.

24) 위의 책, 227면.

25) 북한은 1992년 1월 말에는 국제원자력기구(IAEA)와 핵안전협정에 서명하였다. 핵안전협정 서명 후 1992년 5월 IAEA 사무총장의 사찰에 이어, 12월까지 사찰팀에 의해 5차례 비정기 사찰을 받았다.

화통일을 성취'하기 위하여 공동노력을 하자고 하였다.

제1장은 '남북화해'의 장으로 남과 북은 체제를 인정하고 내부간섭과 비방 그리고 파괴·전복 행위를 하지 않는다는 것을 제1조~제4조에 규정하고 있다. 제5조에는 "남과 북은 현 정전상태를 남북사이의 공고한 평화상태로 전환시키기 위하여 공동으로 노력하며 이러한 평화상태가 이룩될 때까지 현 군사정전협정을 준수한다"고 명시하고 있다. 그리고 제6조는 국제무대에서 협력하고 이익을 위해 공동 노력한다고 되어 있다.

제2장은 '남북불가침'으로 제9조에서 제14조까지로 되어 있다. 여기에서는 상대방에 대하여 무력사용이나 침략하지 않을 뿐 아니라, 의견대립이나 분쟁 문제도 대화와 협상을 통해 평화적으로 해결하기로 하였다. '분쟁의 평화적 해결'은 남북의 불가침의 경계선은 정전협정에서 규정한 것과 지금까지 쌍방이 관리해 온 구역으로 하였다. 제12조에서는 불가침의 보장과 이행을 위하여 '남북군사공동위원회' 구성과 운영을 약속하였다. 이를 이행하고 보장하기 위해 군 정보교환과 군비통제 및 군축 문제까지 언급하고 있어, 남북간 군사적 신뢰 문제의 대부분을 포함하고 있다는 것은 특히 주목할 만한 부분이었다.

제3장은 남북교류협력에 관한 장으로 제15조에서 제23조까지 규정하고 있다. 여기에서는 남과 북이 민족경제의 통일적이며 균형적인 발전을 위하여 과학, 기술, 교육, 문화 등 모든 분야에서 교류협력을 실시한다고 하였다. 또한 자유로운 왕래 접촉과 이산가족 문제 해결 그리고 철도와 도로 등을 연결하고 국제무대에서도 협력하기로 하였다. 제22조에서는 남북은 각 분야의 교류와 협력 실현의 합의 이행을 위해 '남북교류협력공동위원회'를 비롯한 부문별 공동위원회를 구성하고 운영하기로 하였다. 제4장은 수정 및 발효를 기술하고 있다.

2) 남북교류협력의 부속합의서

남북기본합의서가 채택된 이후에도 남북고위급회담은 계속되었다. 문제는 남북기본합의서에 담긴 내용을 남과 북이 어떻게 실천해 나갈 것인지를 협의하고 이행하는 것이었다. 2월 제6차 회담, 5월 제7차 회담이 진행되어 이를 논의하였다. 남과 북은 우선 합의에 따른 협상기구로 정치, 군사, 교류협력 등 3개 분과위원회를 구성해 각기 '화해', '불가침', '교류·협력'의 이행과 준수를 위한 구체적 대책을 협의하여 합의를 도출하고자 하였다. 화해·군사·경제·사회문화 분야에서 이행 및 실천기구인 남북공동위원회들을 설치하기로 했다. 이 모든 것의 최종 합의는 9월 17일 평양에서 개최된 제8차 남북고위급회담을 통해 기본합의서 내용 중 3개 분야에 관한 부속합의서 채택과 발효로 이루어졌다. 즉, 이 남북기본합의서의 이행 대책을 협의하는 기구인 3개 분과위원회가 열려 협의결과를 합의서로 채택한 것이 바로 1992년 9월 17일 발효된 화해, 불가침, 교류·협력 등 3개 분야별 부속합의서이다. 부속합의서가 3개인 것은 남북기본합의서 각 장별 구성에 따른 것이다. 제8차 남북고위급회담에서는 제9차 회담을 12월에 서울에서 개최하기로 합의하기도 하였다.

남북화해 부속합의서는 남과 북이 화해를 이루기 위한 실천 방도를 담고 있다. 대체적인 내용은 상대방의 체제(제도) 인정 및 존중, 내부 문제 불간섭, 비방·중상 행위 중지, 파괴·전복행위 금지, 정전상태에서 평화상태로의 전환 등이며, 합의사항 이행기구로 '남북화해공동위원회'를 구성·운영한다는 규정을 담았다.

남북불가침 관련 부속합의서는 남북불가침의 이행과 준수 및 군사적 대결 상태의 해소를 위한 구체적인 합의 내용을 담고 있다. 대체적인 내용은 무력 불사용, 분쟁의 평화적 해결 및 우발적 무력충돌 방지, 불가침 경계선 및 구역, 군사직통전화의 설치·운영에 관한 사항 등이며, 협의 이행기구로 '남북군사공동위원회'의 구성·운영을 명시했다.

남북교류협력 부속합의서는 남북간 교류협력의 성격과 방법 등을 규정하고 있다. 주요 내용은 크게 경제교류·협력과 사회문화교류·협력, 인도적 문제의 해결로 나뉜다. 경제교류·협력에서는 민족 내부 교류로서의 물자 교류 등에 대한 13개 항의 규정 외에 '과학·기술 및 환경 분야의 교류협력', '끊어진 철도와 도로의 연결 및 해로·항로의 개설', '우편과 전기통신 교류를 위한 제반 조치', '국제경제분야에서의 협력 및 공동 진출', '경제교류·협력공동위원회'의 운영 등을 규정했다. 사회문화교류·협력에서는 국토종단행진, 사회 각 분야에서의 연구·조사·편찬사업 및 행사의 공동 실시, 민족구성원들의 자유로운 왕래와 접촉 등을 규정했다. 인도적 문제의 해결은 주로 이산가족의 자유로운 서신거래·왕래·상봉 및 방문의 실현을 위한 대책을 정해놓고 있다. 쌍방 적십자 단체들이 이산가족·친척의 범위를 협의하여 정하는 한편, 이산가족 상봉면회소 설치를 협의·해결토록 하는 것을 주요 내용으로 하고 있다.

3개 분야별 부속합의서를 채택·발효하는 과정에서 남과 북은 상당한 진통을 겪었다. 특히 정치분과위원회에서 남북기본합의서 협상시에 첨예하게 부딪쳤던 기본적인 문제들이 다시 불거져 제자리걸음을 했다. 결국 '남북화해 부속합의서'는 북한측이 제기한 문제들을 '앞으로 계속 토의한다'고 부기 형태로 처리하여 매듭지었다. 남북기본합의서에서 가장 중요한 것으로 생각되는 것이 제5조인데, 문제는 정전상태에서 평화상태로 이끈다는 형식에서 남과 북이 강조하는 바가 상이했다. 협정과정을 도식하는 데는 상호인정 외에 안보·군사적 논의가 필요했다.[26]

이때 발생한 것이 훈령조작사건이다. 3개 분야 부속합의서 채택 외에 세부적으로 이산가족 상봉과 면회소를 얻고자 하는 것이 대표단의 목적이었다. 그래서 이산가족 상봉과 면회소와 이인모 노인 송환 문제를 맞바꾸려고 했는데, 서울에서 동진호 송환까지를 포함하라는 훈령이 왔고 북한은 이 문제까지를 받아들일 수 없었다. 이 조건을 내세운 훈령은 조작된 것으로 남북의 중대한 사안인 이산가족 상봉과 면회소 설치는 무산되었다. 이것은 남북화해가 정권 재창출에 도움이 되지 않는다는 보수세력들의 판단에 따른 것이다.[27]

2. 한반도 비핵화공동선언

1991년과 1992년 사이, 남북기본합의서 문제 못지않게 중대한 또 하나의 사안이 굴러가고 있었다. 바로 북한 핵 활동 의혹을 풀기 위한 북한내 핵시설 사찰과 관련된 국제적 요구였다. 북한은 이에 대해 남한 내의 핵 철수, 팀스피리트 군사훈련 중단, 비핵지대화 창설 등으로 맞섰다.

그러나 1991년 11월, 남한내 전술핵의 철수가 공표되고 12월 18일 '핵부재선언'이 발표되면서 북한도 비핵화에 대한 국제사회의 요구에 부응하지 않을 수 없었다. 또한 북한은 비핵화를 선언하고 국제핵사찰을 받아들임으로써 미·북 관계를 개선하는 발판으로 삼으려 했다. 이러한 배경 하에 북한은 1992년 1월 20일 '한반도의 비핵화에 관한 공동선언'(비핵화공동선언)에 서명하였다.

남과 북은 한반도를 비핵화함으로써 핵전쟁 위험을 제거하고 우리나라의 평화와 통일에 유리한 조건과 환경을 조성하며 아시아와 세계의 평화와 안전에 이바지하

26) 박정진, "남북기본합의서와 동서독기본조약의 비교," 118면.
27) 안문석, 『북한 현대사 산책4』, 인물과 사상사, 2016, 188-190면.

기 위하여 선언한다며 6개 항을 명시하였다.

첫째, 남과 북은 핵무기의 시험, 제조, 생산, 접수, 보유, 저장, 배치, 사용을 하지 아니한다. 둘째, 남과 북은 핵에너지를 오직 평화적 목적에 이용한다. 셋째, 남과 북은 핵재처리시설과 우라늄 농축시설을 보유하지 아니한다. 넷째, 남과 북은 한반도의 비핵화를 검증하기 위하여 상대측이 선정하고 쌍방이 합의하는 대상들에 대하여 남북핵통제공동위원회가 규정하는 절차와 방법으로 사찰을 실시한다. 다섯째, 이 공동선언의 이행을 위하여 공동선언이 발효된 후 1개월 안에 남북핵통제공동위원회를 설치한다. 여섯째는 효력 발생 시기를 본문 교환일로 한다는 것이다. 이는 남북기본합의서와 마찬가지로 남북한의 총리가 서명하였다.

이렇게 채택된 비핵화공동선언은 제6차 남북고위급회담에서 기본합의서와 함께 효력을 발생하게 되었다. 이에 앞서 1992년 1월 30일, 북한은 우리와 미국의 요구대로 핵안전조치협정에 서명을 마치고, 북한 핵시설에 대해 국제사찰을 받아들이겠다고 함으로써 당시로서는 핵문제에도 해결의 가닥을 잡을 수 있었다. 또한 남북 간에는 핵통제공동위원회가 가동되어 사찰대상 선정, 사찰 절차와 방법을 담은 규정을 채택하기 위한 협의에 들어갔다. 그러나 비핵화공동선언에도 불구하고 핵문제는 곧 걷잡을 수 없는 수렁으로 빠져들었다.

3. 발효와 의미

남북기본합의서는 남북 간에 체결된 최초의 공식문건이다. 7·4공동성명은 비밀특사를 중심으로 이루어진 것에 비해, 이 합의서는 정부 차원에서 공개적으로 이루어졌다는 점에서 큰 의미가 있다. 남북기본합의서는 남북관계사의 흐름을 바꾸어 놓은 획기적인 전환점을 이루어 놓은 것으로, 백학순은 이를 "남북관계의 기본원칙과 지침을 제시하는 마그나 카르타, 즉 대장정"이라고 하고 있다.[28)]

노태우 대통령은 그의 회고록에서 남북기본합의서를 "한반도의 평화와 통일문제를 우리 스스로 해결해 나갈 수 있다는 역량과 의지를 세계에 보여준 민족자존의 문서"이고, "한반도의 오랜 냉전을 종식하고 남북한이 공존공영으로 평화의 시대를 여는 장전"이라고 평가했다. 또한 "김일성 주석도 남북기본합의서를 1972년 남북외교가 시작된 이래 최초의 이정표가 되는 획기적인 사건"이라고 당중앙위원회에서

28) 백학순, 『노태우정부와 김영삼정부의 대북정책 비교』, 69면.

평가했다고 하고 있다.[29]

남북기본합의서에 대한 서명이 이루어졌지만 그것이 발효되기 위해서 가장 큰 문제는 핵문제였다. 1992년 2월 18일 제6차 남북고위급회담이 열렸다. 그리고 2월 19일 양측의 최고지도자가 인준한 본문을 교환함으로써 남북기본합의서와 한반도 비핵화공동선언을 발효시켰다. 또한 남북고위급회담 내에 3개 분과위원회를 구성하고 운영하는 합의서에도 서명을 하였다. 노태우 정부는 남북관계를 규정한 남북기본합의서와 북핵문제 해결은 연계시키지 않고 병행하여 추진하였다.

V. 남북합의 이후의 지속 문제

남북고위급회담을 통해 남북한은, 통일은 과정이며 '중간단계'가 필요하다는 인식을 공유하였다. 이 과정에서 평화공존하면서 정치·군사적 대결상태를 해소하고 다각적인 교류·협력을 통해 민족공동체를 회복해야 한다는 인식을 같이 했다.[30] 이 정신을 남북기본합서에 담았고. 이를 실천하기 위해서는 한반도가 비핵화되어야만 가능한 것이었다. 우여곡절 끝에 남북기본합의서의 내용을 구체적으로 이행할 방안은 3개 분야별 부속합의서로 정리가 되었지만, 문제는 이 부속합의서가 서명·발효될 시점의 상황이었다.

상술한 남북정상회담에 대한 비밀접촉은 남북기본합의서가 채택되고 발효된 후인 1992년 4월 초에 있었다. 윤기복 대남담당비서가 다시 비밀리에 서울을 방문하여 노태우 대통령을 면담했다. 여기에서 "4월 15일 김일성 주석 생일과 때를 맞추어 노대통령을 평양으로 초청, 정상회담을 갖자"고 전격적인 제의를 하였다. 이때가 김일성의 80회 생일이었고, 축하행사의 일환으로 정상회담을 이용하려는 것과 다른 의도가 있있기 때문에 이를 거절하였다.[31]

제8차 남북고위급회담에서 부속합의서가 채택이 되었으나, 훈령조작 사건으로

29) 노태우, 『노태우 회고록(下): 전화기의 대전략』, 조선뉴스프레스, 2011, 325면.

30) 백학순, 『노태우정부와 김영삼정부의 대북정책 비교』, 65면.

31) 노태우 대통령은 그의 회고록에서 "김일성은 단 한번 나를 북한에 초청한 적이 있었다. 1992년 봄 윤기복 조평통위원장이 김일성의 특사로 친서와 초청장을 갖고 서울에 왔다. 초청시기가 김일성 생일과 맞물려 있었다.… 김일성의 초청이 '돈'과 관련이 있다고 해서 모양새가 너무 나쁘다고 판단해 초청을 거절했다"고 하고 있다. 노태우, 『노태우 회고록(下): 전환기의 대전략』, 355면.

인한 이산가족 상봉과 면회소 설치 무산은 남한 정치의 역 북풍을 보여주는 것이었다. 이렇게 제8차 회담이 끝난 직후인 1992년 10월 6일 남한에서는 '남한조선노동당' 사건이라는 대규모 간첩단 사건이 터졌다. 현직 야당의원의 관련 의혹까지 유포되면서 대선정국은 반북·보수여론으로 뜨겁게 달아올랐다.[32] 남북화해협력 분위기는 완전히 냉각되었다. 10월 8일 워싱턴에서 진행된 한미 연례안보회의에서는 1992년 한 차례 중단되었던 팀스피리트 훈련의 재개를 언급하는 발표가 나왔다. 이 공동성명은 남북대화를 중단시키는 결정적인 원인이 되었다. 북한은 팀스피리트 훈련 재개를 핑계로 11월 개최에 합의한 분야별 남북공동위원회에 불참을 발표하고 곧이어 예정됐던 제9차 고위급회담도 무산시켰다. 1993년 1월 29일에는 남북한 간의 모든 대화를 중단한다고 선언했다.

한편, 국제원자력기구(IAEA)가 1992년 5월부터 1993년 1월까지 6차례에 걸쳐 북한 핵시설에 대한 임시 사찰을 진행한 데 이어 의혹 시설에 대한 추가 사찰을 요구하면서 북한의 핵 개발 의혹이 제기되었다.[33] 결국 1993년 초 제1차 북핵 위기가 터지면서 남북기본합의서와 3개 부속합의서는 한 조항도 실천에 옮겨지지 못했으며, 남북고위급회담 체제는 무너지고 말았다. 이러한 상황의 전개에서 북한이 남북기본합의서를 의도적으로 파기하려는 전략적 의도를 갖게 되었다. 북한이 교차승인을 통한 이득보다는 체제 유지와 김정일 후계구도 확립의 국내정치를 선택한 것이다.[34] 북한은 고립상황을 탈피하기 위하여 기본합의서를 택하였지만, 그들이 궁극적으로 원한 것은 남한보다는 미국과의 합의였다. 특히 한반도 비핵화공동선언은 북한이 미국과의 적대관계를 해소하여 안정을 보장받고 정치경제적 관계를 개선하는 데 핵문제를 지렛대로 사용하고자 한 것이다.[35]

---

32) 임동원, 『피스메이커: 남북관계와 북핵문제 20년』, 298면.

33) 통일부 통일교육원, 『남북관계지식사전』, 159면.

34) 박정진, "남북기본합의서와 동서독기본조약의 비교," 131면.

35) 임동원, 『피스메이커: 남북관계와 북핵문제 20년』, 238면.

제6장

문민정부와 유훈통치

Ⅰ. 남북한 정부의 정치과정

1. 김영삼 정부와 정치과정

1992년 12월 18일 3당 합당에 의하여 여당이 된 김영삼 후보와 김대중, 정주영 등이 출마한 대통령선거가 실시되었다. 대통령선거에도 13대와 마찬가지로 3파전이었다. 영남지역에서는 김영삼 후보가, 호남지역에서는 김대중 후보가 압도적으로 유리했고 보수성향의 유권자의 표는 김영삼 후보와 정주영 후보에게로 나누어졌다. 김영삼 40.2%, 김대중 33.8%, 정주영 16.3%의 득표율을 보였다. 김영삼 후보가 제14대 대통령으로 당선되었다. 여기에서 소위 문민정부가 탄생하였다.

새 정부는 군부의 청산이라는 전 정권과 차별화의 일환으로 문민을 내걸고, 개혁과 세계화를 모토로 하였다. 김영삼 대통령은 1993년 2월 25일 취임사에서 '신한국'을 강조하면서, 민족의 화해와 통일을 강조하였다. 취임사에서 통일문제와 관련하여 "이 시점에서 필요한 것은 감상주의적 통일지상주의가 아니라 통일에 대한 국민적 합의"임을 강조하고, 김일성 주석에게 '남북한 동포의 화해와 통일'을 원하면 언제 어디서라도 만날 수 있다고 하였다. 당시 우리 사회에 일고 있었던 통일논의에 대해서는 "일부 인사들이 정부 통일정책을 분단고착화 정책이라고 비난하고 정부를 배제한 채 북한과 직접 협상"하려 한다면서, 이에 대한 위험성을 상기시켰다.[1] 1994년 8월 15일 광복절 경축사를 통해 '한민족공동체 건설을 위한 3단계 통일방안'(민족공동체통일방안)을 밝혔다. 이의 구체적인 내용은 제13장 통일방안에서 서술한다.

김영삼 정부 초기의 개혁정책은 구호정치와 이데올로기 조성의 연속이었다고 할 수 있다. 그는 문제점을 해결하기 위해서는 주어진 여건에서 최대한의 힘을 발휘할 수 있도록 자신의 이미지와 역할을 적극적으로 활용하여 자원을 동원할 뿐만 아니라 이데올로기를 통하여 동원력을 극대화하려고 하였다. 김영삼 대통령은 집권 초부터 한국사회가 추구해야 할 공동의 목표를 끊임없이 선포했다. '신한국 창조, 국제화, 세계화, 정보화, 복지화, 역사 바로세우기, 명예혁명, 일류국가 건설, 제2의 건국' 등을 내세웠다. 초기의 이러한 방향 제시와 문제점에 대한 진단에도 불구하고, 김영삼 정부가 총체적인 개혁에 실패한 것은 구체적인 집행계획이 허약

1) 서울대학교 사회발전연구소, 『세계의 개혁, 한국의 개혁』, 오름시스템(주), 1996, 364-365면.

하고 미비했기 때문이다.[2)]

물론 김영삼 정부에 대한 평가를 달리하여 개혁의 성공을 주장하기도 하였다. 집권 초기 김영삼 정부의 개혁은 남한 사회의 전 영역을 망라하는 포괄적이고 다층적으로 이루어졌다. 정부 자체의 혁신과 정치권의 개혁을 앞장 서 추진하였고, 그 결과 한국사회의 전면적 개혁과 변화를 추동하는 역사적 계기를 마련하였다. 민주주의를 공고히 하는 가장 핵심적인 요소의 하나는 군부에 대한 문민적 통제를 확보하는 것이었다. 이를 위해 김영삼 정부는 권위주의체제의 요직을 독차지해 온 하나회 조직을 해체하여 군조직의 공공성을 회복하고, 정치자금법 개정을 통해 정치자금을 투명화하여 정경유착을 청산하는 데 진력하였다. 경제적인 개혁 작업은 크게 정부규제의 완화, 금융실명제, 부동산 실명제 등을 들 수 있다. 노태우 정부에 의하여 연기되어 온 자치단체장의 선거가 김영삼 정부에 의하여 실시되기도 하였다.[3)] 실제로 1995년 6월 27일의 지방선거에서 지방의원 및 단체장을 동시에 선출했다는 것은 헌정사적 의미를 지닌다고 볼 수 있다.

김영삼 정부는 초기에 비전향장기수 이인모를 송환하고 신경제정책 5개년 계획에 남북교류와 협력을 포함하는 등 적극적인 정책을 취하기도 하였다. 그러나 북핵문제가 터지자 대북강경정책으로 선회하였다. 1993년 6월 영국 BBC와의 인터뷰에서 김영삼 대통령은 '핵을 가진 자와 악수할 수 없다'는 입장을 표명하는 한편 11월에는 남한 정부 주도로 대북 유엔총회결의안을 제출한 바 있다.[4)] 김영삼 대통령은 공식으로는 북한과 평화·협력을 강조하였지만, 북핵문제가 지속적으로 악화되고 경제가 식량난 등으로 급속히 악화되자 북한붕괴론에 집착하였다.[5)] 특히 김영삼 정부는 북한의 김일성이 사망하자 북한체제의 붕괴가 임박했다고 보았다. 어떠한 형식의 조의 표현도 국가보안법 위반으로 단호히 처벌하겠다고 경고함으로써 소위 조문파동을 겪었다. 이후 남북관계는 북미관계의 영향 하에 들어가게 된다. 이후 북한에 대한 쌀 지원이 이루지기도 하였으나, 남북관계는 악화되었다. 김영삼 정부는 한반도 문제에 대한 당사자 원칙과 주도권을 강조하였지만, 그것을 일관성

---

2) 신 진, "김영삼 대통령: 리더쉽과 치적 공과,"『남북한 정치지도자의 리더쉽과 치적 공과』, 한국정치학회 충청지회 남북한 건국 50주년 학술회의, 1998. 6, 208면.

3) 서울대학교 사회발전연구소,『세계의 개혁, 한국의 개혁』, 261-281면.

4) 전재성, "탈냉전기 남북관계의 변화 추이와 한국의 미래전략,"『북한의 체제전망과 남북경협』, 한울아카데미, 2003, 46면.

5) 백학순,『노태우정부와 김영삼정부의 대북정책비교』, 세종연구소, 2012, 93면.

있게 추구하거나 성취하지 못하였다.

김영삼 대통령과 집권세력이 오랜 세월 동안 정치투쟁을 했지만 국정에 참여한 경험이 없었던 까닭에 국정 파악능력이 부족했다. 치밀한 개혁프로그램의 미비는 대통령의 정치개혁의 의지를 단순히 공허한 구호에 그치게 만들었다. 따라서 작고 강력한 정부 구현에 따르는 정부의 개혁조치들은 초기의 정부구조를 일시적으로 축소하였으나, 나중에는 규모가 오히려 더 확대된 정부로 복귀하게 되었다. 이렇게 규모만 부풀려진 관료카르텔은 IMF체제에 들어갈 때까지도 국가경제에 대한 통제와 예측마저 실패한 집단이 되고 말았다.[6] 대북정책면에서도 김영삼 대통령의 승부사적 성격으로 '승리 이데올로기'에 의존하여 북한 붕괴의 과도한 희망으로 인하여 일관성 있는 정책을 보여주지 못하였다.[7] 결과적으로 남북관계 개선의 기회를 가지지 못하였다.

2. 김일성의 사망과 김정일 체제 출범

김정일의 50회 생일인 1992년 2월 16일 당중앙위원회, 당중앙군사위원회, 중앙인민위원회, 정무원은 공동축하문을 통해 김정일에 대한 충성을 다짐했다. 이어서 김일성 80회 생일기념 '주체사상토론회'에서도 김정일에 대한 맹세문을 채택하면서 그를 "당·국가·군대의 수위"로 호칭하였다. 1992년 4월 9일 최고인민회의 제9기 3차 회의에서 헌법을 개정하였다. 헌법 개정이유는 변화하는 국제정치적 질서에 적응하고 사회주의 완성을 대내외에 선포한 의미도 있었으나, 주요 목적은 후계자 김정일의 권력을 제도화하기 위한 것이었다. 그동안 국가주석과 중앙인민위원회가 가지고 있던 군사 관련 제반 기능과 권한을 국방위원회로 이관함으로써 군사정책 수행의 일원화와 김정일의 군부 장악을 법적으로 뒷받침했다. 국방위원회 위원장을 주석이 자동적으로 겸하게 되었던 것을 최고인민회의에서 선거로 선출하도록 함으로써 주석이 아닌 김정일이 그 자리에 선출될 수 있는 길을 열어 놓았다. 그 후 북한은 정치일정을 진행시켰는데 우선 김정일은 4월 20일에 원수의 칭호를 수여받았다.[8] 4월 25일의 군사퍼레이드에서는 김정일은 김일성이 지켜보는 가운데

6) 신 진, "김영삼 대통령: 리더쉽과 치적 공과," 219면.

7) 백학순, 『노태우정부와 김영삼정부의 대북정책비교』, 103-104면.

8) 김정일은 1991년 12월 24일 당중앙위원회 제6기 19차 전원회의에서 1950년 7월 이래 김일성이 맡고 있던 조선인민군 최고사령관에 추대되었다.

군 원로인 오진우 인민무력부장으로부터 직접 열병보고를 받았다. 김정일이 명실상부한 군부의 최고지도자인 최고사령관임을 공개적으로 과시한 것이다. 그 후 1993년 4월 7일에서 9일까지 개최된 최고인민회의 제9기 제5차 회의에서 김정일은 "국가주권의 최고군사지도기관"인 국방위원회 위원장에 추대되었다. 이로써 당 제6차 대회를 계기로 공식적으로 부각된 김정일은 13년 만에 군통수권을 완전하게 이양받았다.[9] 북한의 '조국통일을 위한 전민족대단결 10대 강령'이 채택된 것도 이때였다.

북한은 1993년 6월 뉴욕에서 미국과의 고위급회담을 개최하고 핵사찰 이후 불거진 NPT 탈퇴 선언 유보에 합의하였다. 이후 핵문제 일괄처리 주장을 미국이 받아들이지 않자, 김일성은 1994년 신년사를 통하여 미국을 강하게 비난하였다. 한반도 전쟁위기론이 불거진 것도 이 때였고, 미국의 카터 전 대통령의 방북으로 북미 고위급회담이 재개되기도 하였다. 1994년 7월 8일 김일성이 사망하였다. 김정일은 김일성의 사망에도 불구하고 대미외교 노선을 유지하면서, 미국과의 고위급회담을 마무리지었다. 한반도 핵문제의 전반적 해결이라 하여 1994년 10월 21일에 강석주와 갈루치가 서명한 '북·미 제네바 기본합의서'가 바로 이것이다. 이후 북한은 협미배남(協美排南) 정책을 펼쳐나갔다.

김일성 사망 후 김정일은 새로운 권력 형성의 기초로 김일성의 영생화 작업을 진행하며 유훈통치를 만들어 냈다. 김정일은 자신의 취약한 정통성을 확보하기 위하여 죽은 수령의 권위를 최대한으로 활용하려는 정치전략을 펼쳤다. '민족의 태양'이라 부르던 김일성을 추모하고 추앙하여 그의 생일을 태양절이라고 개칭한 것도 이와 무관하지 않다.[10] 김정일은 김일성의 사망 후에 헌법을 그대로 유지하면서 최고통치자인 국가주석에 오르지 않고, 최고사령관과 국방위원장으로서 북한을 통치하였다. 유훈으로 이루어진 3년간의 통치는 3년상을 치른다는 가부장적 국가에서 나온 발상으로도 볼 수 있지만, 혼란기의 책임을 직접 떠맡지 않고 실질적으로 통치하려는 것으로 볼 수 있다.

김일성 사망 이후 북한의 경제사정은 악화되었다. 1995년 자연재해로 인한 식량사정의 악화, 인민들의 생활고, 탈북자 증가 등의 현상은 그들 말대로 '고난의 행군시대'로 접어들었다. 김정일은 1996년 10월 14일 "일군들은 〈고난의 행군〉정신으

9) 김창희, 『북한정치사회의 이해(제4판)』, 법문사, 2006, 155면.

10) 김창희, 『북한정치와 김정은』, 법문사, 2012, 10면.

로 살며 일해야 한다"는 로동당 중앙위원회 담화를 발표하였다. 여기에서 우리가 하는 고난의 행군이 아무리 어렵다 해도 일제시기나 전후복구시기에 비하면 전혀 문제가 되지 않는다고 하면서 '붉은기 두리'에 굳게 뭉쳐 난관을 헤쳐 나가자고 하였다. 1997년 공동사설의 내용에 '커다란 난관과 장애', '하늘이 무너져도 솟아날 구멍', '준엄한 난국' 등의 용어가 등장한 것은 당시 북한의 상황이 어떠했는지를 말해준다.

김정일은 김일성 사후 3년 3개월 만인 1997년 10월 8일에 로동당 총비서에 취임하였다. 그리고 1998년 헌법을 개정하여 주석직을 폐지하는 대신 국방위원장의 권한을 강화시키면서, 김정일은 국방위원회의 위원장에 재추대되었다. 이렇게 하여 김일성 사후 유훈통치와 고난의 행군으로 북한을 이끌었던 김정일은 공식적인 자신의 체제를 출범시켰다.

II. 북한 핵문제의 발단과 한반도 정세

1. 북한 핵문제의 발단

북한이 주한 핵무기 철수를 주장하면서, 핵개발이 본격적으로 시작된 것은 1980년대였다. 1980년 7월 북한은 영변 5MWe 실험용 원자로의 설계에 착수하였으며, 이 원자로는 1986년 1월부터 가동을 시작하였다. 초기에 평화적 목적으로 시작된 원자력 이용계획이 적어도 5MWe 원자로가 가동되어 본격적으로 플루토늄을 추출하면서 핵무기 개발계획으로 전환되었다. 이 원자로가 플루토늄을 생산할 수 있는 능력은 최대 가동시 연간 11㎏을 생산할 수 있다. 북한이 이 원자로를 선택한 이유를 다음과 같이 추정할 수 있다.[11] 첫째, 북한에 매장된 풍부한 천연 우라늄을 원료로 쓸 수 있기 때문에 핵연료의 대외의존도를 낮출 수 있다. 둘째, 플루토늄의 생산비율이 높다. 셋째, 당시 북한은 우라늄 농축 기술이나 중수 생산 기술이 없었다. 이렇게 가동한 영변의 5MWe원자로에서 1989년에는 폐연료봉(약 8,000개)을 인출하였고, 1990년에 재처리시설에서 대규모 Hot Test를 실시한 것은 플루토늄의

11) 전성훈, "북한의 핵능력 평가," 한국정치학회·이정복 외, 『북핵 문제의 해법과 전망』, 중앙 M&B, 2003, 210-211면.

추출이었다.

한편 북한은 1985년 12월에 핵확산금지조약(NPT: Nuclear Nonproliferation Treaty)에 가입하였고, 소련과 '원자력 발전소 건설을 위한 경제·기술 협력 협정'을 체결하기도 하였다. 그리고 1989년 태천에 200MWe 원자로 건설에 착공하기도 하였다. 북한은 NPT에 가입한지 6년이 넘도록 핵안전조치협정의 서명과 IAEA의 핵사찰을 회피해 오면서 비밀리에 핵무기를 개발하고 있다는 의혹이 제기되었다. 1990년 3월 6일에 IAEA 이사회는 북한의 전면안전조치협정 체결을 권고하였다. 1990년 11월 16일 유엔 주재 북한대사는 IAEA 사찰 수락조건으로 주한 미군 핵과 북한 핵시설의 동시 사찰을 제의하였다.

한편 1991년 7월 30일 남한은 외교부 성명을 통해 '한반도 비핵화를 위한 제안'을 발표하였다. 남북한은 1991년 제5차 고위급회담에서 한반도에 핵무기가 없어야 한다는 인식을 같이 하였다. 그리하여 1992년 2월 19일 '남북기본합의서'의 발효와 함께 '한반도 비핵화 공동선언'도 발효되었다. 1992년 5월에는 국제원자력기구(IAEA)의 핵사찰을 북한이 받아들였다.

2. 핵문제와 급박한 한반도 정세

1993년 한스 브릭스 IAEA 사무총장은 미신고시설 2곳에 대한 특별사찰은 촉구하였다. 북한은 이를 거부하고 미국과 IAEA의 핵사찰 압력에 직면하여 체제위협을 심각하게 느끼자, 1993년 3월 12일 핵확산금지조약(NPT) 탈퇴 서한을 유엔 안전보장이사회에 제출하였다. 북한은 1993년 당시 영변에 5MW(e)급 실험용 원자로 1기를 가동하고 있었으며, 영변과 태천에 각각 50MW(e)급, 200MW(e)급의 원자력 발전소를 건설 중에 있었다. 또한 원자로에서 인출한 사용후 연료봉을 재처리하는 시설인 방사화학실험실을 운영하면서 이 시설을 확대하는 공사를 실시하고 있었다.

국제사회의 계속적인 외교적 설득 노력에도 불구하고 북한이 초강경 자세로 일관하자 IAEA는 북한 핵문제를 유엔 안보리와 총회에 보고하기로 결의하였고, 결국 핵문제 해결을 위해 유엔 안보리가 나서게 되었다. 김영삼 정부도 핵확산금지조약 탈퇴 철회를 위한 대북노력을 기울이기로 하고 미국과 공동보조를 취하였다. 1993년 11월 1일 유엔총회는 '북한에 핵사찰의 완전이행을 요구하는 공동 결의안'을 140 : 1(북한), 기권 9라는 압도적인 다수로 채택하였다. 11월 23일 방미 중이던 김영삼 대통령에게 미국의 클린턴 대통령은 "한국에 대한 북한의 위협이 곧 미국에 대한 위협으로 인식한다"고 하였다.[12] 이러한 유엔 안보리 결의에 기초하여 핵 비확산체제를 주도해 온 미국이 북한과 핵문제 해결을 위한 협상을 시작하였다.

미국과 북한 양측은 실무접촉을 갖고 1993년 12월 29일 핵문제 해결을 위한 '4개 동시조치'에 합의하였다. 4개 동시조치는 ① 안전조치의 계속성 유지를 위한 IAEA 사찰 개시, ② 특사 교환을 위한 남북 실무접촉 재개, ③ 한국의 1994 팀스피리트 훈련 중단, ④ 북미 제3단계 접촉을 1994년 3월 21일 제네바에서 개최 등을 내용으로 하고 있다.

이러한 합의에도 불구하고 1994년 3월 방북한 IAEA 사찰단에 대하여 북한은 일부 핵심시설에 대한 사찰활동을 거부하였고, 남북간 재개된 특사 교환 실무접촉도 북측의 '서울 불바다' 발언으로 결렬됨으로써 북한 핵문제 해결 노력은 다시 난관에 부딪치게 되었다. 이렇게 북한의 핵문제가 급박하게 돌아가고, 한반도 위기론이 불거져 나왔다. 미국의 전쟁계획은 수십년 만에 처음으로 단순히 추상적인 문서나 컴퓨터 파일이 아닌 현실적인 색채를 띠기 시작했다. 그 가운데는 교전 시작 후 북한 내부로 진입해 전투를 실행한다는 내용도 있었다.[13] 미국은 6월 16일 클린턴 대통령 주재 백악관 안보회의에서 미군 1만명을 한국에 추가 투입하기로 결정하였다. 레이니 주한미국대사가 직원 가족들을 철수시킨다는 보고를 받은 김영삼 대통령은 미국 클린턴 대통령에게 전화를 걸어, "우리 민족을 담보로 하는 전쟁만은 안 된다"며 군사작전에 반대하였다.[14]

이렇게 한반도의 정세가 점차 급박해지고 있는 가운데 카터(Jimmy Carter) 전 미국 대통령은 북한 핵문제 해결의 국면 전환과 군사적 충돌 방지를 목적으로 1994년 6월 13일~18일간 남북한을 방문하였다. 카터 대통령의 방북기간 중 김일성은 핵문제 해결을 위한 남북정상회담과 미·북 대화 의사를 표명하였다. 그는 이 회담에서 핵 프로그램 동결 대신 미·북 간의 고위급회담 재개를 제의하였다. 김일성이 카터의 제의를 받아들이자, 미국은 미북대화의 조건으로 ① 5MWe 원자로 연료의 재장전 금지, ② 사용 후 연료봉의 재처리 금지, ③ IAEA 안전조치의 계속성 유지를 제시하였다. 북한이 이를 공식 확인함에 따라, 유엔 안보리 제재 결의 추진은

12) 김창훈, 『한국외교 어제와 오늘(증보판)』, 한국학술정보(주), 2013, 251면.

13) 오버더퍼 지음, 이종길 역, 『두 개의 한국』, 길산. 2002; Don Oberdorfer, *The Two Koreas*, p.459.

14) 김창훈, 『한국외교 어제와 오늘(증보판)』, 253면.

중단되었고 제3단계 북미회담이 제네바에서 개최되게 되었다. 그러나 북미 제네바 회담은 개최 하루만인 1994년 7월 8일 김일성의 갑작스런 죽음으로 연기되었으며, 아울러 예비접촉을 통해 준비해 오던 남북정상회담도 결국 취소되었다. 김정일은 김일성의 사망에도 불구하고 북·미 간의 고위급회담에 비중을 두었다. 김정일이 생각하길 당시에 북한이 체제를 유지할 수 있는 길은 미국과의 타협을 이끌어 내는 것밖에 없다고 생각했기 때문이었다.[15)]

Ⅲ. 김영삼 정부의 북한 접촉과 협미배남 정책

1. 김영삼 정부와 북한 접촉

노태우 정부 말기부터 악화된 북핵문제에 대하여 김영삼 정부의 기본 입장은 '북한의 핵개발능력이 상당한 수준에 이르렀다'는 것이었고, 핵문제의 해결이 없이는 남북경협은 물론 이산가족 문제도 해결할 수 없다는 것이었다. 또한 북한의 핵사찰 수용을 위해서 국제원자력기구는 물론 유엔 안보리 이관도 적극 지지한다는 것이었다. 북미핵협상이 진행되는 동안 김영삼 정부는 대북강경 자세로 일관하여 남북관계의 기회를 잡지 못하였다. 물론 김영삼 대통령은 1993년 2월 25일 취임사를 통하여 "어느 동맹국도 민족보다 더 나을 수 없으며, 어느 이념이나 어떤 사상도 민족보다 더 큰 행복을 가져다 주지 못한다"는 말을 하면서 남북정상회담을 제의하기도 하였다. 그러나 북한의 NPT 탈퇴선언 등으로 핵문제와 남북협의를 연계하게 되었다.

남한에서 핵문제를 최우선적으로 해결해야 한다는 입장을 고수하자, 북한은 1993년 9월 1일 쌍방의 최고 책임자가 임명하는 특사가 비핵화 문제 및 긴장완화와 남북합의서 이행을 위한 공동대책 문제를 우선적으로 협의하자고 제의해 왔다.

15) 북한에서는 "경애하는 김정일장군님께서는 위대한 수령님께서 카터와의 담화를 성공적으로 진행하시여 조미관계, 조미회담재개 문제를 비롯하여 중대한 문제들을 해결하는데 큰 진전이 이룩되도록 하시었다. 그리하여 미국의 반공화국압살책동을 저지시키고 조미대화의 교착상태를 타개하며 핵 문제와 관련한 조미회담과 북남최고위급회담을 성사시키는데 유리한 조건을 마련해 놓으셨다"고 평가하고 있다. 당시의 협상에서 김정일의 역할을 강조하고 있어, 김정일의 생각이 무엇이었는지도 알 수 있다. 『선군태양 김정일장군 2』, 평양: 평양출판사, 2006, 438-439면.

10월 5일 특사 교환을 위한 실무접촉이 시작되었다. 그러나 8차례의 실무접촉 과정에서 '핵전쟁연습 중지', '서울 불바다' 등의 발언이 계속되었다. 결국 김영삼 정부에 들어와서 첫 남북대화는 북한이 남북관계 개선에 호응해 올 의지가 없다는 사실을 확인하는데 그쳤다. 남한 정부는 1994년 4월 15일 "특사 교환을 통한 핵문제 해결이 어렵다고 판단하여 더 이상 추진하기 않기로 했다"고 하면서, 핵문제를 최우선적으로 해결하는 것이 우리의 입장임을 밝혔다.[16]

2. 북한의 투트랙 정책과 김일성 사망, 정상회담 무산

북한은 미국을 직접 협상 파트너로 끌어들여 핵문제에 대한 북미 고위급회담을 진행시키면서, 이것이 지지부진하자 투트랙 전략을 펼쳤다. 북한은 중립국감독위원회 체코 대표단을 축출하고 폴란드 대표단까지 축출하였다. 그리고 1994년 4월 28일에는 군사정전위원회 비서장회의에서 군정위 기능 중지를 일방적으로 통보하고, 아울러 미국에 대해 새로운 평화보장체계 수립을 제의하였다. 즉, "조선반도에서 조성되고 있는 제반 사태는 조·미 사이의 적대관계를 해소하고 화해를 이룩하며 조선반도의 진정한 평화와 안전을 보장하자면 반드시 정전협정을 평화협정으로 바꾸고 현 정전기구를 대신하는 평화보장체계를 수립할 것"이 요구되며, 이와 관련해 "조선반도에서 무력증강이나 전쟁도발을 막고 정세를 안정시키며 공고한 평화와 안전을 실질적으로 믿음직하게 담보할 수 있는 새로운 평화보장체계 수립을 위한 협상을 진행할 것"을 미국에 제기하였다.[17] 그리고 5월 24일에는 군사정전위원회를 대신할 조선인민군 판문점 대표부의 개설을 유엔군사령부에 일방적으로 통보한 것이다.

이러한 상황이 전개되는 가운데 미국의 전 대통령 카터가 북한을 방문하여 북미관계를 조율하고, 남북한을 방문하면서 남북정상회담의 의사를 양측에서 확인하였다. 카터와 김일성의 회담에서 미국이 경수로 건설을 지원하고 '대북핵공격위협'을 제거한다면 핵개발 계획을 동결할 것이고 남북정상회담도 하겠다고 하였다. 김영삼 정부는 정상회담을 논의하기 위한 부총리급 수석대표회담을 북한에 제

16) 김형기, 『남북관계변천사』, 연세대학교 출판부, 2010, 190-191면.

17) 정지훈, "북한의 정전체제 파괴책동과 우리의 대응방안," 『극동문제』, 극동문제연구소, 1996. 5, 38면.

의하였다.

남북정상회담을 개최하기 위한 예비회담이 1994년 6월 28일 판문점에서 진행되었고, '남북정상회담 개최를 위한 합의서'가 이홍구 부총리 겸 통일원장관과 김용순 최고인민회의 통일정책위원장 간에 채택되었다. 남북정상회담은 7월 25일부터 7월 27일까지 평양에서 개최하기로 하였다. 그리고 대표단 구성과 규모, 회담 형식, 체류일정, 실무자접촉 및 선발대 파견, 왕래절차, 편의보장, 신변안전보장 등을 담은 '남북정상회담 개최를 위한 실무절차 합의서'를 7월 2일 판문점에서 만들어졌다. 구체적으로 경호, 의전, 통신, 보도와 관련된 문제를 협의하기 위하여 17명의 실무자가 7월 13일부터 3박 4일간 평양을 방문하기로 하였다. 북한당국은 7월 9일 김일성 주석의 사망을 발표하였다.[18] 7월 11일에 북한은 김용순 명의로 "우리측의 유고로 예정된 북남 최고위급회담을 연기하지 않을 수 없게 되었음을 위임에 의하여 통지한다"고 전해왔다.

김일성 주석의 사망 소식이 전해지자 김영삼 대통령은 긴급 국가안보회의를 소집하고 전 군과 경찰에 비상경계령을 내려 만약의 사태에 대비하도록 하였다. 김영삼 정부의 공식반응은 김일성이 정상회담의 당사자였음에도 불구하고 조문을 해서는 안된다는 입장이었다. 그는 동족상잔의 한국전쟁을 일으킨 당사자요 독재자이기 때문이라는 것이었다. 그러나 이와는 달리 정상회담을 앞두고 있었고, 최고지도자에게 남한의 당국자가 조의를 표하고 조문하는 것이 자연스러운 일이라는 의견도 있었다. 남한 정부는 김일성 장례식이 끝나자 바로 '김일성이 한국전쟁을 일으킨 주동자'임을 밝히는 소련 비밀문서 100여건을 공개했다. 결국 조문은 이루어지지 않았고 이러한 논란을 조문파동이라고 한다. 조문파동 이후 남북간에 일체의 접촉이 끊어지고 관계는 냉각되었다.

김영삼 대통령은 김일성이 없는 북한체제는 오래 버티지 못할 것으로 확신했기 때문에, 얼마 있지 않아 붕괴될 운명인 북한의 후계자 김정일을 중시하지 않았다. 북한은 "엔진이 고장난 비행기와 같아서 언제 추락할지 모른다"는 입장을 견지했다.[19]

---

18) 특별방송을 통해 "겹쌓이는 헌신적인 과로로 인하여 1994년 7월 7일 심한 심근경색이 발생되고 심장쇼크가 합병되었다. 모든 치료에도 불구하고 1994년 7월 8일 2시 사망하시었다"고 발표했다.
19) 백학순, 『노태우정부와 김영삼정부의 대북정책비교』, 93-94면.

3. 북미 제네바 기본합의서 채택

김영삼 대통령은 1994년 8·15광복절 경축사를 통하여 노태우 정부의 '한민족공동체 통일방안'을 보완하여, '한민족공동체 건설을 위한 3단계 통일방안'(민족공동체 통일방안)을 제시하였다. 이는 한민족공동체 통일방안의 계승이지만, 이미 남북기본합의서가 발효되었기 때문에 남북연합을 구성하기 위해 필요한 화해와 신뢰 구축 과정을 하나의 단계로 설정하였다. 다음 단계는 남북연합 그리고 통일국가 완성으로 가는 것이었다. 그러나 한반도의 상황이 우리 정부가 의도하는 대로 풀려가지 않았다. 김일성 사망 후 김정일은 모든 외교력을 미국과의 관계개선에 집중시켰다. 미국과의 핵협상을 마무리짓고 10월에 북미 제네바 기본합의서를 채택하였다. 우리 정부는 북핵문제 협상에서 완전히 제외된 채 북미협상을 지켜볼 수밖에 없었다.

김일성 생전에 채택된 대미외교 우선 노선은 사후에도 유지되었다. 1994년 9월 23일부터 속개된 제3단계 북미협상이 급진전하여, 북한과 미국은 1994년 10월 21일 북한 핵문제 해결의 기본구도인 '제네바합의'를 채택·서명하게 되었다. 결국 북한은 미국과의 고위급회담을 1994년 10월 21일 제네바합의로 마무리지었다. 북한은 미래의 핵 개발 동결이라는 대가로 미국과의 적대관계를 청산하고 외교·군사·경제분야에서 미국의 협력 내지 적대관계 완화를 약속받았다. 이는 미국뿐만 아니라 다른 자본주의 국가들과의 외교관계를 정상화하고 서방 선진국가들의 자본과 기술을 도입할 수 있는 길을 열어 놓은 것이다.

북미 간의 핵문제에 관한 합의서를 조항을 중심으로 살펴보면 다음과 같다.[20] 크게는 4개 부문으로 되어 있는데, 첫째는 "양측은 북한의 흑연감속원자로 및 관련 시설을 경수로 원자로 발전소로 대체하기 위하여 협력한다"이다. 북한은 현재 및 미래의 핵활동을 동결하기 위해 "경수로 및 대체에너지 제공에 대한 보장서한 접수 즉시 북한 흑연감속원자로 및 관련 시설을 동결하고 궁극적으로 이를 해체한다"고 하였다. IAEA가 이를 감시하고 북한은 전적으로 협력하며, 5MW 실험원자로에서 추출된 사용후 원료봉은 경수로 건설기간 안전하게 보관한다. 이후 북한 내에서 재처리하지 않는 안전한 방법으로 처리할 수 있는 방안을 강구하기 위해 상호 협력한다. 여기에 맞춰 2,000MW 경수로 제공을 위해 미국의 주도 하에 만든 국제 컨소시엄이 한반도에너지개발기구(KEDO)이고, 경수로 완공시까지 대체에너지로 중

20) 김창희, 『북한정치와 김정은』, 288-289면.

유를 연간 50만톤을 제공하기로 하고 실행에 옮기기로 하였다.

둘째는 "양측은 정치적, 경제적 관계의 완전 정상화를 추구한다"이다. 양측은 통신 및 금융거래에 대한 제한을 포함한 무역 및 투자 제한을 완화시키고, 연락사무소를 수도에 개설하고 나아가 양국관계를 대사급으로 격상시켜 나간다.

셋째는 "양측은 핵이 없는 한반도의 평화와 안전을 위해 함께 노력한다"이다. 미국은 북한에 대한 핵무기의 위협이나 사용을 하지 않을 것을 공식 보장한다. 또한 남북관계에 대해서는 북한이 '한반도 비핵화공동선언'을 이행하기 위한 조치를 일관성 있게 취하고, 남한과의 대화에 착수한다는 것이다.

넷째는 "양측은 국제적 핵 비확산체제 강화를 위해 함께 노력한다"이다. 북한은 NPT 당사국으로 잔류하며 안전조치협정을 이행하고, 경수로 제공을 위한 계약체결 즉시 임시 및 일반사찰을 재개한다. 경수로 사업이 완료될 때 핵심 부품 인도 이전에 북한은 북한 내의 모든 핵물질에 관한 최초보고서의 안전성과 검증하는 조치를 취하는 것을 이행한다.

4. 경수로 건설과 한반도에너지개발기구

1) 경수로 건설과 북한 지원

김영삼 대통령은 1995년 1월 6일 연두기자회견을 통해 '민족발전 공동체계획'의 일환으로 대북 경수로 건설사업을 지원할 것을 밝히고 북한 지도부에 한반도 평화를 지키고 민족공동체를 건설하는 데 나서도록 촉구하였다. 1995년 3월 김대통령은 독일 방문 중 '북한에 곡물 등 원료와 물자 지원' 용의를 밝혔다. 통일부는 1995년 5월 26일 아무런 전제조건 없는 대북 곡물 제공을 표명하였다. 조문파동 이후 북한은 남한 당국과 상대하지 않는다는 입장을 고수하였지만, 전제조건 없는 것이라면 남한 쌀도 받겠다는 의사를 표시했다. 실제로 북한 김일성 사망 이후 고난의 행군을 한다고 할 만큼 경제사정이 좋지 않았고 특히 식량난은 심각했다.

남북 간에 식량 제공을 위한 제1차 회담이 1995년 6월 17일부터 21일까지 비공개로 진행되었고, 회담 마지막 날에 이석채와 전금철 간에 '대북 곡물제공에 관한 합의서'가 작성되었다. 남한은 북한에 1차로 쌀 15만톤을 전량 무상으로 제공한다는 것이었다. 국내산 쌀 15만톤의 지원이 10월까지 이루어졌다. 이것은 사상 처음으로 남한이 북한에 식량을 지원하는 대단히 의미 있는 일이었다. 그러나 쌀이 지원되는 과정에서 불상사[21]가 발생하면서 인도주의적 차원에서 이루어져 남북관계 개선의 동력이 될 수 있었던 기회가 다시 무산되었다. 국민들의 여론이 악화되어 대북 불신감이 확대되자 남한 정부는 북한측의 사과가 없으면 중단할 수밖에 없다는 강력한 입장을 취하였다. 결국 북한의 공식사과와 재발방지 약속으로 일단 쌀 지원은 마무리되었다. 이 때의 쌀 지원 문제는 국내정치와도 얽혀 있었다. 남한에서는 6월 27일 자치단체장 선출을 포함한 지방선거가 있었고, 집권 여당은 쌀 지원을 정치적 성과로 연결시키려 하였다.

한편 미국은 북한과의 합의에 따라 1995년 1월 20일 대북경제제재를 45년 만에 부분적으로 해제하였다. 미국은 북한의 식량난이 가중되고 악화됨에 따라, 유엔의 요청을 받아들이는 형식으로 세계식량기구(WFP)를 통해 대북지원에 나섰다. 북한은 미국으로부터 1995년에 WFP를 통해 200만달러, 유엔아동기금(UNICEF)을 통해 2,250만달러 상당의 곡물, 약품, 현금 등을 지원받았고, 1996년에도 추가적인 지원을 받았다. 그러나 1996년 4월에 북한이 김영삼 대통령 재임기간 중 남북대화 중단을 발표하기도 하였다.

2) 한반도에너지개발기구

1994년 10월 21일부터 23일까지 북미간의 합의에 기초하여 미국·한국·일본은 실무회의를 열었다. 여기에서 북미 제네바 기본합의에 기초하여 추진된 대북경수로사업을 지원할 한반도에너지개발기구(The Korean Peninsula Energy Development Organization: KEDO)의 설립을 결정하였다. 1995년 3월 KEDO가 설립되면서 추진체계를 갖추게 되었다. KEDO는 북한이 핵무기 개발에 사용한 것으로 추정되는 흑연감속형 원자로 2기를 동결하는 대가로 미국이 제공하기로 한 1,000MWe급 경수로 2기를 건설하기 위해 설립된 국제 컨소시엄을 말한다. 경수로 제공 외에도 경수로 1호기 완성 때까지 매년 대체에너지로 중유(Heavy Fuel Oil : HFO) 50만톤을 제공하는 것과 북한의 폐연료봉 처리, 기존 핵시설 해체 등이 주 임무였다.[22]

21) 쌀을 실은 선박이 북한의 청진항에 입항할 때 태극기와 인공기를 단다는 사전 약속과 달리 태극기를 내리도록 한 사건과 또 다른 수송선 선원이 하역 중 청진항을 찍었다는 이유로 배를 며칠간 억류한 사건이 발생했다. 또한 로동당비서인 김용순의 쌀 지원 비하 발언 등이 그것이다.

22) KEDO의 조직은 회원국 대표들로 구성되는 총회와 한국·미국·일본 등 원회원국 대표와 기타 회원국(EU) 대표 1인으로 구성된 집행이사회, 사무총장 1인·사무차장 2인을 두는 사무국, 그 외에 경수로 기술자문과 법률자문을 맡는 자문위원회로 구성되었다. KEDO 사무국은 뉴욕에 설치되었으며 경수로 공사 현장인 북한 신포(금호)지구에 연락대표를 파견했다.

1995년 6월 말레이시아에서 개최된 북미간의 준고위급회담의 핵심적인 쟁점은 북한에 제공될 경수로의 노형 선택에 관한 문제였다. 한국은 북한에 러시아형 경수로를 지원하게 될 경우 재정부담을 할 수 없음을 분명히 했다. 한국으로서는 우선 경수로의 지원금을 대부분 부담해야 했음으로, 여기에서 오는 비용을 최소화하고, 파급효과를 극대화하는 측면에서 한국형을 강력히 주장했다.[23] 그러므로 한국의 요구처럼 울진 3-4호기와 같은 '한국형' 경수로가 선정되어 주도적 참여가 이루어지느냐, 아니면 부차적인 참여가 이루어지느냐는 중요한 문제였다.[24] 북한에 남한 쌀 15만톤을 지원하기로 합의한 것도 바로 이 때였다. KEDO는 1995년 9월부터 2개월 동안의 지루한 협상 끝에 북한이 한국형 경수로를 수용하였고, 12월 15일 북한과 '경수로 공급협정'을 체결한 후 본격적인 활동을 시작하였다. 1997년 7월 경수로 공사 착수에 필수적인 의정서와 각종 세부절차가 마련됨에 따라 KEDO는 경수로 공사를 착공하는 방안을 적극 검토하기 시작하였다.[25] 공사 개시에 필요한 제도적 장치가 마련됨에 따라 1997년 8월 19일 함경남도 금호사업부지에서 착공식을 가졌다. 그러나 경수로 건설 본공사가 착수되기 위해서는 KEDO와 한전 간에 주계약(Turn-Key Contract: TKC)이 체결되어야 했다.[26] KEDO와 한전은 1997년 10월부터 15차례에 걸친 공식 협상과 수차례 비공식 실무접촉을 통하여 주계약 체결에 노력하였다. 실제로 주계약의 체결은 김대중 정부에 가서 이루어졌다.

Ⅳ. 북한의 상황 악화와 대미·대남 공세

1. 북한 최악상황과 대한적십자사의 지원

1995년 8월 북한에 대홍수가 발생하여 전국적으로 대재난 상태가 발생하였다. 북한은 당시 68명이 사망하고 다수의 실종자가 발생했으며, 520여만 명의 주민들

23) 김성주, "핵과 한반도: 과거, 현재, 그리고 남북한의 선택," 이우진·김성주 공편, 『현대한국정치론』, 사회비평사, 1996, 692면.

24) 최 성, 『북한정치사』, 풀빛, 1997, 261면.

25) 통일부, 『통일백서』, 통일부, 2001, 243면.

26) 주계약은 1996년 3월 KEDO에 의해 주계약자로 선정된 한전이 일괄도급 방식으로 한국표준형 경수로발전소를 시공하는 데 필요한 제반 조건들을 규정하는 기본계약이다.

이 피해를 입어 피해액은 150억달러에 달한다고 발표하였다. 북한은 이를 국제사회에 알리고 유엔에도 긴급요청을 하였다. 1995년에 가서 북한의 식량배급은 아예 중단되었다.

이렇게 자연재해로 인한 식량사정의 악화는 권력 엘리트 계층의 불만, 인민들의 이반, 탈북자 증가 등을 유발하여 경제뿐만 아니라 이념과 정치를 포함한 체제 전반에 악영향을 미쳤다. 북한은 스스로를 고난의 행군기에 들어갔다고 하면서, 극한적 상황을 극복하기 위하여 붉은기 사상을 내놓게 되었다. 북한에서 붉은기는 고난의 시기에 공산주의자들이 청춘도 생명도 서슴없이 바쳐 싸우는 굳은 신념의 상징이었다. 로동신문의 정론[27)]을 통하여 '붉은기는 김정일 동지의 신념이며 철학'이라고 강조하였다. 1996년 공동사설의 제목은 "붉은기 높이 들고 새해 진군을 힘차게 다그쳐 나가자"였다.

북한은 1996년 가뭄이 엄습하면서 농작물에 엄청난 피해를 입혔다. 김정일은 유훈통치와 고난의 행군을 계속 외칠 수밖에 없었다. 북한은 1996년 6월 8일자 로동신문 사설을 통해 김정일을 김일성에 대한 '충효의 최고 화신'이라고 추켜 세우고 있었다.[28)] 김정일이 김일성에게 충성과 효성을 다 하듯, 북한 인민들은 김정일에게 충효일심을 다 바쳐야 한다고 강조하였다. 김정일은 1996년 10월 14일 당중앙위원회 담화 "일군들은 〈고난의 행군〉정신으로 살며 일해야 한다"에서 "우리가 하는 〈고난의 행군〉이 아무리 어렵다 해도 항일투쟁혁명시기나 조국해방전쟁시기, 전후복구건설시기와는 대비도 되지 않습니다"라 하면서, 붉은기에 굳게 뭉치면 극복하지 못할게 없다고 인민들에게 주문하였다.

2. 북미 평화협정 체결 주장과 의도

북한이 위기 타파를 위해 눈을 바깥으로 돌리려 하였다. 이미 북미 제네바 기본합의서 채택 이전부터 제기했던 평화협정 체결 주장[29)]을 다시 들고 나왔다. 1996

27) 『로동신문』, 1995. 8. 28.

28) 1996년 7월 9일 김일성 사망 2주기를 맞아 북한의 신문과 방송은 "김정일 동지는 사회주의 조선의 시조이며 주체의 태양인 수령 김일성동지를 천세만세 영원히 받들어 모시려는 철석의 의지와 도덕의 의리심을 안고…"라고 보도하였다.

29) 북한은 1994년 4월 28일 군사정전위원회 비서장회의에서 군사정전위원회 기능 중지를 통보하고, 미국에 대해 새로운 평화보장체제 수립을 제의하였다. 5월 24일에는 군사정전위원회를 대신할 '조선인민군 판문점 대표부'의 개설을 유엔군사령부에 통보한 바 있다. 이미 1993년 중립국감시

년 2월 22일 북한은 외교부 대변인 성명을 통해 미국에 대해 평화협정이 체결되기 이전에 단계적으로 다음과 같은 조치를 취해야 한다고 주장하였다. 즉, ① 북미 간의 잠정협정 체결, ② 잠정협정의 이행 감독을 위한 판문점내 군사정전위원회를 대신하는 북미 군사공동기구 설치, ③ 잠정협정 채택 및 군사공동기구 설치 문제 등을 협상안으로 내놓았다. 당연히 이는 거부되자 3월 29일 인민무력부 부부장 김광진은 "조선반도에서 전쟁을 방지하는 제도적 장치를 마련할데 대한 우리의 평화보장제안마저 거부되고 있는 지금의 현실은 대화의 방법에 한계가 있다는 것을 보여준다"면서 비무장지대에서 모종의 조치를 취할 것이라고 위협하였다.

이 같은 김광진의 경고는 급기야 비무장지대 임무 포기 선언과 군사행위로 현실화되어 한반도 정세의 긴장 및 국제적 우려를 고조시키는 상황으로까지 발전하였다. 4월 4일 북한은 판문점 대표부 대변인 성명을 통해 ① 군사분계선과 비무장지대의 유지 및 관리에 관한 임무를 포기, ② 판문점 공동경비구역과 비무장지대를 출입하는 인원들과 차량의 모든 식별표시 불착용을 내용으로 하는 '비무장지대 불인정'을 발표하고, 4월 5일에는 북한군 중무장 병력을 판문점 공동경비구역에 투입, 연 3일간 군사시위를 벌였던 것이다.

이와 같이 북한이 현 정전체제를 준수하지 않고 평화협정을 주장하는 의도는 무엇이었을까? 이는 북한의 유엔 가입과 결부시킨 논리 그리고 체제 유지를 위한 방어적 의도, 대외정책 협상전략의 의도 셋으로 나누어 볼 수 있다.

첫째, 북한의 주장에는 정전협정 준수·집행의무를 책임진 유엔군사령부를 해체하고, 정전협정의 새로운 집행기관 설치가 필요하다는 논리가 깔려 있다.[30] 그리하여 더 이상 미군의 주둔이 명분을 상실하게 되어 쉽게 미군을 철수시킬 생각이었다.

둘째, 다른 측면에서 보면 북한이 체제를 보장받는 가장 확실한 장치는 북미 간의 평화협정 체결이라고 인식하고 있었기 때문이다. 한국 정부는 1994년 12월 평시 작전통제권을 찾아왔지만, 전시 작전통제권은 여전히 미국에 있다. 북한에서 볼 때는 전시가 중요하지 평시의 작전권에는 큰 의미를 두지 않았다. 그러므로 미국과 평화협정을 맺어 불가침을 보장받으려는 의도였다.

셋째, 대내적으로 긴장된 전시동원체제를 구축하여 주민들의 관심을 대외로 쏠리게 함으로써 식량난 등으로 흐트러진 민심을 수습하여 김정일에 대한 '일심단결

위원회 체코 대표단이 철수한 상태였고, 1995년 2월에는 폴란드 대표단도 철수하였다.

30) 정지훈, "북한의 정전체제 파괴책동과 우리의 대응방안," 42면.

충성' 분위기를 조성하면서 정치사회적 결속을 도모하려는 의도였다.

넷째, 북한의 대남 평화 공세는 평화협정의 실질적인 실현보다는 김영삼 정부의 약점을 파고들어 대남관계 및 대 서방과의 협상에 있어서 유리한 위치를 차지하려는 전술적 수단으로 사용하는 측면이 강했다. 즉 남한을 배제한 가운데 북미 양자 간의 평화협정 체결을 주장함으로써 남한 배제 외교를 실현하고, 한미 간에 유대를 약화시키고, 북한이 주장하는 남한의 대미의존성을 부각시켜 전반적인 남북대화 및 대 서방관계에 있어서 유리한 협상고지를 점령하려는 의도도 있었다.

V. 북한 평화협정 주장에 대한 한·미의 대응

1. 남북 플러스 미·중의 4자회담 제의

1996년에도 김영삼 대통령의 대북강경정책이 지속되었다. 1996년 1월 말 하와이 호놀룰루에서 개최된 한·미·일 고위정책협의회 때 미국은 대북포용정책에 기초한 식량지원 등을 주장한 반면, 한국은 대북 강경정책을 고수하였다.[31] 하나의 전기가 마련되었는데, 그것은 4자회담 제의였다. 북한의 끈질긴 대미 평화협정 공세와 이에 대해 한국과 미국의 입장을 명쾌하게 정리하고, 한반도 평화 문제가 남북한 당사자 문제임을 명백히 한 것이 4자회담 제의의 요지였다.[32] 한반도 평화 문제의 직접 당사자인 남북한과 정전협정의 주요 서명국인 미국과 중국의 협조와 보장이 전제되고 있어 관련국이 모두 참여해야 한다는 것이다. 이는 김영삼 정부의 대북정책이 북미관계의 정상화와 남북대화의 연계의 원칙이라는 경직된 틀 속에서, 한미 협력관계를 와해시키지 않으면서 4자회담의 틀 속에서 북미 대화의 진전에 유연하게 대처하는 방향으로의 정책전환이라는 점도 있었다. 오히려 4자회담이라는 형식

31) 전재성, "탈냉전기 남북관계의 변화 추이와 한국의 미래전략," 윤영관·박선원 엮음, 『북한의 체제전망과 남북경협』, 한울아카데미, 2003, 47면.

32) 1996년 4월 16일 제주도에서 열린 한미정상회담에서는 한미공동발표문을 통해 4자회담을 제의하였다. 여기의 제2항에서는 "항구적인 평화협정에 의해 대체될 때까지 현 정전협정은 유지되어야 하며", 또한 제4항에서 "새로운 항구적인 평화체제를 추구하는 것은 남북한이 주도해야 하며 한반도 평화와 관련해 미국과 북한 간에 별도 협상은 고려될 수 없다", 그리고 제6항에서 "한국, 북한, 중국 및 미국 대표 간의 4자회담을 아무런 전제조건 없이 조속히 개최할 것"을 제의했다. 이 회담은 항구적 평화협정을 이룩하는 과정을 개시하기 위한 것임을 밝혔다.

을 빌어 미국과 북한이 주도권을 행사하고 남한이 소외될 가능성도 배제할 수 없었으나, 거시적인 관점에서 본다면 4자회담의 제의는 한반도 문제가 갖는 국제적 성격과 민족 내부적 성격을 적절히 조화시킬 수 있는 계기를 제공한 것으로 판단되었다. 무엇보다도 4자회담은 그동안 남한측이 주장해 온 당사자 원칙의 약점을 보완하면서도 분단체제를 안정적으로 관리할 수 있는 효과적인 제안이라는 점이었다.

북한은 1996년 7월 15일 '조국평화통일위원회'에서 "남조선 당국은 〈대화〉 문제를 가지고 민족을 우롱하지 말아야 한다"는 성명을 발표하였다. 북한의 공식적인 기구인 조국평화통일위원회의 성명은 4자회담이라는 용어를 공식적으로 거론하지는 않았지만, 그들의 의도를 공식적으로 표명한 것으로 볼 수 있었다. "우리가 특별히 주목하지 않을 수 없는 것은 대화 없는 오늘의 첨예한 북남관계가 바로 남조선의 책임있는 당국자에 의해 빚어지고 있는 사실이다. … 남조선당국자는 〈남북대화〉를 내걸고 유관국들이 우리와 대화하고 접촉하는 것을 한사코 막아보려 하고 있다"[33]에서 볼 수 있는 바와 같이, 간접적으로 거부의사를 밝히면서 남북대화 중단의 모든 책임을 남한으로 돌리고 있다. 또한 김영삼 정부가 남북대화를 내걸어 미국과의 관계개선을 방해하고 있다고 주장하였다.

북한은 협미배남 정책에 기초하여 소극적인 태도를 보였고, 대북 식량지원과 대북 경제제재 완화 등을 선결조건으로 내세워 4자회담의 개최가 지연되었다. 김영삼 대통령은 북한이 4자회담에 호응해올 경우 식량문제의 근원적 해결과 교역 확대 등을 허용할 의사가 있음을 밝히고, 긴장완화 차원에서 남북경협 문제도 4자회담의 협의대상으로 제시했다.[34]

2. 잠수함 침투사건과 대북지원

1996년 9월 동해안에 침투하던 북한의 소형 잠수함이 좌초되었다. 이것을 강릉잠수함 침투사건이라 하는데, 이들 중 1명이 생포되고 13명이 사살되었다. 생포자에 의하여 이 잠수함이 북한 인민무력부 정찰국 소속이라는 것이 밝혀졌다. 이 사건을 계기로 북한에 대한 한미 양국의 태도가 강경해졌다. 북한은 사건이 일어난지 6일 만에 우발적 사고라고 하였으나, 남한 정부는 '의도된 사건'으로 결론을 내

33) 『로동신문』, 1996. 7. 16.

34) 김형기, 『남북관계변천사』, 211면.

리고 강경정책으로 선회하여 대북지원을 중단하였다. 이 사건은 클린턴 대통령의 재선 이후 미국이 개입하여 간접적인 사과를 받는 것으로 마무리지었다.[35] 북한은 1996년 12월 29일 외교부 대변인 성명을 통해 이 사건에 대한 사과의사를 표명하였고, 뒤이어 4자회담 공동설명회에도 참여하겠다는 뜻을 밝혔다.[36]

1997년 2월 12일 북한의 최고 권력엘리트였던 황장엽 로동당 비서가 베이징 주재 한국 총영사관을 통해 망명하였다. 북한은 2월 17일 "그가 망명을 추구했다면 그것은 변절을 의미하므로 갈테면 가라는 것이 우리의 입장"이라고 더 이상 남북간 첨예한 문제로 삼지 않았다.[37] 그러나 당시 북한은 유훈통치 시기였기 때문에 사상적 동요를 막으려고 안간힘을 섰다. 어찌 보면 황장엽사건을 애써 외면한 것도 그 일면으로 볼 수 있다. 남한 정부는 1997년 3월 민간 차원의 대북지원을 확대 허용하였다. 경제단체를 통한 기업의 지원 참여와 외국산 쌀 지원과 국제기구를 통한 인도적 대북 지원의 제한적 참여가 그것이었다.[38] 1997년 4월 2일 북한의 한성렬 유엔주재 공사가 한미 양국이 추가 식량지원을 약속하면 4자회담을 즉시 수용하겠다고 하였다.

남북적십자사는 1997년 5월 3일부터 26일 사이에 베이징에서 대표접촉을 가지고 '남북적십자 사이의 구호물자 전달 절차에 관한 합의서'를 채택하였다. 합의서 내용에서 구호물자의 수량과 품종은 "1차적으로 옥수수를 기준으로 5만톤 정도로 한다. 옥수수를 위주로 하여 밀가루, 라면, 분유, 식용유 등으로 한다"로 되어 있다. 북한은 국제적십자사연맹 현지 대표의 분배과정의 입회를 보장하도록 하였다. 남한에서 보낸 구호물품이 북한에 인도되고 인수가 원활하게 진행되자, 남북적십자사는 7월 25일에 2차 구호물자 전달에 합의하였고, 역시 옥수수를 기준으로 5만톤 정도를 9월 말까지 지원하기로 하였다.

3. 한반도 신뢰 구축에 대한 남북의 입장 차이

북한도 계속해서 4자회담을 외면만 할 수 없었다. 북한이 초기의 부정적 반응에

35) 김연철, 『70년의 대화』, 창비, 2018, 193-194면.

36) 김형기, 『남북관계변천사』, 211-212면.

37) 위의 책, 204면.

38) 최대석, "인도적 대북 지원의 어제와 오늘, 그리고 내일," 이화여자대학교 통일학연구원 편, 『남북관계사』, 이화여자대학교출판부, 2009, 390면.

도 불구하고 결국 4자회담 제의를 수용하였다. 4자회담을 위해 남북한과 미국이 참가하는 공동설명회, 후속 협의와 함께 여러 차례 실무접촉이 이루어졌다. 남북한과 미국의 실무대표들이 6월 30일 4자회담의 절차를 협의하기 위하여 예비회담을 갖자는 데 합의하였다. 그 배경은 북한이 대외정책 수행에 있어서 가장 중시되는 미국과의 관계개선을 위해, 4자회담을 이용해 보자는 전략적 수단이었다. 또 하나는 국제적 고립 및 경제난 등 당시의 어려운 상황을 타개하기 위한 방편으로써 수용했다고 볼 수 있다.

예비회담은 1997년 8월 5일부터 10월 21일까지 세 차례에 걸쳐 진행되었다. 이 예비회담이 진행되는 동안 북한은 평화협정 체결과 주한미군 철수 등 세부 의제를 채택하자고 주장하였으나, 결국 '한반도 평화체제 구축과 긴장완화를 위한 제반 문제'의 의제에 합의하였다. 1997년 12월 9일 스위스 제네바에서 제1차 본회담이 개최되었으나, 북한측의 선 의제 세부화 주장으로 구체적인 토의 없이 종료되었다. 4자회담의 주요 의제인 '한반도 긴장완화와 신뢰구축'에 대한 입장 차이가 근본적으로 달랐다. 한국과 미국은 군사적 긴장완화와 신뢰구축이 무엇보다 중요하므로 이를 우선 협의하고 이행하자는 입장이었다. 그러나 북한은 긴장완화의 원인은 근본적으로 미국의 대북 적대시 정책이며 그 핵심이 주한 미군이므로 한반도의 긴장완화와 신뢰구축 문제는 주한미군 문제의 선 해결 없이는 불가하다는 입장으로 일관하였다. 주한미군 철수 문제와 관련하여 한미는 주한미군이 정전협정과는 무관한 한미상호방위조약에 따른 것이라는 입장이었다.39)

제1차 회담 이후 4자회담은 3개월 정도를 간격으로 회담이 진행되었으나 1999년 8월 제6차 회담이 마지막이었다. 4자회담의 성격에서 남북한은 이해를 서로 달리하고 있다. 남한은 당사자 주도와 미국과 중국의 보장 형식으로 한반도에서 평화체제가 수립되어야 한다는 입장이다. 그러나 북한은 대미평화협정과 주한미군 철수에 목적을 두고 있었다.

김영삼 정부의 대북정책은 국내 여론에 경도되어 전혀 일관성을 갖지 못하였다. 김영삼 대통령은 정부 출범 이후 대북관계 개선에 강한 의지를 피력하기도 하였으나, 김일성 주석이 사망하자 '북한 붕괴론'에 천착되기도 하였다. 특히 북핵 문제는 대북강경 노선의 정당화의 기제가 되기도 하였다. 김영삼 정부의 대북정책은 핵문

39) 구갑우, "비핵화와 평화체제, 한미동맹의 공존 가능성," 김상기·홍민·구갑우·이혜정, 『한반도 평화체제 구축과 한미관계』 KINU 연구총서 18-20, 통일연구원, 2018, 96-97면.

제라는 암초를 만났고, 이에 대한 해법에서 미국과의 의견 차이를 보이기도 했다. 북한에 지원한 15만톤의 쌀은 인도적 지원이라고 내세웠으나, 실제로는 핵문제 해결을 위한 산물이지만 전혀 효과를 거두지 못하였다. 김정일이 유훈통치를 한다면서 가장 중요한 것은 체제 생존이었고, 이것을 확보하기 위해 필요한 것은 남한이 아닌 미국이었다. 북한의 협미배남 정책은 남한이 대북관계에서 주도권을 행사하는 것을 가로막는 요인이 되기도 하였다.

제7장

화해협력정책과 남북정상회담

Ⅰ. 대북 화해협력정책과 선군정치

1. 김대중 정부 출범과 햇볕정책

1997년 12월 18일 제15대 대통령 선거가 실시되었고, 50년만에 여야 정권교체가 이루어졌다. 이것은 지역주의 연장의 결과라는 현실에도 불구하고, 1980년대 이후 국민들 사이에 잠재해 있던 민주화의 결실이라고 볼 수 있다. 그러나 소위 국민의 정부라는 김대중 정부가 내놓을 수 있는 것은 모든 '국민의 고통분담'을 호소하는 일이었다. 취임 후에 해야 할 가장 시급한 과제는 하루빨리 IMF관리체제에서 위기를 벗어나 국민생활을 정상으로 되돌려 놓는 것이었다. 김대중 정부의 개혁정책은 상당한 성과를 거두었다. 경제는 1998년의 극심한 경기침체를 벗어나 대외여건의 불안 속에서도 여타 외환위기 국가에 비해 빠른 회복세를 보여주었다. 지속적인 경상수지 흑자와 외국인투자 유입으로 외환시장이 안정되고 유동성위기 재발 가능성이 낮아졌으며, 저금리·저물가 기조가 정착되었다.[1] 물론 외환위기를 극복하는 정책기조는 국민경제의 안정적 성장과 고용의 증대가 아니라 외국자본 그 자체였고, 구조조정에서의 기업의 헐값 매각과 공적 자금의 투입 등에 대한 비판의 평가도 있다.[2]

1998년 2월 25일 취임사를 통해 '평화·화해·협력'의 실현을 통한 남북관계 개선을 대북정책의 목표로 설정하였다. 김대중 대통령은 1970년대부터 자신의 통일방안을 제시했고, 1990년 중반에는 이를 구체화시켜서 내놓기도 하였다. 그렇기 때문에 김대중 정부에서 통일방안을 내놓을 것이라 기대를 했었지만, 자신의 임기 동안 북한과의 관계를 어떻게 설정할 것인가 하는 '대북정책 3대원칙'만 제시하였다.

구체적으로 대북정책 3대원칙은 다음과 같다. 첫째, 평화를 파괴하는 일체의 무력도발도 결코 용납하지 않을 것이다. 둘째, 북한을 해치거나 흡수할 의사가 없고, 북한의 붕괴를 촉진하기보다는 남북한 간의 평화공존을 통해 남북연합을 실현할 수 있는 여건을 조성할 것이다. 셋째, 평화정착의 기반 위에서 남북 사이의 화해와 협력을 적극 추진할 것이다. 김대중 정부의 통일·대북정책 방향은 위에서 밝힌 바와 같이 교류협력을 통한 북한의 안정적 변화 유도라는 정책기조로 진행되었다.

1) 지병문 외, 『현대 한국정치의 정치』, 박영사, 2010, 344면.

2) 민준기 외, 『한국정치의 정치: 제도·발전·과정(전정판)』, 나남, 2008, 539면.

김대중 정부는 남한의 역대 정부들이 사용해 오던 '통일방안' 대신에 '대북정책'이라는 표현을 사용하였다. 완전한 단일통일국가 달성은 장기적인 목표로 남겨 두고, 남북 사이의 관계개선과 평화적 공존을 추구하는 새로운 대북화해협력정책을 추진하였다. 소위 햇볕정책이라 불리는 대북화해협력정책으로 북한을 대화의 장으로 끌어내고, 호혜적 공존관계로 관계설정을 할 수 있는 계기를 마련하겠다는 것이었다. 그것이 바로 남북정상회담이었다.

분단 이후 양측의 정상이 처음으로 만나 현안문제를 논의하고 6·15남북공동선언에 서명한 것은 분단사의 한 획을 그은 것이었다. 대북정책에서 기능주의는 김대중 정부의 햇볕정책에 이르러 체계화되고 본격화되었다. 햇볕정책이 대중적으로 확산된 후 이른바 포용정책(engagement)으로 공식화되었고, 이는 기능주의적 접근을 전제로 한 것이었다. 포용정책의 개념 자체가 '다양한 이슈영역에서의 포괄적인 접촉 확대와 구축을 통해 대상국가의 정치적 행동에 영향을 미치는 정책'으로 정의된다.[3] 그러므로 북한과의 적극적인 교류와 접촉 확대 및 관계개선으로 북한을 변화시키고자 하는 것이었다.

남북정상회담이 개최된 이후 다양한 분야에서 남북 당국 간의 대화가 진행되었다. 장관급회담, 국방장관회담, 특사회담, 경제협력추진위원회 등 다양한 형태의 당국간 대화가 진행되고 구체적인 합의서가 도출되기도 하였다. 그리하여 남북간에는 그동안과는 달리 실질적인 문제들이 논의되고 실천방안들이 모색되었다. 남북교류·협력의 지평을 넓혔고 남북화해·협력과 정치적 신뢰를 구축할 수 있는 계기가 마련되었다.

2. 김정일 체제 출범과 강성대국

1997년 10월 8일 김정일이 당총비서에 추대되었다. 고난의 행군시기라고 하지만 나름대로 가시적인 성과가 필요한 시점이었다. 더욱이 최악의 경제 상황에서 주민들의 사상의식을 북돋우고 사회통합을 실현한다는 것은 중차대한 문제로 부각되고 있었다. 북한이 경제난을 극복하기 위하여 가장 절실하고 필요한 것이 남한과의 경제협력이었다. 김정일 위원장도 이를 잘 알고 있었으나, 이것을 드러내 놓고 추진

3) 김근식, "대북포용정책과 기능주의: 이상과 현실," 장달중·함택영 편, 『21세기 한국외교와 국가이익』, (주)사회평론, 2012, 457면.

하기도 어려운 상황이었다. 대남정책은 북한의 내부적 환경에 영향을 받기 때문이다. 북한은 정책변화의 기로에서 경제전략과 관련된 구호를 계속 외치고 있었다. 1998년 4월 21일에도 로동당 중앙위·중앙군사위 공동명의로 1백 56개의 당중앙위 구호를 발표했다. 전체 구호 가운데 경제분야가 가장 많고 다음이 정치분야였다.[4)]

1998년 9월 5일 북한에서 헌법을 개정하고 강성대국을 내세우면서 공식적인 김정일 체제가 출범하였다. 국방위원회는 법적 지위와 권한이 확대되었는데, '국가주권의 최고군사지도기관'에서 '전반적 국방관리기관'으로 되었다. 헌법에서 국방위원장에 국가대표권을 부여하지는 않았지만 국방위원장은 북한의 최고의 직책이었고, 김정일이 국방위원장에 재추대되었다. 1999년 초 "우리당의 령도는 선군령도이고 우리당의 정치는 선군정치"라는 것을 김정일이 내외에 천명하였다. 2월 8일 인민군 지휘관들과의 자리에서 "선군정치는 나의 기본정치방식이며 우리 혁명을 승리에로 이끌어 나갈 만능의 보검입니다"라고 선언했다.[5)] 북한이 강성대국 건설을 주장하면서 내놓은 '사상중시, 총대중시, 과학기술중시'의 구체적인 실현을 위한 정치방식이 바로 선군정치이다.

이러한 과정에서 북한이 추구하는 정책의 목표는 체제 생존을 위한 안전 보장과 체제유지를 위한 경제회생과 발전이었다. 북한의 정치체제가 1인에 의하여 통치되는 체제이기 때문에, 대외정책에 관한 모든 것이 김정일의 의도에 의하여 크게 좌우되고 있었다. 남북교역이 시작된 1989년 이래 정치·군사적인 문제로 곡절도 있었으나, 1999년까지의 총 교역규모는 20억달러를 넘어섰다. 2000년에 들어서서 북한은 대남관계보다는 다른 국가들과의 관계개선에 힘을 기울이는 모습을 보여왔다. 그러나 이를 위하여도 남한과의 관계개선이 더 필요하다는 것을 현실적으로 느꼈고, 이는 정상회담으로 이어졌다.

정상회담 이후 북한의 김정일은 경제분야에 힘을 쏟기 시작했다. 2001년 1월 15일부터 20일까지 중국은 방문하여 "상해는 천지가 개벽되었다"고 하면서 중국식 발전에 대한 호감을 보였다. 2001년 초부터 '사회주의 경제관리 개선강화론'을 내세웠는데, 이는 10월 3일 김정일이 발표한 "강성대국건설의 요구에 맞게 사회주의 경

4) 대표적인 경제구호로는 〈최후의 승리를 위한 강행군 앞으로〉, 〈당이 결심하면 우리는 한다는 구호를 높이들고 당이 부른 강행군 전투에서 영예로운 승리자가 되자〉 등이다. 어찌 보면 이것이 북한이 할 수 있는 최선의 방법이었을 것이다.

5) 『선군태양 김정일장군 4』, 평양: 평양출판사, 2007, 22면.

제관리를 개선강화할 데 대하여"에서 보다 구체화되었다. 그 주된 내용은 사회주의 우월성을 보여주는 것을 제외한 불합리한 것들은 사회적 현실에 맞게 정리해야 한다는 것이었다. 그리고 몇 개월 간의 준비를 거쳐 2002년 7월 1일 '7·1경제관리개선조치'가 발표되었다.

II. 남북관계 개선과 정상회담 수용 배경

1. 김대중 정부 출범과 남북관계 상황

북한은 김대중 정부가 출범하기 직전인 1998년 2월 18일 정당·단체연합회의를 개최하여 통일문제와 관련하여, 남한의 새 정부에 대한 주문사항을 내놓기도 하였다. 김대중 정부의 대북정책의 기본 가정은 북한의 변화와 남북간의 화해·협력, 공존·공영을 모색하는 햇볕정책이었다. 그러나 1998년 4월에 북경에서 열린 남북차관급회담에서 남한이 비료 지원을 이산가족 문제와 연계하여 상호주의 원칙을 견지하자 회담은 성과 없이 끝났다. 그 이후 북한은 '햇볕론'을 흡수통일론으로, '선교류, 후 통일론'을 '반민족, 반 통일론'으로 인식하였다.

1) 대북포용정책에 대한 부정적 반응

대북포용정책에 대한 비난은 1998년 하반기에 들어서면서 본격화되었다. '정경분리원칙'의 경우 처음에는 김용순의 발언을 통해 수용 의사를 표명했으나, 로동신문의 논평을 통해서는 "괴뢰들이 광고한 대북정책에서의 정경분리원칙은 빛 좋은 개살구, 기만적인 말장난에 지나지 않는다"[6]고 비난하였다. 이같이 김대중 정부 출범 이후 한동안 포용정책에 대하여 정부당국 차원에서 반응은 자제하고, 주로 기관지를 통해 비난을 해 오던 것을 정부당국 차원에서 비판을 내놓기 시작했다.[7] 그

6) 『로동신문』, 1998. 7. 22.

7) 햇볕정책에 대한 북한 정부당국의 첫 공식논평은 1999년 8월 17일 조선외무성 대변인이 발표하였다. "햇볕정책은 미국의 평화적 이행전략의 변종"이라는 제목의 성명에서 북한은 "남조선당국자들이 들고 나온 햇볕정책은 한마디로 말하여 미국의 평화적 이행전략의 변종으로서 화해와 협력의 미명하에 우리를 개혁, 개방으로 유도하여 저들의 자유민주주의 체제에 흡수통일하려는 모략책동이다"(『조선중앙통신』, 1999. 8. 17)로 햇볕정책을 규정하였다.

러나 이러한 과정에서 북한은 이중정책을 구사하였다. 1999년 2월에 북한은 만약 남한이 외세공조 포기, 외국군대와 합동훈련 중지, 국가보안법 폐지 등 선결조건을 충족한다면, 하반기에 한반도 긴장완화를 위한 고위급 정치대화를 가질 것이라 제안하였다. 그리고 9월 백남순 외상은 위에서 언급한 전제조건을 수락한다면 북한은 정상회담을 할 준비가 되어 있다고 언급하였다.[8] 1999년 김대중 정부는 국가안전회의를 개최하고 북한에 긴급 구호성 식량지원과 병행하여 비료·종자·농약 지원 등 농업생산성 향상을 위한 지원을 실시하는 것이 북한의 식량난을 해결하는데 바람직하다는 입장을 정리하였다.

한편 북한의 금창리 지하핵시설 의혹이 제기된 가운데 1998년 8월 말에는 대포동 1호 미사일이 시험 발사되면서, 한반도와 동북아에는 긴장이 조성되었다. 이러한 상황은 북미간의 고위급회담에 박차를 가한 결과를 가져왔다. 북한과 미국은 밀고 당기기를 계속하면서, 1999년에 들어 세 차례에 걸친 북미 고위급회담을 진행하였다. 9월 7일부터 12일까지 진행되었던 제3차 북미고위급협의인 베를린회담을 통하여, 북한과 미국 간에는 '미사일 발사 자제와 적성국 해제'라는 주고 받기식의 합의가 이루어졌다. 북한은 미국과의 관계개선으로 국제적 고립을 탈피할 수 있는 계기가 되었다.[9] 북미 베를린협상 타결 이후 3일 만에 클린턴(Bill Clinton) 행정부는 대북정책 추진에 관한 '페리(William Perry)보고서'가 의회보고 형식을 빌어 전격적으로 공개됨으로써 북미관계는 새로운 전기를 맞게 되었다.[10]

2) 금강산관광과 남북교류

북한은 포용정책에 대한 대남 비난에도 불구하고 심각한 식량난 등 체제위기에 처해 실리주의 입장을 취해 왔다. 북한은 표면적으로는 포용정책을 비난하면서도, 내부적으로는 민족대단결을 내세우고 금강산관광 개방을 추진하는 등 모기장식 대

8) 하영선, "북한 핵·미사일의 주기적 위기: 강성대국과 페리보고서," 『계간 사상』, 사회과학원, 2000, 188면.

9) 이창헌, "북·미 베를린 협상타결 및 페리보고서 이후의 과제와 남북한관계 전망," 『정치·정보 연구』, 제3권 제1호, 한국정치·정보학회, 2000, 172면.

10) 이 보고서는 미국 행정부에 5개 항의 정책을 건의하고 있는데, 그 내용을 간략하게 요약하면 다음과 같다. 즉, 대북정책은 포괄적이고 통합된 접근방식 채택(핵과 미사일 개발을 포기하고 남북대화 및 개혁·개방에 호응할 경우 식량지원, 국제기구 가입 지원, 경제제재 완화조치 등 체제 존립 보장), 대북정책 수행에 대사급 고위직 임명, 한·미·일 3자조정, 초당적 추진, 동시에 긴급상황 대비 등이다.

외개방을 조심스럽게 추진하였다. 1998년 4월 30일 정부의 '남북경협 활성화 조치'가 발표되고, 같은 해 6월 정주영 전 현대그룹 명예회장 일행이 북한을 방문하여 아시아태평양평화위원회와 금강산관광 및 개발사업에 합의하였다. 정주영 회장은 1998년 6월 16일 50대 트럭에 500마리의 소를 나누어 싣고 판문점을 넘었다. 정회장의 방북은 정부관리의 동행 없이 판문점을 통해 방북한 최초의 사례였다. 정회장은 10월 27일 소 501마리를 몰고 두 번째 방북 길에 올랐다. 정회장은 김정일 국방위원장을 만나 서해유전 개발, 자동차 조립생산, 경의선 철도 복선화, 휴전선 직·후방 산업공단 설치에 관련한 사업권을 현대측에 부여하는 문제에 합의하였다.[11)]

1999년 6월 합의한 금강산 관광은 11월 18일 관광선 금강호가 이산가족 등 826명을 태우고 동해항을 출발하여 북한의 장전항에 입항함으로써 시작되었다. 현대그룹이 관광객 수와 관계없이 6년간 총 9억 600만달러를 지급하는 대신 금강산 일대 8개 지역에 대한 장기 독점권을 가지도록 합의하였다. 금강산관광은 잠시 관광객 억류라는 불미스러운 일로 중단되기도 했었지만, 금강산 관광개발사업은 큰 성과를 거두었다. 금강산 관광개발사업의 1차 가시적인 성과는 금강산종합관광특구로의 개발 가능성에 이어 서해안종합경제특구의 지정 가능성도 커졌었다.[12)]

1999년 남한의 대중가수가 북한에서 공연하기도 하였고, 민노총이 주도한 남북노동자 축구대회가 평양에서 개최되기도 하였다. 1999년에는 현대그룹이 평양에 실내체육관을 건립하기로 합의하였다. 9월에 현대그룹 산하 남녀농구단이 평양에서 '통일농구대회'를 가졌으며, 곧이어 상호방문의 형태로 북한의 남녀 농구팀이 서울을 찾았다. 2000년 5월 평양학생청소년예술단과 평양교예단의 서울초청공연이 있기도 하였다.

그러나 이 시기에 남북관계가 좋았던 것만은 아니다. 북한 경비정이 북방한계선(NLL)을 침범하여 함정 사이에 치열한 포격전이 벌어졌다.[13)] 금강산 관광객 억류사

---

11) 통일부 통일교육원, 『남북관계지식사전』, 통일부 통일교육원, 2011, 513-515면.

12) 금강산관광사업에 대한 논의는 1989년 1월 정주영 전 현대그룹 명예회장이 방북하여 조선대성은행 이사장 겸 조선아시아무역촉진회 고문 최수길과 '금강산 관광 개발 및 시베리아 공동 진출에 관한 의정서'를 체결한 데서 비롯되었다. 금강산관광개발사업은 1989년 정주영 회장의 최초 방북에서 처음으로 제기된 후 10년만에 결실을 맺게 되었다. 윤기관, "금강산 관광 1주년의 평가와 과제: 정치·경제·사회 문화적 성과," 『통일경제』, 제59호, 현대경제연구원, 1999, 16면.

13) 이것을 후에 제1차 연평해전이라 명명하고 있다. 남측에도 부상자가 발생했으며, 북측의 함정 1척이 격침되고 5척이 대파되었다.

건, 그리고 북한에 비료 20만톤을 제공하려 했던 남북차관급회담의 결렬로 대결국면에 돌입하기도 하였다. 그러나 베를린 북미 고위급회담 타결을 전후하여 다시 교류가 재개되었다. 이와 같이 정치·군사적인 면에서는 대립상황을 벗어나지 못하는 면도 있었으나, 경제적으로는 남북간에 진전이 있어 왔다. 남북교역이 시작된 1989년 이래 정치·군사적인 문제로 곡절도 있었으나, 1999년까지의 총 교역규모는 20억달러를 넘어섰다.

2. 김대중 대통령의 베를린선언

2000년에 들어서서 북한은 대남관계보다는 다른 국가들과의 관계개선에 힘을 기울이는 모습을 보여왔다. 그러나 이를 위하여도 남한과의 관계개선이 더 필요하다는 것을 현실적으로 느낀 것 같다. 김대중 대통령은 연두회견에서 남북경제공동체 형성을 위한 남북연구기관 간의 대화와 교류를 제안하였다. 3월 9일 유럽 순방지의 한 곳인 독일 베를린의 '자유대학' 강연에서 '한반도 평화와 통일을 향한 남북 화해·협력 선언'(베를린선언)을 발표하였다. 여기에서 북한의 사회간접자본 건설 지원, 냉전종식과 평화정착, 이산가족 문제의 인도적 해결, 남북 당국간 대화의 필요성 등을 역설하였다. '베를린선언'은 집권 3년차에 들어선 김대중 대통령이 그간의 남북관계 상황과 주변정세를 감안할 때, 남북 간 평화공존이 실현 가능한 대세가 되고 있다는 자신감에 바탕을 둔 것이었다. 즉, 21세기의 개막을 맞아 남북 화해·협력을 더욱 적극적으로 추구하겠다는 의지를 독일 통일의 현장인 베를린에서 국제사회에 천명하고 북한의 호응을 촉구한 것이다. 이로 인하여 남북관계 돌파구가 마련되었고, 남북정상회담의 합의는 이에 대한 화답의 의미를 갖는 것이었다.

베를린선언의 주요 내용을 보면 다음과 같다.[14] 첫째, 남북경협을 통해 북한의 경제회복을 지원하겠다는 입장을 밝히고 있다. 특히 민간 차원의 경제교류·협력만으로는 북한의 경제회복 지원에 한계가 있다는 점에서 당국간 대화와 협력을 통해 남북경제협력을 본격적으로 추진하기 위한 방안을 제시하였다. 즉, 사회간접자본 확충과 경협의 제도적 기반을 마련 그리고 식량문제 해결을 위한 농업구조 개선을 지원한다는 것이었다.

둘째, 한반도에서 냉전종식과 남북간 평화공존을 실현해 나가자는 입장을 밝혔

14) 통일부 통일교육원, 『남북관계지식사전』, 376-379면.

다. 당시 상황에서 남북한이 이루어야 할 현실적 과제는 냉전종식과 평화공존이었다. 이를 위해 실질적인 협력관계를 넓혀 나가자는 것을 제의한 것이다.

셋째, 가장 시급하고 절박한 과제인 이산가족 문제를 조속히 해결해 나가자는 제의를 하였다. 이산가족 문제의 성격상 남북 당국간 협조가 무엇보다 중요하다는 점을 지적하면서, 북한 당국에게 이산가족 문제 해결에 적극 호응해 나올 것을 촉구하였다.

넷째, 남북기본합의서 이행과 현안문제 해결을 위해 남북 당국간 대화를 개최해 나갈 것을 북한에 촉구했다. 당사자 해결 원칙에 입각하여 남북문제를 자주적으로 협의·해결해 나가기 위해서는 남북 당국간 대화가 무엇보다 긴요하였다. 우선 남북 정상간 특사 교환을 실현하고 이를 통해 남북기본합의서 이행 문제 등을 협의할 것을 제의한 것이다.

3. 김정일 위원장의 정상회담 수용

1) 대북포용정책과 실리주의 접합

북한이 정상회담을 수용한 이유는 무엇보다도 김대중 정부의 대북포용정책과 북한의 실리주의가 맞아떨어진 결과였다. 김대중 정부에 들어서 정부당국자의 북한 방문은 없었으나, 경협문제 등으로 방북자의 수는 그 어느 때보다도 늘어났다. 1999년 9월 김정일 위원장이 현대의 정주영 회장을 만나 박정희 전 대통령과 새마을운동에 대하여 긍정적 평가를 했다는 것은, 김정일 자신이 '개발독재모델'에 관심을 보인 것이 아닌가 하는 추론을 할 수 있다. 방북한 언론사 대표단과의 대화에서 김정일 위원장이 박정희 대통령의 유신에 대한 평가를 하는 대목도 이와 맥락을 같이하는 것이라 볼 수 있었다.

북한이 가장 시급히 해결해야 할 문제는 경제회생이었다. 북한은 식량, 에너지, 사회간접자본 부족으로 심각한 경제난을 겪고 있었다. 식량문제는 국제적인 지원으로 어느 정도 극복할 수 있다고 해도 에너지와 도로, 항만 등 사회간접자본은 남한 정부의 지원 없이는 해결될 수 없는 문제였다. 이는 김대중 대통령의 베를린선언에서 밝힌 바 있고, 이에 대하여 긍정적인 평가를 내렸던 것으로 보인다. 북한이 경제적 어려움을 탈피하기 위해서는 중국과 유사한 길을 걸어야 하는데, 그것의 단초가 남한과의 관계개선이며 여기에서 경제적인 실리도 취할 수 있다고 생각했을 것이다.

2) 김정일의 위상 확고화

남북정상회담은 김정일에게는 남북관계에 돌파구를 마련했다는 공적을 국내외에 선전하는 좋은 기회를 제공해 준다. 북한은 남북정상회담이 열리기 전에 이에 관련해 대대적인 홍보활동을 펼쳐 왔다. 과거에는 남북관계는 관영보도로만 알렸으나, 이때는 김영남 최고인민회의 상임위원장, 홍성남 내각총리, 백남순 외무상 등이 공개석상에서 또는 해외순방을 통해 적극적으로 홍보를 한 바 있다. 북한에서는 정상회담을 '통일을 위해서'라는 식으로 몰고 갔고, 부수적으로 경제적인 문제를 해결할 수 있다는 희망을 주었다. 북한에서 통일은 인민들을 하나로 묶는 이데올로기였다. 그런데 바로 이 통일을 위하여 김정일이 직접 나서고 있다는 이미지를 인민들에게 각인시키고 싶었던 것이다. 어찌 보면 정상회담에서 그가 보여준 모습은 바로 이를 부각시키는 일면이었을 것이다.[15] 결국 김정일은 정상회담을 필요에 의하여 임하면서도, 그 동안의 남북간의 관계에서 북한의 인민들이 받을 수 있는 충격을 고려해 통일이라는 명분으로 대처해 나갔다. 그러면서 이것을 김정일이 주도해 나간다는 이미지를 주고자 했던 것이다. 어쩌면 이는 그동안의 북한의 주장과 크게 벗어나지 않았다.

또한 외적으로는 김정일의 위상을 높일 수 있는 기회를 가지게 된다는 점이었다. 이는 결과론적인 이유라 할 수 있지만, 어느 정도는 예견된 것이었다. 정상회담의 성사를 양측이 발표할 때 북한이 남한 정부에 요구한 것은 외신기자들을 많이 참석시켜 달라는 것이었고, 여기에서 북한의 의도가 무엇인지를 짐작할 수 있다. 북한은 우선 세계의 이목이 집중되기를 원했고, 실제로 정상회담 과정에서 김정일은 자신의 긍정적인 면을 세상에 알렸다.

3) 정치·외교적 효과

북한에 있어 남북정상회담이 가지는 의미는 정치·외교적 효과를 들 수 있다. 먼저 지지부진한 미국과 일본의 교섭에서 자극제로 활용하려는 의도가 있었다. 협미배남의 정책을 협미협남의 방향 선회를 제시함으로써 미국에게 무엇을 보여주려

15) 정상회담 직후에 나온 북한 로동신문의 사설 '절세의 위인을 령도자로 모신 영광을 만대에 빛내여 나가자'에서는 "김정일 동지는 세상사람들이 칭송하듯이 현세계에서 으뜸가는 위대한 혁명가 정치가입니다"라는 표현에서도 이를 알 수 있다. 『로동신문』, 2000. 6. 19.

하고, 또한 일본과의 관계에도 북한의 협남이라는 카드를 사용하겠다는 것이었다. 정상회담 이후에 전개된 대외관계 등을 살펴보면 다음과 같다.

김정일은 정상회담 후 미국과의 관계개선에 박차를 가하였다. 북한의 국방위원회 제1부위원장인 조명록이 김정일의 특사로 미국의 백악관을 방문했다. 그리고 미국과의 합의문을 도출시켰는데, 이는 그동안의 제네바합의나 베를린회담에서 나온 것보다는 좀 더 구체적인 것을 명기하고 있다. 즉, "조선민주주의인민공화국과 미합중국은 력사적인 남북최고위급 상봉에 의하여 조선반도의 환경이 변화되었다는 것을 인정하면서 아시아태평양 지역의 평화와 안전을 강화하는데 리롭게 두 나라 사이의 쌍무관계를 근본적으로 개선하는 조치들을 취하기로 결정하였다"[16]고 밝히고 있다. 그 후 미 국무장관의 평양 방문에서는 한반도 긴장완화, 북미 외교대표부 개설, 미사일 문제 등에서 중요한 진전이 있었다고 하였다. 일본의 고노(河野洋平) 외상은 정상회담 개최 이후 한반도에서 신뢰구축 방안들이 구체적으로 활성화될 수 있도록 일본이 협조할 것을 강조하였다. 그리고 일본과는 수교회담이 재개되었고, 대북 식량 지원 등이 발표되었다. 그러나 북한측의 사죄와 배상요구, 일본측 납치와 미사일 문제는 쉽게 타결될 문제는 아니었다.

한편 중국과의 관계에서는 중국과의 전략적 제휴를 강화하는 포석으로 남한과의 정상회담을 받아들였다고 볼 수 있다. 실제로 김정일은 정상회담 바로 전에 중국을 비공식 방문한 것은 이를 뒷받침해 주었다. 전략적 제휴란 이미 독자적인 외교역량을 확보하고 있는 중국에 자신들이 미국에 치중하는 것이 아니라는 모습을 보여주어, 중국과의 관계를 전략적 동반자로 발전시키고 중국에 힘을 실어주자는 것이었다. 북한이 남한과의 독자적인 관계를 모색하는 것은, 대 중국관계에 있어서 그동안 한중관계를 견제할 수 있는 수단 마련의 의미도 있었다.

북한과 러시아의 관계에서는 중국과 같이 정상회담의 사전 통보는 이루어지지 않았다. 그러나 정상회담 직후인 7월 19일 소련과 러시아를 통틀어 러시아 최고지도자로는 사상 처음으로 푸틴(Vladimir Putin) 대통령이 북한을 방문했다. 여기에서 11개 항의 북·러 공동선언이 이루어졌다. 북한은 1990년 한·소 수교 이후 10년간 소원했던 양국 간의 관계를 복원하는 상징적인 성과를 얻었다.

위에서 제시한 바와 같이 어느 면에서는 확인된 의도에도 불구하고, 김정일이

16) 『로동신문』, 2000. 10. 13.

정상회담을 결심한 것은 쉬운 문제는 아니었다. 이것이 남한과의 관계개선으로 이어져 물꼬가 트이게 되면 자칫 북한 주민들이 심리적 아노미 상태에 빠져들 수 있는 면도 가정해 볼 수 있었다. 이러한 경우 북한체제가 이 부담을 어떻게 감당하느냐가 문제였다. 그러나 북한이 남북정상회담에 따른 여러 가지 우려를 극복할 수 있었다는 것은 김정일이 정치적인 자신감을 갖게 되었다는 것을 의미했고, 또한 개인을 위하여 그리고 체제 발전을 위하여 반드시 필요했다는 점이 작용했을 것이다.

Ⅲ. 남북정상회담과 6·15남북공동선언

1. 정상회담의 경과

남북관계의 질곡을 겪으면서도 여러 차례에 걸쳐 남북정상회담이 추진되었다. 제5공화국과 제6공화국의 노태우 정부 때에도 밀사를 보내 정상회담을 타진했지만 결렬되었고, 김영삼 정부에서는 미국 카터 대통령의 중재로 정상회담이 성사되어 날짜까지 확정되었으나 김일성 주석의 사망으로 무산되었다. 김대중 정부 출범 이후 적극적으로 정상회담이 추진되었다. 현대그룹의 정주영 명예회장이 방북하여 김정일 위원장과 경협에 대해 논의하는 가운데 시그널이 전해지기도 하였다.

북한이 정상회담의 추진의사를 전해오자 남북의 특사가 제3의 장소에서 만나 본격적으로 논의하였다. 남한은 박지원 문화관광부장관이, 북한은 송호경 태평양평화위원회 부위원장이 그 역할을 하였다. 이들의 만남은 2003년 3월에 상하이에서 베이징으로 이어졌고, 한 달 간의 접촉으로 남북정상회담이 성사되었다. 박지원 장관은 남북관계 개선과 평화 정착을 위해 5, 6월경에 정상회담 개최를 제의했고, 김대중 대통령이 평양을 방문할 수 있다고 하였다. 이 때 김대중 대통령은 베를린선언을 통하여 민간협력을 정부간 협력으로 전환할 용의가 있다고 밝혔다.[17] 정상회담이 합의되고 발표된 후 국정원이 실무협상을 맡았다. 임동원 국정원장은 정상회담이 있기 전 5월 말과 6월 초에 걸쳐서 두 차례 비공개로 북한은 방문하기도 하였다. 남한에서 4월 10일에 남북정상회담이 평양에서 개최된다는 소식이 발표되자 놀라움과 환영의 분위기가 만연했으나, 4월 13일 총선을 바로 앞둔 시점이라 선거

17) 임동원, 『피스 메이커』, 중앙 books, 2008, 31-32면.

에 '신북풍'을 이용하려 한다는 비판도 있었다.

북한에서도 4월 10일 오전 10시 북한에서는 텔레비전과 라디오 방송으로 남북정상회담의 소식을 중대뉴스로 발표하였다. 다음날 로동신문의 제1면 첫머리에 전면의 1/3을 차치하는 분량으로 남북정상회담 합의서를 실었다. 북과 남 사이에 합의된 북남합의서의 내용에는 남북정상회담이 6월 12일에서 14일 평양에서 개최된다는 내용과 함께 "평양방문에서는 조선로동당 총비서이신 김정일 국방위원장과 김대중 대통령 사이에 력사적인 상봉이 있게 되며 북남최고위급회담이 개최된다"고 밝혔다.

남북정상회담은 하루 순연되어 6월 13일부터 시작되었고, 이틀 후 6·15남북공동선언을 채택하게 되었다. 평양 순안공항에서 김정일의 출현은 북한의 정상회담에 대한 강한 의지를 나타내는 일면이었다.[18] 도착 직후 두 정상의 승용차 내에서 담화로부터 시작하여 1차 회담, 그리고 6월 14일의 2차 회담이 진행되었다. 2차 회담은 오후 3시에 시작하여 잠깐 휴식을 하고 속개되어 6시 50분에 끝이 났다. 만찬장에서 두 정상의 합의가 이루어졌다고 발표하고, 늦은 시간에 백화원 영빈관에서 서명이 이루어졌다.

2. 6·15남북공동선언의 내용과 의미

(1) 남과 북은 나라의 통일 문제를 그 주인인 우리 민족끼리 서로 힘을 합쳐 자주적으로 해결해 나가기로 하였다.

제1항은 통일원칙에 대하여 이야기하고 있다. 북한은 "조국통일 3대원칙, 고려민주연방제공화국창립방안, 전민족대단결 10대강령을 조국통일 사업에서 확고히 틀어쥐고 나가야 할 3대기둥, 3대헌장으로 지위를 뚜렷히 정식화"[19]했다고 하여, 통일원칙을 재확인했다. 그리고 김정일 위원장은 1998년 4월 18일의 온 민족이 대단결하여 조국의 자주적 평화통일을 이룩하자는 서한에서 '민족대단결 5대 방침'을 제시했다. 이렇게 볼 때 북한이 일관되게 지속적으로 주장해 온 것은 자주라는 개념이고, 이는 외세배격이 그 주종을 이루고 있다. 그러므로 공동선언 제1항에서

18) 로동신문 1면을 전부 차지한 한 장의 사진에 대한 설명은 "위대한 령도자 김정일 동지께서 김대중대통령을 비행장에서 따뜻하게 영접하시였다" 이고, 2면의 환영사진의 설명은 "평양시내 60여만의 각계층 주민들 수십리 연도에서 김대중대통령과 일행을 동포애의 정으로 환영"이었다. 『로동신문』, 2000. 6. 14.

19) 『로동신문』, 1998. 8. 16.

'자주적'이라는 단어가 가지는 북한측의 의미는 이 범주를 크게 벗어나지 않는 것이었다. 남한에서는 자주원칙을 주변국들의 간섭을 받지 않고 민족이익을 극대화하는 방향으로 통일을 이룩한다는 민족당사자 원칙으로 해석해 왔다. 그러므로 남북한 정상은 자주에 대한 명확한 개념규정을 하기보다는 서로 편한 방향으로 해석하는 외교적 편의주의를 택했다.

(2) 남과 북은 나라의 통일을 위한 남측의 연합제안과 북측의 낮은단계의 연방제안이 서로 상호 공통성이 있다고 인정하고 앞으로 이 방향에서 통일을 지향시켜 나가기로 하였다.

두 번째는 통일방안이다. 그 동안 북한의 최종적인 통일방안은 고려민주연방공화국 통일방안이었다. 이는 1민족 1국가 2제도 2정부에 기초한 연방제 방안이다. 그러나 1991년 김일성의 신년사에서 "고려민주연방공화국 창립방안에 대한 민족적 합의를 보다 쉽게 이루기 위해 잠정적으로는 연방공화국의 자치정부에 더 많은 권한을 부여하며 장차로는 중앙정부의 기능을 더욱 높여가는 방향에서 연방제 통일을 점차적으로 완성하는 문제도 협의할 용의"가 있다고 밝힌 바 있다.[20] 이것은 당시의 상황에서 유엔 가입과 남북 대화에 유연성을 위한 조치일 수 있다. 그러면 북한의 낮은단계의 연방제안은 무엇인가? 남한과의 합의 도출을 위해서는 그동안의 연방제로는 곤란하고 그래서 전에 김일성도 주장한 적이 있는 변형된 연방제안으로의 낮은단계 연방제안을 택하였다고 본다. 그동안 남한에서는 통일의 과도단계로서 남북연합을 주장해 왔다. 그러므로 북한이 연방제안을 낮은단계로 수정하여 외교권과 국방권을 지역정부에 맡기는 등 지역정부에 더 많은 권한을 부여하면 남북연합과 유사점을 발견할 수 있었다.

(3) 남과 북은 올해 8·15에 즈음하여 흩어진 가족, 친척 방문단을 교환하며, 비전향장기수 문제를 해결하는 등 인도적 문제를 조속히 풀어 나가기로 하였다.

북한은 1998년 3월 1일 사회안전성 내에 주소안내소를 설치하여 북한 국내와 해외동포에 대한 가족 찾기 사업을 표방한 바 있었다. 북한은 주소안내소를 설치한 후 로동신문과 평양방송 등을 통해 북한 내에 거주하고 있는 이산가족들 간의 개별상봉소개(1998. 4. 20~11. 27.까지 6건)를 해오다가, 1998년 12월 27일 평양방송을

20) 이 문제는 제13장에서 자세히 설명한다.

통해 "현재까지 460명이 상봉했다"고 보도한 바 있다. 북한은 그 동안 이산가족 문제를 '미제침공에 의한 이별'로 정리해 왔다.

특히 북한은 남한의 이산가족을 월남자 가족으로 통칭해 왔기 때문에, 남한에서 요구하는 것과는 다른 차원에서 받아들였다.[21] 그러므로 북한에서는 선언문에 비전향장기수를 포함시킴으로써, 남한의 이산가족 문제를 받아들이며 그들도 명분을 찾고자 했다. 당시 8·15 이산가족 북한측 상봉자에는 과거 월북했던 유명인사가 다수 포함되었던 것에서도 북한의 의도를 알 수 있었다.

(4) 남과 북은 경제협력을 통하여 민족경제를 균형적으로 발전시키고 사회, 문화, 체육, 보건, 환경 등 제반 분야의 협력과 교류를 활성화하여 서로의 신뢰를 다져 나가기로 하였다.

남북경협 문제는 북한이 남북정상회담에서 가장 필요했던 부분이었다. 이 문제는 이미 정상회담 이전부터, 북한이 당국자를 배제한 상태에서 이루어져 오고 있었다. 어찌 보면 이 문제는 북한에서도 대규모의 경협이나 기술 및 자본의 이전이 필요한데, 남한측에서 볼 때 위험부담이 있어 기업들도 망설이고 있던 분야였다. 이를 통하여 실제적인 성과를 얻으려 하는 것이 북한의 의도였다. 정부 당국자간 남북경협에 관한 실무회담이 두 차례에 걸쳐 서울과 평양에서 개최되었다. 특히 제2차 회담에서는 투자 보장과 이중과세 방지, 청산결제와 상사분쟁 해결에 관한 합의서가 가서명되었다. 이러한 과정에서 북한이 남한과의 경제협력에 대단한 기대를 걸고 있었다는 것을 알 수 있다.[22]

---

21) 북한은 이산가족 문제는 북한체제에 부정적인 영향을 미칠 것으로 판단하여 부정적인 태도를 보여왔다. 1991년 「남북기본합의서」가 채택되기 전에 이루어진 제2차 남북고위급회담에서 당시 연형묵 총리는 "이산가족 재회는 북한체제를 망가뜨리려는 수작이다"라고 비판한 바 있다. 최대석, "남북한이산가족 재회 활성화 방안," 『정책연구』, 제4호, 국제문제조사연구소, 1995, 131면. 또한 1998년과 1999년 베이징의 차관급회담도 남한으로부터의 비료 지원이 절실했으나, 이산가족과의 연계문제로 무산되었다. 최의철, "남북정상회담과 이산가족문제 해결 전망," 『통일정책연구』, 제9권 제1호, 통일연구원, 2000, 77면.

22) "위대한 령도자 김정일동지께서 금강산 관광지구를 시찰하시었다"라는 제목의 2000년 10월 1일자 로동신문 기사에는 "김정일동지께서는 9월 30일 남조선 현대아산에서 개발하고 있는 금강산 관광지구를 시찰하시었다"고 적고, "김정일동지께서는 정몽헌 회장의 안내를 받으시며 현대아산에서 건설한 고성항 부두, 호텔, 관광쎈터를 비롯한 여러 곳을 돌아 보시었다"고 쓰고 있다. 여기에서 김정일은 "현대아산이 경제협력을 위해 많은 일을 했으며, 북남공동선언의 리행에 적극 기여하고 있다"고 말했다. 『로동신문』, 2000. 10. 1.

(5) 남과 북은 이상과 같은 합의 사항을 조속히 실천에 옮기기 위하여 빠른 시일 안에 당국 사이의 대화를 개최하기로 하였다.

남북정상회담 이후 3차에 걸친 장관급회담과 국방장관회담 그리고 김용순이 김정일의 특사로 서울과 제주도를 방문했다. 김대중 대통령은 김정일 국방위원장이 서울을 방문하도록 정중히 초청하였으며, 김정일 국방위원장은 앞으로 적절한 시기에 서울을 방문하기로 하였다. 이 문제는 대단히 중요한 일이었다. 김정일 위원장이 김대통령이 방문했을 때 “두렵고 어려운 길 잘 오셨다”고 표현했는데, 이는 본인의 이야기일 수 있다는 점이다. 당시 방북했던 언론사 대표단이 서울 답방시기를 묻는 질문에 “이 정세가 계속되면 마음 놓고 가겠다”는 대목도 이와 맥을 같이한 것이라고 볼 수 있다.

Ⅳ. 남북교류협력과 북미관계의 교착

1. 남북교류협력

남북정상회담 이후 남북한은 수차례의 장관급회담을 통하여 주요한 현안문제를 협의하면서, 대화 채널을 구축하는 기회를 갖게 되었다. 남북국방장관회담과 군사실무회담은 서울-신의주 사이의 경의선 철도 복원 및 문산-개성 간 도로개설 문제와 관련하여 비무장지대의 철도 및 도로지역을 남북이 직접 관장하는 방안을 강구하였다. 2000년 8월 15일~18일까지 이산가족이 각각 100명씩 서울과 평양을 방문했고, 9월 2일에는 비전향장기수 63명의 북송이 이루어지기도 했다. 지방자치단체, 주요 언론기관, 대표적인 학술 및 공연예술단체들에 의해서 남북교류가 시도되었다.[23)]

1) 남북장관급회담

남북한은 6·15공동선언 제5항에 따라 남북간의 대화를 총괄하는 성격의 남북장관급회담을 갖기로 하였다. 2000년 7월 29일부터 31일까지 서울에서 제1차 장관급

23) 김창희, “김대중정부 대북정책의 현황과 과제,” 『통일전략』, 제2권 제1호, 한국통일전략학회, 2002, 105면.

회담이 개최되었다. 여기에서는 장관급회담이 어떠한 정신을 가지고 대화와 협의를 이끌어 낼 것인가 하는 세 가지 운영원칙을 정하였다. 그리고 판문점 연락사무소 재개와 조총련 동포의 고향방문과 남북 경의선 철도 연결에 대한 협의 그리고 제2차 회담의 평양 개최를 담은 공동성명서를 발표하였다. 제2차 장관급회담이 2000년 8월 29일부터 9일 1일까지 평양에서 개최되었다. 여기에서 중요한 것은 남북경제협력을 위한 제도적 장치가 마련되었다는 것이다. 제2차 회담에서 "남과 북은 경제협력을 확대·발전시키기 위하여 투자보장, 이중과세 방지 등 제도적 장치를 마련한다"고 합의하였고, 두 차례의 경협실무접촉을 갖고 2000년 12월 16일 투자보장, 이중과세 방지, 상사분쟁 해결절차, 청산결제 절차 등 4개 합의서를 타결하고 이에 서명하였다.

이후 12월까지 두 차례의 장관급회담이 개최되었다. 제3차 장관급회담은 국방장관회담으로 9월 25일과 26일에 걸쳐 제주도에서 개최되었다. 이는 9월 11일 북한 김용순 특사의 남한 방문을 계기로 합의[24]된 것으로, 당시 동행한 박재경 대장을 통해 제의하였다. 분단 이후 처음으로 남북의 군사책임자인 조성태 국방부장관과 김일철 인민무력부장이 함께 했다. 남측에서는 군사적 긴장완화와 평화보장 공동노력, 국방장관회담 정례화, 남북군사위원회 및 군사실무위원회 설치를 제안하였으나, 북측에서는 미온적 태도를 보였다. 쌍방은 남북교류협력에 대한 군사적 보장 문제들을 적극적으로 협력해 나가기로 하였다. 평양에서 개최된 제4차 회담에서는 남북경제협력추진위원회 구성과 운영 등 8개 항에 합의하였다. 이에 따라 12월 27일부터 30일까지 평양에서 경제협력추진위원회 제1차 회의가 개최되기도 하였다.

2) 사회문화교류

2000년 6월 27일부터 30일까지 열린 남북적십자회담에서 쌍방이 각기 100명의 규모로 이산가족을 동시에 교환하고, 북으로 가기를 희망하는 비전향장기수도 전원 송환하기로 합의하였다. 그리고 8월 15일 서울과 평양에서 1,100여명에 달하는 이산가족이 상봉을 하였다. 이는 1985년 이산가족 고향방문단 이후 15년 만에 이루어졌다. 제2차, 제3차 상봉이 11월과 2001년 2월 서울과 평양에서 이루어졌다.

24) 2000년 9월 11일부터 14일까지 북한측 특사로 김용순이 방문하여 김대중 대통령을 예방했다. 특사 방문을 통한 7개 항의 합의사항은 김정일 위원장의 조만간 서울 방문과 이에 앞서 최고인민회의 김영남 상임위원장 방문, 남북국방장관급회담 개최, 이산가족 생사 확인, 경의선 철도·도로 연결 기공식이 포함되었다.

정해진 시간과 장소에서 제한된 인원만으로 이루어진 이산가족은 모두에게 아쉬움과 안타까움만 남겼다. 그리하여 이산가족 면회소 설치를 통한 상봉의 정례화 문제가 제기되기도 하였다. 또한 비전향장기수 송환이 2000년 9월 판문점에서 이루어졌다. 그리고 9월과 11월에 두 차례에 걸쳐 조총련 동포의 고향 방문도 이루어졌다.

2000년 9월에 열린 시드니 올림픽에서는 남북선수단이 공동으로 흰바탕에 한반도가 그려진 '한반도기'를 앞세우고 공동입장을 하여 세계인의 주목을 받기도 하였다. 남북정상회담 이후 스포츠를 포함한 사회문화교류의 폭도 확대되고 질적, 양적으로도 풍성해졌다. 창극 '춘향전'의 방북공연이 이루어지기도 하고, 김한길 문화관광부장관이 방북하여 문화교류 문제에 대하여 협의하였다. 우리 방송사에서 기획 주문하고 '조선중앙TV'에서 제작하여 만든 프로그램이 우리 방송사에 의하여 방영되었다. 북한의 '조선국립교향악단'이 서울을 방문하여 KBS교양악단과 합동공연을 갖기도 하였다.

2. 미국의 정권 교체와 남북관계의 교착

1) 클린턴 행정부의 북·미 공동성명

클린턴 행정부 시기에 미국과 북한은 1999년 발표된 페리보고서의 원칙 하에 핵·미사일 등 북한의 대량살상무기 개발 문제와 미국에 의해 규정된 테러지원국 해제 문제, 미시일방어체제(MD) 등을 주요 의제로 수차례 고위급회담이 개최되었다.[25] 북한과 미국의 베를린 고위급회담이 타결된 이후 고위급인 백남순 외무상은 1999년 9월 24일 제54차 유엔총회 기조연설을 통해 미국을 백년숙적으로 보지 않을 것임을 재천명하고, 미국의 일부 경제제재 완화조치를 다행스러운 일이라 강조하였다.

2000년 9월 27일 북한의 김계관 외무부상은 유엔 미국 대표부 회의실에서 카트만(Charles Kartman) 대사와 회담하면서 북한은 미국에 특사를 파견할 준비가 되어 있다고 밝혔다. 김정일 국방위원장 특사로서 조명록 부위원장이 강석주를 포함한 일행들과 북부 캘리포니아의 실리콘벨리를 방문하고 10월 워싱턴에 도착하였다. 그는 군복을 입고 백악관에 들어가 클린턴 대통령을 만나 김정일 위원장의 서한을

25) 김창희, 『북한정치사회의 이해(제3판)』, 법문사, 2002, 254면.

전달하고 방문 목적을 설명하였다. 양국은 정치, 외교, 군사, 경제 등 각 방면에서 양국의 관계개선을 추진키로 합의하고 「북·미 공동성명」(Joint Communique)[26]을 발표하였다.

조명록 방문시 클린턴을 평양에 초청한다는 메시지를 전달하였으나, 충분한 사전 준비 없이는 방북이 어렵다고 하였다. 클린턴은 올브라이트(Madeleine Albright)를 먼저 보내고 임기만료 전에 자신도 평양을 방문하기를 희망했다고 한다.[27] 올브라이트 미국 국무장관이 2000년 10월 23일에서 25일까지 북한을 방문하여 김정일 국방위원장과 북한 미사일 문제 등에 대한 포괄협상을 하였다. 이같이 클린턴 행정부 말기의 북미관계는 매우 빠른 속도로 진전되었다.

2) 부시 행정부의 북한에 대한 인식

미국의 대통령 선거에서 공화당이 승리하고, 부시(George W. Bush) 대통령이 취임하였다. 부시 행정부는 북한이 조기에 붕괴하리라고 생각하지 않았다. 그러나 여건이 주어진다 하더라도 북한의 변화는 기대하기 어렵고, 대량살상무기를 포기하지 않으려 할 것이므로 신뢰할 수 없다는 입장이었다. 더욱이 부시 행정부의 대북정책 기조가 포괄적 접근에 서 있으나, 먼저 북한의 긍정적 행위를 확인하고 후에 보상정책을 취한다는 것이었다.[28]

이처럼 북한과 미국은 반세기 동안 지속되어 온 적대관계의 해소와 관계 정상화를 향한 획기적인 전기를 마련했음에도 불구하고 부시 행정부가 들어서면서 북미관계는 교착상태에 접어들게 되었다. 부시 행정부의 대북관은 기본적으로 회의적이며, 북한의 신뢰성을 의심하는 것이었다. 부시 대통령은 "북한과 미래에 대화는 하겠지만, 앞으로 그 대화에서 있을 합의에 대한 '철저한 검증'이 요구된다"고 투명성 확보 문제를 제기했다. 특히 그는 "북한이 대량살상무기(WMD)를 전 세계에 수출하고 있는 것을 우려하고 있으며, 우리는 그들의 WMD의 개발과 확산이 실제로

26) 북·미 공동성명의 주요 내용으로는 ① 정전협정의 평화보장체계로의 전환, ② 쌍방 적대적 의사 종식, ③ 자주권 상호존중과 내정불간섭, ④ 경제무역전문가 상호방문, ⑤ 미사일회담 중 미사일 발사 중지, ⑥ 실종미군 유해 발굴 신속 진행, ⑦ 테러에 반대하는 국제노력 지지, ⑧ 미국 대통령의 방북 준비를 위한 국무장관 방북 등이 포함되어 있다.

27) 오버더퍼 지음, 이종길 역, 『두개의 한국』, 길산, 2002; Don Oberdorfer, *The Two Koreas*, p.630.

28) 황병덕, 『부시행정부의 대북정책과 한국의 대북정책 추진방향』 연구총서 01-02, 통일연구원, 2001, 69면.

중단되는 것을 확인하고 싶어하는 것"이라며 미사일 등에 대한 검증을 강조했다.[29] 미국은 엄격한 상호주의를 바탕으로 핵 및 미사일 문제의 해결에 주력하고, 이를 위해 대북 검증 및 점검을 요구했다.

남북한은 2001년 3월 13일에서 16일까지 서울에서 제5차 남북장관급회담을 개최하기로 합의하였다. 그러나 3월 8일 워싱턴에서 개최된 김대중 대통령과 부시 대통령의 한미정상회담에서 대북정책과 관련하여 양국 간의 이견이 노출되자 북한의 태도는 급변하였다. 부시 대통령은 김대중 정부의 대북 포용정책을 지지하지만, 김정일 위원장에 대해서는 개인적인 의구심을 갖고 있으며 북한에 대한 어떠한 환상도 갖고 있지 않다고 밝혔다. 그리고 미국은 조만간 북한과 협상을 할 의사가 없음을 분명히 하였다. 이에 대해 북한은 외세와의 공조가 아닌 민족끼리 공조해야 한다는 점을 강조함으로써 한미공조 지속을 강화하는 남한에 불만을 표출하였다. 그리고 제5차 남북 장관급회담 당일인 3월 13일 "여러 가지를 고려하여" 회담을 연기한다고 일방적으로 통보하였다.[30]

이러한 '대북강경정책' 표명으로 인하여 그동안 진행되어 왔던 북미간 대화는 일시 중단되었다. 그러나 부시 행정부는 2001년 6월 대북정책 재검토를 완료하고 대북 대화 재개 의사를 밝힘에 따라, 6월 13일 뉴욕에서 북한과 미국의 공식 접촉이 이루어졌다. 부시 행정부가 북한측에 제시한 안건들에는 까다롭고, 북한으로서 받아들이기 힘든 의제들도 포함되어 있었다.[31] 이에 대한 북한의 반응은 미국이 핵, 미사일, 재래식 병기 문제를 제기하고 있으나 우선적으로 토의해야 할 것이 전력보상 문제이고, 재래식 군사력의 감축 문제는 북한의 무장해제의 목적이니 남한에서 미군이 철수하기 전까지는 논의의 대상이 아니라는 입장이었다.[32] 그리고 이미 양

29) 『2002 북한연감』, 연합뉴스, 2001, 893면.

30) 김국신, 『미국의 대북정책과 북한의 반응』 연구총서 01-22, 통일연구원, 2001, 64면.

31) 부시 대통령은 북한과 논의할 의제로 첫째, 북한 핵 동결에 관한 제네바 기본합의문 이행 개선, 둘째, 북한 미사일 개발 계획에 대한 검증 가능한 규제와 미사일 수출 금지, 셋째, 위협적인 재래식 군사력 감축 등을 명시했다. 부시 대통령은 만일 북한이 긍정적으로 호응, 적절한 조치를 취한다면 첫째, 북한주민들을 돕기 위한 노력을 확대하고, 둘째, 제재를 완화하며, 셋째, 기타 정치적 조치를 취하기 위한 우리의 노력을 확대할 것이라 표명하였다.

32) 북한은 외무성 대변인의 담화를 통해 6월 6일 미국 부시 대통령의 성명에 대하여 "미국이 협상을 통하여 우리를 무장해제시키려는 목적"으로 밖에 볼 수 없다 하고, "경수로 제공의 지연에 따르는 전력손실보상문제가 협상의 선차적인 의제로 설정되어야 한다"는 입장을 밝히고 있다. 『로동신문』, 2001. 6. 19.

국이 합의한 것에 대한 실천이 중요하고, 미국이 적어도 클린턴 정부 말기의 북미 합의 수준까지 회귀해야 한다는 반응을 보였다.

2001년 9·11테러사건 이후 미국의 입장이 더욱 강경해지고, 북한문제에 대한 미국의 우선순위도 낮아졌다. 북한은 11월 3일 외무성 대변인을 통하여 '테러에 대한 재정지원 금지 국제협약'과 '인질반대 국제협약'에 가입하기로 결정했다고 밝히면서, 테러를 반대하는 노력을 일관되게 기울여 나갈 것이라 강조했다. 이는 북한이 미국으로부터 테러 지원국이라는 의심에서 벗어나려는 것이고, 국제사회에서 그들의 행동반경을 넓히려는 것이었다.

3) 남북당국간 대화의 교착과 재개

남북 당국간 회담이 중단되었음에도 불구하고 민간 차원의 교류는 지속되어, 6·15 남북공동선언 1주년기념 민족통일대토론회가 금강산에서 개최되었고, '2001년 민족통일대축전'이 8월 15일 평양에서 개최되었다. 8·15평양축전에 참가한 남한의 일부 민간단체 참가자들이 정부와의 약속을 어기고 일탈행동을 함으로써 물의를 빚기도 하였다.

남한 내에서 대북화해협력정책에 대한 비판이 증대하자, 이를 의식한 북한은 남북 당국간 대화 재개를 제의하였다. 이에 남북한은 2001년 9월 15일에서 18일까지 서울에서 제5차 장관급회담을 개최하고 이산가족 교환방문(10월 16일~18일), 개성공단 건설을 위한 실무 접촉, 금강산 관광 활성화를 위한 당국간 회담, 제6차 장관급회담(10월 28일~31일) 등에 합의하였다. 그러나 북한은 9·11테러사건 이후 강화된 남한 전군·경찰 비상경계태세를 문제삼아 이산가족 방문단 교환의 취소를 일방적으로 통고하고, 비상경계로 서울과 남한이 불안하다는 이유를 들어 제6차 장관급회담을 금강산에서 개최할 것을 주장하였다.[33] 예정보다 연기되어 11월 9일~13일 금강산에서 개최된 제6차 장관급회담은 9·11테러사건 이후 한반도 정세에 관한 인식 차이로 차기 회담 일정도 잡지 못한 채 결렬되었다.

4) 경수로 사업[34]

상술한 바와 같이 1994년 북미 제네바 기본합의하에 추진된 대북경수로 지원사

33) 김국신, 『미국의 대북정책과 북한의 반응』, 65면.

34) 김창희, 『북한정치사회의 이해(제4판)』, 법문사, 2006, 351-354면.

업을 하기 위한 KEDO와 한전 사이에 주계약이 체결된 것은 1999년 12월 15일이었다. 김영삼 정부에서 결정되었고 논의되었던 것이 김대중 정부 시기에 드디어 계약이 성사된 것이다. 2000년 2월 3일 주계약이 발효되었고, KEDO와 북한 간 고위전문가 협상에서는 '훈련의정서' 등 후속의정서 협상일정을 마련하였다. 이로써 경수로 사업이 본격적인 단계에 진입하게 되었다.

토목공사에 착수하여 공사에 박차를 가하면서 2000년 12월 말까지 경수로 공사는 23%의 공정도를 보였다. 경수로 공사의 재원 부담은 한국이 실제 공사비의 70%를 원화로, 일본은 10억달러 상당을 엔화로, 유럽연합은 KEDO 가입 당시 약속한 7,500만 유로화를 기여하기로 하였다. 발전소 부지공사는 2001년 8월 완공되었고 9월에는 북한의 발전소공사 허가서를 발급받아 기초 굴착공사에 착수했다. 이와 병행하여 28㎞의 부지간 도로건설을 완료하고, 생활부지내 숙소·식당·병원·운동장 등 각종 편의시설이 들어섰다. 이렇게 순로롭게 진행되던 경수로 사업은 2002년 10월 새로운 북핵문제가 대두되면서 중단되었다.

2002년 11월부터 미국의 중유 공급이 중단되었고, KEDO의 이사국들은 경수로 사업에 대하여 속도조절론, 일시중단론, 완전종식론 등의 이견을 보였다. 한국은 경수로 사업 중단에 대해 반대 입장을 표명하였으나, 결국 KEDO 이사회는 중단되고 말았다. 2003년 말까지 경수로 사업은 제1, 2호기 시공 21.6%, 종합설계 62.7%, 각종 기자재 구매 43.2%를 포함하여 종합공정으로 보면 약 34.5% 진행되었다. 경수로는 2003년 말까지 완공키로 한 것이었고, 북한은 진행속도를 보면서 2003년까지 완공되기 어려우니 전력손실에 대한 보상을 요구했고, 뒤에서 언급될 새로운 북핵문제는 이를 중단하게 만들었다.

V. 특사의 방북과 남북관계 복원

1. 미국의 불신: '악의 축' 발언

미국의 부시 대통령은 2002년 1월 29일 연두교서 연설에서 북한이 "주민들을 굶주리게 하면서도 미사일과 대량살상무기로 무장하고 있는 정권"이라면서 이란, 이라크 및 이들 국가와의 테러 협력자들과 함께 "세계평화를 위협하기 위해 무장한

악의 축(axis of evil)을 구성한다"고 언급했다. 이에 북한은 1월 31일 외무성 대변인 성명을 통해 이는 사실상 "우리에 대한 선전포고나 다름이 없다"고 강력히 비난하였다.

2002년 2월에 서울에서 열린 한미정상회담에서 한국과 미국이 북한에 대해 진정한 대화 의지가 있다는 메시지를 전달하였으나, 동시에 부시 대통령의 북한에 대한 강한 불신도 재확인되었다. 미국은 북한정권과 북한 주민을 분리하는 전략을 가지고 있다고 피력하였다. 북한은 2월 22일 외무성 대변인의 담화를 통해 "미국이 우리 제도를 인정하지 않으면서 침공의 구실만을 찾기 위해 제창하고 있는 그런 대화는 필요 없다"고 하면서, 북한의 강경한 입장을 고수하였다.[35]

미국에 강한 불만을 토로하면서도 3월 13일 박길연 유엔주재 북한대표부 대사가 미국의 프리처드(Charles Jack Pritchard) 대북교섭담당 대사와 뉴욕에서 만났다. 이들은 그 후 다시 만나 북미회담 재개 문제를 논의한 것으로 전해졌다. 북한은 임동원 특사의 방북을 받아들이고, 일본과도 적십자회담 재개를 합의하였다. 북한의 이 같은 태도 변화는 미국의 직접적이고도 지속적인 대북압박을 우회적으로 피하면서, 주변정세의 안정과 식량지원 등 실리적인 계산이 복합적으로 작용하였다.

2. 특사 방문과 남북교류

2002년 4월 3일~6일까지 임동원 특사가 평양을 방문하여, 김정일 국방위원장에게 김대중 대통령의 친서를 전달하였다. 이 결과 남북한의 합의내용을 공동보도문으로 하여 서울과 평양에서 동시 발표하였다. 여기에서 "쌍방은 최근 조성된 한반도 정세와 민족 앞에 닥쳐온 엄중한 사태, 그리고 남북관계에서 제기되는 제반 문제들에 대하여 폭넓게 협의하고 다음과 같이 협의하였다"하여, 6개 항으로 되어 있다.[36] 이

---

35) 특히 미국의 핵 태세 검토 보고서(Nuclear Posture Review)와 관련해 미국과의 합의를 전면 재검토하지 않을 수 없다고 강조한 3월 13일 외무성 담화를 통하여 부시 행정부에 강한 불신감을 드러냈다. 로동신문 논평의 제목을 보면 "조선을 건드린다면 미국은 치명적인 타격을 면치 못할 것이다―그 어떤 압력도 통할 수 없다"(2002. 2. 11); "미국이야말로 악의 제국이다―부쉬의 〈악의 축〉론을 해부함"(2002. 2.14); "조선을 건드리는 자들은 이 세상 그 어디 있어도 무사치 못할 것이다―우리는 미제와 결판을 내고 말 것이다"(2002. 2. 27); "미제의 전쟁책동을 짓부시고 조국통일 이룩하자―극히 위험천만한 침략전쟁의 서막"(2002. 3. 13); "미국은 평화애호인민들과 함께 살수 없는 핵불량국가―악랄한 침략적 핵전략"(2002. 3. 16) 등이다.

36) 즉, ① 6·15남북공동선언 기본정신에 부합되게 긴장상태 조성되지 않도록 노력, ② 통일문제 자주적으로 풀어 나가기 위한 공동선언의 합의사항에 따라 남북관계를 원상회복, ③ 남북 사이의

렇게 남북 사이에 합의된 사항은 예상을 뛰어넘는 수준이었다. 특사의 방북으로 남북관계가 원상회복의 길로 접어들었고, 북-미, 북-일 대화도 가시권에 들어왔다. 북한은 대화를 통한 한반도 문제 해결을 강조한 남쪽의 중재에 화답하는 모양새를 취했다. 북한은 특히 프리처드 대북교섭담당 대사의 방북 권고를 수용함으로써 북-미 대화의 가능성을 보여주었다.

우리 국민들이 한일월드컵 4강 진출에 한껏 들떠 있을 때인 6월 29일 오전 10시 소위 서해교전이 발생했다. 서해 연평도 14마일 해상에서 북방한계선(NLL)을 침범한 북한 경비정의 기습 포격으로 우리 해군 고속정 1척이 격침되고 장병 6명이 사망한 것이었다.[37] 이는 남북관계의 중요한 기로가 되었으나, 7월 25일 북한이 유감을 표명하고 제7차 남북장관급회담을 제의해 오면서 위기를 넘겼다. 남북한 간에는 제7차 장관급회담을 시작으로 남북경제협력추진위원회, 제4차 적십자회담, 제6·7차 군사실무회담, 남북철도·도로연결 실무협의회, 제2차 금강산관광 남북당국자회담 등이 이어졌다. 이들 회담의 합의에 따라 경의선 및 동해선 철도 연결 착공식이 9월 18일 도라산역과 개성역 등에서 열렸다. 이와 함께 이루어진 것이 쌀 40만톤과 비료 10만톤의 제공 합의였고, 철도·도로 연결 장비도 경협형식으로 북한에 제공되었다.

민간교류도 활발해져 8·15민족통일대회, 남북통일축구대회가 남측에서 열렸고, KBS 교향악단 및 MBC 예술공연단의 공연,[38] 개천절 남북공동행사 등이 북측에서 이루어졌다. 민간교류의 절정은 북한 대표팀의 부산 아시안게임의 참가였다. 북한은 '2002 부산 아시안게임'에 318명의 선수단 외에도, 293명의 응원단을 파견했다. 북한에서도 아시안게임이 진행되는 동안 로동신문에서 그들의 메달 획득 및 승리의 소식과 응원 모습을 전했다.[39]

철도와 도로(동부 동해선 철도 및 도로, 서부 서울-신의주 사이의 철도 및 문산-개성 사이의 도로)를 빨리 연결, ④ 남북 사이의 대화와 협력사업 적극 추진, ⑤ 제7차 남북장관급회담 개최, ⑥ 동포애와 인도주의, 상부상조의 원칙에의 서로 협력이었다.

37) 제2차 연평해전이라 칭하는데, 북한 함정의 기습적 공격으로 양측에서 함포와 기관포 사격으로 격전을 벌였다. 남측은 함장 등 6명이 전사하고 18명이 부상을 당했으며 참수리급 고속정 357호가 침몰하였다. 북측도 30여 명의 사상자를 내고 초계정이 반파되었다.

38) 북한의 로동신문에서 "북과 남이 함께 부른 통일의 노래"라는 제목으로 "남조선의 KBS 교향악단과 MBC 공연단의 평양방문 공연을 보면서 우리는 북과 남의 겨레는 갈라져 살 수 없는 하나의 겨레이며 통일이야말로 우리 겨레 모두가 품고 있는 강력한 지향이고 한결 같은 요구라는 것을 다시금 가슴 뜨겁게 느끼었다"고 쓰고 있다. 『로동신문』, 2002. 10. 3.

북한의 선수단과 응원단의 규모는 분단 이후 최대의 인원으로 남한을 방문하는 기록을 세웠고, 주로 여성으로 구성된 북한 응원단은 정상회담 이후 '김정일 신드롬'에 못지않게 남한 사람들의 관심을 불러일으켰다. 북한의 로동신문에서 인기를 독차지한 응원단이라는 제목으로 "이번 제14차 아시아 경기대회에서 우리의 응원단은 자기의 독특하고 훌륭한 응원활동으로만 사람을 매혹시켰다"고 자평하였다.[40] 10월 30일자 로동신문에서는 이례적으로 '7천만의 환호, 자주통일열망의 분출' 제호로 부산 아시안게임 경기모습, 응원모습, 시상모습 등의 사진을 실었다. 여기에서는 "부산 아시아경기대회가 막을 내린지도 여러 날이 지났지만 감동의 여운은 아직도 생생하다"고 하면서, 응원모습 그리고 다대포항이 "부산시에서 제일 유명한 〈관광명소〉"가 되었다는 등의 내용을 5면에 절반을 할애하여 보도하였다.

이렇게 상당한 시간이 지난 뒤에 남한에서 진행되었던 모습들을 대서특필한 것은, 핵문제가 터져 나온 이후 북한이 주장했던 '민족공조' 문제와도 무관하지 않다고 본다. "체육경기를 통해서도 7천만이 하나가 되었는데, 우리 민족끼리 힘을 합하면 못할 것이 없다" 하여 남한이 북한의 입장을 지지해 주기를 바라는 마음이라고 생각할 수 있다.

3. 북한 경제시찰단의 남한 방문[41]

북한의 경제시찰단이 남북경제협력추진위원회 제2차 회의(2002. 8. 30) 합의에 따라 2002년 10월 26일부터 8박 9일간 남한지역을 방문하여 경제현황을 직접 눈으로 보고 느낌으로써 시장경제에 대한 이해를 높이는 계기가 마련되었다.[42] 경제시찰단은 박남기 국가계획위원회 위원장을 단장으로 18명으로 구성되었는데, 장성택 로동당 중앙위원회 조직지도부 제1부부장, 박봉주 공업화학상 등 4명의 장관급이 포함되어 있었다.

---

39) 사격에서 금메달 소식과 여자축구 승리 소식, 함봉실의 여자마라톤 우승 소식과 이를 남한 언론에서 대서특필한 소식, 북한응원단과 남한의 응원의 모습 그리고 선수단 귀국 등을 로동신문에서 보도했다. 『로동신문』, 2002. 10. 8, 10, 12, 14, 16, 17.

40) 『로동신문』, 2002. 10. 17.

41) 김창희, 『북한정치사회의 이해(제4판)』, 법문사, 2006, 313-314면.

42) 이에 앞서 남과 북은 2002년 4월 임동원 특사의 방북시 김정일 위원장과의 면담에서 경제시찰단의 남측 방문에 합의를 했으며, 2002년 8월에 개최된 제7차 남북장관급회담에서도 북한의 경제시찰단이 10월에 방문한다는 데 합의하였다.

주목되는 인물은 장성택과 당시 공업화학상이던 박봉주였고, 특히 박봉주는 2003년 9월 내각총리에 발탁되어 북한 경제를 총괄하였다. 이들은 서울, 대전, 대구 등 전국 18개 지역 38개 산업시설, 관광지, 유통시설, 연구소 등을 시찰하였으며, 산업현장마다 하나라도 더 보고 가겠다는 열성이 넘쳐 있었고, 단순히 구경만 하는 것이 아니라는 생각을 갖고 관심있게 관찰하는게 목적이라 하여 자기들을 시찰단이 아니라 고찰단이라 하였다. 서울에서는 코엑스 전시장, 롯데제과, 창덕궁, 덕수궁, 에버랜드, 롯데월드, 현대백화점 등을 둘러보았다. 현대백화점에서는 10층부터 지하 1층까지 모든 매장을 둘러보며 판매와 물품공급 방식, 매장과 백화점 간의 수익분배 등 전반적인 백화점 경영에 대하여 질문을 하였다. 그들은 직접 지하철로도 이동하였고, 지방 방문길에 나서서는 건설 중인 경부고속전철도 시승하였다.

시찰단은 첨단 제조업에도 관심이 있었지만, 소비재 산업에도 깊은 관심을 보였다. 닭고기 가공업체와 직물염색업체도 방문하기를 원했으며, 제철산업에도 각별한 관심을 보였다. 박남기 단장은 포스코 회장을 만난 자리에서 "김책 제철소 석탄분류 설비가 일제시대의 것이라 수작업을 하고 있다. 예정에 없지만 포스코 석탄 분류설비를 보여줄 수 없느냐"고 요청하기도 하였다. 박단장은 포스코 방명록에 "강철은 민족 힘"이라 적었다.

10월 31일에는 울산의 현대중공업을 견학하고 고리원자력발전소를 방문하였다. 시찰단은 회사 및 고리본부에 대한 현황 설명에서 각종 중요사항에 대하여 메모를 하는 등 관심을 보였고 질문도 많았는데, 원자력발전에 지식이 없으면 불가능한 것들이 많았다고 관계자는 전하였다. 당시에 북한에 경수로가 건설되고 있었기 때문에 더욱 관심이 컸던 것으로 생각된다. 대덕과학연구단지를 방문해 화학연구원, 전자통신연구원 등을 둘러보며 고분자 소재와 통신기술 등 남한의 과학기술 발전 수준에 큰 관심을 보였다.

북한의 경제시찰단은 출국하기 전에 "남측 지역 방문을 통해 우리는 핏줄도 언어도 역사도 문화도 하나라는 것을 다시금 확인했으며 우리 민족의 슬기와 지혜, 힘을 합치면 세상에 부러울 것도, 두려울 것도 없다는 것을 확신하게 됐다"라는 서면성명을 발표하였다. 민족공조를 다시금 강조하는 내용이었다. 이들은 정말로 많이 보고 앞으로 북한이 어떻게 해야 할 것인가를 생각했을 것이다.

남과 북은 2002년 11월 개최된 제3차 남북경제협력추진위원회에서 양측의 경제시찰단을 교환 방문하기로 합의하였으며, 그 후에도 제6차(2003년 8월), 제10차(2005년 5월) 남북경제협력추진위원회 등에서도 경제시찰단 교환 방문에 합의하였다. 그러나 그때마다 남북관계의 일시적 경색과 내부 경제 상황을 남측에 공개하는 것에 대한 북한의 거부감, 그리고 남측 경제시찰단 방북을 받아들이지 못하는 상황에서 북한 경제시찰단만 남측으로 보내는데 대한 북한의 부담 등으로 경제시찰단 교환 방문은 실현되지 못하였다.

VI. 북한의 핵 개발 의혹과 남한 대통령선거

1. 미국의 북한 핵 개발 의혹 제기

북한 핵문제 발단은 미국 특사의 북한 방문에서부터 시작되었다. 미국의 켈리(James Kelly) 국무부 동아태담당 차관보가 부시 대통령 특사자격으로 평양을 방문한 것은 2002년 10월 3일부터 5일까지였다. 이 회담에서 핵·미사일 등 북한의 대량살상무기 문제를 포함한 현안에 대한 인식 차를 확인하고 구체적인 합의를 도출하지 못한 것으로 알려졌다. 켈리 특사는 "북한의 행위에 대한 깊은 우려를 표명했고, 북한 지역과 전 세계의 안정, 미국과 이웃국가의 안정, 전 세계의 미래를 위해 이 같은 행위를 중단해야 한다고 밝혔다"고 말했다. 결국 후에 알려진 켈리 특사의 이 같은 발언이 갖는 의미는 북한의 핵 개발을 의미하는 것이었다. 미 행정부의 관계자에 의하면 켈리 특사가 북한의 핵협정 위반 증거를 제시하자 핵 개발 계획을 시인했다는 것이었다.

그동안 북한은 2003년까지 2기의 경수로를 건설해 줄 의무가 미국에 있는데, 이것은 요원하고 위협과 경제제재 정책을 계속 유지해 오고 있다고 강조해 왔다.[43] 북한은 비밀 핵 개발 시인과 관련하여 "미국 특사는 아무런 근거자료도 없이 우리가 핵무기 제조를 목적으로 농축 우라늄계획을 추진하여 조-미 기본 합의문을 위반하고 있다"고 주장하였다. 미국인들이 의무사항들을 이행하지 않았기 때문에 우리는 미국 특사에게 우리의 생존권 방어를 위해 핵무기보다 더 나은 무기들을 보유

43) 경수로 사업이 중단된 2003년 11월 말까지 경수로 사업은 1, 2호기 시공 21.6%, 종합설계 62.7%, 각종 기자재 구매 43.2%를 포함하여 종합공정으로 보면 약 34.5% 진행되었다.

할 권리가 있음을 선언했다는 것이다.

북한은 미국으로부터 심각한 핵공격 위협을 받고 있는 상황에서 핵무기 개발을 추진하는 것은 당연한 일이라는 것이다. 북한은 외무성 담화를 통해 '불가침조약'을 제기하면서, 북한에 대한 핵 불사용을 포함한 불가침을 법적으로 확약한다면 우리도 미국의 안보상 우려를 해소할 용의가 있다고 밝혔다.

미국의 반응이 냉담하자 북한은 외무성의 핵 동결 및 전력생산에 필요한 핵 시설 재가동 선언을 하고 원자력 총국장이 국제원자력기구(IAEA)에 핵시설 봉인 해제 및 감시카메라 철거를 요구한 것은 12월 중순경이었다. 북한이 이렇게 나온 것은 그들의 주장에 대한 합리화로 생각된다. 북한은 미국이 말하는 농축 우라늄 개발은 전혀 사실이 아니라고 무시하면서, 미국이 계속 위협을 하니 우리도 제네바 합의에서 규정된 사항을 파기하지 않을 수 없다는 선언을 함으로써 '핵 문제=제네바 합의'로 몰고 가려는 의도였다.

이에 대해 미국은 국제사회의 합의에 정면으로 반발하는 것으로서 북한이 핵 개발을 포기하지 않는 한 협상하지 않을 것임을 밝혔다. 이러한 배경에서 IAEA는 특별이사회를 통해 북한 원자력 시설 봉인 및 감시장치의 원상회복과 사찰단 복귀 등 안전조치 이행을 촉구하는 결의문을 만장일치로 채택하였다. 12월 말 북한의 핵 동결 해제 및 봉인 제거와 관련해서 북한과 협상하거나 유인책을 제시하지 않을 것이며, 북한의 IAEA 사찰요원 추방결정에 대해서도 이를 국제사회에 대한 도전으로 간주하여 미국은 위협이나 파기된 약속에 응해 협상을 하지 않겠다는 강경 입장을 재차 표명하였다.

2003년 1월 16일 북한의 외무성은 미국이 '선 핵 포기, 후 대화'라는 조건부 태도는 북한을 기만하는 것이라 하고, 미국이 대화에 관해서는 전혀 움직임이 없이 북한의 무장해제 후에만 불가침 및 경제지원 문제를 협상할 수 있다고 주장하는 것은 상식 밖의 논리라고 주장하였다.

2. 북한과 미국의 기본입장

1) 북한의 기본적인 입장

2003년 3월 이라크전쟁이 발발하기 이전까지의 핵 문제에 대한 북한의 기본적인 입장은 ① 핵 개발에 대한 미국측의 주장(농축 우라늄을 이용한 핵 개발)을 거부하며 자위를 위한 핵무기 보유 권리 발언을 켈리 특사가 여론 조작을 위해 자의적으로 해석한 것이다. ② 북미불가침조약 체결 문제는 양국 상호간의 핵 위협 가능성을 제거하기 위한 것이다.[44] 미국의 적대적 태도가 계속될 경우 제네바합의는 근본적인 해결책이 될 수 없으며, 양국이 평등한 입장에서 직접 회담을 실행하는 것이다. ③ 주변국의 중재안은 핵문제 본질에 대한 객관적 인식과 동등한 입장에서 형식에 구애받지 않는 대화를 진행시킬 경우 수용할 수 있다. ④ 북한의 핵문제에 대한 국제화는 미국의 책임회피와 북한에 대한 압박을 구체화시키려는 불순한 기도이므로, 어떠한 형태의 다자회담에도 불참할 것이다.[45] ⑤ 남북관계에서는 6·15공동선언을 민족공동의 초석으로 삼아 민족을 중시하는 입장에서 남북이 민족의 의사와 이익에 맞게 공동으로 전쟁위험을 예방하고 평화를 수호해야 한다. 따라서 한미군사합동훈련 등은 북한에 대한 핵 선제타격을 위한 군사작전의 일환이므로 '남조선호전세력'들은 이러한 반민족적 행위에 대해 심사숙고해야 한다는 것이다. ⑥ 유엔 안보리의 회부는 북핵 문제의 국제화를 위한 불순한 정치적 기도이며, 안보리의 논의 여부에 개의치 않지만 만일 그럴 경우에는 본래의 책임은 미국에 있으니 미국의 책임도 공정하게 물어야 한다는 것이었다.[46]

2) 미국의 기본적인 입장

미국은 기본적으로 북한과 직접대화보다 다자간 대화가 적절하며, 대북제재는 현 단계에서 우선적인 사안이 아니라는 입장이었다. 2003년 1월 말 미 국무부는 북한 핵확산금지조약(NPT) 탈퇴 문제의 유엔 안보리 회부를 강조하면서, 이 문제가

44) 로동신문을 통하여 북한이 주장하는 것을 보면, 북한의 핵문제는 "조미불가침조약을 통하여 해결"되어야 하며, 이를 미국으로부터 보상을 받아내기 위한 "〈벼랑끝전술〉로 묘사"하고 있는데, 북한의 입장은 "미국의 핵위협을 실제적으로 제거하기 위한 법적 구속력을 마련하자는데 목적"이 있다는 것이다. 『로동신문』, 2003. 3. 5.

45) 북한은 로동신문 '〈다자회담〉에는 흥미가 없다'라는 제목의 기사에서 "미국이 주장하는 〈다자회담〉은 본질에 있어서 조선반도 핵문제 해결을 국제사회에 떠맡기고 저들은 직접적인 책임에서 벗어나려는 교활한 술책이다. 때문에 우리는 미국이 들고 나온 〈다자회담〉을 문제해결과는 아무러 인연도 없는 비현실적인 것으로 배제하여 반대하는 것이다"라 하고 있다. 『로동신문』, 2003. 2. 8.

46) 북한은 로동신문 '조선반도에 최악의 사태를 몰아온 장본인은 미국'이라는 제목에서, "미국은 국제원자력기구와 작당하여 우리의 〈핵 문제〉를 유엔에 끌고 가야 한다느니, 〈제재〉를 가해야 한다느니 소동을 피우는데… 우리가 핵무기전파방지조약에서 탈퇴하였지만 현단계에서 우리의 핵활동은 전력생산을 비롯한 평화적 목적에만 이용될 것이다"하여, 책임은 모든 미국에 있고 핵활동도 전력사용을 위해서이니 정당하다는 것이다. 『로동신문』, 2003. 1. 16.

대북 경제제재와는 별개의 문제라 하였다. 북한 핵문제는 북미 양자 간의 대화가 아닌 다자간 차원의 국제협의를 통해 해결해야 할 문제라고 밝혔다. 파월 국무장관은 보다 구체적으로 북핵문제 해결을 위해 유엔 안보리 상임이사국과 남북한, 유럽연합(EU), 일본, 호주 등을 포함한 소위 '5+5' 구상을 제시한 바 있다.

미국의 기본적인 입장과 접근방식은 다음과 같다.[47] 즉, ① 기본적으로는 평화적 해결 원칙과 외교적 노력을 견지한다는 입장이다. ② 압박과 회유 정책을 동시에 구사하여 사태의 극단적 악화를 막는 한편 북한의 명시적 항복을 기다린다는 입장이다. 따라서 협상은 없다는 것이 대북정책의 기조이며, '접촉을 통한 변화'라는 외교정책의 기조를 부정하고 있는 현실이다. ③ 북미간 양자 협상 구도를 주변국들 간의 다자구조로 전환·재편하려는 입장으로서, 이는 다자간 협상을 통해 북한의 핵능력을 완전 차단하고, 대북 대가의 부담을 한국, 일본 등과 분담하겠다는 입장이다. ④ 다자적 접근의 절차와 방식은 IAEA를 통한 유엔 안보리에의 상정으로서, 이는 맞춤형 봉쇄와 같이 북한 압박을 위한 주변국들 간의 협력을 의미한다. ⑤ 전쟁과 같은 군사주의적 접근은 현 단계로서는 대화-협상-외교압력이 무산된 이후 고려할 수 있는 최후의 수단으로 인식한다. ⑥ 어떤 상황의 변화에 불구하고 제네바 기본합의서와 관련되는 일은 없을 것이며, 이 합의서와는 별도로 새로운 협정 체결을 고려하고 있었다. ⑦ 그때까지 한국과의 합의 내용은 안보리에서의 북핵 논의가 대북제재에 대한 논의보다는 상황 악화를 예방하고 외교적 노력을 지원하는 단계적이고 점진적인 접근방식을 취해야 한다는 것이었다.

3. 한국 정부의 입장과 대통령선거

핵문제에 대한 북미 간에 상술한 바와 같은 상황이 전개되면서 남한 정부의 입장은 북한과 미국의 관계를 종전대로 유지할 수밖에 없는 상황이었다. 남한에서 김대중 정부는 임기 말의 상황이었고, 대통령 선거전이 확산되고 있었다.

2012년 11월 15일에 한반도에너지개발기구(KEDO) 집행이사회에서는 대북 중유를 12월 인도분부터 중단하겠다고 발표하면서 향후 북한측 태도에 변화가 없을 경우 KEDO 사업을 재검토하겠다는 입장을 밝힌 바 있다. 남한은 KEDO의 실질적인

47) 송기돈, "남북한 평화체제구축과 남북한관계," 『새 정부의 대북 평화정책과 과제』, 2003년도 호남정치학회 연례기획학술세미나 발표논문집, 2003, 28-29면.

주도국으로 경수로 비용의 70%를 부담하고 있었다. 또한 남북정상회담 이후 우여곡절도 있었지만 지속적으로 대북화해협력정책올 추진하고 있었다. 그러므로 북한 핵 개발은 당연히 포기되어야 한다는 것이 정부의 입장이었으나, 이를 위하여 여하한 경우에도 무력을 사용해서는 안된다는 것 또한 남한의 입장이었다. 미국의 핵 공격 위협에 시달려 왔다는 북한의 항변, 핵 비확산체제에 북한을 예외적으로 취급할 수 없다는 미국의 정책 사이에서 양측을 설득하면서 대화로 풀어내야 한다는 것이 한국의 입장이고 바람이었다.

이러한 상황에서도 경의선과 동해선 철도·도로 연결을 위한 비무장지대(DMZ) 남북관리구역의 지뢰 제거 작업이 12월 14일 모두 끝났고, 남북적십자 실무접촉이 15일부터 17일까지 열려 면회소 설치 등에 완전합의는 이루지 못했지만 일부 합의사항을 발표하였다. 2002년 말까지도 남북경제협력에 관한 접촉 일정이 잡혀 있었다.

한편 제16대 대통령선거가 진행되면서 당선 유력 후보인 이회창 후보와 노무현 후보 사이에 남북관계와 핵 문제 해결은 중요한 정책 이슈가 되었다. 12월 3일에 있은 TV토론에서 이회창 후보는 "북한의 농축우라늄 핵 개발이 시작된 시점과 금강산 관광을 통한 현금지급이 시작된 시점이 유사하다는 사실을 우연히 넘겨 버릴 수 없다"고 하면서, "북한 핵 개발 자금으로 사용될 수 있는 대북 현금지원은 즉각 중단되어야 한다"고 주장하였다. 노무현 후보는 "남한이 대북 현금지원을 중단한다면 북한이 핵을 포기하겠느냐, 남북대화통로만 막힐 우려가 있다"고, 이에 반대하는 입장을 취했다. 12월 13일 북한 핵문제와 관련해 각기 기자회견을 갖고 북한 핵 개발 철회를 촉구했지만, 그 해법에 대하여는 분명한 의견 차이를 보였다. 즉, "북한 핵 개발 자금으로 사용될 수 있는 현금지원을 즉각 중단하고, 우리의 경제지원을 북한 핵 개발 포기 유도를 위한 지렛대로 적극 활용해야 한다"는 이회창 후보의 주장과, "현재 금강산 관광과 민간사업 교역을 통해서만 북한에 현금이 가고 있는데 한나라당 주장은 경제교류 중단이라고 해야 정확한 것이고, 북한과 경제교류 중단하면 남북관계가 막히는 위험한 상황에 빠진다"는 노무현 후보의 주장은 대조적이었다.

제8장

평화번영정책과 북핵문제의 6자회담

Ⅰ. 노무현 정부의 출범과 북한의 선군·경제·핵
Ⅱ. 평화번영정책과 북핵문제
Ⅲ. 북핵문제 해결을 위한 6자회담과 대북정책 지속
Ⅳ. 한반도 문제에서 남북한과 미국
Ⅴ. 제2차 남북정상회담의 내용과 의미
Ⅵ. 북핵문제 속의 평화번영정책

Ⅰ. 노무현 정부의 출범과 북한의 선군·경제·핵

1. 노무현 정부 출범과 대북정책

2002년 12월 19일 제16대 대통령선거에서 민주당의 노무현 후보가 48.9%의 지지율로 46.6%를 얻은 이회창 후보를 물리치고 대통령에 당선되었다. 노무현 대통령 당선자는 회견을 통하여 "갈등과 분열의 시대가 끝나고 7천만 온 겨레가 하나 되는 대통합 시대가 시작됐다"고 밝혔다. 이 발언은 노무현 정부가 내놓을 대북정책이나 남북관계의 방향을 예견케 하는 것이었다.

노무현 대통령은 2003년 2월 25일 취임사를 통하여, 동북아에 유럽연합과 같은 평화와 공생의 질서를 구축하여 동북아 시대를 완성해야 한다고 강조하였다. 진정한 동북아 시대를 열기 위해 먼저 한반도에 평화가 제도적으로 정착되어야 하는데, 이는 한반도 평화증진과 공동번영을 목표로 해야 한다는 것이다. 이같이 노무현 정부가 제시한 대북정책은 '평화번영정책'이었다.

평화번영정책에서 제시하고 있는 원칙을 보면, 김대중 정부의 대북 화해협력정책과 큰 흐름에서는 같이 한다고 볼 수 있다. 물론 국제정세의 변화나 국내 상황의 변화 그리고 노무현 정부의 의지 등에서 볼 때, 평화번영정책은 또 다른 면을 보여주었다.

평화번영정책의 가장 큰 시험대는 어떻게 북한 핵문제를 슬기롭게 풀어 가느냐 하는 것이었다. 베이징에서 북·중·미 3자회담이 있었지만 북미간에는 평행선을 달리고 있었다. 즉, 북미 직접대화를 요구하며 불가침협정을 통하여 체제를 보장받겠다는 북한과, '선 핵 포기, 후 대화'를 거듭 강조하며 직접 해결보다는 다자간의 틀에서 해법을 찾으려는 미국 사이에 팽팽한 긴장 상태가 형성되어 있었다. 우리 정부는 북한 핵문제에 당사자이면서도 조정자로서 역할을 해야 한다는 이중적인 위치에 있었다. 결국 평화번영정책이 말하듯 외교적·평화적 노력을 통하여 이 문제를 해결해야 하는데, 여러 복병들이 도사리고 있는 것이 현실이었다.

2004년 3월 노무현 대통령 탄핵소추안이 가결되어 대통령 권한정지라는 초유의 사태가 발생하였다. 이렇게 되자 남북한관계를 새롭게 추진할 수 있는 동력을 잃었다. 그리고 대선자금 수사와 신행정수도 특별법의 위헌 논란이 빚어진 것도 이 시기였다. 열린우리당이 전체 의석의 과반수 이상을 차지하고 있었음에도 불구하고, 정국의 주도권을 장악하지 못하였다.

노무현 정부에 들어서 2003년 개성공단을 착공하였고, 2004년에는 육로통행시대가 본격화되었다. 그리고 제10차에서 제14차까지의 장관급회담이 서울과 평양을 오가며 진행되었으나 미국의 북한인권법, 대규모 탈북자의 남한 입국, 김일성 10주기 조문 문제 등으로 중단되기도 하였다. 2005년 6자회담의 교착상태에서 우리 정부는 이를 타개하기 위한 역할을 하였다. 6월에 열린 김정일 위원장과 정동영 통일부장관의 면담과정에서 남측의 전력공급 지원 제안은 6자회담 재개 요인으로도 작용하였다. 그 후 북한 핵실험과 6자회담의 재개 등이 있었고, 이후 남북장관급회담은 제20차 회담까지 진행되었다. 2007년 10월 노무현 대통령과 김정일 위원장의 제2차 남북정상회담이 평양에서 개최되어 '남북관계발전과 평화번영을 위한 선언'(10·4정상선언)을 하였다.

2. 김정일의 선군과 경제 그리고 핵문제

북한은 2002년 신년공동사설에서 '우리사상, 우리수령, 우리군대, 우리제도 제일주의'를 21세기 강성대국 건설을 위한 기치로 내걸더니, 2003년 신년공동사설에서는 선군사상을 본격적으로 내세웠다. 2003년 1월 29일 〈선군혁명로선은 우리시대의 위대한 혁명로선이며 우리 혁명의 백전백승 기치이다〉라는 당중앙위원회 담화를 발표했는데, 북한은 이것을 주체의 선군사상을 완벽하게 정립체계화한 것이라고 하였다. 김정일은 강성대국 건설의 비전을 제시하면서 위기 극복과 체제유지를 위해서는 선군정치 외에 다른 방법이 없다고 하였으나, 그의 목표는 군사국가화하는 것이라고 볼 수 있었다.[1)]

북한에서는 선군정치가 인민대중의 절대적인 지지와 신뢰를 받는다고 하면서, "위대한 장군님께서 마련하신 강한 총대가 있어 우리의 존엄과 영예가 일찍 볼 수 없었던 최상의 경지에 이르게 되었으며 우리 당의 인덕정치의 생활력은 날을 따라 더욱 발휘되고 있다"고 하였다.[2)] 이와 같이 선군이 인민들의 가슴과 생활 속에서 절감하고 자리 잡고 있다 하여 선군정치의 군민일치성을 강조하였다.

1) 김창희, "김정일 정치리더십의 기능적 분석,"『한국동북아논총』, 제17집 제4호, 한국동북아학회, 2012, 121면.

2) 박영수, "우리식 사회주의는 가장 인민적인 정치방식에 의거하는 사회주의,"『정치법률연구』루계 제20호, 평양: 과학백과출판사, 2007, 7면.

북한은 경제에서도 선군을 강조하였지만, 2002년 7·1조치 이후 시장을 확대하지 않을 수 없었다. 2003년 3월 김정일의 지시로 농민시장을 확대하고 시장의 운영방식을 사회주의경제관리정책으로 전환하고, 9월에는 내각총리를 박봉주로 교체하였다. 종합시장 허용 이후 당국의 입장에서 보면 시장화의 부작용이 심화되었다. 당국의 의지는 계획경제로의 복귀였지만 시장에서의 부의 집중과 개인의식의 증대 등으로 전혀 예상하지도 못했고 의도하지 않은 방향으로 진행되었던 것이다. 당국은 정책의 실패를 인정하지는 않았지만, 2006년부터는 시장을 통제하더니 다음해부터는 대대적 단속에 들어가 50세 미만 여성의 시장행위를 금지하기도 하였다.

북한의 핵문제는 6자회담으로 수렴되면서 2003년 8월 27일 제1차 6자회담을 개최하였다. 제2차 6자회담은 미국의 의혹 제기와 북한의 종전 주장으로 공전되었다. 북한의 핵문제는 답보상태를 유지하면서 2005년을 맞았고, 북한은 외무성 담화를 통해서 6자회담의 지연 책임은 미국에 있다고 강조하였다. 2005년 2월 10일 외무성 성명을 통해 6자회담의 무기한 중단과 핵무기 보유 사실을 공식선언하였다. 그 후 미국과 한국 그리고 북한의 접촉이 이루어지면서 제4차 6자회담에서 북핵문제 해결을 위한 9·19공동성명이 채택되었다.

그러나 공동성명 직후 북미간의 공방은 다시 시작되고, 북한이 선택한 것은 핵실험이었다. 2006년 10월 9일 북한은 핵실험을 강행하면서 김정일 체제에서 주장하는 선군정치와 강성대국론이 허구가 아닌 현실임을 보여 줌으로써 체제결속 강화에 나섰고, 국제사회의 회유와 압박의 강도가 높아지자 핵실험 선언이 공언이 아님을 행동으로 보여주었다.[3]

II. 평화번영정책과 북핵문제

1. 노무현 정부의 평화번영정책

평화번영정책은 노무현 정부의 통일·외교·안보정책의 전반을 포괄하고 있는 기본 구상이다. 이는 김대중 정부의 대북 화해협력정책과 큰 흐름을 같이하면서 내용이나 형식을 보완·발전시킨 것이다. 김대중 정부에서의 대북 화해협력정책은 1

3) 김창희, 『북한정치와 김정은』, 법문사, 2012, 307면.

단계 한반도 위기관리, 2단계로 냉전구조 해체를 추진해 왔다. 김대중 정부의 대북화해협력정책은 6·15남북공동선언을 도출함으로써 1단계목표는 완전하게 이루어졌다. 그러나 2단계 목표까지는 달성하지 못한 상태에서 노무현 정부로 넘어왔다. 그러므로 노무현 정부에서 이루고자 하는 목표는 한반도 평화의 증진과 정착 문제였고, 남북평화협정 체결까지를 염두에 두었다.

노무현 정부 출범과 함께 제기한 평화번영정책은 한반도에 평화를 증진시키고 남북 공동번영을 추구함으로써, 평화통일의 기반 조성과 동북아 경제중심국가로의 발전 토대를 마련하고자 하는 것이었다.[4] 그간의 대북 화해협력정책이 북한을 대상으로 한 것이라면, 평화번영정책은 한반도와 동북아지역으로 대상범위를 넓혔다. 구체적으로 살펴보면 남북관계에 있어서는 주변국가와 협력하여 당면한 북한 핵문제를 평화적으로 해결하고 이를 토대로 남북의 실질협력 증진과 군사적 신뢰구축을 실현하고자 하는 것이었다. 그리고 북미·북일 관계 정상화를 지원하여 한반도 평화체제를 구축하며 나아가 남북 공동번영을 추구하여 평화통일의 실질적 기반을 조성하고 동북아 경제중심국가 건설의 토대를 마련하려는 것이었다.[5]

한반도 평화증진과 남북한 공동번영 실현 및 동북아 공동번영 추구를 목표로 하는 평화번영정책의 추진원칙은 다음과 같이 네 가지로 제시하였다.[6] 첫째로 대화를 통한 문제해결이다. 한반도는 불안정한 정전체제와 군사적 대치상황으로 인해 긴장과 갈등이 지속되고 있어 무력충돌 가능성이 상존하고 있으므로 모든 현안사항은 반드시 대화를 통해 평화적으로 해결한다는 점을 원칙으로 설정하였다. 둘째로 상호 신뢰 우선과 호혜주의이다. 서로를 인정하는 토대 위에서 충분한 이해를 바탕으로 상호 신뢰 우선의 원칙에 입각하여 평화와 협력을 추진해야 한다. 셋째로 남북당사자 원칙에 기초한 국제협력이다. 한반도 평화체제 구축 및 남북 경제공동체 형성 등은 한반도 문제의 당사자인 남북이 협의하여 추진해야 한다. 넷째

4) 통일부, 『통일백서』, 통일부, 2005, 24면.

5) 2003년 2월 25일 노무현 대통령의 취임사는 평화번영정책의 토대가 되었고, 이를 구체적으로 다듬어 체계화하였다. 취임사의 일부는 다음과 같다. "진정한 동북아시대를 열자면 먼저 한반도에 평화가 제도적으로 정착되어야 합니다. 한반도가 지구상의 마지막 냉전지대로 남는 것은 20세기의 불행한 유산입니다. 그런 한반도가 21세기에는 세계를 향해 평화의 신호를 발신하는 평화의 관문으로 바뀌어야 합니다. 유라시아 대륙과 태평양을 잇는 동북아의 평화로운 관문으로 새롭게 태어나야 합니다".

6) 김창희, "노무현 정부의 대북정책과 남북관계 방향," 『한국동북아논총』, 제8권 제2호, 한국동북아학회, 2003, 60면 요약.

로 국민과 함께 하는 정책이다. 평화번영정책에 대한 국민적 합의를 토대로 법과 제도에 따라 투명하게 추진하고, 정책결정 및 집행과정, 대북접촉 과정의 투명성을 강화하여 정책에 대한 신뢰도를 제고해 나간다는 것이었다.

노무현 정부가 출범하는 시기는 제2차 북핵문제로 남북관계와 북미관계가 꼬여 있는 시기였다. 그러므로 당시 노무현 정부의 평화번영정책의 추진전략의 1단계는 북핵문제 해결이었고 이를 위해서 3대원칙을 제시하고 있었다. 즉, 북한 핵 불용, 대화를 통한 평화적 해결, 남한의 적극적 역할을 원칙으로 삼았다. 또한 대량파괴무기(WMD)의 해결을 위해서는 핵 및 미사일 문제의 진전에 맞춘 대규모 대북 경제협력 조치를 단행하고, 한반도에서의 군사적 긴장을 고조시키는 모든 행위에 대해 반대한다는 것이었다.

2. 노무현 정부 출범 이후 북미관계와 다자회담

2003년 3월 20일 이라크전쟁의 공식 발표 직후, 미국은 북한 핵시설 재가동이 전쟁 가능성을 의미한다는 시사성 발언을 했음에도 불구하고, 직접적 대응 없이 중립적 보도로 일관하였다. 3월 22일 북한은 북미 직접회담을 주장하면서, 처음으로 미국이 동맹국들까지 반대하는 전쟁을 선제공격의 방법으로 개시했으며, 북한에 대해서도 전쟁의 방법으로 문제 해결을 도모한다면 비극적 선택이 될 것이라는 입장을 표명하였다. 남한에 대해서도 이라크전쟁과 관련하여 한국 정부의 경계강화 조치와 대미 협조를 '반북 대결 소동'이라고 비난하는 불만을 표출하였다.

전쟁이 진행되고 있는 동안의 북한의 반응을 분석해 보면 2가지였다. 북한은 미국의 이라크 공격을 호전적이고 무법적인 행위로 간주하는 한편, 미국에 대한 부정적인 평가가 핵문제에 대한 대북 우호여론 확산으로 연결될 수 있도록 노력하는 것이었다. 또한 미국이 이라크전쟁 장기화의 부담을 느끼면, 미국에 결사항전의 의지를 표명함으로써 북미대화 재개 및 불가침협정 요구에 대한 압력을 가중시키고자 하였다.

그러나 후에 알려진 바에 의하면 이라크전쟁이 발발하자 중국의 첸치천(錢其琛) 부총리가 북한을 방문하여 김정일 위원장을 만났다. 미국과 더 대화를 지체시켰다가는 이라크처럼 위기에 빠질 수 있다는 점을 강조하자 김정일 위원장도 북-미 대화만을 고집하지 않겠다는 뜻을 밝혔다는 것이다.[7]

7) 『동아일보』, 2003. 4. 16.

전쟁이 발발한 후에도 미국의 입장에는 변화가 없었다. 미국은 북한 핵문제 해결에 대하여 중국과 러시아가 한반도 핵화를 반대하기 때문에, 한반도의 북핵문제 이해당사국들이 다자 틀 속에서 북핵 해법을 찾도록 유도해야 하고 또한 그만한 외교적 능력을 갖고 있다는 것이었다.[8] 또한 바우처(Richard Boucher) 미 국무부 대변인도 3월 27일 정례 브리핑을 통해서 "미국은 한국을 포함해 일본과 대단히 긴밀한 관계를 유지하고 있으며, 미국은 이 문제를 평화적·외교적으로 해결하기 위해 협조하고 있다"고 밝힌 바 있다. 베이커(Howard H. Backer, Jr.) 주일 미국대사는 미국은 북한의 핵문제는 주변국과 다국간 협의 등 외교적인 해결을 모색하겠으며, 한국·일본 등과 협의 없이 북한을 선제 공격하는 일은 결코 없을 것이라 하였다. 그러나 이라크전이 단기에 끝난다면 북한 공격 가능성이 있다는 각종 미국 언론들의 보도는 보도 그 자체만은 아닐 것이라는 우려를 자아내기도 하였다.

이라크전쟁이 길어지지 않고 미국의 승리가 굳어지자 북한은 외무성 대변인을 통해 "우리는 대화의 형식에 크게 구애받지 않을 것"이라고 발표하였다. 북한은 계속해서 북미 직접대화를 주장하며 강경 입장을 표명해 왔지만, 이라크전쟁에 위협을 느꼈고 중국의 설득도 받아들여 입장을 선회하였다. 북한이 핵문제 해결을 위한 다자대화 수용을 밝힌 데 대해 부시(George W. Bush) 대통령도 "매우 좋은 소식"(very good news)이라고 화답함으로써, 미국의 의지대로 이 문제를 풀어나가게 되었다. 2003년 4월 23일부터 25일까지 북한과 미국 그리고 중국의 3자회담이 열렸다. 여기에서 북한은 포괄적 타결안을 제안하였고, 미국은 선 핵포기를 강조하였다. 미국은 북한의 핵프로그램 완전포기가 전제되어야 북미간 대화가 가능하다는 입장이었기 때문에, 3자회담을 통해 실질적인 양자회담을 이끌어 내려는 북한은 그 뜻을 이룰 수 없었다.

3. 화해협력에서 평화번영으로 남북경제협력 지속

1) 남북장관급회담 지속과 성과

노무현 정부 출범 이후 첫 장관급회담인 제10차 남북장관급회담이 2003년 4월

8) 파월(Collin Powell) 미 국무장관은 2003년 3월 26일 하원 세출위 소위원회에서 이같이 답변하면서도, "우리는 북한 침공에 대하여 이야기할 필요가 없으며, 결코 어떠한 선택도 테이블 위에서 배제하지 않았다"며 북한에 대한 강·온 양면전략을 계속 구사하였다.

27일부터 29일까지 평양에서 진행되었다. 이 회담은 남한으로 보면 정권교체 이후 첫 회담이었기 때문에, 향후 대북관계에 대한 방향을 제시하는 면이 있었다. 북한으로 보아서도 다른 파트너에 대한 대남정책 방향과 당시 7·1조치 이후 경제분야의 상황을 고려해야 했다. 그렇기 때문에 여기에서 합의된 제1조는 "6·15남북공동선언의 기본정신의 재확인과 변함없는 준수"였고, 제2조는 "한반도 핵문제에 대한 평화적 해결"이었다. 그리고 남북 사이에 이미 합의해 이행 중이거나 예정된 협력사업을 적극 추진하기로 합의하였다. 즉, 쌍방은 경의선과 동해선의 철도·도로 연결행사와 개성공단 착공식 문제, 금강산관광사업 문제, 기타 협력사업을 추진하기 위해 필요한 조치를 취하기로 하였다. 2003년에 제11차 및 제12차 회담이 연이어 개최되었다.

2004년 2월 3일부터 6일까지 진행된 제13차 장관급회담 이후 남북관계에 영향을 미치는 여러 가지 사건들이 발생하였다. 이 회담에서 합의한 군사당국자회담이 북한의 무반응으로 개최되지 못하였으며, 북한측이 노무현 대통령 탄핵[9]으로 인한 남한의 정국불안 이유를 들어 회의장소의 변경을 고집함에 따라 경제분야 실무회담도 제때 열리지 못하였다. 제14차 회담은 군사당국자회담 개최와 제15차 회담의 날짜만 정하고 끝이 났다.

2004년 5월 26일 제1차 남북장성급회담이 개최되었다. 이는 북한에서 용천역 폭발사고 이후로 남한측의 지원이 이루어지면서 회담 개최의 추동력으로 작용하였다. 여기에서 양측은 서해상의 우발적 무력충돌 방지 문제와 군사분계선 지역 선전활동 중지 등을 주장하였으나, 제2차 회담에서 협의키로 하였다. 6월 3일과 4일에 설악산에서 열린 제2차 회담에서는 이 문제에 대하여 합의 서명하였다. 북한측은 서해상의 새로운 해상경계선 설정 문제에 대하여 언급하였으나, 우리 측은 50년간 준수해 온 해상경계선임을 분명히 하였다. 이에 북한측은 더 이상 이에 대하여 고집하지 않고 충돌방지조치에 합의하였다.[10] 이것이 '서해해상에서 우발적 충돌방지와 군사분계선 지역에서의 선전활동 중지 및 선전수단 제거에 관한 합의서'였다.

9) 노무현 대통령은 2004년 3월 12일 국회에서 '정치적 중립성'을 이유로 탄핵소추안이 통과되었다. 대통령의 직무가 정지되었고 5월 14일 탄핵소추안이 헌법재판소에서 기각되어 64일만에 직무에 복귀하였다.

10) 통일부, 『통일백서 2005』, 43면.

제1, 2차 남북장관급회담에서 경의선 철도와 도로를 연결하기로 합의한 사업은 2002년 9월 18일 경의선과 동해선 철도·도로 연결공사로 착공식을 동시에 개최하였다. 도로의 경우 2003년 10월 경의선이 연결되었고, 2004년 10월 동해선 연결공사가 완료되고 그해 12월 1일부터 남북 간에 정상적인 이용을 시작하였다. 철도의 경우 남한 구간 경의선은 2002년 12월, 동해선은 2005년 12월 공사가 완료되었다. 북한 구간도 2005년 경의선, 동해선 모두 궤도 부설을 완료하고 역사 건축 및 신호·통신·전력계통 공사를 진행하였다. 2007년 5월 17일 경의선과 동해선 열차 시범운행이 동시에 진행되었으며,[11] 2007년 12월 11일부터는 경의선의 화물열차 정기운행이 이루어지게 되었다.[12] 금강산관광의 경우 육로를 통한 관광과 북한이 고성, 해금강, 삼일포 등을 금강산관광지구로 지정하여 관광이 활성화되었다.

2004년 4월 22일 평안북도 용천 부근에서 대형 폭발사고가 일어났다. 북한이 국제사회에 지원을 호소하였고, 남한측에서도 정부와 민간 차원에서 적극적으로 지원하였다. 대북 인도적 지원은 계속되었고, 식량 지원은 차관형식으로 이루어졌다.[13] 2004년 7월 13일 '남북간 식량차관 제공에 관한 합의서'에는 "남측은 북측에 남쪽에서 생산된 쌀 10만톤과 외국산 쌀 30만톤을 차관으로 제공한다"고 하였다. 차관의 상환형식은 10년 거치 30년으로 하고 연이율은 1.0%였다. 국내산 쌀은 5만톤씩 경의선과 동해선 육로를 통하여 개성지역과 고성지역에 수송되었다.

2) 개성공단사업의 착공과 공단 준공

개성공단사업은 2000년 8월 22일 현대아산과 북한 아시아태평양평화위원회 간의 합의로 시작되었다. 2002년 8월 12일 개최된 제7차 남북장관급회담에서 개성공단 개발 문제가 거론되기 시작하여 이후 '남북경제협력추진위원회'와 '개성공단개발 실무협의회', '남북경제협력제도 실무협의회' 등을 통해 협의되었다. 남북 군사분야 회담을 통해서도 군사적 보장 문제가 논의되었다. 남북 당국간 협의에서는 기반시설 건설, 통행로 개통, 통신·통관·검역, 노동력 공급 등 전반적인 사항을 협의하

---

11) 2000년 남북정상회담 이후 철도 연결을 위한 실무대화를 포함해 61차례의 회담이 있었다. 2007년 5월 17일 오전 11시 30분, 철마는 달렸다. 남쪽 열차가 문산역을 출발하여 북으로 향했고, 같은 시간 금강산역의 북쪽 열차가 남으로 출발했다. 김연철, 『70년의 대화』, 창비, 2018, 250-251면.

12) 통일부 통일교육원, 『남북관계지식사전』, 통일부 통일교육원, 2011, 209-210면.

13) 노무현 정부 출범 후인 2003년 5월 23일에도 '남북간 식량차관 제공'에 합의하여, 북한에 40만톤의 식량을 차관으로 제공한 바 있다.

고 '개성·금강산관광지구의 출입·체류에 관한 합의서' 등 관련 합의서를 채택하였다. 북한은 사전에 우리 측과 법규 내용 등에 대한 협의를 거쳐 2002년 11월 13일 '개성공업지구'를 지정하고 11월 20일에는 '개성공업지구법'을 제정하였다.[14)]

남북은 경제협력추진위원회 제5차 회의를 2003년 5월 19일부터 23일까지 개최하여 "남과 북은 개성공단 건설 착공식이 사업자간에 합의되는데 따라 6월 하순에 개최되도록 하며, 개성공단이 국제적 경쟁력을 갖는 방향으로 개발되도록 적극 협력한다"고 하였다. 이후 사업자와 당국 간 협의를 통해 2003년 6월 30일 1단계 330만㎡ 개발 착공식을 가졌다.[15)]

2004년 시범단지 9만 3천㎡에 대한 분양을 실시하였으며, 총 26개 업체가 입주하였다. 2004년 12월 15일 시범단지 입주기업에서 첫 제품 출하가 이루어졌다. 2005년 3월 16일에는 남측 지역에서 개성공단으로 전력공급이 시작되었다.[16)] 이후 개성공단은 본격적으로 가동되었고, 2005년 10월 공단 내에 협력사무소가 설치된 이후 개성공단과 남측지역 간 통신이 연결되었다.

Ⅲ. 북핵문제 해결을 위한 6자회담과 대북정책 지속

1. 북핵문제의 돌파구로써 6자회담

북한은 베이징 3자회담 이후 '선 북미회담, 후 다자회담'의 입장을 표명하였으나, 미국의 입장은 변하지 않고 한국·일본·중국·러시아 등의 주요 국가가 함께 이 문제를 풀어가야 한다는 생각이었다. 미국의 다자회담에 대한 의지는 6자회담으로 귀결되었다. 미국의 의도는 미국이 북핵문제의 유일한 당사국이 아니라 여러 관련국 중의 하나라는 것을 부각시키자는 것이고, 이 문제의 주도권은 유지하되 책임은

14) 통일부 통일교육원, 『남북관계지식사전』, 25-29면.

15) 양측은 개성시를 포함한 총 65.7㎢(2,000만평)에 공장구역 26㎢(800만평), 생활·관광·상업구역 등 40㎢(1,200만평)을 개발하기로 하고, 1단계로 3.3㎢(100만평)을 개발하기로 하였다. 현대아산은 공단 개발에 경험이 많은 토지공사와 1단계를 공동 개발하는 사업시행협약서를 체결하였으며 2003년 6월 30일 1단계 개발 착공식을 거행하였다.

16) 2006년 12월 21일 남북간 10만kw 송전선로를 연결하고 2007년 5월 26일 송전방식의 전력공급이 이루어졌으며, 6월 21일 '평화변전소' 준공식을 개최했다.

분산시키자는 것이었다.

2003년 8월 27일에서 29일까지 중국의 베이징에서 제1차 6자회담이 개최되었으나, 북한과 미국은 기존 입장을 반복하면서 6개 항으로 된 '의장요약발표문'만 내놓고 폐막하였다. 북한 핵문제 해결을 위하여 6개국이 만났다는 데 의의를 두어야 했다. 제2차 6자회담은 2004년 4월 25일부터 28일까지 역시 베이징에서 열렸는데, 북한은 '평화적 핵활동 보장'을 미국은 '가시적이고, 검증 가능하며, 돌이킬 수 없는 방식으로 핵 폐기(CVID)'를 주장하였다. 제2차 회담에서 성과라면 북한이 핵사찰과 농축 우라늄 포기 등을 수용할 경우, 한국·중국·러시아는 에너지를 지원할 것이라고 밝힌 것이었다. 북한은 6자회담 실무협의에서 미국이 우라늄 농축 프로그램에 대하여 조작된 자료를 내놓고, 대통령 선거에서 부시가 재선되면 북한을 공격할 구실을 만들어 내는 것이라 하였다. 6월에 있은 제3차 6자회담에서는 구체적인 협상안이 제시되었다. 미국은 핵 동결 및 폐기시 단계적인 상응조치와 이행방안을, 북한은 우라늄 농축 프로그램 존재는 부인하였으나 여건이 갖춰지면 핵 동결과 핵무기 관련 계획을 폐기할 수 있다고 하였다.

2004년 6월 제3차 이후 6자회담은 열리지 못하고 있었다. 11월 2일 미국 대통령 선거에서 부시가 재선에 성공하고, 2005년 1월 제2기 부시 행정부가 출범하면서 북핵문제에 대하여 다시 강경해졌다. 북한은 2월 10일 핵무기 보유 선언과 6자회담 참가 중단으로 대응하면서 미국의 의중을 탐색하였다.[17] 북한은 핵 의혹에서 핵 보유라는 초강수를 들고 나왔다. 이를 북한에서는 "조선민주주의인민공화국이 핵보유국임을 세계에 자랑스럽게, 떳떳하게 알리는 선군진동의 뇌성벽력이었다"하면서, "핵은 무엇인가. 전쟁과 평화의 최후의 수단, 절대적이며 결정적 수단이라는 의미를 초월하여 그것은 곧 주권"이라고 주장하였다.[18]

한반도에 긴장이 고조되면서 북한을 6자회담에 참여케 하는 것이 당시의 노무현 정부로서도 중요한 문제가 아닐 수 없었다. 그러나 남북관계도 경색되어 있었고 무언가 실마리를 찾아야 했다. 5월 16일과 19일 사이에 남북 차관급 실무회담이 개성에서 진행되었고, 여기에서 6·15남북공동선언 5주년을 계기로 평양에서 진행

17) 2005년 2월 10일 북한은 외무성 성명을 통해 6자회담 참가의 무기한 중단과 핵무기 보유 사실을 공식선언하였다. 북한은 제2기 부시 행정부가 출범하면서 좀 더 강한 핵카드를 들고 나왔다. 김창희, "북핵문제에 대한 북·미간 갈등과 6자회담,"『한국동북아논총』, 제12권 제1호, 한국동북아학회, 2007, 129면.

18)『선군태양 김정일장군 4』, 평양: 평양출판사, 2007, 149면.

되는 '민족통일대축전'에 장관급을 단장으로 하는 대표단을 파견하기로 하였다. 북한에 비료 20만톤을 제공하는 것에도 합의하였다.

2. 한국의 역할과 9·19공동성명

2005년 6월 10일 한·미정상회담에서 노무현 대통령이 부시 대통령에게 북한에 대한 자극의 자제를 요청하였고, 핵문제 해결에 대한 한국 정부의 능동적인 역할을 암시하였다. 정동영 통일부장관이 평양축전의 단장으로 방북을 하여 6월 17일 김정일 위원장과 면담에서 "6자회담에서 북한이 핵 폐기에 합의하면 현재 중단상태인 경수로 공사를 중단하는 대신 우리가 독자적으로 200만kw의 전력을 북측에 직접 송전하는 방식으로 제공하겠다"고 하였다. 김정일 위원장은 이 자리에서 한반도 비핵화선언이 김일성 주석의 유훈이라 강조하고, 7월 중 6자회담의 복귀 가능성을 밝혔다.[19]

2005년 7월 26일부터 8월 7일까지 제4차 6자회담이 진행되어 북미간의 실질적인 대화가 이루어졌고, 한반도 평화체제와 관련된 논의(정전체제의 평화체제로의 전환)도 개진되었다. 북한의 '평화적 핵 이용' 문제로 결렬의 위기를 맞기도 했으나 6개항의 '9·19공동성명' 채택으로, 북한 핵문제는 평화적으로 해결되는 듯이 보였다. 공동성명에는 ① 한반도의 검증 가능한 비핵화를 평화적인 방법으로 달성하는 것을 재확인(북한의 핵무기 및 현존 핵 계획 포기, 적절한 시기 경수로 제공 논의), ② 국제연합헌장 및 국제규범 준수 약속(북미관계 정상화), ③ 에너지, 교역 및 투자 분야에서의 경제협력(대북 에너지 지원), ④ 동북아의 항구적인 평화와 안정을 위해 공동 노력(한반도 영구적 평화포럼 개최 등), ⑤ 6자는 '공약 대 공약' '행동 대 행동' 원칙에 입각한 단계적 합의 이행을 위해 조치를 취한다는 내용이 포함되었다.

상술한 바와 같이 제2차 북핵위기는 6자회담으로 해결방안을 모색했지만, 제1, 2, 3차 6자회담에서 합의점을 찾지 못하였다. 제4차 6자회담의 재개되고 진행되는 과정에서 노무현 정부는 주요 사안에 대해 구체적이고 합리적인 구상을 제시하고 능동적인 역할을 함으로써 '9·19공동성명'을 이끌어 내는 데 큰 영향을 미쳤다.

19) 방북 후 정동영 장관은 미국을 방문하여 김정일 위원장의 의사를 미 행정부에 전달하고, 한국 정부의 '전력공급 제안'에 대해 미국의 동의를 이끌어 냄으로써 제4차 6자회담에서 적극적 역할을 수행할 수 있었다. 정성장, "북한 핵실험 이후 북핵 문제의 관리 및 해결 방향," 『세종연구』, 제3권 제1호, 세종연구소, 2007, 82면.

9·19공동성명에 대하여 북한은 '치열하게 벌어진 조미 핵 대결과정에서 미국을 꼼짝 못하게 연전연승을 올리는 선군조선의 위력'이라 하면서, 미국이 북한에 대한 적대시 정책을 완전 포기하고 동시행동의 원칙과 보상의무를 부여한 것이라 하였다.[20] 이같이 북한은 만족을 표하면서 경수로를 하루빨리 제공하라고 압박을 가했다. 미국은 핵 프로그램 포기가 우선이고 경수로 문제는 추후 논의할 수 있다는 입장이었다.

3. 북한 핵실험과 평화번영정책 지속

9·19공동성명으로 한반도 비핵화를 위한 전기가 마련되었다. 그러나 이러한 합의는 미국의 대북 금융제재 문제라는 암초를 만났다. 공동선언 도출 직후 미국은 북한의 달러화 위조혐의를 근거로 북한이 위폐를 거래한 것으로 추정되는 마카오의 방코델타아시아은행(BDA) 등 국제금융기관들에 대한 제재에 나섰다. BDA의 계좌에 있던 2,400만달러의 북한 자금이 동결되었고, 세계 20여개 금융기관의 대북거래가 중단되었다. 북한은 이를 체제에 대한 새로운 위협으로 간주하고 6자회담 복귀를 거부하였다.

이러한 상황에서 북한이 택한 것은 미국의 독립기념일에 시도한 동해상의 미사일 발사였다. 이것이 실패로 끝나자, 2006년 10월 9일 핵실험을 강행하였다. 북한은 10월 3일 외무성 성명을 통하여 핵실험을 예고하였다. 즉, 한반도에서 미국에 의한 핵전쟁 위협이 가중되고 있어 생존을 침탈당하고 있다 하면서, "핵무기 보유 선언은 핵시험을 전제로 한 것이다. … 핵 억제력 확보의 필수적인 공정상의 요구인 핵시험을 진행하지 않을 수 없다"고 의지를 표명하였다.[21]

핵실험 이후 북한의 외무성 성명을 통해 미국의 핵위협과 제재압력 책동 때문이라고 하였다. 북한은 대미관계 개선이 지연되면서 경제난이 심화되고 정권도 위협받는 상황에 이른 것이다. 그러므로 핵실험을 통해 핵무기 보유국가 지위를 확보해 체제유지 기반을 공고히 하고 대미협상에서도 유리한 위치를 점하려 한 것이었다.[22] 핵실험 이후 미국이 주도하는 유엔 안보리는 국제사회의 대북제재에 대한 의지를

20) 『선군태양 김정일장군 4』, 558-561면.

21) 『로동신문』, 2006. 10. 4.

22) 김창희, "북핵문제에 대한 북·미간 갈등과 6자회담," 133면.

결의안 제1718호를 통해 보여주였다. 만장일치로 합의된 이 결의서는 군사적 실행을 제외한 경제봉쇄정책으로 북한을 압박하는 것이었다.[23] 북한의 핵실험에도 불구하고 노무현 정부의 대북평화정책 기조는 지속되었다. 북한이 핵실험을 단행하자 정부도 당황하였고, 일단은 미국의 경제봉쇄정책 동참 의지는 밝혔으나, 금강산 관광사업과 개성공단 사업은 지속하였다. 북한 핵실험 이후 이 같은 노무현 정부의 판단과 대처는 6자회담의 재개에 긍정적으로 작용하였다.

상술한 바와 같이 7월의 미사일 발사실험, 10월의 제1차 핵실험 등 북한의 지속적인 도발에 있어서 노무현 정부의 대북평화정책의 기조 유지에 대하여, 지도자의 개인적인 비전과 원칙화된 신념이 지나치게 강조되었기 때문이라는 평가도 있었다.[24]

Ⅳ. 한반도 문제에서 남북한과 미국

1. 핵실험 이후 2007년 2·13합의

미국의 압박 그리고 북한의 핵실험으로 인한 사태의 악화는 상호 부담을 느껴 6자회담 재개 쪽으로 가닥을 잡았다. 미국도 중간선거를 앞둔 시점에서 민주당의 '대북 핵정책 실패'라는 공격이 부담으로 작용했고, 북한도 국내외적인 어려운 상황에서 한 걸음 물러서지 않을 수 없었다. 2006년 11월 17일 베트남의 하노이에서 열린 아시아태평양경제협력회의(APEC)에 앞서 한미 정상회담이 열렸다. 여기에서 부시 대통령은 "북한이 핵 포기를 하면 전쟁 종료를 선언하고 평화협정에 대한 노무현·부시·김정일과 함께 직접 서명 가능하다"고 밝혔는데, 이는 김정일 위원장을 사실상의 협상파트너로 인정했다는 것을 의미한다.

결국 중국의 중재로 미국의 힐(Christopher Hill) 국무부 차관보와 북한의 김계관

23) 대북제재결의안은 금수품목을 열거한 다음 모든 유엔 회원국들에게 핵무기 운송으로 의심되는 북한 선박에 대해 국내·국제법에 맞춰 해상검색할 것을 요구하였다. 이를 위한 수단으로서 PSI(대량살상무기확산방지구상)의 관계규정과 합의사항을 준수하는 것이 필수다. 한국 정부는 남북 군사적 충돌을 우려해 PSI에 참가하지 않았다.

24) 문순보, "노무현정부의 대북정책: 국가안보와 평화번영정책의 괴리,"『세종정책연구』 2014-9, 세종연구소, 2014, 25면.

외무성 부상이 2006년 11월 28일과 29일 베이징에서 만나 6자회담 복귀에 합의했다. 우여곡절 끝에 2007년에 2월 제5차 3단계 6자회담에서 합의를 도출하였다. 여기에서 나온 "9·19공동성명 이행을 위한 초기조치"라는 '2·13합의'는 말 그대로 '행동 대 행동'의 원칙에 따라 단계적으로 9·19 공동성명 이행 조치에 대한 합의였다. 좀 더 구체적으로 보면 초기 단계로 60일 이내에 핵시설을 패쇄·봉인하고 국제원자력기구(IAEA) 요원 복귀시 중유 5만톤을 지원하고, 핵시설 불능화 때는 중유 95만톤 상당을 지원하기로 하였다. 또한 한반도 비핵화, 북미 관계 정상화, 북일 관계 정상화, 경제 및 에너지 협력, 동북아 평화·안보체제의 5개 실무그룹을 설치하기로 하였다. 또한 초기 조치가 이행되는 대로 동북아 안보협력 증진 방안을 모색하기 위한 장관급회담을 개최하고, 동북아에서의 지속적인 평화와 안정을 위한 공동 노력과 한반도의 항구적 평화체제에 관한 협상을 위한 별도 포럼을 갖기로 하였다.

2. BDA 문제 해결 이후 2단계 조치

2·13합의 이후 60일 지나서도 발목을 잡은 것은 BDA 문제였고, 4개월이 지나서야 이 문제가 완전히 해결되었다. 6월 25일 북한의 외무성 대변인이 동결자금 문제가 해결되었다고 밝혔다. BDA 문제가 해결되자 북핵 초기 이행이 빠르게 진행되었다. 북한은 7월 14일 5MW 원자로 등 영변 5개 핵시설에 대한 가동을 중단하고 국제원자력기구(IAEA) 요원들은 이에 봉인조치를 취하였다. 휴회하고 있던 제6차 1단계 6자회담 수석대표회담이 베이징에서 7월 18일에서 20일까지 개최되었다. 그 후 9월 1일과 2일 제네바에서 북미 관계정상화 실무그룹 회의가 있었고, 이 결과를 9월 3일 북한의 외무성 대변인이 발표하였다. 북미 제네바회담에서 '연내 핵시설 불능화' 합의와 '테러지원국명단 삭제와 적성국 교역법 제재 해제'를 취하기로 했다는 것이었다.

물론 북미 제네바회담은 제2차 남북정상회담의 발표가 있은 후에 진행된 것이었다. 9월 7일 호주 시드니에서 APEC을 계기로 노무현 대통령과 부시 대통령이 한미정상회담을 가졌다. 부시 대통령은 남북정상회담에 대한 지지의사를 표명하고 한국 정부의 노력이 6자회담의 진전에 도움을 줄 것이라고 평가하였다. 그는 북한이 핵을 폐기한다면 한국전쟁을 종결시키기 위한 평화협정 체결의 용의가 있음을 밝혔다. 제6차 2단계 6자회담이 9월 27일부터 30일까지 남북정상회담 직전에 베이징에서 열렸고, 그 합의문은 정상회담 중인 10월 3일 발표되었다.

'9·19공동성명 이행을 위한 제2단계 조치'(10·3합의)의 핵심 내용은 한반도 비핵화 문제, 관련국간 관계정상화 문제, 북한에 경제·에너지 지원 문제, 6자회담 관련국 외교장관 회담 등 4가지를 담고 있다. 이들은 이미 2·13합의서 제기된 문제에 대한 반복에 불과했으나, 한반도 비핵화 문제는 구체적으로 관련 사항과 일정 등을 제기하였다. 이를 요약하면 첫째로 한반도 비핵화로 현존하는 모든 핵시설(5MWe 실험용 원자로, 재처리시설, 핵연료봉 제조시설) 불능화 완료, 모든 핵 프로그램에 대한 완전하고 정확한 신고(2007년 12월 31일까지 신고), 북한의 핵물질·기술 또는 노하우를 이전하지 않는다는 재공약이었다. 둘째로 관련국간의 관계정상화로 북미관계를 개선하고 전면적 외교관계로 나아가는 공약을 유지하고, 북한 테러지원국 지정으로부터 해제하기 위한 과정 개시와 대적성국 교역법 적용을 종료시키기 위한 과정 진전과 함께 북일관계 개선 노력 등이 포함되어 있다. 그 밖에 2·13합의에 따른 경제 및 에너지 지원과 6자 외무장관 회담 등이 포함되어 있다.

3. 노무현·김정일 정상회담의 개최과정

제2차 남북정상회담에 대한 합의는 제6차 2단계 6자회담이 개최되기 이전에 이루어졌다. 김만복 국정원장과 김양건 통전부장[25]이 서명한 '노무현 대통령의 평양 방문에 관한 남북합의서'의 정상회담 일자는 8월 28일에서 30일까지였으나, 북한 지역의 수해 특히 평양에 집중폭우로 인하여 10월 2일에서 4일까지로 연기되었다. 정상회담의 연기로 남북한 정부는 정상회담에 대비할 시간적 여유도 가질 수 있었고, 이 기간 동안 제6차 2단계 6자회담도 열려 북핵문제에 대한 합의가 이루어졌기 때문에 결과적으로 긍정적으로 작용하였다.

2005년 신년 내외신 기사회견에서 노무현 대통령은 "때와 장소를 가리지 않고, 상대가 응한다면 주제에 관계없이 정상회담에 응할 용의가 있다"고 밝힌 바 있다. 또한 우리 정부가 정상회담과 관련하여 처음 직접 의사를 전달한 것은 2005년 6월 17일 정동영 전 통일부장관이 김정일 위원장을 만났을 때였으나, 당시는 북미관계

25) 2007년 8월 5일 작성된 '노무현 대통령의 평양방문에 관한 남북합의서'는 평화번영정책의 추진원칙에서 강조한 바와 같이 공식성과 투명성의 원칙에서 이루어졌다. 제2차 남북정상회담은 2000년과 달리 공식적인 남북라인인 국가정보원과 로동당 통일전선부을 통하여 이루어졌다.

가 회복되지 않았고 핵문제 등으로 여건이 형성되지 못하였다.

노무현 정부에서 남북관계에 중요한 전기를 마련한 것이 '남북관계 발전에 관한 법률'의 제정이라 볼 수 있다. 이는 남북관계를 포괄적으로 규율한 최초의 법률이자 남북간 평화공존을 상징하는 법률이다.[26] 이 법률로 남북회담 대표의 임명, 남북합의서의 체결·공포, 공무원의 북한지역 파견 등에 대한 법적 근거를 마련하였다.

2·13합의 이후 노무현 대통령은 2007년 5월 31일 AP통신사와의 인터뷰에서 정상회담은 "내 임기와 관계없이 6자회담의 결과를 더 공고히 하고 전진시키는 데 필요한 것이기 때문에 거기에 적절한 시점이 있을 것이라고 생각한다. 그 시점은 우리가 임의로 앞당기기도 어려운 일이지만 6자회담의 진전을 위해서 그 뒤로 늦춰서도 안 되는 일이다"라고 하였다. 노대통령의 입장에서도 정상회담은 임기 내의 큰 과제였고, 이를 통하여 그동안 추진해 온 '평화번영정책'의 틀을 다져 놓고자 했다.

북한이 정상회담에 합의한 것은 지금이야말로 가장 적절한 시기라고 생각했기 때문이었다. 북한은 일정한 관계에 들어선 미국과의 관계와 함께 남한과의 관계도 발전시켜야 할 필요가 있다고 판단한 것이다. 특히 2·13합의 2단계 조치인 핵 불능화 단계를 풀어가는 전환점에서 남북정상회담이 필요했다. 북한의 경제는 아주 어려움에 처해 있어, 이를 회복하기 위한 외부의 자원 유입이 절실한 상황이었다. 김정일 위원장은 정상회담을 계기로 남측과의 관계개선과 경제협력을 확실히 하고 경제적 지원 등을 받을 수 있다는 생각을 했을 것이고, 또한 미국과의 관계 정상화를 앞당기기 위해서도 남한의 역할이 필요하다는 전략적 판단을 내렸을 것이다. 김위원장은 노대통령 임기 내에 확실한 평화협력의 기회를 잡고자 했다. 김위원장이 "참여정부 출범 직후부터 노대통령을 만날 것을 결심했으나 그동안 분위기가 성숙되지 못했으며, 최근 남북관계 및 주변관계가 호전되고 있어 현 시기가 수뇌상봉의 가장 적합한 시기"라고 밝혔다는 것에서도 이를 추론해 볼 수 있다.

---

26) 2004년 임채정 의원 중심으로 여야 125명 명의로 〈남북관계발전기본법안〉이 국회에 제출되어 공청회를 거쳐 법사위에서 의결되고, 2005년 12월 8일 국회 본회의를 통과하였다. 이 법률은 2006년 6월 30일부터 시행되었다.

Ⅴ. 제2차 남북정상회담의 내용과 의미

2007년 10월 2일부터 4일까지 평양에서 남북정상회담이 개최되었다.[27] 2000년 정상회담 이후 7년만에 개최된 정상회담은 '남북관계 발전과 평화번영을 위한 선언'(남북정상선언)을 도출하였다. "6·15공동선언의 정신을 재확인하고 남북관계 발전과 한반도 평화, 민족공동번영과 통일을 실현하는데 따른 제반 문제"들을 협의한 선언은 8개 항과 두 개의 부가사항으로 되어 있다. 선언의 명칭에서 평화번영은 일반적으로 보면 남북한 모두에게 필요한 것이고 그렇기 때문에 합의했을 것이다. 그러나 노무현 정부 입장에서 추론해 보면 정책으로 추진해 온 평화번영정책과 명칭에서 괘를 같이하기 때문에 성과라 할 수 있다.

1. '10·4남북정상선언'의 의미

1) 6·15남북공동선언의 고수와 통일문제

남북정상선언의 제1항과 제2항은 2000년 6·15남북공동선언을 적극 구현하고 사상과 제도 차이를 초월하여 남북간 존중과 신뢰의 관계를 확고히 하자는 것이다. '6·15남북공동선언'을 고수하고 적극 구현해 나가는 것의 중요성을 첫 번째 항에서 강조하고 있다. 이 선언에는 2000년과 달리 통일문제에 대한 구체적인 언급은 없으나, '남북은 우리민족끼리의 정신에 따라 통일문제를 자주적으로 민족의 존엄과 이익을 중시'한다고 하였다. 이는 통일문제에 대하여는 6·15남북공동선언을 통해 잘 정리되어 있다고 보고 있었던 것 같다. 노무현 대통령은 김정일 국방위원장에게 "우리 국민들은 동서독과 같은 급작스러운 통일을 바라지 않으며 상호 공존공영하면서 점진적으로 통일에 접근해야 한다는 인식을 가지고 있다"고 말했다 한다. 그런데 7년 전에 제기된 이 문제에 대하여는 좀 더 진전된 자세와 논의가 필요했다.

제2항에서 남북은 사상과 제도의 차이를 초월하여 상호 존중과 신뢰, 내정불간

27) 노무현 대통령이 육로를 통해 방북하여 김영남 최고인민회의 상임위원장과 면담하고 김정일 국방위원장과 두 차례에 걸쳐 정상회담을 하였다. 1차 회담 전에 공개된 "김대중 대통령은 하늘로 오셨는데, 대통령께서는 군사분계선을 넘어 육로로 오셔서 큰 의미가 있는 것 같다"는 김위원장의 발언은 여러 가지 의미를 함축하였다.

섭, 통일 지향을 위한 법률적·제도적 장치 정비, 의회 등의 대화 접촉을 포함하고 있다. 이는 남북간에 교류와 협력을 해 나가는 데 제약이 있다는 사실을 인정하고 이를 해결하기 위해 노력해야 한다는 의미가 담겨 있다. 대표적인 것이 국가보안법과 로동당규약이 될 수 있다. 정상회담 중에 노무현 대통령의 아리랑 관람은 상호체제 인정이라는 관점으로 볼 수 있었다.

2) 한반도 평화 증진 문제

정상회담의 가장 중요한 의제는 한반도 평화체제 구축을 위한 기본 틀을 짜고 평화번영의 시대를 열어가는 것이었다. 이를 위하여 양 정상은 제3, 제4항에서 한반도에서 군사적 적대관계를 종식시키고 항구적인 평화체제를 구축하기 위해 종전선언을 추진하는 데 협력하자고 하였다.

남북은 한반도에서 어떠한 전쟁도 반대하며 불가침의무를 확고하게 준수한다고 했다. 특히 서해상의 우발적 충돌 방지를 위해 '공동어로수역'을 지정하고, 평화수역으로 만들기 위해 남북 국방장관회담을 추진키로 하였다.

남북관계에서 가장 중요한 것은 한반도 평화체제를 구축하는 것이다. 이를 위해 "남과 북은 정전체제를 종식시키고 항구적인 평화체제를 구축하기 위한 종전선언을 추진"하자는 것이 핵심이었다. 그동안 북한은 정전협정을 평화협정으로 바꾸어야 한다고 지속적으로 주장하면서, 그 상대는 미국이 되어야 한다고 하였다. 우리의 입장은 평화협정도 남북 당사자에 의하여 이루어져야 한다는 것이었는데, '10·4 정상선언'에서 남북이 주체가 되고 여기에 미국이나 중국이 참여하여 종전선언 문제를 풀어 나가기로 한 것은 중요한 의미를 가지는 일이었다.

10·4정상선언에 "남북은 한반도 핵문제 해결을 위해 6자회담 9·19공동선언과 2·13합의가 순조롭게 진행되도록 공동으로 노력하기로 하였다"고 하여, 핵문제에 대한 것을 한 문장으로 표현하고 있다. 그렇기 때문에 '핵 폐기 문제'가 빠져 아쉽다거나 아예 선언 자체를 평가 절하하는 사람도 있었다. 북핵문제는 남북문제이면서 북미 간의 문제이다. 마침 정상회담이 진행되는 중인 10월 3일에 제6차 2단계 6자회담 합의문이 발표되었다.[28]

---

28) 김정일 위원장은 정상회담 도중 6자회담 북한측 수석대표인 김계관 외무성부상을 회담장으로 불러 이를 설명하도록 했다 한다. 핵문제에 해결에 대한 북한의 의지를 엿볼 수 있는 장면이었다.

3) 공동번영을 위한 경제협력 확대

한반도 평화정착을 위해서 남북한 간에 경제공동체 기반을 조성해가는 것이 필요하다. 북한이 필요한 것은 구호품 수준의 지원이 아니다. 언제까지 쌀이나 비료를 지원받아 체제를 유지할 수 없다는 것을 잘 알고 있었다. 북한은 근본적으로 경제회생이 가능한 투자인 '경제개발 지원'이 필요했다. 그래서 선언에는 민족경제의 균형적 발전과 공동번영을 위한 경제협력사업의 확대 발전을 제시하였다.

한반도 평화정착과 공동번영을 위해서 남북한 간에 경제공동체 기반을 조성해가는 것이 필요하다. 이를 위해 남과 북은 기반시설 확충과 자원 개발을 적극 추진하고 이 사업을 위해 각종 특혜를 우선적으로 부여키로 하였다. 남북한 신뢰관계를 촉진하고 정착하는 핵심동력으로서 남북경협을 강화시키는 방안을 정상회담에서 합의가 되었다. '해주지역과 주변해역을 포괄하는 서해평화협력특별지대 설치', '평화수역 설정', '경제특구 건설과 해주항 활용', '개성공단의 통행·통행·통관 등 제도적 장치 조속 완비', '안변과 남포에 조선협력단지 개설' 등이 그것이다. 이는 그동안 남북경협을 미래 지향 단계로 발전시켜 공동번영의 틀을 마련해 보자는 것이었다.

노무현 대통령은 서해평화지대를 10·4정상선언의 핵심으로 보았다. '평화를 구축하고 경제협력을 해나가는 포괄적인 해결 방안'으로서 '서해평화협력특별지대' 방안을 제의했고, 김정일 위원장이 국방위원회 참모들과 상의해서 수용했기 때문이었다. 그래서 노무현 대통령은 "이번 남북공동선언에 있어서 가장 핵심적인, 가장 진전된 합의"가 바로 이 부분이라 했다.

4) 사회문화 교류와 인도주의적 협력사업

2000년 남북정상회담 이후 남북간에는 활발한 사회문화 교류가 이루어졌고, 이산가족 상봉과 인도주의적 지원이 이루어졌다. 정상선언에서도 역시 이에 대하여 다시 한번 확인을 하고 있다.

특히 그동안 미루어져 왔던 백두산 관광을 "남과 북은 백두산 관광을 실시하며 이를 위해 백두산-서울 직항로를 개설"한다는 것이었다. 당시 매년 10만명의 우리 국민들이 중국을 통하여 백두산에 가고 있었다. 2008년 베이징올림픽에 남북 응원단이 경의선을 이용해 참가하기로 하였다. 당시 진행 중인 금강산면회소가 완공되면 쌍방 대표를 상주시켜 이산가족 상봉을 상시화하기로 하였다. 그러나 국군포로 문제나 납북자 문제 등은 양측의 입장 차이로 해결하지 못했다는 아쉬움도 있었다.

해외에서도 민족과 동포의 권리와 이익을 위해 협력을 강화해 나가기로 한 것은, 국제대회 공동입장 또는 각종 국제대회나 행사의 유치나 향후 북한의 국제금융이나 국제기구 가입 등에 협력하자는 의미를 담고 있다.

이 외에도 '2007 남북정상선언'에는 "남과 북은 남북관계 발전을 위해 정상들이 수시로 만나 현안문제들을 협의하기로 하였다"라고 하고 있다. 노무현 대통령은 김정일 위원장에게 서울 답방을 요청했지만은 우선 김영남 최고인민회의 상임위원장의 서울 방문을 제안하고, 본인의 방문은 여건이 좀 더 성숙될 때까지 미루는 것이 좋겠다고 말했다 한다. 김정일 위원장의 여건 성숙이라는 말은 서울을 방문하는 것에 많은 부담을 안고 있다는 것을 말해준다. 그 밖에 후속조치를 위한 각종 회담에 합의하였다.[29)]

2. 평화번영정책과 남북정상선언의 정치적 이슈

2007 남북정상선언의 의미는 남북한 협력구도의 불안전성 때문에 기존에는 논의의 제기조차 부담스러웠던 군사 분야 등 상위 정치영역의 이슈들을 남북한간 공식적 논제로 정착시키는 데 기여하였다.[30)] 구체적으로 정치영역은 3-4자 정상들이 참여하는 종전선언 모색, 북핵문제 해결 위한 공동노력 추진, 서해상 NLL 논란 해소를 위한 서해평화협력지대 조성을 들 수 있다.

1) 종전선언 모색

종전선언에 대한 모색은 노무현 정부가 5년 동안 추구해 왔던 평화협정을 이루어 내지는 못했지만, 정상회담을 통하여 종전선언 문제를 남북한 최고지도자가 합의를 했다는 점은 대단한 의미를 가진다. 한반도 평화체제 구축을 위해 적대관계

29) 상술한 평화수역 문제와 군사적 문제 보장조치 등 군사적 신뢰구축 조치를 협의하기 위해 남한의 국방부장관과 북한의 인민무력부장의 회담을 11월 평양에서 개최하고, 남북정상선언의 이행을 위하여 제1차 남북총리회담을 서울에서 갖기로 하였다.

30) 장의관, "제2차 남북정상회담과 한반도 평화정착 방안의 구상: 동북아 역내 이해구조를 중심으로," 『통일정책연구』, 제16권 제2호, 통일연구원, 2007, 50면.

를 종식하고 불가침의무를 확고히 준수하고, 종전선언 추진에 협력하자는 것에 합의했다. 종전선언과 평화협정은 별개의 것인가? 종전선언은 6·25한국전쟁에 대한 공식적인 종료선언으로 북미 적대관계 해소와 정전협정이 평화협정으로 전환됨을 의미한다. 물론 종전선언은 북핵문제 해결을 선결조건으로 하기 때문에 남북정상이 합의했다고 해서 당장 실현될 수 있는 문제는 아니었다. 그러나 북한이 지속적으로 주장해 온 '평화협정의 당사자는 미국이다'라는 것을 바꾸어 놓았다는 것만으로도 평가할 만한 것이었다.[31] 3자, 4자 정상협력 문제는 중국을 배제할 수 있는 상황이 아니므로 4자로 합의했더라면 문제의 소지를 없앴을 것이다. 또한 "잠정적 사전 평화협정의 형태로 종전선언을 먼저 실행하는 것에 대한 문제가 제기되고 있으나, 정치적으로는 사전 평화협정이 당사자들 간의 관계개선을 촉진시키는 중요한 상징적 조치가 될 수 있다"는 점을 간과해서는 안된다는 주장도 설득력이 있다.[32]

2) 북핵문제 해결의 공동노력

북한의 핵문제는 어제 오늘의 일이 아니었다. 제2차 남북정상회담이 이루어진 시점은 정확히 5년 전 미국의 켈리(James Kelly) 특사가 평양에서 우라늄 농축 프로그램을 제기한 시기와 우연하게 일치하였다. 남북관계의 모든 문제도 여기에 달려 있다 해도 과언이 아니었다. 노무현 대통령이 정상회담 후 서울로 돌아오는 길에 도라산 남북출입사무소에서 한 '대 국민 보고'를 통해, "김정일 위원장께서 아무 이의 없이 북핵문제에 대한 9·19공동성명과 2·13합의를 성실히 이행해야 한다는 점, 그리고 '비핵화 공동선언'을 중요한 선언으로서 우리가 지켜야 될 원칙으로서 재확인한다 하는 이런 점을 확인해 주어서 좋고, 이것은 북한의 최고지도자가 북핵 폐기에 관한 분명한 의지를 밝힌 것이니 만큼 이행에 문제가 없을 것"이라고 하였다. 이러한 발언은 희망사항이고 또 다른 면에서는 북한의 이행을 촉구하는 것이 될 수 있지만, 그리 쉽게 해결될 수 있는 남북한 간의 문제만은 아니었다.

김정일 위원장은 정상회담 도중 김계관 6자회담 수석대표를 불러 10·3합의에

31) 이는 정전협정체제의 평화협정체제로의 전환과정에서 가급적 남한을 배제하려 했던 북한 입장의 변화라고 볼 수 있다. 이는 한반도의 평화체제는 직접당사자인 남과 북이 주도해야 한다는 의미를 담고 있다.

32) 장의관, "제2차 남북정상회담과 한반도 평화정착 방안의 구상: 동북아 역내 이해구조를 중심으로," 64면.

대해 자세하게 설명하게 했지만, 불능화를 제외한 나머지 이행 약속기간은 북미간 간격을 좁히지 못한 상황이었다. 우라늄 농축 프로그램과 북-시리아 간 핵 협력설, 플루토늄 신고 문제가 그것이었다. 이에 연계시켜 북한이 미국에 요구하는 것은 테러지원국 해제, 적성국 교역법 배제, 이에 상응하는 중유 지원에 관한 것이었다. 그런데 이 문제는 일반적으로 생각하는 것보다 쉽지 않은 것이었다. 2008년 2월에도 힐 차관보와 김계관 부상이 베이징에서 만나 이 문제를 협의했다. 보도에 따르면 힐은 김계관에게 "정확하고 완전한 신고의 중요성"과 더불어 "미국이 할 의무조치에 대해서도 잘 알고 있다"고 하고, 김계관은 "우라늄은 수입했지만 농축우라늄 제조용으로 사용하지 않았고, 현재와 미래에도 북측은 어떤 나라와도 핵 협력을 하지 않는다"고 강조했다 한다. 양측 다 종전의 주장을 되풀이하고 있었다. 이 문제는 전략적 결단이 필요했다. 북한의 결단이 필요하기 때문에 "이제 공은 북한으로 넘어갔다"는 말이 맞았다. 그러나 전략적 결단은 북한만 필요한 것이 아니라 미국과 6자회담 참가국도 필요했던 것이다.

3) 서해안 평화협력지대

평화번영을 위한 공동체 형성의 기초 작업으로 '서해안 평화협력 특별지대'를 만들어 나가는 데 합의한 것은 대단히 의미 있는 일이다. 이는 경제와 안보문제를 상호배타적으로보다는 상호 밀접하게 연관된 문제로 보고 접근한 것이었다. 서해상에서의 우발적 군사충돌 방지를 공동어로수역 지정과 연계한 점, 협력사업을 군사적 보장조치와 연계함으로써 군사적 신뢰구축과 경제협력을 상호보완재로 활용하겠다는 데에 합의한 것이다. 결국 이는 긴장과 대결 상황을 번영과 평화로 바꿔낼 수 있는 큰 틀이라 할 수 있다. 안보불안을 해소하고 남북 공영의 실질적인 협력의 길을 연 것이라 할 수 있다. 이것이 구체적으로 시행되면 경제가 평화를 구축하고 또 평화가 경제를 뒷받침하는 선순환관계를 만들어 갈 수 있다.[33]

3. 정상회담 이후 남북관계

정상회담 이후 2007년 10월 26일 개최된 남북총리회담을 위한 제1차 예비접촉에서 11월 14일에서 16일까지 총리회담을 서울에서 개최하기로 하였다. '10·4정상선

33) 통일부, 『남북정상회담』, 2007, 22-25면.

언'의 합의 이행 로드맵을 구체화하기 위한 이 회담에서 '남북관계발전과 평화번영을 위한 선언 이행에 관한 제1차 남북총리회담 합의서'가 채택되었다. 남북관계를 상호존중과 신뢰관계로 전환하여 통일지향적으로 발전하자는 것과 '서해평화협력특별지대' 설치 등이 합의서 내용에 포함되었다. 또한 총리회담에서 남북한은 장관급을 위원장으로 하는 서해협력특별지대추진위원회 조직과 차관급이었던 남북경제협력추진위원회를 부총리급인 남북경제협력공동위원회로 격상하기로 하고 구체적인 합의도 도출하였다.

정상회담 후 주목할 부분이 국방장관회담이었다. 2000년 9월 제주도에서 분단이후 처음으로 남북국방장관회담이 개최되었고, 2007년 11월 27일부터 열린 회담이 두 번째였다. 이 회담은 정상회담과 총리회담에서 합의한 남북협력의 로드맵에 군사보장이라는 이행의 날개를 다는 과정이었다. 핵심의제는 '공동어로구역의 설치와 평화수역'에 대한 것이었으나, 북방한계선(NLL)의 기점을 어디에 설정할 것이냐를 놓고 줄다리기를 하였다.[34] 결국 이견을 좁히지 못하고 후속 회담으로 넘겼으나, 남북군사공동위원회 구성 등 7개 항에는 합의하였다.[35] 군사적 적대관계 종식 및 긴장완화와 평화보장을 위한 실제적 조치, 불가침의무 준수를 위한 군사적 조치, 서해해상 충돌 방지와 평화보장을 위한 실제적 대책 등이 포함되어 있으나 피상적인 것에 머물러 있었다.

12월 12일부터 14일까지 열린 제7차 남북 장성급군사회담에서도 '동·서해지구 남북관리구역 통행·통신·통관의 군사적 보장을 위한 합의서'가 채택되었으나, 공동어로구역 및 평화수역 설정은 결정을 하지 못하였다. 역시 문제는 NLL이었고 남한은 NLL을 기준으로 남북이 같은 면적으로 공동어로구역을 설정하자 하고, 북한은 이 선 자체를 인정하지 않고 남쪽에 어로구역을 지정하자는 것이었다.

34) 1953년 정전협정 당시 육상경계선은 설정된 반면 해양경계선은 설정되지 않았고, 당시 주한 유엔군 사령관이던 클라크(Mark Wayne Clark)가 해양경계선을 설정한 것이 현재 NLL이다. 국제법 학자들의 공통적인 견해는 NLL이 영해를 규정하는 경계선은 아니나 20여 년간 남북이 관행적으로 준수해 왔고 남북간 해상 군사분계선 역할을 해왔다. 1992의 남북기본합의서의 '남북의 경계선과 불가침의 구역'은 '지금까지 쌍방이 관할해 온 구역'이라 했기 때문에 북한의 NLL의 침범은 명백한 불법이라고 주장하였다. 김일수, "2007 남북정상회담의 평화·안보분야 성과 평가", 『한반도 평화와 안보의 모색: 쟁점과 시각』, 2007년도 한국정치학회 국방학술회의, 2007, 12면.

35) 조선신보는 11월 30일자 보도를 통해 제2차 남북 국방장관급회담에 대해 남측이 냉전시대의 낡은 관점인 NLL에 대한 기존 입장을 버리지 못해 대립점을 노정하였다고 평가하면서도, 10·4선언의 이행을 군사적으로 담보하기 위한 첫 합의가 이루어졌다는 의미를 부여하였다. 통일부, 『월간 북한동향』, 제856-868호, 통일부, 2007, 63면.

제2차 남북정상회담에서 가장 진전되고 핵심적인 것이라 밝히고 있는 서해안 평화협력지대의 설정은 추진위원회의 조직에는 합의하였으나, 구체적인 논의에 들어가자 NLL에 묶여 한 발짝도 진전시키지 못하였다. 12월 28일과 29일에 열린 '서해평화협력특별지대 추진위원회' 회의에서 2008년 상반기 안에 공동어로를 실시하기 위해 '공동어로협력분과 위원회'를 개최해 문제들을 협의·해결하기로 하였다.

VI. 북핵문제 속의 평화번영정책

1. 한미공조와 민족공조

실제로 제2차 북핵위기 상황에서 출범한 노무현 정부는 북미간의 갈등 속에서 당사자이면서 중재자가 되어야 하는 이중역할을 할 수밖에 없었다. 한미동맹과 민족공조라는 상반된 명제는 이러한 상황을 설명해 주는 것이었다. 노무현 정부가 일관된 평화번영정책을 추진한 결과 남북정상회담이 이루어졌고, 여기에서 합의한 10·4정상선언은 한반도 평화를 위한 초석이라 생각한다. 노무현 정부의 평화번영정책은 남북관계를 넘어 '동북아 전체의 공동번영'까지를 포함하고 있어 목표 자체가 과잉적인 면이 있었고, 남북관계도 5년 내에 확실하게 무언가를 보여 주어야 한다고 생각하고 있었다.

노무현 정부 정책의 주안점은 한반도 평화였고 이를 바탕으로 내세운 평화번영정책은 "남북이 서로 체제를 인정하고 평화공존하면서 화해 협력을 통해 점진적·단계적으로 '사실상의 통일'(*de facto* unification) 상태의 실현을 지향한다"[36]에서 알 수 있는 바와 같이 평화체제를 근간으로 하고 있다. 그렇기 때문에 실제로 많은 어려움에도 불구하고 정책의 지속성을 유지하였다. 즉, 제2차 북핵위기 상황에도 불구하고 평화번영정책을 진행하여 남북대화의 정례화 및 각종 남북교류협력을 심화, 발전시켰다.

그러나 북한 핵문제를 해결하기 위한 6자회담이 2004년 6월 이후 장기간 표류하였고, 북한은 무기한 참가 중단을 선언하였다. 사실상 한국 정부는 당사자이면서도 주도적인 역할을 하지 못하였는데, 중대제안(200만kw 전력 공급)을 통해 김정일 위

36) 통일부, 『통일백서』, 통일부, 2008, 23면.

원장의 전략적 결단을 이끌어 냈다. 결국 제4차 6자회담에서 북핵 폐기에 대한 최초의 합의인 '9·19공동성명'을 채택하게 하는 데 노무현 정부는 일정의 역할을 하였다. 그 후도 북핵문제에 관한 북미간의 갈등은 한국 정부를 어렵게 만들었지만 강약을 조절하면서 슬기롭게 대처하였다.

9·19공동성명 이후 북미 간의 갈등 속에서 이를 풀어가기 위한 한미동맹과 민족공조는 한반도 상황에서 줄타기였다. 2006년 7월 북한은 미사일을 발사하고 '미사일 발사는 정상훈련의 일환'이라며 6자회담의 합의사항과는 무관하다 하였고, 2006년 10월 제1차 핵실험을 하고 '우리의 핵시험은 미국의 핵위협과 제재압력' 때문이라고 주장하였다. 11월 하노이 APEC에 앞선 노무현 대통령과 부시 대통령의 정상회담에서 '북한이 핵 포기하면 전쟁종료 선언'을 합의하였고, 제2차 남북정상회담을 앞둔 2017년 9월의 시드니 한미정상회담에서도 핵 폐기 전제조건으로 평화협정 체결 문제까지 논의되었다.

2. 노무현 정부 대북정책 추진결과

2017년 2·13합의 이후에도 상술한 BDA 문제가 계속되었으나, 4월에 해제가 되고 북한은 이것이 완료되었다고 밝힌 것은 6월이었다. 이 과정에서도 남북경협은 계속 추진되었다. 남북경협의 상징적인 개성공단은 2003년 착공하고 다음해 첫 시제품 출시와 본격 가동 그리고 2005년 공단 내에 '남북경제협력협의사무소'가 설치되었다. 2007년 6월 개성공단 단지내 도로 및 상·하수도 등 단지내 시설공사가 완료되었고, 10월 16일에는 용수, 환경기초시설, 전력·통신 등 개성공단 1단계의 주요 기반시설 공사를 모두 완료하고 준공식을 가졌다.[37]

제2차 남북정상회담은 노무현 정부에서 추진한 대북정책의 결과이다. BDA 해제 이후 노무현 정부는 남북정상회담을 본격적으로 추진하여 8월 2일 김만복 국가정보원장의 평양 방문으로 시작된 정상회담 논의는 결국 10월 2일에서 4일로 결정되었다. 여기에서 양 정상은 6·15남북공동선언 이후 7년간의 남북관계 성과를 토대로 그간의 장애요인을 극복하고 남북관계를 몇 단계 업그레이드시키기 위한 포괄

37) 개성공단 입주기업이 증가함에 따라 이들 기업의 누적 총생산액도 2007년 1월 말 1억달러를 돌파한 이래 2007년도 9월 말 2억달러를 달성하였다. 북한 근로자 고용은 2006년 11월에 1만명을, 2007년 11월에는 2만명을 돌파하였다.

적인 비전을 제시하였다. '6·15남북공동선언'이 총론적이었다면 10·4남북정상선언은 각론적인 합의를 담고 있는데, 특히 남북 적대관계 종식, 종전체제 종식 문제, 항구적 평화체제 구축, 서해평화협력특별지대 등의 정치적 문제의 제기는 의미를 더하는 것이었다.

노무현 정부는 얼마 남지 않은 임기를 생각하여 확실하게 평화체제 구축을 위한 기반을 마련하려는 생각이었겠지만 현실성이 없는 대목도 있었다. 과연 이것이 실현될 수 있을까 하는 의구심을 남겨 선언을 위한 선언이라는 비판도 피해갈 수 없었다. 이것의 구체적인 실행을 위한 협의에서부터 현실적인 벽에 부딪쳤다. 특히 NLL 문제는 풀어야 할 문제이지만 북한의 현상 인식은 우리와 차이가 너무 크기 때문에 협상의 대상이 되기에는 어려운 문제였다.

그럼에도 한반도의 평화는 우리에게 가장 중요한 가치라는 것은 누구도 부인할 수 없는 사실이다. 한반도의 미래도 여기에 달려 있다고 해도 과언은 아니다. 노무현 정부 5년간의 대북정책을 종합평가해 보면 한반도 평화에 큰 기여를 했다고 본다. 그러나 정책 추진과정에서 문제점도 있었던 것도 사실이다. 한반도 문제의 당사자인 남북한 모두 평화정착이라는 것에는 같은 생각이겠지만 어떠한 방법으로 평화를 유지할 것인가는 또 다른 문제이고 그렇기 때문에 상호 정책이 달랐다. 중요한 것은 남북한의 문제는 상호간에 역지사지(易地思之)의 정신으로 풀어가고, 주변국가들과 연관된 문제는 그들의 이해를 구하는 데 최선을 다해야 한다. 향후 우리 대북정책의 기조도 평화와 번영이라는 큰 틀에서 방향을 잡아가야 하는 것이 중요했다.

제9장

실용노선과 남북관계 경색

Ⅰ. 이명박 정부의 출범과 북한의 후계체계

1. 이명박 정부의 출범

2007년 12월 19일 대통령선거에서 한나라당의 이명박 후보가 제17대 대통령으로 당선되었다. 역대 선거사상 가장 큰 530만표 차이로 당선된 이명박 대통령은 보수정권을 이끌어 내고, 경제성장에 대한 기대와 희망을 갖게 하였다. 2008년 4월 제18대 총선 또한 한나라당이 과반을 넘어 압승했다. 여권은 이러한 분위기에서 전 정부와는 차별성을 강조하였고, 대북정책 역시 이 궤를 같이 하였다.

먼저 이명박 대통령은 취임사에서 대북정책에서도 실용을 내세웠다. 즉, "남북관계는 이제까지 보다 더 생산적으로 발전해야 합니다. 이념의 잣대가 아니라 실용의 잣대로 풀어갈 것입니다"라고 하였다. 실용의 의미는 북한의 태도 변화와 연계되어 있어, 그 정책수단으로써 '비핵·개방·3000 정책'이 제시되었다. 이것은 북한이 핵을 포기하고 개방정책으로 전환하면 남북경제협력과 지원을 통해 10년 내에 북한 주민의 1인당 소득이 3천달러 수준에 이르도록 한다는 것이었다. 6·15남북공동선언과 10·4정상선언에 대해서 남북기본합의서를 앞세우면서 기존 합의들의 합의정신을 존중한다고만 했지, 그 자체에 대한 이행의지를 분명하게 밝히지 않았다.[1)]

이명박 정부는 그 후 상생공영이라는 대북정책을 제시하였다. 이는 상생공영의 남북관계 발전을 통하여 한반도 평화를 증진시키고, 평화적 통일의 기반을 구축한다는 것이다. 그리고 상생과 공영의 남북관계 발전을 위한 정책수단으로써 비핵·개방·3000을 고수하였다. 북한의 비핵화 유도, 개방과 상생의 경제협력을 확대해 감으로써 한반도 경제 선진화 지향, 호혜적 인도협력을 추구한다는 것이 대북정책의 목표이기도 하였다.[2)]

이명박 정부는 이전 정부의 포용정책이 북한의 개혁과 개방 그리고 협력을 이끌어 내는 데 한계가 있다는 전제 하에, 대북 압박을 포함하여 다양한 수단이 필요하다고 판단했다. 이명박 정부의 대북정책은 북한의 특수성과 예외성보다는 국제적 보편성에 기초한 대북정책을 추진하였다. 경제논리보다는 정치논리를 우선시하고

1) 김형기, 『남북관계 변천사』, 연세대학교 출판부, 2010, 345면.

2) 서재진, "이명박 정부 대북정책의 형성배경과 정책목표," 통일연구원, 『이명박정부 대북정책 비전 및 추진방향』 핵심국정과제 연구시리즈 08-01, 2008, 13-14면.

이념과 민족의 이름으로 추진되는 남북경협은 한계가 있을 수밖에 없다는 것이었다.[3] 그러므로 대북정책에 엄격한 상호주의를 적용하여 상호의무의 동시적 이행을 중시하였다.

천안함사건과 연평도사건은 남북대결 구도의 극한을 보여주는 대목이었다. 이명박 정부는 이 사건에 대한 북한의 책임 있는 조치와 사과를 6자회담 재개의 전제조건으로 규정하였다. 2011년 초, 남과 북은 제3차 정상회담을 겨냥한 당국간 비밀접촉을 하였으나, 북한은 관례를 깨고 이를 공개하면서 책임을 남한으로 떠넘겼다.

2. 북한의 후계자 문제

북한체제는 시스템에 의하여 작동되기보다는 로동당 총비서이고 국방위원장인 김정일 개인에 의하여 운영되었다. 그러므로 그는 권력의 정점에 있기도 하지만 인민대중 통합의 구심점이기도 하다. 2008년 8월, 김정일의 건강에 이상이 생겼다.[4] 정부수립 60주년 기념일인 9·9절 기념식장에 나타나지 않자 그의 건강이상설은 증폭되었다. 추측컨대 과로와 테러지원국 해제 연기라는 스트레스가 원인이었다. 그의 건강이상설에 대하여 북한 당국은 극구 부인하였지만, 상당기간 동안 장성택을 통하여 병상정치를 한다는 풍문이 계속 떠돌기도 하였다. 이 사건 이후 북한에서 후계체제를 확립하려는 정황이 포착되었다. 군 지도부를 김정일 측근의 강경세력으로 교체한 것이나, 인민대중들의 일심단결을 특히 강조하고 있었던 것도 이 연장선상이었다. 그 후 건강이 어느 정도 회복되자 12월부터는 중앙통신을 통해 그의 활동을 대대적으로 보도했고, 2009년 1월에는 왕자루이 중국 외교부부장을 직접 면담함으로써 그의 건재를 과시하기도 하였다.

2009년 초반 이후 북한에서는 '청년대장'이라는 표현을 써왔는데, 이는 김정은을 말하는 것으로 그를 찬양하는 가요 '발걸음'이 전국에 보급되었다. 4월 9일 헌법을 개정하고 국방위원장의 권한도 '최고영도자'로 강화하면서 명실상부한 김정일 체제를 이루었다. 이것 역시 후계구도체계 구축을 위한 일환이었다. 2009년 말에는 화

3) 최진욱, "국민들의 대북인식 변화와 대북정책 평가: 국민여론조사를 바탕으로 한 분석," 통일연구원, 『이명박 정부 2년 대북정책 성과 및 향후 추진 방향』, 학술회의 총서 10-01, 2010, 33면.

4) 그가 통치행태로 택한 방법의 하나는 군부대와 농·공업 현장의 방문 및 현지지도였다. 로동신문에 보도된 것만 볼 때 2008년 8월 1일부터 2주 동안 무려 11번에 걸친 군부대 방문과 현지지도에 나섰다.

폐개혁을 실시하였다. 화폐개혁은 북한의 시장화 현상으로 지나치게 커진 시장을 인위적으로 억제하려는 조치였다. 김정일은 대남 강경전략을 펼치면서, 2010년 3월 천안함사건과 11월 연평도 포격이라는 공세를 취하였다.

한편 2010년 9월 28일 당대표자회를 통하여 당규약을 개정하고, 김정은에게 당 중앙군사위원회 부위원장이라는 직책을 부여하였다. 김정은 후계체제 구축을 위한 토대를 마련하면서, 이후 김정일의 모든 현지지도에 김정은이 수행하는 모습을 보였다. 2011년 12월 김정일이 현지지도 중 사망했다고 발표하였다. 북한은 곧바로 김정은을 인민군 최고사령관으로 추대하면서, 김정은 영도체계를 선언하였다.

김정은은 김정일 사망 이후 4개월 만에 당과 국가기구의 최고 자리에 올라 자신의 공식적인 체제를 출범시켰다. 김정일이 김일성 사망 이후 4년에 걸쳐 유훈통치를 한 것에 비하면, 김정은은 제도화를 통한 압축승계에 의하여 체제의 안정성을 확보하고자 하였다. 김정일 체제가 공식적으로 출범할 때 헌법을 개정하여 김일성을 '영원한 주석으로 모신다'고 한 것처럼, 김정은 체제에서도 김정일을 영원한 총비서와 영원한 국방위원장으로 받들었다. 김정은은 권력구조에 대한 큰 변화를 주지 않고, 김정일을 영원히 모시면서 제1이라는 명칭만 붙여 총비서와 국방위원장의 승계를 완성하였다.

북한은 제4차 당대표자회와 제12기 제5차 최고인민회의를 기점으로 김정은은 로동당 제1비서, 국방위원회 제1위원장, 당중앙군사위원회 위원장, 정치국 상무위원, 인민군 최고사령관 등 당, 정, 군의 최고 직책에 추대되었다.

II. 대북정책과 대남강경전략

1. 상생공영의 대북정책

이명박 정부는 기존의 대북정책의 성과와 한계를 바탕으로 남북관계를 한 차원 높은 실질적 협력관계로 발전시켜 나간다는 관점에서 '실용과 생산성에 기초한 상생공영의 남북관계 발전'을 추구하는 상생공영정책을 제시하였다. 이는 정상적 남북관계 정립 및 실질적 관계 발전 추진의 관점에서 남북한 주민의 행복한 삶과 통일기반 마련을 궁극적 목표로 하고 있다. 기존에 추진되어 왔던 남북관계를 한 단계 뛰어넘어 비핵화와 평화정착, 북한의 경제재건과 남북공동체 형성을 통해 한반도 평화통일에 대한 실질적 토대를 확충해 나간다는 것이었다. 상생공영의 대북정책을 달성하기 위해 다음과 같은 네 가치 추진원칙을 제시하였다. 즉, ① 실용과 생산성의 정책 추진, ② 원칙과 유연의 조화, ③ 국민적 합의의 정책 추진, ④ 남북협력과 국제협력의 조화이다. 구체적으로 살펴보면 다음과 같다.

첫째, 실용과 생산성에 기초하여 정책을 추진한다는 원칙이다. 이는 남북관계를 이념의 잣대가 아니라 실용의 잣대로 풀어 나가자는 것이다. 실용과 생산성을 판단하기 위한 구체적인 기준으로는 국민의 동의, 비용 대비 성과, 북한주민의 삶의 질 향상, 북한 발전의 촉진 여부, 평화통일에의 기여 등을 들 수 있다.

둘째, 원칙에는 철저하되, 유연한 방식으로 접근해야 한다는 원칙이다. 북한의 핵은 반드시 폐기되어야 하고 남북 간에 진정성과 내실 있는 대화가 추진되어야 한다는 원칙을 철저하게 지키되, 접근방식은 현실을 고려하여 유연하게 대처해 나가며, 남북관계의 올바른 정립을 위해서는 북한의 비핵화와 무력도발 억제, 무력도발에 대한 책임 있는 조치가 필수적이라는 대북정책 원칙을 일관되게 유지한다는 것이다.

셋째, 국민합의를 기반으로 대북정책을 추진한다는 원칙이다. 국민의 의견을 폭넓게 수렴하고 국민적 합의에 기초하여 정책을 추진한다. 이 과정에서 국민참여 보장, 최대한 정보 공개로 대북정책의 투명성을 확보한다는 것이다.

넷째, 남북협력과 국제협력 조화의 원칙이다. 현실적으로 한반도 문제는 남북문제임과 동시에 국제문제이기도 하며, 이런 현실에서 남북협력이 국제협력과 조화를 이룰 때 국익 실현은 물론 남북관계 발전에도 기여할 수 있을 것이다. 남북협력을 국제협력과 조화시켜 나감으로써 남북관계를 통해 북핵문제의 해결을 촉진하고, 국제사회가 한반도 통일을 지지하고 협력할 수 있도록 신뢰를 쌓아간다는 것이다.

이명박 정부가 상생공영을 내놓기 전에부터 제시한 것이 비핵·개방·3000이었다. 이는 한반도 비핵화를 위해 북한이 핵 폐기의 결단을 내린다면, 남한은 국제사회와 함께 10년 내에 1인당 국민소득을 3,000달러 수준으로 도약할 수 있도록 적극 지원한다는 것이다. 이에 대한 비판이 제기되자 북한의 비핵화 이전에라도 인도적 지원과 삶의 질 향상 프로그램 등을 제공할 수 있으며, 비핵화 단계에 맞추어 대북지원을 확대하여 북한의 핵무기 포기를 유도하는 방안도 담고 있다고 하였다.

상술한 북한의 정세 변화는 대남전략과 전술의 가장 큰 변수였다. 북한의 체제

유지를 위한 안보전략은 권력 강화와 내부의 인민통합으로 이어졌지만 여기 또 하나 대남 강경전략으로 이어졌다. 북한은 정치·사회의 여러 문제의 책임을 외부로 돌리는 수법을 취하였다. 경제난이 당국의 책임이 아니라 남한의 대북 적대정책, 미국의 경제봉쇄정책 때문이라는 논리를 폈던 것이다. 실제로 이러한 상황이 어떻게 전개되었는지를 아래에서 살펴본다.

2. 대결국면 조성과 군사적 위협

1) 이명박 정부의 대북정책에 대한 반감

북한은 남한의 새 정부에 어느 정도 기대를 걸었지만 상황은 달라졌다. 이명박 대통령 당선 이후 침묵하던 북한이 새 정부가 3월 3일 유엔인권위원회에서 북한 인권사항 개선을 위한 조치를 취한 것을 계기로 반발하기 시작하였다. 이러한 북한의 일련의 행동은 한반도 상황이 그들의 기대와 다른 방향으로 진행되고 있는 것에 대한 반응이고, 새 정부의 대북정책에 대한 불만의 표시이기도 하였다. 특히 3월 26일 김태영 합참의장이 국회 인사청문회에서 "제일 중요한 것은 적이 핵을 가지고 있을 만한 장소를 확인해 타격하는 것"이란 답변과 김하중 전 통일부장관의 "핵문제 타결 없이는 우리가 개성공단을 확대시키기 어렵다"는 것을 문제삼아 북한 언론의 대남 포화가 시작되었다.[5] 4월 1일 로동신문에서는 "남조선당국이 반북대결로 얻을 것은 파멸뿐이다"라는 제목의 글에서 이명박 대통령의 실명을 거론하면서 '비핵, 개방, 3000' 등의 대북정책을 비난하고 나섰다.

2008년 상반기까지 금강산관광사업은 질적이나 양적인 면에서 활성화되었다. 누적 관광객도 8월 중으로 200만명 돌파를 앞두고 있었다. 그러나 7월 11일 금강산 관광객 총격사건으로 금강산 관광이 전면적으로 금지되고, 남북한 관계는 급랭상태로 변하였다.[6] 그동안 북한의 금강산과 개성에서 활동하던 공무원들을 전원 철

5) 북한은 2008년 3월 27일부터 28일 사이에는 긴장을 고조시키는 행동과 발언을 하였다. 태풍은 개성공단의 경협 공무원 철수, 미사일 발사, 외무성의 핵문제 담화, 북방한계선(NLL) 경고가 그것이었다.

6) 2008년 7월 11일 새벽에 금강산 관광객이 장전항 북한측 구역 안에서 북한군인의 총격을 받아 사망하는 사건이 발생하였다. 이로 인하여 7월 12일부터 금강산관광이 중단되었다. 남한 정부는 당국간 협의를 통해 진상을 규명하고 재발 방지 및 신변안전 보장 대책을 마련한다는 원칙을 세웠다. 북한은 공동조사를 거부하였으나, 2009년 8월 16일 현대아산 현정은 회장이 김정일 위원장을 면담한 후 "관광에 필요한 모든 편의와 안전을 철저히 담보한다"는 내용을 발표했다. 우리 정

수케 하였고, 개성공단의 남측 상주인원도 대폭 감축하여 공단 존속 위기감을 조성하였다. 북한은 이명박 정부 출범 이후 1년간 243회에 걸쳐 대남 비방을 하였으며, 2,390회 대통령을 거명했다고 로동신문·민주조선·조선중앙통신을 분석한 결과를 중앙일보가 보도했다.[7)]

북한의 대남전략이 강경으로 변화되었다는 것은 2008년과 2009년 신년공동사설이 어떻게 바뀌었는가 분석해 보면 분명해진다. 2008년 신년공동사설에서 2007년을 "조국통일의 길에 획기적인 국면이 열린 해였다"고 기대감을 표시하면서, "남북이 다방면적인 협력의 길이 열리게 되었다"고 하였다. 그리고 "북남관계 발전과 평화번영", "북남관계 발전과 통일", "북남협력사업은 민족화해와 단합을 도모하고 평화와 번영, 통일을 이룩해 나가는 숭고한 애국산업"이라 하면서 대결관념을 버리고 군사적 긴장을 완화하며 분쟁의 요소들을 제거해야 한다고 하였다.

그런데 2009년 신년공동사설에서는 "6·15공동선언과 10·4선언을 전면부정하고 파쑈독재시대를 되살리며 북남대결에 미쳐 날뛰는 남조선집권세력의 무분별한 책동", "남조선당국의 시대착오적인 대결정책", "남조선 인민들은 자주, 민주, 통일의 구호를 들고 사대매국적인 보수당국의 파쑈통치를 쓸어버리며 전쟁의 위험을 제거하기 위한 투쟁의 불길을 더욱 세차게 지펴 올려야 한다"고 하면서 강하게 대북정책을 비난하였다.

2) 2009년 전반기의 대남·대미 전략

북한은 2009년 1월 17일 인민군 총참모부 대변인 성명을 통해 "조선 서해 우리측 령해에 대한 침범행위가 계속되는 한 우리 혁명적 무장력은 이미 선포한 서해 해상군사분계선을 그대로 고수하게 될 것"이라고 발표하였다. 1월 30일에는 조국평화통일위원회 성명을 통해 북한은 "북남사이의 군사적 대결상태 해소와 관련한 모든 합의사항을 무효화"하고, "'북남사이의 화해와 불가침 및 교류, 협력에 관한 합의서'(남북기본합의서)와 그 부속합의서에 있는 서해해상군사경계선에 관한 조항들을 폐기한다"고 선언하고 나섰다. NLL은 남북기본합의서에 기반하여 남북한의 실질적인 해상경계선으로 암묵적으로 인정해 온 것이다.[8)]

부는 관광 재개를 위해서는 3대조건(진상규명, 재발방지, 신변안전보장)이 우선 해결되어야 한다는 입장이었다.

7) 『중앙일보』, 2009. 2. 14, 3면.

8) 남북기본합의서 제2장 남북불가침 제11조는 "남과 북의 불가침 경계선과 구역은 정전협정에 규

북한은 서해해상경계선 관련 남북합의서 조항 폐기선언으로 대남 군사적 긴장을 심화시킴과 동시에 이를 정당화하기 위한 대남 전략전술적 명분 축적을 꾀하였다. 과거 두 차례의 서해해상 군사충돌에서 북한은 서해해상의 분쟁지역화로 군사적 긴장을 조성했다. 스스로 설정한 분계선을 기점으로 남북 장성급군사회담에서 합의한 '서해해상에서 우발적 충돌 방지' 사항을 적용하여, 남한의 NLL 기점 해상방어 활동을 합의 불이행이라 주장하기도 하였다. 그렇기 때문에 이 지역에서의 군사적 충돌 가능성을 배제할 수 없었다. 북한은 NLL을 인정하지 않고 계속 무시하면서 그들이 주장해 온 경계선 안에서 군사훈련을 한다는 명분으로 침범할 수 있다. 이에 대해 남한이 경고사격 등으로 대응하면 책임을 떠넘기면서 확전의 명분을 확보하려 할 수 있었다.

한편 북한의 조선우주공간기술위원회는 2009년 2월 24일 '시험통신위성'인 광명성 2호를 운반로켓 '은하2호'로 발사하기 위한 준비를 진행 중이라고 밝혔다. 이미 북한은 1998년 '광명성 1호'를 발사한 바 있고, 국제사회에서는 이를 대포동 1호 미사일로 부르고 있다. 결국 북한이 다시 꺼낸 카드는 장거리 로켓이다. 북한은 2월 26일 조국평화통일위원회 대변인 담화를 통해 "인공위성 발사 문제로 말하면 국제적으로 공인된 우리 공화국의 자주적 권리"라 하면서, "그 무슨 〈대응타격〉이니 뭐니 하는 것으로 우리의 존엄을 털끝만치라도 건드린다면 도발자들은 물론 그 아성까지 초토화될 것"[9]이라고 협박하였다.

2009년 3월 5일에는 북한의 조국평화통일위원회가 한미합동군사연습인 '키 리졸브'를 문제삼으면서, 이번처럼 도발적이고 위험한 성격의 합동군사연습이 벌어지기는 처음이라 하였다. 성명은 "군사훈련은 미국에 새 행정부가 들어선 이후 처음으로 벌이는 대규모 전쟁불장난으로서 미국과 괴뢰들이 각종 핵무기들을 남조선에 대대적으로 끌어들여 핵전쟁 책동에 광분하고 있다"면서 한반도 비핵화를 가로막는 것은 미국이라 하고 있다. 또한 "군사연습기간에 우리측 영공과 그 주변 특히 동해상 영공주변을 통과하는 남조선 민용항공기의 항공안전을 담보할 수 없게 됐

정된 군사분계선과 지금까지 쌍방이 관할하여 온 구역으로 한다"로 되어 있고, 제2장의 이행과 준수를 위한 부속합의서 제10조에는 "남북의 해상불가침경계선은 앞으로 계속 협의한다. 해상불가침 구역은 해상불가침경계선이 확정될 때까지 쌍방이 지금까지 관할하여 온 구역으로 한다"라고 규정하고 있다. 2004년 6월에는 '서해해상에서 우발적 충돌 방지와 군사분계선 지역에서의 선전활동 중지 및 선전수단 제거에 관한 합의서'와 그 부속합의서를 남북 장성급군사회담에서 합의한 바 있다.

9) 『로동신문』, 2009. 2. 27.

다는 것을 선포한다" 하여 북한 영공을 지나는 민항기의 안전을 담보할 수 없다고 주장했다. 미국과 남한이 '전쟁연습'을 통해 동맹관계와 힘을 과시하는 것은 '대결과 침략적 정체'만을 드러내는 것이라 하였다. 3월 9일에는 조선인민군 최고사령부가 "우리의 혁명무력은 호전광들이 감히 침략전쟁을 강요한다면 정의의 통일대전으로 대응할 것이다"라는 보도를 하였다. 여기에서 합동군사훈련은 '핵전쟁연습, 침략전쟁연습'이라 하면서, 오바마(Barak Obama) 행정부 출범 이후 강화되는 모습을 보이는 한미동맹에 대하여 초강경 발언을 쏟아 내었다. 종전에 거의 볼 수 없었던 '조선인민군 최고사령부'가 보도문을 내놓은 것이다. 이는 인민군 최고사령관이 김정일임을 감안할 때, 그가 강경 군부에 힘을 실어 주면서 한미동맹 강화에 불만을 강하게 표시한 것으로 볼 수 있다.

북한은 2009년 4월 5일 인공위성 발사를 명분[10]으로 사실상 장거리미사일 시험발사를 하였다. 이에 대하여 유엔 안보리가 대북 비난 의장성명을 만장일치로 채택하자 북한은 6자회담 불참, 핵불능화 작업 중지 및 시설복구를 선언하고 핵시설에 대한 국제감시단을 추방하였다. 북한 기업을 제재대상으로 확정하는 날 핵재처리작업에 돌입했다고 선언하기도 하였다. 북한은 2009년 4월 29일 유엔 안보리가 사죄하지 않을 경우 추가적인 핵실험과 대륙간탄도미사일 발사시험을 한다고 공언했다. 북한의 중앙통신은 2009년 5월 25일 "공화국의 자위적 핵억제력을 백방으로 강화하기 위한 조치의 일환으로 주체98년 5월 25일 또 한 차례의 지하 핵시험을 진행하였다"고 발표했다. 또한 "이번 핵시험은 폭발력과 조종기술에 있어서 새로운 높은 단계에서 안전하게 진행됐다"고 주장했다.

북한의 제2차 핵실험에 대해 유엔은 2009년 6월 12일 전체회의를 열어 안보리 결의안 제1874호를 채택하였다. 결의안 제1874호는 "조선민주주의인민공화국이 2009년 5월 25일 제1781호를 위반하여 행한 핵실험과, 동 핵실험이 핵확산금지조약(NPT)과 2010년 NPT 평가회의를 앞두고 범세계적 핵무기 비확산 체제를 강화해 나가기 위한 국제사회의 노력에 대한 도전이며, 역내외의 평화와 안정에 야기하는 위험"이라고 하였다. 북한은 유엔 안보리 결의안이 채택되자 2009년 6월 13일 외무성을 통해 우라늄 농축 프로그램 존재를 밝혔다.[11] 경수로발전소 건설을 결정하

10) 북한의 조선우주공간기술위원회는 2월 24일 '시험통신위성'인 광명성 2호를 운반로켓 '은하 2호'로 발사하기 위한 준비를 진행 중이라고 밝힌 바 있다.

11) "우라니움농축작업에 착수한다. 자체의 경수로 건설이 착수된데 따라 핵연료 보장을 위한 기술개

고 핵연료를 자체로 생산하기 위한 기술개발을 시작할 것을 선언한 것이다.

3. 북한 정세 변화와 대남강경전략 의도

북한의 정세 변화와 대남전략을 토대로 북한이 대남 긴장을 조성하는 이유를 찾아 볼 수 있다. 전체적으로 보면 북한의 대남 긴장 조성은 북한이 처한 대내외적 한계상황을 극복하려는 전략으로 풀이된다. 이명박 정부의 대북정책에 대한 방향 전환, 김정일 건강이상 후 대북전단의 영향, 경제문제로 인한 사상통제, 미 행정부에 대한 불만 표시 등으로 나누어 설명할 수 있다.

1) 남북관계 경색의 책임은 남한

남북관계의 경색의 책임은 이명박 정부의 비핵·개방·3000을 내세우고 기존의 약속을 이행하지 않는 것에 있다는 것이다. 북한은 우리 측이 6·15공동선언과 10·4선언을 존중하지 않고 있으며, 특히 10·4선언 이행의 의지가 없다고 하여 왔다. 실제로 이명박 정부에 들어와서 과거 정부의 대북정책에 대하여 수정의 의사를 밝혀왔다. 북한은 김정일이 2008년 9월 5일 로동신문과 민주조선에 주었다는 담화에서 6·15공동선언과 10·4선언을 '남북화합과 통일의 시금석'이라 하면서, 이를 지지하고 성실히 이행해 나갈 것을 촉구하였다.[12] 이는 당시 상황에서 김정일의 건재를 과시하기 위한 '보도정치'의 측면도 있지만, 이 두 선언을 직접 언급했다는 것에 의미가 있다. 북한은 이명박 정부의 대북정책이 북한의 의지와 다른 방향으로 가고 있다고 보고, 이를 자기들에게 유리한 방향으로 수정되게 하려는 의도가 있었다.

그래서 북한의 지도부 및 모든 매체를 동원하여 계속해서 이 선언의 불이행 책임을 전가시키면서, 자기들의 정당성을 주장하였다. 어느 정도 내부문제가 수습되면 북한 당국도 남한과의 관계설정을 해나가야 한다는 사실을 잘 알고 있었다. 향후 남북협상에서 주도권을 쥐고 유리한 입지를 마련하기 위한 전략으로 해석되었다. 그러나 북한의 상황을 들여다 보면 과연 이 두 선언을 존중한다고 했다면, 과거와 같이 대남 유화정책을 펼쳤을 것인가? 그동안 대남교류 확대로 주민들이 환상을 가지게 됨에 따라 체제안보를 해친다고 생각해 왔고, 이명박 정부에 대한 비

발이 성과적으로 진행되어 시험단계에 들어섰다"고 하였다.

12) 『로동신문』, 2008. 10. 12.

난을 강화하여 적개심을 불러일으켜 대남 환상을 차단하려는 의도였다. 북한은 실제로 대남 협박용으로 민간인 공격이라는 극단적인 선택으로 우리 사회에 공포감을 조성하고 정부의 기를 꺾어 보겠다는 것으로 볼 수 있다.

2) 남한의 대북전단

김정일의 건강이상 문제와 후계체제 구축 문제로 경색된 남북관계를 더욱 어렵게 만드는 것이 바로 대북전단 살포 문제였다. 2008년 5월부터 지속적으로 살포되던 대북전단은 김정일 위원장이 9·9절 행사에 모습을 드러내지 않고 건강이상설이 제기되자 더욱 빈번해졌다.[13] '독재자(김정일)가 병들어 쓰러져 있다' 등의 내용을 담은 전단을 자유북한운동연합 등의 민간단체들이 대형 풍선을 통하여 북쪽의 강원도와 황해남북도 지역으로 날려 보냈다. 북한은 10월 28일 군사실무회담을 제의했고 군부는 민간단체들의 대북전단 살포 행위가 계속될 경우 "단호한 실천행동이 뒤따르게 될 것"이라고 경고성 메시지를 전하였고, 로동신문에서 이에 대해 경고하였다.[14] 문제는 이러한 내용을 로동신문을 통해 보도했다는 것이다. 북한의 언론매체는 당국에 위해가 된다고 생각되는 보도는 절대하지 않는다. 물론 이 같은 '삐라 살포' 보도는 이를 규탄하고 남한에 대한 적개심을 불러일으킬 수 있다고 판단할 수 있지만, "우리 혁명 수뇌부를 악랄하게 비난", "반공화국삐라살포행위" 등의 내용이 오히려 북한 주민들의 호기심을 부추길 수 있다는 점이다. 정말로 '삐라'에 무엇이라고 쓰여 있는지 북한 주민들은 보고 싶어할 것이다. 그럼에도 불구하고 보도를 계속하는 것을 보면 내부적으로 상당히 이를 심각하게 인식하고 있다는 것을 알 수 있었다.

이러한 상황을 막아 보려고 이명박 정부를 강하게 비판하였다. 비판의 정도를 높이면서 군사적 위협의 수준으로까지 확대하였다. 이러한 과정에서 강성군부에 힘을 실어 주고, 군 수뇌부의 대폭적인 교체는 강성군부 등장의 의미로 받아들일

---

13) 김정일은 2008년 8월 뇌졸중으로 쓰러져 북한에서 중시하던 정권수립 60주년 행사에 참석하지 못하였다. 그후 12월에 나타난 그의 모습은 종전과는 달랐다.

14) 10월 3일 북한의 로동신문에서는 남한의 "북남 군사적 합의위반행위가 날로 극심해지고 있다"고 하면서 "살포한 삐라들이 우리 혁명의 수뇌부와 존엄 높은 우리식 사회주의제도를 더 악랄하게 헐뜯고 비난"하고, "자기 수령, 자기 조국을 생명보다 더 귀중히 여기는 우리 군대와 인민의 신념과 의지를 흔들어 보려는 것은 어리석기 그지없는 처사"라 하였다. 이것이 계속될 경우 '개성관광문제, 분계선 통행문제, 개성공업지구와 금강산관광지구 남측인원 체류문제' 등이 어려워질 것이라며 경고하였다.

수 있다. 이는 또한 후계체제 작업을 위한 포석으로도 보여졌다. 특히 인민군 복장의 총참모부 대변인이 텔레비전을 통해 성명을 발표한 것은 대내외적 위협에 대한 군사적 대비라는 명분 하에 주민 동원을 통한 주민 통제 및 결속 강화로 체제안정화를 기하는 데 활용되는 면이 강했다.[15] 이러한 연장선상에서 북한은 군사체계를 공고히 하고 김정은의 업적과 군사적 위대성을 주민들에게 각인시키기 위한 도발을 감행한 것으로 볼 수 있다.

3) 북한 내부체제 이완 문제

북한 내부체제의 이완 문제로 시장화 진행에 따른 동요 문제와 남북교류에서 나타난 체제 부담감 등을 들 수 있다. 북한은 사회주의 경제를 계속 유지하는 상태에서 시장을 허용하였다.[16] 이것은 분명히 모순이지만 당국이 식량과 생필품을 충분히 확보하지 못해 배급을 정상적으로 실시할 수 없는 상황에서 어쩔 수 없는 측면이 강했다. 북한의 시장화 현상은 여러 가지 문제점을 노출시켰는데, 가장 큰 것은 주민들의 가치관에 개인주의 성향이 배태되었다는 것이다. 당국이 자신들을 책임져 줄 수 없다는 생각에 시장 참여자가 늘어나면서 직장의존도가 낮아지게 되었다. 살기 위해서는 장사를 해야 하는 것을 당연하게 받아들이는 현실이 되었고, 여기에서 성공한 일부 사람들은 신흥부유층으로 성장하기도 하였다. 이같이 계획경제 공간에 사적 경제행위가 파고들면서, 당국의 통제를 벗어난 경제행위가 활성화되었다.

북한은 이러한 상황에서 2009년 11월 30일 화폐개혁을 단행하였다. 이는 지나치게 팽창된 화폐유통량을 줄여 과도한 시장기능을 억제하고 사회주의 경제개혁 부문을 정상화시키려는 데 목적을 두고 있었다. 화폐개혁은 당국이 시장에 전격적이고 강제적으로 개입한 것이었고, 교환 규모의 제한으로 상인들과 주민들의 재산을 강탈한 것이나 마찬가지였다. 이렇기 때문에 화폐개혁은 실패로 끝나고 오히려 주민들의 당국에 대한 불신만 높아지게 되었다.

북한 당국은 이 책임을 떠넘길 수 있는 대상이 필요했고, 좀 더 거시적인 차원에

15) 정영태, "북한의 대남 군사적 위협 배경과 우리의 대응,"「Online Serise」co 09-07, 통일연구원, 2009, 2면.

16) 당시 로동신문에서는 "국가의 중앙집권적, 통일적 지도를 강화하는 것이 인민경제 모든 부문, 단위들 사이의 생산소비적 련계를 계획적으로 원만히 실현해 갈 수 있다"고 하고 있다. 『로동신문』, 2009. 2. 11.

서 인민들을 통합할 수 있는 계기가 필요했다. 경제적인 문제로 야기되는 체제불안정 해소를 위해 보다 자극적인 군사적 긴장을 고조시키고 있었던 것이다. 남북관계의 책임을 전적으로 남한에 떠넘기면서 군사적 긴장관계를 형성하여, 그동안의 교류협력에 의하여 이완되어 있는 부분까지를 다잡으려 하였다.

4) 대미문제

미국 오바마 행정부의 대외정책의 우선순위에서 대북정책이 밀리지 않고, 북미직접 대화를 마련하기 위하여 한반도 긴장상태를 조성하는 측면도 있었다. 미 행정부의 대외정책에서 북한문제가 순위에서 밀리는 것을 막기 위한 관심 끌기 측면이 있었다. 특히 인공위성이라는 장거리 로켓 발사 문제는 남한 정부뿐만 아니라 미국도 초미의 관심사였다. 미국은 북한이 장거리 로켓을 발사한 후 강력한 안보리 결의안을 추진하였다.

한미군사훈련은 한미 양측의 입장에서는 연례 방어훈련이지만, 북한측의 입장에서 보면 분명 위협요소로 받아들일 수 있다. 북한의 군사위협적 발언이 이에 대한 대응요소로 작용한 것도 사실이었다. 그러나 이 훈련을 '핵전쟁연습' 등으로 묘사하면서, 군사적 긴장감을 일으켜서 인민통합 방편으로 이용하는 측면이 더 크다. 남한에 대한 환상이나 미국에 대한 경각심의 완화를 한미 군사합동훈련 등을 거론하며 체제를 위협하는 요인으로 바꾸어 놓으려는 것이었다. 이 기간에 미국이 2008년 6월부터 지원하던 대북 식량지원도 받아들이지 않겠다고 발표했다. 북한 당국이 계속해서 성명을 발표하는 것은 미국과 남한에 대한 강력한 항의 표시이기도 하지만, 실은 이를 내부적 적개심의 도출과 체제안보로 활용하고 있었다.

북한이 장거리 로켓 발사 후 미국 등이 추진했던 안보리 결의안은 채택되지 않고 의장성명에 합의하였지만, 북한 외무성은 즉각 반발하였다. 즉, "어떠한 합의에도 구속되지 않고, 사용 후 연료봉의 재처리, 핵억제력 강화, 6자회담 거부" 등을 표명하였다. 북한에서는 장거리 로켓 발사 이후 전국적으로 '성공축하군중대회'를 개최하여, 주민들의 자긍심을 고취시키는 수단으로도 활용하였다.

서해상의 도발 문제는 미국의 압박전략의 측면도 있었다. 북한은 NLL을 빌미로 정전체제에 대한 시비를 걸어 미국과 평화협정을 주장한 것으로 볼 수도 있다.

Ⅲ. 북한의 유화적 태도와 그랜드 바긴

1. 북한의 유화적 태도

북한은 2009년 하반기에 들어서면서 대남·대외 관계에 유화적인 태도를 보이기도 하였다. 2009년 8월 4일부터 5일까지 클린턴 전 미국 대통령의 방북으로 김정일 위원장과 면담이 진행되었고, 이를 계기로 미국인 억류 여기자 2명이 석방되기도 하였다. 북한은 8월 13일에는 137일 동안 억류되었던 개성공단의 우리 측 근로자를 인도하였다. 8월 20일에는 동서해지구 군사책임자 명의의 전통문을 통해 2008년 12월 1일 조치(12·1조치)[17]를 21일부터 해제한다고 통보하였다. 개성공단사업도 정상화를 되찾았다.

김대중 대통령의 사망에 북한은 조의방문단 특사를 제의하였고, 우리 정부는 이를 수용하였다. 8월 21일에서 23일까지 북한 통일전선부장 김양건과 일행이 서울을 방문하였다. 특사조의방문단은 8월 23일 청와대로 이명박 대통령을 예방하고 남북협력의 진전에 관한 김정일 위원장의 구두 메시지를 전달하였다. 이명박 대통령은 일관되고 확고한 대북원칙을 설명하고, 남북간 진정성 있는 대화를 통한 문제해결을 강조하였다.[18]

한편 현정은 현대그룹 회장이 8월 10일부터 17일까지 북한을 방문하였다. 그리고 공동보도문을 통해 추석을 계기로 이산가족 상봉에 대한 합의를 언급하였다. 이를 계기로 남북적십자회담이 8월 26일부터 28일까지 금강산에서 개최되었다. 남북적십자회담의 합의에 따라 9월 26일부터 10월 1일까지 금강산에서 이산가족 상봉 행사가 진행되었다. 이때 실시된 이산가족 상봉행사는 2008년 완공된 이산가족면회소에서 처음으로 이루어졌다.[19]

17) 상술한 바와 같이 2008년 7월 11일 금강산 관광 총격사건 이후 금강산관광이 중단되고 북한이 남측 체류인원을 추방하였고, 12월 1일에는 중대조치라 하여 출입제한을 일방적으로 통고하였다. 이 조치로 경의선 통행 횟수가 12회에서 3회로 축소되었고, 통과인원과 차량 대수도 제한하였다.

18) 통일부, 『2010 통일백서』, 통일부, 2010, 31-32면.

19) 금강산 이산가족면회소는 2005년 8월 31일 착공식을 가졌으며, 2008년 7월 1일 준공하였다.

2. 그랜드 바긴과 남북정상회담을 위한 접촉

상술한 바와 같이 이명박 정부 출범 이후 북한은 대남 비난을 지속하면서 강경 자세를 견지하였다. 그러나 오바마 행정부에 대해서는 관계개선에 대한 기대를 비치기도 하였다.[20] 2009년 1월 오바마 행정부 출범 이후 미국이 북한의 의도대로 직접 대화에 나서지 않고 대외정책의 우선순위에서도 밀리자 강경정책으로 선회하게 되었다. 4월 5일 장거리 로켓 발사와 5월 25일의 제2차 핵실험도 강경정책으로 기선을 제압해 보겠다는 의지의 표현이기도 하였다. 이러한 북측의 위협 조치는 '2·13합의'와 '10·3합의' 등 과거 6자회담 합의를 사실상 파기하고 그동안 진행되었던 불능화 조치들을 되돌려 놓는 것이었다.

이명박 대통령은 2009년 9월 21일 코리아소사이어티, 전미외교협회(CFR), 아시아소사이어티 공동주최 연설을 통해 북한 핵문제의 근본적 해결을 위한 접근방법으로 '그랜드 바긴'(Grand Bargain, 일괄타결 방안)을 제안하였다. 이 구상은 비핵·개방·3000을 기본으로 2009년 광복절 경축사에서 발표한 '한반도 신평화구상'[21]의 연장선상에서 북한 핵문제 해결을 위한 방안을 담고 있다. 북핵문제 해결과정에서 타협과 파행 그리고 진전과 후퇴의 과거 패턴을 탈피하여 근원적이고 포괄적 해결방안을 제시한 것이다.[22]

그랜드 바긴의 주요 내용은 다음과 같다. 첫째, 6자회담을 통해 북핵 프로그램의 핵심부분 폐기와 동시에 북한에 대해 확실한 안전보장과 국제 지원을 본격화한다. 둘째, 북핵 폐기의 종착점에 대한 명확한 합의를 토대로 한국과 미국, 일본, 중국, 러시아 등 5개국 간의 협의를 통해 구체적인 행동 방안을 마련하여 추진하는 것이다. 마지막으로 그랜드 바긴은 핵 포기 결단을 확실히 보여주는 북핵 프로그램의 핵심부분의 폐기를 포함하고 있는데 구체적 요소는 5개국 간 협의를 통해 정한다는 것이다.[23]

이명박 정부의 그랜드 바긴을 미·중 관계의 미묘한 변화 속에서 한국이 미국과

20) 2009년 신년공동사설에서는 그동안 반미제국주의를 내세우며 강력하게 비난했던 것을 자제하고 대신 "조선반도의 비핵화를 실현하고 동북아시아와 세계의 평화와 안전을 수호한다"라고 하고 있다.

21) 2009년 8월 15일 광복절 경축사를 통해서 이명박 대통령은 "북한이 핵문제에 대해 마음을 열고 대화한다면, 북한경제 발전과 주민들 삶의 향상을 위한 국제협력 프로젝트와 남북공동체 프로젝트 실행을 추진할 것이다"라는 한반도의 평화구상을 밝혔다.

22) 통일부, 『2010 통일백서』, 통일부, 2010, 28-29면.

23) 통일부 통일교육원, 『남북관계지식사전』, 통일부 통일교육원, 2011, 64-66면.

의 공조조치를 더욱 공고히 하기 위한 조치였다는 평가도 있었다. 그랜드 바긴은 미중관계 대결 속에 세력균형의 산물이었던 것이다.[24] 그러나 북한은 이에 대해 이명박 정부가 미국의 입장을 대변하고 있다고 평가절하했다.

한편 이명박 정부도 남북정상회담에 대한 의지를 가지고 있었다. 2009년 10월 싱가포르에서 남한의 노동부장관 임태희와 북한의 당 통일전선부장 김양건이 접촉을 하였다. 두 사람은 자신들의 조건을 맞춰 남북정상이 만나 이산가족 문제를 합의하고 북한의 조치에 따라 남한이 경제지원을 하는 것으로 합의하였다. 이렇게 비밀합의가 이루어져 성사 직전까지 갔으나 막판에 깨졌다. 남한의 접촉라인이 교체되면서 북한에 요구하는 사항이 부가되었고 이를 수용하지 않았다.[25] 남북정상회담이 무산된 이후 남북관계는 더욱 악화되었다.

Ⅳ. 남북간 갈등의 현황과 새로운 핵프로그램

1. 서해상 충돌과 천안함사건 그리고 5·24조치

서해에서 2009년 11월 10일 총격사건이 발생했다. 이날 북한의 경비정 등산곶 383호가 대청도 인근 서해 NLL을 침범하여 남하하자 우리 해군은 5차례 경고방송을 했으며, 이에 응하지 않자 경고사격을 가하였다. 이에 대응해 북한 등산곶 383호가 우리 해군 함정에 조준사격을 가해 옴에 따라 직접적인 교전으로 이어져, 북한 등산곶 383호는 반파되어 북상하였으며 인명피해도 입은 것으로 추측되었다. 우리 해군은 함선 외벽에 탄흔 피해를 입었으나 인명피해는 없었다.

이 사건에 대해 북한은 11월 14일 남북장성급회담 북측 단장 명의로 우리 측에 통지문을 보내 북측이 선포한 해상군사분계선을 위한 군사적 조치를 호언했으며, 12월 21일에는 해군사령부 대변인 성명을 통해 서해 군사분계선 수역을 평시 해상사격 구역으로 선포하고 이 구역에서 모든 어선들과 함선은 피해가 없도록 안전대책을 강구하라고 위협하기도 했다.

24) 문순보, “국제정치 속의 한국 대북정책: 이명박 정부의 안보정책을 중심으로,” 『세종정책연구』, 2013-21, 세종연구소, 19면.

25) 안문석, 『북한 현대사 산책5』, 인물과 사상사, 2016, 145-146면.

2010년 3월 26일 백령도 서남방 2.5km 지점에서 우리 해군의 1,200톤급 초계함인 천안함이 북한의 어뢰 공격을 받아 침몰하였다. 이 사고로 천안함에 탑승하고 있던 승조원 104명 중 58명이 구조되고 46명이 실종되었으며, 이후 실종자 수색과 선체 인양이 이루어지면서 실종자 46명 모두 전사한 것으로 확인되었다. 미국, 영국, 호주, 스웨덴 등 4개국 전문가가 포함된 민·군 합동조사단은 사고해역에서 건져 올린 북한의 어뢰(CHT-02D) 추진체 등을 근거로 천안함 침몰이 북한의 소행인 것으로 밝혀내고, 이 같은 내용의 조사결과를 5월 20일 발표했다. 5월 24일 이명박 대통령은 천안함사태와 관련하여 대국민 담화를 발표했다. 담화에서 이명박 대통령은 천안함 피격이 '대한민국을 공격한 북한의 군사 도발'이라고 규정짓고, 북한의 책임을 묻기 위한 조치를 직접 발표했다.[26)]

이에 정부는 북한의 추가적인 도발을 근원적으로 차단하고, 도발에는 상응하는 책임이 따른다는 사실을 북한에 분명하게 인식시킨다는 차원에서 5월 24일 강력하고 즉각적인 대북조치를 발표하였다. 5·24대북조치 주요 내용은 ① 제주해협 포함 우리 측 해역에 북한선박의 운항과 입항 금지, ② 남북 간 일반교역은 물론 위탁가공교역을 위한 모든 물품의 반출·반입 금지, ③ 개성공단과 금강산지구를 제외한 북한지역에 대한 우리 국민의 방북 불허 및 북한주민과의 접촉 제한, ④ 북한에 대한 신규투자 불허, 현재 진행 중인 사업의 투자 확대도 금지, 개성공단의 생산활동은 지속되도록 하되 체류인원은 축소 운영, ⑤ 대북지원사업은 원칙적으로 보류하고, 다만 영유아 등 취약계층에 대한 순수 인도적 지원은 유지한다는 것이다.

이는 북한의 어떠한 도발도 용납하지 않고 적극적인 억제 원칙을 견지할 것이며, 북한이 무력 침범하면 즉각 자위권을 발동할 것이라고 천명한 것이었다. 그러면서 북한의 영유아에 대한 지원은 인도적 차원에서 유지할 것이며, 개성공단 문제는 그 특수성을 감안하여 검토해 나가겠다는 입장을 밝혔다. 이와 함께 북한에 대해 한국과 국제사회 앞에 사과하고, 이번 사건 관련자들을 즉각 처벌할 것을 촉구했다.

정부의 '5·24조치' 이후 국회는 2010년 6월 29일 '북한의 천안함에 대한 군사도발 규탄 및 대응조치 촉구 결의안'을 채택했다. 유엔 안보리는 2010년 7월 9일 "북한이 천안함 침몰의 책임이 있다는 결론을 내린 합동조사단의 조사결과에 비추어

26) 통일부 통일교육원, 『남북관계지식사전』, 686-690면.

깊은 우려를 표명한다", "천안함 침몰을 초래한 공격을 규탄하며 한국에 대한 공격이나 적대행위를 방지하는 것이 중요하다"는 내용이 담긴 의장 성명을 채택했다. 유럽의회, G8 정상회의 등도 한국의 조사 결과와 대북조치를 지지하면서, 북한의 천안함 공격에 대해 규탄하는 성명 등을 발표하였다.

천안함사건 이후 이명박 정부는 북한에 책임 있는 조치를 요구하였다. 북한은 천안함사건의 조사결과를 인정할 수 없다며, 오히려 '국방위원회 검열단'을 파견하여 사건의 진상을 조사하겠다는 입장을 보였다. 이러한 가운데 북한은 '남북군사실무회담'을 할 것을 제의했고, 우리 정부의 수정 제의 끝에 9월 30일 '제38차 남북군사실무회담'이 판문점에서 개최되었다. 여기에서 '책임 있는 조치 촉구와 검열단 파견 수용' 입장만 되풀이되었고, 합의 없이 회담이 끝났다.

한편 북한은 9월 10일 대한적십자사 총재에게 통지문을 보내 이산가족 추석 상봉을 위한 협의를 위해 실무접촉을 제의하였다. 두 차례에 걸쳐 실무접촉이 이루어지고, 2010년 10월 26일부터 27일까지 남북적십자회담이 개성에서 진행되었다. 우리 정부는 이산가족 상봉의 정례화와 80세 이상 고령자의 고향방문사업을 주장하였다. 이에 북측은 남북이산가족 문제 해결과 함께 인도주의적 협력사업을 활성화해야 한다면서 쌀 50만톤과 비료 30만톤을 지원해 줄 것을 요청하였다.[27] 이산가족 상봉 정례화를 위해서는 상봉장소 문제를 풀어야 한다면서 금강산관광 재개와 관련 회담을 제의하였다. 대한적십자측은 대규모 대북지원은 당국회담의 몫이고, 금강산관광 재개 또한 이산가족 문제와 별개의 입장임을 표명했다. 11월 25일에 계속 협의하기로 하였으나, 23일 연평도 포격사건으로 회담이 열리지 못하였다.

2. 연평도 포격사건

북한은 2010년 3월 26일 천안함사건에 이어, 11월 23일 연평도에 대한 포격 도발을 감행하였다. 북한은 연평도 내의 군부대뿐 아니라 민가를 구별하지 않고 무차별적으로 170여 발의 포격을 자행하였다. 이 포격 도발로 우리 해병 2명이 전사하고 16명이 중경상을 입었으며 민간인은 2명이 사망하고 다수의 부상자가 발생하였다. 또한 건물도 133개 동이 파손되는 등 큰 피해를 입었으며, 주민들은 하루아침에 삶의 터전을 잃게 되었다.

27) 통일부, 『남북대화』, 제75호, 통일부, 2013, 59면.

연평도 포격 도발 사건은 6·25한국전쟁 이래 남한 영토에 대한 북한의 첫 번째 공격이라는 점과 민간인을 가리지 않고 공격했다는 점에서 한반도 평화를 근저에서 파괴한 매우 중대한 도발사건이라고 할 수 있다. 한반도의 평화를 염원하는 국제사회도 커다란 충격에 빠졌다. 천안함사건과 마찬가지로 연평도 포격 도발 역시 정전협정, 유엔헌장, 남북기본합의서 등을 위반한 군사적 도발이었다. 정부는 북한의 연평도 포격 도발 행위는 "대한민국에 대한 명백한 무력 도발"이며 민간인에 대해서까지 무차별 포격을 가한 것은 결코 용납할 수 없다는 사실을 북한에 분명히 밝히고 이에 대해 책임 있는 조치를 취할 것을 강력히 요구하였다. 국회도 11월 24일 '북한의 무력도발행위 규탄 결의안'을 채택하여 "민간인 거주 지역을 포함한 연평도 일대에 북한의 불법적이고도 비인도적인 포사격행위로 무고한 인명피해가 있었으며, 이는 대한민국에 대한 중대한 무력도발행위"로 규정하고 강력히 규탄하였다.

제38차 남북군사실무회담 2개월 만에 일어난 연평도 포격사건에 대하여 북한측은 그 책임을 남한측에 전가하였다. 2011년에 들어서자 북한은 국면전환을 위해 남북대화를 제의해 왔다. 1월 8일 '조국평화통일위원회 대변인 담화'를 통하여 남북적십자회담, 금강산관광재개회담, 개성공업지구 회담을 개최하자고 제의하였다. 정부는 1월 10일 통일부 대변인 논평을 통해 "북한이 천안함 폭침 및 연평도 포격 도발 등 우리 국민의 희생을 초래하고도 책임을 인정하지 않고 경제지원을 받기 위한 회담을 제의하는 것은 위장평화공세"라고 지적했다.[28] 이에 북한은 1월 20일 인민무력부장 명의의 통지문을 통해 '북남고위급군사회담'과 이를 위한 예비회담을 개최할 것을 제의하였다. 이것이 제39차 남북군사실무회담으로 이어졌는데, 여기에서도 남북고위급군사회담의 대표와 의제를 놓고 의견이 엇갈려 회담이 중단되었다.

3. 북한 핵과 6자회담 문제

6자회담은 2008년 12월 북핵문제에 대한 검증의정서 체결에 실패한 이후 중단되었다. 의정서 체결이 시료채취를 포함한 과학적 검증절차에 대한 북한측의 거부로 무산되었다. 그리고 상술한 바와 같이 2009년 상반기의 로켓 발사와 제2차 핵실험

28) 위의 책, 30면.

그리고 2010년에 들어서 천안함사건과 연평도 포격 사건 등으로 북한은 국제사회에서 고립이 심화되었다. 그동안 핵 억제력 강화해 나가겠다고 공언해 온 북한이 G20회의가 진행 중이던 때에 미국의 핵과학자인 지그프리드 헤커 스탠퍼드대 국제안보협력센터 소장을 초청해 영변의 우라늄 농축시설을 공개하였다.[29)]

2차 핵실험 이후 유엔 안보리 대북결의 제1874호에 따라 미국이 제재와 압력을 지속하자, 북한은 2010년 11월 우라늄 농축프로그램(Uranium Enrichment Program: UEP)을 공개하고 오바마의 '핵무기 없는 세계 구현'에 정면으로 도전하고 나섰다. 북한이 핵실험을 통해서 플루토늄을 원료로 한 핵무기 성능을 개량하고, 2010년 11월 우라늄 농축방식의 새로운 핵 프로그램을 공개함으로써 6자회담의 추진력은 급격히 떨어졌다. 그리고 연평도 포격도발 이후 한국과 미국은 11월 28일부터 서해에서 미국 항공모함 조지워싱턴호가 참여한 대대적인 군사훈련을 거행하였다.

국제사회의 제재와 압력에도 불구하고 북한의 핵능력이 향상되는 징후를 보이자 6자회담 개최국 중국이 나섰다. 6자회담 재개를 위해서 가장 적극적으로 움직이는 나라는 중국이었다. 중국은 북한이 6자회담 참가를 거부할 때는 북한을 설득하고, 북한의 조건 없는 6자회담 재개 주장에 한국과 미국이 미온적일 때는 한·미를 설득하는 적극적인 중재자 역할을 수행하였다.[30)]

2011년 1월 미·중 정상회담이 개최되고 그 후 미국이 남북간의 접촉을 촉구하면서 비공식 접촉이 이루어지기도 하였다. 중국의 베이징에서 12월 22일에 제3차 북미간 고위급회동이 마련되어 있었으나 김정일의 사망으로 무산되었다. 실제로 여기에서 '대북 식량지원과 우라늄 농축프로그램 중단'을 사전 논의하고, 6자회담의 새로운 전기를 마련하고자 하였다.[31)]

29) 북한관계자는 헤커 일행에게 원심분리기 1,000여 기를 공개하면서 이미 2,000여 기가 가동 중이라고 밝혔다. 북한은 플로토늄에 의한 핵 개발뿐만 아니라 우라늄 핵무기까지 개발할 수 있는 능력을 보유하고 있음을 과시하면서 한국과 미국 등 국제사회를 압박하고 나선 것이다.

30) 김창희, 『북한정치와 김정은』, 법문사, 2012, 332-333면.

31) 위의 책, 334면.

V. 김정일 위원장 사망과 김정은 체제

1. 김정일의 사망과 후계자 김정은

북한은 김정일의 건강 악화 이후 2009년 1월 8일 김정은 생일에 그를 후계자로 정하고 권력개편 작업에 착수하였다. 4월의 헌법 개정과 다음 해의 로동당규약 개정이 그것인데, 그 중간에 김정일의 중국 방문도 이 일환이었다. 2010년 8월 김정일은 백두혈통의 상징인 김일성의 항일유적지를 방문했는데 김정은이 동행하였다. 북한은 2010년 9월 제3차 당대표자회를 통하여 로동당규약을 개정하면서 중앙당을 복원하였다. 당총비서가 당의 수반으로 당을 영도하고 대표하며 당중앙군사위원장을 자동적으로 겸직하게 하였다. 그리고 김정은을 당중앙군사위원회 부위원장 자리에 앉혔다. 이것이 가지는 의미는 김정일 유일체제를 완성시켜, 후계자에게 집중된 정치권력을 양도하기 위한 포석이기도 하였다.

김정일은 이 같은 과정을 거치면서 북한에서 명실상부하게 당·정·군에서 최고영도자로 다시금 확신시키고, 김정은을 후계자로 완성시키려 하였다. 김정일은 후계체제 구축과정에서 절대적 지휘권을 확보하면서, 권력승계에서 나타날 수 있는 제반 문제도 해결해 나가고자 하였다. 김정일은 만일에 대비해 왔지만 자신의 생이 허무하게 마감할 것이라고 생각하지 않았을 것이다.

김정일은 2011년 12월 17일 급작스럽게 사망하였다. 북한은 12월 19일 정오에 조선중앙TV 특별방송을 통해 "지난 17일 8시 30분에 김정일 위원장이 서거했다"고 발표했다. "전체 당원들과 인민군장병들과 인민들에게 고함"이라는 북한의 5대기관[32] 명의로 발표된 보도는 "위대한 령도자 김정일동지의 심장은 비록 고동을 멈추었으나 경애하는 장군님의 거룩한 존함과 자애로운 영상은 우리 군대와 인민의 마음속에 영원히 간직되여있을 것이며 장군님의 성스러운 혁명실록과 불멸의 혁명업적은 조국청사에 길이 빛날 것이다"라고 끝을 맺고 있다. 김정은이 장의위원장이 되어 장례가 치러지는 동안 김정은은 '위대한 후계자', '영명한 지도자', '당·정·군의 최고영도자'로 불려졌다. 12월 30일 당 중앙위원회 정치국회의에서 김정은은 '조선인민군최고사령관'으로 추대되었다.

---

32) 조선로동당 중앙위원회, 조선로동당 중앙군사위원회, 조선민주주의인민공화국 국방위원회, 조선민주주의인민공화국 최고인민회의 상임위원회, 조선민주주의인민공화국 내각.

한편 김정일의 사망에 대해 우리 정부에서는 2011년 12월 20일 담화문을 발표하였다. 정부는 공식적인 조문단은 보내지 않기로 하고, 고 김대중 전 대통령과 고 정몽헌 현대그룹 회장의 유족에 한해 북한의 조문에 대한 답례 형식의 방북 조문을 허용하기로 하였다. 이희호 여사와 현정은 회장 일행이 12월 26일부터 27일까지 방북하여 조문을 하였다. 정부는 민간단체의 조의문 발송을 허용하였다. 이러한 조치로 1994년 김일성 사망 당시와 같은 '조문파동' 문제는 발생하지 않았다.

2. 김정은 체제 출범과 장거리 로켓 발사

김정일 사망 이후 첫 번째 신년공동사설에서 "우리 당과 우리 인민의 최고령도자 김정은 동지는 선군조선의 승리와 영광의 기치이시며 영원한 단결의 중심이시다. 경애하는 김정은 동지는 곧 위대한 김정일 동지이시다"라고 하였다. 김정일의 사망으로 연기되었던 제3차 북미간의 고위급회담이 2012년 2월 23에서 24일 베이징에서 개최되었다. 미국과 북한 양측은 제3차회담의 내용을 평양과 워싱턴에서 동시에 발표하였다. 북한은 핵실험과 장거리 미사일 발사 및 우라늄 농축프로그램 유예, IAEA 사찰단 복귀 등을 비롯한 비핵화 사전조치를 취하고, 미국은 24만톤에 해당하는 영양 지원을 하기로 하였다. 이 같은 북미간의 합의는 김정일 사후 김정은 체제가 출범하기 전 국내외적인 안전을 확보하기 위한 조치로 보였다.

2012년 4월 11일 제4차 당대표자회에서 김정일을 '영원한 총비서'로 모신다 하고, 김정은이 로동당 제1비서로 추대되었다. 김정은은 당정치국 상무위원이 되었음은 물론이고, 당중앙군사위원회 위원장에도 올랐다. 2012년 4월 13일 최고인민회의 제12기 5차 회의에서는 김정일을 '영원한 국방위원장'으로 칭하고, 김정은을 국방위원회 제1위원장에 추대하였다. 이로써 김정은은 북한의 당·정·군의 모든 최고 권력의 지위에 오름으로써 명실상부한 '최고 영도자'가 되면서, 제도화를 마무리 짓고 권력 엘리트들도 일부 재배치시켜 김정은 체제의 구축을 위한 권력승계를 일단락 지었다.

이러한 과정에서 북한은 김정은의 위상 확립과 체제의 강인함을 보여주기 위한 상징으로 4월 13일 위성이라고 부르는 장거리 로켓을 발사하였다. 무엇인가 보여주려는 김정은의 의지였으나 이 발사체는 몇 분이 지나지도 않아 공중폭발하고 말았다. 북한은 다른 때와 달리 신속하게 발사의 실패를 인정하였다. 그러나 유엔 안보리는 4월 16일 북한의 미사일 발사를 강력 규탄하는 의장성명을 채택하였다. 유엔 안보리는 북한 3개 기업에 대한 추가제재도 결정하였다. 북한의 외무성은 안보리 의장성명을 비난하면서, 2월 29일의 합의는 더 이상 의미가 없다는 성명을 발표하였다.

북한은 2012년 12월 12일 장거리 로켓을 발사하였다. 앞에서 설명한 바와 같이 이는 김정은 체제가 출범하면서 국내외에 보여주려는 시도였지만, 실패로 끝났기 때문에 절치부심하고 2012년이 저물기 전에 다시 시도한 것이었다. 김정은은 당중앙위원회에서 '〈광명성-3〉호 2호기를 성과적으로 발사하는 데 공헌한 과학자, 기술자, 로동자, 일군들을 위한 연회'를 마련하였다. 여기에서 김정은은 "첨단과학기술의 집합체인 인공지구위성 〈광명성-3〉호 2호기의 성공적인 발사는 5천년 민족사에 특대사변"이라고 하면서, 참석자들의 공로를 치하하였다.[33] 김정은은 이를 통하여 핵보유국의 지위 요구와 평화협정 공세를 위한 강력한 협상카드를 확보하려한 것이었다. 그리고 재선에 성공한 미국 오바마 대통령에게도 김정은이 호락호락하지 않은 인물임을 보여주려 하였고, 대선 정국에 있는 남한에서 탄생할 새 대통령에게도 역시 같은 의도의 메시지 전달의 의미도 있었다. 유엔 안보리는 대북제재 결의안 제2087호를 채택하였다.

VI. 실용노선의 한계와 대북단절

이명박 정부는 출범 4년을 맞아 2012년 2월에 "대북정책 이렇게 해왔습니다"를 통일부가 발간하였다. 이 내용을 간추려 보면 다음과 같다.

첫째로 원칙 있는 대북정책을 추진해 왔다는 것이다. 이명박 정부는 대북정책의 원칙과 기조를 일관되게 견지하고 남북간 현안문제에 대해서도 원칙 있는 입장에 따라 대처해 왔다고 한다. 특히 북한의 무력도발에 대해서는 단호한 입장으로 대처하여 5·24조치를 단행하는 등 과거 북한이 무력도발을 하고도 아무 일 없다는 듯이 남북관계가 재개되던 행태를 반복하지 않겠다는 확고한 정부 입장을 표명하였다.

둘째, 대북정책에 대하여 대내외적 공감대를 형성했다고 한다. 북한의 바람직한

33) 『로동신문』, 2012. 12. 22.

변화 필요성과 이를 위한 정부의 대북정책 원칙에 대해 국민들의 공감대 형성을 확대시켰다는 것이다. 또한 북한의 진정성 있는 핵포기와 개혁·개방이 북한문제 해결의 관건이라는 데 국제사회와 인식을 공유했다는 것이다.

셋째, 정부는 5·24조치를 취하면서도 남북간 긴장도를 낮추고, 안정적인 대화채널 구축 여건을 조성하기 위하여 유연화 조치를 시행하였다는 것이다.

남북관계는 2008년의 북한의 남북대화 거부, 금강산 관광객 피격, 육로통행 제한이 있었고, 2009년에는 개성공단 육로통행 차단, 근로자 억류, 북한의 로켓 발사와 핵실험, 조문특사단 방문 등이 있었다. 특히 김대중 전 대통령의 국장에는 김기남과 김양건이 조문특사단으로 8월 21일부터 23일까지 서울을 방문하였다. 조문단은 통일부장관과 면담하고 청와대를 예방하기도 하였다. 2010년에는 천안함사건과 연평도 포격 등 무력도발이 감행되었다. 이러한 상황에서 남북간에는 4년 동안 남북군사실무회담 3차례 개최 등 16차례에 걸쳐 남북회담이 개최되기도 하였다. 남북교역의 경우 5·24조치에 따른 일반교역과 위탁 가공교역의 사실상 중단에 따라 감소되기도 하였으나, 2008년 이후 전체 교역량은 긴장된 남북관계 정상화에도 불구하고 증가된 양상을 보였다. 이 동안 개성공단의 교역량은 계속 증가되었다.

이러한 정부의 평가나 상황에도 불구하고 이명박 정부의 대북정책을 실패로 규정한다. 북한과의 대화와 교류보다는 제재와 압박을 무기로 삼는 정책기조로 회귀를 하였다. 이명박 정부가 이전 정부의 실패의 본보기로 삼았던 북핵문제가 해결의 기미를 보이기보다는 오히려 북한 핵 개발 진행은 더욱 진전되었기 때문이다. 또한 압박을 통해 북한을 개혁·개방으로 이끌어내지 못했으며 북한의 대외고립과 폐쇄성은 더 심화되었다. 이명박 정부는 원칙과 경직성의 오류를 범하였고, 경협과 남북관계 발전 속도를 북핵문제 해결과정과 과도하게 연계하여 유연성의 의미를 스스로 축소하였다. 그리고 상호주의에 입각한 대북정책 기조는 상호 이익이 가능한 분야까지 협력을 제안하였다고 평가할 수 있다.[34]

이명박 정부는 대북정책에 있어서 앞선 정부들과 차별성을 강조하여 실용을 내세우면서 상호주의로 접근하였다. 또한 정부가 출범하기 몇 개월 전에 제2차 남북정상회담이 진행되고 여기에서 합의된 사항들이 부담으로 작용하였다. 그리하여 비핵·개방·3000과 상생공영이라는 어찌 보면 상반된 정책으로 경색된 남북관계가

34) 권정만·김학만, "이명박 정부의 남북관계와 갈등관리: 대북정책 기조와 전개과정 분석을 중심으로," 『한국동북아논총』, 제18집 제3호, 2013, 198면.

도출되었다. 이러한 상황이 2010년 광복절 경축사에서 이명박 대통령은 "반드시 통일은 올 것이라는 신념 하에 현실적인 방안을 준비할 때"라는 발언으로 대북문제보다는 우리 사회의 관심을 통일이라는 화두로 돌려 놓았다. 2011년 7월 1일 민주평화통일자문회의 출범식에서 이명박 대통령은 "통일의 그날은 반드시 올 것이며, 남북의 의지와 노력에 따라 그 시간은 앞당겨질 수도 있습니다. 지금 우리에게 가장 필요한 것은 통일을 실질적으로 준비하는 자세입니다. 이를 위해서는 무엇보다도 강한 통일의 의지를 가져야 합니다. 통일에 대한 긍정적인 태도를 갖고 통일이 가져올 미래를 보아야 합니다. 통일이 가까이에 있든 멀리 있든 통일을 위한 염원을 모아나가야 합니다"라고 하였다.

물론 통일은 한민족이 가지고 있는 지상의 가치이고 한국의 미래라고 생각한다. 그러므로 이에 대한 준비는 필요하지만 통일에는 대상이 있고 바로 그것은 북한이다. 이렇게 볼 때 통일에 앞서서 대북정책을 어떻게 펼쳐 나가느냐 하는 것은 중요한 일이었다.

제10장

한반도 신뢰프로세스와 병진노선

Ⅰ. 박근혜 정부의 출범과 김정은 유일영도체계

1. 박근혜 정부의 출범과 국정목표

2012년 12월 19일 제18대 대통령 선거는 새누리당의 박근혜 후보와 통합민주당의 문재인 후보의 대결이었다. 박근혜 후보가 51.6%를 득표하여 대통령에 당선되었다. 인수위에서의 박근혜 정부의 국정목표는 ① 일자리 중심의 창조경제, ② 맞춤형 고용·복지, ③ 창의교육과 문화가 있는 삶, ④ 안전과 통합의 사회, ⑤ 행복한 통일시대의 기반 구축이다. 여기에서 '행복한 통일시대 기반 구축'의 국정목표에는 3가지의 전략과 17가지의 국정과제가 있다. 3대 전략은 '튼튼한 안보와 지속가능한 평화 실현', '행복한 통일로 가는 새로운 한반도 구현', '국민과 함께 하는 신뢰외교 전개'이다.

박근혜 대통령은 2013년 2월 25일 취임사에서 "북한은 하루빨리 핵을 내려놓고, 평화와 공동발전의 길로 나오기 바랍니다. 더 이상 핵과 미사일 개발에 아까운 자원을 소모하면서 전 세계에 등을 돌리며 고립을 자초하지 말고, 국제사회의 책임있는 일원으로 함께 발전하게 되기를 기대합니다. 현재 우리가 처한 안보 상황이 너무도 엄중하지만 여기에만 머물 수는 없습니다"라고 말하였다. 이는 북한의 상황과 남북관계를 말하고 있는 대목이었다.

이를 풀어갈 수 있는 방향으로 제시한 것이 한반도 신뢰프로세스이다. 즉, "저는 한반도 신뢰프로세스로 한민족 모두가 보다 풍요롭고 자유롭게 생활하며, 자신의 꿈을 이룰 수 있는 행복한 통일시대의 기반을 만들고자 합니다. 확실한 억지력을 바탕으로 남북 간에 신뢰를 쌓기 위해 한 걸음 한 걸음 나아가겠습니다. 서로 대화하고 약속을 지킬 때 신뢰는 쌓일 수 있습니다. 북한이 국제사회의 규범을 준수하고 올바른 선택을 해서 한반도 신뢰프로세스가 진전될 수 있기를 바랍니다"라고 하고 있다. 한반도 신뢰프로세스는 대북정책의 방향이면서, 통일시대의 기반 구축을 위해서 주요한 수단이라는 것이다. 이는 남북한 문제에 그치지 않고 동북아와 세계무대를 향한 외교전략이라고 하였다.

박근혜 정부는 북한의 김정은과 상대를 해야 했다. 북한에서 박근혜 정부가 출범하기 8개월 전에 공식적인 김정은 체제가 출범하였고, 그리고 2013년 2월 12일에는 제3차 핵실험을 단행하였다. 이는 박근혜 대통령 취임 13일 전으로 녹록치 않은 남북관계를 예견케 하였다.

2. 북한의 제3차 핵실험과 김정은 유일영도

북한은 제4차 당대표자회와 제12기 제5차 최고인민회의를 기점으로 김정은을 로동당 제1비서, 국방위원회 제1위원장, 당중앙군사위원회 위원장, 정치국 상무위원, 인민군 최고사령관 등 당, 정, 군의 최고 직책에 추대되었다. 그리고 4월 15일 김일성 탄생 100주년 경축대회에서는 김정일과 달리 20여 분간 원고를 낭독하면서 그의 존재를 부각시켰다. 김정은 체제 출범 이후 후견 권력 엘리트의 부침은 김정은의 의지를 반영한 것이었고, 향후 북한 정치의 방향을 예견할 수 있는 단초가 되었다.

북한은 김정은 체제의 공식적인 출범과 함께 무언가 상징적으로 내세울 것을 찾았고, 그것은 바로 로켓위성 발사였다. 그러나 이것은 실패로 끝났고, 북한은 바로 이것을 시인하였다. 북한에서 광명성 3호라 하는 로켓위성이 2012년 12월 12일에 발사하여 성공하였다. 2013년 신년사에서 이를 "우리의 미더운 과학자, 기술자들은 인공지구위성 〈광명성-3〉호 2호기를 성과적으로 발사하여 위대한 장군님 유훈을 빛나게 관철하고 주체조선의 우주과학기술과 종합적 국력을 힘있게 과시하였습니다"라고 하였다.

2013년 2월 12일 함경북도 길주에서 제3차 핵실험을 단행하였다. 지하 핵실험 직후 조선중앙통신은 2월 12일에 〈제3차 지하핵시험을 성공적으로 진행〉을 통하여, "폭발력이 크면서도 소형화, 경량화된 원자탄 사용", "다종화된 우리 핵억제력의 우수한 성능", '주위 생태환경에 그 어떤 부정적 영향도 주지 않음'을 강조하였다. 이는 핵탄두의 소형화와 경량화의 성공과 기존의 플루토늄이 아닌 다른(농축우라늄) 종류의 사용을 암시한 것이었다. 북한은 외무성 담화에서 제3차 핵실험이 미국의 적대행위에 대한 단호한 조치임을 강조하였다. 핵실험 이후 로동신문에서는 "우리 식의 정밀 핵 타격 수단으로 워싱턴과 서울을 비롯한 침략의 아성을 적들의 최후무덤으로 만들어야 한다"[1]고 하면서, 핵 협박 공세를 강화하였다. 북한의 제3차 핵실험의 의도는 핵보유국으로 인정받기 위한 수단이며, 김정일의 유훈 실현으로 김정은의 정당성 확보, 남북관계 우위 확보 등을 생각해 볼 수 있다. 이후

1) 『로동신문』, 2013. 3. 7.

김정은이 '전쟁불사' 등을 외치면서 준전시상태로 몰아간 것을 보면 인민들에게 전쟁공포를 주고 이를 내부 결속을 강화하기 위한 대내 통치수단으로 활용한 면이 있었다.

김정은이 북한에서 당중심 체제를 구축해 가면서 2013년 6월에 〈당의 유일적령도체계확립의 10대원칙〉을 제시하였다. 이는 1974년에 내놓은 〈당의 유일사상체계 확립의 10대 원칙〉을 39년 만에 바꾼 것으로, 김정은의 김일성·김정일 계승 정당성과 김정은 유일영도를 위한 것이다. 제1조는 이미 김정은 체제의 당 규약에서 제시하고 있는 통치이념으로서 '김일성-김정일주의'를 강조하고 있다. 즉, "온사회를 김일성-김정일주의화하기 위하여 몸바쳐 투쟁하여야 한다", 그리고 제10조는 "위대한 김일성동지께서 개척하시고 김일성동지와 김정일동지께서 이끌어오신 주체혁명위업, 선군혁명위업을 대를 이어 끝가지 계승완성하여야 한다"고 하고 있다. 구체적으로 적시하고 있는 내용은 '수령님과 장군님을 영원한 주체의 태양'으로 모시고, 당중앙(김정은)을 목숨으로 사수하여 당과 생사운명을 같이해야 한다는 것이다. 이는 대를 이은 김정은의 유일영도 확립을 의미하는 것이다.

II. 한반도 신뢰프로세스와 병진노선

1. 한반도 신뢰프로세스

2013년 2월 25일 출범한 박근혜 정부는 '행복한 통일시대 기반 구축'을 국정비전으로 확정하고, 이를 위한 전략의 하나로 한반도 신뢰프로세스를 통한 남북관계 정상화를 내세웠다. 한반도 신뢰프로세스는 그동안의 남북관계와 역대 한국 정부의 대북정책 경험의 토대 위에서 그 약점을 극복하여 남북 대립·갈등관계의 근본적 해결을 모색하기 위한 구상으로 제시되었다. 이는 튼튼한 안보를 바탕으로 남북간 신뢰를 형성함으로써 남북관계를 발전시키고, 한반도에 평화를 정착시켜 나가겠다는 것이다. 남북관계에서 발생하는 모든 문제는 신뢰가 없기 때문이며 신뢰를 쌓아 남북관계를 정상화시키고 평화통일의 기반을 구축하겠다는 것이다.[2] 한반도

2) 박영호, "박근혜정부의 대북정책: 한반도 신뢰프로세스와 정책추진 방향," 『통일정책연구』, 제22권 제1호, 통일연구원, 2013, 7면.

신뢰프로세스의 목표로 남북관계 발전, 한반도 평화정착, 통일기반 구축 등 세 가지를 제시하고 있다. 이를 구체적으로 살펴보면 다음과 같다.

첫째는 남북관계의 발전이다. 남북관계 발전은 상식과 국제규범이 통하는 새로운 남북관계 정립을 지향한다. 뿐만 아니라 이는 호혜적 교류·협력과 남북 간 공동이익의 확대를 통해 궁극적으로 경제·사회·문화 공동체의 건설을 추구한다.

둘째는 한반도 평화정착이다. 남북협력과 국제협력의 균형을 통해 북한의 비핵화를 달성하고 나아가 남북 간 정치·군사적 신뢰를 증진시킴으로써 지속가능한 한반도 평화정착을 이루고자 한다.

셋째는 통일기반 구축이다. 앞으로 통일을 주도하고 실질적으로 통일에 대비할 수 있는 우리 사회의 역량을 확충함과 동시에 한반도와 국제사회가 윈-윈할 수 있도록 국제사회와의 협력을 강화함으로써 통일기반을 구축하고자 한다.

한반도 신뢰프로세스의 추진원칙으로 내세우고 있는 것은 다음과 같다. 즉, 균형 있는 접근과 진화하는 대북정책, 국제협력을 통한 대북정책을 추진한다는 것이다.[3]

첫째, 균형 있는 접근을 추진한다는 원칙이다. 한반도를 갈등공간에서 신뢰공간으로 변화시키기 위해서는 국제적 규범에 근거한 '신뢰외교'가 필요하다는 인식 아래 출발한 것이다. 신뢰외교의 실현을 '안보와 교류·협력', '남북관계와 국제공조'를 균형적으로 추진하되, 단호한 입장이 요구될 때는 더욱 단호하고 유연할 때는 유연하게 중요 요소들을 긴밀히 조율하여 정책을 추진해 나간다는 것이다.

둘째, 진화하는 대북정책을 추진한다는 원칙이다. 이는 한반도 안보환경의 변화와 기존 대북정책의 한계를 고려해 대북정책을 새롭게 발전시켜야 한다는 시대적 요구와 국민적 여망에 부응하여 제시된 원칙이다. 북한의 올바른 선택을 유도하고 남북 간 공동발전을 구현하는 방향으로 대북정책을 지속적으로 보완·발전시켜, 한반도 상황을 능동적으로 관리해 나간다는 것이다.

셋째, 국제사회와의 협력을 통해 대북정책을 추진한다는 원칙이다. 한반도 문제는 남북문제임과 동시에 국제문제이기도 하며 국제협력과 조화를 이루어야 남북관계도 발전한다는 것이다. 특히, 북한 비핵화를 위해 국제사회와의 협력이 더욱 중요해진 상황에서 다자협력을 통해 한반도 문제 해결과 동북아 평화협력 증진의 선순환을 추구해야 한다.

3) 통일부 통일교육원, 『통일문제이해』, 통일부 통일교육원, 2013, 95-96면.

한반도 신뢰프로세스는 ① 튼튼한 안보에 기초하여 정책 추진, ② 합의 이행을 통해 신뢰를 다져감, ③ 북한이 올바른 선택을 할 수 있는 여건 조성, ④ 국민적 신뢰와 국제사회의 신뢰에 기반하여 진행한다는 네 가지 기조를 제시하였다.

한반도 신뢰프로세스에 대하여 많은 전문가들이 긍정적으로 평가하였다. 그러나 정책과제를 집행하는 과정에서 왜 신뢰가 쌓이지 못하고 불신이 지속되고 있는지에 대한 원인에 대한 철저한 규명이 되어야 했다. 그 원인이 주로 북한에 있는 것이 사실이지만 우리에게는 전혀 없는 것인지, 있다면 그것이 무엇인지에 대한 냉철한 평가도 정책수행에 도움이 될 것이다. 과거 정부들이 비슷한 정책을 표방해 놓고, 실제로 이념적이고 정치적 이유에서 상이한 접근방법을 택했다는 주장 또한 의미 있게 새겨 보아야 할 대목이었다. 한반도 상황을 보다 객관적으로 고려해 보면 5년 임기 안에 그러한 균형정책을 유지하는 것이 결코 쉽지 않기 때문이다.[4)]

2. 경제건설과 핵무력건설 병진노선

북한의 2013년 신년사는 김일성 사망 이후 신년공동사설로 대체하던 것을 김정은이 다시 복원하여 직접 낭독하였다. 여기에서 통치이념으로 김일성-김정일주의와 경제강국 건설을 강조하였다. 이를 구현하기 위한 동원수단으로 김정일애국주의를 강화하면서, "김정일애국주의는 김일성민족의 영원한 넋이고 숨결이며 부강조국건설의 원동력입니다"라 하고 있다. 김정일애국주의의 직접적 실천으로 가장 중대한 사건은 상술한 위성 발사와 핵실험의 감행이라고 볼 수 있다. 이것을 실행하면서 내세운 것이 유훈 관철이었다.

김정은은 2013년 2월 12일 제3차 핵실험으로 자신의 위상이 확고함을 국내외에 보여주고, 주민들의 내부결속 강화 등의 다목적 포석으로 활용하였다. 북한은 3월 31일 당중앙위원회 전원회의를 개최하고 '경제건설과 핵무력건설'을 병진시켜 나가는 노선을 채택했다. 김정은은 전원회의 보고에서 "나라의 방위력을 철벽으로 다지면서 경제건설에 더 큰 힘을 넣어 사회주의 강성국가를 건설하기 위한 가장 혁명적이며 인민적인 로선"이라고 이를 합법적인 요구라고 주장했다. 이는 경제를 발전시키고 인민생활을 향상시키기 위해서는 강력한 군사력, 즉 핵무력이 뒷받침되어

4) 김학성·장인숙, "한반도 신뢰프로세스에 대한 상호 이해적 접근: 이론적 검토와 실천방안 모색," 『정치.정보연구』, 제17권 제1호, 한국정치정보학회, 2014, 27면.

야 한다는 것이다. 전원회의는 병진노선을 관철하기 위한 12개의 과업과 방도를 제시했다. 김정은은 당중앙위원회 전원회의에서 당 경공업부장을 맡고 있던 박봉주를 정치국 위원으로 임명하였다. 당시 박봉주는 정치국 후보위원도 아니었기 때문에 그에게 큰 힘을 실어주는 것이었다.

최고인민회의 제12기 제7차 회의가 당중앙위 전원회의 다음날인 4월 1일 개최되었다. 최고인민회의에서는 ① 북한 사회주의헌법의 일부 내용의 수정 보충, ② 금수산태양궁전법 채택,[5] ③ 최고인민회의법령 〈자위적핵보유국의 지위를 더욱 공고히 할데 대하여〉 채택, ④ 우주개발법 채택, ⑤ 최고인민회의 결정 〈조선민주주의인민공화국 국가우주개발국을 내옴에 대하여〉 채택 외에 국가과업과 예산, 조직 등 8개 의안을 결정하였다. 이 중에서 핵보유국 및 인공위성, 조직문제와 관련 의안은 전날 전원회의에서 채택한 경제건설과 핵무력건설 병진노선과 밀접히 연계되어 있다. 북한은 〈자위적핵보유국의 지위를 더욱 공고히 할데 대하여〉 법령에서 '북한은 그 어떤 침략세력도 일격에 물리칠 수 있는 핵보유국'임을 천명하고, 핵보유국 지위를 공고히 하기 위한 10개 항을 결정하였다. 제1조는 "조선민주주의인민공화국의 핵무기는 우리 공화국에 대한 미국의 지속적으로 가중되는 적대시 정책과 핵위협에 대처하여 부득히 하게 갖추게 된 정당한 방위수단이다"와 제2조는 "조선민주주의인민공화국의 핵무력은 세계의 비핵화가 실현될 때까지 우리 공화국에 대한 침략과 공격을 억제·격퇴하고 침략의 본거지들에 대한 섬멸적인 보복타격을 가하는데 복무한다"고 되어 있다. 계속되는 내용을 살펴보면 핵은 절대 포기할 수 없지만 방어적 목적으로만 사용할 것이며 최대한 안전하게 관리하겠다는 것을 담고 있다.[6]

2013년 4월 1일의 최고인민회의에서는 개각도 있었는데, 정치국 위원에 오른 박봉주가 내각의 총리에 올랐다. 박봉주는 2003년에서 2007년까지 내각총리를 맡은 바 있었고, 이때가 7·1경제관리개선조치를 시행하면서 북한이 실리사회주의를 추

5) 북한은 김일성, 김정일 위업을 법적으로 고착시키기 위하여 사회주의헌법 서문에 "위대한 김일성동지와 김정일동지께서 생전의 모습으로 계시는 금수산 태양궁전은 수령영생의 대기념비이며 전체 조선민족의 존엄의 상징이고 영원한 성지"라는 내용을 보충하였다. 이와 함께 금수산태양궁전법을 채택하였다.

6) 최수영, "최고인민회의 제12기 7차 회의 평가와 전망," 『Online Series』 CO 13-10, 통일연구원, 2013, 1-4면; 전성훈, "김정은 정권의 경제·핵무력 병진노선과 '4·1 핵보유법령'," 『Online Series』 CO 13-11, 통일연구원, 2013, 1-7면.

구하던 때였다. 김정은이 박봉주를 총리로 등용한 것은 그의 경제개혁에 대한 의지가 읽히는 대목이기도 했다.

Ⅲ. 남북관계의 상황과 대북·통일문제에 대한 상호인식

1. 개성공단의 정상화 문제

북한은 2013년 4월 8일 근로자 철수를 발표함으로써 개성공단 가동이 전면 중단되었다. 우리 정부도 개성공단에 잔류해 있던 인원을 4월 26일에 전원 귀환시키는 결정을 내리게 되었다. 2003년 6월 1단계 개발착공식이 있은 후 다음해 공단에서 처음으로 제품이 생산되었고, 123개 업체에 북한 근로자 5만 3,000명이 일하고 있던 공단이 10년 만에 문을 닫은 것이다. 천안함사건 후 5·24조치에도 계속 가동되었던 개성공단에서 북한이 근로자를 전원 철수한 것은 출범이 채 두 달도 되지 않은 박근혜 정부에 대한 시험이었다. 남한 정부도 유감 성명을 발표하며 노력을 해보았지만, 잔류 인원 전원 철수라는 강수로 대응하였다.

오랫동안 교착상태에 빠져있던 개성공단 문제가 드디어 해결의 실마리를 찾았다. 북한이 일방적으로 남측 인원의 통행을 제한한 4월 3일 이후 133일 만인 8월 14일에 제7차 실무회담에서 정상화에 합의하였다. 즉, 2013년 7월 6일 제1차 개성공단 남북당국 실무회담을 시작하여 7차례의 실무회담 끝에 남북 양측은 5개 항으로 구성된 개성공단 정상화를 위한 합의서 채택에 최종 합의했다. 이로써 4월 8일 북측의 통행 금지와 공단 가동 중단 결정 등으로 인해 한반도 경색을 가속화시켰던 개성공단 사태가 극적인 타결을 맞이하게 되었다. 남북은 이 합의로 개성공단 남북공동위원회를 발족시켜 이들의 협의를 통해 개성공단의 재가동 시기를 결정하게 되었다. 그간 남북 양측은 공단폐쇄의 책임과 재발 방지 대책을 둘러싸고 이견을 좁히지 못했으나 합의문에는 일종의 '창조적 모호성'을 동원하여 논란을 비껴갔다.[7] 8월 28일 남북한 간에 개성공단 남북공동위원회 구성 및 운영을 위한 합의서를 채택하였다.

2013년 9월 2일 개성공단 남북공동위원회 제1차 회의 이후, '투자보호 관리운영

7) 문순보, "개성공단 정상화 합의: 분석과 전망," 『세종논평』, 제273호, 2013. 8. 19, 1-2면.

분과위원회', '국제경쟁력 분과위원회', '통행·통신·통관 분과위원회', '출입체류 분과위원회'가 개최되었다. 재발 방지 합의에 기초하여 개성공단이 재가동되었다. 11월 14일에는 개성공단 남북공동위원회 사무처가 설치되었다. 개성공단 발전의 핵심과제인 통행·통신·통관 문제를 집중적으로 협의하면서 의미 있는 변화를 모색하였다.

2. 당국자회담과 이산가족 상봉

박근혜 대통령은 2013년 광복절 경축사를 통해 이산가족 상봉을 제의하였고, 8월 23일 남북적십자 실무접촉을 통해 9월 25일부터 30일까지 추석을 계기로 이산가족 상봉에 합의하였다. 그러나 9월 21일 정치적 이유를 들어 일방적으로 상봉을 무산시켰다. 그 후 2014년 2월 5일 남북적십자 실무접촉을 통해 2월 20일부터 25일까지 이산가족 상봉에 합의하였다.

북한은 2014년 2월 8일 박근혜 정부 출범 이후 처음으로 남북 당국간 고위급회담을 제의해 왔다. 북한은 우리 측에 "포괄적으로 남북관계 전반을 논의하자"고 제안해 왔다. 남측의 수석대표는 김규현 청와대 국가안보실 1차장이었고, 북측은 원동연 통일전선부 부부장이 대표로 참석하였다. 2월 12일부터 14일까지 2차에 걸쳐 남북당국자 회담이 열렸고, 2차 회담에서 3개 항에 합의하고 다음과 같은 공동보도문을 발표하였다.

첫째, 남과 북은 이산가족 상봉을 예정대로 진행하기로 하였다. 둘째, 남과 북은 상호 이해와 신뢰를 증진시키기 위하여 상대방에 대한 비방과 중상을 하지 않기로 하였다. 셋째, 남과 북은 상호 관심사로 되는 문제들을 계속 협의하며 남북관계를 발전시키기 위하여 적극 노력하기로 하였으며, 상호 편리한 날짜에 고위급접촉을 갖기로 하였다. 이 내용은 남과 북에서 동시에 발표되었다.

이후 금강산에서 2014년 2월 20일부터 25일까지 남북 이산가족 상봉이 두 차례에 걸쳐 진행되었다. 1차 상봉에서는 남측 이산가족 상봉 대상자 82명과 동반가족 58명이 북측 가족 178명과 60여 년 만에 재회하였고, 2차 상봉에서는 북측 이산가족 상봉 대상자 88명이 남측 가족 357명과 만났다.

3. 드레스덴선언

박근혜 정부는 '통일준비위원회'[8]를 발족하였다. 그 목적은 "한반도 평화통일에 대한 국민적 공감대를 확산하고, 통일추진의 구체적 방향을 제시하며 민관협력을 통하여 한반도 통일을 체계적으로 준비"하기 위한 것이라고 설치운영 규정에서 밝히고 있다. 이는 한반도의 미래가 평화통일에 있다는 것을 확인하는 것이고, 정책목표를 뚜렷이 하는 것이어서 기대를 하였다.

이후 2014년 3월 28일 박근혜 대통령은 독일을 방문하여 옛 동독지역의 대표적 종합대학인 드레스덴 공대에서 자신의 '통일대박론'을 뒷받침하는 통일구상을 제시하였다.[9] 통일과 함께 독일이 유럽 중심국가로 부상하였고, 낙후된 지역 중 하나였던 드레스덴이 통일 후 세계적 첨단 과학도시로 발전한 것을 보고 한국이 통일시대를 열어야 하는 희망과 의지로 작용하고 있다고 하였다.

평화통일의 기반을 조성하기 위하여 북한에 세 가지를 제안하였다. 첫째, 남북한 간에 인도적 문제를 해결해야 한다는 것이다. 이산가족 문제를 거론하고 상봉의 정례화 등으로 남북간에 신뢰를 쌓아가자고 하였고, 또한 유엔과 함께 북한의 산모와 영유아 지원사업을 펼쳐갈 것이라 하였다. 둘째, 남북한 공동번영을 위한 민생 인프라를 구축해 가자는 것이다. 농업과 교통·통신, 자원개발과 물류사업 등의 대북개발 협력의 필요성을 강조하였다. 셋째, 남북간 동질성 회복을 위해 가치관과 사고방식의 차이를 줄여야 한다고 강조하였다. 민간 위주의 역사, 문화예술, 스포츠 교류 등을 장려해 나갈 것이다. '남북교류협력사무소'의 설치 제안과 DMZ 세계평화공원 조성, 동북아 다자안보협의체 추진도 통일구상의 주요 내용이었고, 한반도 평화통일 시대를 본격적으로 열어가기 위해 '통일준비위원회'를 출범시킬 것이라고 하였다. 드레스덴 제안에서 북핵문제를 전제조건으로 내걸지는 않았지만, 이러한 것이 하루빨리 이루어질 수 있도록 북한이 비핵화로 나아가야 한다고 하였다.

드레스덴 구상을 종합해 보면 한반도 신뢰프로세스와 동북아 평화협력 구상을

8) 대통령이 위원장이고 정부측 위원장인 통일부장관과 민간 부위원장 그리고 50인의 위원을 두어 운영되는 조직이다. 통일준비위원회는 통일기반 구축을 위한 정치·경제·사회·문화 등 제반 분야에서의 연구·논의를 수행함을 목적으로 한다. 통일준비위원회 설치 및 운영에 관한 규정이 2014년 3월 대통령령으로 제정되었고, 7월 15일 출범하였다.

9) 드레스덴 공대 명예박사 학위 수여식에서 박근혜 대통령이 '한반도 평화통일을 위한 구상'을 제시하였는데, "드레스덴은 구 동독에서 가장 빨리 발전한 지역으로 분단 극복과 통합의 상징"이라고 하였다.

선순환으로 발전시켜 남북관계 발전과 한반도 평화정착 그리고 통일기반 구축 등의 정책목표를 달성한다는 것이다. 또한 북한 주민들의 삶을 개선하고 남북한의 경제적 격차와 인식의 격차를 줄여 민족적 동질성을 회복시킨다는 것으로 이해할 수 있다.

4. 북한 내부의 정치문제와 김정은 유일영도

북한의 국가안전보위부는 2013년 11월 18일 장성택을 가택연금했다. 그리고 11월 21일과 26일에는 이용하 제1부부장과 장수길 부부장이 공개처형되었다. 12월 8일, 당중앙위원회 정치국 확대회의를 개최하여 장성택 국방위원회 부위원장의 '반당·반혁명적 종파행위와 관련한 문제'를 토의한 후 그를 모든 직분에서 해임하고 출당과 제명을 결정하였다. 12월 12일, 국가안전보위부 특별군사재판은 장성택에게 '국가전복음모행위' 혐의로 사형을 선고했고, 사형은 곧바로 집행되었다. 박형중은 이를 김정은 후계체제 구축과정에서부터 대립했던 두 세력이 김정일 사망 이후 김정은 체제를 확고하게 굳히는 과정에서 한 축이 무너진 것으로 보았다.[10] 정성장은 장성택이 김정은 후계체제 구축과 김정일 사후 김정은의 국정 장악에 큰 기여를 했다 해도 당과 수령에 충실하지 못하면 어떤 결과를 가져올 것인가를 보여주는 결과라고 설명하고 있다.[11] 장성택의 '종파행위'는 김정은이 수령으로 위상을 확립하고 군림하는 데 제약요인이 된다고 보았을 것이다. 그러므로 장성택의 처형은 김정은 유일영도체계의 확립과정의 일환으로 보는 것이 더 타당할 것이다. 북한에서 수령은 오직 김정은이고 그 누구도 이에 범접할 수 없다는 것을 보여 준 사건이었다.

2014년 3월 9일, 제13기 최고인민회의 대의원 선거가 있었다. 통상 선거와 같이 5년 임기의 687명의 대의원이 인민들의 찬반투표로 선출되었는데 100%가 찬성하였다고 발표하였다. 이 선거의 큰 의미는 김정은 체제에서 처음 있는 선거로 그동안 대의원이 아니었던 김정은이 대의원으로 이름을 올렸다는 점이다. 4월 9일에 개최된 최고인민회의 제1차 회의에서 김정은이 국방위원회 제1위원장으로 재추대

10) 박형중, "장성택 숙청과 북한 내부의 권력투쟁," 『Online Series』 2014-02-17, 통일연구원, 2014, 1-4면.

11) 정성장 "장성택 숙청 이후 김정은 체제의 안정성 평가," 『국방연구』, 제57권 제1호, 한국국방연구원, 2014, 6-7면.

되었다. 김정은 추대사에서 "김정은동지를 제1위원장으로 모신 것은 원수님만을 단결의 유일중심, 영도의 유일중심으로 모시고 따르려는 우리군대와 인민의 불변 의지"라고 하였다. 이는 장성택 처형에서 보여준 바와 같이 김정은 외에 누구도 통치권을 나눌 수 없다는 것을 보여주는 것이었다. 이 회의에서 최고인민회의 상임위원장에 김영남이 선출되었고, 내각총리에는 박봉주가 선출되었다. 이들을 재신임하여 체제의 안전성을 도모하고자 한 것이다.

북한은 김정은 동지의 유일영도체계를 위해서는 그의 명령, 지시에 따라 하나같이 움직이고 당 정책을 무조건 철저히 관철하는 것이 중요하다고 한다. 즉, 김정은 유일영도체계를 세우는 것은 온 인민들이 그의 사상과 의도에 맞게 당 정책의 절대성의 원칙에서 옹호, 관철하는 것이라 하였다. 그리하여 북한 사회가 김정은의 영도와 중심으로 '일심단결'과 '결사옹위'하는 사회로 나가야 한다는 것이다.[12)]

Ⅳ. 신뢰의 단절과 남북경색

1. 박근혜 정부의 대북·통일정책에 대한 북한의 반응

상술한 바와 같이 박근혜 정부의 대북·통일정책은 한반도 신뢰프로세스이다. 그리고 드레스덴 구상은 구체적 실천과제로써 정책의 일관성과 실천의지를 제시한 것이다. 북한은 드레스덴선언이 있은 2주 후에 공식적인 반응을 하였다. 2014년 4월 12일 국방위원회 대변인 담화 "박근혜는 황당무계한 궤변으로 온 민족을 우롱하지 말아야 한다"[13)]에서, 드레스덴선언을 혹평하고 나섰다. 흡수통일을 실현해 보려는 것으로, 3대 제안을 남북관계 개선과 발전과는 거리가 먼 부차적인 것뿐이라 하였다. 인도주의적 문제 해결에 대하여 "남북관계가 상봉이 없어 불신과 적대관계로 격화되고 영양지원이 부족하여 전쟁상태로 치닫고" 있지 않다며, '정치·군사적 대결상태 해소가 급선무'라 하고 있다. 또한 지원과 협력에 의한 공동번영과 교류를 통한 동질성 회복에 대해서도 현실을 투시할 줄 모르는 것으로, 남북관계 개선의 걸림돌인 5·24대북조치 해제와 정세 완화의 큰 흐름을 피하고 있다는 것이다.

12) 김창희, 『김정은 정치의 프레임: 체제·이념·승계·시장·핵』, 법문사, 2016, 286면.
13) 『로동신문』, 2014. 4. 13, 4면.

북한은 “박근혜 정부가 드레스덴선언을 통하여 자신들의 통일이 자유민주주의 체제에 의한 이념적 흡수통일이고, 경제적인 일방적 흡수통일이며 군사력에 의한 점령통일이라는 것을 공식화”한 것이 드레스덴선언이라고 주장하고 있다.

북한은 “박근혜의 〈통일대박론〉을 해부함”이라는 로동신문의 논평[14]을 통해서, 통일대박론은 ‘급변사태론’와 ‘붕괴론’을 전제로 하고 있어 통일문제의 본질을 왜곡하고 변질시키고 있다고 평하고 있다. 또한 “한반도 신뢰프로세스도 우리를 변화시켜 체제통일을 실현하겠다는 망상이고, 드레스덴 구상이라는 것도 먹고 먹히우는 ‘도이췰란드식통일’을 모델로 하는 체제통일을 하겠다는 것이다”라고 하였다.

이러한 것을 종합해 볼 때 북한은 박근혜 정부의 대북·통일정책을 흡수통일론으로 규정하고 반발하였다. 그러면서 남북관계 개선을 위해서는 5·24조치를 해제해야 한다는 것이다.

2. 남북고위급회담과 목함지뢰 사건

1) 아시안게임에 북한 고위직 참석과 남북고위급회담

남북한은 2014년 초반의 남북 당국자 고위급회담과 이산가족 상봉 등으로 대화 분위기를 가져갔다. 그 후 통일문제에 대한 설전이 있기는 하였으나, 2014년 9월 19일부터 10월 4일까지 인천에서 열린 아시안게임에 북한 선수단 150여명이 참석하였다. 이는 당초에 350명의 선수단과 같은 규모의 응원단을 파견하려는 것에 비하면 축소된 것이었는데, 남북 각기의 사정이 고려된 것이었다. 그러나 10월 4일 아시안게임 폐막식에 북한의 실세들인 총정치국장 황병서, 장성택 대신 국방위원회 부위원장이 된 최룡해, 대남비서 김양건이 참석하고, 이들과의 대화상대로 남한에서는 청와대 안보실장과 제1차장, 통일부장관이 참여했다. 양측은 제2차 남북고위급회담을 갖기로 하였다.

그러나 정부의 의도와는 상관없이 고위급회담을 가로막고 있는 것이 민간단체들의 소위 대북전단 살포(‘삐라 살포’)였다. 북한은 2014년 10월 16일 “북남관계개선분위기를 흐리게 하는 부당한 처사의 진상을 밝힌다”라는 ‘조선중앙통신사 공개보도’를 로동신문에 실었다.[15] 이 보도문에서는 “15일 판문점에서 남북한간 긴급접촉이

14) 『로동신문』, 2014. 5. 8, 5면.
15) 『로동신문』, 2014. 10. 17, 5면.

있었고, 2차 고위급접촉이 성사되기 전까지 남북관계에서의 사태악화를 피하고 관계 개선의 귀중한 싹을 지켜보려는 것이었으나, 힘겹게 마련된 긴급접촉은 아무런 결실도 맺지 못하고 무산되었다"라고 하였다. 그러면서 회담과정을 자세하게 설명하고 '서해상 함정간 총격사건'과 '삐라 살포'에 관한 양측의 주장을 상세하게 설명하였다. 결론은 "북남관계개선이 진정이라면 우리 제안에 속히 응해나와야 한다"로, '최고존엄과 체제를 헐뜯는 삐라 살포'가 불신과 대결을 조장하는 적대행위라는 것이다. 결국 제2차 고위급회담은 일단 무산되었다. 10월 30일 판문점에서 고위급회담을 갖자는 남한측의 제안은 대북전단 살포를 문제삼아 접촉이 이루어지지 않았다.[16] 남한 민간단체가 날려보낸 대북전단에 총격을 가했고, 이러한 일련의 사건으로 북한의 조평통은 성명을 통해 대북전단 살포를 이유로 고위급회담을 하지 않겠다고 밝혔다.

한반도 신뢰프로세스의 시작은 남북대화에서부터였고, 남북한이 고위급접촉을 계속하려는 것도 상호 필요성을 공감하기 때문이었다. 여기에서 염두에 두어야 할 부분이 대북전단 살포라는 행위보다 거기에서 전하려는 메시지였다. 남한 정부의 특성상 민간인의 자유행위를 막을 수 없다고 하였지만, 북한의 체제 특성상 김정은이라는 '존엄'을 건드리는 행위는 용납을 할 수 없다는 것이었다.

북한이 내거는 남북대화의 조건이 단순해졌다. 진정한 신뢰프로세스의 추진을 위해서는 남한 정부가 정책적 고려를 해야 했다. 북한에서는 김정은을 단결의 중심, 영도의 중심에 두고 그 두리에 굳게 뭉쳐 유일영도체제를 완성시켜 나가면서, 온 사회에 '일심단결', '결사옹위' 깃발이 나부끼고 있었다.[17] 그러므로 이러한 '유일의 존엄'을 해하는 어떠한 행위도 협상의 대상이 될 수 없었다. 신뢰프로세스를 작동시키기 위해서는 제대로 된 전략이 필요했고 이러한 상황을 고려하여 합리적이고 실용적인 정책의 선택이 요구되는 상황이었다.

2) 목함지뢰 사건

북한은 2015년 신년사를 통해 "조국해방 70돌이 되는 올해에 온 민족이 힘을 합

16) 북한은 10월 29일 국방위원회 명의로 청와대 국가안보실에 보낸 전통문에서 "고위급접촉을 개최하겠는지, 전단 살포에 계속 매달리겠는지는 남측의 책임적 선택에 달려있다"고 밝혀 대북전단 살포 중단을 고위급접촉의 전제조건으로 삼겠다는 뜻을 분명히 했다. 『중앙일보』, 2014. 10. 30, 34면.

17) 김창희, "김정은 유일영도체계의 확립과정과 함의," 『한국동북아논총』, 제19집 제3호. 한국동북아학회. 2014. 193면.

쳐 자주통일의 대통로를 열어 나가자. 북남 사이 대화와 협상, 교류와 접촉을 활발히 하여 끊어진 민족적 유대와 혈맥을 잇고 북남관계에서 대전환, 대변혁을 가져와야 한다"며, "남조선 당국이 진실로 대화를 통하여 북남관계를 개선하려는 입장이라면 중단된 고위급접촉도 재개할 수 있고 부분별 회담도 할 수 있다"고 말했다. 그러나 5월 8일 잠수함 발사 탄도미사일 시험발사로 남북관계는 경색되었다.

2015년 8월 4일 경기도 파주의 비무장지대 남쪽의 지뢰가 폭발하여, 부사관 2명이 다리와 발목이 절단되는 중상을 입었다. 목함지뢰에 의한 도발사건이라 말하는 것은 인민군이 군사분계선을 넘어와 매설한 지뢰에 상해를 입었기 때문이다. 남한은 그동안 사용하지 않던 대북확성기 방송을 이 지역에 실시하자 북한은 대단히 민감하게 받아들였다. 이에 북한은 인민군에게 준전시상태를 선포하였으나, 방송이 계속되자 당 대남비서 김양건과 국가안보실장 김관진의 대화를 제의하였다. 결국 남한의 김관진과 홍용표 그리고 북한의 황병서와 김양건이 참석하는 4인 회담이 22일 6시 30분부터 25일 새벽까지 판문점에서 열려 합의문을 도출하였다. '8·25합의' 내용은 당국자회담 개최, 유감 표명, 확성기 방송 중단, 준전시상태 해제, 추석 이산가족 상봉, 민간교류 활성화였다. 목함지뢰사건이 남북한의 안보·통일라인 실세가 참석하는 회담으로 이어진 것은 서로의 필요에 의한 것이었다. 남한은 방송을 통한 북한의 김정은 체제에 압박을 가하여 그들의 유감을 받아 내려는 것이었고, 북한은 존엄에 대한 훼손을 더 이상 방치할 수 없었기 때문에 합의에 이르렀다고 볼 수 있다.

3. 한·미 정상의 북한 인식

1) 한미정상회담

2015년 10월 16일 미국의 워싱턴에서 박근혜 대통령과 오바마(Barak Obama) 대통령의 한미정상회담이 개최되었다.[18] 그동안에도 북한문제에 대하여 논의되기도 하였지만, 단일 의제로 공동성명이 채택된 것은 처음이었다. 북한에 대한 공동성명(Joint Statement on North Korea)에서는 "한미동맹은 북한의 핵·탄도미사일 프로그램

18) 박근혜 대통령과 오바마 대통령 간의 한미정상회담은 2013년 5월 7일 워싱턴에서 개최된 첫 정상회담을 시작으로, 2014년 4월 25일 서울회담 그리고 유엔총회 참석차 뉴욕에서 이루어진 회담에 이어 4번째였다.

뿐 아니라 여타 도발에 의한 평화 및 안전에 대한 위협에 대응한다는 공약을 견지하고 있다"고 전제하고 있다. 그 내용은 첫째, 양국은 유엔에 의하여 금지된 북한의 핵·미사일 능력의 지속적인 고도화에 깊은 우려를 공유하며, 북핵문제를 최고의 시급성과 확고한 의지를 갖고 다루기로 합의하였다. 둘째, 양 정상은 공동목표인 완전하고 검증 가능하며 불가역적(CVID) 비핵화 목표 성취를 위해, 제재를 통한 압박과 더불어 북한과의 대화의 문을 열어놓을 것이며 중국을 비롯한 6자회담 당사국과의 협력을 강화해 나갈 것이다. 셋째, 양국은 북한을 핵보유국으로 인정하지 않고 핵무력과 경제건설의 병진노선은 양립할 수 없으므로, 만약 북한이 핵·미사일 프로그램을 포기하겠다는 진정한 의지를 보이고 국제적 의무이행에 동의하면 북한의 밝은 미래를 위한 지원을 계속할 준비가 되어 있다.

이 공동성명은 북핵문제의 시급성의 인식에서 나온 것이지만, 그동안 오바마 행정부가 북핵문제 해결에 '전략적 인내'를 내세우며 방기한 책임회피 정책을 합리화하는 측면이 강했다. 과거에 주장했던 것을 열거해 놓은 것으로 전략적 인내를 넘어서는 접근 방법이 없었다. 오바마 대통령은 8월에 발생한 긴장상황을 박근혜 대통령이 평화적으로 해결한 것을 환영하고, 드레스덴 연설에서 제시한 한반도 평화통일 비전의 계속적인 지지를 공동성명의 내용에 담은 것은 한국 정부 달래기의 일환이었다.

2) 박근혜 정부의 북한 불신과 김정은 체제의 핵무력 중심

2016년 1월 1일 신년사에서 박근혜 대통령은 "튼튼한 안보는 국가 발전의 가장 기본적인 토대입니다. 빈틈없는 안보태세로 북한의 도발에는 단호하게 대응하면서, 대화의 문은 항상 열어놓고 평화통일의 한반도 시대를 향해 나아가겠습니다"라고 하였다. 김정은 국방위원회 제1위원장은 신년사에서 "남조선 당국은 지난해 북남 고위급 긴급접촉의 합의정신을 소중히 여기고 그에 역행하거나 대화 분위기를 해치는 행위를 하지 말아야 한다"고 말했다. 양 정상은 대화는 한다고 하면서도 상대방을 신뢰하는 모습을 전혀 보여주지 않았다.

북한은 1월 6일 조선중앙TV를 통하여 "조선로동당의 전략적 결심에 따라 6일 오전 10시 주체조선의 첫 수소탄 시험이 성공적으로 진행되었다"고 하면서 "미국의 적대적 정책이 근절되지 않는 한 우리의 핵개발 중단이나 핵포기는 하늘이 무너져도 절대 있을 수 없다"고 하였다. 그리고 2월 7일에는 〈광명성 4호〉를 발사하여 우주궤도 진입에 성공했다고 발표하였다. '국가우주개발국' 보도를 통해 "과학기술 정책의 자랑찬 결실이며 자주적인 평화적 우주리용 권리"라고 하였다. 이 같은 핵무력 완성의 시도는 계속되었고 3월과 4월에는 핵탄두 기폭장치, 고체엔진 지상분출시험, 신형 ICBM(대륙간 탄도미사일) 엔진 지상분출시험을 하였다. 이러한 일련의 북한의 핵무력 강화 조치는 그들이 추진하고 있는 병진노선이 옳은 것이고 성과를 거두고 있다는 것을 보여주는 것이었다. 또한 제7차 당대회를 앞두고 김정은의 지도력 부각과 지속적인 핵기술 고도화 그리고 미국의 '전략적 인내'와 차기 행정부에 대한 압박이었다.

북한의 핵실험과 장거리 로켓 발사로 남북고위급 사이의 8·25합의는 사실상 폐기되었고, 박근혜 정부는 대북 강경정책에 돌입하게 되었다. 2016년 2월 10일 국가안전보장 상임위원회를 개최하여 개성공단 전면중단을 최종 결정했다. 상술한 바와 같이 2013년 4월 북한은 개성공단 근로자의 일방적인 철수로 공단이 중단된 이래 8월 28일 '개성공단 정상화를 위한 합의서'를 채택하면서 재가동되었다. 이후 큰 문제 없이 가동되었으나 급작스럽게 중단한 것은 납득이 되지 않았다. 당시 유엔 안보리나 미국의 압력이 있었던 것도 아니고, 어려운 상황에서도 남북관계의 끈으로 작용해 왔던 개성공단을 폐쇄한다는 것은 남북관계의 완전단절을 의미하는 것이었다. 개성공단 전면중단 당시 124개의 남한 기업이 입주해 있었으며, 북한 근로자는 54,763명이었다. 이러한 상황은 북한에만 타격을 준 것이 아니라, 남한의 기업들이 입는 피해가 훨씬 큰 것이었다.

한편 이러한 상황에서 한국과 미국은 사드(THAAD, 고고도미사일방어체계)를 한반도에 배치하는 논의가 시작되었다. 3월에 한미실무단이 본격 활동을 하고 후보지역의 검토 끝에 7월 8일에 배치하기로 결정했다. 한·미는 배치결정을 발표하면서 "북한의 핵과 대량살상무기, 탄도탄 위협으로부터 대한민국과 우리 국민의 안전을 보호하기 위한 방어적 조치로 결정되었다"고 발표했다. 7월 13일 국방부가 기자회견을 열고 성주 지역에 사드 배치를 건의했으며, 한미 국방부장관이 승인했다고 밝혔다. 박근혜 대통령은 야당의 사드 반대에 대해, 대안 없이 비판과 갈등으로 국민을 반목시키는 것은 결국 국가와 국민을 위기로 내모는 것이라고 비판했다.[19]

북한은 인민군 총참모부 성명을 통해 '남조선 당국'이 아시아태평양 지역에서 군

19) 2017년 3월 사드 체계 일부가 한국에 도착하였고, 4월 말에 전격적으로 사드장비를 배치하고 운용에 들어갔다.

사적 패권을 거머쥐려는 미국의 침략수단인 사드를 끌어들였다면서, 이를 제압하기 위한 물리적 대응조치도 실행될 것이라며 강력하게 반발했다. 중국은 한반도의 사드 배치는 미국이 중국을 탐지하려는 것이 목적이라며 한·미 양 정부를 강력히 비판하였다. 이는 한국과 중국 간의 심각한 갈등으로 이어졌다.

4. 북한의 유일중심 완성과 핵무력 강화

1) 김정은의 유일영도의 완성

북한은 2016년 5월 6일부터 9일까지 평양에서 로동당 제7차 대회를 개최하였다. 김정은은 개회사를 통해 당대회가 '당의 강화 발전과 사회주의 위업의 완성을 위한 새로운 이정표'를 마련하는 역사적인 계기가 될 것이라고 하였다. 당대회에서 김정은은 당위원장에 추대되었다. 당 제7차 대회에서 주안점을 둔 것은 국가경제발전 5개년 전략을 포함한 유일영도체계의 확립이었고, 이를 위하여 병진노선의 지속성을 강조하였다. 김정은이 당의 최고 직책인 당위원장에 추대됨으로써 당 제1비서라는 과도기적 직책을 청산하고 김정은 유일영도체계를 확립한 것이다. 이미 절대권력을 장악한 김정은을 당위원장에 추대함으로써, '3대 수령'인 그에게 항구적이며 공식적인 당 지위와 직책을 부여함으로써 김정은 절대권력체제의 제도화를 완성한 것이다.[20]

당 제7차 대회 이후 2016년 6월 29일 최고인민회의 제13기 제4차 회의를 개최하였다. 여기에서 국방위원회는 국무위원회로 대체되었는데, 국무위원회는 국방위원회와 달리 경제와 외교 등 전 분야를 망라하는 종합적 정책결정기관의 성격을 가지고 있다. 김갑식은 국방위원회가 폐지되고 국무위원회가 신설된 것은 김정일시대의 '군 중심의 비상관리체제'가 공식적으로 종료되고 사회주의 당국가체제가 정상화 국면에 돌입했다는 것을 의미한다고 하였다.[21] 김정은은 국무위원장에 추대됨으로써 당에 이어 국가기구의 개편을 통하여 자신이 유일영도하는 정치권력구조를 완성하였다.

20) 이종석, "조선노동당 제7차 대회의 의미와 특징," 『세종 정책브리핑: 북한 노동당 제7차 대회 평가와 전망』, 세종연구소, 2016, 2-3면.

21) 김갑식, "북한 최고인민회의 제13기 제4차회의 분석," 『Online Series』 CO 16-19, 통일연구원, 2016, 2면.

2) 핵무력 완성과 대응

상술한 바와 같이 제7차 당대회에서 주안점을 둔 것은 유일영도체계 확립과 경제발전 문제였다. 김정은은 당대회 당중앙위원회 사업총화보고에서 "우리 당의 새로운 병진노선은 급변하는 정세에 대처하기 위한 일시적인 대응책이 아니라 항구적인 전략노선이며 핵무력을 중추로하는 방위력을 철벽으로 다지면서 경제건설에 더욱 박차를 가하는 노선"이라고 하면서, "자강력제일주의를 높이들자"고 하였다. 2016년 7월 6일 "미국과 남조선당국의 〈북비핵화〉 궤변은 조선반도 비핵화의 전도를 더욱 험난하게 만들 뿐이다"는 정부 대변인 성명을 발표했다.[22] 미국과 남한이 한반도 비핵화에 일말의 관심이라도 있다면 다음과 같은 원칙을 받아들여야 한다며 5가지를 제시하였다. 즉, "첫째, 남조선에 끌어들여 놓고 시인도 부인도 하지 않는 미국의 핵무기들부터 모두 공개하여야 한다. 둘째, 남조선에서 모든 핵무기와 그 기지를 철폐하고 세계 앞에 검증받아야 한다. 셋째, 미국이 조선반도와 그 주변에 수시로 전개하는 핵타격수단들을 다시는 끌어들이지 말아야 한다. 넷째, 그 어떤 경우에도 핵으로, 핵이 동원되는 전쟁행위로 우리를 위협공갈하거나 우리 공화국을 반대하여 핵을 사용하지 않겠다는 것을 확약해야 한다. 다섯째, 남조선에서 핵사용권을 쥐고 있는 미군은 철수를 선포하여야 한다"이다.

북한은 '자강에 의한 핵무력 완성'을 과시라도 하듯 9월 9일 '북부핵시험장'에서 제5차 핵실험을 단행하였다. 북한은 '핵무기연구소'의 성명을 통해 "핵탄두의 위력판정을 위한 핵폭발시험"을 했다면서, "이번 핵탄두폭발시험은 당당한 핵보유국으로서의 우리 공화국의 전략적 지위를 한사코 부정하면서 우리 국가의 자위적권리행사를 악랄하게 걸고드는 미국을 비롯한 적대세력들의 위협과 제재소동에 대한 실질적 대응조치"라며, "미국의 가중되는 핵전쟁위협으로부터 우리의 존엄과 생존권을 보위하고 진정한 평화를 수호하기 위한 국가핵무력의 질량적강화조치는 계속될 것이다"라고 하였다.

이렇게 북한이 2016년에만 들어서 2차례의 핵실험을 하자 핵무력 강화가 주장이 아니라 현실화되었다면서, 국내에서는 '북한 핵탄두 완성'에 진입한 것을 기정사실로 보고 '핵을 가진 북한'에 대한 정책 전환이 필요하다는 분위기에 휩싸였다. 일부 학자들을 중심으로 핵무장이나 전술핵 재배치를 대안으로 제시하기도 하였다. 당

22) 『로동신문』, 2016. 7. 7, 1면.

시의 여론조사기관의 발표를 보면 국민들 과반수 이상이 핵무장에 찬성을 하고 있는 것으로 나타나기도 하였다. 한 정세 토론회에서 "5차 핵실험 이후 국내에 부상하고 있는 독자적인 핵무장 주장은 일견 타당한 측면이 있으나, 실은 너무 감상적이고 현실을 무시한 주장"이라 하면서, "대신 전술핵 재배치와 미 전략자산의 한국내 항구적 배치 등을 주장하여 확장억지의 신뢰성을 높이는 방안을 추진해야" 한다는 의견도 나왔다.[23]

미국은 매년 한미합동훈련시 '공개적'으로 대북 '선제 핵무기 사용위협'의 강도를 높혀 왔다. 유사시 북한에 대한 '핵 선제타격' 요소가 포함된 북한 핵무력 위협에 대한 한·미 양국의 억제전략에는 북한 전쟁지도부에 대한 '참수작전'까지 포함되어 있었다.[24]

V. 한반도 신뢰프로세스 실현과 동북아정책

1. 신뢰프로세스와 병진정책의 충돌

남북한의 대외정책 및 대북·대남정책은 실제로 어떻게 전개되고 있는가? 한반도 신뢰프로세스의 전 과정을 관통하는 명제는 확고한 안보태세이다. 강력한 안보와 남북대화는 '남북관계 발전과 평화로운 한반도'라는 수레를 움직이는 두 개의 바퀴와 같다는 것에서 알 수 있다.[25] 국가안보에 빈틈을 주지 않으면서 대북 억지력을 강화하고, 북핵협상을 힘으로 뒷받침함으로써 북한이 핵을 정치·군사적으로 무기화할 동기를 약화시키고 협상에 응할 가능성을 높인다는 것이다.[26]

그러나 한반도 신뢰프로세스에서 신뢰의 상호성을 인정하지 않고, 우리의 주관적 판단으로 디자인하려고 할 경우 정책적 편리성을 위한 도구로 전락할 수 있다. 한반도 신뢰프로세스가 실제 의도한 대로 작동하고 동력을 유지하기 위해서는 지속적으로 보완, 수정되어야 한다[27]는 지적은 우리 정부가 간과해서는 안될 대목이

23) 세종연구소, "5차 북핵실험의 평가와 대응," 『정책브리핑』, 세종연구소, 2016. 9. 13, 10면.
24) 백학순, "김정은의 외교·안보·통일 리더십," 『김정은 리더십 연구』, 세종연구소, 2017, 81면.
25) 전성훈, "신뢰·균형·통합·진화의 대북·통일정책," 『통일정책연구』 22(2), 2013, 8면.
26) 위의 책, 9-11면.
27) 정성임, "한반도 신뢰프로세스: 구성, 인식, 접근방식," 『통일정책연구』 22(2), 2013, 211면.

었다. 또한 남북한 간에 일정 수준의 신뢰가 형성될 때까지 군사적 신뢰는 한시적으로 북핵문제와 별도의 트랙에서 다루어야 할 필요가 있다. 만일 북핵문제와 군사적 신뢰조치가 상호 연동될 경우 군사적 신뢰 형성을 위한 첫 단추도 꿰지 못할 수 있다.[28] 이렇게 보면 한반도 신뢰프로세스의 신뢰에 대한 인식은 상호성이기보다는 일방적인 속성이 더 많이 내포되어 있었다. 이는 북한이 먼저 변해야 남북간 신뢰를 쌓을 수 있다는 것으로, 북한이 변하지 않으면 남북한 간 신뢰를 쌓을 수 없다는 논리로도 볼 수 있다.[29] 신뢰는 쌍방적이기 때문에 남북한은 모두 자신의 정책을 일방적으로 상대방이 수용하도록 강요해서는 안된다.

상술한 바와 같이 '병진로선'은 김정은 체제의 국가전략노선으로 새로운 대내외 정책이었고, 이는 북한 내부 전략임과 동시에 대남·대외전략이었다. 북한은 병진노선 채택 1주년 논설에서 한반도 신뢰프로세스에 대하여 부정적으로 평가하였다. 즉, "적들은 병진로선에 대하여 경제발전과 인민생활향상에 부정적 영향을 미칠것이라고 비방하였다"[30]고 하면서, "경제건설과 핵무력건설을 병진 시킬데 대한 우리 당의 전략적로선은 억척불변이다"고 하였다. 또한 "우리의 핵억제력은 그 어떤 정치적 흥정물이나 경제적 거래물이 아니다. 그것은 억만금과도 바꿀 수 없는 민족의 생명이고 통일조선의 국보이다"[31]라 하면서, 자신들 정책의 불변성을 강조하였다.

이상과 같이 남북한 양측의 대외정책이나 인식은 완전히 상충되는 모습을 보여주었다. 즉, 한반도 신뢰프로세스와 병진정책이 완전히 충돌하고 있음을 말해주는 것이다. 정부가 '북핵문제 해결과 남북관계 발전이 선순환하도록 노력해 나갈 것'이나, '남북관계 발전은 북한의 비핵화의 진전과 상호보완적'이라는 것은 북한의 '핵무력 건설'과 완전하게 배치되는 것이다. 그러나 한반도 신뢰프로세스도 비핵화와 경제교류라는 두 변수가 있고, 북한의 노동당 전원회의에서 내놓은 것이 경제발전과 핵국가 건설이 핵심정책이다. 남북관계에서 비핵화와 핵국가 건설은 극한적인 갈등을 야기하였다. 경제교류와 경제발전은 상호 부합되는 정책으로 먼저 공통되

28) 이기동, "남북 간 정치·군사적 신뢰형성," 민족화해협력범국민협의회 정책위원회 편, 『한반도 신뢰의 길을 찾는다』, 도서출판 선인, 2013, 59면.

29) 박영호 외, 『한반도 통일에 대한 동북아 4국 인식』, 통일연구원, 2014, 285면.

30) 『로동신문』, 2014. 3. 31, 1면.

31) 『로동신문』, 2014. 3. 31, 6면.

는 정책을 찾아 대화를 모색해야 했다.

박근혜 정부는 한반도 신뢰프로세스를 지속적으로 추진하고 있다고 하면서, 첫째로 남북관계의 정상적 발전을 의연하고 일관되게 추진하고 있다고 하였다. 즉, 남북간 대화를 통해 현안문제를 해결해 나가기 위해 지속적인 노력[32]과 북한의 도발과 위협 그리고 부당한 요구에 대해서는 원칙을 지키며 단호하게 대응하였다는 것이다. 또한 드레스덴 구상과 3대 통로(환경, 민생, 문화) 등 남북간 신뢰를 형성하고 통일의 초석을 쌓을 수 있는 발전구상을 제시했고, 실천 가능한 사업들을 통해 상호신뢰를 쌓아 통일기반을 구축해 나가는 단계적 접근방법을 추진했다는 것이다. 국제사회 협력을 통해 북한 비핵화의 실질적 진전을 추구한다는 것도 제시하였다.[33] 그러나 통일대박론을 북한이 '흡수론·붕괴론'으로 받아들일 경우 오히려 남북관계를 악화시킬 수 있어 좀 더 신중을 기할 필요가 있는 대목이었다.

2. 동북아에서 남북한

한반도 신뢰프로세스가 작동되기 위해서 중요한 문제는 한미동맹과 한중관계를 어떻게 적절하게 유지 또는 강화해 갈 것인가였다. 여기서 전제가 되어야 할 것이 북한에 대하여 한·미 간에 정책을 공유하고 있다는 것이고, 중국에 시진핑(習近平) 체제가 들어서면서 대북정책에 변화가 있다는 것을 전제로 한다. 물론 새 정부 출범 이후 한미정상회담과 한중정상회담을 통하여 이 같은 점을 확인하였다.

한반도 신뢰프로세스의 작동을 위한 한중관계 강화는 '중국의 대북제재와 설득강화 유도에 도움'이 될 수 있기 때문에 미국의 지지를 받을 수 있으나, 중국의 부상이나 한국의 중국 편중에 대한 시각 등으로 인하여 미국의 견제를 받을 수도 있다. 역으로 중국 역시 한미동맹 강화에 우려의 시선으로 보고 있는 것도 사실이다. 그러므로 대북문제에 대하여 한·미·중의 전략적 대화를 가동시키는 것이 중요한 문제였다.

문정인 교수는 박근혜 정부의 외교가 "한미의 외교를 최상에 두고 남북관계를 그 종속관계로 보는 듯하다"면서 문제로 제기하였다. 즉, "고립과 압박, 봉쇄와 같

32) 2013년 7월, 8월 개성공단 발전 정상화 합의, 2014년 2월의 이산가족 상봉 개최, 8월에 고위급접촉 제의, 12월에 통일준비위원회 명의 회담 제시를 들고 있었다.

33) 2015년 2월 25일 통일부의 "박근혜 정부 2년, 통일업무를 이렇게 추진했습니다"를 통하여 정부 출범 이후 남북관계 상황과 향후 방향을 제시하고 있다.

은 냉전의 타성에서 벗어나 화해, 협력의 상식과 순리에 입각해서 담대하게 실행해 나가야 한반도와 동북아의 헝클어진 실타래를 풀 단초가 열릴 것이다"[34]라고 하였다. 한반도 신뢰프로세스는 우리가 원하는 한반도 평화와 안정의 구도를 정착시키고 통일기반을 구축하기 위하여 우리가 먼저 움직여 주변국들의 지지와 협력을 이끌어 내자는 구상이었다.

그러나 2016년에 들어서 북한의 핵실험 및 미사일 발사와 이에 대한 박근혜 정부의 대응은 남북관계는 물론 한미관계와 한중관계를 모두 꼬이게 만들었다. 개성공단사업의 전면중단과 철수 그리고 남한의 사드 배치 결정이 그것이었다. 특히 사드 배치 문제로 한·중 간의 갈등은 최고조에 달했고, 이는 미·중 간의 관계도 악화시켰다.

우리 정부는 대북정책을 투트랙 정책으로 대북문제에 접근해야 했다. 정부당국은 한반도 신뢰프로세스를 국민들과 국제사회에 보여주는 성과를 내는 데 집착하지 말아야 했다. 북한이 굴복해 올 것이라는 것은 환상에 불과하다. 남북관계는 일방적이 아닌 쌍방적인 것이고 신뢰 형성도 상대방에게 요구해서 되는 일이 아니고, 북한과의 신뢰 구축을 위해서는 그들의 의중과 요구를 면밀히 분석하고 검토하여 진정성을 가지고 접근을 해야 했다. 신뢰프로세스는 장기적으로 추진되어야 하는 과제이기 때문에, 정부는 정말로 신뢰의 주춧돌을 놓아간다는 생각으로 이를 추진해야 했다. 박근혜 정부의 대북정책은 2016년 새해 벽두에 북한의 제4차 핵실험과 2월에 미사일 발사가 있자, 강경노선으로 전환하였다. 개성공단 전면중단은 북한과의 대화의 마지막 끈을 놓아버린 것이다.

한편 2016년 10월부터 남한사회에는 정권유린에 관한 문제가 불거지고, 이러한 내용이 담긴 증거물이 보도되자 국민 여론이 들끓기 시작했다. 10월 말부터 시민들이 모여서 시작된 촛불집회는 11월 12일 서울 광화문 일대와 전국 각 지역에서 대규모 집단 평화적 시위로 번졌고, '대통령의 퇴진과 「최순실 게이트」 의혹 진상규명' 등을 요구하였다. 결국 이러한 국민여론에 의하여 12월 3일 국회에서 탄핵소추안이 발의되고, 12월 9일에는 탄핵소추안이 가결되었다. 헌법재판소는 2017년 3월 10일 탄핵심판 청구에 재판관 8인 전원일치의 인용결정이 내려졌다. 박근혜 대통령은 임기가 근 1년 정도 남은 상태에서 그 직을 그만 두게 되었다. 남한의 이러

34) 『중앙일보』, 2014. 7. 21, 31면.

한 정치상황은 대북정책의 중단을 의미하는 것이었다.

2016년 하반기를 들어서서 남북한의 정치상황은 극명하게 대조적인 모습을 보였고, 이는 남북관계에도 그대로 반영되었다. 북한은 사회주의 정상국가를 주장하며 김정은은 당대회와 최고인민회의를 치르면서, '김정은 위원장'의 유일영도라는 제도화가 이루어졌다. 그러나 남한에서는 진정한 민주주의를 열망하는 촛불 민심이 받아들여져 국회에서 박근혜 대통령의 탄핵소추안이 가결되는 상황이 발생하였다. 한반도의 남북에 전체주의적 사회주의 체제와 자유민주주의 체제에서 정치지도자 운명의 아이러니한 모습을 보여주는 대목이었다.

제11장

평화프로세스와 전략노선 전환

Ⅰ. 한반도 평화번영과 핵무력 완성

1. 문재인 정부 출범과 평화 추구

1) 문재인 정부의 평화와 번영의 한반도

남한사회에서는 2017년 3월 10일 헌법재판소에서 박근혜 대통령의 탄핵이 인용되자, 급속하게 정치일정이 진행되었다. 5월 9일이 제19대 대통령 선거일로 정해졌고 6명이 출마하여 문재인 후보 41.4%, 홍준표 후보 24.0%, 안철수 후보가 21.4%를 얻어 문재인 후보가 대통령에 당선되었다. 문재인 후보가 추구하는 정치리더십의 가치는 평화였고, 당선될 경우 대북정책의 변화를 예견케 하였다.

2017년 5월 10일 문재인 대통령은 '국민께 드리는 말씀'이라는 취임사를 통하여 "한반도의 평화를 위해 동분서주하겠습니다. 필요하면 곧바로 워싱턴으로 날아가겠습니다. 베이징과 도쿄에도 가고 여건이 조성되면 평양에도 가겠습니다. 한반도의 평화정착을 위해서라면 제가 할 수 있는 모든 일을 다 하겠습니다. 북핵문제를 해결할 토대도 마련하겠습니다. 동북아 평화구조를 정착시킴으로써 한반도 긴장완화의 전기를 마련하겠습니다"라고 하여 한반도 평화체제를 강조하였다.

문재인 정부는 대통령의 7월 신 베를린선언 등을 기조로 '문재인의 한반도정책'을 내놓았다. 정부는 "세계적인 냉전 종식에도 불구하고, 여전히 한반도는 군사적 대치 속에 불안정한 평화가 유지되고 있다"면서, 한반도 평화를 위한 근본적인 전략의 필요성을 강조하였다. 여기에서 내세운 것이 '평화' 최우선 추구와 '상호 존중'의 정신에 입각한 정책추진이었다. 문재인의 한반도정책은 평화공존과 공동번영을 담은 '평화와 번영의 한반도'로 구체화되었다.[1)]

'평화와 번영의 한반도'에서 내세우고 있는 것은 3대 목표, 4대 전략, 5대 원칙이다. 3대 목표는 ① 북핵문제 해결 및 항구적 평화 정착, ② 지속가능한 남북관계 발전, ③ 한반도 신경제공동체 구현이다. 그런데 여기에서 선행되어야 할 가장 중요한 것은 첫 번째로 한반도 비핵화를 위한 북핵문제의 평화적 해결과 불안전한 정전체제를 항구적인 평화체제로 전환하는 것이다. 둘째는 남북관계는 상호존중, 화해협력, 신뢰증진 등 남북간 합의 정신을 계승하고 발전시켜 지속적으로 발전할

1) 통일부, 『문재인의 한반도정책: 평화와 번영의 한반도』, 통일부, 2018, 18-31면.

수 있는 토대를 마련한다는 것이다. 셋째는 신경제공동체 구현으로 남북이 공존하며 공영하는 하나의 시장을 형성하여 새로운 경제성장의 동력을 창출하고 더불어 잘사는 공동체를 만들겠다는 것이다. 3대 경제벨트인 환서해 경제벨트, 접경지역 경제벨트, 환동해 경제벨트를 구축하여 우리 경제영역을 대륙을 넘어 세계로 미래로 도약하는 '한반도 신경제지도'를 그려 나가겠다는 것을 구상하였다.

4대 전략은 ① 단계적·포괄적 접근, ② 남북관계와 북핵문제 병행 진전, ③ 제도화를 통한 지속가능성 확보, ④ 호혜적 협력을 통한 평화적 통일기반 조성이다. 좀 더 구체적으로 살펴보면 북핵문제는 제재·압박과 대화를 병행하여 현안들을 단계적·포괄적으로 해결해 나가는데, 남북관계와 북핵문제를 선 순환구도로 풀어가겠다는 것이다. 또한 이러한 것은 제도화가 이루어져야 지속가능하기 때문에 남북한 합의를 법제화하여 '남북기본협정'을 체결하겠다는 것이다. 여기에 포함된 "한반도 평화협정을 체결하여 견고한 평화구조를 정착"시키겠다는 것은 가장 핵심적인 전략이다. 이렇게 하여 경제·사회·문화의 다양한 교류협력을 확대함으로써 남북공동체를 만들어 가겠다는 청사진을 제시하였다.

이를 위한 5대 원칙은 ① 우리 주도의 한반도 문제 해결, ② 강한 안보를 통한 평화 유지, ③ 상호 존중에 기초한 남북관계 발전, ④ 국민과의 소통과 합의 중시, ⑤ 국제사회와의 협력을 통한 정책 추진을 제시하였다. 한반도 문제는 당사자인 우리 주도로 평화와 번영을 위한 노력을 주도하는데, 한미동맹과 국방력을 바탕으로 안보태세를 유지함으로써 북한의 도발을 억제하고 한반도 평화를 정착시킨다. 서로 다름과 차이를 인정하고 북한붕괴·흡수통일·인위적 통일을 추구하지 않고, 상호존중의 정신에 입각하여 기존 합의를 계승·발전하여 번영하는 남북공동체를 구현한다. 정부는 이러한 정책을 추진하는 데 국민들과 소통하고, 특히 북핵문제 해결과 한반도 평화정착 과정에서 국제사회와도 긴밀히 협력해 나가겠다는 것이다.

2) 문재인 대통령의 신 베를린선언

문재인 정부의 대북·통일정책이라 할 수 있는 '평화와 번영의 한반도'가 제시되기 이전 가장 중요한 발언은 2017년 7월 6일 독일 쾨르버재단의 초청 연설이다. 이를 '신 베를린선언'이라고 하는데, 2000년 3월 9일 김대중 대통령의 '한반도 평화와 통일을 향한 남북 화해·협력선언'(베를린선언)을 연상케 하였다. 이 선언이 있은 후 2000년 6월 남북정상회담이 개최되었는데, 결과적으로는 유사한 형태로 진행되었다. 이후에도 평화에 대한 생각과 소신발언이 주목을 받았다.

문재인 대통령은 6·15남북공동선언 17주년 기념식 축사에서 "북한이 핵과 미사일 추가발사를 중단할 경우 북한과 조건 없이 대화에 나설 수 있다"고 밝혔다. 한미정상회담을 앞두고 미국의 대북 대화조건이 '비핵화'로 강화되어, 양 정부의 대북정책 엇박자의 우려가 제기되기도 하였다.

상술한 바와 같이 사드 배치는 문재인 정부가 출범하기 이전에 끝났다. 6월 20일 문재인 대통령은 청와대에서 CBS, 워싱턴포스트와 인터뷰를 가졌고 "사드 배치 결정은 우리 한국과 주한미군의 안전을 위해서 한·미동맹에 근거해 한국과 미국이 합의해서 결정한 것"이라고 말했다. 문재인 정부가 할 수 있는 것은 사드문제를 외교적으로 수습할 수밖에 없는 상황이었다. 문재인 대통령과 트럼프(Donald Trump) 대통령의 첫 정상회담이 워싱턴에서 6월 30일 개최되었다. 문대통령은 북한의 핵위협을 깊이 인식한다면서 동시에 한미동맹을 강조했고, 트럼프 대통령은 북한에 대한 미국의 전략적 인내는 끝났고 자국 방어를 할 것이라고 하였다.

문재인 대통령은 정상회담 직후 미 전략국제문제연구소(CSIS)에서 불법적인 핵미사일 도발과 합법적인 한미군사훈련을 맞바꿀 수 없으며, 대북 대화 재개의 '올바른 조건'에 대해서도 한·미 양국이 정세변화를 봐가면서 긴밀히 협의하기로 했다고 밝힘으로써 한미공조의 의지를 재확인하였다.[2] 이를 두고 한국의 진보정권에 대한 미 강경파들의 우려를 씻기 위해 문대통령이 어쩔 수 없이 많이 양보했다는 평가도 있었다.

문재인 대통령은 2017년 7월 6일 독일 베를린의 옛 베를린 시청에서 열린 쾨르버재단 초청 연설에서 "대한민국 새 정부의 한반도 평화구상"을 발표하였다. "앞선 김대중-노무현 두 정부의 노력을 계승하는 동시에 대한민국의 보다 주도적인 역할을 통해 한반도에 평화체제를 구축하는 담대한 여정을 시작하고자 한다"면서 정책방향을 제시하였는데, 이를 요약하면 다음과 같다

"한반도의 냉전구조를 해체하고 항구적인 평화정착"을 위해서 ① 핵과 전쟁의 위협 없는 평화로운 한반도를 위해 '6·15공동선언'과 '10·4정상선언'으로의 복귀, ② 북한 체제의 안전을 보장하는 한반도 비핵화 추구, 남북간 신뢰 회복과 다자대화, ③ 항구적인 평화체제 구축을 위한 평화협정 체결 추진, ④ '한반도 신경제지도'로

2) 김연호, "문재인 정부의 대북정책과 미국의 시각," 『세종정책브리핑』, 세종연구소, 2017. 8. 22, 12면.

경제협력을 통한 평화정착, ⑤ 비정치적 교류협력사업의 정치·군사적 상황과의 분리 등 5가지 정책방향을 제시했다. 그리고 이러한 정책을 구현하기 위해 북한에 4가지를 제안했는데, ① 10·4선언 10주년이자 추석인 오는 10월 4일 이산가족 상봉 제안, ② 2018년 2월 평창동계올림픽의 북한 참가로 '평화 올림픽' 축제, ③ 군사분계선에서 적대행위의 상호 중단, ④ 한반도 평화와 남북협력을 위해 김정은 위원장과 만날 용의 등이었다.

문재인 대통령은 다음 달의 광복절 경축사에서도 '한반도의 시대적 소명은 평화'라 하면서, "평화는 우리의 생존전략이며 안보도, 경제도, 성장도, 번영도 평화 없이는 담보되지 않는다"고 하였다. 한반도의 긴장상황에 대하여 "한반도에서 또 다시 전쟁은 안됩니다. 한반도에서의 군사행동은 대한민국만이 결정할 수 있고 누구도 대한민국의 동의 없이 군사행동을 결정할 수 없습니다. 정부는 모든 것을 걸고 전쟁만은 막을 것입니다. 어떤 우여곡절을 겪더라도 북핵문제는 반드시 평화적으로 해결해야 합니다"라고 하여, 당시 운운하던 미국의 '선제 타격론'에 대하여 강하게 대응하는 발언을 하였다. 그러면서 다가올 2018 평창동계올림픽에 대하여 "평창올림픽을 평화올림픽으로 만들어야 합니다. 남북대화의 기회로 삼고, 한반도 평화의 기틀을 마련해야 합니다"라고 강조하였다.

2. 김정은 체제 병진노선 지속과 핵무력 완성

1) 2017년 신년사에 따른 북한 주장

2017년 신년사에서 김정은 위원장은 "올해는 력사적인 7·4공동성명 마흔다섯돐과 10·4선언발표 열돐이 되는 해입니다. 올해에 온 민족이 힘을 합쳐 자주통일의 대통로를 열어가야 합니다"라고 했다. 또한 "북남관계를 개선하고 북남사이의 첨예한 군사적 충돌과 전쟁위협을 해소하기 위한 적극적인 대책을 세워나가야 합니다"라고 하면서, 파국상태에 처한 남북관계를 수수방관한다면 어느 정치인도 민족 앞에 책임과 역할을 다한다고 할 수 없고 민심의 지지를 받을 수 없다고 하였다. 그러면서 동족끼리 서로 싸우지 말고 겨레의 안녕과 나라의 평화를 수호하려는 것이 자신들의 일관된 입장이라 하였다.[3] 이것은 남한의 탄핵정국에 대한 평화공세로도 보이지만, 새로이 들어서는 정부 지도자의 대북정책의 변화를 요구하는 대목으로

3) 『로동신문』, 2017. 1. 1, 2면.

볼 수 있었다.

김정은의 신년사가 나오자 북한에서는 “6·15북남공동선언의 실천강령인 10·4선언의 기치를 높이 들고나가야 한다”고 주장하면서, “북남관계의 발전과 나라의 공고한 평화, 민족공동의 번영을 이룩하기 위한 원칙과 과업, 방도들이 과학적으로 명시된 10·4선언은 민족의 자주적 발전과 통일을 실현하는데서 우리 민족이 들고나가야 할 위대한 기치이다”고 하였다.[4] 그리고 그동안 찾을 수 없었던 “북남관계개선은 평화와 통일로 나아가는 출발점”이란 제목의 글이 눈에 띄었다. “오늘 우리 민족 앞에 나선 가장 절박하고 중대한 과업은 조선반도의 공고한 평화와 조국통일 위업을 성취하는 것이다”로 시작한 글에서, 신년사를 인용하면서 “북남관계개선이 평화와 통일로 나아가는 출발점으로 되는 것은 무엇보다도 그것이 조선반도의 평화를 보장하는 선결조건이기 때문이다”라고 하였다.[5] 북과 남이 뜻과 힘을 합치면 이 세상 무서울 것도 없고 못해낼 일도 없다는 주장들도 내놓았다.[6] 북한이 병진노선에 따라 핵무력을 증강하는 중에도 남북관계를 강조한 것은 이중성을 보여주는 대목이었다.

2) 북한 핵무력 강화

김정은 위원장은 2017년 신년사를 통해서 북한이 ‘동방의 핵강국, 군사강국’이 되었다면서, “수소탄 시험과 각이한 공격수단으로 시험발사, 핵탄두폭발시험이 성공적으로 진행되었으며 대륙간탄도로케트 시험발사 준비사업이 마감단계에 이르렀다”고 밝혔다.

최고인민회의 제13기 제5차 회의가 2017년 4월 11일 평양에서 진행되었고, 박봉주 총리는 2017년 과업은 전민총돌격전을 힘있게 벌려 국가경제발전 5개년 전략수행을 확고하게 다져나가는 것이라 하였다.[7] 또한 최룡해 국무위원회 부위원장은 자강력제일주의를 강조하면서 우리의 힘과 기술, 우리의 자원으로 당이 제시한 국

4) 강명구, “10.4선언은 자주통일의 대통로를 열어나가는데서 우리 민족이 들고나가야 할 위대한 기치,” 『김일성종합대학학보(력사, 법률)』, 제63권 제2호(루계 522호), 김일성종합대학출판사, 2017, 83면.

5) 홍진철, “북남관계개선은 평화와 통일로 나아가는 출발점,” 『김일성종합대학학보(력사, 법률)』, 제63권 제3호(루계 525호). 김일성종합대학출판사, 2017, 90면.

6) 최종식, “민족대단결은 곧 조국통일,” 『김일성종합대학학보(철학, 경제학)』, 제63권 제2호(루계 520호), 김일성종합대학출판사, 2017, 29면.

7) 『로동신문』, 2017. 4. 12, 2면.

가경제발전 5개년 전략목표를 앞당겨 수행하자고 주문하였다.[8] 이렇게 북한은 경제발전에 힘을 쏟자고 하면서도, 실제는 핵무력 강화에 치중하였다. 북한에서는 미 본토 타격을 목표로 하는 ICBM급 화성-14형 미사일이 1차 7월 4일과 2차 28일 두 차례에 비행하는 데 성공하였다고 발표했다. 특히 7월 28일 제2차 시험발사 후 로동신문은 1면 전체를 할애하여 김정은이 2차 시험발사에 서명한 사진을 실었고, 1·2·3면에 발사를 지켜보는 장면과 발사되어 올라가는 장면 10여 장의 사진을 싣고 있다.[9] 또한 로동신문은 "민족사적인 대승리를 안아온 긍지드높이 련속공격 앞으로!"라는 사설을 통하여, 화성-14호 2차 시험발사의 대성공은 병진의 기치를 높이 들고 반미반제대결전에서 승리를 이룩한 성스러운 과업이라고 하였다.[10]

2017년 9월 3일 제6차 핵실험을 강행하였고, '핵무기연구소'는 "조선로동당의 전략적핵무력건설구상에 따라 우리의 핵과학자들은 9월 3일 12시 우리나라 북부핵시험장에서 대륙간탄도로켓트장착용 수소탄시험을 성공적으로 단행했다"면서, "우리의 핵무기설계 및 제작기술이 핵탄의 위력을 타격대상과 목적에 따라 임의로 조정할 수 있는 수준에 도달한" 것이라는 성명을 발표하였다.[11]

북한은 11월 29일에 '새로 개발한 대륙간탄도로케트 화성-15호'를 발사하였다. 이번에는 "조선민주주의인민공화국 정부"가 "새형의 대륙간탄도로케트시험발사 성공"이라는 성명서를 발표하였다. 여기에서 "대륙간탄도로케트 〈화성-15〉형 무기체계는 미국본토전역을 타격할 수 있는 초대형중량급핵탄두장착이 가능한 대륙간탄도로케트"라 하고, 북한은 이것으로 국가 핵무력 완성의 역사적 대업을 실현했다고 주장하였다.[12]

이렇게 북한은 김정은 시대에 들어서서 핵무력과 미사일에 사활을 걸고 핵실험과 미사일 시험발사를 하면서, 핵무력건설과 경제건설의 병진노선 전략을 추진해 나갔다. 북한은 국내외적인 어려움 속에서도 자신들의 힘으로 핵무력을 완성했고

---

8) 『로동신문』, 2017. 4. 12, 7면.

9) "대형중량핵탄두장착이 가능한 대륙간탄도로케트 〈화성 14〉형의 최대사거리를 비롯한 무기체계의 전반적 기술적 최종확증하자는데 목적을 두고 진행하였다고" 하면서, "대륙간탄도로케트 〈화성 14〉형은 최대정점고도 3,724.9㎞까지 상승 998㎞를 비행하여 공해상의 설정된 수역에 정확히 탄착되었다"고 보도했다. 『로동신문』, 2017. 7. 29, 2면.

10) 『로동신문』, 2017. 7. 31, 2면.

11) 『로동신문』, 2017. 9. 4, 1면.

12) 『로동신문』, 2017. 11. 29, 1면.

경제도 성장시켰다며, 자강력 제일주의를 사회주의 강국건설의 항구적인 전략이라 하였다. 그러나 '핵무력은 인민들에게 밥이 아니다'.[13] 북한이 주장하는 인민 중시의 정치가 제대로 되려면, 국내외적인 어려움을 자강력 제일주의로 풀려고 하지 말고 정치환경을 바꾸어야 한다. 핵무력에 의존하여 계속적인 국제제재의 대상이 되지 말고, 협상에 임하여 국제사회의 떳떳한 일원이 되어야 평화도 보장받을 수 있고 자신들이 주장하는 강한 국가를 만들 수 있다.[14]

3. 국제사회의 반응과 공방

2017년 1월 출범한 트럼프 행정부는 두 달간의 검토 끝에 '최고의 압박과 관여'(Maximum Pressure and Engagement)를 기조로 하는 대북정책을 수립하였다. 대북정책의 수립과 관련하여 재검토과정에서 군사적 옵션, 정권 교체, 북한 핵보유국 인정과 같은 폭넓은 접근법들이 논의되었고, 최종적으로 압박을 통해 북한의 태도 변화를 유도하는 노선을 채택했다.[15] 특히 2017년 7월 북한의 화성-14형 미사일을 발사한 것에 대해 트럼프 대통령은 화염과 분노(fire and fury)라는 표현을 하며 군사적 조치도 동원하겠다는 의지를 표명하기도 하였다.[16] 유엔에서도 안보리 결의안 제2371호를 채택하였는데, 여기에서는 북한 수출 1/3 이상을 감축시키고 모든 미사일 발사를 중단하고 핵무기와 핵개발 계획을 CVID 방법으로 포기할 것을 촉구하였다. 이에 북한은 8월 7일 정부성명을 내고 "미국과 적대세력들의 발악적인 책동"이라면서, "평화수호의 영원한 기치인 병진로선을 더 높이 추켜들고 끝가지 갈 것"이라고 하였다. 다음날 8월 8일 "미국이 참수작전, 대북선제타격, 비밀작전, 내부교란작전, 특수작전의 필요성을 역설하는데, 이는 비극적 종말에 들이닥치게 될 것"이라는 인민군 총참모부 대변인 성명은 그들의 호기와 두려움을 엿보이게 하였다.

북한이 제6차 핵실험을 단행하자 유엔 안보리는 9월 12일 강력한 제재소지를 남은 결의안 제2375호를 만장일치로 채택하였다. 여기에는 유류 공급 제한, 해외노동

13) 김창희, "북한의 자강력제일주의와 인민노력동원에 관한 연구," 『한국동북아논총』, 제22집 제4호, 한국동북아학회, 2017, 118면.

14) 위의 논문, 119면.

15) 이우태 외, 『북핵위기와 북미간 전략환경 인식』 KINU 연구총서 18-13, 통일연구원, 2018, 140면.

16) 위의 책, 140-141면.

자 제한, 섬유제품 수출 금지, 북한과 합작사업 설립·유지·운영 전면금지 등이 포함되었다. 북한은 이에 반발하였다. 특히 미국 트럼프 대통령의 9월 19일 유엔총회 연설에서 "미국과 동맹국들을 방위해야 한다면 북한을 완전히 파괴한다는 결정을 내릴 수밖에 없다"라는 발언에 대해 김정은 위원장이 직접 나섰다. 북한은 9월 21일에 "조선민주주의인민공화국 국무위원회 위원장 성명"을 내놓았다. 즉, "한반도에 격화되고 있는 일촉즉발의 위기상태로 치닫고 있는 상황에서, 미국의 집권자는 정세완화에 도움이 될 수 있는 나름대로 설득력 있는 발언은 고사하고 우리 국가의 〈완전파괴〉라는 력대 그 어느 대통령에게서도 들어 볼 수 없었던 전대미문의 무지막지한 미치광이 나발을 불어댔다. 겁먹은 개가 더 요란하게 지저대는 법이다"라고 하였다.[17] 10월 7일 로동당 제7기 2차 전원회의에서 김정은 위원장은 "경제건설과 핵무력 건설의 병진로선을 따라 전진해온 것이 천만번 옳았으며 앞으로도 변함없이 이 길로 나가야 한다"고 주장한 것은, 핵이 아니면 안된다는 그의 의지의 확인이었다.

11월 29일 대륙간 탄도미사일 화성-15호를 발사하자 유엔 안보리가 12월 22일 채택한 대북제재 결의안 제2397호의 골자는 북한이 앞으로 더 핵실험을 하거나 대륙간 사거리를 갖춘 탄도미사일(ICBM급)을 발사할 경우 추가적인 유류제한 조치를 한다는 것이었다. 만약 유류제한이 추가될 경우 이것은 북한의 거의 모든 산업의 마비를 의미하는 것이었다.

문재인 정부는 북한의 핵실험과 미사일 시험발사에 대해 "한반도와 동북아 평화를 위태롭게 만드는 도발 행위를 중단하고 국제사회의 단합된 요구를 받아들여 조속히 비핵화를 위한 대화와 행동을 취할 것을 촉구하는 바이며, 국제사회의 책임 있는 일원으로 발전해 나가기를 기대한다"는 것이 기본입장이었다. 6차 핵실험 이후 유엔 안보리 대북제재 결의 제2375호가 채택되자, 우리 외교부는 "정부가 북한의 무모하고 무책임한 핵실험 감행은 결코 용납될 수 없다는 단호한 입장 하에 외교적 노력을 경주해 왔다"면서, "정부는 앞으로도 이번 결의 제2375호를 포함한 안보리 대북제재 결의들을 충실히 이행하고, 북한의 근원적 비핵화와 한반도 내 항구적인 평화 정착을 위한 노력을 지속 경주해 나갈 것입니다"라고 하였다.

평창동계올림픽을 코앞에 두고 있는 상황에서 한반도의 긴장이 최고조에 달해

17) 『로동신문』, 2017. 9. 22, 1면.

전쟁위기설까지 불거졌기 때문에 유럽의 일부 선수단이 불참할 것이라는 말까지 돌았다. 평화올림픽을 내세운 문재인 대통령이 선택한 것은 한미연합군사훈련의 연기라는 카드였다. 문대통령은 북한의 평창올림픽 참가를 촉구하면서 2017년 12월 19일 미국 NBC와의 인터뷰에서 한미연합훈련 연기를 미국에 요청해 놓았다고 하였는데, 이미 훈련 연기에 합의가 있었던 것으로 보였고 이는 김정은 위원장의 '평창올림픽' 참가 신년사를 이끌어 냈다고 볼 수 있다.[18] 한미와 남북 사이의 물밑 대화로 대미 그리고 대북 설득으로 추정되는 대목이었다.

II. 북한의 대내외 노선 변화와 남북 접촉

1. 평창동계올림픽 참가와 특사 교환

2018년 김정은 위원장은 신년사에서 북한의 핵무력은 어떠한 위협에도 대응할 만큼 '강력한 전쟁억제력'으로 작동하기 때문에, 미국의 핵위협도 '분쇄 대응'할 수 있다고 주장하였다. "미국이 아무리 핵을 휘두르며 전쟁도발책동에 광분해도 이제는 우리에게 강력한 전쟁억제력이 있는한 어쩌지 못할 것이다"라고 하면서 자신들의 핵무력은 전쟁억지를 위한 것이라는 것을 강조하였다.

그러나 다른 어느 때보다도 신년사에 남북관계 부분을 많이 할애하였다. 2017년 7월 6일 문재인 대통령의 '대한민국 새 정부의 한반도 평화구상'이라는 「신 베를린 선언」에 대한 답변일 수도 있었다. 2018년은 북한의 정부수립 70주년이고 남한에서는 평창동계올림픽이 개최되는 남북 모두에게 의의 있는 해라고 하면서, 남북관계를 개선하여 민족사에 남는 역사적인 해를 만들어야 한다고 하였다. 이를 위해 ① 군사적 긴장상태를 완화하여 '조선반도의 평화적 환경' 마련, ② 민족적 화해와 통일을 지향하는 분위기 조성으로 남북관계 개선, ③ 남북문제는 민족 내부의 문제로 민족의 입장에서 남북관계 개선을 논의하고 출로를 열어야 함, ④ 평창동계올림픽의 성공적 개최를 바라며 대표단 파견과 필요한 조치를 위해 당국자간 만남을 시사하는 내용 등을 내놓았다.

2018년 평창동계올림픽의 기치는 평화였고 북한이 올림픽 참가를 표명하자 남북

18) 정세현·황방열, 『담대한 여정』, 메디치 미디어, 2018, 227-228면.

한의 당국자간 협의가 이루어졌다. 북한의 선수단과 응원단 그리고 예술공연단의 동계올림픽 참가로 그동안 단절되었던 대화의 물꼬가 트였다. 북한은 참관대표단 형식으로 고위급인사를 파견하였는데, 김영남 상위임위원장과 리선권 조평통위원장, 김여정 당 제1부부장 등이 포함되어 있었다. 평창올림픽 개회식 다음날인 2월 10일 김여정은 김위원장 특사 자격으로 청와대를 방문하여 문대통령을 접견하고 김위원장의 친서와 함께 남북정상회담 의사를 전달하였다. 22일에는 폐막식의 참석을 위해 김영철 통일전선부장 겸 당 부위원장 등이 방한하였다. 정의용 국가안보실장과 서훈 국정원장 등의 대북특별사절단이 3월 5일 방북하여 김정은 위원장을 만나고, 다음과 같은 방북결과 언론 발표문을 내놓았다.

1. 남과 북은 4월말 판문점 평화의 집에서 제3차 남북정상회담을 개최하기로 하였으며, 이를 위해 구체적 실무협의를 진행해 나가기로 하였음
2. 남과 북은 군사적 긴장완화와 긴밀한 협의를 위해 정상간 Hot Line을 설치하기로 하였으며, 제3차 남북정상회담 이전에 첫 통화를 실시키로 하였음
3. 북측은 한반도 비핵화 의지를 분명히 하였으며 북한에 대한 군사적 위협이 해소되고 북한의 체제안전이 보장된다면 핵을 보유할 이유가 없다는 점을 명백히 하였음
4. 북측은 비핵화 문제 협의 및 북미관계 정상화를 위해 미국과 허심탄회한 대화를 할 수 있다는 용의를 표명하였음
5. 대화가 지속되는 동안 북측은 추가 핵실험 및 탄도미사일 시험발사 등 전략도발을 재개하는 일은 없을 것임을 명확히 하였음. 이와 함께 북측은 핵무기는 물론 재래식 무기를 남측을 향해 사용하지 않을 것임을 확약하였음
6. 북측은 평창올림픽을 위해 조성된 남북간 화해와 협력의 좋은 분위기를 이어나가기 위해 남측 태권도시범단과 예술단의 평양 방문을 초청하였음.

정의용 실장은 특사 파견 결과를 설명하기 위하여 워싱턴을 방문하였다. 트럼프 대통령과의 면담에서 정상회담에 대한 북한의 뜻을 전했고, 즉석에서 5월 말 개최를 수락함으로써 센세이션을 불러일으켰다. 2018년 4월 27일로 남북정상회담이 확정된 가운데, 문재인 정부는 국제사회의 동조와 성원을 위하여 외교적 노력을 하였다. 미국도 북한과 은밀한 접촉이 이루어졌고 3월 31일에서 4월 1일 폼페이오(Mike Pompeo) 국무장관(전 CIA국장, 당시 지명자)이 평양을 방문해 김정은 위원장을 면담하고 북미정상회담과 비핵화 문제 등을 논의하였다.

2. 병진노선에서 경제건설 총력집중노선

남북·북미 정상회담을 앞두고 북한은 내외적으로 자신들의 의지를 확실히 보여주기 위해 2018년 4월 20일 당 제7기 제3차 전원회의를 개최하였다. 전원회의에서 김정은 위원장의 의정보고로 제기된 새로운 전략노선은 "혁명발전의 새로운 높은 단계의 요구에 맞게 사회주의경제건설에 총력을 집중할데 대하여"이다. 그 내용에는 다음과 같은 것이 포함되었다. 즉, ① 병진노선으로 핵실험과 지하핵실험, 핵무기 소형경량화, 핵무기 운반수단 개발로 핵무기 병기화 실현, ② 핵실험과 대륙간탄도로케트(ICBM) 시험발사를 중지하고, 투명성 있게 담보하기 위해 북부 핵실험장을 폐기, ③ 핵실험의 전면중지를 위한 국제적인 지향과 노력에 합세, ④ 핵위협이나 핵도발이 없는 한 핵무기 절대 사용 않고, 핵무기와 핵기술을 이전하지 않음, ⑤ 인적, 물적 자원을 총동원하여 사회주의경제를 일떠세우고, 인민생활 높이는데 모든 힘 집중, ⑥ 사회주의 경제건설을 위한 유리한 국제적 환경을 마련, 조선반도와 세계의 평화와 안정을 수호하기 위하여 주변국들과 국제사회와의 긴밀한 연계와 대화를 적극적으로 해 나갈 것이다.

이 노선의 결정사항은 다음과 같다. 즉, ① 당과 국가의 전반사업을 사회주의 경제건설에 지향시키고 모든 힘을 총집중할 것, ② 사회주의 경제건설에 총력을 집중하기 위한 투쟁에서 당과 사회단체 그리고 국가기관의 역할 높일 것, ③ 당조직과 정치기관들은 전원회의의 결정집행정형을 정상적으로 장악 총화하면서 철저히 관철토록 할 것, ④ 최고인민회의와 내각은 전원회의 결정서에 제시된 과업 관철을 위해 법·행정·실무적 조치 취할 것이다.

경제건설 총력집중노선이 새로운 국가전략으로 제기되자 로동신문에서는 이를 좀 더 구체적으로 설명하고 있다. 즉, "병진로선은 위대한 승리가 이룩된 오늘 우리 국가는 경제건설을 마음 먹은대로 다그쳐나갈 수 있게 되었으며 우리 혁명은 최종목표를 달성하기 위한 높은 단계에 올라서게 되었다"면서, 이제 전환적 이정표가 마련되었다고 하였다. 당과 국가의 건설사업에서 경제사업을 우선시하며 경제발전에 나라의 인적, 물적, 기술적 잠재력을 총동원하자고 주장하였다.[19]

이러한 당위원회 전원회의 결정은 정의용 특사 언론 발표문에서 핵문제와 관련

19) 『로동신문』, 2018. 4. 23, 1면.

된 내용이 포함되어 있고, 폼페이오 국무장관과 김정은 위원장의 논의사항 등을 담고 있는 것으로 보여졌다. 남북정상회담과 북미정상회담을 앞둔 시점에서 북한의 전략적 선택으로 볼 수 있었다. 남북정상회담을 바로 앞둔 시점인 4월 24일 워싱턴에서 정의용 국가안보실장과 볼턴(John Bolton) 미국 국가안보보좌관의 만남은 정상회담에 대한 양국 간 공조방안을 위한 것이었다.

3. 대내외 정책 전환의 동인[20]

1) 정상국가의 의지와 정치리더십

김정은 체제가 출범한 이후 북한의 정치과정에 나타나는 특징은 당 중심의 정치였다. 그렇기 때문에 당 전원회의에서 국가발전전략노선을 택하였고, 이를 내각에서 법제화하고 추진하였다. 완전한 김정은 시대를 선포하면서 정치권력구도를 당·국가체제로 가져간 것은 당 제7차 대회였다. 36년 만에 개최된 당대회는 당정치 공식시스템 구축이었고, 김정은은 제1비서가 아닌 당위원장에 추대되었다. 이러한 정치제도화 과정을 통하여 김정은 위원장이 추구한 것은 사회주의 국가체제의 본연의 모습을 찾는 정상화였다.[21] 그는 북한을 정상적인 국가로 만들면서 이를 통하여 국가발전을 가져가겠다는 것인데, 정상국가로 국제무대에 활동할 수 있는 여건을 조성하는 데 공을 들였다. 그러나 현실적으로 국제무대에서 정상국가로 활동하면서 경제발전과 핵 개발을 동시 추진하기는 어려웠다.[22] 이 과정에서 김정은은 정치리더십을 발휘하였다. 터커(Robert C. Tucker)가 말하는 기능적 정치리더십은 정치지도자가 정치환경을 진단하고, 진단에 적합한 처방을 내리고, 처방한 정책반응에 대하여 구성원의 정치적 지지를 동원하는 과정이다.[23] 김정은 위원장은 북한이 처해 있는 상황을 위기라고 진단하였다. 그는 국제사회의 압력에도 굴복하지 않고 핵무력을 고수하여 자신의 입지를 다지면서 유일영도력을 발휘해 왔지만, 핵무력을

20) 이 장은 김창회, "북한 병진노선의 경제건설 총력집중노선으로 전환," 『정치·정보연구』, 제22권 제2호, 한국정치정보학회, 2019, 17-20면의 내용을 수정·보완한 것이다.

21) 제10장에서 상술한 바와 같이 당대회 이후 헌법을 바꾸어 국방위원회를 확대 개편하여 국무위원회가 탄생했다. 김정은은 국무위원장에 추대되었고, 북한의 당과 국가기구에서는 위원장으로 호칭하고 있다.

22) 홍우택·박창권, 『북한의 핵전략 분석』 KINU 연구총서 18-14, 통일연구원, 2018, 89면.

23) Robert C. Tucker, *Politics as Leadership*. Columbia & London: University of Missouri Press, 1981, p.15.

완성한 다음에는 비핵화를 협상카드로 제시하는 처방을 내렸다. 즉, 김위원장은 미국을 협상테이블로 나오게 만들 수 있는 유일한 길이 핵탄두의 경량화와 대륙간 탄도미사일의 완성이라 진단하고 이를 방편으로 대외정책의 전환이라는 처방을 내린 것이다. 여기에서 중요하게 작용한 것이 대남관계 개선에 대한 의지였다.

김정은 위원장의 노선 전환의 결단에는 새로운 남측 지도자의 한반도정책도 큰 변수로 작용하였다. 문재인 대통령은 2017년 취임사에서부터 끊임없이 강조한 것이 평화였다. 한반도 평화를 위해 동분서주하고 여건이 되면 평양에도 가겠다며, 한반도 평화정착을 위해서라면 모든 일을 하겠다고 하였다. '신 베를린선언'을 통하여서도 '문재인의 한반도정책'에서도 모든 것의 중심에 '평화와 번영'을 놓았다. 구체적으로 남북관계와 북핵문제를 선순환적으로 풀어 종국적으로 한반도 평화협정을 체결하여 견고한 평화구조를 정착시키겠다는 것이다. 여기에 평창동계올림픽의 참가는 정상회담을 위한 모멘텀으로 작용하였고, 성공적인 정상회담을 위해서는 자신들의 전략노선의 전환을 천명하는 것이 필요했다. 그렇기 때문에 4·27판문점선언에서 한반도의 완전한 비핵화에 합의하고 이를 진행시키고 있다. 김정은 위원장과 문재인 대통령의 상호신뢰 리더십이 평화라는 목표로의 지향을 가능케 하였다.

2) 대북제재와 압박에서 탈피 의도

북한이 경제건설과 핵무력 건설 병진노선을 추구하였지만 실제로 핵무력 건설에 더 비중을 두었다. 그러다 보니 원래 계획한 핵 개발을 통해 재래식 무기 의존을 줄여 국방비를 감축하여, 여기에서 여유가 생긴 자금으로 경제부분을 촉진시킨다는 데 차질이 불가피했다. 북한의 총예산의 30% 정도를 국방예산에 할당하는데, 국방비의 과도한 지출은 인민생활 향상이라는 경제건설에 부정적인 영향을 미쳤다. 특히 핵무력 강화에 따른 미국 및 국제사회의 대북제재 조치는 북한 경제 전반을 어렵게 만들었다. 유엔 안보리의 대북제재 조치 제2371호와 제2375호의 결의가 본격적으로 실행된 이후부터는 북한 경제가 영향을 크게 받았다. 2016년 기준으로 북한의 대중수출의 81%에 달하는 상황에서 대북제재에 중국이 적극 동참한 것은 북한 경제에 심각한 영향을 미쳤다. 북한에 대한 석유 수출을 절반으로 제한하고 북한 해외노동자 파견 동결과 기간 연장 금지로 에너지와 외화 확보에 심각한 상황을 초래하였다.[24] 2017년 12월에 채택한 유엔 대북제재 제2397호는 핵실험이나

24) 김갑식, "세계로 나아가는 북한," 『평화와 번영, 새로운 시작』, 민주평화통일자문회의, 2018, 93-94면.

ICBM을 발사할 경우 200만 배럴의 경유를 50만 배럴로 줄일 수 있게 되어 있다.

북한은 대북제재 속에서도 자강력 제일주의를 내세우며 고군분투하였고, 당 제7차 대회를 전후하여 70일전투와 200일전투로 공업성장이 배가되었다고 발표하였다. 북한의 2016년 경제성장률이 3%를 상회하였는데, 이는 당 제7차 대회의 성과를 위해 그동안의 모든 업적을 모은 것이고 인민총동원령을 내린 결과라 볼 수 있다. 그들 스스로도 2016년에 내부 예비력과 잠재력을 남김없이 동원했다고 박봉주 총리가 제13기 제5차 최고인민회의에서 보고한 바 있다. 특히 2017년 상반기에 여명거리[25]를 완공시키면서, 오늘날 미국과 적대세력들의 〈초강경제재〉인 제재봉쇄 책동에도 불구하고 세상을 놀라게 하는 기적의 승리와 신화를 창조하였다고 하였다.[26] 그러나 2016년 과도한 투자와 유례 없는 대북제재로 2017년에는 -3.5%의 성장률을 기록했다.[27]

김정은은 2018년 신년사에서 2017년을 회고하면서 '국가핵무력의 대업성취'와 '웅장하고 화려한 려명거리와 대규모 축산기지' 건설 등을 내세웠는데, 이는 제재와 봉쇄 속에서 인민과 함께 이루어 낸 병진노선의 관철이었다는 것이다. 그러나 이외에 병진노선이란 단어는 거의 찾을 수 없었다. 2018년은 "공화국핵무력에서 이룩한 력사적 승리를 새로운 발전의 도약대로 삼고 사회주의강국건설의 모든 전선에서 새로운 승리를 쟁취하기 위한 혁명적 총공세를 벌여나가야 합니다. 〈혁명적인 총공세로 사회주의강국건설의 모든 전선에서 새로운 승리를 쟁취하자!〉"면서, 이것이 북한이 들고 나가야 할 혁명적 구호라 하였다. 북한에서는 새로운 전략노선을 내세우면서 병진노선에서 제시했던 역사적 과업들이 수행되어, 평화수호의 강력한 보검이 마련되었다고 하였다. 이렇게 상황을 진단하고 단판협상으로 일괄타결하려는 새로운 대외 전략노선으로 방향을 전환한 것이다.[28] 다시 말하면 경제건설을 위한 여건을 마련하고자 대북제재를 완화하기 위한 비핵화의 타협에 나선 것이다.

---

25) 90여 정보의 부지에 4,800세대 44개 동 초고층과 고층 건물 그리고 40여 동의 공공건물과 70여 동의 살림집을 건설하는 대규모 건설사업이다. 최영진, "려명거리는 만리마속도창조의 고향," 『천리마』, 제8호(루계 699), 평양: 천리마사, 2017, 25면.

26) 최춘금, "항일혁명투쟁시기에 발휘된 자력자강의 혁명정신," 『김일성종합대학학보(철학, 경제학)』, 제63권 제4호(루계 526호), 김일성종합대학출판사, 2017, 28면.

27) 김갑식, "세계로 나아가는 북한," 62면.

28) 위의 책, 77-78면.

Ⅲ. 2018년 남북정상회담과 북미정상회담

1. 4·27판문점 정상회담

4월 27일 오전 9시 30분 문재인 대통령과 김정은 위원장이 판문점의 군사분계선에서 만나면서부터 정상회담 일정이 시작되었다. 정상들의 의장대 사열이 있었고, 각자 2명씩 배석한 회담과 산책 중의 두 사람만의 대화 그리고 연석회담 끝에 남북한 간에 〈한반도의 평화와 번영, 통일을 위한 판문점 선언문〉이라는 합의서가 작성되고 문대통령과 김위원장이 여기에 서명하였다.

〈한반도의 평화와 번영, 통일을 위한 판문점 선언문〉의 주요 내용

대한민국 문재인 대통령과 조선민주주의인민공화국 김정은 국무위원장은 평화와 번영, 통일을 염원하는 온 겨레의 한결같은 지향을 담아 2018. 4. 27일 남북정상회담을 진행

양 정상은 한반도에 전쟁이 없고 새로운 평화의 시대를 8천만 겨레와 전 세계에 천명

양 정상은 냉전 산물인 분단과 대결 종식과 민족적 화해와 평화번영의 새로운 시대를 위해 남북관계를 적극적 개선·발전의 확고한 의지를 담아 역사의 땅 판문점에서 선언

1. 남북관계의 전면적·획기적 개선과 발전
① 민족자주의 원칙의 확인, 기존 남북선언과 합의들의 이행, 남북 관계개선과 발전
② 남북 고위급 회담 등 대화와 협상의 개최로 정상회담서 합의문제 실천대책 수립
③ 남북 당국간 협의와 민간교류와 협력 보장 위해 상주 공동연락사무소 개성에 설치
④ 각계각층의 협력과 교류왕래의 활성화, 민족공동행사 추진과 국제경기 공동진출
⑤ 남북 적십자회담 개최와 이산가족·친척상봉 협의해결, 8.15계기 이상가족상봉 추진
⑥ 10.4선언 합의사업 추진, 동해선·경의선 철도·도로 연결 및 현대화의 실천적 대책

2. 남북 군사적 긴장상태 완화와 전쟁위험 실질적 해소 공동노력
① 일체의 적대행위를 전면 중지, 비무장지대의 실질적인 평화지대 전환
② 서해 북방한계선 일대 평화수역으로 만들어 군사충돌 방지, 어로활농 보상내책 수립
③ 군사적 보장대책 위해 국방장관·군사당국자회담 수시개최, 5월중 장성급 군사회담

3. 한반도 항구적·공고한 평화체제구축: 정전상태의 종식과 평화체제 수립
① 어떤 형태의 무력 사용 않는 불가침 합의를 재확인하고 엄격히 준수
② 군사적 긴장해소와 군사적 신뢰의 실질적 구축에 따른 단계적 군축 실현
③ 올해의 종전선언 후, 정전협정의 평화협정으로 전환하며 항구적인 평화체제 구축 위한

남·북·미 3자 또는 남·북·미·중 4자회담 개최 적극 추진
④ 완전한 비핵화를 통해 핵 없는 한반도 실현의 공동목표를 확인. 북측 주동적 조치들 중대한 조치 인식, 한반도 비핵화를 위한 국제사회의 지지와 협력을 위해 적극 노력

양 정상 정기적인 회담과 직통전화로 신뢰를 굳건히 하며, 남북관계의 지속적인 발전과 한반도의 평화와 번영, 통일을 향한 좋은 흐름을 더욱 확대 위한 함께 노력

당면하여 문재인 대통령은 올해 가을 평양을 방문하기로 하였다.

2018년 4월 27일 판문점

대한민국	조선민주주의인민공화국
대통령 문재인	국무위원회 위원장 김정은

남북정상회담 결과의 국내 동정을 파악하기 위해 4월 28일 각 신문 1면의 문구와 사설제목을 살펴보았다. 경향신문 〈핵 없는 한반도, 동행이 시작됐다〉와 "핵 없는 한반도와 평화의 위대한 여정을 시작하자", 동아일보 〈"완전한 비핵화" 입구에 서다〉와 "北 '완전한 비핵화' 새 역사, 이제 첫 페이지 썼다", 매일경제 〈"한반도 완전한 비핵화…더이상 전쟁 없다"〉와 "한반도 완전한 비핵화 천명한 판문점선언 이젠 실천이다", 조선일보 〈한반도 '완전한 비핵화' 운만 뗐다〉와 "북핵은 '美·北'에 넘기고 對北 지원 앞세운 남북 정상회담", 중앙일보 〈"완전한 비핵화, 연내 종전 선언〉과 "문재인-김정은, 비핵화 대장정 문을 열다", 한겨레 〈"더 이상 전쟁은 없다" 판문점 선언〉과 "판문점의 봄, 평화·번영의 시대 열다"였다. 이를 종합해 보면 핵이 없는 한반도와 전쟁 없는 한반도 그리고 한반도 평화시대의 개막이다.

북한 로동신문은 1면에 "민족 화해단합과 평화번영의 새 시대를 열어놓은 력사적인 만남"이라는 제목으로, 전체 6면 중 4개 면에서 정상회담 소식을 전하였다. 3면에는 〈조선반도의 평화와 번영, 통일을 위한 판문점 선언〉의 전문을 게재하였다. 조선중앙TV는 실시간 중계를 하지 않았지만, 남북정상회담의 전 과정을 30여 분짜리로 제작하여 방영하였다.

남북정상회담은 지난 2000년이나 2007년과는 달리 판문점에서 열렸다는 점에서 의의를 가지는 것이다. 한반도 분단과 대립의 상징인 판문점에서 정상회담을 개최하여 평화와 신뢰의 공간으로 전환한 것이다. 또한 이 모습이 전 세계에 생중계되

는 과정에서 선언문에 서명하였고 두 정상은 손을 잡아 높이 들어 올리고 포옹도 하였다. 선언문의 설명과정에서 문재인 대통령은 "우리는 결코 뒤돌아가지 않을 것"이라 했고, 김정은 위원장은 "역대 합의서처럼 시작만 뗀 불미스러운 역사가 되풀이되지 않도록" 하자고 한 것은 중대한 의미를 가지는 것으로 향후 이행과 실천의 의지를 보인 것이다. 판문점 정상회담의 가장 큰 특징은 제목에서 보는 바와 같이 한반도 평화와 번영에 대한 것이다.

합의 내용은 첫째, 남북관계의 획기적인 개선과 발전이다. 여섯 항에서 말하는 요체는 자주의 원칙에서 지속가능한 남북관계 발전의 토대를 마련하자. 합의된 내용에 대한 철저한 이행으로 과거의 반복된 전철을 밟지 말자. 이를 위한 고위급회담 개최 및 남북공동의 상주연락사무소를 설치하고, 향후에 있을 각종 교류와 협력으로 남북간 상호이해와 공동이익을 증진시켜 나간다는 것이다. 이산가족과 친척의 8·15상봉은 시급한 것에 대한 실천의 합의이다. 판문점선언의 특징은 경제교류협력에 대한 것은 거의 없다는 점이었다. 당시의 국제적인 대북제재 속에서 합의를 해도 실질적으로 이행이 어렵다는 점을 감안한 것이다. 대신 이 문제는 10·4선언에서 합의된 사업들을 적극 추진해 나간다는 선에서 마무리하고, 기존 연결된 도로와 철도들을 현대화하여 활용하자는 것이다. 문대통령과 김위원장의 대화에서 나온 '고속철도' 문제도 여기에서 유추해 볼 수 있다.

둘째, 남북의 첨예한 군사적 긴장상태 완화와 전쟁위협의 실질적인 해소이다. 이를 위해 군사적 긴장완화와 신뢰구축으로 일체의 적대행위 전면 중지이다. 현실적으로 군사적 충돌이 발생할 수 있는 지역이 비무장지대와 서해 북방한계선 일대인데, 여기를 평화지역과 수역으로 바꾸자는 것은 대단한 의미를 갖는 것이었다. 10·4정상선언에서도 "남과 북은 해주지역과 주변해역을 포괄하는 서해평화협력지대를 설치"하자고 하였다. 그런데 제8장에서 서술한 바와 같이 이후 남북국방장관회담과 장성급군사회담으로 이어졌는데, 수역설치의 기점을 놓고 줄다리기 끝에 한 발짝도 나아가지 못했다. 4·27판문점선언에서 서해 북방한계선(NLL) 일대라는 표현은 10·4선언의 문제보다 진일보한 것으로 협의의 장애물이 제거된 것이라고 본다. 교류협력과 왕래접촉을 위해서는 군사적 보장대책이 취해져야 하는데, 국방장관 및 군사당국자 회담으로 이를 해결해 나가자는 것이다. 5월 1일부터 군사분계선의 적대행위 중지와 5월 중의 군사회담 개최 합의는 정상회담 후 가장 빨리 이루어지는 조치였다.

셋째, 남북한의 항구적 평화상태의 구축으로 현재의 정전상태를 종식시키고 확고 부동한 평화체제를 수립하는 것이다. 한반도 평화체제의 구축에 맞추어 군사적 신뢰가 구축된 이후에 단계적으로 군축문제를 협의하자. 군축은 단순히 군사적 긴장과 전쟁위협의 감소를 넘어서는 의미로 평화체제의 구체화로 주변 국가들의 지지와 협력이 필요하다. 평화협정 문제와 한반도의 완전한 비핵화는 판문점선언의 백미라고 할 수 있다.

여기에 덧붙여 양 정상이 정기적인 회담과 직통전화를 통하여 민족의 중대사를 수시로 논의하며 신뢰를 굳건히 하자 하고, 문재인 대통령의 2018년 가을 평양 방문으로 선언을 마무리하고 있다. 이는 판문점선언의 철저 이행을 의미하는 것으로, 양 정상이 어느 정도로 상호 신뢰하느냐에 달려 있었다.

2. 5·26남북정상회담과 6·12북미정상회담

남북정상회담 이후 북미정상회담으로 바로 이어질 것으로 낙관을 하였으나, 여러 가지 문제점이 발생하자 5월 26일 김정은 위원장의 요청으로 판문점 북측지역인 통일각에서 문재인 대통령과의 정상회담이 전격적으로 이루어졌다. 문재인 대통령은 방명록에 "한반도의 평화와 번영은 조선민주주의인민공화국 김정은 위원장과 함께!"라고 적었다. 다음날 직접 발표한 정상회담의 설명에서는 "우리 두 정상은 6·12북미정상회담이 성공적으로 이뤄져야 하며, 한반도의 비핵화와 항구적인 평화체제를 위한 우리의 여정은 결코 중단될 수 없다는 점을 확인하고, 이를 위해 긴밀히 상호 협력하기로 하였다"고 밝혔다. 로동신문은 "력사적인 제4차 북남수뇌회담진행"이라는 기사를 1, 2면 전체에 싣고, 김정은 위원장이 "6월 12일로 예정된 조미수뇌회담을 위하여 많은 노력을 기울여온 문재인 대통령의 로고에 사의를 표하였다"고 2018년 제2차 정상회담을 신속히 보도하였다.[29]

6월 12일 싱가포르 북미정상회담이 진행되었고 핵심은 북한과 미국 사이의 신뢰형성이었다. 양국 정상은 공동성명에서 "새로운 북미관계를 수립하는 것이 한반도와 세계의 평화, 번영에 이바지할 것이라는 점을 확신하고, 상호 신뢰 구축을 하는 것이 한반도 비핵화를 증진시킬 수 있다는 것을 인정하면서" 다음 사항을 선언하

29) 『로동신문』, 2018. 5. 27, 1면, 2면.

였다. 즉, ① 북한과 미국 사이의 평화 번영을 위한 새로운 관계 수립, ② 북미간 한반도의 지속적이고 안정적인 평화체제 구축 노력, ③ 2018년 4월 27일 판문점선언 재확인과 한반도 완전한 비핵화 노력, ④ 전쟁포로와 전쟁실종자의 유해 송환의 내용을 포함하고 있다. 북한의 '핵미사일 시험발사 중단, 풍계리 핵실험장 폐기, 억류미국인 석방'의 '선의의 조치'가 북미간의 초보적인 신뢰를 만들어 내고 북미정상회담을 성사시키는 발판이 되었다.[30)]

3. 정상회담 이후 남북관계

남북은 판문점선언에서 합의한 이산가족 상봉행사를 위한 남북적십자회담을 6월 22일 개최하였다. 적십자회담에서 남과 북은 8월 20일부터 26일까지 100가족씩 상봉하기로 하였다. 금강산에서 진행된 1회차 행사에서는 우리 이산가족 197명이 북측 이산가족 185명과 상봉하였으며, 2회차 행사에서는 북측 이산가족 125명이 남측 이산가족 326명과 상봉하였다. 남북적십자회담 등을 개최하여 이산가족 면회소 복구를 통한 상시 상봉 실현, 화상상봉과 영상편지 등의 상봉방식 다각화를 추진해 나가기로 하였다. 정부는 추석을 맞이하여 미상봉 이산가족 4,000명에게 평양정상회담의 계기로 북한으로부터 받은 송이버섯 2톤을 선물로 전달하였다.[31)]

정상회담 이후 남북의 체육 교류가 빈번해졌고, '2018년 세계탁구선수권대회'(4. 29~5. 6. 스웨덴) 여자단체전 8강에 진출한 남북한은 즉석에서 단일팀을 구성하여 동메달을 획득하기도 하였다. 대전에서 개최된 '2018 코리아오픈국제탁구대회'(7. 17~22)에 북한 선수단 25명이 참가하여 복식 등에서 단일팀을 구성하였고, 혼합복식에서는 금메달을 따냈다. '2018 세계유도선수권대회'에서도 혼성단체 단일팀이 동메달을 획득하였다. 태권도 시범단이 방북하여 단독공연과 합동공연을 펼치기도 하였다. 평양에서 개최된 국제유소년 축구대회에 우리 측 2팀이 참석하였고, 남북노동자통일 축구대회가 서울에서 개최되었다.

2018 아시아경기대회 남북 공동 진출을 위한 남북체육회담과 실무접촉이 이루어졌고, 남북 공동 입장 및 여자농구·카누·조정 등 3개 종목의 단일팀 구성과 합동

30) 이종석, "6.12 북미정상회담을 읽는 새로운 코드, '신뢰구축'," 『동아시아재단 정책논단』, 제99호, 동아시아재단, 2018, 2면.

31) 통일부, 『2019 통일백서』, 통일부, 2019, 176-181면.

훈련에 합의하였다. '2018 자카르타·팔렘방 아시아경기대회'(8. 18~9. 2)에서 남북은 한반도기를 들고 공동으로 입장하였다. 진천에서 합동훈련을 했던 여자농구 단일팀은 은메달을 따기도 했다. 카누 종목 역시 충주에서 합동훈련을 했었는데 여자 단일팀이 500m에서 금메달, 여자 200m와 남자 1,000m에서 동메달을 획득했다. 이렇게 남북교류가 체육교류에 집중된 것은 대북제재와 무관하기 때문이었다.

한편 판문점선언을 통해 합의한 남북공동연락사무소 설치의 이행은 9월 14일 개성에 공동연락사무소 개소로 이어졌다. 개성공단 내에 남북연락사무소를 설치하고 초대 소장은 남측 천해성 통일부 차관과 북측 전종수 조국평화통일위원회(조평통) 부위원장이 맡았다. 남북공동연락사무소는 남북간 교섭 및 연락, 당국간 회담 및 협의, 민간교류 지원, 왕래 인원 편의 보장 등의 기능을 담당한다. 공동연락사무소는 처음으로 남북이 공동으로 운영하는 상시적인 협의·소통 채널로 남북 인력이 상주한다는 점에서 의미가 있다. 우리 정부는 남북공동연락사무소를 향후 서울과 평양의 상주대표부로 확대시키겠다는 계획을 가지고 있다.

IV. 평양 남북정상회담과 남북고위급회담

1. 9월 평양공동선언과 군사분야합의서

북한은 핵무력건설보다는 비핵화를 통한 체제안정을 택하였다. 그리하여 상술한 바와 같이 '4·27판문점선언'에서도 '한반도의 완전한 비핵화'를 명문화하였다. 북미정상회담에서 판문점선언을 재확인하는 수준에서 비핵화 부분을 정리하였다. 이 과정에서 북한 핵실험 주요 시설인 '북부핵시험장'을 폭파하면서 그들의 의지를 드러내 보이기도 하였다. 그러나 북미관계에서 완전한 체제 보장과 완전한 비핵화를 두고 서로 밀고 당기기를 계속하면서 주도권을 놓지 않으려 하였다.

2018년 9월 5일 김정은 위원장은 남측의 특사단을 만나 제3차 정상회담을 9월 18일에서 20일까지 평양에서 개최할 것을 확정지었다. 여기에서 김위원장은 트럼프 대통령에 대한 강한 신뢰를 표하면서, 그의 임기인 2021년 1월 내에 비핵화 실현에 대한 희망의 의지를 나타냈고, 종전선언은 주한미군 철수 등과 무관하다는 점을 강조했다고 특사단은 전하였다. 이는 문재인 대통령의 평양 방문의 발걸음을 가볍게 하였다.

9월 18일 문재인 대통령의 평양 방문이 이루어졌고, 평양시민들이 극진하게 그리고 열렬하게 환영하였다. 정상회담이 진행된 후 '9월 평양공동선언'을 채택하였다. "대한민국 문재인 대통령과 조선민주주의인민공화국 김정은 국무위원장은 2018년 9월 18일부터 20일까지 평양에서 남북정상회담을 진행하였다"로 시작한 선언문에는 "1. 남과 북은 비무장지대를 비롯한 대치지역에서의 군사적 적대관계 종식을 한반도 전 지역에서의 실질적인 전쟁위험 제거와 근본적인 적대관계 해소로 이어나가기로 하였다. 2. 남과 북은 상호호혜와 공리공영의 바탕 위에서 교류와 협력을 더욱 증대시키고, 민족경제를 균형적으로 발전시키기 위한 실질적인 대책들을 강구해 나가기로 하였다. 3. 남과 북은 이산가족 문제를 근본적으로 해결하기 위한 인도적 협력을 더욱 강화해 나가기로 하였다. 4. 남과 북은 화해와 단합의 분위기를 고조시키고 우리 민족의 기개를 내외에 과시하기 위해 다양한 분야의 협력과 교류를 적극 추진하기로 하였다" 하고, 각 항마다 세부 합의사항을 담았다.

평양공동선언 제5항의 남과 북은 한반도를 핵무기와 핵위협이 없는 평화의 터전으로 만들어 나가야 하며 이를 위해 필요한 실질적인 진전을 조속히 이루어 나가야 한다는 데 인식을 같이 하였다는 것으로 ① 북측은 동창리 엔진시험장과 미사일 발사대를 우선 영구적으로 폐기, ② 북측은 북미공동성명의 정신에 따라 상응조치를 취하면 영변 핵시설의 영구적 폐기와 같은 추가적인 조치를 계속 취해나갈 용의, ③ 남과 북은 한반도의 완전한 비핵화를 추진해 나가는 과정에서 함께 긴밀한 협력을 포함하였다.

정상회담에서 '9월 평양공동선언'을 채택한 후, 송영무 국방장관과 노광철 인민무력상이 문대통령과 김위원장이 지켜보는 가운데 〈판문점선언 군사분야합의서〉에 서명하였다. 그 내용은 6개 항에 각 항마다 몇 개의 조항이 포함되어 총 22개로 구성되어 있다. 제1항: 지상과 해상, 공중을 비롯한 모든 공간에서 군사적 긴장과 충돌의 근원이 되는 상대방에 대한 일체의 적대행위를 전면중단. 제2항: 비무장지대를 평화지대로 만들어 나가기 위한 실질적인 군사적 대책 강구. 제3항: 서해 북방한계선 일대를 평화수역과 군사적 충돌 방지와 안전한 어로활동 보장을 위한 군사적 대책. 제4항: 교류협력 및 접촉·왕래 활성화에 필요한 군사적 보장대책을 강구. 제5항: 상호 군사적 신뢰구축을 위한 다양한 조치들을 강구. 제6항: 즉시 효력 발생으로 되어 있다. 이를 두고 우리 측에서는 실질적인 종전선언이라 평가하였고, 북한에서는 실질적인 불가침선언이라고 하였다. 판문점선언 이후 남북이 착실하게 밟아온 대화와 합의 이행 노력으로 평양공동선언과 군사합의서가 채택되었다. 특히 평화를 향한 군사협력이 공약에서 행동으로 발전하고 있다는 데 의의가 있다.[32)]

김정은 위원장이 기자회견장에서 "조선반도를 핵무기도 핵위협도 없는 평화의 땅으로 만들기 위해 적극 노력해 나가기로 확약했다"는 발언에 대해, 문재인 대통령은 "남북은 처음으로 비핵화 방안도 합의했다. 매우 의미 있는 성과다"라고 하면서 이후 북한이 실행하기로 한 것에 대한 부연 설명은 한반도 비핵화와 관련하여 매우 중요한 것이었다. 평양 정상회담 일정 중 가장 의미 있는 일정은 문대통령의 5·1경기장에서 모인 15만명의 평양시민들에게 한 연설[33)]로 김위원장이 보는 앞에서 한반도 비핵화를 위한 남북공동의 합의를 평양시민들을 증인으로 삼아 확인한 것이라는 의미가 있었다.

2. 9월 평양공동선언 이행을 위한 남북고위급회담

10월 15일에 9월 평양공동선언 이행을 위한 남북고위급회담이 판문점에서 열렸고 공동보도문을 발표하였다. ① 남북장성급 군사회담 개최, 군사적 적대관계를 종식시키기 위한 문제와 남북군사공동위원회의 구성·운영 문제 토의, ② 남북 철도·도로 연결 착공식을 11월 말에서 12월 초에 진행, ③ 남북산림협력 분과회담 10월 22일 남북공동연락사무소에서 진행, ④ 전염성 질병의 유입 및 확산 방지를 위한 남북보건의료 분과회담 개최, ⑤ 2020 하계올림픽경기대회를 비롯한 국제경기들에 공동으로 적극 진출하며 2032 하계올림픽 남북 공동개최 문제를 협의하기 위한 남북체육회담, ⑥ 금강산 지역 이산가족 면회소의 복구와 화상상봉, 영상편지 교환을

32) 서보혁, "평화로운 한반도의 문을 열다: 평양 남북정상회담 군사분야 평가와 과제," 『Online Series』 CO 18-39, 2018, 3면.

33) 즉, "양 정상은 한반도에서 더 이상 전쟁은 없을 것이며, 새로운 평화의 시대가 열렸음을 8,000만 겨레와 세계에 엄숙히 천명한다. 한반도에서 전쟁의 공포와 무력 충돌의 위험을 완전히 제거하기 위한 구체적 조치에 합의했다. 백두에서 한라까지 아름다운 우리 강산을 영구히 핵무기와 핵위협이 없는 평화의 터전으로 만들어 후손에게 물려 주자고 확약했다"는 것은 전체 연설의 핵심 사항이었다.

위한 실무적 문제들을 문서교환 방식으로 협의, ⑦ 북측 예술단의 남측 지역 공연 관련 문제를 빠른 시일 내에 협의 추진이었다.

남북은 10월 26일 판문점 통일각에서 제10차 남북 장성급군사회담을 개최하였다. 여기에서는 군사합의서를 성실히 이행하기로 하고 6개 조항에 합의하였다. 11월 1일부로 지상·해상·공중에서 적대행위를 중지하자고 하였고, 2항에서는 감시초소(GP) 철수 문제였다. 즉, "남과 북은 금년 말까지 시범철수하기로 합의한 상호 11개 GP 철수를 위해 11월 말까지 GP 병력·장비 철수 및 완전파괴 조치를 이행하며, 12월 중 상호 검증을 통해 연내에 모든 조치를 완료하기로 하였다"이다. 이 문제는 실제로 이행이 되었다.

남북고위급회담에서 합의한 보건의료 분과회담이 11월 17일 남북공동연락사무소에서 개최되었다. 여기에서는 남북 전염병 유입과 확산 방지 정보교환과 대응체계 구축 문제 등에 대한 공동보도문을 채택하였다. 철도조사는 대북제재 조치에 해당되기 때문에 미국, 유엔 등과의 협의로 이를 면제받고 현지 공동조사와 공동연구단을 구성하였다. 경의선 개성-신의주 구간은 11월 30일부터 12월 5일까지 6일간, 동해선 금강산-두만강 구간은 12월 8일부터 12월 17일까지 10일간 현지조사를 하였다. 현지조사는 철도차량을 운행하면서 전문장비를 활용하여 노반과 궤도를 조사하는 방식으로 이루어졌다.[34)]

이상에서 보는 바와 같이 4·27판문점선언 이후 남북관계는 급물살을 타면서, 문서만이 아닌 실행의지를 보였다. 실제 이상가족 상봉이 이루어졌고, 체육·문화 등의 민간교류 등도 이루어졌다. 평양정상회담 이후 이를 이행을 위한 당국자회담으로 남북교류와 협력이 가속화되어 남북장성급회담으로 GP 철수가 실행되었고 철도조사사업도 이루어졌다. 여기에 더하여 경제, 사회문화, 인도적 지원 등 다양한 분야에서 민간교류협력은 남북관계 발전을 추동하는 동력이므로, 민간의 교류협력이 지속적으로 추진되어야 할 것이다. 물론 이러한 것들은 유엔 안보리의 대북제재 문제가 걸려 있기 때문에 여러 어려움을 겪을 수도 있음도 간과할 수 없지만, 남북관계 개선과 의지가 대북제재 완화를 추동할 수도 있다.

34) 통일부, 『2019 통일백서』, 통일부, 2019, 128-131면.

V. 남북관계와 비핵화 문제

1. 남북관계의 의지와 상황

1) 양 정상의 남북관계 의지

김정은 위원장은 2019년 신년사를 통하여 지난 한 해 동안 세 차례의 정상회담은 남북관계가 완전히 새로운 관계에 들어섰다고 하였다. 이를 통해 이루어진 판문점선언과 9월 평양공동선언, 남북군사합의서는 남북 사이의 동족상쟁을 종식시킬 사실상의 불가침선언이라 하였다. 그러면서 "정전협정 당사자들과의 긴밀한 연계 밑에 조선반도의 현 정전체제를 평화체제로 전환하기 위한 다자협상도 적극 추진하여 항구적인 평화 보장 토대를 실질적으로 마련해야" 한다고 하였다. 특히 남북교류협력을 확대 발전시키자면서, 아무런 조건이나 대가 없이 개성공업지구와 금강산관광 재개의 용의를 피력하였다.

문재인 대통령은 1월 10일 기자회견에 앞서 신년사를 발표하였다. 여기에서 정상회담과 남북관계를 다음과 같이 표현하였다. 즉, "지난 일년 국민들께서 평화의 길을 열었습니다. 우리는 한반도 문제의 주역이 되었습니다. 힘의 논리를 이겨내고 우리 스스로 우리의 운명을 주도했습니다. 우리가 노력하면 평화를 가져올 수 있다는 것을 눈앞에서 경험하고 확인했습니다. 한반도 평화의 길은 지금 이 순간에도 진행되고 있고, 올해 더욱 속도를 낼 것입니다"라고 하였다. 남북관계에 대해서는 평화가 곧 경제라고 하면서, 남북 철도·도로 연결은 우리 경제의 새로운 활로가 될 것이라 하였다. 개성공단과 금강산관광에 대하여 북한의 조건 없고 대가 없는 재개 의지를 환영하면서, 국제제재 문제의 조속한 해결을 위해 미국을 비롯한 국제사회와 협력해 나가겠다고 하였다. 그러나 기대했던 제2차 북미정상회담이 비핵화 문제에 대한 합의에 이르지 못하면서, 개성공단과 금강산관광 재개 문제도 풀리지 않고 여전히 답보상태로 남았다.

문재인 대통령은 3·1운동 100주년 기념사를 통하여 새로운 평화협력의 질서로써 '신한반도체제'를 주창하였다. 신한반도체제는 대립과 갈등을 끝낸 새로운 평화협력공동체인데, 우리의 의지와 한미공조 그리고 북미대화의 타결과 국제사회의 지지를 바탕으로 항구적인 평화체제 구축을 반드시 이루겠다고 하였다. 이는 우리 정부가 주도권을 쥐고 동북아에서 평화·협력과 상생·번영의 새로운 구상이다.

2) 정치과정과 상황인식

북한은 2019년 3월 9일 제14기 최고인민회의 대의원선거를 치르고 687명의 대의원을 선출하였다. 김정은 시대에 들어 2014년에 이은 두 번째 선거인데, 이번에는 김정은을 대의원으로 추대하지 않았다. 유일영도체계의 최고영도자로서 자신이 굳이 최고인민회의 대의원이 될 필요가 없었다. 4월 10일에 당중앙위원회 제7기 제4차 전원회의가 열려 당 지도부를 개편했고, 11일부터 12일까지 최고인민회의 제14기 제1차 회의에서는 헌법이 개정되어 국무위원회의 역할이 확대되었고 외교라인을 강화하였다. 개정헌법 제100조에서 국무위원장을 '국가를 대표하는 최고영도자'라 하여 그 지위를 국가수반으로 격상시켰고 김정은이 재추대되었다. 이는 기존 헌법에서 국가수반이라 할 수 있는 최고인민회의 상임위원장의 위상의 변화를 의미하는 것이다. 국무위원회 제1부위원장인 최룡해가 상임위원장을 겸직한 것은 그 직위가 외교행정 부분에 국한하는 것을 말해 준다. 박봉주가 당중앙위원회 부위원장을 맡고 내각총리에는 김재룡이 선임되었고, 대미협상을 맡았던 최선희가 외무성 제1부상으로 국무위원이 되었다. 김정은 위원장은 시정연설에서 미국의 대북제재에 대항하여 자립적 민족경제를 높이 들고 투쟁할 것과 남북관계와 북미관계의 새로운 변화를 강조하며, 우리 정부에 불만을 표출하기도 하였다.

문재인 대통령의 4·27판문점선언 1주년 기념행사에 보낸 영상메시지는 이 모든 것을 아우르고 있다. 즉, "새로운 길이기에, 또 다 함께 가야 하기에 때로는 천천히 오는 분들을 기다려야 합니다. 때로는 만나게 되는 난관 앞에서 잠시 숨을 고르며 함께 길을 찾아야 합니다. 우리 모두, 또 남과 북이 함께 출발한 평화의 길입니다. 큰 강은 구불구불 흐르지만, 끝내 바다에 이릅니다. 판문점선언이 햇수를 거듭할수록 우리는, 되돌릴 수 없는 평화, 함께 잘 사는 한반도를 만날 것입니다"라고 하였다.

2019년 6월 28일 북한에서는 김정은 국무위원장 추대 3주년 중앙보고대회가 열렸다. 최룡해 제1부원장 겸 상임위원장이 보고자로 나서 2016년 김정은을 국무위원장으로 추대한 것은 역사적 사변이었다 하고, 3년간 최대의 업적은 병진노선을 성공시킨 것이라 하였다. 그러면서 "경애하는 최고영도자 동지의 투철한 자주신념과 전략적결단, 주동적이며 적극적인 대외활동에 의해 6·12의 특대사변이 이룩되고 조선과 대국들과의 관계가 재정립되고 있으며 세계의 평화와 안전수호, 정의로운 국제사회건설의 새 지평이 열리고 있다"고 밝혔다. 이는 다음날 서울에서 열리는 한미정상회담에 자신들이 현 상황을 긍정적으로 보고 있다는 신호를 보낸 것으로 언제나 협상테이블로 나오겠다는 의지의 표현이었다.

2. 한반도 비핵화와 남북미관계

북한은 경제건설과 핵무력 건설 병진노선을 내세우고 핵무력 건설이라는 역사적 대업을 5년도 안되는 기간에 완벽하게 달성했다면서, 경제건설에 총력을 집중하는 새로운 전략노선도 반드시 승리할 것이라고 하였다. 그들의 주장대로 새로운 전략노선의 목표를 달성하기 위해서는 자력갱생으로 한계가 있다. 그렇기 때문에 대남관계와 북미관계 개선을 통해서만이 전략노선이 빛을 발할 수 있을 것이다. 남북정상회담과 북미정상회담에서 한반도의 완전한 비핵화란 큰 틀의 합의는 이루어졌다.

2019년 신년사에서 북한은 6·12싱가포르정상회담에 대한 의미를 부여하였고, 한반도의 항구적인 평화체제 구축과 완전한 비핵화가 자신들의 의지라고 하였다. 이는 제2차 북미정상회담에 대한 기대를 나타내는 대목이었다. 그러나 북한이 기대했던 하노이에서의 제2차 북미정상회담은 비핵화 절차와 대북제재 완화에 대한 의견 차이로 합의에 이르지 못하였다. 트럼프 대통령은 빅딜을 통해 북한이 모든 핵무기와 대량살상무기를 폐기하도록 이끄는 것이 목표라 하였고, 김정일 위원장은 영변과 제재완화를 교환하는 단계적 접근이었다. 미국과 북한은 합의에 이르지 못한 부분을 놓고 주장이 달랐다. 미국은 북한이 영변 핵시설 해체와 전면적인 제재 해제의 교환을 요구했다는 것이고, 북한은 전면해제가 아닌 2016~2017년 유엔안보리가 채택한 대북제재 5건 중 인민경제와 생활에 영향을 주는 항목들의 해제만을 요구했다고 한다. 북한의 주장은 자신들의 경제건설 총력집중노선에 지장을 주는, 즉 경제에 직접 영향을 미치는 것에 대해서만 해제를 요구했다는 것이다.

북한은 제2차 북미정상회담이 무의로 끝났지만, "회담에서는 조선반도의 긴장상태를 완화하고 평화를 추동하며 완전한 비핵화를 위하여 쌍방이 기울인 노력과 수십년간 지속되어온 불신과 적대의 관계를 근본적으로 전환해 나가는데서 중대한 의의를 가진다는데 대하여 인식을 같이 했다"고 보도했다. 또한 양국 정상은 한반도 비핵화와 북미관계의 획기적인 발전을 위하여 앞으로 긴밀히 연계해 나가며 하노이정상회담에서 논의된 문제해결을 위한 생산적인 대화들을 계속 이어나가기로 하였다고 덧붙여 설명했다. 이는 자신들은 억울하지만 그렇다고 판을 깨지는 않겠다는 것이다.

미국의 트럼프 대통령이 2019년 6월 29일 방한하여 30일 청와대에서 문재인 대통령과 한미정상회담을 가졌다. 이는 문재인 대통령 취임 이후 8번째 정상회담으로 2월말 북미정상회담 이후 꼬여진 실타래를 푸는 의미가 있었다. 정상회담 후 가진 공동기자회견에서 북한과의 대화의 중요성을 강조했다. 또한 문대통령은 "트럼프 대통령이야말로 한반도 평화프로세스의 주인공, 한반도의 피스메이커"라고 말했다. 양 정상은 DMZ를 함께 방문하였고, 66년 전 정전협정을 체결했던 판문점에서 김정은 위원장과 3자회동이 이루어졌다. 트럼프 대통령과 김정은 위원장의 만남 자체에 의미를 두는 것으로 예견했지만, 거의 1시간 정도 진행되어 제3차 북미정상회담의 성격을 가졌다. 여기에서 비핵화 실무회담을 계속 이어가기로 합의하였다.

북한의 비핵화는 정권과 체제안정을 대외적으로 보장받는 과정이자, 경제발전을 통한 김정은 위원장의 리더십이 가시적인 성과에 기초하여 자리잡는 과정이다.[35] 북한은 경제건설 총력집중노선에서 다시 병진노선으로 되돌아가지 않으려 할 것이다. 그러나 체제안전이 보장되지 않는다고 할 경우 북한은 체제생존을 위해 자력갱생을 내세우며 벼랑끝 전술로 가지 않는다고 장담할 수 없다. 비핵화와 평화체제는 병행되어야 한다. 북미 사이에 체제 보장과 완전한 비핵화의 줄다리기가 계속될 것이고, 결국 이것은 접점을 찾으면서 합의에 이르리라고 보았다.

그러나 기대했던 2019년 10월 초 스웨덴 스톡홀름의 실무회담도 북미간 의견 차이를 보여 결렬되었다. 여기에 참석한 북한의 김명길 순회대사는 "미국이 구태의연한 입장과 태도를 바꾸지 못하고 있다"고 하였다. 이렇게 되면서 북한의 입장은 2019년 말까지 미국이 새로운 계산법을 가지고 나올 때까지 인내로 기다리겠고, 그렇지 않으면 새로운 길로 가겠다는 것이었다. 미국의 반응이 없는 상황에서 북한은 결사항전에 대한 의지를 김정은의 백두산 백마등정으로 연출하였다. 북한에서 2019년 12월 28일부터 31일까지 당중앙위원회 전원회의가 열렸다. 여기에서는

35) 전재성, "3차 북미정상회담으로 가는 길목에서: 2019년 한국외교과제," 『북한바로읽기 14』, EAI 논평, 2019, 1면.

대내외 정세와 투쟁방향, 조직문제가 총체적으로 다루어졌다. 결론은 제재국면이 장기화될 것이니 더욱 자강력을 키우면서 공세적으로 나가겠다는 '정면돌파전'의 제기였고, 이것은 2020년 북한 신년사로 대체되었다.

2020년에 들어서 남북관계와 북미관계는 답보상태를 유지했고, 전 세계가 코로나-19 여파로 공황상태에 빠져들었다. 남북정상회담 2주년을 맞아 문재인 대통령은 판문점선언으로 되돌릴 수 없는 평화의 문을 열었지만, 현실적으로 존재하는 대북제재라는 국제적 제약을 넘지 못했다고 소회를 피력하였다. 그러나 이러한 상황에서도 남북협력이 절실하다면서 '남북생명공동체'를 주창하면서 돌파구를 찾아 평화의 길을 계속해 가겠다는 의지를 표명하였다. 한국과 미국의 태도에 불만을 표하던 북한은 6월 16일 판문점선언과 남북군사합의서의 상징인 개성공단에 위치한 남북공동연락사무소를 폭파하였다. 북한은 문제의 원인이 남측이 합의를 이행하지 않은 것에 있다고 책임을 전가하면서, 군사행동 대신 상징성이 있는 고리를 찾아 정면돌파전을 편 것이다.

북한에서 당 제8차대회가 2021년 1월 5일에서 12일까지 개최되었다. 김정은 위원장은 사업총화를 통해 당시 상황을 "최악 중의 최악으로 계속된 난국"이라 표현했다. 여기에서 북미관계에 대해서 '강 대 강, 선 대 선'을 강조하면서, 남북관계 개선의 여지는 남겨 두었다. 미국의 바이든(Joe Biden) 행정부가 2021년 1월 19일 출범하였고 대북정책에 신중한 모습을 보이면서, '한반도의 완전한 비핵화'를 장기적 목표로 설정하였다. 문재인 대통령과 바이든 대통령의 한미정상회담이 5월 21일 백악관에서 열렸고, 기존의 합의를 토대로 한반도의 비핵화에 노력한다는 재확인 수준의 공동성명을 발표하였다.

2022년 3월 9일 대통령선거가 있었고, 윤석렬 후보가 대통령에 당선되면서 남북관계가 문재인 정부 때와는 같지 않을 것이 예견되었다. 4월 하순경에 문재인 대통령과 김정은 국무위원장 사이에 친서가 교환되었다. 김위원장은 서신에서 서로가 노력을 기울이면 남북관계가 발전할 것이라 하였고, 답신에서 문대통령은 어려운 상황에서도 남북정상이 한반도 평화와 남북협력을 위해 노력했음을 강조하였다. 5일 10일 취임한 윤석렬 대통령과 바이든 대통령이 한국에서 정상회담을 가졌다. 양 정상은 공동성명에서 북한과의 평화적·외교적 노력의 지속은 강조했지만, 판문점선언과 북미공동선언에 대한 언급은 없었다.

제12장

평화와 신뢰의 완전한 평화체제 구축

Ⅰ. 평화와 신뢰의 남북관계

남북문제에서 가장 소망하는 것은 '한반도 평화체제 구축'이었고, 많은 전문가들이 이에 대한 방안을 논의하여 왔다. 그 과정으로 "남북관계가 개선되고 남북협력이 심화되어 신뢰형성의 단계에 들어서면, 군사적 긴장완화와 함께 한반도 평화가 실질적으로 보장되는 제도적 장치를 마련해야 한다"는 것이다. 그런데 북핵문제의 평화적 해결은 한반도 평화를 위해서 가장 중요한 명제가 되었다. 평화가 일상화되는 새로운 안보환경을 정착시키기 위해서는 무엇보다 한반도의 비핵화와 평화체제 구축에 실질적인 진전이 이루어져야 한다. 이를 위해서는 화해·협력적인 남북관계와 상호 신뢰 구축을 통한 우호적인 북미관계가 순환되면서 발전되어야 한다.[1)]

남북관계가 작동되는 기저에는 평화가 있다. 그러므로 남북한이 상호 체제를 인정하고 대화와 협력을 통해 상호 이익을 추구한다는 신념을 가져야 한다. '상호 협력을 통한 한반도 평화체제 구축'이라는 말은 남북한에서 공히 주장하고 있는 말이다. 평화는 서로 이익을 만드는 것으로, 평화를 위해서는 상대방과의 갈등이 아닌 협력이 필수적이다. 협력의 목표는 적대관계 속에서는 국가이익을 창출할 수 없으므로, 협력을 통해 위협으로부터 좀 더 자유로운 안보환경을 만드는 것이다. 협력을 이루어 내기 위해서는 신뢰가 전제되어야 한다. 남북간 신뢰 형성을 위해서는 불신에 따른 손실을 서로 인식하고 인정해야 한다. 그러므로 남북관계에서 가장 중요하게 생각하는 키워드는 평화이고, 한반도에 평화가 유지되기 위해서는 남북갈등이 해소되어야 한다. 평화가 유지되기 위해서 선행되어야 할 협력과 신뢰는 필수불가분의 관계이다. 남북한 간에는 신뢰 형성은 가능한가, 제약요인은 무엇인가에 대한 규명이 필요하다.

냉전시대에 남과 북은 서로 상대방을 고립·폐쇄시킴으로써 발전을 저해하는 적대관계를 유지하여 왔다. 남북은 소모적인 갈등과 대립 속에서 불안정한 평화를 유지하였다. 그러나 탈냉전의 세계사적 흐름에 남북고위급회담에서 '남북기본합의서'가 채택되기도 하였고, '6·15남북공동선언'과 '10·4선언'으로 한반도에 평화정착이라는 새로운 도전의 기회가 마련되기도 하였다. 이러한 것은 남북 당국 간의 신뢰가 전제로 된 것이었다. 새로운 남북관계 정립과 관련된 구상이 제시되었고, 북

1) 국가안보실, 『문재인 정부의 국가안보전략』, 국가안보실, 2018, 11면.

한은 이를 받아들이지 않을 수 없었다. 이렇게 남북한이 접촉하고 대화를 시작하면서, 신뢰가 싹트게 되었는데 이는 상호 이익과 결부된 것이다. 신뢰 형성은 교류와 상호소통에서 상대방의 이익을 해하지 않고 상호 협력을 선호한다는 신호를 지속적으로 보냄으로써 가능하였다.[2] 이렇게 신뢰를 위한 조치에서 시작하여 신뢰를 통한 합의가 이루어졌으나, 합의는 오래 지속되지 못하고 깨지고 말았다.

한반도 주변정세에서 핵문제는 남북한 간 불신을 초래하면서 갈등의 가장 큰 원인이었다. 물론 북핵문제가 6자회담이라는 틀 속에서 합의를 찾는 과정에서 제2차 남북정상회담이 열리기도 하였으나, 바로 남북관계는 경색되고 북한의 강경전략 속에 대결국면이 조성되었다. 이러한 상황 속에서 남북간 경제협력을 상징적으로 보여주는 개성공단사업만이 신뢰의 끈을 이어주었으나, 이마저도 2016년 단절되고 말았다.

우리 사회에서 가장 많이 회자되고 있는 말은 '평화·신뢰·비핵화'로 평화에서 가장 핵심적으로 논의되어야 할 것이 협력의 문제이고, 이를 이루어 내기 위해서는 신뢰가 전제되어야 하는데 한반도 상황에서 평화의 필수적인 요소는 비핵화이다. 신뢰는 약속을 지키는 것을 기반으로 대화와 행동을 통해 조성되는데, 신뢰의 형성과정은 소통으로 시작되고 이를 통해 신뢰에 방해가 되는 불확실성을 제거해 나가야 한다.

II. 평화의 전제로서 신뢰와 평화공존

1. 신뢰와 평화의 관계

1) 국제관계에서 신뢰

신뢰의 사전적 의미는 믿고 의뢰한다는 뜻으로 영어 단어 trust의 어원은 '편안함'을 의미하는 독일어의 trost에서 연유된 것이다.[3] 우리는 누군가를 믿을 때 마음이 편안해진다. 르보우(Richard Ned Lebow)는 신뢰의 원천(source)은 고대 그리스 사

2) Richard Ned Lebow, "The Role of trust in International Relations," *Global Asia*, Vol. 8, No. 3. Fall. 2013, p.23.

3) 김인영 편. 『사회신뢰/불신의 표상과 대응: 거시적 평가』. 소화. 2004, vii.

람들이 이해한 것처럼 자신의 목적과 아무 관계없는 일을 친구를 위해 기꺼이 하고자 하는 우의와 의지로부터 나온다고 한다. 그는 독일의 철학자 칸트의 말을 인용하여 개인, 친구, 엘리트와 국가들이 자신들의 목적을 위한 수단이 아니라 그 자체들을 목적으로 취급하게 되면 신뢰는 형성되고 협력도 촉진된다고 한다. 또한 이를 통해서 공통의 정체성과 더 많은 신뢰가 구축된다는 것이다.[4]

사회과학은 특정 행위에 대한 예상이나 존중으로 신뢰의 개념에 접근하고 있다.[5] 파렐(Henry Farrell)과 나이트(Jack Knight)의 정의에 따르면 신뢰란 "상대방이 특정 사안에 대하여 적절한 방식으로 행동할 것이라는 어느 일방에 의한 일련의 예상"이다.[6] 신뢰는 믿고 의뢰한다는 뜻으로 상대가 존재하는 일정한 행위자들 개인·집단·국가 간의 관계에서 발생하는 것이다. 그들이 속한 조직과 사회의 모든 관계에서 평화롭고 효과적인 관리의 중심에는 신뢰가 있다. 이러한 신뢰는 행위자 간의 상호작용, 상호이익, 미래지향성, 불확실성, 의존성의 특성을 가지는 것으로, 일반적으로 위험을 감수하면서 상대방에게 믿음을 주는 것이라 할 수 있다. 후쿠야마(Francis Fukuyama)는 "상대방을 신뢰하기 위해서는 반드시 상대방의 선의를 믿을 필요는 없다. 상대방이 자신의 이익에 따라 행동한다는 것을 믿으면 된다"[7]고 하였다.

국제관계에 있어서 신뢰의 문제는 국제정치 행위자들 사이에 작위와 부작위에 대한 예측 가능성을 말하는 것으로 신뢰의 성격은 시간과 장소에 따라 다르다.[8] 상대방에 대한 믿음과 예상을 소극적 측면을 넘어 적극적인 의미를 내포한 '의지하는 것'까지 고려한다면, 신뢰란 국제관계 내에서 상호이익을 위해 위험을 감수하려는 태도를 보이는 것으로 생각할 수 있다.[9] 국제관계에서 신뢰는 안정적인 평화와 협력으로 특징지어지는 것으로 갈등을 풀거나 관계전환의 노력에서 필수적이다. 평화과정은 각 집단들이 갈등을 끝내고 협상하는 것이 자신들에게 가장 큰 이익이

4) Richard Ned Lebow, "The Role of trust in International Relations," p.23.

5) *Ibid.*, p.18.

6) Henry Farrell and Jack Knight, "Trust, Institutions and Institutional Change: Industrial Districts and the Social Capital Hypothesis," *Politics and Society*, Vol. 31, No. 4, 2003, p.541.

7) 프렌시스 후쿠야마, "신뢰의 기원," 『KINU 통일+』, Vol. 1, No. 2. 통일연구원. 2015, 9면.

8) 김용구, "국제관계와 신뢰," 김인영 외, 『동북아의 신뢰와 민주정치: 신뢰와 평화』, 소화, 2008, 138면.

9) 주미영, "글로벌 신뢰 구축을 위한 외교정책 모색: 신뢰 유형을 중심으로," 『정치·정보연구』, 제17권 제1호, 한국정치정보학회, 2014, 57면.

된다는 결론에 도달하게 될 때 가능한 것이다.[10] 개별적으로 획득할 수 없는 더 큰 이익을 창출하거나 혹은 협력을 통해 긴장상태를 완화하여 항구적인 평화의 안보환경을 만들려는 것이다.

남북관계는 국가 대 국가가 아닌 특수관계로 설정하고 있지만, 국가 간의 관계를 전제로 한 국제관계이론의 영역에서 다루어야 한다. 국제관계에서 국가간 신뢰문제는 일반적인 인간관계 차원과는 달리 다루어져야 한다. 국제정치이론에서 가장 핵심적인 요인은 국익이고 신뢰의 가장 큰 특성은 상호이익에 있기 때문이다. 국가간 신뢰 형성 문제에서 상대의 의사가 신뢰할 만한 것인지에 대한 정확한 정보를 얻기 어렵고 신뢰에 대한 기만행위를 감시하기도 어렵다. 즉, 신뢰는 기본적으로 불확실성을 갖고 있으므로 기만행위에 따른 위험을 감수해야 하는 것이다.[11]

미어셰이머(John J. Mearsheimer)는 국가 간에 두 가지 요인이 협력을 방해한다고 한다. 상대방이 더 큰 이익을 보게 될 것이라는 생각과 상대방이 속이지 않을까 하는 우려가 협력을 어렵게 만드는 요인이라 하고 있다.[12] 즉, 어떤 국가들이건 자국의 이익을 추구하므로 상대국가에 이용당할 것을 두려워하기 때문에 상대방을 신뢰하지 않는 성향이 있다는 것이다. 이는 모든 국가를 잠재적 적국으로 간주하는 것이 합리적이라는 관점이다. 국가들은 서로에 대해 두려움을 느끼고 전쟁이 일어날 것을 우려하기 때문에, 이러한 상황에서 국가간 신뢰가 형성될 가능성이 매우 낮다. 이러한 주장이 남북 사이의 신뢰와 북미 사이의 신뢰를 가져가지 못한 주요한 요인이었다. 그러므로 미트라니(David Mitrany)가 제기한 기능주의 접근은 신뢰 형성을 위한 조치이다. 국가 간의 갈등으로부터 비교적 자유로운 비정치적인 기술 영역에서 국가간 협력을 시도하는 것이다. 이러한 협력을 통해서 상호 이익을 얻게 되면 협력의 습관으로 이어져 다른 영역으로 확산되어 나간다.

2) 국제관계에서 신뢰 형성

그러면 국가들 사이에 신뢰 형성은 불가능한가? 켈먼(Herbert C. Kelman)은 신뢰

10) Herbert C. Kelman, "Building trust among enemies: The central challenge for international conflict resolution," *International Journal of Intercultural Relations*, 29(6), 2005, pp.640-643.

11) 안승국, "신뢰에 대한 이론적 고찰," 민족화해협력범국민협의회 정책위원회, 『한반도 신뢰의 길을 찾는다』, 도서출판 선인, 2013, 24면.

12) John J. Mearsheimer, *The Tragedy of Great Power Politics*, Norton: W. W. & Company, Inc., 2001, pp.51-52.

는 모든 관계에서 평화가 중심적 요구이고 적대적 관계에서조차도 신뢰 형성은 가능하다고 한다. 물론 그도 각자가 평화로 인하여 진정으로 이득을 본다고 할지라도 적들과 이익의 공유라는 가정으로 위험한 행위를 꺼리며, 상호간 평화 만들기에 관심을 가질지라도 서로의 존재를 위태롭게 하지 않기 위하여 신뢰를 확장시키는 것을 두려워한다고 한다. 그러나 국가들은 어느 정도의 상호 신뢰 없이 평화과정으로 진입할 수 없으며, 평화과정으로 진입 없이 신뢰를 구축할 수 없다. 평화과정은 상호 갈등을 끝내고 협상하는 것이 자신들에게 이익이 있다는 결론에 도달하게 될 때 가능하다. 그는 신뢰 형성에 관한 다섯 가지의 의제를 제시하였는데 다음과 같다.[13]

첫째로 실행과 확신의 지속적인 접근(Successive approximations of commitment and reassurance)이다. 적대국들 사이의 신뢰 형성을 위한 시발은 서로 상대방에 대한 확신이 필요하다. 그러나 양자는 자신이 위험에 빠져들지 않으려고 서로에게 확신을 주는 것을 두려워한다. 이를 해결하기 위해서는 공식적인, 비공식적인 접근이 필요하다. 좀 더 단순한 문제에서 상대적으로 낮은 수준의 이행을 보여 줌으로써 어느 정도의 신뢰 확장에 대한 위험을 감소시킬 수 있다. 이렇게 상대적으로 낮은 수준의 이행을 제시하고 점차적으로 공식적인 협상을 창출해야 한다.

둘째로 신뢰의 저장소(repository)로서 제3자의 역할이 필요하다. 제3자의 중요한 역할의 하나는 상호불신을 줄여주고 관계자들이 직접 소통을 하게 만들어 주는 것인데, 이를 위해서 관계자들 모두로부터 신뢰를 받고 있어야 한다는 것이다. 그들은 상호행동이 발생하는 상황에서 제3자를 신뢰해야 안전하다는 확신을 느낄 수 있다. 중요한 것은 신뢰의 저장소로 도움이 되기 위하여 제3자는 자신이 신뢰감을 증명해야 한다. 제3자의 역할은 상호행동과정의 초기에 중요하다. 초기에는 제3자를 통해 관계자들이 간접적으로 소통하지만 이후 직접적으로 소통하고 전환단계를 거쳐 신뢰를 구축하게 된다.

셋째로 실제적 행동으로서의 신뢰(working trust)이다. 신뢰는 한편이 다른 편의 도움을 주는 것을 공약하고, 다른 편에 이익을 증진시킬 것이라는 확신에 기반을 둔다. 그러므로 교환관계에서는 서로에게 이익이 될 것으로 행동한다. 실제적 신뢰는 상대의 태도가 상대의 이익에 기반하고 있어 신실하다는 것을 믿어주는 것이

13) Kelman, "Building trust among enemies: The central challenge for international conflict resolution," pp.644-649.

다. 상대의 이익에 기반하고 있기 때문에 신뢰 구축 과정이 일회성이 아니라 지속적으로 진행되고 또한 성실한 대응을 기대할 수 있다.

넷째로 불안한 제휴(uneasy coalition)이다. 실무작업 참여자들 간에 신뢰를 진작시키는 문제는 그들 간의 응집성을 어느 정도 끌어 올리느냐에 있다. 제휴란 협상에 있어 해법의 가능성을 찾고 조정의 발견에 관심을 갖는 양측 사이의 요소들이다. 이 제휴는 기본적으로 갈등선상에 있기 때문에 불안정한 협력으로 정의된다.[14] 실무 작업집단들은 개인적 갈등을 넘어 신뢰에 다다르는 응집성을 갖게 된다. 이러한 상황 하에서 불안한 제휴는 기본적인 갈등을 넘어 양측 사이의 가장 효과적인 연고관계의 집단으로 발전한다. 그러나 여기에서 나타나는 가장 큰 도전은 각자의 내부 집단의 지지 문제이다. 내부의 지지 없이는 상대에 대한 신뢰를 지지하기 어렵기 때문이다.

다섯째로 상호 재확신(mutual reassurance)이다. 적대적인 양자는 현상유지가 고통을 더 증가시키게 될 것이라는 것을 알고 있으면서, 또한 협상이 이익이 될 것이라는 것을 인지하면서도 실존하는 갈등 때문에 협상 테이블로 이동하는 것을 두려워한다. 양자는 협상이 궁극적으로 그들의 안보와 국가 정체성과 그들의 존재감을 위협하는 값비싼 양보가 되지 않을까 두려워한다. 그러므로 상호 재확신은 양국이 협정에 도달하기 위해 필요한 양보를 만들기 위한 중요한 요인이다. 양자는 새로운 리스크에 직면하고 새로운 의심의 원인이 발견될 때, 상대방의 신뢰를 지속적으로 확인할 필요가 있다. 그러나 일반적으로 국가들은 상대가 재확신을 수용할 것을 원하지만, 상대방에게 재확신을 제공하는 것에는 소극적인 것이 현실이다.

미국의 레이건(Ronald Wilson Reagan) 대통령이 이야기한 "신뢰하라, 그러나 검증하라"(Trust, but Verify)는 미국 보수주의자들의 슬로건이 되었다.[15] 신뢰는 상대에 대한 주관적 기대이므로 상대의 의사에 대한 의존을 전제로 하고 있다. 국제관계에서 신뢰는 전략적 신뢰라 할 수 있는데, 전략적 신뢰는 상대방의 행동에 관한 예측으로 정보를 습득함에 따라 서서히 형성되고, 새로운 환경으로 인해 상대방의 신뢰에 대한 견해가 바뀔 수 있으므로 무너지기 쉬운 속성을 가지고 있다.

14) 제휴의 불안정성은 상호 불신을 조장하기도 하고, 협력을 복잡하게 만들기도 한다. 그러나 불안감은 피할 수 없는 현실일 뿐만 아니라, 참여자들이 그들의 사회로 재진입해서 변화를 가져오는 문제이기 때문에 필요하기도 하다.

15) Lebow, "The Role of trust in International Relations," pp.18-19.

2. 평화체제와 평화 보장

1) 평화와 안보

평화란 무엇인가? 평화의 사전적 의미는 '평온하고 화목함, 화합하고 안온함'이고, '전쟁이 없이 세상이 평온함'이다. 평화를 다루는 학문이 평화학으로 사회과학으로 분류되는 학문들이 평화를 논했고, 인문학 역시 평화를 상상해 왔다. 그러므로 현대사회에서 평화의 본질은 전쟁의 부재뿐만 아니라 인간을 위협하는 다양한 박탈이나 폭력의 방지도 포함되어야 한다. 평화학에 대한 정의는 학자들마다 천차만별이지만 폭력의 발생 및 재생산을 규명하고 갈등의 평화적 전환을 추구하는 학문이라는 데에는 이견이 없어 '평화갈등 연구'라고 부르기도 한다.[16]

최상용 교수는 평화상태를 '인명의 존엄이 유지되는 상태'와 '전쟁과 구조폭력이 없는 상태' 그리고 '정의가 실현되는 상태'로 설명하면서 중용의 평화론을 내세웠다. 특히 전쟁과 구조폭력이 없는 평화상태에서는 "갈퉁(Johan Galtung) 교수의 구조폭력 개념은 이론적으로나 현실적으로 민주평화사상"으로 이어진다고 하였다.[17] 평화에 대해 선구적인 철학과 이론을 가지고 있으며, 이를 바탕으로 평화를 정의한 대표적인 학자는 갈퉁이다. 그는 소극적 평화와 적극적 평화를 제시하고 있는데, 전자는 전쟁이나 물리적 폭력이 없는 상태를 의미하고, 후자는 전쟁의 부재뿐만 아니라 전쟁을 야기하는 구조적 갈등요인까지도 제거된 상태를 뜻한다.[18] 문정인 교수는 '평화를 원하거든 평화를 준비하라'라는 금언을 이야기하면서, 평화를 가능하게 하는 방법은 전쟁을 준비하는 것이 아니고 평화를 준비하는 것이다. 평화를 원하면서 전쟁을 준비하던 낡은 페러다임은 저물어갔다고 한다.[19]

문재인 대통령은 2019년 6월 12일 노르웨이 순방 중 오슬로대학교 연설에서 갈퉁이 제시한 적극적 평화의 필요성을 강조하였다. 그는 "갈등의 가장 큰 요인은 서로간의 적대하는 마음입니다. 무엇보다도 교류와 협력을 통해 서로 이해할 수 있어야 구조적 갈등을 찾아 해결할 수 있다"고 하면서, "그냥 서로 등 돌리고 살아도

16) 서보혁, 『한국 평화학의 탐구』, 박영사, 2019, 25-26면.

17) 최상용, "평화상태의 개념에 대하여," 전국대학통일문제연구소협의회, 『평화의 이론과 운동』 세미나 발제문, 2017. 12. 20, 10-12면.

18) 요한 갈퉁 지음, 강종일·정대화·임성호·김승채·이재봉 역, 『평화적 수단에 의한 평화』, 들녘, 2000; Johan Galtung, *Peace by Peaceful Means*, London: Sage, 1996.

19) 문정인·홍익표·김치관, 『평화의 규칙』, 도서출판 바틀비, 2018, 24-27면.

평화로울 수 있지만 진정한 평화는 서로에게 도움이 되는 평화"라고 하였다. 또한 한국은 오랜 분단이 국민의 삶과 민주주의 그리고 사고까지 제약하고 있다면서, 평화가 국민의 삶에 실질적으로 도움이 될 때 국민들은 적극적으로 분단을 극복하고 평화를 만들어 갈 것이라고 하였다. 또한 분쟁과 갈등 해결에 기여하는 평화를 이야기하면서, 항구적인 평화 정착이 동북아의 냉전구조의 완전 해체를 의미하며 역사와 이념으로 오랜 갈등을 겪어 온 동북아 국가들에게 미래지향적 협력의 기회가 마련될 것이라고 하였다.

일반적으로 전쟁을 방지하고 국가의 안전을 보장하는 방법은 두 가지로 대별될 수 있다. 하나는 적대국보다 월등히 우세한 군사력을 유지하여 절대안보를 확보하는 것이다. 군비를 증강하고 외국과의 안보동맹을 체결하여 핵무기 등과 같은 대량살상무기를 개발·보유하여 안전을 확보하는 것이다. 다른 하나는 군사력 경쟁 대신 평화를 통해 국가안보를 성취하는 것이다. 적대국 혹은 잠재적 적대국이 신뢰를 통하여 상호간 대화와 협상으로 평화를 공존하고 유지하는 것이다.

남북한이 적대적 공존관계를 유지해 오고 있을 때는 전자의 방법에 의하여 안전을 보장해 왔다. 북한은 자신들의 핵무장이 한반도 평화를 위협하는 것이 아니라, 오히려 보호하고 있다고 인식하고 있다. 한반도 평화를 위협하는 것은 미국이며, 북한이 대미 핵억제력을 보유하고 있기 때문에 한반도 평화가 유지될 수 있다는 것이다. 그러나 남북간에 체제와 안전보장을 위해서는 교류와 협력을 통해 신뢰를 형성하고 평화체제를 구축하는 후자의 방법이 필요하다. 정치적 신뢰 형성을 위해서는 남북한 평화체제가 정착될 때까지 정전협정을 준수하여, 군사적 신뢰 형성의 조건을 형성하고 궁극적으로 군비축소와 남북협력의 제도화를 지향해야 한다.[20] 평화체제로의 전환을 위해 중요한 문제는 군사적 신뢰 구축이다. 남북 사이의 위협인식 제거와 우발적 군사충돌 예방이라는 군사적 신뢰 구축과 군비통제 등은 광의의 평화제도화를 위해 반드시 필요하다.

2) 남북관계와 평화협정

한국전쟁 이후 남북은 대결로 치달았고 끊임없이 전쟁을 상정하고 이에 대비해 왔다. 냉전적 국제질서 속에서 남한 정부는 북한의 군사위협으로부터 자유민주주의 체제를 지킨다는 반공 일변도의 정책을 추진하였다. 1970년대에 들어 적대적이

20) 안승국, "신뢰에 대한 이론적 고찰," 35-36면.

었던 미국과 중국의 관계개선은 동북아와 한반도에 영향을 미쳤다. 1972년 7·4남북공동성명에서는 '조국의 평화적 통일이 공통된 염원'이라 하고, 긴장상태 완화와 신뢰 분위기를 조성하자고 하였다. 1973년 6·23선언이라는 '평화통일 외교정책에 관한 특별성명'은 북한을 국가로 인정하지는 않으나, 정치적 실체로 인정하여 평화적 관계를 정립해 나간다는 것이었다. 1970년 말부터 미·소 간의 신 냉전과 1980년 초의 국내정세 변동으로 남북은 대결국면을 유지해 왔다. 물론 1980년대 중반 남북적십자사회담이 재개되고, 남북정상회담이 비밀리에 논의되기도 하였지만 불신의 벽을 넘지 못하였다.

한국은 유엔 등을 통해 불가침협정 등을 제시하였고,[21] 남북고위당국자회담의 개최를 제의하였다. 남북고위급회담 결과 남북한은 1991년 12월 13일 남북기본합의서를 채택하고, 1992년 1월 20일 한반도 비핵화공동선언도 채택하였다. 또한 남북한은 1992년 5월 7일 '남북군사공동위원회 구성·운영에 관한 합의서'와 9월 17일에는 불가침부속합의서가 채택되어 남북불가침 관련 조항을 이행할 수 있는 제도적 기반을 마련했었다. 협의사항은 남북군사공동위원회 구성, 무력사용 금지, 분쟁의 평화적 해결 및 우발적 무력충돌 방지, 불가침 경계선과 구역 지정 등이 포함되어 있었다. 그러나 북한의 핵개발 의혹 제기와 한미합동훈련 재개로 공식적 남북대화 채널이 중단되었다.

김대중 대통령은 2000년 '한반도 평화와 통일을 향한 남북화해·협력선언'(베를린 선언)에서 냉전종식과 평화정착 등을 역설하였는데, 평화공존의 실현을 추구한다는 것이었다. 2000년 6월 13일부터 15일까지 김대통령과 김정일 국방위원장 사이에 남북정상회담이 개최되었다. 남북정상이 역사상 처음으로 만나서 '6·15남북공동선언'을 채택하였다. 이후 남북 사이에 장관급회담이 개최되어 남북경협 문제가 활발히 논의되었고, 특히 제3차 장관급회담은 국방장관회담으로 분단 이후 처음으로 남북의 군사책임자가 자리를 함께하고 의견을 개진했다는 데 의미가 있었다. 군사적 긴장완화 평화적 공동노력 등과 관련된 실무위원회 설치에는 합의를 이루지 못했으나, 남북교류협력에 대한 군사적 보장에는 적극 협력하기로 하였다.

노무현 정부가 들어서서 김대중 정부의 정책을 계승하고 남북관계를 발전시키려

21) 1988년 6월 10일 최광수 외무부장관은 유엔 제3차 군축특별총회연설에서 한반도 군축을 위한 3단계 접근방법의 일환으로 남북한간 적대행위 재발 방지를 위한 제도적 보장장치로서 상호 신뢰 구축 후 불가침협정 체결을 제시하였다.

노력하였다. 특히 한반도의 평화와 번영이 동북아 국가들에도 국익이 되는 '평화이익'을 증진하는 환경을 만들어 내는 동북아시대를 열고자 했다. 한국이 중추적 역할을 담당함으로써 한반도 평화에 대한 국제적 평화와 협력을 얻어내려 하였다.[22] 여기에서 남북관계 개선을 필수적이었으나 북핵문제가 이를 가로막았다. 평화의 필수적 조건이 되는 남북관계를 가로막은 것은 북핵문제였고, 6자회담의 와중에서 크게 남북관계의 진전을 가져가지 못하였다. 그나마 제4차 6자회담에서 9·19공동성명의 채택은 한반도의 평화와 안정에 기대를 갖게 되었는데, 바로 이어진 북미갈등과 북한의 최초의 핵실험은 동북아와 한반도 문제를 더욱 경색국면에 놓이게 만들었다. 그러나 남북미 상호 필요에 의해 갈등요소가 어느 정도 제거되면서, 노무현 대통령과 김정일 국방위원장의 정상회담이 2007년 10월 2일부터 4일까지 평양에서 열려 '남북관계 발전과 평화번영을 위한 선언'(10·4선언)을 도출해 냈다. 여기에서는 "남북관계 발전과 한반도 평화, 민족공동의 번영과 통일을 실현하는 데 따른 제반 문제들을 허심탄회하게 합의하였다"고 했다. 제3항의 '군사적 적대관계 종식, 긴장완화와 평화를 보장을 위한 협력'과 제4항의 '정전체제 종식과 평화체제 구축의 인식 공유와 당사자들의 종전선언 추진 협력'은 남북관계의 획기적 전환을 위한 합의였다. 그러나 이후의 남북관계의 경색은 이러한 것들을 사문화시켰다.

이명박 정부는 김대중 정부와 노무현 정부 기간 동안 나타난 남북관계의 외형적 성장이 질적 관계 발전을 이끌어 내지 못했다고 보았다. 특히 북핵문제가 최우선 과제로 다루어져야 하는데 그렇지 못했다는 것이다. 그래서 '비핵·개방·3000'이 새로운 평화구조를 창출할 수 있다고 보았다. 물론 상생공영이라는 실용적 대북정책을 내세워 남북관계를 한 단계 뛰어넘는 비핵화 평화정착을 주장했지만, 그 기저에는 비핵·개방·3000이 깔려 있어 전략적 유연성을 찾을 수 없었다. 박근혜 정부는 대화와 교류 협력 중심의 포용정책과 원칙 중심의 대북정책이 북한의 의미 있는 변화를 이끌어 내지 못했다며, 10년간의 진보정부와 5년간의 보수정부 정책에 대한 문제를 제기하였다. 신뢰를 바탕으로 북한의 변화를 이끌어 낸다는 '한반도 신뢰프로세스' 정책을 내놓았다. 이렇게 하여 '한반도 평화 정착과 통일시대를 준비'한다고 하였지만, 남북관계의 경색은 지속되었다.

22) 임혁백, 『한반도와 동아시아의 안보와 평화』, 한울아카데미, 2014, 215-216면.

한반도 평화체제의 구축은 남북한간 적대관계에서 초래되었던 대결과 갈등관계를 청산하고 전쟁 방지와 평화 유지를 위한 제도적 장치의 마련으로 항구적인 평화가 실현되는 상태이다. 정전협정을 평화협정으로 가져가는 것은 한반도의 항구적인 평화 정착을 위한 핵심적인 과제이다. 평화협정은 남북관계 및 국제관계 차원에서 전쟁을 법적으로 종식하여 지속적인 평화와 상호 안전보장을 확보하는 것이다. 그러므로 정전협정의 평화협정으로의 이행은 남북한 간의 합의만으로는 달성될 수 없으며 정전협정의 당사자와 주변국들의 협조를 필요로 한다. 평화협정의 문제가 제기될 때마다, 남북한이 평화협정의 체결의 당사자가 되고 미국과 중국이 그것을 보장하는 '투 플러스 투 평화협정' 문제가 논의되어 왔었다. 남북한과 미·중이 함께 참여하여 합의해 내는 한반도 평화협정은 일정하게 힘의 균형에 의하여 뒷받침되는 국제규범으로서의 구속력을 갖게 된다.[23]

한반도의 항구적인 평화 정착을 위한 평화협정은 한반도의 질서의 근본적인 변화이기 때문에 북핵문제 해결이 선행되어야 가능하다. 북핵문제가 한반도 평화와 관련하여 제기하는 보다 근본적인 문제는 핵무기를 이용한 어떠한 목적 추구도 용인할 수 없으며, 따라서 궁극적으로 한반도가 핵무기로부터 완전히 자유로운 지역이 되어야 한다는 것이다.[24] 평화협정의 요체는 북한의 신뢰할 수 있는 확실한 비핵화 약속과 북한의 핵 폐기에 따른 체제의 안전보장과 약속 이행을 미국과 중국 그리고 한국 등이 확실하게 하는 청사진이 필요하다.[25] 구체적으로 북한의 핵 개발을 막기 위해서는 북한의 체제와 안정을 보장해 주고, 외교적 고립과 경제봉쇄를 풀어주는 등의 대가를 주지 않고서는 해결책이 없다.[26] 평화협정 체결 이전에 달성할 수 있는 비핵화를 포함한 군사적 신뢰 구축의 수준이 평화협정의 구체적 수준을 결정한다는 점에서 이제 평화지키기가 아닌 평화만들기를 넘어 평화쌓기를 해야 한다.[27]

23) 이삼성, "한반도 평화협정: 북·미 간 및 남북간 핵 문제 해결과 불신 극복의 궁극적 틀," 김인영 외, 『동북아의 신뢰와 민주정치, 신뢰와 평화』, 소화, 2008, 281면.

24) 서보혁, 『한국 평화학의 탐구』, 371면.

25) 이삼성, "북한 핵문제 평화적 해결의 방향: 한반도 평화협정과 동북아시아 비핵무기지대화," 『jpi 정책포럼』 No. 2017-09/10/11/12, 제주평화연구원, 2017, 33면.

26) 이삼열, "한반도와 동북아의 평화공동체," 전국대학통일문제연구소협의회, 『평화의 이론과 운동』 세미나 발제문, 2017. 12. 20, 35면.

27) 김동엽, "남북, 군축문제전진배치 '되돌릴 수 없는 평화' 긴요," 『통일한국』 Vol. 419, 평화문제연구소, 2018. 11, 15면.

3) 북한의 평화 보장

북한이 공식적으로 정전체제를 평화체제로 전환할 것을 주장한 것은 1955년으로까지 거슬러 올라간다. 김일성은 해방 10주년 기념연설에서 공고한 평화가 보장되기 위해서는 정전을 공고한 평화로 전환시켜야 한다고 하였고, 1962년에는 연방제를 제의함과 동시에 미군 철수를 조건으로 한 평화협정 체결을 주장하였다. 1960년 초에 내놓은 '선 미군 철수, 후 남북평화협정 체결' 주장은 1970년 초에 들어서 '선 남북평화협정 체결 후, 미군 철수'로 바뀌었다.[28] 1975년 3월 25일 최고인민회의에서 외교부장 허담은 한반도의 긴장상태를 해소시키고 평화증진을 위한 방법으로 미국과 직접 평화협정을 맺자고 제의하였다.[29] 북한은 1984년 1월 10일 중앙인민위원회와 최고인민회의상설회의 연합회의에서 북한과 미국 그리고 남한이 참가하는 3자회담을 제의하였는데, 3자회담은 선 북미평화협정 체결과 미군 철수 후 남북불가침 선언 및 군비축소 문제를 논의할 수 있다는 것이었다.

상술한 남한의 고위당국자회담 제의에 북한은 3자회담 개최를 촉구하면서 '북남고위급정치군사회담'의 개최를 주장하기도 하였다. 1991년 초에 한국이 유엔 가입의사를 표명 후 공방이 오갔지만, 남북한은 9월 17일 유엔에 동시가입하였다. 이것은 남북고위급회담의 결실의 계기로 작용하였다. 그러나 남북기본합의서와 비핵화공동선언에서 밝힌 남북관계의 평화상태로 전환과 한반도 비핵화 노력의 합의도 오래가지 못하였다. 북한이 1993년 3월 12일 NPT 탈퇴선언 후, 유엔 안보리의 사찰 촉구와 결의문이 채택되었다. 북한의 탈퇴유보와 미국의 무력 불사용 등의 회담이 진행되었고, 그것이 평화협정에 관한 것은 아니지만 미국을 직접 협상파트너로 끌어들였다. 북핵문제 해결을 위한 북미 제네바합의서에 1994년 10월 21일 북한의 외교부 제1부부장 강석주와 미국의 본부대사 갈루치가 서명하였다. 2000년에는 북한의 조명록 특사가 워싱턴을 방문하여 '정전협정의 평화보장체계로의 전환, 상호 적대적 의사 종식' 등을 담은 '북미공동성명'(Joint Communique)을 발표하였고, 올브라이트(Madeleine Albright) 국무장관이 평양을 방문하기도 하였다.

부시(George W. Bush) 행정부가 들어선 이후 미국과 북한은 제네바기본합의서 이

28) 고유환, "평화체제 구축에 대한 북한의 전략," 곽태환, 『한반도 평화체제의 모색』, 경남대학교 극동문제연구소, 1977, 64-65면.

29) 이에 미 국무성은 "한반도 문제는 남북한 스스로 해결해야 할 일이다"는 입장을 표명하고, 교차승인 방안을 제시하였다.

행에 서로 책임을 전가하였다. 미국은 북한의 우라늄 농축프로그램을 제기하였고, 북한은 미국이 의무사항을 이행하지 않는다고 하였다. 북핵문제 해결과 양자 간의 갈등 해결을 위한 6자회담이 2003년 8월 27일 개최되었고, 2004년 4월 제4차 회담으로 이어졌다. 북한은 2005년 2월 10일 외무성 성명을 통해 6자회담 무기한 중단과 핵무기 보유 사실을 공식선언했다. 이후 제기된 제4차 2단계 6자회담에서 '9·19공동성명'을 채택하였다. 여기에는 "한반도의 검증 가능한 비핵화의 평화적 방법의 달성, 북미 상호 주권 존중과 평화공존·관계정상화, 5개국 대북에너지 지원, 동북아의 영구적 평화와 안정"이 담겨 있었다. 그 후 2007년 '9·19공동성명 이행을 위한 초기조치'(2·13합의)와 '9·19공동성명 이행을 위한 2단계조치'(10·3합의)가 있었다. 그러나 서로 상대방을 신뢰할 수 없어 '평화의 한반도'가 아니라 '위기의 한반도'로 전락되었다.

북한에서도 한반도의 평화보장이 절박하다고 하면서, 한반도 평화보장의 원칙적 요구라 하여 4가지를 내세웠다.[30] 즉, "조선반도의 공고하고 항구적인 평화를 보장하기 위하여 조선반도의 현실적 조건에 맞는 원칙적 요구"라 하고, ① 조국통일에 복종시키는 원칙, ② 대화와 협상의 원칙, ③ 한반도 미군 철수, ④ 일방적인 군비확장, 무력 증강의 배격을 들었다. 긴장상태와 전쟁위험을 제거하고 평화를 보장하기 위하여 당사자끼리 대화와 협상을 해야 하는데, 문제는 한미연합훈련과 〈협력적자주국방〉이라 하였다. 한반도의 항구적인 평화를 가져오는 데 법적 담보를 마련하는 것이 매우 중요하며, 아직도 일시적인 정전상태에 놓여 있기 때문에 북미간에 불가침조약을 맺어야 한다. 불가침조약 체결 이유는 이것 없이는 한반도에 평화보장이 어렵고 한반도 문제를 종국적으로 해결할 수 없기 때문이다.[31] 그러나 "미국의 대조선적대시정책이 바뀌지 않는 한 조선반도에서의 안정과 평화에 대하여 생각할 수 없으며 북남 사이의 화해와 협력사업도 순조롭게 진행될 수 없다"고 하였다.[32] 북한은 한반도 평화가 보장되기 위해서는 대화와 협력으로 풀어나가야 하는 것을 인정하면서, 미국의 적대시정책으로 자신들이 위험하기 때문에 핵무기를 보유하여 안보를 보장하고 있다고 주장하고 있다.

2016년 당 제7차 대회 사업총화보고에서 김정은 위원장은 "조선반도의 평화와

30) 엄국현·윤금철, 『조선반도 평화보장문제』, 평양: 평양출판사, 2006, 120-128면.

31) 위의 책, 227-231면.

32) 강충희, 『조국통일 3대 공조』, 평양: 평양출판사, 100-103면.

안전은 우리 민족의 운명과 관련되는 사활적 문제이며 조국통일의 필수적 전제"라 하면서, 한반도는 일시적인 정전상태지역이니 평화협정을 맺어야 한다고 주장하였다.[33] 이후 "현시기 조선반도에서 전쟁위협을 막고 평화와 안전을 수호하는데서 중요한 것은 하루빨리 정전협정을 평화협정으로 바꾸는 것"이고, "정전협정을 평화협정으로 바꾸면 조선반도에서 군사적 대치 상태를 해소할 수 있고 조미사이의 신뢰보장 문제도 해결될 수 있다"[34]고 하였다.

Ⅲ. 한반도 평화와 신뢰 그리고 비핵화

1. 한반도에서 신뢰 형성 문제

한반도를 둘러싼 국제정세의 변화 속에서 남북관계에도 변화가 있었는데 냉전의 해체였다. 1980년대 중반 이후 남북한의 정치·경제는 심각한 변화를 겪었다. 남한에서 정치적 자유화, 민주화 그리고 통일에 대한 열기로 반영되었고, 그것은 체제경쟁에서 자신감을 반영하는 것이었다. 북한은 냉전의 해체에 따른 동구 사회주의권의 붕괴와 소련의 위기에 연계되어 사회주의체제의 존속에 대한 위협이 가중되었다. 남한의 입장에서는 새로운 남북관계 정립을 위한 적기라고 생각했고, 북한에서도 상대방의 신호를 받아들이는 것이 체제안정과 발전에 도움이 된다고 생각한 것이다. 신뢰를 위한 조치에서 시작하여 낮은 수준의 신뢰관계를 형성하게 되었다.

한반도를 에워싸고 있는 주도권을 미국이 행사하고 있는 상황에서, 미국은 남북한 간의 직접적인 중재자는 아니었지만 남북한 신뢰 형성을 마련해 줄 수 있는 간접적인 중재자였다. 북한이 자신들의 안보를 보장받기 위해 '핵카드'를 내밀면서, 북미관계는 대화의 장을 마련하였지만 남북관계는 다시 불신으로 점철되었다. 김일성 사망 이후 북한은 '협미배남'으로 정책방향을 잡고 적대적 대남정책을 구사하

33) "미국은 핵강국의 전렬에 들어선 우리 공화국의 전략적지위와 대세의 흐름을 똑바로 보고 시대착오적인 대조선 적대시정책을 철회하여야 하며 정전협정을 평화협정으로 바꾸어야 한다"고 보고하였다.

34) 신분진, "정전협정을 평화협정으로 바꾸는것은 조선반도에서 전쟁위험을 제거하고 긴장을 완화하기 위한 공명정대한 요구," 『김일성종합대학학보(력사, 법률)』, 제62권 제2호(루계 510호), 김일성종합대학출판사, 2016, 61면.

였고, 김영삼 정부의 분위기 역시 '북한붕괴론'에 집착하였다. 김영삼 정부와 김정일의 '유훈통치기'에 남북관계는 해빙될 기미를 보이지 않았다.

김대중 정부가 들어서면서 흡수통일을 하지 않고, 교류·협력을 통하여 평화공존을 실현할 것을 천명하였다. 김정일 체제가 공식적으로 출범하면서 경제난을 해결하기 위하여 남한으로부터의 지원과 협력이 필요했다. 적대적 공존보다는 호혜적 공존의 길을 택하였다. 남북대화가 본격적으로 시작되고, 중간단계의 신뢰는 최초의 남북정상회담으로 이어졌다. 당시 북미관계는 제네바합의가 유지되는 상황이었다. 그러나 부시 행정부가 등장하면서 '새로운 핵 개발 의혹'이 불거졌고, 당시 한반도 역시 냉각되는 상황을 맞았다. 남북관계 신뢰 형성의 한계로 작용한 북한 핵문제 해결이 미국의 의지대로 다자회담으로 넘어가자 여기에 또 하나의 변수로 중국이 등장했지만 아직은 큰 변수는 아니었다. 소위 '제2차 북핵위기'에 의하여 단절되었던 남북관계도, 6자회담에서 2·13합의가 이루어지자 제2차 남북정상회담도 급물살을 탈 수 있었다.

그러나 이후의 상황은 완전히 달라졌다. 중국이 급부상하면서 미국과 중국의 갈등이 심화되었다. 중국도 북한 핵보유에 대해서는 반대하는 입장이지만 미어세이머가 말한 강대국 간 상호 신뢰의 어려움이 미국과 중국에 적용되고, 이것은 남북관계의 신뢰 형성에도 영향을 미치고 있다. 미국과 중국은 상호 이익을 달리하고 있기 때문에 행위자로서의 역할도 다르다. 이것이 잘못하면 남북관계의 장기 표류화의 원인이 될 수 있다. 또한 우리 정부의 대북정책은 동북아 국제체제 변수의 영향을 받기도 했지만, 국내변수의 영향도 강하게 받아왔다. 켈먼은 신뢰 형성의 도전으로 내부집단의 지지 문제를 들고 있다. 남북한이 협상이나 협력으로 나아가려할 때 내부지지가 수반되지 않으면 그 추동력을 잃게 된다고 하였다. 소위 진보와 보수로 나뉘어 남북교류와 각종 남북회담 등에 대하여 대북인식과 대북정책의 노선을 둘러싸고 심하게 대립하고 있다. 이렇게 북한을 두고 우리 사회에 벌어지고 있는 반목현상인 남남갈등은 남북관계 신뢰 형성에서도 큰 제약요인으로 작용한다. 내부집단의 합의된 지지 없이는 상대방에 대하여 신뢰의 신호를 보내기 어렵다. 이것은 정부의 정책에 대해 사회적 합의가 뒷받침되지 못할 경우 정부는 필요한 정책자원을 동원하는 데 많은 한계에 봉착하게 된다는 것을 의미한다.

신뢰는 쌍방적이기 때문에 남북한은 모두 자신의 정책을 일방적으로 상대방이 수용하도록 강요해서는 안된다. 남북문제는 불확실한 상황에서 신뢰를 형성해 가는 과정이다. 북한이 신뢰하는 모습을 보여야 협상테이블에 함께 할 수 있다고 한다면 남북관계는 풀어나갈 수 없다. 남북한은 상대방을 근본적으로 믿지 못하며, 남북대화의 주장과 같은 상호작용의 경우에도 그 행위와 의도 자체를 의심하면서 머뭇거려 왔다. 정책을 집행하는 과정에서 왜 신뢰가 쌓이지 못하고 불신이 계속되고 있는지에 대한 원인이 철저하게 규명되어야 한다. 그 원인이 북한에 있는 것이 사실이지만 우리에게는 전혀 없는지, 있다면 그것이 무엇인지에 대한 냉정한 평가도 정책수행에 도움을 줄 것이다. 남북한이 자신의 주장에만 매몰되지 말고 상대방의 자존심을 살펴주면서, 상대의 주장에서 해결의 실마리를 찾으려는 노력이 신뢰 형성의 첩경이라고 생각한다.

2. 신뢰 형성의 제약요인으로서 핵문제

앞에서 설명한 바와 같이 한반도 신뢰 형성은 가장 큰 제약요인은 북한의 핵 개발이었다. 1980년 중반 이후 본격적으로 시작한 북한의 핵 개발 문제는 북미제네바합의로 전환을 맞았으나, 미 행정부가 교체되면서 소위 제2차 북핵위기가 초래되었다. 북핵문제 해결을 위한 협의는 미국의 의도대로 양자에서 다자로 넘어가 6자회담으로 돌파구를 찾았다. 그러나 이후 6자회담에서 북미간의 주장은 진행을 지지부지하게 하였고, 부시 대통령 재선 이후에서 답보상태를 유지하자, 북한은 2005년 2월 10일 6자회담 참가 무기한 중단과 핵무기 보유 사실을 공식선언하였다. 결국 이것은 7월 26일에서 8월 7일까지 제4차 6자회담으로 이어졌고, 결국 2단계 회담에서 9·19공동선언을 도출하였다. 이후의 과정도 순조롭지 않았고 여기에서 북한이 택한 카드는 핵실험이었다.[35)]

북한은 2006년 10월 3일 외무성 성명을 통해 핵실험을 예고하였고, 10월 9일에는 함경남도 풍계리에서 최초의 핵실험을 강행하였다. 북한은 자신들의 핵실험은 한반도에서 미국의 핵전쟁 위협이 가중되는 상황으로 국가존망이 위태롭기 때문에 이를 막을 수 있는 방법이라고 정당화하였다. 또한 이미 핵무기를 보유하고 있어 그 능력을 확보하기 위한 필수적인 공정이라는 것이었다. 핵실험의 결과에 대하여

35) 핵실험은 핵무기의 효과를 확인하기 위한 폭발실험이다. 즉, 원자핵의 분열(원자폭탄)이나 융합(수소폭탄) 반응을 이용한 무기의 신규개발이나 성능 향상, 폭발효과, 안전성 확인을 목적으로 하는 폭발실험이다. 정치학대사전편찬위원회 역음, 『21세기 정치학대사전』, 아카데미아리서치, 2002, 2734면.

외무성은 ① 미국 때문에 핵실험을 하였지만 대화와 협상을 통한 한반도 비핵화 실현 의지가 있다. ② 핵실험은 핵무기와 현존 핵계획을 공약한 9·19공동성명에 모순되지 않는다. ③ 미국이 계속 압력을 가하면 선전포고로 간주하고 물리적 대응조치를 취할 것이라 하였다. 제1차 핵실험의 폭발력의 위력은 크지 않았지만, 북한이 핵실험을 할 수 있다는 능력을 보여 줌으로써 미국과의 협상력을 높이기에 충분했다.

제2차 핵실험은 근 3년 후에 단행되었다. 2007년 9·19공동선언 이행을 위한 1단계조치(2·13합의)와 2단계조치(10·3합의) 이후 비핵화조치가 진행되었다. 2008년에 들어서서 핵신고서 검증 방식으로 북미간에 이견을 보였고, 이는 부시 행정부 말기까지 이어졌다. 북한은 새로 출범하는 오바마 행정부에 기대를 걸었으나, '전략적 인내'라는 무시정책으로 일관하자 2009년 5월 25일 제2차 핵실험을 강행한 것이다. 이것은 자신들의 자위적 핵억제력을 강화시키기 위한 조치라고 하면서, 폭발력과 조정기술이 완전하게 업그레이드되었다고 하였다. 실제로 제1차 핵실험에 비해 몇 배 강한 것으로 추정되었고, 그동안 다량의 플루토늄을 확보하고 있음을 보여주는 것이었다. 북한은 다른 국가들도 핵실험을 하는 상황에서 자위적 조치라는 점을 강조하면서, 강국으로 가려는 김정일 국방위원장의 의지이며 조국애를 발휘한 것이라 하였다. 유엔 안보리 제재가 가해졌고, 북한은 2009년 6월 13일 그동안 존재 자체를 부정해 왔던 우라늄 농축프로그램이 성공했다고 밝혔다.

김정은 체제의 헌법에 핵보유국을 밝힌 북한은 2013년 2월 12일 제3차 핵실험을 단행하였다. 조선중앙통신은 제3차 지하핵실험을 성공적으로 진행되었다면서, 이 핵실험의 특성을 상세하게 보도하였다.[36] 이는 북한이 농축우라늄을 확보하고 있어 기존의 플루토늄이 아닌 다른 종류의 사용을 암시한 것이었다.[37] 외무성 담화에서 김정은 체제의 첫 번째 핵실험 역시 미국의 적대행위에 대한 단호한 조치라는 것을 강조하였다.[38]

---

36) 이를 요약하면 폭발력이 크면서도 소형화, 경량화된 원자탄을 사용하였고, 핵실험이 다종화되어 자신들의 핵억제력의 우수한 성능을 가졌다는 것이었다.

37) 이미 우라늄 농축프로그램을 존재를 밝힌 북한은 2010년 미국의 핵과학자 헤커(Siegfried Hecker) 스텐퍼드대 국제안보협력센터 소장을 초청해 영변 우라늄 농축시설을 공개하였다. 원심분리기 1,000여 기를 공개하면서 이미 2,000기가 가동 중이라고 밝혔다.

38) 핵실험 후 "우리식의 정밀 핵 타격수단으로 워싱턴과 서울을 비롯한 침략의 아성을 적들의 최후의 무덤으로 만들어야 한다"고 하였다. 『로동신문』, 2013. 3. 7, 1면.

핵실험은 2012년 12월 12일 위성이라 주장하는 '광명성 3호기 2호' 장거리로켓의 발사에 성공한 후 2개월 만에 진행된 것이었다. 핵실험을 단행한 이유는 북한이 명실상부한 확실한 핵보유국이라는 것을 보여주기 위한 것이었다. 국내적으로는 김정은의 확실한 존재감을 보여주며 자신의 통치수단으로 활용하려는 것이었고, 재선에 성공한 오바마(Barak Obama) 행정부를 압박하려는 것이었다. 물론 핵실험으로 핵능력을 극대화시켜 핵무력을 강화시켜 나가려는 의도가 더 컸다. 북한은 제3차 핵실험을 성공하고 김정은 체제의 국가핵심발전 전략으로, '경제건설과 핵무력건설' 병진노선을 내세웠다.

북한은 자강력제일주의를 주장하였고 자강력의 핵심은 자신들의 힘으로 완성했다는 핵무력이었다. 2016년 1월 6일 제4차 핵실험을 수폭실험이라 하였는데, 외부에서는 수소탄 실험보다는 증폭핵분열탄 실험이라고 했다. 북한에서는 수소탄 실험 성공으로 핵무력 발전의 보다 높은 단계에 이르렀다면서 자강력과 국력의 일대과시라 하였다. 그러면서 이는 미국을 비롯한 적대세력으로부터 생존권을 수호하고 평화지역의 안전을 담보하기 위한 자위적 조치라고 하였다.[39] 로동신문 사설을 통하여서도 "우리의 지혜, 우리의 기술, 우리의 힘에 의거한 이번 수소탄시험의 완전성공은 자강력제일주의의 거대한 승리"라고 하면서, "자강력은 우리의 생명이니 자강력제일주의를 높이들고 나가야 한다"고 주장하였다.[40]

이 핵실험은 제3차 핵실험 이후 3년 만에 진행된 것으로, 김정은 체제에 들어서 두 번째로 이루어진 것이다. 상술한 바와 같이 그동안 지속적인 핵기술의 축적으로 수폭실험을 성공했다고 하였는데, 핵기술 고도화의 자신감의 표현이라고 볼 수 있다. 또한 2016년 5월 36년 만에 개최된 제7차 당대회의 서막을 울리는 축포의 의미도 있었다. 임기 마지막 해에 들어서 있는 오바마 행정부에 대한 압박전술로도 볼 수 있었다.

북한은 제7차 당대회를 성공적으로 마치고 '자강에 의한 핵무력 완성'을 과시라도 하듯, 김정은 체제 들어서 3번째 핵실험을 단행하였다. 9월 9일의 제5차 핵실험은 9개월 만에 다시 강행한 것으로 핵무력 강화에 박차를 가한 조치였다. '핵무기연구소'의 성명을 통한 이번 핵실험은 '핵탄투의 위력판정'을 위한 것으로, '핵무력의 질량적 강화조치'였다고 하였다. 그러면서 미국의 핵전쟁 위협으로부터 자신들

39) 『로동신문』, 2016. 1. 7, 2면.
40) 『로동신문』, 2016. 1. 8, 1면.

의 생존권을 보호하고, 진정한 평화수호를 위한 것이라 주장했다. 북한이 핵탄두 폭발시험을 강조한 것은 차기 미국 행정부와 협상카드로 쓰려는 의도로 보여졌다.

2017년 9월 3일 김정은 위원장이 주재한 당중앙위 정치국상무위원회에서 '국가핵무력완성의 완결단계목표 달성'을 위한 제6차 핵실험을 결정하였다. 바로 핵실험이 진행되었고 '핵무기연구소'는 이를 "대륙간탄도로켓트 장착용 수소탄시험"이라고 발표하였다.[41] 핵탄두시험과 각종 탄도로켓트 시험 발사를 통해 충분히 검토되어 핵무기설계 및 제작기술이 핵탄의 위력을 타격대상과 목적에 따라 조절할 수준에 이르렀다는 것이다. 제6차 핵실험은 북한이 주장하는 바와 같이 핵무력 완성을 의미하는 것이었다.

한편 북한은 2017년 신년사를 통하여 4차, 5차 핵실험을 수소탄 실험과 핵탄두 폭발 실험이라면서, 대륙간탄도미사일(ICBM)이 마감 단계에 이르렀다고 밝혔다. 북한의 주장대로 7월에 두 차례에 걸쳐 화성 14호라는 ICBM급 시험 발사하였고, 11월 29일에는 새로 개발한 ICBM 화성 15호 발사에 성공하였다. 북한은 ICBM 무기체계가 미국 본토를 타격할 수 있는 핵탄두 장착이 가능한 것이라며, 핵무력의 역사적 대업의 성공이라 하였다.

이것은 북한이 주장한 병진노선의 항구성을 주장하며, 핵무력의 완성을 보여주는 것이었다. 핵실험으로 핵무기의 보유가 아니라 대륙간탄도미사일에 장착할 핵탄두 완성을 의미하는 것으로, 미국의 트럼프 행정부에 대한 압박과 협상카드로 쓰려는 것이었다. 북한은 1994년 핵문제로 미국을 협상테이블로 끌어들인 것처럼, 이번에는 국제적인 압박과 비난을 무릅쓰고 핵탄두의 경량화와 대륙간탄도탄의 완성이라는 핵과 미사일 능력의 고도화를 협상카드로 다시 미국에 신호를 보내기로 한 것이다.

3. 한반도 평화체제를 위한 시동과 남북정상회담

남북과 북미 간의 관계에 있어서도 신뢰가 없으니 계속해서 적대시정책을 취하여 왔다. 북한 핵문제는 신뢰 형성의 가장 큰 걸림돌이 되었다. 김정은 위원장은 당 제7차 대회 사업총화보고를 통해 "상대방을 인정하고 존중하는 것은 북과 남이 화해하고 신뢰하기 위한 출발점이며 전제입니다"라고 하면서, "북남관계가 사상최

41) 『로동신문』, 2017. 9. 4, 1면.

악의 대결상태에 처하게 된 것은 남조선 당국의 동족적대시 정책으로부터 초래된 것입니다"라고 그 책임을 남한에 전가하였다. 문재인 대통령은 취임 이후 한반도 평화정착을 최우선 정책목표로 내세우면서, 신 베를린선언을 통해 남북간 신뢰 회복과 평화협정 체결 문제를 제기하며 남북정상회담도 제의하였다.

남북관계에서 신뢰 형성을 가로막고 있는 것은 상호 안보에 대한 불안감이다. 남한은 북한의 위협과 도발에 대처하기 위하여 연례적으로 '한미연합훈련'을 실시하고, 북한은 '미국의 핵전쟁'을 운운하며 자신들의 핵개발 행위를 정당화하였다. 그러므로 남북과 북미 간에 신뢰가 형성되기 위해서는 상호 상대방에게 믿음을 주어야 했다. '평창올림픽을 평화올림픽'으로 슬로건에 맞게 2017년 11월 유엔총회 본회의에서 '올림픽 휴전 결의안'(올림픽의 이상과 스포츠를 통한 평화롭고 더 나은 세계 건설)을 채택하였다. 문재인 대통령은 북한의 평창올림픽 참가를 촉구하면서 2017년 12월 19일 미국 NBC와의 인터뷰에서 한미연합훈련 연기를 미국에 요청해 놓았다고 밝혔다. 이는 김정은 위원장의 '평창동계올림픽' 참가의사를 밝히는 신년사를 이끌어 냈다고 볼 수 있다.[42)]

2018년 북한의 평창올림픽의 참가를 기점으로 남북정상회담이 3차에 걸쳐 진행되었다. 두 번째 남북정상회담은 북미정상회담 성사를 위한 원포인트 회담이었고, 실제로 6월 12일 싱가포르에서 최초로 북미정상회담이 이루어졌다. 4·27남북정상회담에서 양 정상은 한반도의 항구적이며 공고한 평화체제 구축을 위해 적극 협력해 나가자면서, 구체적으로 종전선언을 하고 정전협정을 평화협정으로 전환하는데 노력하자고 하였다. 6·12북미정상회담에서도 김정은 위원장과 트럼프 대통령은 한반도의 항구적이고 안정된 평화체제를 만들어 가기로 합의하였다. 이로써 6자회담이 중단된 이후 함께 사라졌던 한반도 평화체제 논의가 전면 부각되기 시작하였다.[43)] 한반도와 세계의 평화 번영을 위한 새로운 북미관계와 상호 신뢰 구축이 공동성명에 포함되었다. 여기에서 가장 중요한 키워드는 평화와 신뢰였고 향후에 진행될 한반도의 완전한 비핵화 문제에서도 가장 중심적인 것이다.

북한은 핵무력 건설보다는 비핵화를 통한 체제안정을 택하였다. 그래서 당 전원회의를 통해 자신들의 병진노선을 '경제건설 총력집중노선'으로 전환하였다. 경제

42) 정세현·황방열, 『담대한 여정』, 메디치 미디어, 2018, 227-228면.
43) 황지환, "비핵화와 평화체제, 선 순환과정으로 만들어야," 『통일시대』 Vol. 149, 민주평화통일자문회의, 2019, 18면.

건설과 핵무력건설의 병진노선이 승리하였으니, 이제 새로운 전략노선으로 경제건설에 총집중한다는 것이다. 핵실험과 ICBM 시험발사 중지와 핵실험장 폐기 등의 내용이 포함되었다. 그리고 한반도와 세계의 평화와 안정을 위해 주변국과 국제사회와의 대화를 천명하였다. '4·27판문점선언'에서도 '한반도의 완전한 비핵화를 통해 핵이 없는 한반도 실현'을 확인하였다. 5월 24일 북한이 총 6차례에 걸쳐 핵실험이 이루어진 '북부핵시험장'(풍계리 핵실험장)을 폭파하는 형식으로 폐기하였다. 핵실험 주요 시설인 '북부핵시험장'을 폭파하면서 그들의 의지를 드러내 보인 것이다. 북미정상회담에서 판문점선언을 재확인하는 수준에서 비핵화 부분을 정리하였다. 그러나 북미관계에서 완전한 체제보장과 완전한 비핵화를 두고 서로 밀고 당기기를 계속하면서 주도권을 놓지 않으려 하였다.

9월 18일에서 20일까지 평양에서 남북정상회담이 진행되었다. 정상회담 후 채택한 '9월 평양공동선언'은 군사적 적대관계 해소와 남북 교류협력 증진, 이산가족 문제 해결을 위한 협력 등을 담았다. 특히 4·27판문점선언에서 '한반도의 완전한 비핵화'라는 단어에 그쳤던 비핵화 문제에 대하여 "남과 북은 한반도를 핵무기와 핵위협이 없는 평화의 터전으로 만들어 나가자"면서, 이를 위해 필요한 조치를 취하기로 하였다. 즉, 동창리 엔진시험장과 미사일 발사대 폐기, 영변 핵시설 영구적 폐기 등의 용의를 표명하면서, 한반도의 완전한 비핵화 추진에 긴밀히 협력해 나가자 하였다. 9월 평양공동선언을 채택한 직후, 송영무 국방장관과 노광철 인민무력상이 문대통령과 김위원장이 지켜보는 가운데 〈판문점선언 군사분야합의서〉에 서명하였다. 양 정상은 기자회견장에서 한반도의 핵무기와 핵위협이 없는 평화의 땅으로 만들어 가자고 약속하고, 문대통령은 15만 평양시민들에게 한 연설에서 다시 한번 강조하였다.

문재인 대통령은 유엔총회 참석차 뉴욕을 방문하였고, 트럼프 대통령과의 정상회담에서는 북미관계의 얽힌 실타래를 푸는 역할을 하였다. 문대통령은 폭스뉴스와 인터뷰에서 "김위원장은 그동안 거듭된 핵과 미사일 도발 때문에 대체로 부정적인 이미지가 많습니다. 그러나 김위원장은 젊지만 아주 솔직 담백한 인물이고, 비핵화에 확고한 의지를 가지고 있는 것으로 확신"한다고 하여, 김정은에 대한 신뢰를 표명하였다. 그리고 "김위원장은 이제 핵을 버리고, 그 대신 경제발전을 통해서 북한 주민들을 더 잘살게 하겠다는 전략적 마인드를 가지고 있는 인물이라고 생각"한다면서, 문재인 대통령은 김정은 위원장에 대한 신뢰를 보내고 이것을 제2차 북미정상회담 개최를 위한 동력으로 활용하려고 하였다.

물론 비핵화가 미국의 체제보장에 대한 확약이나 실행이 없이는 빠르게 진전되지 않을 것이다. 이를 증명이라도 하듯 북한 리용호 외무상은 유엔총회의 29일 연설에서 "미국에 대한 신뢰 없이는 우리 국가의 안전에 대한 확신이 있을 수 없으며, 그런 상태에서 우리가 일방적으로 먼저 핵무장 해제하는 일은 절대로 있을 수 없다"고 말했다. 이는 북미협상에서 주도권을 잃지 않으려는 것이고, 확실한 주고받기가 이루어져야 비핵화가 완성될 것이라는 것을 말해주었다.

4. 북미관계: 체제보장과 완전비핵화

제2차 북미정상회담을 개최하여 완전한 체제보장, 대북제재 해제와 최종적이고 완전히 검증된 비핵화(FFVD) 문제를 단계적으로 풀어 가는데 있어 최소한의 일정이나 로드맵 등을 합의하여 신뢰 형성 단계로 진입하는 것이 필요하였다. 북미 간의 비핵화 협상에는 강도 높은 줄다리기 예상되어 한국 정부가 이 협상의 성공 여부에 대한 직접적인 영향력에는 한계가 있지만, 폭넓고 긴 안목을 가지고 협상과정에서 간접적인 개입이 가능하므로 지속적인 노력이 요구되었다.[44] 남북관계에 대한 개선의지가 대북제재 완화를 추동할 수 있는 수단으로 활용될 수 있다.

김정은 위원장은 2019년 신년사의 "조미 공동성명에서 천명한 데로 새 세기 요구에 맞는 두 나라 사이의 새로운 관계를 수립하고 조선반도에 항구적이며 공고한 평화체제를 구축하고 완전한 비핵화에로 나가려는 것은 우리 당과 공화국 정부의 불변한 입장이며 나의 확고한 의지입니다"라는 것에서도 알 수 있다. 그러나 북한이 기대했던 하노이에서의 제2차 북미정상회담은 비핵화 절차와 대북제재 완화에 대한 의견 차이로 합의에 이르지 못하였다. 트럼프 대통령은 빅딜을 통해 북한이 모든 핵무기와 대량살상무기를 폐기하도록 이끄는 것이 목표라 하였고, 김정일 위원장은 영변 핵시설과 대북제재 완화를 교환하는 단계적 접근이었다. 미국과 북한은 합의에 이르지 못한 부분을 놓고 주장이 달랐다. 제11장에서 상술한 바와 같이 미국은 북한이 영변 핵시설 해체와 제재의 전면해제 교환을 요구했다는 것이고, 북

44) 김학성, "남북 및 북미정상회담이후 한반도 평화정착의 추진방향과 실천과제," 『정치·정보연구』, 제21권 제3호, 한국정치정보학회, 2018, 60면.

한은 전면해제가 아닌 2016년과 2017년에 유엔 안보리가 채택한 대북제재 5건 중 인민경제와 생활에 지장을 주는 항목들의 해제만을 요구했다는 것이었다. 6·12북미정상회담에서 초보적인 신뢰가 형성되었다고 볼 수 있지만, 켈먼이 주장하는 바와 같이 불안한 제휴의 문제이다. 여기에 가장 큰 문제는 내부집단의 지지의 문제로 미국 내의 보수파들의 지지 없이는 신뢰의 지속이 가능하지 않다는 데 있다.

북한은 북미정상회담 1주년을 맞아 2019년 6월 4일 외무성 대변인의 성명을 통해 그동안 비핵화 과정을 반추하였다. 자신들은 "새로운 북미관계를 수립하고 한반도에서의 항구적이며 공고한 평화체제를 구축하며 한반도 비핵화를 실현하기 위해 끊임없는 노력을 경주해 왔으며, 전략적 결단을 요구하는 실천적 조치"들을 취하는 등 모든 노력을 다했다고 하였다. 북미정상회담 결렬의 책임을 미국에 돌리면서 미국은 지금의 셈법을 바꾸고 하루빨리 자신들의 요구에 화답해 나오라고 하였다.

문재인 대통령은 일본에서 열리는 G20 정상회의에 참석하기 전에 국내 통신사를 비롯한 세계통신사와 인터뷰를 가졌다. 여기에서 북미간 비핵화 협상과 관련하여 "플루토늄 재처리 및 우라늄 농축시설을 포함한 영변 핵시설 전부가 검증 하에 전면적으로 완전히 폐기된다면 북한 비핵화는 되돌릴 수 없는 단계로 접어든다고 평가할 수 있다"는 의견을 제시하였다. 이는 우리 정부가 비핵화를 어떻게 보고 있는가를 밝힌 부분이어서 주목을 받았다.

신뢰가 형성되고 유지되려면 켈먼이 상정하고 있는 상호 재확신이 필요한데, 이것이 어려운 이유는 북미협상이 그들의 안보를 위협하는 값비싼 양보가 되지 않을까에 있다. 앞으로 필요한 것은 상호 재확신이고 양국이 합의에 도달하기 위해 필요한 양보를 만들어 내야 한다. 북한 핵문제는 30여년이 지속되었고, 비핵화는 단시일 내에 이루어지기 어렵다. 북미 양측은 로드맵을 마련하여 끈을 놓지 말고 계속 합의를 이루어 내야 한다. 문재인 대통령은 6월 12일 오슬로대학교 연설에서 제2차 북미정상회담 이후 교착상태를 서로를 이해하는 시간이고 70년간 적대해 왔던 마음을 녹여내는 과정이라고 하였다. 그러면서 필요한 것은 상호 이해와 신뢰를 깊이 하는 것이고, 이를 바탕으로 대화의 의지를 확고히 하는 것이라 하였다.

상술한 바와 같이 2019년 6월 30일 문재인 대통령과 트럼프 대통령의 한미정상회담이 청와대에서 개최되었다. 한미정상회담 이후 기자회견에서 문대통령은 북한의 영변 핵단지 폐기는 실질적인 비핵화의 입구이고 제재완화도 논의될 것이라 하였고, 트럼프 대통령도 "올바른 방향으로의 한 걸음"이라는 의미를 부여했다. 물론 그것이 언제일 것인가의 시기에 대해서는 입장차를 보였다. 회담이 열리기 전 트럼프 대통령이 트위터를 통해 DMZ에서 김정은 위원장과 만남을 요청했고, 이는 현실화되어 남·북·미의 3정상이 회동하였다. 잠깐의 만남을 예상했으나 실질적인 제3차 북미정상회담의 성격을 띠었다. 판문점 '자유의 집'에서 단독대화가 있기 전 김정은 위원장은 "북남 사이 분단의 상징이고 나쁜 과거를 연상하게 하는 이런 장소에서 오랜 적대적 관계였던 우리 두 나라가 평화의 악수를 하고 만나는 것 자체가 어제와 달라진 오늘을 표현하는 것"이라 하였다. 양 정상은 여기에서 비핵화의 실무협상을 계속해 나갈 것을 합의하여, 제2차 북미정상회담 결렬 이후 지지부진했던 여정이 다시 속도를 낼 것으로 보였다. 회동 후 트럼프 대통령은 제재완화에 대하여 "언젠가는 해제가 될 수 있을 것이라 생각한다. 협상을 진행하다 보면 해제도 될 수 있을 것"이라고 말해, 제2차 북미정상회담 후의 발언과는 다른 뉘앙스를 남겼다.

Ⅳ. 한반도 평화체제 구축

1. 남북한 신뢰 구축

한반도의 평화정착을 위해서는 주변국가와의 외교적 노력은 필수적인 것이지만 무엇보다도 중요한 것은 남북관계이다. 남북한의 갈등은 지속되었고 이를 풀어나가기 위해서는 상호 신뢰가 필요하다. 이렇게 해야 남북은 적대적 공존이 아닌 호혜적이고 평화적 공존상태를 유지할 수 있다. 켈먼의 주장대로 남북은 상호 신뢰 없이 평화과정으로 진입할 수 없고, 평화과정 진입 없이 신뢰를 구축할 수 없다. 신뢰 구축을 위한 방법은 상대방과 신뢰관계를 형성한 후 지속적으로 유지하는 것이다. 다시 말하면 일회성 관계형성은 오래 유지될 가능성이 낮기 때문에 지속하기 위해서는 신뢰의 기초로 상호작용이 있어야만 한다.[45] 신뢰는 양자관계에서 한 측이 다른 측의 협력만을 요구하지 않고 상호 협력하기를 선호한다는 믿음 하에서

45) 주미영, "글로벌 신뢰 구축을 위한 외교정책 모색: 신뢰 유형을 중심으로," 『정치·정보연구』, 제17권 제1호, 한국정치정보학회, 2014, 64-65면.

가능하다. 서로 간 신뢰할 수 있다면 국가들은 협력하고 평화로운 관계를 유지할 것이고, 서로 신뢰하지 않는다면 협력이 불가능할 뿐만 아니라 전쟁이 발생할 수도 있다.[46] 그러므로 신뢰를 기반으로 협력을 이루어 내야 한다. 신뢰는 협력의 유일한 통로는 아니지만 협상의 가능성을 높여주기 때문이다.

2018년 세 차례의 정상회담으로 어느 정도의 신뢰가 구축되었다. 북미관계가 문제인데 남북관계가 이를 추동할 수 있다고 생각한다. 대북제재의 어려움이 있지만 우리 정부가 이를 완화할 수 있는 길을 찾아야 한다. 남북한이 신뢰 구축을 위하여 가장 먼저 필요한 것이 교류이다. 만나서 대화하지 않고 이루어지는 것은 아무것도 없다. 상호 신호를 보내고 학술·체육·문화의 모든 분야에서 교류를 어어가야 한다. 4·27남북정상회담 이후 체육교류가 활발해져 남북이 각종 국제대회에 단일팀으로 출전하여 좋은 성적을 거두기도 하였고, 이산가족 상봉과 개성에 남북공동연락사무소가 설치되기도 하였다. 개성공단이 아직 묶여 있지만 이러한 교류를 바탕으로 남북경제협력도 심화시켜야 한다. 북한이 남한에 요구하는 것은 결국 투자로 대표되는 경제협력일 것이다. 분명히 경제인들은 향후 가치가 있다고 생각할 때 투자를 할 것이나, 법적으로나 제도적으로 보장되지 않는 투자는 위험성 때문에 꺼려할 것이다. 경제협력 면에서 투자의 위험을 감소시키고 또한 북한의 변화를 유도하는데 있어서 상생의 전략을 찾아야 한다. 평양에서 열린 제3차 정상회담의 수행단에 대기업 총수를 포함해 경제인들이 다수 참여한 것은 상호 신뢰 구축을 위한 전초전으로 읽혀진다.

여기에서 중요한 것이 정부 대북정책 및 한반도 평화체제 구축에 대한 국민들의 올바른 인식 형성 및 참여 확대이다. 평화를 정착시키기 위해서 필요한 것은 평화비용이다. 이 평화비용을 퍼주기 식으로 인식하고 국민적 합의가 도출되지 않으면 정책수행이 어려워진다. 합의의 도출을 위해서는 정확한 근거 제시와 과정의 투명성이 중요하다. 또한 주요 사안에 대해서는 국회와 협의 등 정치권과의 초당적 협력 추진이 중요하다.

남북한은 4·27판문점선언과 9·19평양공동선언에서 한반도 평화체제 구축에 대한 합의를 이루어 냈다. 특히 9·19평양공동선언과 남북군사합의서에 명시된 약속이 지켜진다면 남북간 군사적 긴장완화와 신뢰 구축을 통해 전쟁 없는 한반도가

46) 위의 논문, 67면.

될 것이라고 생각한다. 남북군사합의서를 이행하고 실천함으로써 적대행위가 일어나지 않도록 관리해야 한다. 우리 정부는 이것을 실질적 종전선언이라 했고, 북한에서는 실질적인 불가침선언이라 하여 명칭은 다르지만 여기에 부여하는 의미는 같은 것이다.

한반도의 평화는 남북 모두에게 중요한 가치라는 것은 누구도 부인할 수 없는 사실이고, 문재인 대통령은 9월 평양공동선언의 이행을 위해 '국민들의 신뢰와 지지'가 절실하다고 하였다. 이를 풀어가기 위해서는 대통령이나 정부당국자의 노력만으로는 한계가 있고 정치권과 시민단체들이 동일한 가치관을 가질 수는 없지만, 우리의 미래는 한반도의 항구적인 평화 정착에 있다는 신념을 공유하는 것이 필수적이다. 여기에 더하여 경제, 사회문화, 인도적 지원 등 다양한 분야에서 민간교류협력은 남북관계 발전을 추동하는 동력이므로, 민간의 교류협력이 지속적으로 추진되어야 할 것이다. 물론 유엔 안보리의 대북제재 문제가 걸려 있기 때문에 여러 어려움을 겪을 수도 있음을 간과할 수 없지만, 남북관계 개선과 의지의 실현이 대북제재 완화에 도움이 될 수 있다. 남북관계 발전은 북미관계의 부수적인 효과가 아니라, 남북관계 발전이야말로 한반도 비핵화를 촉진시키는 동력이다.

남북한 신뢰 형성을 위해서는 치밀하면서도 과감한 지속적인 열린 정책이 필요하다. 지속적인 소통을 통해 불확실성을 제거하고 서로의 차이를 극복해 가야 한다. 여기에서 양보와 희생을 감내한다는 신호 보내기로 갈등과 대립을 뛰어넘어야 신뢰 구축의 수준으로 나아갈 수 있다. 이렇게 될 때 남북간 신뢰를 형성시켜 한반도 평화를 정착시킬 수 있다.47)

현재 상황에서는 이 모든 문제가 비핵화 문제로 답보상태에 놓여 있다. 북한 핵문제 해결에 국제적인 협조와 공조가 필요하고, 남북한 간에는 핵이 없는 민족공조를 통해 협력과 긴장완화 그리고 신뢰 구축의 방법으로 평화가 공존될 수 있도록 해야 할 것이다.

2. 평화체제 구축과 미래 청사진

4·27남북정상회담으로 한반도의 평화와 번영 그리고 비핵화와 북미관계의 전환

47) 김창희, "남북관계에서 신뢰형성은 가능한가," 『정치·정보연구』, 제18권 제3호, 한국정치정보학회, 2015, 23-64면.

점을 마련했으니 이제 남북관계는 더 이상 과거로 되돌아가서는 안되고, 판문점선언의 후속이행 성격인 9월 평양공동선언과 군사합의서 그리고 남북관계 강화를 적극적으로 이행하여 양측이 상호 신뢰에 대한 재확신을 가져야 한다. 남북 간에는 약속이 지켜지지 않아 사문화되고 갈등을 증폭되어 온 역사를 가지고 있으나, 양정상은 다시 과거로 되돌아가서는 안된다고 확실하게 표명한 것은 아주 중요한 의미를 가진다.

한반도 평화체제 구축이란 지난 70년간 한반도 질서를 규정해 온 불안정한 정전상태가 평화상태로 전환되고, 안보와 남북 및 대외관계 등에서 이를 보장하는 제도적 발전이 이루어지는 것을 의미한다. 구체적으로 정전체제를 평화체제로 전환시켜 나가기 위해서는 우선 필요한 것은 완전한 종전이다. 그렇기 때문에 4·27판문점선언에서 양 정상은 올해 종전선언을 하고, 정전협정을 평화협정으로 전환하여 항구적인 평화체제를 구축하기 위해 3, 4자회담을 적극 추진해 나가기로 하였다. 물론 남북이 종언선언은 이루어지지 않았지만, 남북간 군사적 신뢰 구축을 통한 평화증진을 추구한다는 것에 합의하여 남북군사합의서를 채택하였다. 군사적 긴장완화 및 신뢰 구축 조치를 단계적으로 추진하여 남북협력을 심화하고 이것이 한반도 평화체제 구축으로 이어지게 해야 한다.

문재인 대통령은 2019년 6월 14일 유럽 순방 중 스웨덴 의회 연설 '한반도 비핵화와 평화를 위한 신뢰'에서 3가지의 신뢰를 제안하였다. 즉, 남과 북 국민 간의 신뢰, 대화에 대한 신뢰, 국제사회의 신뢰이다. 여기에서 평화는 평화로운 방법으로만 실현될 수 있다면서 대화의 중요성을 강조하였다. 북한의 평화를 지켜주는 것도 핵무기가 아닌 대화이고, 남북 간의 평화를 궁극적으로 지켜주는 것도 군사력이 아니라 대화라고 하였다. 특히 북한은 완전한 핵폐기와 평화체제 구축 의지를 국제사회에 실질적으로 보여 주어야 하고, 국제사회의 신뢰를 얻을 때까지 양자대화와 다자대회를 가리지 않고 국제사회와 계속적인 대화를 주문하였다.

한반도 평화프로세스의 작동이 멈추고 있는 상황에서 문재인 대통령의 2021년 제76차 UN 총회 연설은 큰 의미를 가졌다. 한반도 평화의 시작은 언제나 대화와 협력이라 하면서 남·북, 북·미 간 대화의 조속한 재개를 촉구하였다. 한반도에 항구적이고 완전한 평화를 뿌리내리도록 하기 위해 '완전한 비핵화'와 '공동번영의 한반도 건설'을 주장하면서, 종전선언은 화해와 협력의 출발점이라 하였다. 종전선언이 이루어지고 비핵화가가 계속 진전되면 평화협정으로 갈 수 있다. 정전협정의 평화협정으로 전환은 한반도의 항구적인 평화정착을 위한 핵심적인 과제이다.

미국을 비롯한 국제사회는 북한이 진정으로 노력하면 제재 해제는 물론이고 북한의 안전도 국제적으로 보장할 것이다. 결국 한반도 평화에 대한 국제사회의 신뢰도 굳건해질 것이고, 평화협정으로 이어져 완전한 한반도 평화체제가 구축될 것이다. 평화체제 구축을 위한 제도적 장치인 평화협정으로 가는 데는 험로가 예상되지만 단계적인 절차를 밟아 신뢰를 쌓아 가면 반드시 도달할 수 있을 것이다. 이는 한반도의 완전한 비핵화를 위한 국제적인 협조와 남북이 민족공조를 통해 협력과 긴장완화 등의 신뢰를 구축해야 가능할 것이다. 남북의 공동전략 노선이 한반도의 평화와 번영이 되어야 한다. 그리하여 한반도에는 대립과 갈등을 끝낸 평화협력공동체와 이념과 진영시대를 끝낸 경제협력공동체라는 새로운 평화체제가 구축되어야 한다.

제13장

통일방안의 비교와 실제

Ⅰ. 분단에서 통일로 접근
Ⅱ. 남한 통일정책의 전개과정
Ⅲ. 북한 통일정책의 전개과정
Ⅳ. 남북한의 통일방안 비교
Ⅴ. 평화공존과 통일의 방향

Ⅰ. 분단에서 통일로 접근

1. 한반도의 남북관계

일본의 패망으로 제2차 세계대전이 끝이 나면서 미국과 소련은 한반도 38도선 중심으로 양분하여 점령을 하게 되었다. 미·소 양국의 한반도 점령 후 1945년 12월 모스크바에서 열린 3상회의에서 4개국 신탁통치안을 협의하기 위한 미소공동위원회(The Joint American-Soviet Commission) 설치를 결의했다. 이 위원회에서 협상이 결렬되면서 미국은 한반도 문제를 유엔총회에 상정할 것을 제의하였으나 소련은 이에 반대하였다. 남북은 각각의 정치과정을 거치면서 1948년 8월 15일과 9월 9일에 '대한민국'과 '조선민주주의인민공화국' 정부를 수립하였다. 1950년 한국전쟁이 발발했고, 1953년에 체결된 정전협정이 38도선을 현재의 남북경계선으로 굳혀 놓았다. 이러한 상황에서도 '평화와 통일'이라는 명제에 서로 다른 의도로 접근했지만, '7·4남북공동성명', '남북기본합의서', '6·15남북공동선언' '10·4정상선언'을 채택하기도 하였다.

수십년간 지속되었던 적대적 대결장이었던 한반도에 변화가 온 것은 1980년대 하반기부터였다. 국제적 냉전체제의 해체와 사회주의권의 붕괴는 한반도의 냉전구조에 순기능적인 영향을 미쳤다. 노태우 정부의 7·7선언을 기점으로 한 북방정책은 남북 사이의 신뢰 구축을 위한 '남북기본합의서'를 만들어 냈다. 김영삼 정부 초기에 일련의 화해조치들이 있었으나, 남북관계는 혼란의 연속이었다. 이때까지 우리 정부는 북한을 공존보다는 대립으로 보는 것이 정책의 주요 기조였다.

대북·통일정책의 획기적인 변화는 김대중 정부가 출범하면서부터였다. 북한과 대립이 아닌 화해·협력을 추구하는 대북포용정책은 종전의 정책과는 다른 모습을 보였다. 이러한 정책의 변화는 북한에 대한 인식을 달리하는 계층이나 집단 간의 갈등으로 나타났고, 이것을 일반적으로 남남갈등이라고 칭하였다. 노무현 정부의 '평화번영정책' 역시 대북포용정책과 기조와 틀은 유사성을 보였고, 여러 가지 어려움 속에서도 제2차 남북정상회담이 개최되었다. 이명박 정부는 상생공영정책이라는 대북·통일정책을 전개시켰으나, 상호주의 원칙을 내세워 남북관계가 경직되었다. 박근혜 정부의 한반도 신뢰프로세스와 통일대박론은 일관성의 문제를 야기시켰다. 문재인 정부는 통일보다 평화를 앞세워 평화프로세스를 진행시켰다.

한국은 이제 세계 10위권이라 수식어가 결코 과장되지 않을 정도로 발전하였다. 그러나 한국이 국제적인 신뢰를 얻고 더 도약하기 위해서는 이 분단의 굴레를 벗어나지 않고는 어렵다고 본다. 정치·경제·사회·군사 등의 모든 영역에서 분단은 우리를 제약하고 있다. 분단을 극복하는 것이 통일이고, 한반도의 미래는 '통일한국'에 달려 있다고 생각한다.

반세기가 넘도록 분단되어 있다 보니 시민들은 갈라진 채 살아가는 데 익숙해져서 통일의 필요성을 느끼지 못하고 살아가고 있다. 통일한국이라는 정치적 공동체를 형성해가기 위해서는 부단한 준비와 노력이 필요한데 주어진 상황은 그렇지 못하다. 우리 사회에서 통일은 가깝기보다는 멀게만 느껴지는 것이 현실이다. 우리가 극복해야 할 것이 바로 이 문제로 정부는 평화통일을 위한 노력은 계속하면서, 통일을 지향하도록 국민역량을 모아야 한다.

2. 통일의 의미와 필요성

통일은 단순히 분단 이전 상태로 되돌아감을 의미하기보다 서로 다른 두 개의 체제가 존재한다는 현실을 인정하고, 그것을 전제로 갈라진 두 체제를 연결시키고 통합하는 민족공동체의 복원과 재창조를 의미한다. 그러므로 통일은 미래를 향한 역사의 창조 작업이라고 할 수 있다. 통일의 미래지향적 의미를 지리적, 정치적, 경제적, 사회·문화적 측면에서 살펴보면 다음과 같다.[1)]

첫째, 지리적 통일은 국토의 통일을 의미한다. 국토의 통일은 구성원 모두가 한반도 내의 어느 곳이든지 자유롭게 왕래하고 거주할 수 있는 터전을 마련하는 것이다. 또한 한반도 전체를 효율적으로 이용하여 대륙과 해양을 연결하는 지리적 이점의 회복을 의미한다. 둘째, 정치적 측면에서의 통일은 체제의 단일화를 뜻한다. 서로 다른 체제를 통합하여 하나의 국가를 만드는 것이다. 셋째, 경제적 측면으로 서로 다른 경제권의 통합을 의미한다. 시장경제체제와 사회주의 계획경제체제를 통합하여 미래 한반도의 경제발전을 위한 바람직한 환경을 형성하는 것이다. 넷째, 사회문화적 측면에서 민족 고유의 동질성을 회복함은 물론 다양하고 풍부한 공동체로의 발전을 의미한다. 남북한의 구성원들이 우리라는 하나의 소속감을 공유하여, 새로운 문화와 미래를 만들어가는 것이다.

1) 통일부 통일교육원, 『2018 통일문제이해』, 통일부 통일교육원, 2017, 8-10면.

물론 70년을 서로 다른 체제에서 살아온 남과 북이 서로 동화되는 것은 쉽지 않은 일이지만, 이것을 풀어나가는 것이 통일이다. 그러므로 통일은 우리 민족의 소망인 동시에 우리에게 당면해 있는 중요한 과제이다. 통일문제는 추상적이거나 관념적인 수준을 벗어나 좀 더 구체적으로 접근해야 한다. 왜 통일이 필요한가? 통일의 필요성을 몇 가지로 정리하면 다음과 같다.

첫째, 자유와 인간다운 삶을 보장하는 기본적인 조건은 평화이다. 평화의 선결적인 문제는 전쟁의 종식이고 이는 통일과 연결된다. 6·25한국전쟁 후 맺어진 정전협정이란 전쟁을 잠시 중단하고 있는 상태라는 것을 의미한다. 어떠한 경우에도 이 땅에서 전쟁이 다시 일어나서는 안된다. 전쟁을 경험하면서 우리는 민족생존을 위한 평화유지와 노력이 너무나 당연하고 절대적이라는 것을 알았다. 통일은 한반도에서 전쟁 가능성을 근원적으로 해소하고 한반도에 평화를 정착시킬 것이다. 그러므로 평화에 대한 의지와 역량을 함양하는 것이 통일의 핵심이 되어야 한다. 평화롭고 풍요로운 환경 속에서의 인간다운 삶을 보장받기 위해서 통일은 반드시 필요하다.

둘째, 통일은 정치적으로 민족적 역량을 강화하고, 경제적으로 풍요롭고 행복한 삶을 위한 대장정이다. 남북한이 가지고 있는 잠재력이 결합하여 새로운 성장동력을 확보하고, 해양과 대륙 진출의 요충지인 지정학적 특성을 살려 동북아 경제요충지의 부상을 위해서 통일이 필요하다. 통일한국은 국제적 위상을 확보하여 동북아의 중심축이 될 수 있고, 동북아와 세계평화에도 기여할 수 있을 것이다. 통일은 우리의 또 하나의 이름인 분단국가라는 꼬리표를 떼어 내고 '통일한국'이라는 이름으로 '글로벌 신뢰 한국'의 국제적 위상을 제고할 것이다. 국가브랜드 가치를 높여 코리아 프리미엄이라는 새로운 가치를 창출할 것이다.[2] 북한도 2016년 당 제7차 대회의 사업총화보고에서 김정은은 "조국이 통일되면 우리나라는 8천만의 인구와 막강한 국력을 가진 세계적인 강대국으로, 민족의 강인한 정신과 뛰어난 슬기로 세계를 앞서 나가는 선진문명국, 동북아시아와 세계평화를 선도하는 정의의 강국으로 그 존엄과 위용을 만방에 떨치게 될 것"이라고 하였다.

셋째, 남북분단은 민족구성원 간의 상호불신과 반목과 갈등을 부추겨왔는데, 이를 극복하면 민족적·총체적 역량을 결집할 수 있어 발전과 번영의 동력이 된다.

2) 통일부 통일교육원, 『2018 통일문제이해』, 15-16면.

분단구조는 소모적 경쟁과 대결로 인해 많은 자원을 낭비시킬 뿐만 아니라 구성원의 고통과 손실 등 사회적 비용까지 유발시키고 있다. 북한문제를 둘러싼 정치적 갈등의 소멸은 '통합의 정치'로의 전환을 의미한다. 우리 정치에서 갈등의 깊은 골은 통일로 해결할 수 있고, 이것이 사회통합에 아주 큰 영향을 미칠 것이다. 통일노력은 분단의 고통을 극복하고 정신적으로나 물질적으로 행복한 삶이 보장되는 살기 좋은 사회를 만들기 위해 필요하다. 통일은 분단에 따른 유·무형의 비용을 소멸시키고 새로운 이득을 창출함으로써 국가·사회뿐 아니라 개인의 삶의 질도 향상시킬 것이다.[3)]

3. 통일에 대한 국민 공감대 형성

통일하면 가장 많이 논의되고 떠오르는 문제가 통일비용 문제였다. 이에 대하여 연구기관이나 전문가들이 얼마나 소요될 것인지를 산출도 해왔고, 이와는 다르지만 남북협력기금도 운영되고 있다. 우리가 일반적으로 이야기하는 통일비용보다 분단비용이 훨씬 크다. 분단비용은 남북한에 장기적인 분단이 지속되면서 발생하는 비용으로 막대한 군사비 지출과 같은 방위비용 등의 유형적인 것 말고도, 소모적 정쟁과 양극화된 논리 속의 갈등 그리고 국가발전 제약 등의 무형적인 것이 여기에 포함된다.

우리는 그동안 얼마의 분단비용을 지불해 왔고 또 앞으로 얼마나 더 부담해야 할 것인지를 심각하게 생각하지 않았다. 통일과 함께 분단비용은 소멸될 수 있고, 새로운 기회비용 등을 창출할 수 있다. 통일에 따라 발생하는 통일편익은 몇 가지로 나누어 보면 다음과 같다.[4)] 통일이 정치·군사적 측면에서의 전쟁위협을 종식시킨다는 사실이 우리 민족에게 큰 편익이 된다. 우리 사회의 발전동력을 소모시켜온 이념적 갈등구조를 희석시켜 정치적 불안정을 종식할 수 있다. 남남갈등은 구체적으로 '극단의 이중성'으로 나타난다. 우리 사회에서 화해와 협력을 내세우면 친북성향으로, 대북강경과 안보를 내세우면 반통일 성향자로 단정하여 왔다. 또한 민족공조를 내세우면 반미주의자로, 한미동맹을 내세우면 친미주의자로 매도하여 왔

3) 위의 책, 18면.

4) 김도태, "비경제적 통일편익을 통해 본 통일의 정당성," 『통일기반의 효과적 조성 방안과 과제』 학술회의 발표논문집, (사)전국대학통일문제연구소협의회, 2011, 106-109면.

던 것도 사실이다. 그리고 진보세력은 종북세력으로, 보수세력은 친미세력으로 간주하여 왔다. 실제로 한반도에서 70년간 유지되어 온 분단과 냉전적 상황은 진보와 보수를 막론하고 대화와 타협보다는 배제와 강요를 일상생활의 방식으로 정착시켜 왔다. 한국사회에서 대북정책 논쟁은 정책합리성의 외피를 쓰고 있으나 매우 '정치적인 현상'인 것이었다.5)

경제적인 측면에서 보면 남북한 경제구조의 상호보완성으로 인한 경제생산능력의 활성화도 통일편익으로 작동하게 된다. 통일비용은 남북한이 하나같이 잘 살기 위한 투자비용으로, 열악한 북한의 생산시설을 건설하는 투자비용이다. 북한이 보유하고 있는 풍부한 지하자원 및 인적 자원을 우리의 자본 및 개발 역량과 결합하여 북한을 재건하는 데 필요한 비용이다. 이는 우리 국민에게 미래의 일자리와 소득을 안겨주는 '새로운 삶을 개발하기 위한 비용'이다.6) 그러므로 통일비용은 통일 이후 비용만이 아니라 통일과정의 비용도 포함된다. 그러나 통일비용이나 통일편익 문제는 그동안 미처 국민들이 생각하지 않았던 어느 면에서는 너무 부풀려지거나 과소평가되었던 것을 좀 더 객관적 측면에서 알 수 있게 해야 한다.

남북한의 통일은 가장 먼저 확고하게 선진국으로 도약하게 할 수 있을 것이다. 한 때 산아제한이 국가의 중점정책이었던 한국이 이제 인구감소를 걱정하고 있다. 통일한국은 8,000만명의 인구수를 가진 국가로 선진국으로 자리매김할 것이다. 이는 국가 브랜드 가치를 높이는 것이다. 독일은 실제로 현실 국제관계에서 외교적 자신감을 바탕으로 자기 목소리를 내고 있다. 통일독일은 유럽연합에서 영국과 프랑스를 능가하고 있는데, 인구수에 있어서도 나타난다.

미국의 투자은행인 골드만삭스가 2009년 내놓은 "통일 한국? 북한 리스크 재평가"라는 보고서에 의하면 남북이 2013년부터 통합을 시작할 경우 2050년 국내총생산(GDP)이 프랑스, 독일, 일본을 넘어 설 수 있다는 것이다. 보고서는 북한의 풍부하고 경쟁력 있는 노동력, 남한의 자본·기술과 북한의 자원·노동력 결합에 따른 시너지 효과, 생산성 향상과 통화가치의 상승 등을 남북 경제통합 효과의 3가지 요소로 꼽았다. 물론 이보고서를 액면 그대로 받아들일 수는 없지만, 생각해 볼 대목이다.

5) 임수호, "한국의 정권교체와 대북정책 변화," 『통일기반조성을 위한 다학제적 접근 I : 대북정책·경제·문학』 서울대학교 2010 통일학 기초연구심포지움, 서울대학교 통일평화연구소, 2010, 13면.
6) 고성준, 『통일 필요성의 재인식』 주제가 있는 통일강좌 28, 통일부 통일교육원, 2011, 56면.

통일을 위해서는 먼저 선행되어야 할 것이 국민들의 공감대 형성일 것이다. 우리 사회의 통합을 저해하는 가장 중요한 갈등현상은 소위 남남갈등이다.[7] 남남갈등은 남북갈등을 대칭하는 의미의 용어로서 남북한 관계를 둘러싼 남한사회 내부의 갈등을 지칭하는 개념으로 사용된다.[8] 국민적 합의 형성을 위해서는 기본적으로 대결과 갈등구조의 '냉전적 패러다임'을 '탈냉전적 패러다임'으로 재정립해야 한다. 이제 민주-반민주, 통일-반통일, 개혁-반개혁 구도로는 우리 사회의 균열을 치유할 수 없다. 새로운 패러다임을 위해서는 민족의 평화공존, 공동번영, 주변국과의 협력 및 호혜평등 등의 개념이 하나의 틀로 확산되어야 한다.

우리 사회에서 정부가 바뀌면 헌법상의 평화통일이나 자유민주주의의 가치를 부정하지는 않지만 정부의 속성에 맞추어 정책이 변하여 왔다. 통일은 정부나 시민단체의 전유물이 아니고, 국민 모두가 공유해야 할 가치라는 의식을 가져야 한다. 서로를 인정하면서 과거의 경험과 의식에 집착하는 것보다는 변화에 적응하려는 유연성을 가져야 한다. 그렇지 않으면 앞에서 제시한 통일 공감대 형성, 통일편익, 통일비전과 같은 내용이 국민들에게 제대로 내면화될 수 없다.

구체적으로 대북·통일정책에 대한 국민의 만족도를 높이는 것이 중요하다. 이를 위해서는 정부정책의 투명성 여부에 달려 있다고 해도 과언이 아니다. 대북정책의 결정 및 집행과정이 국민들에게 충분히 설명되어야 한다. 남북관계의 특수성을 고려할 때, 남북협상 등의 모든 내용을 공개할 수 없는 측면이 있다. 국민의 동의나 이해를 시킬 문제는 성심을 다해 신뢰를 쌓아야 한다.

II. 남한 통일정책의 전개과정

통일정책은 통일된 민족국가의 확립을 목표로 설정하고, 통일에 유리한 환경을 조성하면서 남북관계를 관리·개선해 나가려는 정부의 정치적 선택인 동시에 구체

7) 남남갈등은 장기간 지속된 남북한 간의 분단과 전쟁을 경험하면서 냉전적 대립구조와 이로부터 비롯된 냉전문화에 뿌리를 두고 있다. 또한 압축적인 산업화·민주화 과정을 거치면서 흑백논리가 격화되었다. 이는 다양성이 용인되지 않은 상태에서 생겨난 반(反)문화이고, 서로 다른 가치와 이념적 지향이 공존할 수 있는 환경이 조성되지 못한 상태에서 나타난다. 김창희, "사회통일교육에 대한 분석과 활성화 방안," 『통일전략』, 제7권 제2호, 한국통일전략학회, 2007, 166면.

8) 박명규 외, 『2009 통일의식조사』 통일학연구 6, 서울대학교 통일평화연구소, 2009, 153-154면.

적 표현이다. 통일방안은 통일에 대한 정부의 입장, 통일의 원칙, 통일에 대한 접근방식과 함께 그 실행계획까지 포함하는 구체적 밑그림이다. 대체로 공익에 기초한 국가의 다른 정책과 마찬가지로 통일정책과 방안도 시대적 상황, 국민의 여망, 정부의 정책적 의지 등에 따라 변화되기 마련이다. 그렇다고 해서 우리의 통일정책이 시대와 환경의 변화에 따라 완전히 새로운 모습으로 예전과 단절된 형태로 제시되었다는 것은 물론 아니다. 오늘에 이르기까지 우리 정부의 입장은 통일정책의 기본을 분명히 견지하는 가운데, 보다 현실에 부합되는 방향으로 보완·발전되어 왔다고 할 수 있다. 우리의 통일정책에서 견지해 온 일관된 기조는 ① 민주적 절차에 의한 평화적 통일, ② 민족구성원 모두의 자유와 인권 및 민족의 번영이 보장되는 통일 등으로 요약할 수 있다.[9]

1. 남한 통일정책의 전개과정

1) 유엔 결의에 의한 통일과 자유총선거

제1공화국 이승만 정부의 통일정책은 정부수립 당시의 국제법적, 도덕적 우월성에 기초하여 북한당국을 철저히 부정하는 인식에서 출발하였다. 미·소 냉전체제라는 국제환경과 이승만 정부의 태생적 한계, 한국전쟁 후 남북긴장 때문에 반공제일주의로 북진통일을 내세웠고 현재와 같은 평화적인 통일을 생각할 수 없었다. 그러므로 이승만 정부의 통일정책은 집권 12년간 여러 단계의 변화를 보였다.

이승만 대통령은 "유엔과 협조하여 적당한 방법으로 평화적 남북통일을 촉진할 것"이라 하면서, 북한 지역만의 선거를 치르되 유엔한국위원회의 감시 하에 자유선거를 주장하였다. 즉, '유엔 감시 하에 북한만의 자유총선거'에 의하여 통일이 되어야 한다는 것이었다.[10] 한국전쟁시 이승만 정부는 무력에 의한 통일을 주장했다. 휴전협정 후 1954년 제네바 정치회담을 계기로 '유엔 감시하 남북한 자유총선거론'으로 바뀌었으나, 이는 대외용으로서의 성격이 강하였다. 이승만 정부의 전반적인

9) 통일부 통일교육원, 『통일문제이해』, 통일부 통일교육원, 2013, 79-80면.

10) 남쪽에서는 유엔 감시 하에 5·10선거를 치러 제헌의원 198명을 배출하였고, 이를 중심으로 정부를 수립하였으며 유엔으로부터 대한민국의 승인을 받았다. 그러므로 자유총선가 치러지지 않은 북한지역은 유엔 감시 하에 국회의원 100명을 선거, 인구비례(1948년 당시 남북한 인구비는 2,003만 대 950만)에 따라 남북한 국회의원을 2:1로 구성하는 통일방안을 이승만 대통령은 생각했다. 백학순, "이승만정부와 장면정부의 통일정책비교," 『세종정책연구』 2013-23, 세종연구소, 2013, 12-13면.

통일정책기조는 북진통일론이었다.

4·19혁명 이후 자유당 정부가 무너지고 7월 29일 선거에 의하여 민주당이 집권을 하였다. 제2공화국 장면 정부는 이승만 정부보다는 민주적인 절차에 의해서 탄생되었고, 사회적 분위기도 완화되어 통일논의는 과거보다 좀 활발했으나 기본적으로는 반공을 기초로 해서 현상유지적인 통일정책을 표방하였다. 통일문제에 대한 비등하는 여론을 감안하고 유엔 자유국가들과 노선을 일치시켜, 장면 정부는 북진통일론 대신 '유엔 감시 하의 남북자유총선거'를 통일정책 기조로 제시하였다.[11]

2) 평화통일 3대 원칙과 민족화합 민주통일방안

1960년대의 제3공화국의 통일문제에 대한 접근은 승공통일적 정책이었다. 국토통일을 위한 실력 배양을 통일의 기본방향으로 제시하였다. 1969년 닉슨(Richard Milhous Nixon) 독트린과 미·중 접촉, 일·중 접촉 등으로 인한 국제정세의 변화 속에서 우리 정부는 북한에 대한 현실적 인식을 토대로 통일정책의 새로운 방향을 모색하기 시작하였다. 1970년 8월 15일 광복절 제25주년 대통령 경축사에서 발표된 '평화통일구상 선언'이 있었고, 보다 구체적인 남북대화가 전개되었다. 1972년 7월 4일 남북한 간의 공식합의문서라 할 '7·4남북공동성명'이 발표되었고, 남북조절위원회를 구성·운영하기도 하였다. 7·4남북공동성명에서는 첫째, 통일은 외세에 의존하거나 외세의 간섭 없이 자주적으로 해야 한다. 둘째, 통일은 서로 상대방을 반대하는 무력행사에 의거하지 않고 평화적 방법으로 실현하여야 한다. 셋째, 사상과 이념, 제도 차이를 초월하여 우선 하나의 민족으로서 민족 대단결을 도모해야 한다.

1973년 6월 23일에는 '6·23평화통일외교정책선언'이 있었다. 이 선언은 ① 한반도의 평화 유지, ② 남북 간의 내정 불간섭, ③ 남북한 유엔 동시가입, ④ 북한의 국제기구에의 참여 불반대, ⑤ 이념과 체제가 다른 국가에 대한 문호개방 등을 주요 내용으로 하고 있다. 그리고 1974년 8월 15일에는 '평화통일 3대 기본원칙'이 발표되었다. 즉, 평화정착, 신뢰회복과 교류협력, 남북한 자유총선거가 그것이다. 이는 한반도에서 전쟁을 억제하고 긴장을 완화하여 긍정적인 평화를 이룩한 후, 통일을 성취하자는 선 평화, 후 통일을 기조로 한 일련의 통일정책이었다. 이 평화통일 3대 원칙은 1970년대 이후 남한의 통일정책의 기본이 되었다.

11) 통일원, 『통일백서』, 통일원, 1997, 24면.

이것을 보완, 발전시킨 것이 전두환 정부가 1982년에 내놓은 '민족화합민주통일 방안'이라 할 수 있다.[12] 1980년대에 들어서 남한은 한반도에 평화를 정착시키고 민족화합을 실현한 바탕 위에 평화통일을 성취하기 위한 청사진으로서 민족화합 민주통일방안을 제시하였다. '민족화합 민주통일방안'의 특징은 다음과 같다. 첫째, 평화통일의 원칙을 재확인하고 민족·민주·자유·복지를 목표로 하는 통일국가의 미래상을 제시하고 있다. 둘째, 통일을 과정으로 보고 분단의 현실로부터 출발하여 통일의 완성에 이르는 과정을 제시하고 있다. 셋째, 완전한 통일국가를 이루려면 그 과정에서 민족화합이 선행되어야 함을 제시하고 있다. 넷째, 남북한 총선거의 규범으로서 남북한 대표가 협의하여 제정하게 될 통일헌법 및 이 헌법에 따라 통일 민주국가를 완성시키는 과정과 절차를 처음으로 제시하였다.

이것은 크게 두 개의 부분으로 되어 있다. 하나는 통일이 될 때까지 남북 기본관계협정을 잠정적으로 체결하자는 것이고, 다른 하나는 통일의 구체적 방법으로 남북한의 대표자들로서 민족통일협의회를 구성해 통일헌법을 만들어 낸 다음 그 절차에 따라 '통일민주공화국'을 수립하자는 것이다. 남한에서는 이의 실천방안으로 대북제의를 거듭해 왔다. 물론 이 모든 정책들에는 실천의 의지가 뒤따르지 않아 대외선전용이거나 또는 국내정치 안정용이라는 평가를 받기도 하였다.

3) 한민족공동체 통일방안

1987년 개정헌법은 처음으로 통일과 관련한 내용을 규정하였다. 헌법 전문에서는 '조국의 평화통일 사명'을 천명하고 제4조에서 '자유민주적 기본질서에 입각한 평화적 통일정책의 수립과 추진'을 명시하였다. 또한 제66조 제3항에서는 "대통령은 조국의 평화적 통일을 위한 성실한 의무를 진다"고 규정하였다. 이처럼 헌법에 통일 관련 조항을 규정함으로써 통일이 관념의 문제가 아닌 현실적 실천과제임을 확인하였던 것이다.

제6공화국에 이르러 남한에서 일기 시작한 민주화의 열기는 통일 논의마저 부추겼고, 그것은 특히 노태우 대통령의 '민족자존과 통일번영을 위한 특별선언'이라고 불리는 이른바 '7·7선언'으로 나타나 국민들의 통일에 대한 열망은 더욱 뜨거워졌다. 또한 1988년 서울올림픽이 계기가 되고 동구의 개혁에 대한 열기가 맞아떨어

12) 윤용희, "남북한 통일정책의 기조와 남북정상회담," 『사회과학』, 12집, 경북대학교 사회과학대학, 2000, 75면.

져 한국과 동구 여러 국가와의 수교로 이어졌는데, 이는 북한에 대한 압박 요인으로 작용했다.

이러한 가운데 노태우 대통령이 1989년의 8·15경축사와 9월 11일의 국회 특별선언을 통해 새로운 '한민족공동체 통일방안'을 발표하였다. 이 통일방안은 종래의 것과는 다른 구도와 접근방법을 채택하여, 자주·평화·민주의 3대 원칙을 바탕으로 신뢰 구축과 협력, '남북연합' 단계를 거쳐 단일민족국가를 건설하는 3단계 통일론이라 할 수 있다.

먼저 남북 간에 교류와 협력을 통해 민족공동체를 회복하고 발전시켜 정치적 통일을 이룰 수 있는 상태를 만들어 가는 것이다. 남북대화의 추진으로 신뢰를 회복해 가는 가운데 남북정상회담을 개최한다. 다음 단계인 남북연합은 남북정상회담에서 민족공동체헌장을 합의·채택함으로써 출범하게 된다. 민족공동체헌장은 통일헌법에 의해 통일국가를 이룩할 때까지 남북관계를 규율하게 되는 기본 장전의 기능을 수행하는 것으로, 통일에 이르는 남북한 간의 잠정적인 내적 특수관계를 구체적으로 설정한 것이다. 남북연합의 기구로서는 남북정상회담 및 그 산하에 남북각료회의와 남북평의회 그리고 공동사무처를 설치하도록 되어 있다. 마지막으로 통일국가 수립의 절차로는 남북연합의 중간단계를 거쳐 남북평의회에서 기초한 통일헌법안을 민주적 방법과 절차에 의해 확정·공포하고, 통일헌법이 정하는 바에 따라 총선거를 실시하여 통일국회와 통일정부를 구성하도록 되어 있다.[13]

이 통일방안은 그동안 선언적 의미에서의 통일정책을 구체화시켰다는 데에서 큰 의미를 가지는 것이다. 특히 과도적 통일체제인 '남북연합'에 대한 제시는 좀 더 현실적인 통일방안이었다.

4) 민족공동체 통일방안

김영삼 정부에서 내세운 통일방안은 '민족공동체 통일방안'이다. 이는 '한반도공동체 통일방안' 등 기존의 통일방안과 일관성을 유지한 가운데 통일의 철학, 통일의 원칙, 통일의 미래상 등을 보완하여 종합적으로 체계화한 방안이다.

1994년 8월 15일 대통령의 광복절 경축사를 통해서 제시되었다. 서로 다른 이념과 체제 아래에서 반목과 불신을 쌓아온 남한과 북한이 하루아침에 통일을 이룰

---

13) 장명봉, "한민족공동체 통일방안의 법적 구조에 관한 고찰," 『통일문제연구』, 제1권 제4호, 국토통일원, 1989, 241면.

수는 없기 때문에 통일은 점진적이고 단계적으로 나아가야 한다는 것이다. 이것 역시 3단계 통일과정으로 첫째, 화해와 협력의 단계로 남북한 간의 적대와 불신을 줄이기 위해 상호협력의 장을 열어 가는 단계이며, 둘째, 남북연합단계는 화해·협력단계에서 구축된 상호 신뢰를 바탕으로 남북 간의 교류와 협력이 더욱 활발해지고 제도화되는 단계이고, 셋째, 1민족 1국가의 통일국가 완성단계는 남북연합단계에서 제정한 통일헌법에 따라 남북 자유총선거를 실시하여 통일국회를 구성하고 통일정부를 수립하여 1민족 1국가의 통일국가를 완성하는 단계이다.

김영삼 정부 이후 김대중, 노무현, 이명박, 박근혜 정부는 대북정책을 제시하였으나, 통일방안이라 하여 구체적인 것을 제시하지는 않았다. 특히 문재인 정부는 통일보다는 평화를 앞세우고 있지만, 6·15공동선언의 계승을 상정하고 있다. 그러므로 민족공동체 통일방안은 우리 정부의 통일방안으로 보아야 한다. 구체적인 것은 다음 절에서 살펴보기로 한다.

2. 남한 통일정책의 기본원칙

이상에서 역대 정부의 통일방안은 살펴보았다. 이를 보면 한민족공동체 통일방안 이후 제시되고 있는 민족공동체 통일방안이 공식적인 통일방안이라 할 수 있다. 왜냐하면 이후에는 통일방안이라고 내놓은 것이 없기 때문이다. 그러나 한국의 통일방안을 논할 때 빼 놓을 수 없는 것이 김대중의 3단계가 통일방안이다. 여기에서는 먼저 김대중 3단계 통일방안을 살펴보고, 민족공동체 통일방안을 중심으로 통일원칙과 통일방안을 논의하고자 한다.

1) 김대중의 3단계 통일방안

김대중은 정치인으로서 1970년대에 3단계 통일론을 제시하였다. "제1단계는 평화공존을 위해 동족끼리 전쟁을 않는다고 약속하고, 동시에 긴장 완화를 위해 쌍방이 평화협정을 체결하자는 것이다. 제2단계는 평화적 교류와 확대이다. 마지막 3단계는 평화적 통일을 이루자는 것이다"라고 2010년 발행한 그의 자서전에서 밝히고 있다. 그리고 1980년대 중반에 3단계 통일방안을 보완하여 '공화국 연방제 통일방안'을 제시하였다. 이 방안은 역시 '평화 공존 교류→연방→완전통일' 3단계로 이루어졌다. 제1단계는 상징적 연방기구 아래의 공존 교류는 실질적으로는 남북연합단계를 의미하고, 2단계 연방단계는 연방정부가 외교, 국방, 주요 내정을 관장하고 남과 북에 지역자치정부를 두고, 제3단계 평화적 공존과 교류의 토대 위에 평화통일을 하자는 것이다.[14)]

1994년 아시아·태평양평화재단을 설립한 이후, 김대중은 『나의 길 나의 사상: 세계사의 전환과 민족통일의 방략』이라는 저서를 내놓았다. 여기에서는 '3대원칙 3단계 통일방안'을 제시하고 있다. 3대원칙은 평화공존, 평화교류, 평화통일이다. 3단계 통일방안은 제1단계 공화국 연합(국가연합), 제2단계 연방제, 3단계 완전통일 실현을 말한다. 그리고 3원칙 3단계 통일방안 전체 또는 적어도 1단계의 연합제는 단일안 또는 복수안을 국민투표에 붙여 평가받을 필요가 있다고 하였다.[15)]

김대중은 1995년 8월에 펴낸 『김대중의 3단계 통일론』에서 "30여년 동안 숙성한 통일방안을 정리해 담았다"고 쓰고 있다.[16)] 통일의 대원칙은 자주, 평화, 민주이다. 자주원칙은 통일은 외세에 의존하지 않고 민족자결의 정신에 입각해 해결하자는 것이다. 평화의 원칙은 통일은 무력에 의하지 않고 협상에 의하여 해결하자는 원칙이다. 민주의 원칙은 통일이 민주적 절차에 따라 민족적 합의에 의해 이루어져야 한다는 것이다.

제1단계는 '남북공화국연합'(남북연합) 단계이다. 남과 북이 독립국가로서 주권과 모든 권한을 보유한 채 국가연합을 형성하자는 것이다. 남북한이 합의하는 '남북연합헌장'에 따라 최고의사결정기구인 '남북정상회의'를 둔다. 그리고 정상회의 아래 대의기구 성격은 '남북연합회의'와 집행기구의 성격을 갖는 '남북각료회의'를 둔다. 남북연합은 약 10년 동안 지속되고, 연합기구는 3대 행동 강령인 평화공존·평화교류·평화통일을 실천하는 임무를 맡는다. 이를 실천하기 위해 6대 실천과제를 실천에 옮긴다.

제2단계 연방제 단계로서 1연방국가 1체제 2지역자치정부로 구성된다. 1체제의 연방정부가 외교, 국방, 중요한 내정권을 보유한다. 연방대통령과 연방의회를 구성하고 남북에는 지역자치정부를 둔다. 이는 남북연합단계에서 중앙집권적 형태의 완전통일단계로 진입하기 위한 이전의 과도적 단계이다.

14) 김대중, 『김대중 자서전』, 도서출판 삼인, 2010, 278-282면.

15) 김대중, 『나의 길 나의 사상: 세계사의 전환과 민족통일의 방략』, 한길사, 1994, 10-12면.

16) 이하는 『김대중 자서전』과 1995년 아태평화재단에서 엮은 『김대중 3단계 통일론: 남북연합을 중심으로』에서 제시한 것이다.

제3단계는 중앙집권적 단일정부가 통치하는 완전 단일제도화 통일의 단계이다. 이는 1민족 1국가 1체제 1정부의 단일정부 형태이다. 통일국가의 이념과 체제는 당연히 민주주의, 시장경제, 도덕적 선진국, 평화주의를 원칙으로 삼는다.

이삼성은 "김대중의 통일방안은 남북연합과 통일국가 중간에 연방제를 삽입하고 있어, 북한의 연방제안을 남한의 통일방안 논의에 정당한 일부로 수용하려는 태도를 담고 있다"[17]고 하면서, 민족공동체 통일방안과의 상이점을 지적하고 있다. 김대중 대통령의 3단계 통일방안은 오랜 기간 동안 다듬어진 것이지만, 김대중 정부에서는 이를 통일방안으로 내놓지 않았다. 왜냐하면 김영삼 정부에서 내놓은 '민족공동체 통일방안'과 같지는 않지만 큰 흐름에서 보면 내용과 맥락에 유사성이 있기 때문이다. 그리고 김대중 대통령은 정해진 임기가 있는 상황에서 논란거리를 만들지 않으려 했을 것이다. 김대통령은 취임사를 통해 통일방안 대신 대북정책 3대원칙을 표방하였다.

2) 통일의 원칙과 통일과정

민족공동체 통일방안은 통일을 추진함에 있어서 '자주·평화·민주'를 통일의 기본원칙으로 제시하고 있다. 첫째, '자주'의 원칙은 우리 민족 스스로의 뜻과 힘으로, 그리고 남북당사자 간의 상호 협의를 통해 통일이 이루어져야 한다는 것을 의미한다. 둘째, '평화'의 원칙은 통일이 전쟁이나 상대방에 대한 전복을 통해서 이루어질 수 없으며, 오직 평화적으로 이루어져야 한다는 점을 강조한다. 셋째, '민주'의 원칙이란 통일은 민족구성원 모두의 자유와 권리를 바탕으로 이루어지는 민주적 통합의 방식으로 이루어져야 한다는 원칙이다. 통일된 조국은 8천만 민족구성원 모두가 주인이 되는 민주국가여야 함을 의미한다.[18]

통일의 과정은 화해협력 단계와 남북연합 단계를 거쳐 궁극적으로 1민족 1국가 1체제 1정부의 통일국가를 완성해 나가야 한다는 것이다.[19]

첫째, 화해협력 단계는 남북 간의 적대와 불신을 줄이기 위해 상호 협력의 장을 열어가는 단계이다. 분야별로 교류와 협력을 활성화하면서 이 단계는 '남북기본합의서'를 규범으로 하여 남북이 각기 현존하는 두 체제와 두 정부를 그대로 유지한

17) 이삼성, "한반도 통일문제 접근의 주요 문제," 이우진·김성주 공편, 『현대한국정치론』, 사회비평사, 1996, 530-531면.

18) 통일부 통일교육원, 『통일문제이해』, 2013, 79-80면.

19) 위의 책, 88-89면.

채 분단상태를 평화적으로 관리하는 단계를 의미한다.

둘째, 남북연합 단계는 화해협력 단계에서 구축된 상호 신뢰를 바탕으로 남북간의 교류와 협력이 더욱 활발해지고 제도화되는 단계이다. 이 단계에서 남북은 상호 신뢰를 더욱 다지면서 평화정착과 민족의 동질화를 촉진시켜 나가게 될 것이다. 한 마디로 이 단계는 남북이 서로 다른 체제와 정부 하에서 통일지향적인 협력관계를 통해 통합과정을 관리해 나가는 단계라고 할 수 있다.

셋째, 1민족 1국가의 통일국가 완성단계는 남북연합 단계에서 제정한 통일헌법에 따라 남북 자유총선거를 실시하여 통일국회를 구성하고 통일정부를 수립하여 1민족 1국가 1체제 1정부의 통일국가를 완성하는 단계이다. 이 단계에서는 민족통일과 국가통일을 동시에 이루는 것을 목표로 한다. 따라서 통일된 국가는 민족구성원 모두에게 정치적·경제적 자유가 보장되고 복지와 인간의 존엄성이 존중되는 국가가 된다.

이와 같이 민족공동체 통일방안은 남과 북의 이질화된 사회를 하나의 공동체로 회복·발전시켜 나가는 가운데 점진적이고 단계적인 접근을 통해 1민족 1국가의 통일조국을 건설하고자 하는 데 그 정당성과 합리성이 있다. 또한 민족공동체 통일방안은 자유민주주의에 기초한 통일국가의 미래상에 따라 남북이 하나 되는 것이 가장 바람직한 통일이라는 것을 확인해 주고 있다.

그러나 여기에서 짚고 넘어가야 할 부분이 바로 2000년 남북정상회담의 6·15남북공동선언에서 합의된 남측의 '연합제안'과 북측의 '낮은단계연방제안'이다. 이는 남북한이 제시하고 있는 궁극적인 통일방안은 아니지만 통일과정에서 공통성을 인정하고 상호 지향하기로 한 부분이다. 이는 김대중 대통령이 재야 시절에 주장했던 '3단계 통일론'을 '민족공동체 통일방안'에 수렴했다는 함의를 가지고 있다. 김대중 대통령의 3단계 통일론의 첫 단계인 남북연합이 사실상 불가능하기 때문에 통일과정에 들어가기 전에 한반도 냉전구조 해체와 평화정착이 급선무라는 사고를 수정했다. 당시 필요한 것은 통일과정의 전단계인 '화해·협력'에 진입하는 것을 밝힌 것이다.[20] 자신의 3단계 통일론을 수정해 통일단계에 들어가기 전에 이전에 신뢰 구축을 위한 화해협력 단계를 설정한 노태우 정부와 김영삼 정부의 통일방안을 수렴시킨 것이라 볼 수 있다.[21]

20) 임혁백, 『한반도와 동아시아의 안보와 평화』, 한울아카데미, 2014, 213면.

21) 위의 책, 213-214면.

Ⅲ. 북한 통일정책의 전개과정

북한은 남조선혁명을 통한 조국통일이라는 대남전략과 함께 연방제 통일방안을 내세워 왔다. 연방제는 1960년 최초로 제안한 이래 약간씩 변화의 모습을 보이고 있다. 그리고 북한은 1970년대, 80년대, 90년대의 주장들을 모아서 '조국통일 3대헌장'이라 하고 있다. 먼저 북한의 통일정책의 기본원칙이 무엇인가를 알아보고, 통일방안이 어떻게 전개되어 왔는지를 살펴본다.

1. 통일정책의 기본원칙

북한의 통일정책과 통일전략은 북한 내부의 사정, 남한의 정치사회적 변동, 국제정세의 변화 등에 따라 많은 변화를 겪어 왔다. 이러한 변화에도 불구하고 통일정책의 기본원칙에는 변하지 않는 일관된 측면들이 있음을 발견하게 된다. 북한은 통일정책의 목표를 다 이루지 못한 민족해방의 연장에 둠으로써, 남조선혁명을 통하여 그들의 방식에 따라 통일을 이룬다고 하는 대내외적 명분을 확보하려 하였다.[22)]

북한은 혁명과 통일에 대하여 다음과 같이 당규약 전문에서 밝혔다. 즉, "조선로동당의 당면목적은 … 전국적 범위에서 민족적 해방과 인민민주주의의 혁명과업을 완수하는데 있으며 최종목적은 온 사회의 주체사상화와 공산주의사회를 건설하는데 있다. … 조선로동당은 남조선에서 미제국주의 침략군대를 몰아내고 … 남조선 인민들의 사회민주화와 생존권투쟁을 적극 지원하고 조국을 자주적 평화적으로 민족 대단결의 원칙에 기초하여 통일을 이룩하고 나라와 민족의 통일적 발전을 위해 투쟁한다"이다.

이러한 북한의 민족분단에 따른 통일에 대한 인식의 측면을 정리해 보면 다음과 같다. 첫째, 북한에 의하면 분단은 우리 민족에게 강요된 질곡으로 처음부터 완성된 모습으로 나타난 것이 아니었다. 미제에 의한 남반부 강점이 계속되고 미 제국주의자를 실제적 통치자로 하는 국내 대리세력들이 남반부를 계속 지배함으로써 분단은 더욱 고착화되고 기정사실화되었다는 것이다.[23)] 둘째, 북한은 통일을 분단

22) 최완규, "통일정책의 변화 요인," 고성준 외, 『전환기의 북한 사회주의』, 대왕사, 1992, 584면.
23) 김세균, "통일정책," 최명 편, 『북한개론』, 을유문화사, 1990, 644면.

된 국토와 갈라진 민족이 단순히 재결합하는 문제로서 파악하는 것이 아니라 미제와 남한 내부의 매판세력이라는 내외의 분열주의 세력의 책동을 분쇄하고 그들에 의해 강요된 분단된 조국을 다시 통일된 조국으로 만드는 문제로 파악한다.[24] 셋째, 그러므로 통일문제는 민족 내부문제로서 어떠한 외부의 간섭도 허용할 수 없는 민족자주의 원칙에서 이루어져야 한다. 마지막으로 북한은 한반도 전역에서의 민족해방의 완성과 그 결과로서의 통일을 공산주의 건설과 주체사상화에 의하여 완성되는 것으로 보고 있다.

결국 북한 통일정책의 기본적이고 구체적인 방안은 '남조선 해방론'과 '연방제 통일론'인 것이다. 이것은 얼핏 보면 별개의 것으로 보일 수 있으나 연방제 실시를 위한 전제조건이 우선적으로 충족되어야 한다는 주장에서 볼 수 있듯이 결국 '선혁명, 후 합작통일'이라는 기본구도에서 맥락을 같이하고 있다.[25]

이러한 북한의 통일정책의 기본적인 시각은 개정된 헌법에서 크게 변하지 않고 있음을 알 수 있다. 제9조를 보면 "조선민주주의 인민공화국은 북반부에서 인민정권을 강화하고 사상·기술·문화의 3대혁명을 힘있게 벌려 사회주의의 완전한 승리를 이룩하며 자주·평화통일·민족대단결의 원칙에서 조국통일을 실현하기 위하여 투쟁한다"라고 규정하고 있다. 물론 1972년 헌법 제5조[26]에서 "전국적 범위에서 외세를 물리치고"라는 구절을 삭제함으로써 유연성도 보였다.

2. 통일정책의 전개과정

이러한 기본적인 통일원칙을 견지하면서 북한이 지속적으로 제시하고 있는 통일방안은 연방제이다. 북한이 막연하게나마 연방제 통일방안을 처음 제시한 것은 1960년이었다. 그 후 약간의 수정을 가해 연방제안을 되풀이해서 제시해 오다가, 1980년에 들어서서 그 동안의 제안들을 고려민주연방공화국 통일방안으로 재구성해서 총체적인 통일방안으로 내세우고 있다.

24) 위의 책, 644면.

25) 김창희, "북한 정치문화의 양상과 변화요인," 『호남정치학회보』, 제2집, 호남정치학회, 1990, 176면.

26) 즉, "조선민주주의인민공화국은 북반부에서 완전한 승리를 이룩하며 전국적 범위에서 외세를 물리치고 민주주의적 기초 위에서 조국을 평화적으로 통일하며 완전한 민족적 독립을 이룩하기 위하여 투쟁한다."

1) 연방제 통일방안

1950년에 발발한 한국전쟁은 동서 냉전의 세계화 및 군사화의 계기가 되었을 뿐만 아니라 한반도의 분단을 국제적·국내적으로 고정화시켰다. 북한은 휴전 이후의 1950년대에 통일에 대한 집념을 강조하면서도 실제로 더 시급한 문제는 국내의 경제적 부흥과 정치적 안정이었다. 그러므로 김일성은 휴전협정 다음 날에 행한 방송연설에서 평화통일을 주장하게 되었다. 북한은 초기에 한국전쟁이라는 정책수단을 통하여 무력으로 통일하려고 시도하였으나 실패하였고 이후 평화공세의 전술을 택하였던 것이다.[27]

1960년대에 들어서면서 남한의 정치상황이 급격한 변화를 겪고 있던 때에, 북한의 평화통일 공세는 8월 15일 김일성의 연방제 통일론 제의에서 정점에 이르렀다.[28] 김일성의 제의는 1960년 11월 19일 북한의 최고인민회의 제2기 8차 회의에서 더 구체화되었다. 이 내용에서 특이할 만한 것은 연방제는 남북 총선거가 실시되기 어려운 상황에서 부득이한 조치로써 제시된 것이며, 따라서 그것은 통일을 향한 과도기적 조치로써의 성격과 의미를 내포한 것이라는 점이다. 그리하여 당분간 남북한이 유지하고 있는 현행 정치제도를 그대로 존속시키면서 최고민족위원회 같은 조직체를 형성해서 운영하자는 것을 포함하고 있었다.

이러한 북한의 연방제 제의는 혼란을 겪고 있는 남한의 국론분열을 부채질하려는 의도가 다분한 평화적 공세였다. 1962년과 1963년에 걸쳐 남한에 새 군사정권이 들어서자 남한에서 혁명적 정당이 출현할 가능성이 없음을 깨달은 김일성은 적극적인 행동강령이 필요하다는 결론에 도달하게 되었다.

1963년 12월 최고인민위원회 상임위원회, 조국통일 민주주의전선 중앙위원회, 조국평화통일위원회 합동회의에서는 남북연방제 실시를 위한 실무적 문제를 해결

27) 김창희, "북한 정치문화의 양상과 변화요인," 176면.

28) 이 때에 제안한 내용을 요약하면 다음과 같다. ① 외국의 간섭 없는 민주주의적 기초 위에서 자유로운 남북총선거를 실시한다. ② 남한이 이를 받아들일 수 없다면 과도적 조치로서 남북한연방제를 제안한다. ③ 이를 남한에서 동의하지 않는다면 남북한 실업계 대표로 구성되는 순전한 경제위원회라도 조직한다. ④ 남북한 문화사절의 왕래와 과학, 문화, 예술, 체육 등 모든 분야에서 교류를 다시 한번 제의한다. ⑤ 즉시 미군 철수 요구하며, 남북한 군대를 즉시 10만 또는 그 이하로 축소할 것을 제의한다. 이 모든 것을 협의하기 위하여 남북한 대표들이 협의할 것을 남한 당국과 정당, 사회단체 및 개인인사에게 제의한다. 신정현 편, 『북한의 통일정책』, 을유문화사, 1989, 411-417면.

하기 위한 남북조선대표자회의를 개최하자는 제의를 하였는데, 이것을 마지막으로 1960년대 전반기에는 연방제 제의가 없었다.[29] 1964년 2월 김일성은 미 제국주의자를 몰아내고 조국해방을 완수하기 위해서는 3대혁명역량을 강화할 필요가 있다는 점을 강조하는 남한혁명의 청사진을 제시했다. 이러한 일련의 움직임은 1967년을 시작으로 하여 적대적인 대 남한정책으로 바뀌어 다음해는 김신조를 포함한 31명의 특공대로 청와대를 기습하였던 호전성으로 이어졌다.

강대국 간의 데탕트 조류 속에서 김일성은 1971년 8월 6일 시하누크 환영 군중대회에서 행한 연설을 통하여 공화당을 포함하는 남한의 모든 정당, 사회단체 및 개별적인 인사들과 만날 용의가 있음을 밝혔다. 이를 계기로 하여 1971년 8월 12일 대한적십자회측은 이를 긍정적으로 받아들이는 반응을 보였다.

그 후 수 차례에 걸친 양측의 비밀접촉을 통하여 1972년 7월 4일 남북공동성명이 발표되었다. 즉, ① 통일은 외세에 의존하거나 외세의 간섭을 받음이 없이 자주적으로 해결하여야 한다. ② 통일은 서로 상대방을 반대하는 무력행사에 의거하지 않고 평화적 방법으로 실현하여야 한다. ③ 사상과 이념, 제도의 차이를 초월하여 우선 하나의 민족으로서 민족적 대단결을 도모하여야 한다. 이를 계기로 1972년 8월 남북조절위원회가 구성되었다. 그러나 남한에서 발생한 중요한 사건을 구실로 북한은 남북대화의 중단을 선언했다.

2) 고려연방공화국 통일방안

1972년 '7·4남북공동성명'이 발표된 이후에도 북한은 비교적 간결한 문구로써 연방제를 실시할 것을 되풀이하여 주장해 왔다. 그 후 북한이 제시한 보다 구체적인 것은 1973년 6월 23일 체코슬로바키아 공산당 제1서기였던 후사크 환영 군중대회에서 김일성이 행한 연설을 통해 ① 남북한 간의 군사적 대치 및 긴장 해소, ② 남북한 간의 다방면적인 합작과 교류 실현, ③ 각계각층 인민대표들이 참석하는 대민족회의 소집, ④ 고려연방공화국을 국호로 하는 남북연방제의 실시, ⑤ 고려연방공화국 단일국호에 의한 유엔 가입 등을 주요 내용으로 하는 이른바 '평화통일 5대강령'에서 제시한 연방제안이다. 이 연방제안은 종래에 제시한 연방제안에 두 가지 새로운 안을 첨가시킨 것이다.

하나는 대민족회의를 소집해서 민족적 단결을 촉진시키고 이를 기초로 해서 남

29) 통일원, 『북한개요 '91』, 통일원, 1990, 444면.

북연방제를 실시하자는 것이고, 다른 하나는 연방제의 국호를 고려라고 붙여 '고려연방공화국'으로 하고 이 국호로 남북한이 단일 의석으로 유엔에 가입하자고 제안한 것이었다. 이는 종래보다 통일된 하나의 국가를 형성하는 문제에 보다 많은 비중을 둔 것이다.30)

그 후 북한은 미국과의 직접적인 대화의 길을 모색하였다. 1974년 3월 25일 최고인민회의 제5기 3차 회의가 채택한 서한을 미국에 보냈다. 여기서 북한은 남한과의 대화를 통해 남북한 평화협정을 체결하려는 노력은 무의미하다고 주장하고, 남한에 대하여 실질적인 힘을 가지고 있으며 휴전협정에 조인한 당사자인 미국과의 협상을 통해 휴전협정에 대체하는 평화협정을 체결할 것을 제의했다. 미국은 북한의 제의를 거부했고, 키신저는 한국의 휴전협정을 대체시키기 위한 모든 직접적 당사자들의 회의, 즉 남북한과 미국 및 중국의 4자회담안을 내놓았다. 북한의 반응은 부정적이었다.

이러한 속에서 1979년 1월 23일 박정희 대통령은 연두기자회견에서 남북한 당국이 서로 만나서 아무런 전제조건 없이 허심탄회하게 평화와 통일을 논의할 것을 제의했다. 북한은 이에 대한 반응으로 1979년 1월 23일 조국통일민주전선 중앙위원회의 성명을 통해 남북한의 정당과 언론기관 대표들로 구성된 전민족대회를 소집하자고 제의했다.

3) 고려민주연방공화국 통일방안

1980년 조선로동당 제6차 대회의 중앙위원회 사업총화보고서를 통해서 김일성은 그 동안 꾸준히 주장해 왔던 연방제 통일방안을 기본 골격으로 하는 고려민주연방공화국안을 내놓았다. 그 주요 내용은 "우리 당은 북과 남이 서로 상대방이 존재하는 사상과 제도를 그대로 인정하고 용납하는 기초 위에서 북과 남이 동등하게 참가하는 민족 통일정부를 구성하고 그 밑에서 북과 남이 같은 권한과 의무를 가지고 각각 지역 자치제를 실시하는 연방공화국을 확립하여 조국을 통일할 것을 주장합니다. 연방국가의 통일에서는 북과 남의 같은 수의 대표들과 적당한 수의 해외동포 대표들로 최고민족연방회의를 구성하고 거기에서 연방상설회의를 조직하여 북과 남의 지역정부를 지도하며, 연방국가의 전반적인 사업을 관할하도록 하는 것

---

30) 신정현, "연방제 통일방안의 전개와 목표," 고성준 외, 『전환기의 북한 사회주의』, 대왕사, 1992, 568-569면.

이 합리적인 것입니다"[31]이다.

또한 여기에서 고려민주연방공화국이 시행할 10대 시정방침을 제안하였다. 이는 사회주의 국가들이 일반적으로 추구해 온 것으로 알려진 통일정책의 일환으로, 전쟁에 의거하지 않고 평화적 수단에 의해 민족통일 문제를 해결하려는 시도라고 규정해 볼 수 있다.[32]

이것은 종전에 연방제를 통일국가를 실현하기 위한 과도적 혹은 중간적 조치로서 규정한 것과는 다른 면을 함축하고 있다. 고려민주연방공화국은 성격이나 구조상 하나의 완전한 통일국가 형태를 띠고 있는 것이다. 남과 북이 연방국가로서 통일하는 조건으로서의 고려민주연방공화국을 창립할 것을 주장했기 때문에, 최종적 목표로서 통일국가의 성격을 가진다. 이로써 고려민주연방공화국안은 남북한의 동등성 원칙 외에 북한이 남한의 존재를 현실적으로 인정한 일종의 평화공존 논리를 전제로 한 것이다.[33] 이것은 1국가 1체제 완전 통일론을 1국가 2지역 자치정부연방통일론으로 수정한 것을 의미한다. 그러나 문제는 이를 실현하기 위하여 내세운 전제조건이다. 연방공화국을 위한 선행조건으로 북한이 들고 있는 것은 남한사회의 민주화와 민주정권의 수립, 긴장완화와 전쟁위험 제거를 위한 미군 철수, 휴전협정의 평화협정으로의 대체 그리고 미국의 두 개의 조선 정책의 저지와 내정간섭의 종식을 들고 있다.

김일성은 1990년 5월 24일 개최된 최고인민회의 제9기 제1차 회의에서 행한 시정연설에서 통일을 위한 5개 방안을 다음과 같이 제시하고 있다. 첫째로 조선반도에서 긴장상태를 완화하고 조국통일을 위한 평화적 환경을 마련해야 한다. 둘째로 분단의 장벽을 허물고 북과 남 사이의 자유래왕과 전면개방을 실현해야 한다. 셋째로 북과 남은 자주적 평화통일에 유리한 국제환경을 마련하는 원칙에서 대외관계를 발전시켜 나가야 한다. 넷째로 조국통일을 위한 대화를 발전시켜 나가야 한다. 다섯째로 조국통일을 위한 전민족적인 통일전선을 형성해야 한다.

1991년 김일성은 신년사를 통해 "남북에 서로 다른 두 제도가 존재하고 있는 우리나라의 실정에서 조국통일은 누가 누구를 먹거나 누구에게 먹히우지 않는 원칙에서 하나의 민족, 하나의 국가, 두 개 제도, 두 개 정부에 기초한 련방제 방식으로

---

31) 『로동신문』, 1980. 10. 11.

32) 신정현 편, 『북한의 통일정책』, 274면.

33) 신정현, "연방제 통일방안의 전개와 목표," 570면.

실현되어야 한다" 하여 1민족 1국가 2제도 2정부에 기초한 연방제를 강조하고 나섰다.[34] 여기에 덧붙여 "고려민주연방공화국 창립방안에 대한 민족적 합의를 보다 쉽게 이루기 위해 잠정적으로는 연방공화국의 자치정부에 더 많은 권한을 부여하며 장차로는 중앙정부의 기능을 더욱 높여가는 방향에서 연방제 통일을 점차적으로 완성하는 문제도 협의할 용의"가 있다고 밝힌 바 있다.[35] 이것은 당시의 상황에서 유엔 가입과 남북대화에 유연성을 위한 조치일 수 있다.

김일성은 1993년도 신년사에서 "우리 당과 공화국 정부는 앞으로도 민족자주의 원칙에서 하나의 민족, 하나의 국가, 두 개 제도, 두 개의 정부에 기초한 연방제 방식으로 조국통일을 실현하기 위하여 계속 노력할 것입니다"라 하여 북한의 통일방안으로 고려민주연방공화국안을 거듭 강조하였다.

북한은 1993년 4월 7일 최고인민회의 제9기 제5차 대회에서 그 동안의 통일 관련 주장들을 종합하여 '조국통일을 위한 전민족대단결 10대강령'[36]을 채택하였다. 북한은 전민족대단결 10대강령을 채택함으로써 '패권적 혁명통일' 전략으로부터 '체제수호적 공존통일' 전략으로의 전환을 정당화하였던 것이다.[37] 그러나 북한은 그들의 상투적인 선결 조건인 외세의존정책 포기, 주한미군 철수 의지 표명, 팀스피리트 훈련 중지, 미국의 핵우산으로부터의 탈피 등을 내세웠다. 이것은 당시 남한 내부에 일었던 흡수통일론을 봉쇄하고, 핵문제에 대해 한·미 간의 공조를 차단하

34) "하나의 국가, 하나의 제도에 의한 제도 통일론은 분렬을 끊임없이 지속시켜 결국 통일하지 말자는 것이기 때문에 제도 통일은 후대에 맡기자"고 하였다. 『로동신문』, 1991. 1. 1.

35) 1991년 4월 28일 최고인민회의 통일정책심의회 원장인 윤기복은 기존의 연방제에 포함되어 있던 요소를 보다 명백히 구체적으로 완화하여 남과 북 두 지역정부에 외교, 군사 등 더 많은 권한을 잠정적으로 줄 수 있으며, 두 지역정부가 보유하는 권한에는 외교권, 군사권, 내정권이 포함된다고 입장을 표명한 바 있다. 김광석, "북한의 통일방안에 대한 법적 검토," 『북한연구』, 제5권 제3호, 대륙연구소, 1994, 가을.

36) ① 전민족의 대단결로 자주적이고 평화적이며 중립적인 통일국가를 창립해야 한다. ② 민족애와 민족자주정신에 기초하여 단결해야 한다. ③ 공존, 공영, 공리를 도모하고 조국 통일위업에 모든 것을 복종시키는 원칙에서 단결하여야 한다. ④ 동족 사이의 분열과 대결을 조장시키는 일체 정쟁을 중지하고 단결하여야 한다. ⑤ 북침과 남침, 승공과 적화의 위구를 다같이 가지고 서로 신뢰하고 단합하여야 한다. ⑥ 민주주의를 귀중히 여기고 주의주장이 다르다고 하여 배척하지 말고 조국통일의 길에서 함께 손잡고 나가야 한다. ⑦ 개인과 단체가 소유한 물질적, 정신적 재부를 보호해야 하며 그것을 민족대단결을 도모하는 데 이롭게 이용하는 것을 장려해야 한다. ⑧ 접촉, 래왕, 대화를 통하여 전민족이 이해하고 신뢰하며 단합하여야 한다. ⑨ 조국통일을 위한 길에서 북과 남, 해외의 전민족이 서로 연대성을 강화하여야 한다. ⑩ 민족대단결과 조국통일위업에 공헌한 사람들을 높이 평가하여야 한다.

37) 허문영, "북한의 통일정책," 양성철·강성학 공편, 『북한외교정책』, 서울프레스, 1995, 163면.

기 위한 수단이 되기도 하였다.

4) 조국통일 3대헌장

북한은 김일성 사망 이후에도 통일문제에 관련된 특별한 성명을 내지 않고, 계속해서 '전민족대단결 10대강령'를 높이 받들어야 한다고 주장하여 왔다. 김정일은 1997년 6월 '혁명과 건설에서 주체성을 고수할 데 대하여'와 8월 '위대한 수령 김일성동지의 조국통일 유훈을 철저히 관철하자'의 문건을 발표하면서 대남·통일문제를 언급한 바 있다.[38] 북한에서는 "조국통일 3대원칙, 고려민주연방공화국창립방안, 전민족대단결 10대강령을 조국통일 사업에서 확고히 틀어쥐고 나가야 할 3대 기둥, 3대 헌장으로 지위를 뚜렷이 정식화"[39]했다고 하여 통일방안을 분명히 하고 있다.

김정일은 정형화된 틀로서 대남·통일문제와 관련해 '민족대단결 5대방침'이라는 것을 발표하였다. 김정일은 1998년 4월 18일 평양 인민문화궁전에서 열린 '남북조선 정당, 사회단체 대표자 연석회의 50주년 기념' 중앙연구토론회에 보낸 서한 '온 민족이 대단결하여 조국의 자주적 평화통일을 이룩하자'에서 이 방침을 제시했다.[40] 이는 김정일이 총비서 취임 후 첫 번째의 발표된 대남·통일문제와 관련된 문건이고, 김정일이 향후 대남·통일문제를 어떻게 이끌어 나갈지에 대한 하나의 단서가 되고 있다는 데서 의미를 가졌다.

북한은 2001년 6월 15일 '6·15남북공동선언' 1주년을 맞아 로동신문의 사설에서 다음과 같이 밝히고 있어 북한의 통일정책이 추구하는 바를 알 수 있다. 즉, "력사적인 북남공동선언은 새 세기 우리 민족의 앞길에 자주통일의 새 시대를 밝힌 등대이며 조국통일 3대원칙을 전면적으로 구현하고 있는 조국통일의 리정표이다. 북남공동선언은 민족자주를 진수로 하는 명실공히 민족공동의 통일강령이다"[41]라 하

38) 『내외통신 종합판(67)』, 내외통신사, 1998, A1.

39) 『로동신문』, 1997. 8. 16.

40) 그 내용을 간추려 보면 다음과 같다. 즉, ① 민족의 대단결은 철저히 민족자주의 원칙에 기초하여야 한다. ② 애국애족의 기치, 조국통일의 기치 밑에 온 민족이 단결해야 한다. ③ 우리 민족의 대단결을 이룩하자면 북과 남 사이에 단결해야 한다. ④ 우리 민족의 대단결을 위하여는 외세의 지배와 간섭을 반대하고 외세와 결탁한 민족반역자들, 반통일세력을 반대하여 투쟁해야 한다. ⑤ 민족의 대단결을 이룩하기 위하여 북과 남, 해외의 온 민족이 서로 래왕하고 접촉하며 대화를 발전시키고 련대연합을 강화시켜야 한다. 『로동신문』, 1998. 4. 29.

41) 『로동신문』, 2001. 6. 15.

고 있다. 북한은 8월 15일에는 조국통일 3대헌장 기념탑이라는 거대한 조형물을 평양시내에 건축하고 개막식 행사를 치루었다.

이러한 것들을 미루어 볼 때 북한의 통일정책의 기조는 조국통일 3대헌장이다. 이는 7·4공동성명에서 합의되었던 '자주·평화·민족대단결'의 「조국통일 3대원칙」과 1993년 최고인민회의에서 채택한 전민족대단결 10대강령 그리고 1980년 로동당 제6차 대회에서 김일성이 제기한 고려민주연방공화국안이다. 북한은 '북남공동선언'이 민족공동의 통일강령이라 하면서도 여기서 제기한 낮은단계 연방제와 고려민주연방공화국안과의 상이점은 전혀 언급하지 않고 있다.

북한은 김정일 사망 후에도 특별한 통일방안을 제시하지 않고 있으면서 조국통일 3대 헌장을 계속 강조하고 있다. 김정은 체제 출범 이후 2013년 신년사에서 '조국통일'과 '민족번영'을 제시하면서, "조국통일은 더는 미룰 수 없는 민족최대의 절박한 과제이며 위대한 대원수님들의 필생의 념원이고 유훈입니다"라 하고 있다. 그러면서 "민족공동의 통일대강이며 평화번영의 리정표인 6·15공동선언과 10·4선언을 철저히 리행하기 위한 투쟁을 벌려나가야 한다"고 하였다.

Ⅳ. 남북한의 통일방안 비교

국가들은 단일국가, 연방국가, 국가연합의 형태를 택하고 있다. 남북한은 모두 현재는 단일국가이지만, 통일안에는 연방과 연합이 포함되어 있다. 남북한 통일방안의 기본으로 삼고 있는 연방과 연합은 국가 결합 형태에 대한 국제법 또는 제도적 개념이다.[42]

1. 국가연합과 연방국가

국가연합은 둘 이상의 주권국가들이 국가의 자격을 보유한 채 국제법상 평등을 기초로 공동의 이익을 위하여 조약에 의하여 결합된 형태이다. 이러한 사례로 유럽연합(EU)과 독립국가연합(CIS)을 들 수 있다. 국가연합은 주권을 보유한 구성국들 사이의 조약이나 성문헌법에 준하는 연합규약에 의하여 성립된다.

42) 김계동, 『남북한 체제통합론: 이론·역사·정책·경험』, 명인문화사, 2006, 45-46면.

김계동은 국가연합의 주요 원리로 다섯 가지를 들고 있다.[43] 첫째, 외교적 측면에서 국가연합의 구성국은 국제법 주체로서 지위를 갖는다. 둘째, 국제연합에는 공통국적은 없다. 셋째, 국제연합과 구성국의 관계는 국제법 질서에 속한다. 넷째, 구성국의 정부대표로 구성되는 합의체인 공동기구에서의 의사는 구성국의 만장일치로 결정되는 것이 일반적이다. 다섯째, 국가연합은 자체의 군사력을 보유하지 않는다.

연방국가는 국가연합과 다르게 그 결합이 긴밀하여 구성정부들은 국제법상 국가로서의 자격을 잃고 연방국가만이 국가의 자율성을 보유한다. 연방국가의 주요 원리는 다음과 같다.[44] 첫째, 연방국가에서 전체국가와 지분국은 헌법상의 근거에 의하여 결합하고 있다. 둘째, 연방구성국의 시민은 연방시민으로서 연방 공통의 국적을 가진다. 셋째, 연방국가의 법질서의 중앙규범은 국제법 질서가 아니라 국내법 질서이다. 넷째, 연방의 중앙정부는 구성국 국민을 직접 통치하여, 외교·군사·경제에 관한 권한을 가진다. 다섯째, 연방정부는 자체의 병력을 보유하며, 구성국 상호간의 무력충돌은 내란으로 인정되어 국제법상의 전쟁이 아니다.

2. 남북연합과 연방제의 성격

한민족공동체 통일방안, 민족공동체 통일방안, 대북정책 3대원칙에서 공통적으로 제기되고 있는 것이 남북연합이다. 1국가 1체제 1정부의 단일국가를 지향하되, 중간단계로서 남북이 현존 2체제 2정부를 유지하면서 평화공존과 민족사회 통합을 추진하는 것이 남북연합이다. 이는 통일에 이르는 중간단계의 방안으로 제시된 것이다. 따라서 남북연합은 그 자체로서 통일국가의 최종형태가 아니며, 남북한 간의 상호협력과 공존공영관계의 도모와 통일기반을 조성하기 위한 과도적 통일체제이다.[45]

남북연합 단계에서는 남북한이 합의에 따라 법적·제도적 장치가 체계화되고 남북한이 공동으로 구성하는 기구에서 국가 통합을 위한 여러 가지 방안이 논의된다. 이는 남북정상회담에서 민족공동체헌장을 합의·채택함으로써 출범하게 된다. 남북연합의 기구로서는 남북정상회담 및 그 산하에 남북각료회의와 남북평의회 그리고 공동사무처의 상설화를 제의하고 있다.

43) 위의 책, 48-49면.
44) 위의 책, 51-52면.
45) 통일연수원, 『민주통일론(통일문제)』, 통일연수원, 1991, 78면.

통일국가 단계는 남북연합 단계에서 구축된 민족 공동의 생활권을 바탕으로 남북한 두 체제를 완전히 통합하여 정치공동체를 실현하는 것이다. 즉, 남북한 의회 대표들에 의해서 마련된 통일헌법안을 민주적 방법과 절차에 의해 확정·공포하고, 통일헌법이 정하는 바에 따라 민주적 선거에 의해 통일국회와 통일정부를 구성하고 두 체제의 기구와 제도를 통합한다는 것이다. 통일국가의 형태는 단일국가로서의 민주공화국이며 통일국회는 양원제를 채택하도록 되어 있다.[46]

남북연합이 국가형태적 성격에서 국가연합 및 연방과는 다른 특수한 형태이다.[47] 국가연합은 국제법상 독립국가가 상호 대등한 국제법적 지위를 보유하면서 공동이익을 위하여 예외적으로 조약에 의해서 합의한 범위 내에서 협력하는 국가결합 형태이다. 기존의 이론모형들 중에는 한민족공동체 통일방안에서 제시한 남북연합의 구체적 성격규정에 전적으로 부합되는 단일의 준거는 없다. 남북연합의 성격과 내용은 1민족 2체제의 민족 내부 특수관계를 지칭하는 체제연합 모형이라 할 수 있다.[48] 체제연합은 형식적으로는 연방국가와 국가연합에 속하지 않는 제3의 연방유형인 것이지만 실질적으로는 국가연합의 유형에 속하는 것이라 할 수 있다. 따라서 남북이 서로 다른 이념과 체제가 존재한다는 현실을 인정한 바탕 위에서 완전한 통일국가를 실현할 때까지 두 개의 서로 다른 체제 사이에 유기적 관계를 발전시켜 나가면서 민족공동체를 회복, 발전시켜 나가자는 데 있다.[49]

---

46) 남궁영, "남북한 통일방안 재고찰: 연합제와 낮은 단계의 연방제," 『통일경제』, 제70호, 현대경제연구원, 2000. 10, 85면.

47) 넓은 의미로의 연방은 연방국가와 국가연합을 병칭하는 의미로 사용된다. 연방국가는 복수의 지분국으로 구성된 국가이며, 중앙정부조직이 완전한 국제법상 능력을 갖고 연방의 구성정부조직은 극히 제한된 특정 사항에 관해서만 국제법상 능력을 가지고 있는 복합적 국제인이다. 따라서 연방국가는 그 자체의 정부기관을 갖고 연방구성국가와 연방구성국가의 주민에게 통치권을 행사하는 국가이다. 국가연합은 복수의 국가가 조약에 의하여 결합된 국가결합의 한 형태로 복합적인 국제인이 아니다. 수개의 국가가 대외적으로 동일한 인격자로서 행동하기 위하여 결합한 것으로 국제법상 대외적 권한은 국가연합의 구성국이 보유하고 있으며, 중앙조직은 예외적으로 조약으로 인정한 범위 내에서 외교능력을 가질 뿐이다. 김명기, "연방국가, 국가연합, 체제연합의 비교연구," 민병천 편, 『전환기의 통일문제』, 대왕사, 1990, 74-79면.

48) 체제연합은 국가연합과 연방국가 사이에 놓여 있는 것이다. 국가연합이 1민족 2국가체제의 논리이고 연방제가 1민족 2지역정부의 논리라면 체제연합은 1민족 2체제의 논리이다. 체제연합은 기본적으로 남과 북이 각기 주권을 보유하고 국제적으로는 개별적인 주권국가로 존재하되 상호관계를 국제관계가 아닌 민족 내부의 특수관계로 규정하는 것이다.

49) 김학준, "민족공동체와 남북체제연합의 연구," 『통일문제연구』, 제1권 제3호, 국토통일원, 1989, 30면.

앞에서도 살펴본 바와 같이 북한의 제기하고 있는 통일방안은 연방제 통일방안이다. 처음에는 통일될 때까지 과도적 형태로 고려연방을 제안했었으나, 1980년대에 와서는 통일된 최종의 정부형태로 고려민주연방안을 제안하고 고수하고 있다. 그 성격을 보면 전자는 국가연합이며, 후자는 연방국가의 특성을 가진 것이다.

물론 북한이 최종적으로 제기해 놓고 있는 통일방안의 특색은 연방국가와 국가연합의 두 가지를 의미하는 것으로 생각되도록 하는 양면성을 가지고 있다.[50] 이렇게 놓고 볼 때 북한의 통일방안은 연방국가일 수도 있고 국가연합일 수도 있으나, 국가연합적 요소보다 연방국가적 요소가 더 강하게 포함되어 있다. 그러나 북한이 90년대 들어서 주장하는 연방제안은 실질적으로는 연방보다는 연합의 성격이 강하다.

3. 연합제와 낮은단계 연방제

남북한이 제시하고 있는 통일방안은 연방적 통일모형으로 접근하여 하나의 합일점을 찾을 수 있다고 보았다.[51] 그러나 문제는 남한의 통일방안에서의 남북연합은 통일의 최종단계가 아닌 반면에, 북한이 제시한 고려민주연방공화국안은 완전한 통일국가 형태를 띤다는 점이다. 이렇게 학자들 사이에서 제기되었던 문제가 공식적으로 제기되고 합의에 이른 것은 '6·15남북공동선언' 제2항에서였다. 이는 김대중 대통령이 "긴장완화와 신뢰 구축, 평화체제 구축, 군비통제와 같은 과정을 거치지 않고 군사권과 외교권이 중앙정부에 독점되어 있는 연방제로 갈수 있느냐"라고 김정일 국방위원장을 집요하게 설득하여 나온 결과이다.[52]

2000년 6월 15일 남북공동선언에서 공식적으로 제기된 '낮은단계' 연방제는 상술한 바와 같이 1991년 김일성 신년사를 통해 언급한 느슨한 형태의 연방제에 그 근거를 둘 수 있다. 이는 형식적으로는 1국가를 유지하되 실제적으로는 2국가를 인정하는 것과 같은 결과를 의미한다. 북한은 수정된 연방제에서 외교권과 국방권까지도 국가에 맡기는 등 지역정부에 더 많은 권한을 부여함으로써, 남한의 통일방

---

50) 북한에서는 고려민주연방안을 "Democratic Confederal Republic of Koryo"이라 하여 남북한 간의 공존관계를 뜻하는 국가연합을 지칭하는 것으로 생각되도록 하게 하고 있으나, 동시에 우리말 표기로는 연방으로 하고 있다.

51) 김명기, "연방국가, 국가연합, 체제연합의 비교연구," 95면.

52) 임혁백, 『한반도와 동아시아의 안보와 평화』, 한울아카데미, 2014, 212면.

안의 중간단계인 남북연합의 형태와 유사한 것이다. 남북연합과 낮은단계의 연방제는 남북 지역정부가 동등한 자격으로 중앙정부에 참여하는 것으로 되어 있다.

상술한 바와 같이 김대중 대통령의 3단계 방안 중 첫 단계인 국가연합의 창설은 오랜 시일이 걸리는 과제이다. 그렇기 때문에, 통일국가의 미래상에 대한 논의가 활발해지는 것은 바람직하지 않고 필요한 것은 상대방의 인정과 평화를 제도화하는 일이었다. 남북은 급격한 통합을 지향하는 것이 아니라, 상호 체제 인정과 공존·공영의 단계를 거쳐 점진적인 통일에 접근하자는 것이다.[53] 바로 '연합제'와 '낮은단계 연방제'의 공통점을 인정한 것인데, 연합제는 사실상 남북연합을 의미하는 것이다.

임혁백 교수는 남북연합과 낮은단계 연방제안의 유사성을 다음과 같이 설명하고 있다. 즉, ① 모두 평화적 합의 강조, ② 통일의 완성상태가 아니라 과도기 상태, ③ 사실상의 국가연합이라는 유사성, ④ 남북 지역정부가 동등한 자격으로 참가, ⑤ 구성에 있어 명칭은 달라도 유사성이 있다고 보았다.[54]

Ⅴ. 평화공존과 통일의 방향

1. 남북한 통일정책의 지향

남한의 통일방안은 민족공동체 통일방안에서 제시하고 있는 '자주, 평화, 민주'의 3대원칙에 의하여 3단계 과정을 거쳐 1민족, 1국가, 1정부의 통일국가를 완성하는 것이다. 북한은 1980년에 내놓은 고려민주연방제 창립방안에서 자주, 평화, 민족대단결의 3대원칙을 바탕으로 남북한이 동등한 권한과 의무를 갖고 각각 지역자치를 실시해야 한다는 점을 강조하고 있다.

북한에서 주장하는 통일과 관련된 내용을 보면 종전의 주장을 계속하고 있다. 그들은 지속적으로 조국통일 3대원칙, 고려민주연방공화국 창립방안, 전민족대단결 10대강령을 3대헌장으로 정식화시켜 놓고 있다. 북한에서는 "북남공동선언은 우리 민족끼리 통일을 실현해 나갈 것을 민족과 세계 앞에 선언한 통일강령이

53) 위의 책, 214면.
54) 위의 책, 212면.

〈남북한 통일방안 변천〉

구분	남한		북한	
1948~1960	제1공화국 (이승만 정부)	유엔 감시하 남북한 자유 총선거에 의한 통일론	김일성 체제	민주기지론(민족해방론)에 의한 무력적화통일론
1960년대	제2공화국 (장면 정부)	남북 자유총선거론 (유엔 감시하)	〃	남북연방제(1960)
	제3공화국 (박정희 정부)	선 건설 후 통일론(1966)		
1970년대	제4공화국 (〃)	평화통일외교정책선언 (1973. 6. 23) 선 평화 후 통일론(1974)	〃	고려연방제(1973) 조국통일 5대강령
1980년대	제5공화국 (전두환 정부)	민족화합 민주통일방안(1982)	〃	고려민주연방공화국 창립방안 (1980) (고려민주연방제 통일방안)
	제6공화국 (노태우 정부)	한민족공동체 통일방안(1989)	〃	
1990년대	김영삼 정부	민족공동체 통일방안 (1민족 1국가 1체제 1정부) (1994)	〃	'1민족 1국가 2제도 2정부'에 기초한 연방제(1991) 민족대단결론
2000년대 ↓ 2010년대	김대중 정부	민족공동체 통일방안 계승(1998)	김정일 체제 (1994~2011)	낮은단계의 연방제(2000) 조국통일 3대헌장
	노무현 정부	민족공동체 통일방안 계승(2003)		
	이명박 정부	민족공동체 통일방안 계승(2008)	김정은 체제 (2012~)	조국통일 3대헌장
	박근혜 정부	민족공동체 통일방안 계승(2013)		
	문재인 정부	민족공동체 통일방안 계승(2017)		

출처: 통일부 통일교육원, 『통일문제이해』, 통일부 통일교육원, 2013, 112면에 필자가 보강하여 작성.

다"[55]라 하면서도, 고려민주연방공화국안이 포함된 조국통일 3대헌장을 통일문제의 제1강령으로 내세웠다.

북한은 김정일 사망 후 처음 발표한 2012년 신년공동사설에서 "조국통일의 3대헌장과 북남선언의 기치"를 내세우며, 김정은 동지가 이를 이끌어 나갈 것이라고 하였다. 김정은 체제에 들어와서도 변화가 없다. 북한은 김정은이 "조국통일의 주체는 북과 남 해외의 전체 조선민족이며 나라의 통일은 오직 민족끼리의 립장에

55) 『로동신문』, 2001. 6. 15.

철저히 설 때 민족의 리익과 요구에 맞게 자주적으로 실현할 수 있습니다"라고 말했다.

북한은 남한에 보수정권이 등장하면서 6·15공동선언과 10·4선언을 실천해야 한다고 주장하였다. 6·15남북공동선언의 실천 강령이 10·4선언이라 하면서, 남북관계 개선이 평화와 통일의 출발점이라 하였다. 실제로 노무현 정부와는 달리 이명박 정부의 비핵·개방·3000은 북한의 굴복을 전제로 한 대북정책이었다. 북한은 새로운 김정은 체제 출범에서도 계속해서 '자주, 평화, 민족대단결'의 3대원칙을 강조하면서 '김일성-김정일 동지 위업'을 위해 투쟁한다고 하였다. 통일문제에 있어 2013년 박근혜 정부가 출범하면서 과거 정부의 대북정책의 장점을 수용하여 통합적으로 접근했다는, 남북한 신뢰 형성을 핵심으로 한 '한반도 신뢰프로세스'를 제시하였다. 이는 평화과정을 시작할 때의 조건인 상대방의 인정을 담지 않았고, 박근혜 정부의 통일대박론은 사실상의 흡수통일론이었다.[56] 그러므로 제10장에서 살펴본 바와 같이 남북관계는 갈등이 고조되었다.

남북한 양측의 통일방안은 통일의 당위성·필요성, 체제상의 차이점을 인정하면서도 기본적으로 통일의 기본철학과 접근방법, 통일국가의 형태 등에 있어서 차이점을 나타내고 있다. 남북한은 평화적 통일이라는 명제 하에 그 방안을 제시하고 있다. 향후 남북한 통일방안 사이의 접점을 찾아가는 문제는 국민적 합의에 기초하여 추진해 나가야 할 주요한 국가과제이다. 그렇기에 평화통일의 기반이 취약한 지금 통일방안을 둘러싼 논쟁과 첨예한 갈등보다는 평화정착을 위한 대북정책의 지속적인 추진이 필요하다.[57] 중요한 것은 우리의 통일역량을 강화해 나가는 것이다. 남과 북은 더 이상 불신과 대결로 점철된 과거의 역사를 되풀이해서는 안된다. 현재의 상황을 극복하고 한반도의 장래를 위해서 필요한 것은 '적대적 공존'이 아닌 '호혜적 공존'으로 분단을 관리하여 평화통일로 가야 한다. 약속의 이행을 통해 신뢰를 만들어 가면 작은 신뢰가 누적되어 큰 신뢰를 이룰 수 있는 여건을 만들어 갈 수 있다. 이러한 과정을 되풀이해 가면 신뢰의 제도화 또는 제도 간의 신뢰를 이룰 수 있다. 7·4공동성명, 남북기본합의서, 6·15공동선언, 10·4선언 등 그동안 남북 간에 이루어졌던 합의들의 기본정신들이 존중되고, 이를 실천하겠다는 의지

56) 구갑우, "비핵화와 평화체제, 한미동맹의 공존 가능성," 김상기·홍민·구갑우·이혜정, 『한반도 평화체제 구축과 한미관계』 KINU 연구총서 18-20, 통일연구원, 2018, 100면.

57) 김강녕, 『남북한군사와 현안문제』, 신지서원, 2009, 398면.

의 재확인이 필요하다.[58)]

북한은 2016년 당 제7차 대회에서 "북과 남이 합의하고 온 세상에 선포한 조국통일 3대원칙과 6·15공동선언, 10·4선언은 북남관계발전과 조국통일문제를 해결하는데서 일관되게 틀어쥐고 나가야할 민족공동의 대강"이라 하였다. 문재인 대통령은 신 베를린선언을 통해 6·15공동선언과 10·4선언으로 복귀의 정책방향을 제시하였다. 통일문제에서는 이것이 중요한 의미를 가지는 것은, 남북은 6·15공동선언에서 처음으로 통일방안에 공통성을 인정한 것이었다. 10·4선언의 기본적인 전제가 '6·15공동선언의 재확인'이었다. 물론 4·27판문점 남북정상회담의 '한반도의 평화와 번영, 통일을 위한 판문점 선언문'은 통일문제보다는 평화에 중점을 두고 있다. 남북한의 평화가 전제되지 않고는 통일로 갈 수 없기 때문에 한반도 평화체제 구축이 최우선 과제이다.

2. 평화정착은 통일의 전제

남북한은 방안은 달라도 통일을 주장하여 왔다. 그동안의 경험에 비추어 볼 때 남북한의 적대적 공존관계는 상호 발전을 저해하여 왔다. 통일도 점점 더 어렵게 하고 있다. 남북한 당국자들은 역지사지의 정신으로 현 상황을 풀어나가야 한다. 남북한이 주장하는 신뢰의 분위기를 조성하여 호혜적 공존관계를 이어가야 한다. 그동안 남북한의 경색으로 남북한 모두는 얻은 것보다는 잃은 것이 더 많다고 생각한다. 남북 간에 안정적인 대화의 틀을 구축해 나가야 한다. 남북관계가 이러한 방향으로 발전하려면 남북한 모두 관계개선에 대한 진정성을 보여야 한다. 그리하여 평화가 정착되면 남북한이 갈등 없이 공존할 수 있고 통일의 문도 자연스럽게 열릴 것이다. 통일과 그 과정에 대하여 몇 가지로 나누어 생각해 본다.

첫째, 남북한의 상이한 이념체계와 이질적 삶의 방식을 조율하는 재통합의 과정은 단시일 내에 이루질 사안은 아니다. 우리의 현시점은 긴 통일의 여정을 체계적으로 계획하며 통일환경 조성에 힘써야 할 때이다. 무엇보다도 국민들에게 통일에 대한 비전과 현상에 대한 정확한 정보를 제공함으로써 이들이 올바른 가치관과 판단력을 갖게 해야 한다.

58) 박영호, "박근혜정부의 대북정책: 한반도 신뢰프로세스와 정책추진 방향," 『통일정책연구』, 제22권 제1호, 통일연구원, 2013, 17면.

둘째, 우리가 필요한 것은 균형 있는 대북정책과 한반도 정세 인식 그리고 동맹외교와 동반자외교인 것이다. 대결상대이면서도 동반자가 되어야 하는 북한에 대한 우리 정부의 대북정책은 안보와 협력이 공존할 수밖에 없다. 또한 한미동맹 관계는 더욱 확고하게 다져야 하지만, 중국과의 관계에서도 전략적 협력관계를 발전시킬 수 있도록 외교력을 발휘해야 한다. 대북정책에 대한 상반된 의견을 언론이 너무 부각시키지 않는 것도 갈등을 해소할 수 있는 하나의 방안이다. 갈등은 어느 사회나 있지만 그것을 합리적으로, 생산적으로 관리하는 것 또한 정부의 능력이라고 생각한다.

셋째, 통일에서는 단일민족국가, 연방제, 낮은단계 연방제, 남북연합을 상정하였다. 통일을 주권을 하나로 합치는 것만으로 상정하지 않고 국가간의 연합으로 규정을 내리면 평화공존과 통일의 병존은 가능하다.[59] 우리 정부의 통일방안은 1989년 한민족공동체 통일방안에서 시작한 민족공동체 통일방안을 역대 모든 정부가 사실상 모두 존중하였다. 이것은 지속되어야 한다.

그러나 남북한의 상이한 이념체계와 이질적 삶의 방식을 조율하는 재통합의 과정은 단시일 내에 이루어질 사안은 아니다. 통일을 위해서는 먼저 신뢰를 통한 화해와 협력의 공존적 남북관계를 확고하게 정착시키는 것이 무엇보다 필요하다. 신뢰를 통해 평화를 만들고, 평화를 통해 신뢰를 구축해 나가야 한다. 결국 북한의 비핵화를 유도하고 이에 대한 체제보장과 경제발전을 확실하게 담보할 수 있는 국제사회의 협력을 이끌어 내는 외교역량이 필요하다.

통일한국은 우리 민족의 최상의 가치이며 미래이다. 통일에는 체제를 달리하는 남과 북이 있고 상호 그 방법을 달리하고 있다. 그렇기 때문에 통일을 내세우면 오히려 남북관계가 더욱 뒤틀릴 수 있다. 남북관계에서는 평화가 먼저로 '한반도의 평화와 번영, 통일'에서 보여주듯이, 군사적 신뢰 구축과 긴장완화를 통해 한반도의 항구적인 평화체제와 경제공동체가 형성되면서 상호 번영하여야 한다. 이것이 계속적으로 지속되어질 때 정치적 통합으로까지 이어져 자연스럽게 통일은 찾아올 수 있을 것이다.

59) 문정인·홍익표·김치관, 『평화의 규칙』, 도서출판 바틀비, 2018, 282면.

참고문헌

[국내문헌 및 북한 자료]

강명구. "10.4선언은 자주통일의 대통로를 열어나가는데서 우리 민족이 들고나가야 할 위대한 기치,"『김일성종합대학학보(력사, 법률)』 제63권 제2호(루계 522호). 김일성종합대학출판사. 2017.

강성학 · 양성철.『북한외교정책』. 서울프레스. 1995.

강정구. "한국전쟁과 북한사회주의 건설," 손호철 외.『한국전쟁과 남북한사회의 구조적 변화』. 서울: 경남대학교 극동문제연구소. 1991.

고성준.『통일 필요성의 재인식』 주제가 있는 통일강좌 28. 통일부 통일교육원. 2011.

고유환. "평화체제 구축에 대한 북한의 전략," 곽태환.『한반도 평화체제의 모색』. 경남대학교 극동문제연구소. 1977.

곽태환. "국제환경의 변화와 북한의 통일정책," 신정현 편.『북한의 통일정책 40년』. 서울: 을유문화사. 1989.

구갑우. "비핵화와 평화체제, 한미동맹의 공존 가능성," 김상기·홍민·구갑우·이혜정.『한반도 평화체제 구축과 한미관계』 KINU 연구총서 18-20. 통일연구원. 2018.

국가안보실.『문재인 정부의 국가안보전략』. 국가안보실. 2018.

권정만·김학만. "이명박 정부의 남북관계와 갈등관리: 대북정책 기조와 전개과정 분석을 중심으로,"『한국동북아논총』 제18집 제3호. 2013.

권혁범. "북한의 정권수립 및 전개과정," 양성철·강성학 공편.『북한의 외교정책』. 서울: 서울프레스. 1995.

김갑식. "북한 최고인민회의 제13기 제4차회의 분석,"『Online Series』 CO 16-19. 통일연구원. 2016.

______. "세계로 나아가는 북한,"『평화와 번영, 새로운 시작』. 민주평화통일자문회의. 2018.

김강녕.『남북한군사와 현안문제』. 신지서원. 2009.

김계동.『남북한 체제통합론: 이론·역사·정책·경험』. 서울: 명인문화사. 2006.

김광석. "북한의 통일방안에 대한 법적 검토,"『북한연구』 제5권 제3호. 대륙연구소. 1994.

김국신.『미국의 대북정책과 북한의 반응』 연구총서 01-22. 통일연구원. 2001.

김근식. "대북포용정책과 기능주의: 이상과 현실," 장달중 · 함택영 편.『21세기 한국외교와 국가이익』. 서울: (주)사회평론. 2012.

김남식. 『남노당 연구 Ⅰ』. 서울: 돌베개. 1984.
김대중. 『나의 길 나의 사상: 세계사의 전환과 민족통일의 방략』. 서울: 한길사. 1994.
_____. 『김대중 자서전 1』. 서울: 도서출판 삼인, 2010.
김대환. "새마을운동의 전개," 김운태 외. 『한국정치론』. 서울: 박영사. 1977.
김도태. "비경제적 통일편익을 통해 본 통일의 정당성," 『통일기반의 효과적 조성 방안과 과제』 학술회의발표논문집. (사)전국대학통일문제연구소협의회. 2011.
김동엽. "남북, 군축문제전진배치 '되돌릴 수 없는 평화' 긴요," 『통일한국』 Vol. 419. 평화문제연구소. 2018.11.
김명기. "연방국가, 국가연합, 체제연합의 비교연구," 민병천 편. 『전환기의 통일문제』. 대왕사. 1990.
김세균. "통일정책," 최명 편. 『북한개론』. 서울: 을유문화사. 1990.
김연철. 『70년의 대화』. 파주: 창비. 2018.
김연호. "문재인 정북의 대북정책과 미국의 시각," 『세종정책브리핑』 (2017.08.22.). 세종연구소. 2017.
김영명. 『고쳐쓴 한국현대정치사』. 서울: 을유문화사. 1990
김영식. "제네바회의와 냉전체제," 한국정치외교사학회. 『한국전쟁과 휴전체제』. 서울: 집문당. 1997.
김영윤. "남북 교류·협력의 문제점과 실천적 과제," 『통일경제』 제18호. 현대경제사회연구원. 1996.
김영호. 『한국전쟁기원과 전개과정』. 서울: 성신여자대학출판부. 2006.
김용구. "국제관계와 신뢰," 김인영 외, 『동북아의 신뢰와 민주정치: 신뢰와 평화』. 서울: 소화. 2008.
김용호. "대한민국 정부수립과정에서 이승만의 역할에 대한 재평가: 미군정시기 미한반도 정책을 둘러싼 이승만-하지의 갈등과 협력관계분석," 『한국정치연구』 제20집 제2호. 서울대학교 한국정치연구소. 2011.
김운태 외. 『한국정치론(제4전정판)』. 서울: 박영사, 1999.
김인영 편. 『사회신뢰/불신의 표상과 대응: 거시적 평가』. 서울: 소화. 2004.
김일수. "2007 남북정상회담의 평화·안보분야 성과 평가," 『한반도 평화와 안보의 모색: 쟁점과 시각』. 2007년도 한국정치학회 국방학술회의. 2007.
김창훈. 『한국외교 어제와 오늘(증보판)』. 파주: 한국학술정보(주). 2013.
김창희. "북한 정치문화의 양상과 변화요인," 『호남정치학회보』 제2집. 호남정치학회. 1990.
_____. "남북한 정치문화의 형성 및 성격 비교: 정치사회화의 내용과 비연속성을 중심으로," 『한국정치학회보』 제29집 제3호. 한국정치학회. 1995.

______. “김대중정부 대북정책의 현황과 과제,” 『통일전략』 제2권 제1호. 한국통일전략학회. 2002.
______. “노무현 정부의 대북정책과 남북관계 방향,” 『한국동북아논총』 제8권 제2호. 한국동북아학회. 2003.
______. “북핵문제에 대한 북·미간 갈등과 6자회담,” 『한국동북아논총』 제12권 제1호. 한국동북아학회. 2007.
______. “사회통일교육에 대한 분석과 활성화 방안,” 『통일전략』 제7권 제2호. 한국통일전략학회. 2007.
______. “대북정책의 단절성과 남남갈등에 관한 연구,” 『한국동북아논총』 제15집 제3호. 한국동북아학회. 2010.
______. “김정일 정치리더십의 기능적 분석,” 『한국동북아논총』 제17집 제4호. 한국동북아학회. 2012.
______. “북한의 통치이념 ‘김일성-김정일주의’ 분석,” 『한국정치연구』 제18집 제2호. 서울대학교 한국정치연구소. 2013.
______. “김정은 유일영도체계의 확립과정과 함의,” 『한국동북아논총』 제19집 제3호. 한국동북아학회. 2014.
______. “남북관계에서 신뢰형성은 가능한가,” 『정치.정보연구』 제18권 제3호. 한국정치정보학회. 2015.
______. “북한의 자강력제일주의와 인민노력동원에 관한연구,” 『한국동북아논총』 제22집 제4호. 한국동북아학회. 2017.
______. “북한 병진노선의 경제건설 총력집중노선으로 전환,” 『정치·정보연구』 제22권 제2호. 한국정치정보학회. 2019.
______. 『북한정치사회의 이해(제3판)』. 서울: 법문사. 2002.
______. 『김정일의 딜레마』. 서울: 인물과 사상사. 2004.
______. 『북한정치사회의 이해(제4판)』. 파주: 법문사. 2006.
______. 『북한정치와 김정은』. 법문사. 2012.
______. 『남북관계와 한반도: 대결과 갈등에서 신뢰의 장으로』. 고양: 삼우사. 2014.
______. 『김정은 정치의 프레임: 체제·이념·승계·시장·핵』. 파주: 법문사. 2016.
김학성·장인숙. “한반도 신뢰프로세스에 대한 상호 이해적 접근: 이론적 검토와 실천방안 모색,” 『정치·정보연구』 제17권 제1호. 한국정치정보학회. 2014.
김학성. “남북 및 북미정상회담이후 한반도 평화정착의 추진방향과 실천과제,” 『정치·정보연구』 제21권 제3호. 한국정치정보학회. 2018.
김학준. “한국전쟁,” 한국정치학회 편. 『현대한국정치론』. 한국정치학회. 1986.

______. “민족공동체와 남북체제연합의 연구,” 『통일문제연구』 제1권 제3호. 국토통일원. 1989.
______. “통일정책: 지속성 변화추세,” 이상우 외. 『북한 40년』. 서울: 을유문화사. 1989.
______. 『한국전쟁』. 서울: 박영사. 1989.
______. 『북한50년사』. 서울: 동아출판사. 1995.
김형기. 『남북관계변천사』. 연세대학교 출판부. 2010.
김호진. 『전정4판 한국정치체제론』. 서울: 박영사. 1994.
남궁영. “남북한 통일방안 재고찰: 연합제와 낮은 단계의 연방제,” 『통일경제』 제70호. 현대경제연구원. 2000.
노태우. 『노태우 회고록(下): 전환기의 대전략』. 조선뉴스프레스. 2011.
돈 오버더퍼 지음. 이종길 역. 『두개의 한국』 고양: 길산. 2002; Don Oberdorfer. *The Two Koreas*. 2002.
대통령비서실. 『박정희 대통령연설문집: 제4집』. 서울: 대한공론사. 1973.
리기섭. 『사회주의적 민주주의』. 평양: 사회과학출판사. 1987.
리진규. 『주체의 정치론』. 동경: 구월서방. 1988.
문순보. “개성공단 정상화 합의: 분석과 전망,” 『세종논평』 제273호. 2013.
______. 『국제정치 속의 한국 대북정책: 이명박 정부의 안보정책을 중심으로』. 세종연구소. 2013.
______. 『노무현정부의 대북정책: 국가안보와 평화번영정책의 괴리』. 세종연구소. 2014.
문정인·홍익표·김치관. 『평화의 규칙』. 서울: 도서출판 바틀비. 2018.
민준기 외. 『한국정치의 정치: 제도·발전·과정(전정판)』. 서울: 나남. 2008.
박광주. “한국의 국가이념과 현실: 자유민주주의의 이념과 권위주의적 현실간의 갈등,” 『한국정치학회보』 제22집 2호. 한국정치학회. 1998.
______. 『노무현정부의 대북정책: 국가안보와 평화번영정책의 괴리』. 세종연구소. 2014.
박동찬. 『통계로 본 6.25전쟁』. 국방부 군사편찬연구소. 2014.
박명림. “한국의 국가형성, 1945-48: 미시적 접근과 해석,” 이우진·김성주 공편, 『현대한국정치론』. 서울: 사회비평사. 1996.
박영수. “우리식 사회주의는 가장 인민적인 정치방식에 의거하는 사회주의,” 『정치법률연구』 루계 제20호. 평양: 과학백과사전출판사. 2007.
박영호. “박근혜정부의 대북정책: 한반도 신뢰프로세스와 정책추진 방향,” 『통일정책연구』 제22권 제1호. 통일연구원. 2013.
______. 『한반도 통일에 대한 동북아 4국 인식』. 통일연구원. 2014.
박인휘. “한반도 신뢰프로세스의 이론적 접근 및 국제화 방안,” 『통일정책연구』 제22권 제1

호. 통일연구원. 2013.

박정진. "냉전시대 한반도 갈등 관리의 첫 실험, 7.4남북공동성명," 『북한연구학회보』 제16권 제1호. 북한연구학회. 2012.

_____. "남북기본합의서와 동서독기본조약의 비교," 『국제정치논총』 제53집 제2호. 한국국제정치학회. 2013.

박형중. "장성택 숙청과 북한 내부의 권력투쟁," 『Online Series』 2014-02-17. 통일연구원. 2014.

백인학. "북한 사회주의의 건설과정," 이은호·김영재 공편. 『북한의 정치와 사회』. 서울: 서울프레스. 1994.

백학순. 『북한 권력의 역사』, 파주: 한울아카데미, 2010.

_____. 『노태우정부와 김영삼정부의 대북정책 비교』. 성남: 세종연구소. 2012.

_____. 『이승만정부와 장면정부의 통일정책 비교』. 성남: 세종연구소. 2013.

_____. 『박정희정부와 전두환정부의 통일·대북정책비교』. 성남: 세종연구소. 2014.

_____, "김정은의 외교·안보·통일 리더십," 『김정은 리더십 연구』. 세종연구소. 2017.

북한연구소. 『북한총람, 1983~1993』. 북한연구소. 1994.

서대숙. 『북한의 지도자 김일성』. 서울: 청계연구소. 1989.

서보혁. "평화로운 한반도의 문을 열다: 평양 남북정상회담 군사분야 평가와 과제," 『Online Series』 CO 18-39. 통일연구원. 2018.

_____, 『한국 평화학의 탐구』. 서울: 박영사. 2019.

서옥신. 『통일을 위한 '남남갈등' 극복 방향과 과제』. 서울: 도서출판 도리. 2003.

서울대학교 사회발전연구소. 『세계의 개혁, 한국의 개혁』. 서울: 오롬시스템(주). 1996.

서재진. "이명박 정부 대북정책의 형성배경과 정책목표," 통일연구원. 『이명박정부 대북정책 비전 및 추진방향』 핵심국정과제 연구시리즈 08-01. 2008.

손봉숙. "한국의 정치문화와 반공이념," 『한국정치학회보』 제17집. 한국정치학회, 1983.

송기돈. "남북한 평화체제구축과 남북한관계," 『새 정부의 대북 평화정책과 과제』. 2003년도 호남정치학회 연례기획학술세미나 발표논문집. 2003.

송정호. "남남갈등해소를 위한 국민합의의 민주적 제도," 『정치·정보연구』 제12권 제1호. 한국정치·정보학회. 2009.

송정호·조정아. "이명박 정부의 통일교육정책과 통일교육 거버넌스의 개선방향," 『평화학연구』 제10권 제1호. 세계평화통일학회. 2009.

신분진. "정전협정을 평화협정으로 바꾸는것은 조선반도에서 전쟁위험을 제거하고 긴장을 완화하기 위한 공명정대한한 요구," 『김일성종합대학학보(력사, 법률)』 제62권 제2호(루계 510호). 김일성종합대학출판사. 2016.

신 진. "김영삼 대통령: 리더쉽과 치적 공과,"『남북한 정치지도자의 리더쉽과 치적 공과』. 한국정치학회 충청지회 남북한 건국 50주년 학술회의. 1998.
신병식. "한국전쟁과 북한사회주의 체제이행과정,"『한국전쟁과 북한사회주의 체제건설』. 서울: 박영사. 1992.
신복룡. 『한국분단사연구: 1943-1953』. 서울: 한울아카데미. 2001.
신정현 편. 『북한의 통일정책』. 서울: 을유문화사. 1989.
신정현. "연방제 통일방안의 전개와 목표," 고성준 외. 『전환기의 북한 사회주의』. 서울: 대왕사. 1992.
안문석. 『오기섭 평전』. 전주: 전북대학교 출판문화원. 2013.
_____. 『북한 현대사의 산책 3』. 서울: 인물과 사상사, 2016
_____. 『북한 현대사의 산책 4』. 서울: 인물과 사상사, 2016.
_____. 『북한 현대사의 산책 5』. 서울: 인물과 사상사, 2016.
_____. 『무정 평전』. 서울: 일조각. 2019.
안승국. "신뢰에 대한 이론적 고찰," 민족화해협력범국민협의회 정책위원회. 『한반도 신뢰의 길을 찾는다』. 서울: 도서출판 선인. 2013.
애나 파이필드 지음. 이기동 역. 『김정은 평전 마지막 계승자』. 서울: 도서출판 프리뷰; Anna Fifield. *The Great Successor*. 2019.
엄국현·윤금철. 『조선반도 평화보장문제』. 평양: 평양출판사. 2006.
오일환·정순원. 『김정일시대의 북한정치경제』. 서울: 을유문화사. 1999.
요한 갈퉁 지음. 강종일·정대화·임성호·김승채·이재봉 역. 『평화적 수단에 의한 평화』. 서울: 들녘; Johan Galtung, *Peace by Peaceful Means*. London: Sage. 2000.
유현석. 『국제정세의 이해(제2개정판)』. 파주: 한울아카데미. 2003.
윤근식. "통일·외교정책," 김운태 외. 『한국정치론』. 박영사. 1977.
윤기관. "금강산 관광 1주년의 평가와 과제 : 정치·경제·사회 문화적 성과,"『통일경제』 제59호. 현대경제연구원. 1999.
윤용희. "남북한 통일정책의 기조와 남북정상회담,"『사회과학』 제12집. 경북대학교 사회과학대학. 2000.
이기동. "남북 간 정치·군사적 신뢰형성," 민족화해협력범국민협의회 정책위원회 편. 『한반도 신뢰의 길을 찾는다』. 서울: 도서출판 선인. 2013.
이기택. "군과 정치," 김창순 편. 『북한정치론의 구조와 전망』. 북한연구소. 1979.
이삼성. "한반도 평화협정: 북·미 간 및 남북간 핵 문제 해결과 불신 극복의 궁극적 틀," 김인영 외. 『동북아의 신뢰와 민주정치, 신뢰와 평화』. 서울: 소화. 2008.
_____. "북한 핵문제 평화적 해결의 방향: 한반도 평화협정과 동북아시아 비핵무기지대화,"

『jpi 정책포럼』 No. 2017-09/10/11/12. 제주평화연구원. 2017.
이삼열. "한반도와 동북아의 평화공동체," 전국대학통일문제연구소협의회. 『평화의 이론과 운동』 세미나 발제문. 2017.12.20.
이석호. "북한 정치권력승계에서 군의 역할," 『한국정치학회보』 제22집 제2호. 한국정치학회. 1988.
이수인. "한국정치의 이데올로기와 갈등구조," 장을병 외. 『남북한 정치의 구조와 전망』. 서울: 한울아카데미. 1994.
이승현. "북한 정권의 수립과정," 이은호·김영재 공편. 『북한의 정치와 사회』. 서울: 서울프레스. 1994.
이완범. "분단의 배경," 이은호·김영재 공편. 『북한의 정치와 사회』. 서울: 서울프레스. 1994.
______. 『삼팔선 획정의 진실』. 지식산업사. 2001.
이우진·김성주 공편. 『현대한국정치론』. 서울: 사회비평사. 1996.
이우태 외. 『북핵위기와 북미간 전략환경 인식』 KINU 연구총서 18-13. 통일연구원. 2018.
이정복. 『한국정치의 분석과 이해(개정증보 3판)』. 서울: 서울대학교 출판문화원. 2010.
이종석. "유일체제의 수립과정," 장을병 외. 『남북한 정치의 구조와 전망』. 서울: 한울아카데미. 1994.
______. 『새로 쓴 현대북한의 이해』. 역사비평사. 2000.
______. "조선노동당 제7차 대회의 의미와 특징," 『세종 정책브리핑: 북한 노동당 제7차 대회 평가와 전망』. 세종연구소. 2016.
______. "6.12 북미정상회담을 읽는 새로운 코드, '신뢰구축'," 『동아시아재단 정책논단』 제99호. 동아시아재단. 2018.
이지수. "소련군 철군과정연구—시론," 『사회과학논총』 제26집. 명지대학교 사회과학연구소. 2006.
이창헌. "북·미 베를린 협상타결 및 페리보고서 이후의 과제와 남북한관계 전망," 『정치·정보 연구』 제3권 제1호. 한국정치·정보학회. 2000.
임동원. 『피스메이커: 남북관계와 북핵문제 20년』. 서울: 중앙북스(주). 2008.
임수호. "한국의 정권교체와 대북정책 변화," 『통일기반조성을 위한 다학제적 접근 I: 대북정책·경제·문학』 서울대학교 2010 통일학 기초연구심포지엄. 서울대학교 통일평화연구소. 2010.
임혁백. 『한반도와 동아시아의 안보와 평화』. 파주: 한울아카데미. 2014.
장달중. "제3공화국과 권위주의적 근대화," 한국정치학회 편, 『현대한국정치론』, 한국정치학회, 1986.
장명봉. "'한민족공동체' 통일방안의 법적 구조에 관한 고찰," 『통일문제연구』 제1권 제4호. 국토통일원. 1989.

장을병 외. 『남북한 정치의 구조와 전망』. 서울: 한울아카데미. 1994.

장의관. "제2차 남북정상회담과 한반도 평화정착 방안의 구상: 동북아 역내 이해구조를 중심으로," 『통일정책연구』 제16권 제2호. 통일연구원. 2007.

전득주. 『세계의 분단 사례 비교연구』. 서울: 푸른길. 2004.

전상인. "김정일체제의 지배이념," 『통일연구논총』 제3권 제2호. 민족통일연구원. 1994.

전성훈. "북한의 핵능력 평가," 한국정치학회·이정복 외. 『북핵 문제의 해법과 전망』. 서울: 중앙 M&B. 2003.

______. "김정은 정권의 경제·핵무력 병진노선과 '4.1 핵보유법령'," 『Online Series』 CO 13-11. 통일연구원. 2013.

______. "신뢰형·통합·진화의 대북·통일정책," 『통일정책연구』 22(2). 통일연구원. 2013.

전인영 외. 『북한의 정치』. 서울: 을유문화사. 1990.

전재성. "탈냉전기 남북관계의 변화 추이와 한국의 미래전략," 『북한의 체제전망과 남북경협』. 한울아카데미. 2003.

______. "3차 북미정상회담으로 가는 길목에서: 2019년 한국외교과제," 『북한바로읽기 14』 EAI논평. 2019.

정성장. "장성택 숙청 이후 김정은 체제의 안정성 평가," 『국방연구』 제57권 제1호, 한국국방연구원. 2014.

______. "북한 핵실험 이후 북핵 문제의 관리 및 해결 방향," 『세종연구』 제3권 1호, 세종연구소. 2014.

정세현·황방열. 『담대한 여정』. 서울: 메디치 미디어. 2018.

정영태. "북한의 대남 군사적 위협 배경과 우리의 대응,"「Online Serise」 CO 09-07. 통일연구원. 2009.

정윤재. 『정치리더십과 한국민주주의: 한국의 대통령 리더십연구』. 파주: 나남. 2013.

정성임. "한반도 신뢰프로세스: 구성, 인식, 접근방식," 『통일정책연구』 22(2). 통일연구원. 2013.

정지훈. "북한의 정전체제 파괴책동과 우리의 대응방안," 『극동문제』. 극동문제연구소. 1996. 5.

정치학대사전편찬위원회 역음. 『21세기 정치학대사전』. 아카데미아리서치. 2002.

조성훈. 『군사분계선과 남북한 갈등』. 국방부 군사편찬연구소. 2011.

조한범. 『남남갈등 해소방안 연구』 연구총서 06-19. 통일연구원. 2006.

주미영. "글로벌 신뢰 구축을 위한 외교정책 모색: 신뢰 유형을 중심으로," 『정치·정보연구』 제17권 제1호. 한국정치정보학회. 2014.

지병문 외. 『현대 한국정치의 정치』. 서울: 박영사. 2010.

최 성. 『북한정치사』. 파주: 도서출판 풀빛. 1997.

최대석. "남북한이산가족 재회 활성화 방안," 『정책연구』 제4호. 국제문제조사연구소. 1995.

______. "6.15 공동선언 이후 남북한 사회문화 교류의 현황과 전망," 『남북정상회담 1주년기념 국제학술회의』. 민주평화통일일자문회의·한국정치학회·북미한국정치학회, 2001. 7.

______. "인도적 대북 지원의 어제와 오늘, 그리고 내일," 이화여자대학교 통일학연구원 편. 『남북관계사』. 이화여자대학교 출판부. 2009.

최상용. "평화상태의 개념에 대하여," 전국대학통일문제연구소협의회. 『평화의 이론과 운동』 세미나 발제문. 2017.12.20.

최수영. "최고인민회의 제12기 7차 회의 평가와 전망," 『Online Series』 CO 13-10. 통일연구원. 2013.

최영진. "려명거리는 만리마속도창조의 고향," 『천리마』 제8호(루계 699). 평양: 천리마사, 2017.

최완규. "통일정책의 변화 요인," 고성준 외. 『전환기의 북한 사회주의』. 서울: 대왕사. 1992.

최의철. "남북정상회담과 이산가족문제 해결 전망," 『통일정책연구』 제9권 제1호. 통일연구원. 2000.

최종식. "민족대단결은 곧 조국통일," 『김일성종합대학학보(철학, 경제학)』 제63권 제2호(루계 520호). 김일성종합대학출판사. 2017.

최진욱. "국민들의 대북인식 변화와 대북정책 평가: 국민여론조사를 바탕으로 한 분석," 통일연구원. 『이명박 정부 2년 대북정책 성과 및 향후추진 방향』 학술회의 총서 10-01. 2010.

최춘금. "항일혁명투쟁시기에 발휘된 자력자강의 혁명정신," 『김일성종합대학학보(철학, 경제학)』 제63권 제4호(루계 526호). 김일성종합대학출판사. 2017.

통일부. 『1997 통일백서』. 통일부. 1997.

______. 『2005 통일백서』. 통일부. 2005.

______. 『남북정상회담』. 통일부. 2007.

______. 『2008 통일백서』. 통일부. 2008.

______. 『2010 통일백서』. 통일부. 2010.

______. 『월간북한동향』 제856-868호. 통일부. 2007.

______. 『남북대화』 제75호. 통일부. 2013.

______. 『문재인의 한반도정책: 평화와 번영의 한반도』. 통일부. 2018.

______. 『2018 통일문제이해』. 통일부 통일교육원. 2018.

______. 『2019 통일백서』. 통일부. 2019.

통일부 통일교육원. 『통일문제이해』. 통일부 통일교육원. 2011.

______. 『남북관계지식사전』. 통일부 통일교육원. 2011.

______. 『통일문제이해』. 통일부 통일교육원. 2012.
______. 『통일문제이해』. 통일부 통일교육원. 2013.
______. 『북한지식사전』. 통일부 통일교육원. 2013.
통일연수원. 『민주통일론(통일문제)』. 통일연수원. 1991.
통일원. 『북한개요 '91』. 통일원. 1990.
프렌시스 후쿠야마. "신뢰의 기원," 『KINU 통일+』 Vol. 1 No. 2. 통일연구원. 2015.
하영선. "북한 핵·미사일의 주기적 위기: 강성대국과 페리보고서," 『계간 사상』. 사회과학원. 2000.
______. "북한 1972 진실 찾기: 7.4공동성명의 추진과 폐기," 『EAI 국가안보패널 보고서』 EAI NPS Report 67. 동아시아연구원. 2014. 3.
한국정치연구회 정치사분과. 『한국현대사 이야기 주머니』. 서울: 도서출판 노두. 1993.
한배호. 『한국정치변동론』. 서울: 박영사. 1995.
허만호. "휴전체제 등장과 변화," 한국정치외교사학회. 『한국전쟁과 휴전체제』. 서울: 집문당. 1997.
허문영. "북한의 통일정책," 양성철·강성학 공편. 『북한외교정책』. 서울: 서울프레스. 1995.
홍우택·박창권. 『북한의 핵전략 분석』 KINU 연구총서 18-14. 통일연구원. 2018.
홍진철. "북남관계개선은 평화와 통일로 나아가는 출발점," 『김일성종합대학학보(력사, 법률)』 제63권 제3호(루계 525호). 김일성종합대학출판사. 2017.
황병덕. 『부시행정부의 대북정책과 한국의 대북정책 추진방향』 연구총서 01-02. 통일연구원. 2001.
황지환. "비핵화와 평화체제, 선 순환과정으로 만들어야," 『통일시대』 Vol. 149, 민주평화통일자문회의. 2019.
『2002북한연감』. 연합뉴스. 2001.
『남북대화』 제75호 2010. 1~2013. 2. 통일부.
『내외통신 종합판(67)』. 내외통신사. 1998.
『선군태양 김정일장군 2』. 평양: 평양출판사. 2006.
『선군태양 김정일장군 4』. 평양: 평양출판사. 2007.
『정치사전』. 평양: 사회과학출판사. 1973.
『조선전사 24 현대편』. 평양: 과학·백과사전출판사. 1981.
『조선전사 25 현대편』. 평양: 과학·백과사전출판사. 1981.
『조선전사 28 현대편』. 평양: 과학·백과사전출판사. 1981.
『조선전사 32 현대편』. 평양: 과학·백과사전출판사. 1982.
『조선중앙연감』. 평양: 조선중앙통신사. 1949년판.

『경향신문』, 『동아일보』, 『로동신문』, 『매일경제』, 『조선일보』, 『중앙일보』, 『통일신문』, 『한겨레』.

『한국전쟁사 1권(개정판)』. 국방부 전사편찬위원회. 1977.

[외국문헌]

Breen Michael. *Kim Jong-Il: Morth Korea's Dear Leader*. John Wiley & Sons(Asia) Pte Ltd. 2004.

Cumings Bruce. *The two Koreas: On the Road to Reunification?* N.Y.: Foreign Policy Association, 1990, p.48.

Cha Victor. *The Impossible State: North Korea Past and Future*. New York: HarperCllins Publishers. 2012.

Farrell Henry and Jack Knight. "Trust, Institutions and Institutional Change: Industrial Districts and the Social Capital Hypothesis," *Politics and Society*, Vol. 31, No. 4. 2003.

Fukuyama, Francis. *TRUST: Social Virtues and the Creation of Prosperity*. New York: Free Press. 1995.

Harrison, Selig S. "Did North Korea Cheat?" *Foreign Affairs* Vol. 84 No 1. January/February. 2005.

Kelman, Herbert C.. "Building trust among enemies: The central challenge for international conflict resolution," *International Journal of Intercultural Relations* 29(6). 2005.

Lankov Andrei. "Changing North Korea: An Information Campaign Can Beat the Regime," *Foreign. Affairs*. Vol.88, No.6. 2009.

Lankov, Andrei N. "Soviet Politburo Decisiona and the Emergence of the North Korean State, 1946-1948," Byung-Kie Yang ed.. Korean Peninsula: From Division toward Peaceful Unification. The Korean Political Science Association. 2005.

Lebow, Richard Ned. "The Role of trust in International Relations," *Global Asia*. Vol. 8, No. 3. Fall. 2013.

Lee Chong-Sik. "The 1972 Constitution and Top Communist Leaders," Suh Dae Sook and Lee Chae Jin ed., *Political Leadership in Korea*. Washington: University of Washington Press, 1976.

Lind, Jennifer. "The Once and Future Kim: Succession and Stasis in North Korea," *Foreign Affairs*. October 25. 2010.

Macridis Roy C. *Modern Political Regimes: Patterns and Institutions*. Boston Toronto:

Little, Brown and Company. 1986.

Mearsheimer, John J.. *The Tragedy of Great Power Politics*. Norton: W. W. & Company, Inc., 2001, pp. 51-52.

Marcus, Noland. 2000. *Avoiding the Apocalypse: The future of the two Koreas*. Washington. DC: Institute for International Economics. 2000.

Matray James Irving. The Reluctant Crusade; American Foreign Policy in Korea, 1941-1950. Honolulu: University of Hawaii Press. 1985.

Tucker, Robert C.. *Politics as Leadership*. Columbia & London: University of Missouri Press. 1981.

부 록

- 대한민국헌법
- 조선민주주의인민공화국 사회주의헌법
- 7·4남북공동성명
- 남북 사이의 화해와 불가침 및 교류·협력에 관한 합의서 (남북기본합의서)
- 한반도 비핵화공동선언
- 6·15남북공동선언
- 남북관계 발전과 평화번영을 위한 선언(10·4선언)
- 한반도의 평화와 번영, 통일을 위한 판문점 선언문
- 9월 평양공동선언
- '판문점선언' 이행을 위한 군사분야합의서
- 북미 제네바 기본합의서
- 제4차 6자회담 공동성명(9·19공동성명)
- 6·12북미정상회담 합의문

대한민국헌법

[시행 1988. 2. 25] [헌법 제10호, 1987. 10. 29, 전부개정]

유구한 역사와 전통에 빛나는 우리 대한국민은 3·1운동으로 건립된 대한민국임시정부의 법통과 불의에 항거한 4·19민주이념을 계승하고, 조국의 민주개혁과 평화적 통일의 사명에 입각하여 정의·인도와 동포애로써 민족의 단결을 공고히 하고, 모든 사회적 폐습과 불의를 타파하며, 자율과 조화를 바탕으로 자유민주적 기본질서를 더욱 확고히 하여 정치·경제·사회·문화의 모든 영역에 있어서 각인의 기회를 균등히 하고, 능력을 최고도로 발휘하게 하며, 자유와 권리에 따르는 책임과 의무를 완수하게 하여, 안으로는 국민생활의 균등한 향상을 기하고 밖으로는 항구적인 세계평화와 인류공영에 이바지함으로써 우리들과 우리들의 자손의 안전과 자유와 행복을 영원히 확보할 것을 다짐하면서 1948년 7월 12일에 제정되고 8차에 걸쳐 개정된 헌법을 이제 국회의 의결을 거쳐 국민투표에 의하여 개정한다.

제1장 총 강

제1조 ① 대한민국은 민주공화국이다.

② 대한민국의 주권은 국민에게 있고, 모든 권력은 국민으로부터 나온다.

제2조 ① 대한민국의 국민이 되는 요건은 법률로 정한다.

② 국가는 법률이 정하는 바에 의하여 재외국민을 보호할 의무를 진다.

제3조 대한민국의 영토는 한반도와 그 부속도서로 한다.

제4조 대한민국은 통일을 지향하며, 자유민주적 기본질서에 입각한 평화적 통일 정책을 수립하고 이를 추진한다.

제5조 ① 대한민국은 국제평화의 유지에 노력하고 침략적 전쟁을 부인한다.

② 국군은 국가의 안전보장과 국토방위의 신성한 의무를 수행함을 사명으로 하며, 그 정치적 중립성은 준수된다.

제6조 ① 헌법에 의하여 체결·공포된 조약과 일반적으로 승인된 국제법규는 국내법과 같은 효력을 가진다.

② 외국인은 국제법과 조약이 정하는 바에 의하여 그 지위가 보장된다.

제7조 ① 공무원은 국민전체에 대한 봉사자이며, 국민에 대하여 책임을 진다.

② 공무원의 신분과 정치적 중립성은 법률이 정하는 바에 의하여 보장된다.

제8조 ① 정당의 설립은 자유이며, 복수정당제는 보장된다.

② 정당은 그 목적·조직과 활동이 민주적이어야 하며, 국민의 정치적 의사형성에 참여하

는데 필요한 조직을 가져야 한다.

③ 정당은 법률이 정하는 바에 의하여 국가의 보호를 받으며, 국가는 법률이 정하는 바에 의하여 정당운영에 필요한 자금을 보조할 수 있다.

④ 정당의 목적이나 활동이 민주적 기본질서에 위배될 때에는 정부는 헌법재판소에 그 해산을 제소할 수 있고, 정당은 헌법재판소의 심판에 의하여 해산된다.

제9조 국가는 전통문화의 계승·발전과 민족문화의 창달에 노력하여야 한다.

제2장 국민의 권리와 의무

제10조 모든 국민은 인간으로서의 존엄과 가치를 가지며, 행복을 추구할 권리를 가진다. 국가는 개인이 가지는 불가침의 기본적 인권을 확인하고 이를 보장할 의무를 진다.

제11조 ① 모든 국민은 법 앞에 평등하다. 누구든지 성별·종교 또는 사회적 신분에 의하여 정치적·경제적·사회적·문화적 생활의 모든 영역에 있어서 차별을 받지 아니한다.

② 사회적 특수계급의 제도는 인정되지 아니하며, 어떠한 형태로도 이를 창설할 수 없다.

③ 훈장등의 영전은 이를 받은 자에게만 효력이 있고, 어떠한 특권도 이에 따르지 아니한다.

제12조 ① 모든 국민은 신체의 자유를 가진다. 누구든지 법률에 의하지 아니하고는 체포·구속·압수·수색 또는 심문을 받지 아니하며, 법률과 적법한 절차에 의하지 아니하고는 처벌·보안처분 또는 강제노역을 받지 아니한다.

② 모든 국민은 고문을 받지 아니하며, 형사상 자기에게 불리한 진술을 강요당하지 아니한다.

③ 체포·구속·압수 또는 수색을 할 때에는 적법한 절차에 따라 검사의 신청에 의하여 법관이 발부한 영장을 제시하여야 한다. 다만, 현행범인인 경우와 장기 3년 이상의 형에 해당하는 죄를 범하고 도피 또는 증거인멸의 염려가 있을 때에는 사후에 영장을 청구할 수 있다.

④ 누구든지 체포 또는 구속을 당한 때에는 즉시 변호인의 조력을 받을 권리를 가진다. 다만, 형사피고인이 스스로 변호인을 구할 수 없을 때에는 법률이 정하는 바에 의하여 국가가 변호인을 붙인다.

⑤ 누구든지 체포 또는 구속의 이유와 변호인의 조력을 받을 권리가 있음을 고지받지 아니하고는 체포 또는 구속을 당하지 아니한다. 체포 또는 구속을 당한 자의 가족등 법률이 정하는 자에게는 그 이유와 일시·장소가 지체없이 통지되어야 한다.

⑥ 누구든지 체포 또는 구속을 당한 때에는 적부의 심사를 법원에 청구할 권리를 가진다.

⑦ 피고인의 자백이 고문·폭행·협박·구속의 부당한 장기화 또는 기망 기타의 방법에 의하여 자의로 진술된 것이 아니라고 인정될 때 또는 정식재판에 있어서 피고인의 자백이 그에게 불리한 유일한 증거일 때에는 이를 유죄의 증거로 삼거나 이를 이유로 처벌할 수

없다.

제13조 ① 모든 국민은 행위시의 법률에 의하여 범죄를 구성하지 아니하는 행위로 소추되지 아니하며, 동일한 범죄에 대하여 거듭 처벌받지 아니한다.

② 모든 국민은 소급입법에 의하여 참정권의 제한을 받거나 재산권을 박탈당하지 아니한다.

③ 모든 국민은 자기의 행위가 아닌 친족의 행위로 인하여 불이익한 처우를 받지 아니한다.

제14조 모든 국민은 거주·이전의 자유를 가진다.

제15조 모든 국민은 직업선택의 자유를 가진다.

제16조 모든 국민은 주거의 자유를 침해받지 아니한다. 주거에 대한 압수나 수색을 할 때에는 검사의 신청에 의하여 법관이 발부한 영장을 제시하여야 한다.

제17조 모든 국민은 사생활의 비밀과 자유를 침해받지 아니한다.

제18조 모든 국민은 통신의 비밀을 침해받지 아니한다.

제19조 모든 국민은 양심의 자유를 가진다.

제20조 ① 모든 국민은 종교의 자유를 가진다.

② 국교는 인정되지 아니하며, 종교와 정치는 분리된다.

제21조 ① 모든 국민은 언론·출판의 자유와 집회·결사의 자유를 가진다.

② 언론·출판에 대한 허가나 검열과 집회·결사에 대한 허가는 인정되지 아니한다.

③ 통신·방송의 시설기준과 신문의 기능을 보장하기 위하여 필요한 사항은 법률로 정한다.

④ 언론·출판은 타인의 명예나 권리 또는 공중도덕이나 사회윤리를 침해하여서는 아니된다. 언론·출판이 타인의 명예나 권리를 침해한 때에는 피해자는 이에 대한 피해의 배상을 청구할 수 있다.

제22조 ① 모든 국민은 학문과 예술의 자유를 가진다.

② 저작자·발명가·과학기술자와 예술가의 권리는 법률로써 보호한다.

제23조 ① 모든 국민의 재산권은 보장된다. 그 내용과 한계는 법률로 정한다.

② 재산권의 행사는 공공복리에 적합하도록 하여야 한다.

③ 공공필요에 의한 재산권의 수용·사용 또는 제한 및 그에 대한 보상은 법률로써 하되, 정당한 보상을 지급하여야 한다.

제24조 모든 국민은 법률이 정하는 바에 의하여 선거권을 가진다.

제25조 모든 국민은 법률이 정하는 바에 의하여 공무담임권을 가진다.

제26조 ① 모든 국민은 법률이 정하는 바에 의하여 국가기관에 문서로 청원할 권리를 가진다.

② 국가는 청원에 대하여 심사할 의무를 진다.

제27조 ① 모든 국민은 헌법과 법률이 정한 법관에 의하여 법률에 의한 재판을 받을 권리를 가진다.

② 군인 또는 군무원이 아닌 국민은 대한민국의 영역안에서는 중대한 군사상 기밀·초

병·초소·유독음식물공급·포로·군용물에 관한 죄중 법률이 정한 경우와 비상계엄이 선포된 경우를 제외하고는 군사법원의 재판을 받지 아니한다.

③ 모든 국민은 신속한 재판을 받을 권리를 가진다. 형사피고인은 상당한 이유가 없는 한 지체없이 공개재판을 받을 권리를 가진다.

④ 형사피고인은 유죄의 판결이 확정될 때까지는 무죄로 추정된다.

⑤ 형사피해자는 법률이 정하는 바에 의하여 당해 사건의 재판절차에서 진술할 수 있다.

제28조 형사피의자 또는 형사피고인으로서 구금되었던 자가 법률이 정하는 불기소처분을 받거나 무죄판결을 받은 때에는 법률이 정하는 바에 의하여 국가에 정당한 보상을 청구할 수 있다.

제29조 ① 공무원의 직무상 불법행위로 손해를 받은 국민은 법률이 정하는 바에 의하여 국가 또는 공공단체에 정당한 배상을 청구할 수 있다. 이 경우 공무원 자신의 책임은 면제되지 아니한다.

② 군인·군무원·경찰공무원 기타 법률이 정하는 자가 전투·훈련등 직무집행과 관련하여 받은 손해에 대하여는 법률이 정하는 보상외에 국가 또는 공공단체에 공무원의 직무상 불법행위로 인한 배상은 청구할 수 없다.

제30조 타인의 범죄행위로 인하여 생명·신체에 대한 피해를 받은 국민은 법률이 정하는 바에 의하여 국가로부터 구조를 받을 수 있다.

제31조 ① 모든 국민은 능력에 따라 균등하게 교육을 받을 권리를 가진다.

② 모든 국민은 그 보호하는 자녀에게 적어도 초등교육과 법률이 정하는 교육을 받게 할 의무를 진다.

③ 의무교육은 무상으로 한다.

④ 교육의 자주성·전문성·정치적 중립성 및 대학의 자율성은 법률이 정하는 바에 의하여 보장된다.

⑤ 국가는 평생교육을 진흥하여야 한다.

⑥ 학교교육 및 평생교육을 포함한 교육제도와 그 운영, 교육재정 및 교원의 지위에 관한 기본적인 사항은 법률로 정한다.

제32조 ① 모든 국민은 근로의 권리를 가진다. 국가는 사회적·경제적 방법으로 근로자의 고용의 증진과 적정임금의 보장에 노력하여야 하며, 법률이 정하는 바에 의하여 최저임금제를 시행하여야 한다.

② 모든 국민은 근로의 의무를 진다. 국가는 근로의 의무의 내용과 조건을 민주주의원칙에 따라 법률로 정한다.

③ 근로조건의 기준은 인간의 존엄성을 보장하도록 법률로 정한다.

④ 여자의 근로는 특별한 보호를 받으며, 고용·임금 및 근로조건에 있어서 부당한 차별

을 받지 아니한다.

⑤ 연소자의 근로는 특별한 보호를 받는다.

⑥ 국가유공자·상이군경 및 전몰군경의 유가족은 법률이 정하는 바에 의하여 우선적으로 근로의 기회를 부여받는다.

第33조 ① 근로자는 근로조건의 향상을 위하여 자주적인 단결권·단체교섭권 및 단체행동권을 가진다.

② 공무원인 근로자는 법률이 정하는 자에 한하여 단결권·단체교섭권 및 단체행동권을 가진다.

③ 법률이 정하는 주요방위산업체에 종사하는 근로자의 단체행동권은 법률이 정하는 바에 의하여 이를 제한하거나 인정하지 아니할 수 있다.

第34조 ① 모든 국민은 인간다운 생활을 할 권리를 가진다.

② 국가는 사회보장·사회복지의 증진에 노력할 의무를 진다.

③ 국가는 여자의 복지와 권익의 향상을 위하여 노력하여야 한다.

④ 국가는 노인과 청소년의 복지향상을 위한 정책을 실시할 의무를 진다.

⑤ 신체장애자 및 질병·노령 기타의 사유로 생활능력이 없는 국민은 법률이 정하는 바에 의하여 국가의 보호를 받는다.

⑥ 국가는 재해를 예방하고 그 위험으로부터 국민을 보호하기 위하여 노력하여야 한다.

第35조 ① 모든 국민은 건강하고 쾌적한 환경에서 생활할 권리를 가지며, 국가와 국민은 환경보전을 위하여 노력하여야 한다.

② 환경권의 내용과 행사에 관하여는 법률로 정한다.

③ 국가는 주택개발정책등을 통하여 모든 국민이 쾌적한 주거생활을 할 수 있도록 노력하여야 한다.

第36조 ① 혼인과 가족생활은 개인의 존엄과 양성의 평등을 기초로 성립되고 유지되어야 하며, 국가는 이를 보장한다.

② 국가는 모성의 보호를 위하여 노력하여야 한다.

③ 모든 국민은 보건에 관하여 국가의 보호를 받는다.

第37조 ① 국민의 자유와 권리는 헌법에 열거되지 아니한 이유로 경시되지 아니한다.

② 국민의 모든 자유와 권리는 국가안전보장·질서유지 또는 공공복리를 위하여 필요한 경우에 한하여 법률로써 제한할 수 있으며, 제한하는 경우에도 자유와 권리의 본질적인 내용을 침해할 수 없다.

第38조 모든 국민은 법률이 정하는 바에 의하여 납세의 의무를 진다.

第39조 ① 모든 국민은 법률이 정하는 바에 의하여 국방의 의무를 진다.

② 누구든지 병역의무의 이행으로 인하여 불이익한 처우를 받지 아니한다.

제3장 국 회

제40조 입법권은 국회에 속한다.

제41조 ① 국회는 국민의 보통·평등·직접·비밀선거에 의하여 선출된 국회의원으로 구성한다.

② 국회의원의 수는 법률로 정하되, 200인 이상으로 한다.

③ 국회의원의 선거구와 비례대표제 기타 선거에 관한 사항은 법률로 정한다.

제42조 국회의원의 임기는 4년으로 한다.

제43조 국회의원은 법률이 정하는 직을 겸할 수 없다.

제44조 ① 국회의원은 현행범인인 경우를 제외하고는 회기중 국회의 동의없이 체포 또는 구금되지 아니한다.

② 국회의원이 회기전에 체포 또는 구금된 때에는 현행범인이 아닌 한 국회의 요구가 있으면 회기중 석방된다.

제45조 국회의원은 국회에서 직무상 행한 발언과 표결에 관하여 국회외에서 책임을 지지 아니한다.

제46조 ① 국회의원은 청렴의 의무가 있다.

② 국회의원은 국가이익을 우선하여 양심에 따라 직무를 행한다.

③ 국회의원은 그 지위를 남용하여 국가·공공단체 또는 기업체와의 계약이나 그 처분에 의하여 재산상의 권리·이익 또는 직위를 취득하거나 타인을 위하여 그 취득을 알선할 수 없다.

제47조 ① 국회의 정기회는 법률이 정하는 바에 의하여 매년 1회 집회되며, 국회의 임시회는 대통령 또는 국회재적의원 4분의 1 이상의 요구에 의하여 집회된다.

② 정기회의 회기는 100일을, 임시회의 회기는 30일을 초과할 수 없다.

③ 대통령이 임시회의 집회를 요구할 때에는 기간과 집회요구의 이유를 명시하여야 한다.

제48조 국회는 의장 1인과 부의장 2인을 선출한다.

제49조 국회는 헌법 또는 법률에 특별한 규정이 없는 한 재적의원 과반수의 출석과 출석의원 과반수의 찬성으로 의결한다. 가부동수인 때에는 부결된 것으로 본다.

제50조 ① 국회의 회의는 공개한다. 다만, 출석의원 과반수의 찬성이 있거나 의장이 국가의 안전보장을 위하여 필요하다고 인정할 때에는 공개하지 아니할 수 있다.

② 공개하지 아니한 회의내용의 공표에 관하여는 법률이 정하는 바에 의한다.

제51조 국회에 제출된 법률안 기타의 의안은 회기중에 의결되지 못한 이유로 폐기되지 아니한다. 다만, 국회의원의 임기가 만료된 때에는 그러하지 아니하다.

제52조 국회의원과 정부는 법률안을 제출할 수 있다.

제53조 ① 국회에서 의결된 법률안은 정부에 이송되어 15일 이내에 대통령이 공포한다.

② 법률안에 이의가 있을 때에는 대통령은 제1항의 기간내에 이의서를 붙여 국회로 환부

하고, 그 재의를 요구할 수 있다. 국회의 폐회중에도 또한 같다.

③ 대통령은 법률안의 일부에 대하여 또는 법률안을 수정하여 재의를 요구할 수 없다.

④ 재의의 요구가 있을 때에는 국회는 재의에 붙이고, 재적의원과반수의 출석과 출석의원 3분의 2 이상의 찬성으로 전과 같은 의결을 하면 그 법률안은 법률로서 확정된다.

⑤ 대통령이 제1항의 기간내에 공포나 재의의 요구를 하지 아니한 때에도 그 법률안은 법률로서 확정된다.

⑥ 대통령은 제4항과 제5항의 규정에 의하여 확정된 법률을 지체없이 공포하여야 한다. 제5항에 의하여 법률이 확정된 후 또는 제4항에 의한 확정법률이 정부에 이송된 후 5일 이내에 대통령이 공포하지 아니할 때에는 국회의장이 이를 공포한다.

⑦ 법률은 특별한 규정이 없는 한 공포한 날로부터 20일을 경과함으로써 효력을 발생한다.

第54조 ① 국회는 국가의 예산안을 심의·확정한다.

② 정부는 회계연도마다 예산안을 편성하여 회계연도 개시 90일전까지 국회에 제출하고, 국회는 회계연도 개시 30일전까지 이를 의결하여야 한다.

③ 새로운 회계연도가 개시될 때까지 예산안이 의결되지 못한 때에는 정부는 국회에서 예산안이 의결될 때까지 다음의 목적을 위한 경비는 전년도 예산에 준하여 집행할 수 있다.

1. 헌법이나 법률에 의하여 설치된 기관 또는 시설의 유지·운영
2. 법률상 지출의무의 이행
3. 이미 예산으로 승인된 사업의 계속

第55조 ① 한 회계연도를 넘어 계속하여 지출할 필요가 있을 때에는 정부는 연한을 정하여 계속비로서 국회의 의결을 얻어야 한다.

② 예비비는 총액으로 국회의 의결을 얻어야 한다. 예비비의 지출은 차기국회의 승인을 얻어야 한다.

第56조 정부는 예산에 변경을 가할 필요가 있을 때에는 추가경정예산안을 편성하여 국회에 제출할 수 있다.

第57조 국회는 정부의 동의없이 정부가 제출한 지출예산 각항의 금액을 증가하거나 새 비목을 설치할 수 없다.

第58조 국채를 모집하거나 예산외에 국가의 부담이 될 계약을 체결하려 할 때에는 정부는 미리 국회의 의결을 얻어야 한다.

第59조 조세의 종목과 세율은 법률로 정한다.

第60조 ① 국회는 상호원조 또는 안전보장에 관한 조약, 중요한 국제조직에 관한 조약, 우호통상항해조약, 주권의 제약에 관한 조약, 강화조약, 국가나 국민에게 중대한 재정적 부담을 지우는 조약 또는 입법사항에 관한 조약의 체결·비준에 대한 동의권을 가진다.

② 국회는 선전포고, 국군의 외국에의 파견 또는 외국군대의 대한민국 영역안에서의 주류

에 대한 동의권을 가진다.

제61조 ① 국회는 국정을 감사하거나 특정한 국정사안에 대하여 조사할 수 있으며, 이에 필요한 서류의 제출 또는 증인의 출석과 증언이나 의견의 진술을 요구할 수 있다.

② 국정감사 및 조사에 관한 절차 기타 필요한 사항은 법률로 정한다.

제62조 ① 국무총리·국무위원 또는 정부위원은 국회나 그 위원회에 출석하여 국정처리상황을 보고하거나 의견을 진술하고 질문에 응답할 수 있다.

② 국회나 그 위원회의 요구가 있을 때에는 국무총리·국무위원 또는 정부위원은 출석·답변하여야 하며, 국무총리 또는 국무위원이 출석요구를 받은 때에는 국무위원 또는 정부위원으로 하여금 출석·답변하게 할 수 있다.

제63조 ① 국회는 국무총리 또는 국무위원의 해임을 대통령에게 건의할 수 있다.

② 제1항의 해임건의는 국회재적의원 3분의 1 이상의 발의에 의하여 국회재적의원 과반수의 찬성이 있어야 한다.

제64조 ① 국회는 법률에 저촉되지 아니하는 범위안에서 의사와 내부규율에 관한 규칙을 제정할 수 있다.

② 국회는 의원의 자격을 심사하며, 의원을 징계할 수 있다.

③ 의원을 제명하려면 국회재적의원 3분의 2 이상의 찬성이 있어야 한다.

④ 제2항과 제3항의 처분에 대하여는 법원에 제소할 수 없다.

제65조 ① 대통령·국무총리·국무위원·행정각부의 장·헌법재판소 재판관·법관·중앙선거관리위원회 위원·감사원장·감사위원 기타 법률이 정한 공무원이 그 직무집행에 있어서 헌법이나 법률을 위배한 때에는 국회는 탄핵의 소추를 의결할 수 있다.

② 제1항의 탄핵소추는 국회재적의원 3분의 1 이상의 발의가 있어야 하며, 그 의결은 국회재적의원 과반수의 찬성이 있어야 한다. 다만, 대통령에 대한 탄핵소추는 국회재적의원 과반수의 발의와 국회재적의원 3분의 2 이상의 찬성이 있어야 한다.

③ 탄핵소추의 의결을 받은 자는 탄핵심판이 있을 때까지 그 권한행사가 정지된다.

④ 탄핵결정은 공직으로부터 파면함에 그친다. 그러나, 이에 의하여 민사상이나 형사상의 책임이 면제되지는 아니한다.

제4장 정 부

제1절 대통령

제66조 ① 대통령은 국가의 원수이며, 외국에 대하여 국가를 대표한다.

② 대통령은 국가의 독립·영토의 보전·국가의 계속성과 헌법을 수호할 책무를 진다.

③ 대통령은 조국의 평화적 통일을 위한 성실한 의무를 진다.

④ 행정권은 대통령을 수반으로 하는 정부에 속한다.

제67조 ① 대통령은 국민의 보통·평등·직접·비밀선거에 의하여 선출한다.

② 제1항의 선거에 있어서 최고득표자가 2인 이상인 때에는 국회의 재적의원 과반수가 출석한 공개회의에서 다수표를 얻은 자를 당선자로 한다.

③ 대통령후보자가 1인일 때에는 그 득표수가 선거권자 총수의 3분의 1 이상이 아니면 대통령으로 당선될 수 없다.

④ 대통령으로 선거될 수 있는 자는 국회의원의 피선거권이 있고 선거일 현재 40세에 달하여야 한다.

⑤ 대통령의 선거에 관한 사항은 법률로 정한다.

제68조 ① 대통령의 임기가 만료되는 때에는 임기만료 70일 내지 40일전에 후임자를 선거한다.

② 대통령이 궐위된 때 또는 대통령 당선자가 사망하거나 판결 기타의 사유로 그 자격을 상실한 때에는 60일 이내에 후임자를 선거한다.

제69조 대통령은 취임에 즈음하여 다음의 선서를 한다.

"나는 헌법을 준수하고 국가를 보위하며 조국의 평화적 통일과 국민의 자유와 복리의 증진 및 민족문화의 창달에 노력하여 대통령으로서의 직책을 성실히 수행할 것을 국민 앞에 엄숙히 선서합니다."

제70조 대통령의 임기는 5년으로 하며, 중임할 수 없다.

제71조 대통령이 궐위되거나 사고로 인하여 직무를 수행할 수 없을 때에는 국무총리, 법률이 정한 국무위원의 순서로 그 권한을 대행한다.

제72조 대통령은 필요하다고 인정할 때에는 외교·국방·통일 기타 국가안위에 관한 중요정책을 국민투표에 붙일 수 있다.

제73조 대통령은 조약을 체결·비준하고, 외교사절을 신임·접수 또는 파견하며, 선전포고와 강화를 한다.

제74조 ① 대통령은 헌법과 법률이 정하는 바에 의하여 국군을 통수한다.

② 국군의 조직과 편성은 법률로 정한다.

제75조 대통령은 법률에서 구체적으로 범위를 정하여 위임받은 사항과 법률을 집행하기 위하여 필요한 사항에 관하여 대통령령을 발할 수 있다.

제76조 ① 대통령은 내우·외환·천재·지변 또는 중대한 재정·경제상의 위기에 있어서 국가의 안전보장 또는 공공의 안녕질서를 유지하기 위하여 긴급한 조치가 필요하고 국회의 집회를 기다릴 여유가 없을 때에 한하여 최소한으로 필요한 재정·경제상의 처분을 하거나 이에 관하여 법률의 효력을 가지는 명령을 발할 수 있다.

② 대통령은 국가의 안위에 관계되는 중대한 교전상태에 있어서 국가를 보위하기 위하여 긴급한 조치가 필요하고 국회의 집회가 불가능한 때에 한하여 법률의 효력을 가지는 명

령을 발할 수 있다.

③ 대통령은 제1항과 제2항의 처분 또는 명령을 한 때에는 지체없이 국회에 보고하여 그 승인을 얻어야 한다.

④ 제3항의 승인을 얻지 못한 때에는 그 처분 또는 명령은 그때부터 효력을 상실한다. 이 경우 그 명령에 의하여 개정 또는 폐지되었던 법률은 그 명령이 승인을 얻지 못한 때부터 당연히 효력을 회복한다.

⑤ 대통령은 제3항과 제4항의 사유를 지체없이 공포하여야 한다.

제77조 ① 대통령은 전시·사변 또는 이에 준하는 국가비상사태에 있어서 병력으로써 군사상의 필요에 응하거나 공공의 안녕질서를 유지할 필요가 있을 때에는 법률이 정하는 바에 의하여 계엄을 선포할 수 있다.

② 계엄은 비상계엄과 경비계엄으로 한다.

③ 비상계엄이 선포된 때에는 법률이 정하는 바에 의하여 영장제도, 언론·출판·집회·결사의 자유, 정부나 법원의 권한에 관하여 특별한 조치를 할 수 있다.

④ 계엄을 선포한 때에는 대통령은 지체없이 국회에 통고하여야 한다.

⑤ 국회가 재적의원 과반수의 찬성으로 계엄의 해제를 요구한 때에는 대통령은 이를 해제하여야 한다.

제78조 대통령은 헌법과 법률이 정하는 바에 의하여 공무원을 임면한다.

제79조 ① 대통령은 법률이 정하는 바에 의하여 사면·감형 또는 복권을 명할 수 있다.

② 일반사면을 명하려면 국회의 동의를 얻어야 한다.

③ 사면·감형 및 복권에 관한 사항은 법률로 정한다.

제80조 대통령은 법률이 정하는 바에 의하여 훈장 기타의 영전을 수여한다.

제81조 대통령은 국회에 출석하여 발언하거나 서한으로 의견을 표시할 수 있다.

제82조 대통령의 국법상 행위는 문서로써 하며, 이 문서에는 국무총리와 관계 국무위원이 부서한다. 군사에 관한 것도 또한 같다.

제83조 대통령은 국무총리·국무위원·행정각부의 장 기타 법률이 정하는 공사의 직을 겸할 수 없다.

제84조 대통령은 내란 또는 외환의 죄를 범한 경우를 제외하고는 재직중 형사상의 소추를 받지 아니한다.

제85조 전직대통령의 신분과 예우에 관하여는 법률로 정한다.

제2절 행정부

제1관 국무총리와 국무위원

제86조 ① 국무총리는 국회의 동의를 얻어 대통령이 임명한다.

② 국무총리는 대통령을 보좌하며, 행정에 관하여 대통령의 명을 받아 행정각부를 통할한다.

③ 군인은 현역을 면한 후가 아니면 국무총리로 임명될 수 없다.

제87조 ① 국무위원은 국무총리의 제청으로 대통령이 임명한다.

② 국무위원은 국정에 관하여 대통령을 보좌하며, 국무회의의 구성원으로서 국정을 심의한다.

③ 국무총리는 국무위원의 해임을 대통령에게 건의할 수 있다.

④ 군인은 현역을 면한 후가 아니면 국무위원으로 임명될 수 없다.

제2관 국무회의

제88조 ① 국무회의는 정부의 권한에 속하는 중요한 정책을 심의한다.

② 국무회의는 대통령·국무총리와 15인 이상 30인 이하의 국무위원으로 구성한다.

③ 대통령은 국무회의의 의장이 되고, 국무총리는 부의장이 된다.

제89조 다음 사항은 국무회의의 심의를 거쳐야 한다.

1. 국정의 기본계획과 정부의 일반정책
2. 선전·강화 기타 중요한 대외정책
3. 헌법개정안·국민투표안·조약안·법률안 및 대통령령안
4. 예산안·결산·국유재산처분의 기본계획·국가의 부담이 될 계약 기타 재정에 관한 중요사항
5. 대통령의 긴급명령·긴급재정경제처분 및 명령 또는 계엄과 그 해제
6. 군사에 관한 중요사항
7. 국회의 임시회 집회의 요구
8. 영전수여
9. 사면·감형과 복권
10. 행정각부간의 권한의 획정
11. 정부안의 권한의 위임 또는 배정에 관한 기본계획
12. 국정처리상황의 평가·분석
13. 행정각부의 중요한 정책의 수립과 조정
14. 정당해산의 제소
15. 정부에 제출 또는 회부된 정부의 정책에 관계되는 청원의 심사
16. 검찰총장·합동참모의장·각군참모총장·국립대학교총장·대사 기타 법률이 정한 공무원과 국영기업체관리자의 임명
17. 기타 대통령·국무총리 또는 국무위원이 제출한 사항

제90조 ① 국정의 중요한 사항에 관한 대통령의 자문에 응하기 위하여 국가원로로 구성되

는 국가원로자문회의를 둘 수 있다.

② 국가원로자문회의의 의장은 직전대통령이 된다. 다만, 직전대통령이 없을 때에는 대통령이 지명한다.

③ 국가원로자문회의의 조직·직무범위 기타 필요한 사항은 법률로 정한다.

제91조 ① 국가안전보장에 관련되는 대외정책·군사정책과 국내정책의 수립에 관하여 국무회의의 심의에 앞서 대통령의 자문에 응하기 위하여 국가안전보장회의를 둔다.

② 국가안전보장회의는 대통령이 주재한다.

③ 국가안전보장회의의 조직·직무범위 기타 필요한 사항은 법률로 정한다.

제92조 ①평화통일정책의 수립에 관한 대통령의 자문에 응하기 위하여 민주평화통일자문회의를 둘 수 있다.

② 민주평화통일자문회의의 조직·직무범위 기타 필요한 사항은 법률로 정한다.

제93조 ① 국민경제의 발전을 위한 중요정책의 수립에 관하여 대통령의 자문에 응하기 위하여 국민경제자문회의를 둘 수 있다.

② 국민경제자문회의의 조직·직무범위 기타 필요한 사항은 법률로 정한다.

제3관 행정각부

제94조 행정각부의 장은 국무위원 중에서 국무총리의 제청으로 대통령이 임명한다.

제95조 국무총리 또는 행정각부의 장은 소관사무에 관하여 법률이나 대통령령의 위임 또는 직권으로 총리령 또는 부령을 발할 수 있다.

제96조 행정각부의 설치·조직과 직무범위는 법률로 정한다.

제4관 감사원

제97조 국가의 세입·세출의 결산, 국가 및 법률이 정한 단체의 회계검사와 행정기관 및 공무원의 직무에 관한 감찰을 하기 위하여 대통령 소속하에 감사원을 둔다.

제98조 ① 감사원은 원장을 포함한 5인 이상 11인 이하의 감사위원으로 구성한다.

② 원장은 국회의 동의를 얻어 대통령이 임명하고, 그 임기는 4년으로 하며, 1차에 한하여 중임할 수 있다.

③ 감사위원은 원장의 제청으로 대통령이 임명하고, 그 임기는 4년으로 하며, 1차에 한하여 중임할 수 있다.

제99조 감사원은 세입.·세출의 결산을 매년 검사하여 대통령과 차년도국회에 그 결과를 보고하여야 한다.

제100조 감사원의 조직·직무범위·감사위원의 자격·감사대상공무원의 범위 기타 필요한 사항은 법률로 정한다.

제5장 법 원

제101조 ① 사법권은 법관으로 구성된 법원에 속한다.

② 법원은 최고법원인 대법원과 각급법원으로 조직된다.

③ 법관의 자격은 법률로 정한다.

제102조 ① 대법원에 부를 둘 수 있다.

② 대법원에 대법관을 둔다. 다만, 법률이 정하는 바에 의하여 대법관이 아닌 법관을 둘 수 있다.

③ 대법원과 각급법원의 조직은 법률로 정한다.

제103조 법관은 헌법과 법률에 의하여 그 양심에 따라 독립하여 심판한다.

제104조 ① 대법원장은 국회의 동의를 얻어 대통령이 임명한다.

② 대법관은 대법원장의 제청으로 국회의 동의를 얻어 대통령이 임명한다.

③ 대법원장과 대법관이 아닌 법관은 대법관회의의 동의를 얻어 대법원장이 임명한다.

제105조 ① 대법원장의 임기는 6년으로 하며, 중임할 수 없다.

② 대법관의 임기는 6년으로 하며, 법률이 정하는 바에 의하여 연임할 수 있다.

③ 대법원장과 대법관이 아닌 법관의 임기는 10년으로 하며, 법률이 정하는 바에 의하여 연임할 수 있다.

④ 법관의 정년은 법률로 정한다.

제106조 ① 법관은 탄핵 또는 금고 이상의 형의 선고에 의하지 아니하고는 파면되지 아니하며, 징계처분에 의하지 아니하고는 정직·감봉 기타 불리한 처분을 받지 아니한다.

② 법관이 중대한 심신상의 장해로 직무를 수행할 수 없을 때에는 법률이 정하는 바에 의하여 퇴직하게 할 수 있다.

제107조 ① 법률이 헌법에 위반되는 여부가 재판의 전제가 된 경우에는 법원은 헌법재판소에 제청하여 그 심판에 의하여 재판한다.

② 명령·규칙 또는 처분이 헌법이나 법률에 위반되는 여부가 재판의 전제가 된 경우에는 대법원은 이를 최종적으로 심사할 권한을 가진다.

③ 재판의 전심절차로서 행정심판을 할 수 있다. 행정심판의 절차는 법률로 정하되, 사법절차가 준용되어야 한다.

제108조 대법원은 법률에 저촉되지 아니하는 범위안에서 소송에 관한 절차, 법원의 내부규율과 사무처리에 관한 규칙을 제정할 수 있다.

제109조 재판의 심리와 판결은 공개한다. 다만, 심리는 국가의 안전보장 또는 안녕질서를 방해하거나 선량한 풍속을 해할 염려가 있을 때에는 법원의 결정으로 공개하지 아니할 수 있다.

제110조 ① 군사재판을 관할하기 위하여 특별법원으로서 군사법원을 둘 수 있다.

② 군사법원의 상고심은 대법원에서 관할한다.

③ 군사법원의 조직·권한 및 재판관의 자격은 법률로 정한다.

④ 비상계엄하의 군사재판은 군인·군무원의 범죄나 군사에 관한 간첩죄의 경우와 초병·초소·유독음식물공급·포로에 관한 죄중 법률이 정한 경우에 한하여 단심으로 할 수 있다. 다만, 사형을 선고한 경우에는 그러하지 아니하다.

제6장 헌법재판소

제111조 ① 헌법재판소는 다음 사항을 관장한다.

1. 법원의 제청에 의한 법률의 위헌여부 심판
2. 탄핵의 심판
3. 정당의 해산 심판
4. 국가기관 상호간, 국가기관과 지방자치단체간 및 지방자치단체 상호간의 권한쟁의에 관한 심판
5. 법률이 정하는 헌법소원에 관한 심판

② 헌법재판소는 법관의 자격을 가진 9인의 재판관으로 구성하며, 재판관은 대통령이 임명한다.

③ 제2항의 재판관중 3인은 국회에서 선출하는 자를, 3인은 대법원장이 지명하는 자를 임명한다.

④ 헌법재판소의 장은 국회의 동의를 얻어 재판관중에서 대통령이 임명한다.

제112조 ① 헌법재판소 재판관의 임기는 6년으로 하며, 법률이 정하는 바에 의하여 연임할 수 있다.

② 헌법재판소 재판관은 정당에 가입하거나 정치에 관여할 수 없다.

③ 헌법재판소 재판관은 탄핵 또는 금고 이상의 형의 선고에 의하지 아니하고는 파면되지 아니한다.

제113조 ① 헌법재판소에서 법률의 위헌결정, 탄핵의 결정, 정당해산의 결정 또는 헌법소원에 관한 인용결정을 할 때에는 재판관 6인 이상의 찬성이 있어야 한다.

② 헌법재판소는 법률에 저촉되지 아니하는 범위안에서 심판에 관한 절차, 내부규율과 사무처리에 관한 규칙을 제정할 수 있다.

③ 헌법재판소의 조직과 운영 기타 필요한 사항은 법률로 정한다.

제7장 선거관리

제114조 ① 선거와 국민투표의 공정한 관리 및 정당에 관한 사무를 처리하기 위하여 선거관리위원회를 둔다.

② 중앙선거관리위원회는 대통령이 임명하는 3인, 국회에서 선출하는 3인과 대법원장이 지명하는 3인의 위원으로 구성한다. 위원장은 위원중에서 호선한다.

③ 위원의 임기는 6년으로 한다.

④ 위원은 정당에 가입하거나 정치에 관여할 수 없다.

⑤ 위원은 탄핵 또는 금고 이상의 형의 선고에 의하지 아니하고는 파면되지 아니한다.

⑥ 중앙선거관리위원회는 법령의 범위안에서 선거관리·국민투표관리 또는 정당사무에 관한 규칙을 제정할 수 있으며, 법률에 저촉되지 아니하는 범위안에서 내부규율에 관한 규칙을 제정할 수 있다.

⑦ 각급 선거관리위원회의 조직·직무범위 기타 필요한 사항은 법률로 정한다.

제115조 ① 각급 선거관리위원회는 선거인명부의 작성등 선거사무와 국민투표사무에 관하여 관계 행정기관에 필요한 지시를 할 수 있다.

②제1항의 지시를 받은 당해 행정기관은 이에 응하여야 한다.

제116조 ① 선거운동은 각급 선거관리위원회의 관리하에 법률이 정하는 범위안에서 하되, 균등한 기회가 보장되어야 한다.

② 선거에 관한 경비는 법률이 정하는 경우를 제외하고는 정당 또는 후보자에게 부담시킬 수 없다.

제8장 지방자치

제117조 ① 지방자치단체는 주민의 복리에 관한 사무를 처리하고 재산을 관리하며, 법령의 범위안에서 자치에 관한 규정을 제정할 수 있다.

② 지방자치단체의 종류는 법률로 정한다.

제118조 ① 지방자치단체에 의회를 둔다.

② 지방의회의 조직·권한·의원선거와 지방자치단체의 장의 선임방법 기타 지방자치단체의 조직과 운영에 관한 사항은 법률로 정한다.

제9장 경 제

제119조 ① 대한민국의 경제질서는 개인과 기업의 경제상의 자유와 창의를 존중함을 기본으로 한다.

② 국가는 균형 있는 국민경제의 성장 및 안정과 적정한 소득의 분배를 유지하고, 시장의 지배와 경제력의 남용을 방지하며, 경제주체간의 조화를 통한 경제의 민주화를 위하여 경제에 관한 규제와 조정을 할 수 있다.

제120조 ① 광물 기타 중요한 지하자원·수산자원·수력과 경제상 이용할 수 있는 자연력은 법률이 정하는 바에 의하여 일정한 기간 그 채취·개발 또는 이용을 특허할 수 있다.

② 국토와 자원은 국가의 보호를 받으며, 국가는 그 균형 있는 개발과 이용을 위하여 필요한 계획을 수립한다.

제121조 ① 국가는 농지에 관하여 경자유전의 원칙이 달성될 수 있도록 노력하여야 하며, 농지의 소작제도는 금지된다.

② 농업생산성의 제고와 농지의 합리적인 이용을 위하거나 불가피한 사정으로 발생하는 농지의 임대차와 위탁경영은 법률이 정하는 바에 의하여 인정된다.

제122조 국가는 국민 모두의 생산 및 생활의 기반이 되는 국토의 효율적이고 균형 있는 이용·개발과 보전을 위하여 법률이 정하는 바에 의하여 그에 관한 필요한 제한과 의무를 과할 수 있다.

제123조 ① 국가는 농업 및 어업을 보호·육성하기 위하여 농·어촌종합개발과 그 지원등 필요한 계획을 수립·시행하여야 한다.

② 국가는 지역간의 균형 있는 발전을 위하여 지역경제를 육성할 의무를 진다.

③ 국가는 중소기업을 보호·육성하여야 한다.

④ 국가는 농수산물의 수급균형과 유통구조의 개선에 노력하여 가격안정을 도모함으로써 농·어민의 이익을 보호한다.

⑤ 국가는 농·어민과 중소기업의 자조조직을 육성하여야 하며, 그 자율적 활동과 발전을 보장한다.

제124조 국가는 건전한 소비행위를 계도하고 생산품의 품질향상을 촉구하기 위한 소비자보호운동을 법률이 정하는 바에 의하여 보장한다.

제125조 국가는 대외무역을 육성하며, 이를 규제·조정할 수 있다.

제126조 국방상 또는 국민경제상 긴절한 필요로 인하여 법률이 정하는 경우를 제외하고는, 사영기업을 국유 또는 공유로 이전하거나 그 경영을 통제 또는 관리할 수 없다.

제127조 ① 국가는 과학기술의 혁신과 정보 및 인력의 개발을 통하여 국민경제의 발전에 노력하여야 한다.

② 국가는 국가표준제도를 확립한다.

③ 대통령은 제1항의 목적을 달성하기 위하여 필요한 자문기구를 둘 수 있다.

제10장 헌법개정

제128조 ① 헌법개정은 국회재적의원 과반수 또는 대통령의 발의로 제안된다.

② 대통령의 임기연장 또는 중임변경을 위한 헌법개정은 그 헌법개정 제안 당시의 대통령에 대하여는 효력이 없다.

제129조 제안된 헌법개정안은 대통령이 20일 이상의 기간 이를 공고하여야 한다.

제130조 ① 국회는 헌법개정안이 공고된 날로부터 60일 이내에 의결하여야 하며, 국회의 의

결은 재적의원 3분의 2 이상의 찬성을 얻어야 한다.

② 헌법개정안은 국회가 의결한 후 30일 이내에 국민투표에 붙여 국회의원선거권자 과반수의 투표와 투표자 과반수의 찬성을 얻어야 한다.

③ 헌법개정안이 제2항의 찬성을 얻은 때에는 헌법개정은 확정되며, 대통령은 즉시 이를 공포하여야 한다.

부칙 〈제10호, 1987. 10. 29.〉

제1조 이 헌법은 1988년 2월 25일부터 시행한다. 다만, 이 헌법을 시행하기 위하여 필요한 법률의 제정·개정과 이 헌법에 의한 대통령 및 국회의원의 선거 기타 이 헌법시행에 관한 준비는 이 헌법시행 전에 할 수 있다.

제2조 ① 이 헌법에 의한 최초의 대통령선거는 이 헌법시행일 40일 전까지 실시한다.

② 이 헌법에 의한 최초의 대통령의 임기는 이 헌법시행일로부터 개시한다.

제3조 ① 이 헌법에 의한 최초의 국회의원선거는 이 헌법공포일로부터 6월 이내에 실시하며, 이 헌법에 의하여 선출된 최초의 국회의원의 임기는 국회의원선거후 이 헌법에 의한 국회의 최초의 집회일로부터 개시한다.

② 이 헌법공포 당시의 국회의원의 임기는 제1항에 의한 국회의 최초의 집회일 전일까지로 한다.

제4조 ① 이 헌법시행 당시의 공무원과 정부가 임명한 기업체의 임원은 이 헌법에 의하여 임명된 것으로 본다. 다만, 이 헌법에 의하여 선임방법이나 임명권자가 변경된 공무원과 대법원장 및 감사원장은 이 헌법에 의하여 후임자가 선임될 때까지 그 직무를 행하며, 이 경우 전임자인 공무원의 임기는 후임자가 선임되는 전일까지로 한다.

② 이 헌법시행 당시의 대법원장과 대법원판사가 아닌 법관은 제1항 단서의 규정에 불구하고 이 헌법에 의하여 임명된 것으로 본다.

③ 이 헌법중 공무원의 임기 또는 중임제한에 관한 규정은 이 헌법에 의하여 그 공무원이 최초로 선출 또는 임명된 때로부터 적용한다.

제5조 이 헌법시행 당시의 법령과 조약은 이 헌법에 위배되지 아니하는 한 그 효력을 지속한다.

제6조 이 헌법시행 당시에 이 헌법에 의하여 새로 설치될 기관의 권한에 속하는 직무를 행하고 있는 기관은 이 헌법에 의하여 새로운 기관이 설치될 때까지 존속하며 그 직무를 행한다.

조선민주주의인민공화국 사회주의헌법

2019년 8월 29일

서 문

조선민주주의인민공화국은 위대한 수령 김일성동지와 위대한 령도자 김정일동지의 국가건설사상과 업적이 구현된 주체의 사회주의국가이다.

위대한 수령 김일성동지는 조선민주주의인민공화국의 창건자이시며 사회주의조선의 시조이시다.

위대한 수령 김일성동지께서는 영생불멸의 주체사상을 창시하시고 그 기치밑에 항일혁명투쟁을 조직령도하시여 영광스러운 혁명전통을 마련하시고 조국광복의 력사적위업을 이룩하시였으며 정치, 경제, 문화, 군사분야에서 자주독립국가건설의 튼튼한 토대를 닦은데 기초하여 조선민주주의인민공화국을 창건하시였다.

위대한 수령 김일성동지께서는 주체적인 혁명로선을 내놓으시고 여러 단계의 사회혁명과 건설사업을 현명하게 령도하시여 공화국을 인민대중중심의 사회주의나라로, 자주, 자립, 자위의 사회주의국가로 강화발전시키시였다.

위대한 수령 김일성동지께서는 국가건설과 국가활동의 근본원칙을 밝히시고 가장 우월한 국가사회제도와 정치방식, 사회관리체계와 관리방법을 확립하시였으며 사회주의조국의 부강번영과 주체혁명위업의 계승완성을 위한 확고한 토대를 마련하시였다.

위대한 령도자 김정일동지는 위대한 수령 김일성동지의 사상과 위업을 받들어 우리 공화국을 김일성동지의 국가로 강화발전시키시고 민족의 존엄과 국력을 최상의 경지에 올려세우신 절세의 애국자, 사회주의조선의 수호자이시다.

위대한 령도자 김정일동지께서는 위대한 수령 김일성동지께서 창시하신 영생불멸의 주체사상을 전면적으로 심화발전시키시고 온 사회의 김일성주의화의 기치높이 사회주의건설의 모든 분야에서 기적과 변혁의 새 력사를 창조하시였으며 력사상 처음으로 수령영생위업을 개척하시고 주체의 혁명전통을 순결하게 계승발전시키시여 조선혁명의 명맥을 굳건히 이어놓으시였다.

위대한 령도자 김정일동지께서는 세계사회주의체계의 붕괴와 제국주의련합세력의 악랄한 반공화국압살공세속에서 선군정치로 위대한 수령 김일성동지의 고귀한 유산인 사회주의전취물을 영예롭게 수호하시고 우리 조국을 불패의 정치사상강국, 핵보유국, 무적의 군사강국으로 전변시키시였으며 사회주의강국건설의 휘황한 대통로를 열어놓으시였다.

위대한 수령 김일성동지와 위대한 령도자 김정일동지께서는 이민위천을 좌우명으로 삼으시여 언제나 인민들과 함께 계시고 인민을 위하여 한평생을 바치시였으며 숭고한 인덕정치로 인민들을 보살피시고 이끄시여 온 사회를 일심단결된 하나의 대가정으로 전변시키시였다.

위대한 수령 김일성동지와 위대한 령도자 김정일동지를 모심으로 하여 우리 공화국은 부강하고 자주적인 국가건설의 근본적이며 중핵적인 과제를 훌륭히 해결한 세계에 유일무이한 국가실체로 빛을 뿌리게 되였다.

위대한 수령 김일성동지와 위대한 령도자 김정일동지는 조국통일위업실현에 불멸의 업적을 쌓으신 민족만대의 은인이시다. 위대한 수령 김일성동지와 위대한 령도자 김정일동지께서는 나라의 통일을 민족지상의 과업으로 내세우시고 그 실현을 위하여 온갖 로고와 심혈을 다 바치시였다. 위대한 수령 김일성동지와 위대한 령도자 김정일동지께서는 공화국을 조국통일의 강유력한 보루로 다지시는 한편 조국통일의 근본원칙과 방도를 제시하시고 조국통일운동을 전민족적인 운동으로 발전시키시여 온 민족의 단합된 힘으로 조국통일위업을 성취하기 위한 길을 열어놓으시였다.

위대한 수령 김일성동지와 위대한 령도자 김정일동지께서는 조선민주주의인민공화국의 대외정책의 기본리념을 밝히시고 그에 기초하여 나라의 대외관계를 확대발전시키시였으며 공화국의 국제적권위를 높이 떨치게 하시였다. 위대한 수령 김일성동지와 위대한 령도자 김정일동지는 세계정치의 원로로서 자주의 새시대를 개척하시고 사회주의운동과 쁠럭불가담운동의 강화발전을 위하여, 세계평화와 인민들사이의 친선을 위하여 정력적으로 활동하시였으며 인류의 자주위업에 불멸의 공헌을 하시였다.

위대한 수령 김일성동지와 위대한 령도자 김정일동지는 사상리론과 령도예술의 천재이시고 백전백승의 강철의 령장이시였으며 위대한 혁명가, 정치가이시고 위대한 인간이시였다.

위대한 수령 김일성동지와 위대한 령도자 김정일동지의 위대한 사상과 령도업적은 조선혁명의 만년재보이고 조선민주주의인민공화국의 륭성번영을 위한 기본담보이며 위대한 수령 김일성동지와 위대한 령도자 김정일동지께서 생전의 모습으로 계시는 금수산태양궁전은 수령영생의 대기념비이며 전체 조선민족의 존엄의 상징이고 영원한 성지이다.

조선민주주의인민공화국과 조선인민은 위대한 김일성동지와 위대한 김정일동지를 주체조선의 영원한 수령으로 높이 모시고 조선로동당의 령도밑에 위대한 수령 김일성동지와 위대한 령도자 김정일동지의 사상과 업적을 옹호고수하고 계승발전시켜 주체혁명위업을 끝까지 완성하여나갈것이다.

조선민주주의인민공화국 사회주의헌법은 위대한 수령 김일성동지와 위대한 령도자 김정일동지의 주체적인 국가건설사상과 국가건설업적을 법화한 김일성-김정일헌법이다.

제1장 정 치

제1조 조선민주주의인민공화국은 전체 조선인민의 리익을 대표하는 자주적인 사회주의국가

이다.

제2조 조선민주주의인민공화국은 제국주의침략자들을 반대하며 조국의 광복과 인민의 자유와 행복을 실현하기 위한 영광스러운 혁명투쟁에서 이룩한 빛나는 전통을 이어받은 혁명적인 국가이다.

제3조 조선민주주의인민공화국은 위대한 김일성-김정일주의를 국가건설과 활동의 유일한 지도적지침으로 삼는다.

제4조 조선민주주의인민공화국의 주권은 로동자, 농민, 군인, 지식인을 비롯한 근로인민에게 있다.

근로인민은 자기의 대표기관인 최고인민회의와 지방 각급 인민회의를 통하여 주권을 행사한다.

제5조 조선민주주의인민공화국에서 모든 국가기관들은 민주주의중앙집권제원칙에 의하여 조직되고 운영된다.

제6조 군인민회의로부터 최고인민회의에 이르기까지의 각급 주권기관은 일반적, 평등적, 직접적원칙에 의하여 비밀투표로 선거한다.

제7조 각급 주권기관의 대의원은 선거자들과 밀접한 련계를 가지며 자기 사업에 대하여 선거자들앞에 책임진다.

선거자들은 자기가 선거한 대의원이 신임을 잃은 경우에 언제든지 소환할수 있다.

제8조 조선민주주의인민공화국의 사회제도는 근로인민대중이 모든것의 주인으로 되고있으며 사회의 모든것이 근로인민대중을 위하여 복무하는 사람중심의 사회제도이다.

국가는 착취와 압박에서 해방되여 국가와 사회의 주인으로 된 로동자, 농민, 군인, 지식인을 비롯한 근로인민의 리익을 옹호하며 인권을 존중하고 보호한다.

제9조 조선민주주의인민공화국은 북반부에서 인민정권을 강화하고 사상, 기술, 문화의 3대혁명을 힘있게 벌려 사회주의의 완전한 승리를 이룩하며 자주, 평화통일, 민족대단결의 원칙에서 조국통일을 실현하기 위하여 투쟁한다.

제10조 조선민주주의인민공화국은 로동계급이 령도하는 로농동맹에 기초한 전체 인민의 정치사상적통일에 의거한다.

국가는 사상혁명을 강화하여 사회의 모든 성원들을 혁명화, 로동계급화하며 온 사회를 동지적으로 결합된 하나의 집단으로 만든다.

제11조 조선민주주의인민공화국은 조선로동당의 령도밑에 모든 활동을 진행한다.

제12조 국가는 계급로선을 견지하며 인민민주주의독재를 강화하여 내외적대분자들의 파괴책동으로부터 인민주권과 사회주의제도를 굳건히 보위한다.

제13조 국가는 군중로선을 구현하여 대중속에 들어가 문제해결의 방도를 찾으며 정치사업, 사람과의 사업을 앞세워 대중의 정신력과 창조력을 높이 발양시키는 혁명적 사업방법을

견지한다.

제14조 국가는 3대혁명붉은기쟁취운동을 비롯한 대중운동을 힘있게 벌려 사회주의건설을 최대한으로 다그친다.

제15조 조선민주주의인민공화국은 해외에 있는 조선동포들의 민주주의적민족권리와 국제법에서 공인된 합법적권리와 리익을 옹호한다.

제16조 조선민주주의인민공화국은 자기 령역안에 있는 다른 나라 사람의 합법적권리와 리익을 보장한다.

제17조 자주, 평화, 친선은 조선민주주의인민공화국의 대외정책의 기본리념이며 대외활동원칙이다.

국가는 우리나라를 우호적으로 대하는 모든 나라들과 완전한 평등과 자주성, 호상존중과 내정불간섭, 호혜의 원칙에서 국가적 또는 정치, 경제, 문화적관계를 맺는다.

국가는 자주성을 옹호하는 세계인민들과 단결하며 온갖 형태의 침략과 내정간섭을 반대하고 나라의 자주권과 민족적, 계급적해방을 실현하기 위한 모든 나라 인민들의 투쟁을 적극 지지성원한다.

제18조 조선민주주의인민공화국의 법은 근로인민의 의사와 리익의 반영이며 국가관리의 기본무기이다.

법에 대한 존중과 엄격한 준수집행은 모든 기관, 기업소, 단체와 공민에게 있어서 의무적이다.

국가는 사회주의법률제도를 완비하고 사회주의법무생활을 강화한다.

제2장 경 제

제19조 조선민주주의인민공화국은 사회주의적생산관계와 자립적민족경제의 토대에 의거한다.

제20조 조선민주주의인민공화국에서 생산수단은 국가와 사회협동단체가 소유한다.

제21조 국가소유는 전체 인민의 소유이다.

국가소유권의 대상에는 제한이 없다.

나라의 모든 자연부원, 철도, 항공운수, 체신기관과 중요공장, 기업소, 항만, 은행은 국가만이 소유한다.

국가는 나라의 경제발전에서 주도적역할을 하는 국가소유를 우선적으로 보호하며 장성시킨다.

제22조 사회협동단체소유는 해당 단체에 들어있는 근로자들의 집단적소유이다.

토지, 농기계, 배, 중소공장, 기업소 같은것은 사회협동단체가 소유할 수 있다.

국가는 사회협동단체소유를 보호한다.

제23조 국가는 농민들의 사상의식과 기술문화수준을 높이고 협동적소유에 대한 전인민적소유의 지도적역할을 높이는 방향에서 두 소유를 유기적으로 결합시키며 협동경리에 대한 지도와 관리를 개선하여 사회주의적협동경리제도를 공고발전시키며 협동단체에 들어있는 전체 성원들의 자원적의사에 따라 협동단체소유를 점차 전인민적소유로 전환시킨다.

제24조 개인소유는 공민들의 개인적이며 소비적인 목적을 위한 소유이다.

개인소유는 로동에 의한 사회주의분배와 국가와 사회의 추가적혜택으로 이루어진다.

터밭경리를 비롯한 개인부업경리에서 나오는 생산물과 그 밖의 합법적인 경리활동을 통하여 얻은 수입도 개인소유에 속한다.

국가는 개인소유를 보호하며 그에 대한 상속권을 법적으로 보장한다.

제25조 조선민주주의인민공화국은 인민들의 물질문화생활을 끊임없이 높이는 것을 자기 활동의 최고원칙으로 삼는다.

세금이 없어진 우리나라에서 늘어나는 사회의 물질적부는 전적으로 근로자들의 복리증진에 돌려진다.

국가는 모든 근로자들에게 먹고 입고 쓰고 살 수 있는 온갖 조건을 마련하여준다.

제26조 조선민주주의인민공화국에 마련된 자립적민족경제는 인민의 행복한 사회주의생활과 조국의 륭성번영을 위한 튼튼한 밑천이다.

국가는 사회주의자립적민족경제건설로선을 틀어쥐고 인민경제의 주체화, 현대화, 정보화, 과학화를 다그쳐 인민경제를 고도로 발전된 주체적인 경제로 만들며 완전한 사회주의사회에 맞는 물질기술적토대를 쌓기 위하여 투쟁한다.

제27조 기술혁명은 사회주의경제를 발전시키기 위한 기본고리이며 과학기술력은 국가의 가장 중요한 전략자원이다.

국가는 모든 경제활동에서 과학기술의 주도적역할을 높이며 과학기술과 생산을 일체화하고 대중적기술혁신운동을 힘있게 벌려 경제건설을 다그쳐나간다.

제28조 국가는 도시와 농촌의 차이, 로동계급과 농민의 계급적차이를 없애기 위하여 농촌기술혁명을 다그쳐 농업을 공업화, 현대화하며 군의 역할을 높이고 농촌에 대한 지도와 방조를 강화한다.

국가는 협동농장의 생산시설과 농촌문화주택을 국가부담으로 건설하여준다.

제29조 사회주의는 근로대중의 창조적로동에 의하여 건설된다.

조선민주주의인민공화국에서 로동은 착취와 압박에서 해방된 근로자들의 자주적이며 창조적인 로동이다.

국가는 실업을 모르는 우리 근로자들의 로동이 보다 즐거운것으로, 사회와 집단과 자신을 위하여 자각적열성과 창발성을 내여 일하는 보람찬것으로 되게 한다.

제30조 근로자들의 하루로동시간은 8시간이다.

국가는 로동의 힘든 정도와 특수한 조건에 따라 하루로동시간을 이보다 짧게 정한다.

국가는 로동조직을 잘하고 로동규률을 강화하여 로동시간을 완전히 리용하도록 한다.

제31조 조선민주주의인민공화국에서 공민이 로동하는 나이는 16살부터이다.

국가는 로동하는 나이에 이르지 못한 소년들의 로동을 금지한다.

제32조 국가는 사회주의경제에 대한 지도와 관리에서 정치적지도와 경제기술적지도, 국가의 통일적지도와 매개 단위의 창발성, 유일적지휘와 민주주의, 정치도덕적자극과 물질적자극을 옳게 결합시키며 실리를 보장하는 원칙을 확고히 견지한다.

제33조 국가는 생산자대중의 집체적지혜와 힘에 의거하여 경제를 과학적으로, 합리적으로 관리운영하며 내각의 역할을 결정적으로 높인다.

국가는 경제관리에서 사회주의기업책임관리제를 실시하며 원가, 가격, 수익성 같은 경제적공간을 옳게 리용하도록 한다.

제34조 조선민주주의인민공화국의 인민경제는 계획경제이다.

국가는 사회주의경제발전법칙에 따라 축적과 소비의 균형을 옳게 잡으며 경제건설을 다그치고 인민생활을 끊임없이 높이며 국방력을 강화할수 있도록 인민경제발전계획을 세우고 실행한다.

국가는 계획의 일원화, 세부화를 실현하여 생산장성의 높은 속도와 인민경제의 균형적발전을 보장한다.

제35조 조선민주주의인민공화국은 인민경제발전계획에 따르는 국가예산을 편성하여 집행한다.

국가는 모든 부문에서 증산과 절약투쟁을 강화하고 재정통제를 엄격히 실시하여 국가축적을 체계적으로 늘이며 사회주의적소유를 확대발전시킨다.

제36조 조선민주주의인민공화국에서 대외무역은 국가기관, 기업소, 사회협동단체가 한다.

국가는 대외무역에서 신용을 지키고 무역구조를 개선하며 평등과 호혜의 원칙에서 대외경제관계를 확대발전시킨다.

제37조 국가는 우리나라 기관, 기업소, 단체와 다른 나라 법인 또는 개인들과의 기업합영과 합작, 특수경제지대에서의 여러가지 기업창설운영을 장려한다.

제38조 국가는 자립적민족경제를 보호하기 위하여 관세정책을 실시한다.

제3장 문 화

제39조 조선민주주의인민공화국에서 개화발전하고있는 사회주의적문화는 근로자들의 창조적능력을 높이며 건전한 문화정서적수요를 충족시키는데 이바지한다.

제40조 조선민주주의인민공화국은 문화혁명을 철저히 수행하여 모든 사람들을 자연과 사회에 대한 깊은 지식과 높은 문화기술수준을 가진 사회주의건설자로 만들며 전민과학기술

인재화를 다그친다.

제41조 조선민주주의인민공화국은 사회주의근로자들을 위하여 복무하는 참다운 인민적이며 혁명적인 문화를 건설한다.

국가는 사회주의적민족문화건설에서 제국주의의 문화적침투를 배격하며 주체성의 원칙과 력사주의원칙, 과학성의 원칙에서 민족문화유산을 보호하고 사회주의현실에 맞게 계승발전시킨다.

제42조 국가는 모든 분야에서 낡은 사회의 생활양식을 없애고 새로운 사회주의적생활양식을 전면적으로 확립한다.

제43조 국가는 사회주의교육학의 원리를 구현하여 후대들을 사회와 집단, 조국과 인민을 위하여 투쟁하는 참다운 애국자로, 지덕체를 갖춘 사회주의건설의 역군으로 키운다.

제44조 국가는 인민교육사업과 민족간부양성사업을 다른 모든 사업에 앞세우며 일반교육과 기술교육, 교육과 생산로동을 밀접히 결합시킨다.

제45조 국가는 1년동안의 학교전의무교육을 포함한 전반적12년제의무교육을 현대과학기술발전추세와 사회주의건설의 현실적요구에 맞게 높은 수준에서 발전시킨다.

제46조 국가는 학업을 전문으로 하는 교육체계와 일하면서 배우는 여러가지 형태의 교육체계를 발전시키며 교육내용과 방법, 교육조건과 환경을 부단히 개선하여 유능한 과학기술인재들을 키워낸다.

제47조 국가는 모든 학생들을 무료로 공부시키며 대학생들에게는 장학금을 준다.

제48조 국가는 사회교육을 강화하며 모든 근로자들이 학습할수 있는 온갖 조건을 보장한다.

제49조 국가는 학령전어린이들을 탁아소와 유치원에서 국가와 사회의 부담으로 키워준다.

제50조 국가는 과학연구사업에서 주체를 세우고 선진과학기술을 적극 받아들이며 과학연구부문에 대한 국가적투자를 늘이고 새로운 과학기술분야를 개척하여 나라의 과학기술을 세계적수준에 올려세운다.

제51조 국가는 과학기술발전계획을 바로세우고 철저히 수행하는 규률을 세우며 과학자, 기술자들과 생산자들의 창조적협조를 강화하도록 한다.

제52조 국가는 민족적형식에 사회주의적내용을 담은 주체적이며 혁명적인 문학예술을 발전시킨다.

국가는 창작가, 예술인들이 사상예술성이 높은 작품을 많이 창작하며 광범한 대중이 문예활동에 널리 참가하도록 한다.

제53조 국가는 정신적으로, 육체적으로 끊임없이 발전하려는 사람들의 요구에 맞게 현대적인 문화시설들을 충분히 갖추어주어 모든 근로자들이 사회주의적문화정서생활을 마음껏 누리도록 한다.

제54조 국가는 우리 말을 온갖 형태의 민족어말살정책으로부터 지켜내며 그것을 현대의 요

구에 맞게 발전시킨다.

제55조 국가는 체육을 대중화, 생활화하여 전체 인민을 로동과 국방에 튼튼히 준비시키며 우리나라 실정과 현대체육기술발전추세에 맞게 체육기술을 발전시킨다.

제56조 국가는 전반적무상치료제를 공고발전시키며 의사담당구역제와 예방의학제도를 강화하고 보건부문에 대한 물질적보상사업을 개선하여 사람들의 생명을 보호하며 근로자들의 건강을 증진시킨다.

제57조 국가는 생산에 앞서 환경보호대책을 세우며 자연환경을 보존, 조성하고 환경오염을 방지하여 인민들에게 문화위생적인 생활환경과 로동조건을 마련하여준다.

제4장 국 방

제58조 조선민주주의인민공화국은 전인민적, 전국가적방위체계에 의거한다.

제59조 조선민주주의인민공화국 무장력의 사명은 위대한 김정은동지를 수반으로 하는 당중앙위원회를 결사옹위하고 근로인민의 리익을 옹호하며 외래침략으로부터 사회주의제도와 혁명의 전취물, 조국의 자유와 독립, 평화를 지키는데 있다.

제60조 국가는 인민들과 인민군장병들을 정치사상적으로 무장시키는 기초우에서 전군간부화, 전군현대화, 전민무장화, 전국요새화를 기본내용으로 하는 자위적군사로선을 관철한다.

제61조 국가는 군대안에서 혁명적령군체계와 군풍을 확립하고 군사규률과 군중규률을 강화하며 관병일치, 군정배합, 군민일치의 고상한 전통적미풍을 높이 발양하도록 한다.

제5장 공민의 기본권리와 의무

제62조 조선민주주의인민공화국 공민이 되는 조건은 국적에 관한 법으로 규정한다.

공민은 거주지에 관계없이 조선민주주의인민공화국의 보호를 받는다.

제63조 조선민주주의인민공화국에서 공민의 권리와 의무는 《하나는 전체를 위하여, 전체는 하나를 위하여》라는 집단주의원칙에 기초한다.

제64조 국가는 모든 공민에게 참다운 민주주의적권리와 자유, 행복한 물질문화생활을 실질적으로 보장한다.

조선민주주의인민공화국에서 공민의 권리와 자유는 사회주의제도의 공고발전과 함께 더욱 확대된다.

제65조 공민은 국가사회생활의 모든 분야에서 누구나 다같은 권리를 가진다.

제66조 17살이상의 모든 공민은 성별, 민족별, 직업, 거주기간, 재산과 지식정도, 당별, 정견, 신앙에 관계없이 선거할 권리와 선거받을 권리를 가진다.

군대에 복무하는 공민도 선거할 권리와 선거받을 권리를 가진다.

재판소의 판결에 의하여 선거할 권리를 빼앗긴 자, 정신병자는 선거할 권리와 선거받을 권리를 가지지 못한다.

제67조 공민은 언론, 출판, 집회, 시위와 결사의 자유를 가진다.

국가는 민주주의적정당, 사회단체의 자유로운 활동조건을 보장한다.

제68조 공민은 신앙의 자유를 가진다. 이 권리는 종교건물을 짓거나 종교의식 같은 것을 허용하는 것으로 보장된다.

종교를 외세를 끌어들이거나 국가사회질서를 해치는데 리용할 수 없다.

제69조 공민은 신소와 청원을 할 수 있다.

국가는 신소와 청원을 법이 정한데 따라 공정하게 심의처리하도록 한다.

제70조 공민은 로동에 대한 권리를 가진다.

로동능력있는 모든 공민은 희망과 재능에 따라 직업을 선택하며 안정된 일자리와 로동조건을 보장받는다.

공민은 능력에 따라 일하며 로동의 량과 질에 따라 분배를 받는다.

제71조 공민은 휴식에 대한 권리를 가진다. 이 권리는 로동시간제, 공휴일제, 유급휴가제, 국가비용에 의한 정휴양제, 계속 늘어나는 여러가지 문화시설들에 의하여 보장된다.

제72조 공민은 무상으로 치료받을 권리를 가지며 나이많거나 병 또는 신체장애로 로동능력을 잃은 사람, 돌볼 사람이 없는 늙은이와 어린이는 물질적방조를 받을 권리를 가진다. 이 권리는 무상치료제, 계속 늘어나는 병원, 료양소를 비롯한 의료시설, 국가사회보험과 사회보장제에 의하여 보장된다.

제73조 공민은 교육을 받을 권리를 가진다. 이 권리는 선진적인 교육제도와 국가의 인민적인 교육시책에 의하여 보장된다.

제74조 공민은 과학과 문학예술활동의 자유를 가진다.

국가는 발명가와 창의고안자에게 배려를 돌린다.

저작권과 발명권, 특허권은 법적으로 보호한다.

제75조 공민은 거주, 려행의 자유를 가진다.

제76조 혁명투사, 혁명렬사가족, 애국렬사가족, 인민군후방가족, 영예군인은 국가와 사회의 특별한 보호를 받는다.

제77조 녀자는 남자와 똑같은 사회적지위와 권리를 가진다.

국가는 산전산후휴가의 보장, 여러 어린이를 가진 어머니를 위한 로동시간의 단축, 산원, 탁아소와 유치원망의 확장, 그 밖의 시책을 통하여 어머니와 어린이를 특별히 보호한다.

국가는 녀성들이 사회에 진출할 온갖 조건을 지어준다.

제78조 결혼과 가정은 국가의 보호를 받는다.

국가는 사회의 기층생활단위인 가정을 공고히 하는데 깊은 관심을 돌린다.

제79조 공민은 인신과 주택의 불가침, 서신의 비밀을 보장받는다.

법에 근거하지 않고는 공민을 구속하거나 체포할수 없으며 살림집을 수색할수 없다.

제80조 조선민주주의인민공화국은 평화와 민주주의, 민족적독립과 사회주의를 위하여, 과학, 문화활동의 자유를 위하여 투쟁하다가 망명하여온 다른 나라 사람을 보호한다.

제81조 공민은 인민의 정치사상적통일과 단결을 견결히 수호하여야 한다.

공민은 조직과 집단을 귀중히 여기며 사회와 인민을 위하여 몸바쳐 일하는 기풍을 높이 발휘하여야 한다.

제82조 공민은 국가의 법과 사회주의적생활규범을 지키며 조선민주주의인민공화국의 공민된 영예와 존엄을 고수하여야 한다.

제83조 로동은 공민의 신성한 의무이며 영예이다.

공민은 로동에 자각적으로 성실히 참가하며 로동규률과 로동시간을 엄격히 지켜야 한다.

제84조 공민은 국가재산과 사회협동단체재산을 아끼고 사랑하며 온갖 탐오랑비현상을 반대하여 투쟁하며 나라살림살이를 주인답게 알뜰히 하여야 한다.

국가와 사회협동단체재산은 신성불가침이다.

제85조 공민은 언제나 혁명적경각성을 높이며 국가의 안전을 위하여 몸바쳐 투쟁하여야 한다.

제86조 조국보위는 공민의 최대의 의무이며 영예이다.

공민은 조국을 보위하여야 하며 법이 정한데 따라 군대에 복무하여야 한다.

제6장 국가기구

제1절 최고인민회의

제87조 최고인민회의는 조선민주주의인민공화국의 최고주권기관이다.

제88조 최고인민회의는 립법권을 행사한다.

최고인민회의 휴회중에는 최고인민회의 상임위원회도 립법권을 행사할수 있다.

제89조 최고인민회의는 일반적, 평등적, 직접적선거원칙에 의하여 비밀투표로 선거된 대의원들로 구성한다.

제90조 최고인민회의 임기는 5년으로 한다.

최고인민회의 새 선거는 최고인민회의 임기가 끝나기 전에 최고인민회의 상임위원회의 결정에 따라 진행한다.

불가피한 사정으로 선거를 하지 못할 경우에는 선거를 할 때까지 그 임기를 연장한다.

제91조 최고인민회의는 다음과 같은 권한을 가진다.

1. 헌법을 수정, 보충한다.
2. 부문법을 제정 또는 수정, 보충한다.

3. 최고인민회의 휴회중에 최고인민회의 상임위원회가 채택한 중요부문법을 승인한다.
4. 국가의 대내외정책의 기본원칙을 세운다.
5. 조선민주주의인민공화국 국무위원회 위원장을 선거 또는 소환한다.
6. 최고인민회의 상임위원회 위원장을 선거 또는 소환한다.
7. 조선민주주의인민공화국 국무위원회 위원장의 제의에 의하여 국무위원회 제1부위원장, 부위원장, 위원들을 선거 또는 소환한다.
8. 최고인민회의 상임위원회 부위원장, 서기장, 위원들을 선거 또는 소환한다.
9. 내각총리를 선거 또는 소환한다.
10. 내각총리의 제의에 의하여 내각 부총리, 위원장, 상 그 밖의 내각성원들을 임명한다.
11. 중앙검찰소 소장을 임명 또는 해임한다.
12. 중앙재판소 소장을 선거 또는 소환한다.
13. 최고인민회의 부문위원회 위원장, 부위원장, 위원들을 선거 또는 소환한다.
14. 국가의 인민경제발전계획과 그 실행정형에 관한 보고를 심의하고 승인한다.
15. 국가예산과 그 집행정형에 관한 보고를 심의하고 승인한다.
16. 필요에 따라 내각과 중앙기관들의 사업정형을 보고받고 대책을 세운다.
17. 최고인민회의에 제기되는 조약의 비준, 폐기를 결정한다.

제92조 최고인민회의는 정기회의와 림시회의를 가진다.

정기회의는 1년에 1~2차 최고인민회의 상임위원회가 소집한다.

림시회의는 최고인민회의 상임위원회가 필요하다고 인정할 때 또는 대의원전원의 3분의 1이상의 요청이 있을 때에 소집한다.

제93조 최고인민회의는 대의원전원의 3분의 2이상이 참석하여야 성립된다.

제94조 최고인민회의는 의장과 부의장을 선거한다.

의장은 회의를 사회한다.

제95조 최고인민회의에서 토의할 의안은 조선민주주의인민공화국 국무위원회 위원장, 국무위원회, 최고인민회의 상임위원회, 내각과 최고인민회의 부문위원회가 제출한다.

대의원들도 의안을 제출할 수 있다.

제96조 최고인민회의 매기 제1차회의는 대의원자격심사위원회를 선거하고 그 위원회가 제출한 보고에 근거하여 대의원자격을 확인하는 결정을 채택한다.

제97조 최고인민회의는 법령과 결정을 낸다.

최고인민회의가 내는 법령과 결정은 거수가결의 방법으로 그 회의에 참석한 대의원의 반수이상이 찬성하여야 채택된다.

헌법은 최고인민회의 대의원전원의 3분의 2이상이 찬성하여야 수정, 보충된다.

제98조 최고인민회의는 법제위원회, 예산위원회, 외교위원회 같은 부문위원회를 둔다.

최고인민회의 부문위원회는 위원장, 부위원장, 위원들로 구성한다.

최고인민회의 부문위원회는 최고인민회의사업을 도와 국가의 정책안과 법안을 작성하거나 심의하며 그 집행을 위한 대책을 세운다.

최고인민회의 부문위원회는 최고인민회의 휴회중에 최고인민회의 상임위원회의 지도밑에 사업한다.

제99조 최고인민회의 대의원은 불가침권을 보장받는다.

최고인민회의 대의원은 현행범인 경우를 제외하고는 최고인민회의, 그 휴회중에 최고인민회의 상임위원회의 승인없이 체포하거나 형사처벌을 할 수 없다.

제2절 조선민주주의인민공화국 국무위원회 위원장

제100조 조선민주주의인민공화국 국무위원회 위원장은 국가를 대표하는 조선민주주의인민공화국의 최고령도자이다.

제101조 조선민주주의인민공화국 국무위원회 위원장은 전체 조선인민의 총의에 따라 최고인민회의에서 선거한다.

조선민주주의인민공화국 국무위원회 위원장은 최고인민회의 대의원으로 선거하지 않는다.

제102조 조선민주주의인민공화국 국무위원회 위원장의 임기는 최고인민회의 임기와 같다.

제103조 조선민주주의인민공화국 국무위원회 위원장은 조선민주주의인민공화국 무력총사령관으로 되며 국가의 일체 무력을 지휘통솔한다.

제104조 조선민주주의인민공화국 국무위원회 위원장은 다음과 같은 임무와 권한을 가진다.

1. 국가의 전반사업을 지도한다.
2. 국무위원회사업을 직접 지도한다.
3. 최고인민회의법령, 국무위원회 중요정령과 결정을 공포한다.
4. 국가의 중요간부를 임명 또는 해임한다.
5. 다른 나라에 주재하는 외교대표를 임명 또는 소환한다.
6. 다른 나라와 맺은 중요조약을 비준 또는 폐기한다.
7. 특사권을 행사한다.
8. 나라의 비상사태와 전시상태, 동원령을 선포한다.
9. 전시에 국가방위위원회를 조직지도한다.

제105조 조선민주주의인민공화국 국무위원회 위원장은 명령을 낸다.

제106조 조선민주주의인민공화국 국무위원회 위원장은 자기 사업에 대하여 최고인민회의앞에 책임진다.

제3절 국무위원회

제107조 국무위원회는 국가주권의 최고정책적지도기관이다.

제108조 국무위원회는 위원장, 제1부위원장, 부위원장, 위원들로 구성한다.

제109조 국무위원회 임기는 최고인민회의 임기와 같다.

제110조 국무위원회는 다음과 같은 임무와 권한을 가진다.

1. 국가의 중요정책을 토의결정한다.
2. 조선민주주의인민공화국 국무위원회 위원장 명령, 국무위원회 정령, 결정, 지시집행정형을 감독하고 대책을 세운다.
3. 조선민주주의인민공화국 국무위원회 위원장 명령, 국무위원회 정령, 결정, 지시에 어긋나는 국가기관의 결정, 지시를 폐지한다.
4. 최고인민회의의 휴회중에 내각총리의 제의에 의하여 부총리, 위원장, 상 그밖의 내각성원들을 임명 또는 해임한다.

제111조 국무위원회는 정령과 결정, 지시를 낸다.

제112조 국무위원회는 자기 사업에 대하여 최고인민회의앞에 책임진다.

제4절 최고인민회의 상임위원회

제113조 최고인민회의 상임위원회는 최고인민회의 휴회중의 최고주권기관이다.

제114조 최고인민회의 상임위원회는 위원장, 부위원장, 서기장, 위원들로 구성한다.

제115조 최고인민회의 상임위원회 임기는 최고인민회의 임기와 같다.

최고인민회의 상임위원회는 최고인민회의 임기가 끝난 후에도 새 상임위원회가 선거될 때까지 자기 임무를 계속 수행한다.

제116조 최고인민회의 상임위원회는 다음과 같은 임무와 권한을 가진다.

1. 최고인민회의를 소집한다.
2. 최고인민회의 휴회중에 제기된 새로운 부문법안과 규정안, 현행부문법과 규정의 수정, 보충안을 심의채택하며 채택실시하는 중요부문법을 다음번 최고인민회의의 승인을 받는다.
3. 불가피한 사정으로 최고인민회의 휴회기간에 제기되는 국가의 인민경제발전계획, 국가예산과 그 조절안을 심의하고 승인한다.
4. 헌법과 현행부문법, 규정을 해석한다.
5. 국가기관들의 법준수집행을 감독하고 대책을 세운다.
6. 헌법, 조선민주주의인민공화국 국무위원회 위원장 명령, 최고인민회의 법령, 결정, 국무위원회 정령, 결정, 지시, 최고인민회의 상임위원회 정령, 결정, 지시에 어긋나는 국가기관의 결정, 지시를 폐지하며 지방인민회의의 그릇된 결정집행을 정지시킨다.
7. 최고인민회의 대의원선거를 위한 사업을 하며 지방인민회의 대의원선거사업을 조직한다.
8. 최고인민회의 대의원들과의 사업을 한다.
9. 최고인민회의 부문위원회와의 사업을 한다.

10. 내각 위원회, 성을 내오거나 없앤다.
11. 최고인민회의 상임위원회 부문위원회 성원들을 임명 또는 해임한다.
12. 중앙재판소 판사, 인민참심원을 선거 또는 소환한다.
13. 다른 나라와 맺은 조약을 비준 또는 폐기한다.
14. 훈장과 메달, 명예칭호, 외교직급을 제정하며 훈장과 메달, 명예칭호를 수여한다.
15. 대사권을 행사한다.
16. 행정단위와 행정구역을 내오거나 고친다.
17. 다른 나라 국회, 국제의회기구들과의 사업을 비롯한 대외사업을 한다.

제117조 최고인민회의 상임위원회 위원장은 상임위원회사업을 조직지도한다.

최고인민회의 상임위원회 위원장은 국가를 대표하여 다른 나라 사신의 신임장, 소환장을 접수한다.

제118조 최고인민회의 상임위원회는 전원회의와 상무회의를 가진다.

전원회의는 위원전원으로 구성하며 상무회의는 위원장, 부위원장, 서기장들로 구성한다.

제119조 최고인민회의 상임위원회 전원회의는 상임위원회의 임무와 권한을 실현하는데서 나서는 중요한 문제들을 토의결정한다.

상무회의는 전원회의에서 위임한 문제들을 토의결정한다.

제120조 최고인민회의 상임위원회는 정령과 결정, 지시를 낸다.

제121조 최고인민회의 상임위원회는 자기 사업을 돕는 부문위원회를 둘수 있다.

제122조 최고인민회의 상임위원회는 자기 사업에 대하여 최고인민회의앞에 책임진다.

제5절 내 각

제123조 내각은 국가주권의 행정적집행기관이며 전반적국가관리기관이다.

제124조 내각은 총리, 부총리, 위원장, 상과 그 밖에 필요한 성원들로 구성한다.

내각의 임기는 최고인민회의 임기와 같다.

제125조 내각은 다음과 같은 임무와 권한을 가진다.

1. 국가의 정책을 집행하기 위한 대책을 세운다.
2. 헌법과 부문법에 기초하여 국가관리와 관련한 규정을 제정 또는 수정, 보충한다.
3. 내각의 위원회, 성, 내각직속기관, 지방인민위원회의 사업을 지도한다.
4. 내각직속기관, 중요행정경제기관, 기업소를 내오거나 없애며 국가관리기구를 개선하기 위한 대책을 세운다.
5. 국가의 인민경제발전계획을 작성하며 그 실행대책을 세운다.
6. 국가예산을 편성하며 그 집행대책을 세운다.
7. 공업, 농업, 건설, 운수, 체신, 상업, 무역, 국토관리, 도시경영, 교육, 과학, 문화, 보건, 체육, 로동행정, 환경보호, 관광 그밖의 여러 부문의 사업을 조직집행한다.

8. 화폐와 은행제도를 공고히 하기 위한 대책을 세운다.
9. 국가관리질서를 세우기 위한 검열, 통제사업을 한다.
10. 사회질서유지, 국가 및 사회협동단체의 소유와 리익의 보호, 공민의 권리보장을 위한 대책을 세운다.
11. 다른 나라와 조약을 맺으며 대외사업을 한다.
12. 내각 결정, 지시에 어긋나는 행정경제기관의 결정, 지시를 폐지한다.

제126조 내각총리는 내각사업을 조직지도한다.
내각총리는 조선민주주의인민공화국 정부를 대표한다.

제127조 내각은 전원회의와 상무회의를 가진다.
내각전원회의는 내각성원전원으로 구성하며 상무회의는 총리, 부총리와 그밖에 총리가 임명하는 내각성원들로 구성한다.

제128조 내각전원회의는 행정경제사업에서 나서는 새롭고 중요한 문제들을 토의결정한다.
상무회의는 내각전원회의에서 위임한 문제들을 토의결정한다.

제129조 내각은 결정과 지시를 낸다.

제130조 내각은 자기 사업을 돕는 비상설부문위원회를 둘수 있다.

제131조 내각은 자기 사업에 대하여 최고인민회의와 그 휴회중에 최고인민회의 상임위원회 앞에 책임진다.

제132조 새로 선거된 내각총리는 내각성원들을 대표하여 최고인민회의에서 선서를 한다.

제133조 내각 위원회, 성은 내각의 부문별집행기관이며 중앙의 부문별관리기관이다.

제134조 내각 위원회, 성은 내각의 지도밑에 해당 부문의 사업을 통일적으로 장악하고 지도관리한다.

제135조 내각 위원회, 성은 위원회회의와 간부회의를 운영한다.
위원회, 성 위원회회의와 간부회의에서는 내각 결정, 지시집행대책과 그 밖의 중요한 문제들을 토의결정한다.

제136조 내각 위원회, 성은 지시를 낸다.

제6절 지방인민회의

제137조 도(직할시), 시(구역), 군인민회의는 지방주권기관이다.

제138조 지방인민회의는 일반적, 평등적, 직접적선거원칙에 의하여 비밀투표로 선거된 대의원들로 구성한다.

제139조 도(직할시), 시(구역), 군인민회의 임기는 4년으로 한다.
지방인민회의의 새 선거는 지방인민회의 임기가 끝나기 전에 해당 지방인민위원회의 결정에 따라 진행한다.

불가피한 사정으로 선거를 하지 못할 경우에는 선거를 할 때까지 그 임기를 연장한다.

제140조 지방인민회의는 다음과 같은 임무와 권한을 가진다.

1. 지방의 인민경제발전계획과 그 실행정형에 대한 보고를 심의하고 승인한다.
2. 지방예산과 그 집행에 대한 보고를 심의하고 승인한다.
3. 해당 지역에서 국가의 법을 집행하기 위한 대책을 세운다.
4. 해당 인민위원회 위원장, 부위원장, 사무장, 위원들을 선거 또는 소환한다.
5. 해당 재판소의 판사, 인민참심원을 선거 또는 소환한다.
6. 해당 인민위원회와 하급인민회의, 인민위원회의 그릇된 결정, 지시를 폐지한다.

제141조 지방인민회의는 정기회의와 림시회의를 가진다.

정기회의는 1년에 1~2차 해당 인민위원회가 소집한다.

림시회의는 해당 인민위원회가 필요하다고 인정할 때 또는 대의원전원의 3분의 1이상의 요청이 있을 때 소집한다.

제142조 지방인민회의는 대의원전원의 3분의 2이상이 참석하여야 성립된다.

제143조 지방인민회의는 의장을 선거한다.

의장은 회의를 사회한다.

제144조 지방인민회의는 결정을 낸다.

제7절 지방인민위원회

제145조 도(직할시), 시(구역), 군인민위원회는 해당 인민회의 휴회중의 지방주권기관이며 해당 지방주권의 행정적집행기관이다.

제146조 지방인민위원회는 위원장, 부위원장, 사무장, 위원들로 구성한다.

지방인민위원회 임기는 해당 인민회의 임기와 같다.

제147조 지방인민위원회는 다음과 같은 임무와 권한을 가진다.

1. 인민회의를 소집한다.
2. 인민회의 대의원선거를 위한 사업을 한다.
3. 인민회의 대의원들과의 사업을 한다.
4. 조선민주주의인민공화국 국무위원회 위원장 명령, 최고인민회의 법령, 결정, 국무위원회 정령, 결정, 지시, 최고인민회의 상임위원회 정령, 결정, 지시, 내각과 내각 위원회, 성의 결정, 지시, 해당 지방인민회의 상급인민위원회 결정, 지시를 집행한다.
5. 해당 지방의 모든 행정사업을 조직집행한다.
6. 지방의 인민경제발전계획을 작성하며 그 실행대책을 세운다.
7. 지방예산을 편성하며 그 집행대책을 세운다.
8. 해당 지방의 사회질서유지, 국가 및 사회협동단체의 소유와 리익의 보호, 공민의 권리

보장을 위한 대책을 세운다.

9. 해당 지방에서 국가관리질서를 세우기 위한 검열, 통제사업을 한다.
10. 하급인민위원회사업을 지도한다.
11. 하급인민위원회의 그릇된 결정, 지시를 폐지하며 하급인민회의의 그릇된 결정의 집행을 정지시킨다.

제148조 지방인민위원회는 전원회의와 상무회의를 가진다.

지방인민위원회 전원회의는 위원전원으로 구성하며 상무회의는 위원장, 부위원장, 사무장들로 구성한다.

제149조 지방인민위원회 전원회의는 자기의 임무와 권한을 실현하는데서 나서는 중요한 문제들을 토의결정한다.

상무회의는 전원회의가 위임한 문제들을 토의결정한다.

제150조 지방인민위원회는 결정과 지시를 낸다.

제151조 지방인민위원회는 자기 사업을 돕는 비상설부문위원회를 둘수 있다.

제152조 지방인민위원회는 자기 사업에 대하여 해당 인민회의앞에 책임진다.

지방인민위원회는 상급인민위원회와 내각, 최고인민회의 상임위원회에 복종한다.

제8절 검찰소와 재판소

제153조 검찰사업은 중앙검찰소, 도(직할시), 시(구역), 군검찰소와 특별검찰소가 한다.

제154조 중앙검찰소 소장의 임기는 최고인민회의 임기와 같다.

제155조 검사는 중앙검찰소가 임명 또는 해임한다.

제156조 검찰소는 다음과 같은 임무를 수행한다.

1. 기관, 기업소, 단체와 공민들이 국가의 법을 정확히 지키는가를 감시한다.
2. 국가기관의 결정, 지시가 헌법, 조선민주주의인민공화국 국무위원회 위원장 명령, 최고인민회의 법령, 결정, 국무위원회 정령, 결정, 지시, 최고인민회의 상임위원회 정령, 결정, 지시, 내각 결정, 지시에 어긋나지 않는가를 감시한다.
3. 범죄자를 비롯한 법위반자를 적발하고 법적책임을 추궁하는것을 통하여 조선민주주의인민공화국의 주권과 사회주의제도, 국가와 사회협동단체재산, 인민의 헌법적권리와 생명재산을 보호한다.

제157조 검찰사업은 중앙검찰소가 통일적으로 지도하며 모든 검찰소는 상급검찰소와 중앙검찰소에 복종한다.

제158조 중앙검찰소는 자기 사업에 대하여 최고인민회의와 그 휴회중에 최고인민회의 상임위원회앞에 책임진다.

제159조 재판은 중앙재판소, 도(직할시)재판소, 시(구역), 군인민재판소와 특별재판소가 한다.

판결은 조선민주주의인민공화국의 이름으로 선고한다.

제160조 중앙재판소 소장의 임기는 최고인민회의 임기와 같다.

중앙재판소, 도(직할시)재판소, 시(구역), 군인민재판소의 판사, 인민참심원의 임기는 해당 인민회의 임기와 같다.

제161조 특별재판소의 소장과 판사는 중앙재판소가 임명 또는 해임한다.

특별재판소의 인민참심원은 해당 군무자회의 또는 종업원회의에서 선거한다.

제162조 재판소는 다음과 같은 임무를 수행한다.

1. 재판활동을 통하여 조선민주주의인민공화국의 주권과 사회주의제도, 국가와 사회협동단체재산, 인민의 헌법적권리와 생명재산을 보호한다.
2. 모든 기관, 기업소, 단체와 공민들이 국가의 법을 정확히 지키고 계급적원쑤들과 온갖 법위반자들을 반대하여 적극 투쟁하도록 한다.
3. 재산에 대한 판결, 판정을 집행하며 공증사업을 한다.

제163조 재판은 판사 1명과 인민참심원 2명으로 구성된 재판소가 한다. 특별한 경우에는 판사 3명으로 구성하여 할수 있다.

제164조 재판은 공개하며 피소자의 변호권을 보장한다.

법이 정한데 따라 재판을 공개하지 않을수 있다.

제165조 재판은 조선말로 한다. 다른 나라 사람들은 재판에서 자기 나라 말을 할수 있다.

제166조 재판소는 재판에서 독자적이며 재판활동을 법에 의거하여 수행한다.

제167조 중앙재판소는 조선민주주의인민공화국의 최고재판기관이다.

중앙재판소는 모든 재판소의 재판사업을 감독한다.

제168조 중앙재판소는 자기 사업에 대하여 최고인민회의와 그 휴회중에 최고인민회의 상임위원회앞에 책임진다.

제7장 국장, 국기, 국가, 수도

제169조 조선민주주의인민공화국의 국장은 《조선민주주의인민공화국》이라고 쓴 붉은 띠로 땋아올려 감은 벼이삭의 타원형테두리안에 웅장한 수력발전소가 있고 그우에 혁명의 성산 백두산과 찬연히 빛나는 붉은 오각별이 있다.

제170조 조선민주주의인민공화국의 국기는 기발의 가운데에 넓은 붉은 폭이 있고 그 아래우에 가는 흰 폭이 있으며 그 다음에 푸른 폭이 있고 붉은 폭의 기대달린쪽 흰 동그라미안에 붉은 오각별이 있다.

기발의 세로와 가로의 비는 1 : 2이다.

제171조 조선민주주의인민공화국의 국가는 《애국가》이다.

제172조 조선민주주의인민공화국의 수도는 평양이다.

7·4남북공동성명

최근 평양과 서울에서 남북관계를 개선하며 갈라진 조국을 통일하는 문제를 협의하기 위한 회담이 있었다.

서울의 이후락 중앙정보부장이 1972년 5월 2일부터 5월 5일까지 평양을 방문하여 평양의 김영주 조직지도부장과 회담을 진행하였으며, 김영주 부장을 대신한 박성철 제2부수상이 1972년 5월 29일부터 6월 1일까지 서울을 방문하여 이후락 부장과 회담을 진행하였다.

이 회담들에서 쌍방은 조국의 평화적 통일을 하루빨리 가져와야 한다는 공통된 염원을 안고 허심탄회하게 의견을 교환하였으며 서로의 이해를 증진시키는데서 큰 성과를 거두었다.

이 과정에서 쌍방은 오랫동안 서로 만나보지 못한 결과로 생긴 남북 사이의 오해와 불신을 풀고 긴장의 고조를 완화시키며 나아가서 조국통일을 촉진시키기 위하여 다음과 같은 문제들에 완전한 견해의 일치를 보았다.

1. 쌍방은 다음과 같은 조국통일원칙들에 합의를 보았다.

첫째, 통일은 외세에 의존하거나 외세의 간섭을 받음이 없이 자주적으로 해결하여야 한다.

둘째, 통일은 서로 상대방을 반대하는 무력행사에 의거하지 않고 평화적 방법으로 실현하여야 한다.

셋째, 사상과 이념·제도의 차이를 초월하여 우선 하나의 민족으로서 민족적 대단결을 도모하여야 한다.

2. 쌍방은 남북사이의 긴장상태를 완화하고 신뢰의 분위기를 조성하기 위하여 서로 상대방을 중상 비방하지 않으며 크고 작은 것을 막론하고 무장도발을 하지 않으며 불의의 군사적 충돌사건을 방지하기 위한 적극적인 조치를 취하기로 합의하였다.
3. 쌍방은 끊어졌던 민족적 연계를 회복하며 서로의 이해를 증진시키고 자주적 평화 통일을 촉진시키기 위하여 남북사이에 다방면적인 제반교류를 실시하기로 합의하였다.
4. 쌍방은 지금 온 민족의 거대한 기대 속에 진행되고 있는 남북적십자회담이 하루빨리 성사되도록 적극 협조하는데 합의하였다.
5. 쌍방은 돌발적 군사사고를 방지하고 남북 사이에 제기되는 문제들을 직접, 신속 정확히 처리하기 위하여 서울과 평양 사이에 상설 직통전화를 놓기로 합의하였다.

6. 쌍방은 이러한 합의사항을 추진시킴과 함께 남북사이의 제반문제를 개선해결하며 또 합의된 조국통일원칙에 기초하여 나라의 통일문제를 해결할 목적으로 이후락 부장과 김영주 부장을 공동위원장으로 하는 남북조절위원회를 구성·운영하기로 합의하였다.
7. 쌍방은 이상의 합의사항이 조국통일을 일일천추로 갈망하는 온 겨레의 한결같은 염원에 부합된다고 확신하면서 이 합의사항을 성실히 이행할 것을 온 민족 앞에 엄숙히 약속한다.

1972년 7월 4일

서로 상부의 뜻을 받들어
이후락　　김영주

남북 사이의 화해와 불가침 및 교류·협력에 관한 합의서 (남북기본합의서)

1992년 2월 19일 발효

남과 북은 분단된 조국의 평화적 통일을 염원하는 온 겨레의 뜻에 따라, 7.4남북공동성명에서 천명된 조국통일 3대원칙을 재확인하고, 정치 군사적 대결상태를 해소하여 민족적 화해를 이룩하고, 무력에 의한 침략과 충돌을 막고 긴장 완화와 평화를 보장하며, 다각적인 교류, 협력을 실현하여 민족공동의 이익과 번영을 도모하며, 쌍방 사이의 관계가 나라와 나라 사이의 관계가 아닌 통일을 지향하는 과정에서 잠정적으로 형성되는 특수관계라는 것을 인정하고, 평화통일을 성취하기 위한 공동의 노력을 경주할 것을 다짐하면서, 다음과 같이 합의하였다.

제1장 남북화해

제1조 남과 북은 서로 상대방의 체제를 인정하고 존중한다.

제2조 남과 북은 상대방의 내부문제에 간섭하지 아니한다.

제3조 남과 북은 상대방에 대한 비방, 중상을 하지 아니한다.

제4조 남과 북은 상대방을 파괴, 전복하려는 일체 행위를 하지 아니한다.

제5조 남과 북은 현정전상태를 남북 사이의 공고한 평화상태로 전환시키기 위하여 공동으로 노력하며 이러한 평화상태가 이룩될 때까지 현 군사정전협정을 준수한다.

제6조 남과 북은 국제무대에서 대결과 경쟁을 중지하고 서로 협력하면서 민족의 존엄과 이익을 위하여 공동으로 노력한다.

제7조 남과 북은 서로의 긴밀한 연락과 협의를 위하여 이 합의서 발효 후 3개월 안에 판문점에 남북연락사무소를 설치, 운영한다.

제8조 남과 북은 이 합의서 발효 후 1개월 안에 본회담 테두리 안에서 남북정치분과위원회를 구성하여 남북화해에 관한 합의의 이행과 준수를 위한 구체적 대책을 협의한다.

제2장 남북불가침

제9조 남과 북은 상대방에 대하여 무력을 사용하지 않으며 상대방을 무력으로 침략하지 아니한다.

제10조 남과 북은 의견대립과 분쟁문제들을 대화와 협상을 통하여 평화적으로 해결한다.

제11조 남과 북의 불가침 경계선과 구역은 1953년 7월 27일자 군사정전에 관한 협정에 규

정된 군사분계선과 지금까지 쌍방이 관할하여 온 구역으로 한다.

제12조 남과 북은 불가침의 이행과 보장을 위하여 이 합의서 발효 후 3개월 안에 남북군사공동위원회를 구성, 운영한다. 남북군사공동위원회에서는 대규모 부대이동과 군사연습의 통보 및 통제문제, 비무장지대의 평화적 이용문제, 군인사교류 및 정보교환 문제, 대량살상무기와 공격능력의 제거를 비롯한 단계적 군축 실현문제, 검증문제 등 군사적 신뢰조성과 군축을 실현하기 위한 문제를 협의, 추진한다.

제13조 남과 북은 우발적인 무력충돌과 그 확대를 방지하기 위하여 쌍방 군사당국자 사이에 직통전화를 설치, 운영한다.

제14조 남과 북은 이 합의서 발효 후 1개월 안에 본회담 테두리 안에서 남북군사분과위원회를 구성하여 불가침에 관한 합의의 이행과 준수 및 군사적 대결상태를 해소하기 위한 구체적 대책을 협의한다.

제3장 남북교류, 협력

제15조 남과 북은 민족경제의 통일적이며 균형적인 발전과 민족전체의 복리향상을 도모하기 위하여 자원의 공동개발, 민족 내부 교류로서의 물자교류, 합작투자 등 경제교류와 협력을 실시한다.

제16조 남과 북은 과학, 기술, 교육, 문화, 예술, 보건, 체육, 환경과 신문, 라디오, 텔레비전 및 출판물을 비롯한 출판, 보도 등 여러분야에서 교류와 협력을 실시한다.

제17조 남과 북은 민족구성원들의 자유로운 왕래와 접촉을 실현한다.

제18조 남과 북은 흩어진 가족, 친척들의 자유로운 서신거래와 왕래와 상봉 및 방문을 실시하고 자유의사에 의한 재결합을 실현하며, 기타 인도적으로 해결할 문제에 대한 대책을 강구한다.

제19조 남과 북은 끊어진 철도와 도로를 연결하고 해로, 항로를 개설한다.

제20조 남과 북은 우편과 전기통신교류에 필요한 시설을 설치, 연결하며, 우편, 전기통신교류의 비밀을 보장한다.

제21조 남과 북은 국제무대에서 경제와 문화 등 여러분야에서 서로 협력하며 대외에 공동으로 진출한다.

제22조 남과 북은 경제와 문화 등 각 분야의 교류와 협력을 실현하기 위한 합의의 이행을 위하여 이 합의서 발효 후 3개월 안에 남북경제교류, 협력공동위원회를 비롯한 부문별 공동위원회들을 구성, 운영한다.

제23조 남과 북은 이 합의서 발효 후 1개월 안에 본회담 테두리 안에서 남북교류, 협력분과위원회를 구성하여 남북교류, 협력에 관한 합의의 이행과 준수를 위한 구체적 대책을 협의한다.

제4장 수정 및 발효

제24조 이 합의서는 쌍방의 합의에 의하여 수정, 보충할 수 있다.

제25조 이 합의서는 남과 북이 각기 발효에 필요한 절차를 거쳐 그 문본을 서로 교환한 날로부터 효력을 발생한다.

1991년 12월 13일

남북고위급회담 남측 대표단 수석대표	북남고위급회담 북측대표단 단장
대한민국 국무총리 정원식	조선민주주의인민공화국 정무원총리 연형묵

한반도 비핵화공동선언

1992. 2. 19. 발효

비핵화공동선언의 주요내용은

1. 남과 북은 핵무기의 시험, 제조, 생산, 접수, 보유, 저장, 배비(配備), 사용을 아니한다.

2. 남과 북은 핵에너지를 오직 평화적 목적에만 이용한다.

3. 남과 북은 핵재처리시설 및 우라늄 농축시설을 보유하지 아니한다.

4. 남과 북은 비핵화를 검증하기 위하여 상대측이 선정하고 쌍방이 합의하는 대상들에 대하여 남북핵통제공동위원회가 규정하는 절차와 방법으로 사찰을 실시한다.

5. 남과 북은 이 공동선언의 이행을 위하여 공동선언이 발효된 후 1개월 안에 남북핵통제공동위를 구성·운영한다.

6. 이 공동선언은 남과 북이 각기 발효에 필요한 절차를 거쳐 그 본문을 교환한 날부터 효력을 발생한다.

1992년 1월 20일

남북고위급회담 남측 대표단 수석대표	북남고위급회담 북측대표단 단장
대한민국 국무총리 정원식	조선민주주의인민공화국 정무원총리 연형묵

6·15남북공동선언

조국의 평화적 통일을 염원하는 온 겨레의 숭고한 뜻에 따라 대한민국 김대중 대통령과 조선민주주의인민공화국 김정일 국방위원장은 2000년 6월 13일부터 6월 15일까지 평양에서 역사적인 상봉을 하였으며 정상회담을 가졌다.

남북 정상들은 분단 역사상 처음으로 열린 이번 상봉과 회담이 서로 이해를 증진시키고 남북관계를 발전시키며 평화통일을 실현하는데 중대한 의의를 가진다고 평가하고 다음과 같이 선언한다.

1. 남과 북은 나라의 통일문제를 그 주인인 우리 민족끼리 서로 힘을 합쳐 자주적으로 해결해 나가기로 하였다.

2. 남과 북은 나라의 통일을 위한 남측의 연합 제안과 북측의 낮은 단계의 연방제 안이 서로 공통성이 있다고 인정하고 앞으로 이 방향에서 통일을 지향시켜 나가기로 하였다.

3. 남과 북은 올해 8.15에 즈음하여 흩어진 가족, 친척 방문단을 교환하며 비전향 장기수 문제를 해결하는 등 인도적 문제를 조속히 풀어 나가기로 하였다.

4. 남과 북은 경제협력을 통하여 민족경제를 균형적으로 발전시키고 사회, 문화, 체육, 보건, 환경 등 제반 분야의 협력과 교류를 활성화하여 서로의 신뢰를 다져 나가기로 하였다.

5. 남과 북은 이상과 같은 합의사항을 조속히 실천에 옮기기 위하여 빠른 시일 안에 당국 사이의 대화를 개최하기로 하였다.

김대중 대통령은 김정일 국방위원장이 서울을 방문하도록 정중히 초청하였으며 김정일 국방위원장은 앞으로 적절한 시기에 서울을 방문하기로 하였다.

2000년 6월 15일

대 한 민 국	조선민주주의인민공화국
대통령 김대중	국방위원장 김정일

남북관계 발전과 평화번영을 위한 선언
(10·4선언)

대한민국 노무현 대통령과 조선민주주의인민공화국 김정일 국방위원장사이 의 합의에 따라 노무현 대통령이 2007년 10월 2일부터 4일까지 평양을 방문하였다. 방문 기간 중 역사적인 상봉과 회담들이 있었다.

상봉과 회담에서는 6.15 공동선언의 정신을 재확인하고 남북관계발전과 한반도 평화, 민족 공동의 번영과 통일을 실현하는 데 따른 제반 문제들을 허심탄회하게 협의하였다.

쌍방은 우리 민족끼리 뜻과 힘을 합치면 민족 번영의 시대, 자주 통일의 새시대를 열어 나갈 수 있다는 확신을 표명하면서 6.15 공동선언에 기초하여 남북관계를 확대·발전시켜 나가기 위하여 다음과 같이 선언한다.

1. 남과 북은 6.15 공동선언을 고수하고 적극 구현해 나간다.
   남과 북은 우리민족끼리 정신에 따라 통일문제를 자주적으로 해결해 나가며 민족의 존엄과 이익을 중시하고 모든 것을 이에 지향시켜 나가기로 하였다.
   남과 북은 6.15 공동선언을 변함없이 이행해 나가려는 의지를 반영하여 6월 15일을 기념하는 방안을 강구하기로 하였다.

2. 남과 북은 사상과 제도의 차이를 초월하여 남북관계를 상호 존중과 신뢰 관계로 확고히 전환시켜 나가기로 하였다.
   남과 북은 내부문제에 간섭하지 않으며 남북관계 문제들을 화해와 협력, 통일에 부합되게 해결해 나가기로 하였다.
   남과 북은 남북관계를 통일 지향적으로 발전시켜 나가기 위하여 각기 법률적·제도적 장치들을 정비해 나가기로 하였다.
   남과 북은 남북관계 확대와 발전을 위한 문제들을 민족의 염원에 맞게 해결하기 위해 양측 의회 등 각 분야의 대화와 접촉을 적극 추진해 나가기로 하였다.

3. 남과 북은 군사적 적대관계를 종식시키고 한반도에서 긴장완화와 평화를 보장하기 위해 긴밀히 협력하기로 하였다.

남과 북은 서로 적대시하지 않고 군사적 긴장을 완화하며 분쟁문제들을 대화와 협상을 통하여 해결하기로 하였다.

남과 북은 한반도에서 어떤 전쟁도 반대하며 불가침의무를 확고히 준수하기로 하였다.

남과 북은 서해에서의 우발적 충돌방지를 위해 공동어로수역을 지정하고 이 수역을 평화수역으로 만들기 위한 방안과 각종 협력사업에 대한 군사적 보장조치 문제 등 군사적 신뢰 구축 조치를 협의하기 위하여 남측 국방부 장관과 북측 인민무력부 부장간 회담을 금년 11월중에 평양에서 개최하기로 하였다.

4. 남과 북은 현 정전체제를 종식시키고 항구적인 평화체제를 구축해 나가야 한다는데 인식을 같이하고 직접 관련된 3자 또는 4자 정상들이 한반도지역에서 만나 종전을 선언하는 문제를 추진하기 위해 협력해 나가기로 하였다.

   남과 북은 한반도 핵문제 해결을 위해 6자회담 9.19 공동성명과 2.13 합의가 순조롭게 이행되도록 공동으로 노력하기로 하였다.

5. 남과 북은 민족경제의 균형적 발전과 공동의 번영을 위해 경제협력사업을 공리공영과 유무상통의 원칙에서 적극 활성화하고 지속적으로 확대 발전시켜 나가기로 하였다.

   남과 북은 경제협력을 위한 투자를 장려하고 기반시설 확충과 자원개발을 적극 추진하며 민족내부협력사업의 특수성에 맞게 각종 우대조건과 특혜를 우선적으로 부여하기로 하였다.

   남과 북은 해주지역과 주변해역을 포괄하는 서해평화협력특별지대를 설치하고 공동어로구역과 평화수역 설정, 경제특구건설과 해주항 활용, 민간선박의 해주직항로 통과, 한강하구 공동이용 등을 적극 추진해 나가기로 하였다.

   남과 북은 개성공업지구 1단계 건설을 빠른 시일안에 완공하고 2단계 개발에 착수하며 문산-봉동간 철도화물수송을 시작하고, 통행 통신 통관 문제를 비롯한 제반 제도적 보장조치들을 조속히 완비해 나가기로 하였다.

   남과 북은 개성-신의주 철도와 개성-평양 고속도로를 공동으로 이용하기 위해 개보수 문제를 협의·추진해 가기로 하였다.

   남과 북은 안변과 남포에 조선협력단지를 건설하며 농업, 보건의료, 환경보호 등 여러 분야에서의 협력사업을 진행해 나가기로 하였다.

   남과 북은 남북 경제협력사업의 원활한 추진을 위해 현재의 남북경제협력추진위원회를 부총리급 남북경제협력공동위원회로 격상하기로 하였다.

6. 남과 북은 민족의 유구한 역사와 우수한 문화를 빛내기 위해 역사, 언어, 교육, 과학기

술, 문화예술, 체육 등 사회문화 분야의 교류와 협력을 발전시켜 나가기로 하였다.
남과 북은 백두산관광을 실시하며 이를 위해 백두산-서울 직항로를 개설하기로 하였다.
남과 북은 2008년 북경 올림픽경기대회에 남북응원단이 경의선 열차를 처음으로 이용하여 참가하기로 하였다.

7. 남과 북은 인도주의 협력사업을 적극 추진해 나가기로 하였다.
남과 북은 흩어진 가족과 친척들의 상봉을 확대하며 영상 편지 교환사업을 추진하기로 하였다. 이를 위해 금강산면회소가 완공되는데 따라 쌍방 대표를 상주시키고 흩어진 가족과 친척의 상봉을 상시적으로 진행하기로 하였다.
남과 북은 자연재해를 비롯하여 재난이 발생하는 경우 동포애와 인도주의, 상부상조의 원칙에 따라 적극 협력해 나가기로 하였다.

8. 남과 북은 국제무대에서 민족의 이익과 해외 동포들의 권리와 이익을 위한 협력을 강화해 나가기로 하였다.
남과 북은 이 선언의 이행을 위하여 남북총리회담을 개최하기로 하고, 제 1차회의를 금년 11월중 서울에서 갖기로 하였다.
남과 북은 남북관계 발전을 위해 정상들이 수시로 만나 현안 문제들을 협의하기로 하였다.

2007년 10월 4일
평 양

대 한 민 국	조선민주주의인민공화국
대통령 노무현	국방위원장 김정일

한반도의 평화와 번영, 통일을 위한 판문점 선언문

대한민국 문재인 대통령과 조선민주주의인민공화국 김정은 국무위원장은 평화와 번영, 통일을 염원하는 온 겨레의 한결같은 지향을 담아 한반도에서 역사적인 전환이 일어나고 있는 뜻깊은 시기에 2018년 4월 27일 판문점 평화의 집에서 남북정상회담을 진행하였다.

양 정상은 한반도에 더 이상 전쟁은 없을 것이며 새로운 평화의 시대가 열리었음을 8천만 우리 겨레와 전 세계에 엄숙히 천명하였다.

양 정상은 냉전의 산물인 오랜 분단과 대결을 하루 빨리 종식시키고 민족적 화해와 평화 번영의 새로운 시대를 과감하게 일어나가며 남북관계를 보다 적극적으로 개선하고 발전시켜 나가야 한다는 확고한 의지를 담아 역사의 땅 판문점에서 다음과 같이 선언하였다.

1. 남과 북은 남북 관계의 전면적이며 획기적인 개선과 발전을 이룩함으로써 끊어진 민족의 혈맥을 잇고 공동번영과 자주통일의 미래를 앞당겨 나갈 것이다.
   남북관계를 개선하고 발전시키는 것은 온 겨레의 한결같은 소망이며 더 이상 미룰 수 없는 시대의 절박한 요구이다.

   ① 남과 북은 우리 민족의 운명은 우리 스스로 결정한다는 민족 자주의 원칙을 확인하였으며 이미 채택된 남북 선언들과 모든 합의들을 철저히 이행함으로 써 관계 개선과 발전의 전환적 국면을 열어나가기로 하였다.

   ② 남과 북은 고위급 회담을 비롯한 각 분야의 대화와 협상을 빠른 시일 안에 개최하여 정상회담에서 합의된 문제들을 실천하기 위한 적극적인 대책을 세워나가기로 하였다.

   ③ 남과 북은 당국 간 협의를 긴밀히 하고 민간교류와 협력을 원만히 보장하기 위하여 쌍방 당국자가 상주하는 남북공동연락사무소를 개성지역에 설치하기로 하였다.

   ④ 남과 북은 민족적 화해와 단합의 분위기를 고조시켜 나가기 위하여 각계각층의 다방면적인 협력과 교류 왕래와 접촉을 활성화하기로 하였다.
   안으로는 6.15를 비롯하여 남과 북에 다같이 의의가 있는 날들을 계기로 당국과 국회, 정당, 지방자치단체, 민간단체 등 각계각층이 참가하는 민족공동행사를 적극 추진하여 화해와 협력의 분위기를 고조시키며, 밖으로는 2018년 아시아경기대회를 비롯한 국제경기들에 공동으로 진출하여 민족의 슬기와 재능, 단합된 모습을 전 세계에 과시하기

로 하였다.

⑤ 남과 북은 민족 분단으로 발생된 인도적 문제를 시급히 해결하기 위하여 노력하며, 남북 적십자회담을 개최하여 이산가족·친척상봉을 비롯한 제반 문제들을 협의 해결해 나가기로 하였다. 당면하여 오는 8.15를 계기로 이산가족·친척 상봉을 진행하기로 하였다.

⑥ 남과 북은 민족경제의 균형적 발전과 공동번영을 이룩하기 위하여 10.4선언에서 합의된 사업들을 적극 추진해 나가며 1차적으로 동해선 및 경의선 철도와 도로들을 연결하고 현대화하여 활용하기 위한 실천적 대책들을 취해나가기로 하였다.

2. 남과 북은 한반도에서 첨예한 군사적 긴장상태를 완화하고 전쟁 위험을 실질적으로 해소하기 위하여 공동으로 노력해 나갈 것이다.

① 남과 북은 지상과 해상, 공중을 비롯한 모든 공간에서 군사적 긴장과 충돌의 근원으로 되는 상대방에 대한 일체의 적대행위를 전면 중지하기로 하였다.

당면하여 5월 1일부터 군사분계선 일대에서 확성기 방송과 전단살포를 비롯한 모든 적대 행위들을 중지하고 그 수단을 철폐하며 앞으로 비무장지대를 실질적인 평화지대로 만들어 나가기로 하였다.

② 남과 북은 서해 북방한계선 일대를 평화수역으로 만들어 우발적인 군사적 충돌을 방지하고 안전한 어로 활동을 보장하기 위한 실제적인 대책을 세워나가기로 하였다.

③ 남과 북은 상호협력과 교류, 왕래와 접촉이 활성화 되는 데 따른 여러 가지 군사적 보장대책을 취하기로 하였다.

남과 북은 쌍방 사이에 제기되는 군사적 문제를 지체 없이 협의 해결하기 위하여 국방부장관회담을 비롯한 군사당국자회담을 자주개최하며 5월 중에 먼저 장성급 군사회담을 열기로 하였다.

3. 남과 북은 한반도의 항구적이며 공고한 평화체제 구축을 위하여 적극 협력해 나갈 것이다.

한반도에서 비정상적인 현재의 정전상태를 종식시키고 확고한 평화체제를 수립하는 것은 더 이상 미룰 수 없는 역사적 과제이다.

① 남과 북은 그 어떤 형태의 무력도 서로 사용하지 않을 때 대한 불가침 합의를 재

확인하고 엄격히 준수해 나가기로 하였다.

② 남과 북은 군사적 긴장이 해소되고 서로의 군사적 신뢰가 실질적으로 구축되는 데 따라 단계적으로 군축을 실현해 나가기로 하였다.

③ 남과 북은 정전협정체결 65년이 되는 올해에 종전을 선언하고 정전협정을 평화협정으로 전환하며 항구적이고 공고한 평화체제 구축을 위한 남·북·미 3자 또는 남·북·미·중 4자회담 개최를 적극 추진해 나가기로 하였다.

④ 남과 북은 완전한 비핵화를 통해 핵 없는 한반도를 실현한다는 공동의 목표를 확인하였다.

남과 북은 북측이 취하고 있는 주동적인 조치들이 한반도 비핵화를 위해 대단히 의의 있고 중대한 조치라는데 인식을 같이 하고 앞으로 각기 자기의 책임과 역할을 다하기로 하였다.

남과 북은 한반도 비핵화를 위한 국제사회의 지지와 협력을 위해 적극 노력하기로 하였다.

양 정상은 정기적인 회담과 직통전화를 통하여 민족의 중대사를 수시로 진지하게 논의하고 신뢰를 굳건히 하며, 남북관계의 지속적인 발전과 한반도의 평화와 번영, 통일을 향한 좋은 흐름을 더욱 확대해 나가기 위하여 함께 노력하기로 하였다.

당면하여 문재인 대통령은 올해 가을 평양을 방문하기로 하였다.

2018년 4월 27일
판문점

대한민국	조선민주주의인민공화국
대통령 문재인	국무위원회 위원장 김정은

9월 평양공동선언

대한민국 문재인 대통령과 조선민주주의인민공화국 김정은 국무위원장은 2018년 9월 18일부터 20일까지 평양에서 남북정상회담을 진행하였다.

양 정상은 역사적인 판문점선언 이후 남북 당국간 긴밀한 대화와 소통, 다방면적 민간교류와 협력이 진행되고, 군사적 긴장완화를 위한 획기적인 조치들이 취해지는 등 훌륭한 성과들이 있었다고 평가하였다.

양 정상은 민족자주와 민족자결의 원칙을 재확인하고, 남북관계를 민족적 화해와 협력, 확고한 평화와 공동번영을 위해 일관되고 지속적으로 발전시켜 나가기로 하였으며, 현재의 남북관계 발전을 통일로 이어갈 것을 바라는 온 겨레의 지향과 여망을 정책적으로 실현하기 위하여 노력해 나가기로 하였다.

양 정상은 판문점선언을 철저히 이행하여 남북관계를 새로운 높은 단계로 진전시켜 나가기 위한 제반 문제들과 실천적 대책들을 허심탄회하고 심도있게 논의하였으며, 이번 평양정상회담이 중요한 역사적 전기가 될 것이라는 데 인식을 같이 하고 다음과 같이 선언하였다.

1. 남과 북은 비무장지대를 비롯한 대치지역에서의 군사적 적대관계 종식을 한반도 전 지역에서의 실질적인 전쟁위험 제거와 근본적인 적대관계 해소로 이어나가기로 하였다.

   ① 남과 북은 이번 평양정상회담을 계기로 체결한 '판문점선언 군사분야 이행합의서'를 평양공동선언의 부속합의서로 채택하고 이를 철저히 준수하고 성실히 이행하며, 한반도를 항구적인 평화지대로 만들기 위한 실천적 조치들을 적극 취해나가기로 하였다.

   ② 남과 북은 남북군사공동위원회를 조속히 가동하여 군사분야합의서의 이행실태를 점검하고 우발적 무력충돌 방지를 위한 상시적 소통과 긴밀한 협의를 진행하기로 하였다.

2. 남과 북은 상호호혜와 공리공영의 바탕위에서 교류와 협력을 더욱 증대시키고, 민족경제를 균형적으로 발전시키기 위한 실질적인 대책들을 강구해나가기로 하였다.

   ① 남과 북은 금년내 동, 서해선 철도 및 도로 연결을 위한 착공식을 갖기로 하였다.

② 남과 북은 조건이 마련되는 데 따라 개성공단과 금강산관광 사업을 우선 정상화하고, 서해경제공동특구 및 동해관광공동특구를 조성하는 문제를 협의해나가기로 하였다.

③ 남과 북은 자연생태계의 보호 및 복원을 위한 남북 환경협력을 적극 추진하기로 하였으며, 우선적으로 현재 진행 중인 산림분야 협력의 실천적 성과를 위해 노력하기로 하였다.

④ 남과 북은 전염성 질병의 유입 및 확산 방지를 위한 긴급조치를 비롯한 방역 및 보건·의료 분야의 협력을 강화하기로 하였다.

3. 남과 북은 이산가족 문제를 근본적으로 해결하기 위한 인도적 협력을 더욱 강화해나가기로 하였다.

① 남과 북은 금강산 지역의 이산가족 상설면회소를 빠른 시일내 개소하기로 하였으며, 이를 위해 면회소 시설을 조속히 복구하기로 하였다.

② 남과 북은 적십자 회담을 통해 이산가족의 화상상봉과 영상편지 교환 문제를 우선적으로 해결해나가기로 하였다.

4. 남과 북은 화해와 단합의 분위기를 고조시키고 우리 민족의 기개를 내외에 과시하기 위해 다양한 분야의 협력과 교류를 적극 추진하기로 하였다.

① 남과 북은 문화 및 예술분야의 교류를 더욱 증진시켜 나가기로 하였으며, 우선적으로 10월 중에 평양예술단의 서울공연을 진행하기로 하였다.

② 남과 북은 2020년 하계올림픽경기대회를 비롯한 국제경기들에 공동으로 적극 진출하며, 2032년 하계올림픽의 남북공동개최를 유치하는 데 협력하기로 하였다.

③ 남과 북은 10.4 선언 11주년을 뜻깊게 기념하기 위한 행사들을 의의있게 개최하며, 3.1운동 100주년을 남북이 공동으로 기념하기로 하고, 그를 위한 실무적인 방안을 협의해나가기로 하였다.

5. 남과 북은 한반도를 핵무기와 핵위협이 없는 평화의 터전으로 만들어나가야 하며 이를 위해 필요한 실질적인 진전을 조속히 이루어나가야 한다는 데 인식을 같이 하였다.

① 북측은 동창리 엔진시험장과 미사일 발사대를 유관국 전문가들의 참관 하에 우선 영구적으로 폐기하기로 하였다.

② 북측은 미국이 6.12 북미공동성명의 정신에 따라 상응조치를 취하면 영변 핵시설의 영구적 폐기와 같은 추가적인 조치를 계속 취해나갈 용의가 있음을 표명하였다.

③ 남과 북은 한반도의 완전한 비핵화를 추진해나가는 과정에서 함께 긴밀히 협력해나가기로 하였다.

6. 김정은 국무위원장은 문재인 대통령의 초청에 따라 가까운 시일 내로 서울을 방문하기로 하였다.

2018년 9월 19일

대한민국	조선민주주의인민공화국
대통령 문재인	국무위원회 위원장 김정은

'판문점선언' 이행을 위한 군사분야합의서

남과 북은 한반도에서 군사적 긴장 상태를 완화하고 신뢰를 구축하는 것이 항구적이며 공고한 평화를 보장하는 데 필수적이라는 공통된 인식으로부터 한반도의 평화와 번영, 통일을 위한 판문점선언을 군사적으로 철저히 이행하기 위하여 다음과 같이 포괄적으로 합의하였다.

1. 남과 북은 지상과 해상, 공중을 비롯한 모든 공간에서 군사적 긴장과 충돌의 근원으로 되는 상대방에 대한 일체의 적대행위를 전면 중지하기로 하였다.

① 쌍방은 지상과 해상, 공중을 비롯한 모든 공간에서 무력 충돌을 방지하기 위해 다양한 대책을 강구하였다. 쌍방은 군사적 충돌을 야기할 수 있는 모든 문제를 평화적 방법으로 협의·해결하며, 어떤 경우에도 무력을 사용하지 않기로 하였다. 쌍방은 어떠한 수단과 방법으로도 상대방의 관할구역을 침입 또는 공격하거나 점령하는 행위를 하지 않기로 하였다.

쌍방은 상대방을 겨냥한 대규모 군사훈련 및 무력증강 문제, 다양한 형태의 봉쇄 차단 및 항행방해 문제, 상대방에 대한 정찰행위 중지 문제 등에 대해 '남북군사공동위원회'를 가동하여 협의해 나가기로 하였다. 쌍방은 군사적 긴장 해소 및 신뢰구축에 따라 단계적 군축을 실현해 나가기로 합의한 판문점선언을 구현하기 위해 이와 관련된 다양한 실행 대책들을 계속 협의하기로 하였다.

② 쌍방은 2018년 11월 1일부터 군사분계선 일대에서 상대방을 겨냥한 각종 군사연습을 중지하기로 하였다. 지상에서는 군사분계선으로부터 5km 안에서 포병 사격훈련 및 연대급 이상 야외기동훈련을 전면 중지하기로 하였다. 해상에서는 서해 남측 덕적도 이북으로부터 북측 초도 이남까지의 수역, 동해 남측 속초 이북으로부터 북측 통천 이남까지의 수역에서 포사격 및 해상 기동훈련을 중지하고 해안포와 함포의 포구 포신 덮개 설치 및 포문폐쇄 조치를 취하기로 하였다. 공중에서는 군사분계선 동 서부 지역 상공에 설정된 비행 금지구역 내에서 고정익항공기의 공대지유도무기사격 등 실탄사격을 동반한 전술훈련을 금지하기로 하였다.

③ 쌍방은 2018년 11월 1일부터 군사분계선 상공에서 모든 기종들의 비행금지구역을 다음과 같이 설정하기로 하였다. 고정익항공기는 군사분계선으로부터 동부지역(군사분계선표식물 제0646호부터 제1292호 까지의 구간)은 40km, 서부지역(군사분계선표

식물 제0001호부터 제0646호까지의 구간)은 20km를 적용하여 비행금지구역을 설정한다. 회전익항공기는 군사분계선으로부터 10km로, 무인기는 동부지역에서 15km, 서부지역에서 10km로, 기구는 25km로 적용한다.

다만, 산불 진화, 지 해상 조난 구조, 환자 후송, 기상 관측, 영농지원 등으로 비행기 운용이 필요한 경우에는 상대측에 사전 통보하고 비행할 수 있도록 한다. 민간 여객기(화물기 포함)에 대해서는 상기 비행금지구역을 적용하지 않는다.

④ 쌍방은 지상과 해상, 공중을 비롯한 모든 공간에서 어떠한 경우에도 우발적인 무력충돌 상황이 발생하지 않도록 대책을 취하기로 하였다.

이를 위해 지상과 해상에서는 경고방송 → 2차 경고방송 → 경고사격 → 2차 경고사격 → 군사적 조치의 5개 단계로, 공중에서는 경고신 및 신호 → 차단비행 → 경고사격 → 군사적 조치의 4개 단계의 절차를 적용하기로 하였다.

쌍방은 수정된 절차를 2018년 11월 1일부터 시행하기로 하였다.

⑤ 쌍방은 지상과 해상, 공중을 비롯한 모든 공간에서 어떠한 경우에도 우발적 충돌이 발생하지 않도록 상시 연락체계를 가동하며, 비정상적인 상황이 발생하는 경우 즉시 통보하는 등 모든 군사적 문제를 평화적으로 협의하여 해결하기로 하였다.

2. 남과 북은 비무장지대를 평화지대로 만들어 나가기 위한 실질적인 군사적 대책을 강구하기로 하였다.

① 쌍방은 비무장지대 안에 감시초소(GP)를 전부 철수하기 위한 시범적 조치로 상호 1km 이내 근접해 있는 남북 감시초소들을 완전히 철수하기로 하였다.

② 쌍방은 판문점 공동경비구역을 비무장화하기로 하였다.

③ 쌍방은 비무장지대내에서 시범적 남북공동유해발굴을 진행하기로 하였다.

④ 쌍방은 비무장지대 안의 역사유적에 대한 공동조사 및 발굴과 관련한 군사적 보장대책을 계속 협의하기로 하였다.

3. 남과 북은 서해 북방한계선 일대를 평화수역으로 만들어 우발적인 군사적 충돌을 방지하고 안전한 어로활동을 보장하기 위한 군사적 대책을 취해 나가기로 하였다.

① 쌍방은 2004년 6월 4일 제2차 남북장성급군사회담에서 서명한 ‘서해 해상에서의 우

발적 충돌 방지' 관련 합의를 재확인하고, 전면적으로 복원 이행해 나가기로 하였다.

② 쌍방은 서해 해상에서 평화수역과 시범적 공동어로구역을 설정하기로 하였다.

③ 쌍방은 평화수역과 시범적 공동어로구역에 출입하는 인원 및 선박에 대한 안전을 철저히 보장하기로 하였다.

④ 쌍방은 평화수역과 시범적 공동어로구역 내에서 불법어로 차단 및 남북 어민들의 안전한 어로활동 보장을 위하여 남북 공동순찰 방안을 마련하여 시행하기로 하였다.

4. 남과 북은 교류협력 및 접촉 왕래 활성화에 필요한 군사적 보장대책을 강구하기로 하였다.

① 쌍방은 남북관리구역에서의 통행 통신 통관(3통)을 군사적으로 보장하기 위한 대책을 마련하기로 하였다.

② 쌍방은 동 서해선 철도 도로 연결과 현대화를 위한 군사적 보장대책을 강구하기로 하였다.

③ 쌍방은 북측 선박들의 해주직항로 이용과 제주해협 통과 문제 등을 남북군사공동위에서 협의하여 대책을 마련하기로 하였다.

④ 쌍방은 한강(임진강) 하구 공동이용을 위한 군사적 보장 대책을 강구하기로 하였다.

5. 남과 북은 상호 군사적 신뢰구축을 위한 다양한 조치들을 강구해 나가기로 하였다.

① 쌍방은 남북군사당국자사이에 직통전화 설치 및 운영 문제를 계속 협의해 나가기로 하였다.

② 쌍방은 남북군사공동위원회 구성 및 운영과 관련한 문제를 구체적으로 협의·해결해 나가기로 하였다.

③ 쌍방은 남북군사당국간 채택한 모든 합의들을 철저히 이행 하며, 그 이행상태를 정기적으로 점검 평가해 나가기로 하였다.

6. 이 합의서는 쌍방이 서명하고 각기 발효에 필요한 절차를 거쳐 그 문본을 교환한 날부터 효력을 발생한다.

① 합의서는 쌍방의 합의에 따라 수정 및 보충할 수 있다.

② 합의서는 2부 작성되었으며, 같은 효력을 가진다.

2018년 9월 19일

대한민국	조선민주주의인민공화국
국방부장관 송영무	인민무력상 조선인민군 대장 노광철

북미 제네바 기본합의서

미합중국(이하 '미국'으로 호칭) 대표단과 조선민주주의인민공화국(이하 '북한'으로 호칭) 대표단은 1994년 9월 23일부터 10월 21일까지 제네바에서 한반도 핵문제의 전반적 해결을 위한 협상을 가졌다. 양측은 비핵화 된 한반도의 평화와 안전을 확보하기 위해서는 1994년 8월 12일 미국과 북한간의 합의 발표문에 포함된 목표의 달성과 1993년 6월 11일 미국과 북한간 공동발표문 상의 원칙과 준수가 중요함을 재확인하였다. 양측은 핵문제 해결을 위해 다음과 같은 조치들을 취하기로 결정하였다.

1. 양측은 북한의 흑연감속 원자로 및 관련시설을 경수로 원자로발전소로 대체하기 위해 협력한다.

1) 미국 대통령의 1994년 17월 20일자 보장서한에 의거하여 미국은 2003년을 목표 시한으로 총 발전용량 약 2,000MWe의 경수로를 북한에 제공하기 위한 조치를 주선할 책임을 진다.
- 미국은 북한에 제공할 경수로의 재정조달 및 공급을 담당할 국제 컨소시엄을 미국의 주도하에 구성한다. 미국은 동 국제 컨소시엄을 대표하여 경수로 사업을 위한 북한과의 주접촉선 역할을 수행한다.
- 미국은 국제 컨소시엄을 대표하여 본 합의문 서명 후 6개월 내에 북한과 경수로 제공을 위한 공급 계약을 체결할 수 있도록 최선의 노력을 경주한다. 계약 관련 협의는 본 합의문 서명 후 가능한 한 조속한 시일 내에 개시한다.
- 필요한 경우 미국과 북한은 핵에너지의 평화적 이용 분야에 있어서의 협력을 위한 양자협정을 체결한다.

2) 1994년 10월 20일자 대체에너지 제공 관련 미국의 보장서한에 의거 미국은 국제 컨소시엄을 대표하여 북한의 흑연감속원자로 동결에 따라 상실될 에너지를 첫 번째 경수로 완공시까지 보전하기 위한 조치를 주선한다.
- 대체에너지는 난방과 전력생산을 위해 중유로 공급된다.
- 중유의 공급은 본 합의문 서명 후 3개월 내에 개시되고 양측간에 합의된 공급일정에 따라 연간 50만t 규모까지 공급된다.

3) 경수로 및 대체에너지 제공에 대한 보장서한 접수 즉시 북한은 흑연감속원자로 및 관련 시설을 동결하고 궁극적으로 이를 해체한다.

- 북한의 흑연감속원자로 및 관련 시설의 동결은 본 합의문서 후 1개월 내 완전 이행된다. 동 1개월 동안 및 전체 동결기간 중 IAEA가 이러한 동결 상태를 감시하는 것이 허용되며, 이를 위해 북한은 IAEA에 대해 전적인 협력을 제공한다.
- 북한의 흑연감속원자로 및 관련 시설의 해체는 경수로 사업이 완료될 때 완료된다.
- 미국과 북한은 5MWe 실험용 원자로에서 추출된 사용 후 연료봉을 경수로 건설기간 동안 안전하게 보관하고 북한 내에서 재처리하지 않는 안전한 방법으로 동 연료가 처리될 수 있는 방안을 강구하기 위해 상호 협력한다.

4) 본 합의 후 가능한 조속한 시일 내에 미국과 북한의 전문가들은 두 종류의 전문가 협의를 가진다.
- 한쪽의 협의에서 전문가들은 대체에너지와 흑연감속원자로의 경수로로의 대체와 관련된 문제를 협의한다.
- 다른 한쪽의 협의에서 전문가들은 사용 후 연료 보관 및 궁극적 처리를 위한 구체적 조치를 협의한다.

2. 양측은 정치적·경제적 관계의 완전 정상화를 추구한다.

1) 합의 후 3개월 내 양측은 통신 및 금융거래에 대한 제한을 포함한 무역 및 투자 제한을 완화시켜 나아간다.

2) 양측은 전문가급 협의를 통해 영사 및 여타 기술적 문제가 해결된 후에 쌍방의 수도에 연락 사무소를 개설한다.

3) 미국과 북한은 상호 관심사항에 대한 진전이 이뤄짐에 따라 양국관계를 대사급으로까지 격상시켜 나아간다.

3. 양측은 핵이 없는 한반도의 평화와 안전을 위해 함께 노력한다.

1) 미국은 북한에 대한 핵무기를 불위협 또는 불사용에 관한 공식 보장을 제공한다.

2) 북한은 한반도 비핵화 공동선언을 이행하기 위한 조치를 일관성 있게 취한다.

3) 본 합의문이 대화를 촉진하는 분위기를 조성해 나아가는 데 도움을 줄 것이기 때문에 북한은 남북대화에 착수한다.

4. 양측은 국제적 핵 비확산 체제 강화를 위해 함께 노력한다.

1) 북한은 핵 비확산조약(NPT) 당사국으로 잔류하며 동 조약상의 안전조치협정 이행을 허용한다.

2) 경수로 제공을 위한 계약 체결 즉시 동결 대상이 아닌 시설에 대하여 북한과 IAEA 간 안전 조치 협정에 따라 임시 및 일반사찰이 재개된다 경수로 공급계약 체결시까지 안전조치의 연속성을 위해 IAEA가 요청하는 사찰은 동결 대상이 아닌 시설에서 계속된다.

3) 경수로 사업의 상당 부분이 완료될 때, 그러나 주요 핵심 부품의 인도 이전에 북한은 북한 내 모든 핵 물질에 관한 최초보고서의 정확성과 완전성을 검증하는 것과 관련하여 IAEA와의 협의를 거쳐 IAEA가 필요하다고 판단하는 모든 조치를 취하는 것을 포함하여 IAEA 안전 조치협정(INFCIRC/403)을 완전히 이행한다.

1994년 10월 21일

조선민주주의인민공화국 수석대표	**미합중국 수석대표**
외교부 제1부부장 강석주	**본부대사 로버트 갈루치**

제4차 6자회담 공동성명
(9·19공동성명)

2005년 9월 19일 베이징

제4차 6자회담이 베이징에서 중화인민공화국, 조선민주주의인민공화국, 일본, 대한민국, 러시아연방, 미합중국이 참석한 가운데 2005년 7월 26일부터 8월 7일까지 그리고 9월 13일부터 19일까지 개최되었다.

우다웨이 중화인민공화국 외교부 부부장, 김계관 조선민주주의인민공화국 외무성 부상, 사사에 켄이치로 일본 외무성 아시아대양주 국장, 송민순 대한민국 외교통상부 차관보, 알렉세예프 러시아 외무부 차관, 그리고 크리스토퍼 힐 미합중국 국무부 동아태 차관보가 각 대표단의 수석대표로 동 회담에 참석하였다.

우다웨이 부부장은 동 회담의 의장을 맡았다.

한반도와 동북아시아 전반의 평화와 안정이라는 대의를 위해, 6자는 상호 존중과 평등의 정신 하에, 지난 3회에 걸친 회담에서 이루어진 공동의 이해를 기반으로, 한반도의 비핵화에 대해 진지하면서도 실질적인 회담을 가졌으며, 이러한 맥락에서 다음과 같이 합의하였다.

1. 6자는 6자회담의 목표가 한반도의 검증가능한 비핵화를 평화적인 방법으로 달성하는 것임을 만장일치로 재확인하였다.
   조선민주주의인민공화국은 모든 핵무기와 현존하는 핵계획을 포기할 것과, 조속한 시일 내에 핵확산금지조약(NPT)과 국제원자력기구(IAEA)의 안전조치에 복귀할 것을 공약하였다.
   미합중국은 한반도에 핵무기를 갖고 있지 않으며, 핵무기 또는 재래식 무기로 조선민주주의인민공화국을 공격 또는 침공할 의사가 없다는 것을 확인하였다.
   대한민국은 자국 영토 내에 핵무기가 존재하지 않는다는 것을 확인하면서, 1992년도 「한반도의 비핵화에 관한 남북공동선언」에 따라, 핵무기를 접수 또는 배비하지 않겠다는 공약을 재확인하였다.
   1992년도 「한반도의 비핵화에 관한 남북 공동선언」은 준수, 이행되어야 한다.
   조선민주주의인민공화국은 핵에너지의 평화적 이용에 관한 권리를 가지고 있다고 밝혔다. 여타 당사국들은 이에 대한 존중을 표명하였고, 적절한 시기에 조선민주주의인민공화국에 대한 경수로 제공 문제에 대해 논의하는데 동의하였다.

2. 6자는 상호 관계에 있어 국제연합헌장의 목적과 원칙 및 국제관계에서 인정된 규범을 준수할 것을 약속하였다.
조선민주주의인민공화국과 미합중국은 상호 주권을 존중하고, 평화적으로 공존하며, 각자의 정책에 따라 관계정상화를 위한 조치를 취할 것을 약속하였다.
조선민주주의인민공화국과 일본은 평양선언에 따라, 불행했던 과거와 현안사항의 해결을 기초로 하여 관계 정상화를 위한 조치를 취할 것을 약속하였다.

3. 6자는 에너지, 교역 및 투자 분야에서의 경제협력을 양자 및 다자적으로 증진시킬 것을 약속하였다.
중화인민공화국, 일본, 대한민국, 러시아연방 및 미합중국은 조선민주주의인민공화국에 대해 에너지 지원을 제공할 용의를 표명하였다.
대한민국은 조선민주주의인민공화국에 대한 2백만 킬로와트의 전력공급에 관한 2005년 7월 12일자 제안을 재확인하였다.

4. 6자는 동북아시아의 항구적인 평화와 안정을 위해 공동 노력할 것을 공약하였다.
직접 관련 당사국들은 적절한 별도 포럼에서 한반도의 항구적 평화체제에 관한 협상을 가질 것이다.
6자는 동북아시아에서의 안보협력 증진을 위한 방안과 수단을 모색하기로 합의하였다.

5. 6자는 '공약 대 공약', '행동 대 행동' 원칙에 입각하여 단계적 방식으로 상기 합의의 이행을 위해 상호조율된 조치를 취할 것을 합의하였다.

6. 6자는 제5차 6자회담을 11월초 베이징에서 협의를 통해 결정되는 일자에 개최하기로 합의하였다.

6·12북미정상회담 합의문

도널드 트럼프 미국 대통령과 김정은 북한 국무위원장은 역사적인 첫 정상회담을 2018년 6월 12일 개최했다.

트럼프 대통령과 김정은 위원장은 새로운 미국과 북한의 관계와 한반도의 평화를 위한 포괄적이고, 심도있고 진심이 담긴 의견을 교환했다.

트럼프 대통령은 북한에 체제 안정을 제공하기로 약속했고, 김정은 위원장은 한반도의 완전한 비핵화를 위한 확실한 약속을 재확인했다.

새로운 미·북 관계가 한반도와 세계의 평화와 번영을 가져오는 것을 확신하며, 이러한 양측의 자신감은 한반도의 비핵화를 이룰 수 있기 때문에 트럼프 대통령과 김정은 위원장은 다음 내용에 합의한다.

1. 미국과 조선인민민주주의공화국은 평화와 번영을 위한 양국 국민의 열망에 따라 새로운 미북 관계를 수립할 것을 약속한다.

2. 미국과 조선인민민주주의공화국은 한반도에 항구적이고 안정적인 평화 체제를 구축하기 위한 노력에 동참할 것이다.

3. 조선인민민주주의공화국은 2018년 4월 27일 '판문점 선언'을 재확인하고 한반도의 완전한 비핵화를 위해 노력할 것을 약속한다.

4. 미국과 조선인민민주주의공화국은 이미 확인된 전쟁 포로 유골의 즉각적인 송환을 포함해 전쟁포로와 실종자의 유해 복구를 약속한다.

찾아보기

(ㄷ)

(ㄹ)

(ㅁ)

(ㅈ)

(ㅊ)

(ㅋ)

(ㅌ)

(ㅍ)

(ㅎ)

김창희(金昶熙)

전북대학교 법정대학 정치외교학과
전북대학교 대학원 정치학과(정치학 석사, 박사)
미국 Missouri 대학교 객원교수
한국정치학회·국제정치학회 부회장
한국동북아학회·북한연구학회 부회장
한국정치정보학회 회장
호남정치학회·호남국제정치학회 회장
민주평화통일자문회의 상임위원, 통일부 정책자문위원
전북대학교 사회과학대 학장·행정대학원장·사회과학연구소장
전북대학교 사회과학대학 정치외교학과 교수 역임
현) 전북대학교 정치외교학과 명예교수

〈저 서〉
정치문화와 정치사회화(공저: 형설출판사, 1990)
북한의 정치와 사회(공저: 서울프레스, 1994)
환경정치와 환경정책(공저: 삼우사, 1996)
김정일의 딜레마(인물과 사상사, 2004)
북한정치사회의 이해[제4판](법문사, 2006)
새로운 정치학의 이해[제3판](공저: 삼우사, 2010)
북한정치와 김정은(법문사, 2012)
비교정치론[제2판](삼우사, 2013)
김정은 정치의 프레임(법문사, 2016)
김일성·김정일·김정은: 백두혈통과 정치리더십(전북대학교출판문화원, 2020)

[수정판] 남북관계와 한반도 평화

2019년 8월 15일 초판 발행
2022년 8월 15일 수정판 발행

저자협의 인지생략

저 자 **김창희**
발행인 **조병철**
발행처 **三宇社**
경기도 고양시 일산동구 장백로 20,
102－426(백석동, 백석역동문굿모닝힐)
전화: (02)718－8553(대) Fax: (02) 718－8554
등록: 1994. 9. 23(제396－2001－000025호)

정가 28,000원 **ISBN 978-89-91083-85-1 (93340)**